KB039609

제 3 판

은행법강의

정찬형 · 최동준 · 도제문

박영사

Lecture on Banking Law

Third Edition

By

Dr. Chan-Hyung Chung &
Dr. Dong-Jun Choi &
Dr. Jae-Moon Do

Seoul

Parkyoung Publishing&Company

제 3 판 머리말

제 2 판 출간(2005년 2월 15일) 이후 10년이란 세월이 흘렀다. 그 사이 은행법과 관련 법령들에 많은 변화가 있었다. 은행법만 하더라도 4차례에 걸쳐 개정되었다.

2008년 3월 14일 법률 제8905호로 공포(2008. 3. 14 시행)된 개정 은행법에서는 은행임원의 결격사유를 강화하고, 퇴임한 임원 등에 대한 조치내용의 통보 등을 신설함으로써 임원결격사유 규정의 실효성을 높이도록 하였다. 2009년 6월 9일 법률 제9784호로 공포(2009. 10. 10 시행)된 개정 은행법에서는 공적 연기금의 은행 주식보유규제를 완화하고, 비금융주력자의 은행주식 보유한도를 발행주식총수의 100분의 4에서 100분의 9로 조정하여 주식보유규제를 완화하였다. 2010년 5월 17일 법률 제10303호로 공포(2010. 5. 17, 2010. 11. 18 시행)된 개정 은행법에서는 은행업의 인가 요건을 법률에서 구체적으로 규정하고, 은행의 고유업무를 법률에서 직접 규정하며, 부수업무와 겸영업무를 사전신고에 의하여 운영할 수 있도록 하였다. 2013년 8월 13일 법률 제12101호로 공포(2014. 2. 14 시행)된 개정 은행법에서는 비금융주력자(산업자본)의 은행 주식보유한도를 발행주식총수의 100분의 9에서 100분의 4로 다시 축소하여 금산분리제도를 다시 강화하였다. 금년(2015년) 중 모습을 드러낼 것으로 예상되는 '인터넷전문은행'이 금융업계의 큰 관심사항으로 떠오르고 있으며, 또 한 차례의 은행법 개정이 예상된다.

그동안 증권분야에서도 엄청난 법제변화가 있었다. 종래 증권거래법, 선물거래법, 간접투자자산운용업법, 신탁업법 등을 통합하여 자본시장과 금융투자업에 관한 법률(자본시장법)이 2007년 8월 3일 법률 제8635호로 공포된 이후 현재까지 15차례에 걸쳐 개정을 거듭하고 있다.

2008년 2월에는 금융감독법의 개정으로 금융감독기구의 명칭이 금융감독위원회에서 금융위원회로 바뀌었으며, 기타 금융지주회사법·금융실명법 등 은행업과 관련된 많은 법령과 규정이 바뀌어 일일이 거론하기가 힘들 정도이다.

본 개정판에서는 위와 같은 관련 법령의 변화를 최대한 반영하여, 보다 충실하고 실용성이 있는 책이 되도록 노력하였다. 예컨대 제 3 장의 은행거래법 편에서는 변화된 겸영업무와 부수업무에 대하여 그 내용을 대폭 보완하였으며, 제

4 장 은행감독법 편에서는 자기자본규제에 있어서 바젤Ⅲ 도입에 따른 관련제도의 변화를 보완하였다.

특히 본서는 장차 금융분야에 종사할 목적으로 공부하는 학생들에게는 금융의 입문서가 되고, 실무가들에게는 참고서가 되도록 유념하였다. 앞으로도 애독자들의 변함없는 관심과 충고를 바란다.

제 3 판의 출간을 위하여 도와주신 박영사의 안종만 회장님·조성호 이사님 및 편집부의 이승현 대리에게 깊은 감사를 드린다.

2015. 9.

공저자 씀

第 2 版　머리말

　　여러 가지로 미흡하지만 우선 출간한 초판 이후 1년여 만에 독자들의 분에 넘친 사랑과 성원으로 이번에 제 2 판을 출간하게 되었다.

　　제 2 판을 출간하면서 초판에서의 미흡한 부분을 많이 보완하고 또한 초판 이후에 개정된 법령을 반영하였는데, 이의 중요한 내용은 다음과 같다.

　　첫째, 초판에서는 특히 은행감독법의 부분에서 미흡하여 이 부분을 많이 보충하였다. 특히 주요국의 은행감독제도를 보다 상세하게 소개하였고, 일반 실무가들에게 참고가 될 수 있도록 은행검사의 과정 등을 참고자료로 보완하였다.

　　둘째, 간접투자자산운용업법의 제정(2003. 10. 4)으로 이에 의하여 은행도 자산운용회사의 업무와 판매회사의 업무를 기존의 신탁업무와 신용카드업무와 함께 겸영업무로서 영위할 수 있게 되어 이에 관하여 간략히 설명하였다.

　　셋째, 한국은행법의 개정(2003. 9. 3)에 따라 금융통화위원회의 구성, 지급결제제도의 운용에 있어서의 한국은행의 역할 등 변화된 내용을 소개하였다.

　　넷째, 초판 출간 이후 주요인용도서의 개정판이 출간되어 이러한 인용도서의 인용면수를 개정판에 맞추어 추가 또는 변경하였다.

　　위와 같은 수정·보완으로 제 2 판이 초판보다 훨씬 충실하고 up-to-date하여졌다고 보는데, 아직도 미흡하고 보완하여야 할 부분이 많이 있음을 솔직히 고백한다. 이러한 부분에 대하여는 다음 기회에 보완하거나 수정할 것을 약속하고, 앞으로도 독자들의 변함없는 사랑과 충고를 바란다.

　　끝으로 제 2 판의 개정작업을 하는 동안 좋은 조언과 충고를 하여 주신 금융감독원 최동준 법무실장님, 이의 출판을 기꺼이 허락하여 주신 博英社 安鍾萬 회장님과 편집 및 교정을 위해 애써주신 편집부의 노 현 차장에게 진심으로 감사드린다.

2005. 1.

共著者 씀

序　文

　　최근 우리나라에서는 사회경제적으로 어느 부문 할 것 없이 많은 변화를 겪었으나, 그 중에서도 특히 금융산업 만큼 큰 변화를 겪은 부문도 많지 않다. 그 변화의 줄기는 자유화와 개방화라고 할 수 있다.

　　우리나라 금융산업의 국제경쟁력 강화와 금융시장의 효율성 제고를 위해서는 금융의 자유화와 개방화가 절실하다는 점은 오래전부터 인식하고 있었음에도 본격적인 금융자유화 및 개방화는 1990년대에 추진되었다. 1990년 들어 중점적으로 추진한 이러한 금융자유화 및 개방화는 금리자유화, 금융업에 대한 진입제한 완화, 금융기관 업무영역 확대 등으로 요약할 수 있다.

　　그러나 우리나라의 금융산업은 이른바 외환위기 이후 구조조정이라는 엄청난 시련과 고통을 겪는 격동기를 맞이하게 되었다. 정부는 1990년대부터 본격화된 금융자유화·개방화의 과정에서 그에 상응하는 금융기관 건전성 감독을 강화하지 못한 것이 외환위기 원인의 하나로 인식하고, 금융감독당국은 외환위기 이후 금융기관에 대한 건전성 감독을 대폭 강화하였다. 그리고 공시제도 등 시장규율을 강화하였으며, 금융겸업화를 확대하고 외국인투자에 대한 잔존 규제를 대폭 완화하는 등 많은 처방을 하였다.

　　무엇보다 가장 큰 수술은 부실금융기관의 정리와 공적자금의 투입이었다. 회생이 불가능한 금융기관은 시장에서 과감하게 퇴출시키고, 회생이 가능한 금융기관은 강도 높은 자구노력을 전제로 공적자금을 투입한 사실이었다. 우리나라의 금융산업 특히 은행은 이와 같은 일련의 강도 높은 조치들에 힘입어 이제야 가까스로 안정을 찾아가는 단계에 있다고 보인다. 그러나 이 시대의 은행은 업무의 전산화·기계화 측면에서는 어느 산업분야보다 앞서 있음에도 불구하고, 대출업무 등 일부의 업무처리 관행은 여전히 종래의 은행의 업무관행에서 크게 벗어나지 못하고 있다.

　　이 책은 은행업무종사자 및 금융감독업무종사자 등과 같은 실무자와 금융분야에 관심을 둔 학계 등의 여러분들이 은행법 및 기타 금융관련법을 체계적으로 이해하는 데 도움이 되도록 집필하였다.

　　현행 은행법은 은행과 은행고객 간의 「사법적」인 법률관계를 규율하는 은행계약법이 아니고, 은행업에 대한 규제와 감독에 관한 공법적인 성격을 띠고 있다. 따라서 이 책은 기존의 보험법 또는 증권거래법의 해설서와는 달리 은행 거래법 내지는 은행계약법 중심으로 집필할 수 없는 한계가 있었다. 그러나 이 책은 은행의 설립과 활동에 대한 공법적 규제뿐만 아니라, 은행업무에 관한 법률문제에 대해서도 상당부분 할애하였다.

　은행은 증권 및 보험과 함께 국가경제를 유지하는 금융의 3대축이다. 그 가운데서도 특히 은행이 연혁적으로 보나 규모로 보나 이 나라의 금융산업을 선도하여야 할 위치에 있다. 그러나 보험법이나 증권법에 관하여는 그동안 학계·실무계 등의 상당한 연구성과를 바탕으로 훌륭한 이론서가 다수 출간되어 있으나, 은행법에 대하여는 약 10년 전 한국은행 은행감독원의 축조해설집 외에는 체계적인 이론서가 아직 나와 있지 않다. 따라서 본서를 출간하면서 책임감과 두려움을 동시에 느낀다는 점을 솔직히 고백한다. 그러함에도 감히 이 책의 출간을 시도한 것은 아직 우리나라에서는 이에 관한 체계적인 연구가 너무 미흡한 실정이므로, 은행법분야의 발전을 위한 하나의 기초를 마련하기 위해서이다. 이 분야에 관심 있는 많은 분들의 기탄 없는 충고와 비판을 바란다.

　끝으로 이 책의 출판을 맡아주신 박영사 안종만 회장님과 편집 및 제작을 위하여 애써주신 편집부의 노 현 차장에게 진심으로 감사를 드린다.

2003. 5.

공저자 씀

주요목차

제1장 총 설

제2장 은행조직법

제3장 은행거래법

제 4 장   은행감독법

제 5 장   기   타

세부목차

제1장 총 설

제1절 우리나라의 금융제도

제 2 장 은행조직법

제 1 절 은행업의 진입규제

제 2 절 은행주식의 보유한도 등

제3절 은행의 경영지배구조

제4절 합병·폐업·해산

제 3 장 은행거래법

제 1 절 총   설

제 2 절 은행업무(고유업무)

제 3 절 부수업무

제 4 절 겸영업무

제 4 장   은행감독법

제 1 절   총   설

제 2 절   건전경영의 유지

제 5 장 기   타

제 1 절 외국은행의 국내지점

제 2 절 은행의 회계

제 3 절 과징금 등의 부과 및 징수

제 4 절 벌 칙

주요 참고서적 및 인용약어표

I. 국내서(저자명 가나다 순)

저 자	도 서 명	발행연도	인용약어
강 병 호 김 대 식 박 경 서	제20판 금융기관론	2015	금융기관론
곽 윤 직 김 재 형	제 9 판 민법총칙	2013	민법총칙
곽 윤 직	제 6 판 채권각론	2014	채권각론
김 용 재	제 2 판 은행법원론	2012	은행법(김)
박 균 성	제14판 행정법론(상)	2015	행정법론(상)
이 동 희	행정법 I	2014	행정법 I
이 병 화	축조해설은행법	2008	은행법(이)
이 재 상 장 영 민 강 동 범	제 8 판 형법총론	2015	형법총론(이)
이 철 송	제21판 회사법강의	2013	회사법
임 웅	제 6 정판 형법총론	2014	형법총론(임)
정 찬 형	제18판 상법강의(상)	2015	상법강의(상)
정 찬 형	제17판 상법강의(하)	2015	상법강의(하)
정 찬 형	제 7 판 어음·수표법강의	2009	어음·수표법
정찬형 대표집필	주석 금융법(I)[은행법]	2007	주석(은행)
정찬형 대표집필	주석 금융법(III)[자본시장법(1)]	2013	주석(자본1)
정찬형 대표집필	주석 금융법(III)[자본시장법(2)]	2013	주석(자본2)
정찬형 대표집필	주석 금융법(III)[자본시장법(3)]	2013	주석(자본3)

II. 기관발간자료(기관명 가나다 순)

금 융 감 독 원	2015개정판 금융감독개론	2014	금융감독
전 국 은 행 연 합 회	한국금융삼십년사	1978	삼십년사
한 국 은 행	우리나라의 금융제도	2011	금융제도

한 국 은 행	우리나라의 금융제도	1986	금융제도(1986)
한 국 은 행	우리나라의 금융제도	1975	금융제도(1975)
한 국 은 행	우리나라의 금융시장	2012	금융시장
한 국 은 행	한국의 통화정책	2012	통화정책
한 국 은 행	조문별해설 한국은행법	2000	한은법해설
한 국 은 행	은행법해설	1993	은행법해설
한 국 은 행	은행회계해설	1996	회계해설

Ⅲ. 외 국 서

小 山 嘉 昭	詳解 銀行法	2012	詳解
神 田 秀 樹	金融法講義	2013	講義
金 融 法 令 研 究 會	新銀行法精義	1983	精義
金 融 法 制 研 究 會	詳說 新銀行法	1982	詳說
金 融 法 務 研 究 會	新銀行法の解說	1981	解說
田 中 誠 二	新版 銀行取引法(再全訂版)	1989	田中
越 智 元 治	銀行要論	1982	要論
酒 井 良 清 鹿 野 嘉 昭	金融システム	2014	金融
Cranston, R.	European Banking Law: Banker－Customer Reationship	1999	Cranston
Cranston, R.	Principles of Banking Law	1997	Cranston (Principles)
Lovett, W. A.	Banking and Financial Institutitons Law in a Nutshell	1997	Lovett

Ⅳ. 법령·판례 약어(가나다 순)

1. (   ) 속에 인용하는 법령은 아래와 같이 간칭을 사용한다.

(금위)·············· 금융위원회의 설치 등에 관한 법률(개정: 2014. 5. 28, 법 12712호)

(금산)·············· 금융산업의 구조개선에 관한 법률(개정: 2014. 5. 21, 법 12663호)

(실명)·············· 금융실명거래 및 비밀보장에 관한 법률(제정: 1997. 12. 31, 법 5493호)

(금지)·············· 금융지주회사법(제정: 2000. 10. 23, 법 6274호)

(한자)·············· 금융회사부실자산 등의 효율적 처리 및 한국자산관리공사의
　　　　　　　　　 설립에 관한 법률(개정: 2015. 3. 27, 법 13279호)

(검규)············ 금융회사의 검사 및 제재에 관한 규정(개정: 2014. 11. 4, 금융위고시 2014-32호)

(검세)············ 금융회사의 검사 및 제재에 관한 규정 시행세칙(개정: 2014. 10. 31)

(독점)··········· 독점규제 및 공정거래에 관한 법률(개정: 2015. 7. 24, 법 13450호)

(민소)··········· 민사소송법(제정: 1960. 4. 4, 법 547호)

(민집)··········· 민사집행법(개정: 2015. 5. 18, 법 13286호)

(보험)··········· 보험업법(제정: 1962. 1. 15, 법 973호)

(비송)··········· 비송사건절차법(개정: 2014. 5. 20, 법 12592호)

(수표)············ 수표법(제정: 1962. 1. 20, 법 1002호)

(수협)··········· 수산업협동조합법(개정 2015. 2. 3, 법 13188호)

(신탁)············ 신탁법(제정: 1961. 12. 30, 법 900호)

(신용)··········· 신용정보의 이용 및 보호에 관한 법률(제정: 1995. 1. 5, 법 4866호)

(약관)··········· 약관의 규제에 관한 법률(제정: 1986. 12. 31, 법 3922호)

(어음)············ 어음법(제정: 1962. 1. 20, 법 1001호)

(여전)··········· 여신전문금융업법(제정: 1997. 8. 28, 법 5374호)

(예보)··········· 예금자보호법(제정: 1995. 12. 29, 법 5042호)

(외환)··········· 외국환거래법(개정: 2012. 3. 21, 법 11407호)

(유사)··········· 유사수신행위의 규제에 관한 법률(제정: 2000. 1. 12, 법 6105호)

(법)············· 은행법(제정: 1950. 5. 5, 법 139호)

(감규)··········· 은행업감독규정(개정: 2000. 12. 29, 금감위공고 제2000-118호)

(감세)··········· 은행업감독규정 시행세칙(개정: 2015. 3. 5)

(전상)··········· 전자상거래 등에서의 소비자보호에 관한 법률(제정: 2002. 3. 30, 법 6687호)

(전금)··········· 전자금융거래법(개정: 2014. 10. 15, 법 12837호)

(자본)··········· 자본시장과 금융투자업에 관한 법률(제정: 2007. 8. 3, 법 8635호)

(외감)··········· 주식회사의 외부감사에 관한 법률(제정: 1980. 12. 31, 법 3297호)

(기은)··········· 중소기업은행법(개정: 2015. 7. 31, 법 13453호)

(추심)··········· 채권의 공정한 추심에 관한 법률(개정: 2014. 5. 20, 법 12594호)

(회생)··········· 채무자 회생 및 파산에 관한 법률(개정: 2014. 12. 30, 법 12892호)

(특가)··········· 특정경제범죄 가중처벌 등에 관한 법률(제정: 1983. 12. 31, 법 3693호)

(특금)··········· 특정 금융거래정보의 보고 및 이용 등에 관한 법률(개정: 2014. 5. 28, 법 12716호)

(한은)·············· 한국은행법(개정: 1997. 12. 31, 법 5491호)

(산은)·············· 한국산업은행법(개정: 2014. 5. 21, 법 12663호)

(수은)·············· 한국수출입은행법(개정: 2014. 5. 21, 법 12663호)

2. 법령의 이름이 긴 경우에는 '본문'에서 아래와 같이 약칭을 사용한다.

금융위원회의 설치 등에 관한 법률: 금융위원회법

금융산업의 구조개선에 관한 법률: 금융산업구조개선법

금융실명거래 및 비밀보장에 관한 법률: 금융실명법

금융회사부실자산 등의 효율적 처리 및 한국자산관리공사의 설립에 관한 법률:
　　자산관리공사법

금융회사의 검사 및 제재에 관한 규정: 검사규정

금융회사의 검사 및 제재에 관한 규정 시행세칙: 검사세칙

독점규제 및 공정거래에 관한 법률: 공정거래법

보증인 보호를 위한 특별법: 보증인보호법

신용정보의 이용 및 보호에 관한 법률: 신용정보법

약관의 규제에 관한 법률: 약관규제법

유사수신행위의 규제에 관한 법률: 유사수신행위법

은행업감독규정: 감독규정

은행업감독규정 시행세칙: 감독세칙

전자상거래 등에서의 소비자보호에 관한 법률: 전자상거래법

주식회사의 외부감사에 관한 법률: 외부감사법

자본시장과 금융투자업에 관한 법률: 자본시장법

채권의 공정한 추심에 관한 법률: 채권추심법

채무자 회생 및 파산에 관한 법률: 채무자회생법

특정경제범죄가중처벌 등에 관한 법률: 특정경제범죄법

특정 금융거래정보의 보고 및 이용 등에 관한 법률: 특정금융정보법

3. 인용판례는 다음과 같이 표시한다.

(대판 1995. 6. 16, 95다9754) ······ 대법원판결 1995년 6월 16일 선고, 95다9754 사건

제1장

총 설

제1장 총 설

제1절 우리나라의 금융제도

Ⅰ. 금융제도 개관

1. 금융·금융거래·금융제도

가. 금융·금융거래

1) 금융(finance) 또는 금융거래(financial transactions)란 「돈(화폐)을 빌리고 빌려주는 것 또는 그 행위」를 말한다. 이러한 행위가 일어나는 이유는 국민경제 내에는 수입이 지출보다 더 큰 흑자경제주체가 있는가 하면, 반대로 지출보다 수입이 더 적은 적자경제주체도 있기 때문이다. 그러한 흑자경제주체와 적자경제주체 사이에 돈이 융통되는 것이 「금융」 또는 「금융거래」이다.[1]

2) 실물거래에서는 상품과 화폐가 교환되지만 금융거래에서는 화폐와 증권 또는 채무증서가 교환된다. 예를 들어 고객이 은행에 예금을 하면 은행은 예금자에게 예금통장을, 회사가 발행하는 사채(社債) 또는 주식을 매입하면 회사는 상대방에게 채권(債券) 또는 주권(株券)을, 보험계약을 하고 보험료를 내면 보험회사는 계약자에게 보험증권을 교부한다. 이와 같은 금융거래의 결과, 당사자 간에는 금융자산과 금융부채가 발생하게 된다. 위에서 예로 든 예금통장, 채권, 주권, 보험증권 등은 고객의 입장에서 보면 「금융자산」이고, 은행이나 증권발행

---

1) 金融, 2면.

회사 등의 입장에서 보면 「금융부채」이다.

3) 한편 금융거래는 자금(돈)이 이동하는 형태에 따라 「직접금융거래」와 「간접금융거래」로 나뉜다. 직접금융거래는 「자금수요자가 자기명의로 발행한 증권을 자금공급자에게 공급하고 자금을 조달하는 거래」이며, 간접금융거래는 「은행 등과 같은 금융중개기관(financial intermediaries)을 통하여 자금공급자에게서 자금수요자로 자금이 이전되는 거래」이다. 직접금융거래수단으로는 주식, 채권 등이 대표적이며 간접금융거래수단에는 예금, 대출 등이 있다.[1]

나. 금융제도

1) 금융제도(financial system)란 「금융거래와 관련된 일체의 체계와 규범을 총칭하는 개념으로 금융기관·금융시장·금융수단 등의 구조나 형태를 포괄하는 핵심적인 경제제도의 하나」이다.[2] 또한 금융제도를 「금융거래에 관한 규범과 체계 등을 통칭하는 것으로, 금융거래와 관련된 법규·관행·금융중개조직·금융수단 등과 경제주체들의 금융거래 행태와 이의 배경이 되는 실물거래와의 상호관계 등을 포괄하는 개념」으로 정의하기도 한다.[3]

2) 이와 같은 금융제도는 ① 금융거래가 이루어지는 「금융시장」, ② 금융거래를 중개하는 「금융기관」, ③ 금융거래를 매개하는 「금융수단」, ④ 금융거래를 지원하고 감시하는 「금융하부구조」를 포괄하는 개념이라고 볼 수 있다. 금융의 하부구조는 금융법규, 중앙은행제도, 지급결제제도, 금융감독제도, 예금보험제도 등이 이에 해당한다.

3) 금융제도의 중요한 역할은 「자금공급자와 수요자간 자금이전을 원활하게 흐르도록 하는 것」이다. 따라서 금융제도가 현실에 맞지 않거나 불합리하면 사회전체가 제 기능을 다할 수 없게 된다. 예를 들어 기업이 자금을 원활히 조달할 수 없으면 투자활동이 위축되어 재화나 용역의 생산이 감소된다. 자금의 공급자인 가계도 저축·투자·보험 등 마땅한 운용수단이 없으면 미래의 소비나 노후·질병 등 미래의 위험에 대한 적절한 대비를 할 수 없을 것이다. 그리고 금융제도가 마비되어 지급결제제도가 제대로 작동하지 않으면 경제활동이 제대로 이루어질 수 없게 된다.

---

1) 금융시장, 3면.
2) 금융제도, 3면.
3) 금융기관론, 39면.

[금융 및 실물경제의 순환관계]

자료: 금융제도, 5면.

2. 금융시장

가. 금융시장의 정의

금융시장(financial market)이란 「기업·가계·정부·금융기관 등 경제주체들이 금융상품을 거래하여 필요한 자금을 조달하고 여유자금을 운용하는 조직화된 장소」를 말한다.[1] 여기에서 금융상품(financial instruments)이란 후술하는 「금융수단」으로서 「현재 또는 미래의 현금흐름에 대한 법률적 청구권을 갖는 상품」을 의미하는데, 채권·주식 등의 「기초금융상품」뿐만 아니라 선물·옵션·스왑 등의 「파생금융상품」을 포함한다. 조직화된 장소란 반드시 증권거래소와 같이 구체적인 형체를 지닌 시장만을 의미하는 것은 아니며, 거래가 체계적·반복적으로 이루어지는 「장외시장」과 같은 추상적 의미의 시장도 포함하는 것이다.[2]

나. 금융시장의 기능

1) 금융시장의 주요 기능은 「자금의 공급자와 수요자가 집합적으로 거래가격을 결정할 수 있도록 하는 가격탐색의 장(場)을 제공하는 것」이다. 또 거래규칙에

---

1) 금융제도, 3면.
2) 금융시장, 3면.

의하여 「공정한 거래의 이행을 보장」하는 것도 금융시장의 중요한 기능이다. 이로 인하여 금융시장은 국민경제 내 「자금공급부문」과 「자금수요부문」을 직간접적으로 연결시켜 줌으로써 국민경제의 생산성 향상과 후생증진에 기여하게 된다.

2) 금융시장은 이외에도 다음과 같은 중요한 기능을 수행한다. 우선 「위험분산(risk sharing)기능」을 들 수 있다. 금융시장은 다양한 금융상품을 제공함으로써, 투자자가 분산투자를 통해 투자위험을 줄일 수 있도록 한다. 다음으로 금융시장은 금융자산을 보유한 투자자에게 높은 「유동성(liquidity)을 제공」한다. 유동성은 금융자산의 환금성을 말한다. 또한 금융시장은 금융거래에 필요한 정보를 수집하는 데 드는 「비용과 시간」을 줄여준다. 마지막으로 「시장규율(market discipline)기능」이 있다. 시장규율이란 시장참가자들이 자금수요자가 발행한 주식·채권가격 등의 시장신호(market signal)를 활용하여 당해 자금수요자의 건전성에 대한 감시기능을 수행하는 것을 말한다.[1]

다. 금융시장의 유형

1) 우리나라의 금융시장은 크게 「직접금융시장」과 「간접금융시장」으로 나누어 볼 수 있다. 이는 자금공급자와 수요자간에 직거래가 이루어지는가의 여부에 따른 구분이다. 직접금융시장은 거래되는 금융상품의 만기(통상 1년)를 기준으로 다시 「자금시장」과 「자본시장」으로 구분하는 것이 일반적이다.

2) 「자금시장」은 단기금융시장이라고도 하며 시장참가자들이 일시적인 자금수급의 불균형을 조절하기 위해 활용한다. 콜시장, 환매조건부매매시장, 양도성예금증서시장, 기업어음시장 등이 이에 해당한다. 「자본시장」은 장기금융시장이라고도 하며 주로 기업, 금융기관, 정부 등이 장기자금을 조달하는 시장으로 주식시장과 회사채, 금융채, 국채 등이 거래되는 채권시장 등이 여기에 속한다.

3) 금융상품의 특성을 고려하여, 「외환시장」과 「파생금융상품시장」을 별도로 구분하기도 한다. 외환시장은 「서로 다른 종류의 통화가 거래되는 시장」으로 거래 당사자에 따라 외국환은행간 외환매매가 이루어지는 「은행간시장(inter-bank market)」과 은행과 비은행 고객간 외환매매가 이루어지는 「대고객시장(customer market)」으로 구분할 수 있다. 은행간시장은 금융기관, 외국환중개기관, 한국은행 등이 참여하여 대량으로 외환거래가 이루어지는 도매시장의 성격을 가지며, 일반적으로 외환시장이라 할 때는 「은행간시장」을 말한다.

「파생금융상품시장」은 금융상품의 가격변동위험과 신용위험 등 위험 관리

---

1) 금융시장, 6면.

를 위해 고안된 파생금융상품이 거래되는 시장이다. 우리나라의 파생금융상품시
장은 외환파생상품시장을 중심으로 발전되어 왔으나, 1990년대 중반 이후 주가
지수 선물 및 옵션, 채권선물 등이 도입되면서 거래수단이 다양화되고 거래규모
도 크게 확대되고 있다. 파생금융상품은 각종 금융거래에 따르는 위험을 낮은
비용으로 헤지(hedge)하는 데 활용되고 추가적인 수익을 얻을 수 있는 기회도 제
공하나, 레버리지 효과(leverage effect)도 매우 커서 그 이면에는 대규모의 손실 가
능성도 내재해 있다.

　4) 이러한 분류 이외에도 금융시장을 거래규칙에 따라 「장내시장」과 「장외시
장」으로 구분하기도 한다. 장내시장이란 「증권거래소처럼 다수의 자금공급자와
수요자가 구체적인 장소에 모여 거래하는 시장」이고, 장외시장이란 「전화나 전산
망을 통하여 거래하는 시장」이다. 또한 금융시장은 또한 거래되는 금융상품의 종
류에 따라 「주식시장」, 「채권시장」, 「파생금융시장」 등으로 분류되기도 하고, 금
융상품의 신규발행 여부에 따라 「발행시장」과 「유통시장」으로 구분하기도 한다.[1]

[금융시장의 구조]

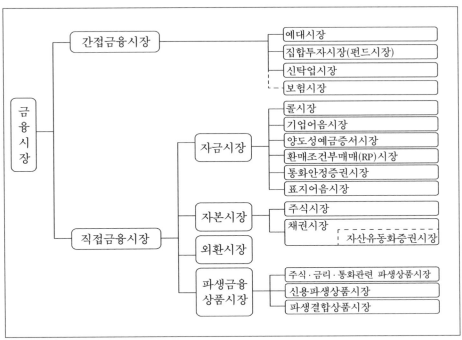

자료: 금융시장, 8면.

---

[1] 금융시장, 7면.

[조선시대의 금융시장]

조선시대 상업의 중심지였던 개성에는 예로부터 유력한 자본주가 많았다고 한다. 금융거래는 환전거간(換錢居間)의 중개 또는 차인(差人)을 통하여 이루어졌으며, 금융의 방법도 여러 가지가 있었다. 금융의 종류와 그 내용을 살펴보면 다음과 같다.[1]

○ 시변(時邊)

「시변」이라는 것은 중류 이상의 사업자가 이용하는 금융이다. 환전거간은 매일 자금의 수요자와 공급자 사이를 순회하면서 자금의 대출과 차용을 주선한다. 자금의 대차가 성립되면 환전거간은 보통 1.5%의 구문(句文: 수수료)을 받는다. 채권자가 자금을 대부해 줄 때 채권자는 중개인인 환전거간의 신용을 중요시하기 때문에 채무자가 누구인지에 대하여는 알려고 하지 않는다.

대출기간은 단기의 경우 1~3개월이고, 장기의 경우 5~7개월이며, 1년에 두 번의 결산기가 있다. 금리는 결산기에 환전거간들이 모여 협의결정하며, 각 월별 금리도 일정하지 않다. 시변은 위험도가 적기 때문에 금리는 월 1.5%로 낮은 편이다.

○ 의변(義邊)

「의변」이라는 것은 자금주가 직접 대금업의 일선에 나서지 않고 그의 사용인인 차인을 시켜 독립하여 대금업을 하도록 하는 것이다. 자금주와 차인은 주종관계에 있고 의리에 의하여 자금을 융통해 주기 때문에 「의변」이라는 명칭이 붙게 된 것이라고 한다. 자금주와 차인 사이에는 거간이 개재하지 않으며 그 이자는 월 1.25% 정도이다. 의변에는 두 가지 방법이 있다. 그 하나는 차인이 자금주로부터 월 1.25%의 이자로 자금을 빌려 이것을 가지고 자금의 실수요자를 상대로 하여 대금업을 하는 방법이다. 다른 하나는 차인이 자금주로부터 자금을 융통하여 대금업을 한 후 그 손익을 자금주와 차인이 반반씩 나누는 방법이다. 손익을 반반씩 나눈다고 하더라도 차인은 또 얼마간의 이자를 자금주에게 더 지급하는 것이 관례였다.

○ 시변(市邊)

시장판에서 빌리는 돈을 「시변」이라고 한다. 그 이자는 5일장이면 닷새에 얼마로 정하여 장날마다 지급한다. 이것은 시장 상인에 대한 금융으로서 위험성이 높기 때문에 대출기간이 단기이고 금리가 높은 것이 특징이며, 월 10%에 달하는 것도 있었다고 한다. 이와 같이 대금업자가 취하는 이자가 고율이었기 때문에 경제력이 약한 시장 행상인들에게는 장차 대금업자가 되는 것이 최고의 목표이자 소원이기도 했다는 것이다.

○ 고리대(高利貸)

이것은 하층계급의 사람들을 대상으로 하는 금융방식이다. 이자가 비싼 돈을 「고리대」라고 하고, 고리대를 빌려 쓴 사람의 입장에서는 이것을 「고리채(高利債)」라

1) 조병찬, 「한국시장경제사」, 동국대출판부, 1993, 122~125면.

고 한다. 고리대에는 「간변(間邊)」과 「체계(遞計)」의 두 가지 방법이 있다. 「간변」이라고 하는 것은 시변 등의 방법으로 자금을 장기차입하여 이것을 소액씩 나누어 다시 고리(高利)로 단기대출하는 것을 말한다. 「체계」라고 하는 것은 자금 공급자와 수요자 사이의 약정에 의하여 자금의 사용기간과 상환회수를 정하여 이자와 원금을 동시에 상환해 나가는 방법이다. 이와 같은 체계는 오늘날까지도 시장의 영세 상인들을 대상으로 하여 「일수(日收)」라는 이름으로 잔존하고 있다. 간변과 체계는 금리가 매우 높은 것이 특징이다.

3. 금융기관

가. 의   의

1) 넓은 의미에서의 금융기관이라 함은 「금융시장에서 자금의 수요자와 공급자 사이의 거래를 성립시켜주는 것을 목적으로 하는 사업체」 내지 「금융시장에서 자금의 수요자와 공급자 사이에서 자금의 중개를 하는 자」를 말한다.[1]

2) 금융기관을 「금융중개기관」과 「시장중개기관」으로 구분하기도 한다. 금융중개기관이란 「자금의 공급자와 수요자 사이에서 당사자로서 자기계산으로 신용수수를 하는 중개기관」을 말한다. 시장중개기관이란 「금융상품의 형태를 바꾸지 않고 단순히 거래를 알선하거나 금융상품의 매매·중개역할을 하는 기관」을 말한다.[2] 협의의 금융기관이라 함은 일반적으로 금융중개기관을 말하고, 그중에서도 대표적인 것이 「은행」이다. 그러나 금융의 자유화 추세에 힘입어, 위와 같은 구분이 점차 흐려져 가는 현상을 보인다. 즉 하나의 금융기관이 금융중개기관으로서의 성격과 시장중개기관으로서의 성격을 동시에 갖는 현상도 나타나고 있다.

나. 역   할

1) 금융기관은 거래비용을 절감시켜 소규모 금융거래도 가능하게 함으로써 금융거래를 활성화시키는 역할을 수행한다. 자금공급자와 수요자가 직접 거래할 경우 높은 탐색비용으로 거래 자체가 어렵거나 불가능할 수 있기 때문이다.

2) 금융기관은 다수로부터 거액의 자금을 모아 다양한 자산에 운용함으로써 투자자로 하여금 간접적으로 분산투자하는 혜택을 누릴 수 있게 해 준다.

3) 금융기관은 대출고객의 신용도 분석에 관한 전문적인 노하우를 축적하고 지속적·반복적 거래를 통해 획득한 대출고객에 대한 정보를 활용하여 정보의

---

1) 금융제도, 4면; 금융기관론, 3면.
2) 금융기관론, 3면.

비대칭성 문제를 완화함으로써 자금공급의 효율성을 높이는 역할도 수행한다.

다. 우리나라 금융기관 개요

우리나라의 금융기관은 각기 취급하는 금융서비스의 성격에 따라 일반적으로 은행, 비은행예금취급기관, 금융투자업자, 보험회사, 기타 금융기관, 그리고 금융보조기관 등 6개 그룹으로 구분한다.[1]

「은행」에는 일반은행과 특수은행이 있다. 「일반은행」은 이른바 상업은행(commercial bank)으로서 시중은행, 지방은행 그리고 외국은행 국내지점으로 구성된다. 「특수은행」은 은행법이 아닌 개별적인 특별법에 의해 설립되어, 은행업무를 핵심업무로 취급하고 있는 은행이다. 여기에는 한국산업은행, 한국수출입은행, 중소기업은행, 수산업협동조합중앙회 신용사업부문 등이 해당한다.

「비은행예금취급기관」은 은행과 유사한 여·수신업무를 주요업무로 취급하고 있지만, 보다 제한적인 목적으로 설립되어 자금조달 및 운용 등에서 은행과는 상이한 규제를 받는 금융기관이다. 상호저축은행, 신용협동조합, 새마을금고, 상호금융 등의 신용협동기구와 종합금융회사 등이 이에 해당한다.

「금융투자업자」는 직접금융시장에서 유가증권의 거래와 관련된 업무를 주된 업무로 하는 금융기관을 총칭하는 그룹이다. 여기에는 투자매매업자, 투자중개업자, 집합투자업자, 투자자문업자, 투자일임업자, 그리고 신탁업자 등이 있다.

「보험회사」는 사망·질병·노후 또는 화재나 각종 사고를 대비하는 보험을 인수·운영하는 기관이다. 보험회사는 업무특성과 기관특성을 함께 고려하여 생명보험회사, 손해보험회사, 우체국보험, 공제기관 등으로 구분된다. 손해보험회사에는 일반적인 손해보험회사 이외에 재보험회사와 보증보험회사도 포함된다.

「기타 금융기관」에는 여신금융전문회사(리스회사, 신용카드회사, 할부금융회사, 신기술사업금융회사 등), 벤처캐피탈회사(중소기업창업투자회사), 증권금융회사 및 공적 금융기관 등이 있다.

「금융보조기관」은 금융거래에 직접 참여하기보다 금융제도의 원활한 작동에 필요한 여건을 제공하는 것을 주된 업무로 하는 기관들이다. 여기에는 금융감독원, 예금보험공사, 금융결제원, 한국예탁결제원 등 금융의 하부구조와 관련된 업무를 영위하는 기관과 한국거래소, 신용보증기금·기술보증기금 등의 신용보증기관, 신용정보회사, 자금중개회사 등이 포함된다.[2]

---

1) 금융제도, 27면.
2) 금융제도, 28면.

4. 금융수단

금융거래가 이루어지기 위해서는 이를 매개하는 수단이 필요한데 이러한 금융수단(financial instruments)을 「금융자산」 또는 「금융상품」이라고 한다. 금융자산은 「현재 또는 미래의 현금흐름에 대한 청구권을 나타내는 증서」로서 예금증서, 증권, 파생금융상품 등이 그 예이다.

예금과 증권·파생금융상품의 결정적인 차이점은 「원본손실 가능성 유무」에 있다. 증권과 파생상품의 차이점은 증권은 투자원금까지만 손실 발생이 가능하고, 파생상품은 투자원금 이상 손실 발생이 가능하다는 데 있다. 자본시장법상 증권의 종류에는 채무증권, 지분증권, 수익증권, 증권예탁증권, 투자계약증권, 파생결합증권 등 6종이 있는데, 파생상품의 종류에는 「장내파생상품」과 「장외파생상품」이 있다. 이에 관한 상세는 후술한다.

5. 금융의 하부구조

금융의 하부구조란 「금융거래가 원활이 이루어지도록 금융시장 및 금융기관을 지원·감시하는 법률체계 또는 기관」을 의미한다. 이는 금융관련법규, 중앙은행제도, 지급결제제도, 금융감독제도, 예금보험제도 등을 포괄하는 개념이다.

1) 「금융관련법규」란 금융거래의 준칙에 관한 사항, 금융기관의 설립 및 운영에 관한 사항, 거래상대방의 재산권 보호에 관한 사항 등을 규정하는 법률체계를 말한다. 이에 관한 상세는 후술한다.

2) 「중앙은행제도」는 중앙은행과 그 조직 및 의사결정체계, 업무범위 등을 포괄한다. 중앙은행은 발권력을 가진 최종대부자로서 금융기관의 예금에 대하여 지급준비금을 부과하고, 필요시 금융기관에 부족자금을 공급하는 기능을 수행한다. 이러한 기능은 금융제도의 안정뿐만 아니라 물가안정에도 기여한다. 우리나라에서는 1950년 6월에 설립된 「한국은행」이 이러한 중앙은행 역할을 담당하고 있다. 이에 관한 상세는 후술한다.

3) 「지급결제제도」는 실물 및 금융거래에서 발생한 채권·채무를 완결시키는 기능을 수행하는데, 지급수단, 참가기관 및 결제시스템으로 구성된다. 지급수단에는 현금과 어음·수표, 신용카드 등이 있다. 참가기관은 은행, 우체국, 카드회사 등이고, 금융결제원은 금융기관간 채권과 채무를 상계처리하는 청산기관이며, 한국은행은 금융기관의 당좌계정간 차액이체를 통해 지급결제를 완결시키는

기능을 수행한다. 결제시스템에는 결제방식에 따라 「차액결제시스템」과 「총액결제시스템」이 있다. 일반적으로 차액결제시스템은 소액을, 총액결제시스템은 거액을 대상으로 한다. 따라서 전자를 「소액결제시스템」, 후자를 「거액결제시스템」이라고 부르기도 한다. 총액(거액)결제시스템은 한국은행이, 차액(소액)결제시스템은 금융결제원이 운영한다. 차액(소액)결제시스템에는 어음교환시스템, 지로시스템, 은행공동망 등이 있다. 이에 관한 상세는 후술한다.

4) 「금융감독제도」란 불공정·불건전 금융거래를 금지하고 금융기관의 과도한 위험추구행위를 제한하는 금융관련 제 규범이 제대로 시행되는지를 감시하는 장치이다. 즉 금융기관으로 하여금 금융중개를 공정하게 하고 경영의 건전성을 유지하도록 함으로써, 금융소비자의 재산을 보호하고 금융거래를 활성화하는 것을 목적으로 한다. 우리나라에서는 금융위원회가 금융감독 관련 정책 및 금융업 인·허가 등 중요사항을 심의·의결하고, 금융감독원은 금융위원회가 결정한 사항을 집행하거나 금융기관 검사업무를 수행한다. 이 밖에 한국은행과 예금보험공사 등도 공동검사 등을 통하여 부분적으로 금융감독기관의 역할을 수행하고 있다. 이에 관한 상세는 후술한다.

5) 「예금보험제도」는 금융기관이 경영부실 등으로 예금이나 이자를 지급할 수 없을 때 예금보험기구가 해당 금융기관을 대신하여 예금주에게 원리금의 전부 또는 일부를 지급하는 일종의 보험제도이다. 예금보험제도는 소액예금주들을 금융기관의 경영부실로부터 보호하고 예금인출사태(bank run)가 발생하지 않도록 방지하는 금융안전망 구실을 한다. 우리나라의 예금보험제도는 1996년 「예금보험공사」의 설립을 계기로 체계화되었는데, 현재 은행예금은 물론 금융투자회사, 보험회사 등의 일부 금융상품도 예금보호대상에 포함되어 있다.[1] 이에 관한 상세는 후술한다.

II. 우리나라 금융제도의 연혁

금융제도란 「금융기관·금융수단 및 금융시장 등에 관한 총체적인 체계와 규범」을 의미한다 함은 전술한 바와 같다. 이러한 금융제도는 다른 모든 사회경제제도의 경우와 같이 정치·경제·문화 등에서 나라마다 처한 현실이나 역사적 배경 또는 유산에 따라 각기 상이한 모습을 갖게 된다. 이하에서는 우리나라 금

---

1) 금융제도, 34면

융제도의 연혁을 「은행 등의 예금취급기관」을 중심으로 간단히 살펴본다.

1. 1945년 해방 이전

1) 우리나라에서는 재래금융기관이라 할 수 있는 객주(客主)·여각(旅閣)과 상호신용인 계(契) 및 시변제도(時邊制度) 등을 통하여 자금의 예수·대출 및 어음할인 등이 이루어져 오다가, 강화조약(1876년)의 체결을 계기로 1878년 6월 일본 제일국립은행 부산지점이 설치되면서 근대적 기능을 수행하는 은행제도가 처음으로 도입되었다. 이러한 일본계 은행의 국내진출에 자극을 받아 1894년 갑오경장 이후 우리나라 민족자본에 의하여 조선은행(1896년)·한성은행(1897년)·대한천일은행(1899년) 등이 차례로 설립되었고, 1909년에는 대한제국 정부에 의하여 우리나라 최초의 중앙은행인 구 한국은행이 설립되었다.[1]

2) 그 후 1910년부터 1945년까지의 일제식민시대에는 구 한국은행이 조선은행으로 개편되어 중앙은행의 기능을 일부 수행하였고, 다수의 일반은행과 조선식산은행·조선저축은행 등 특수은행과 금융조합·신탁회사·무진회사·보험회사 등 비은행금융기관 및 증권거래소 등이 설립됨으로써 금융제도가 근대적 모습을 갖기는 하였으나, 당시의 금융기관들은 본연의 기능보다는 일본의 전비조달 창구로서의 역할을 주로 수행하였다.[2]

2. 광복이후 1950·1960년대

1) 광복 후 수년간 우리 경제는 정치적·사회적 혼란 속에서 물가가 폭등하고 신용질서 및 금융조직체계가 크게 문란해짐으로써, 1948년 수립된 대한민국 정부는 서둘러 금융제도의 개편에 착수하였다. 먼저 정부는 금융제도의 근간이 되는 중앙은행과 일반은행의 체계를 확립하기 위하여 1950년 5월 한국은행법과 은행법을 제정·공포하였고, 같은 해 6월에는 한국은행이 설립되었다. 그러나 곧이어 6·25동란이 발발하여 금융제도의 정비가 지연되다가 종전 후 은행법이 시행되고(1954년), 전재(戰災)복구 및 농업개발을 위한 한국산업은행(1954년) 및 농업은행(1956년)이 특수은행으로 발족하였으며 대한증권거래소(1956년)가 설립되었다.[3]

2) 1960년대에 들어서는 경제개발 5개년계획이 처음 실시됨에 따라 이를 효율적으로 뒷받침하기 위하여 금융제도면에서 커다란 변혁이 이루어졌다. 즉

---

1) 조기준, 「한국경제사신강」, 일신사, 1994, 391면 이하 참조; 삼십년사, 6면 이하 참조.
2) 조기준, 전게서, 601면 이하 참조; 삼십년사, 6면 이하 참조.
3) 금융제도(1975), 35면 이하 참조.

1950년대 후반 민영화 이후 소수 재벌에 의하여 지배되어 온 일반은행의 주식이 부정축재재산 환수처리의 일환으로 정부에 다시 귀속되었다. 한국은행법이 전면 개정됨으로써(1962년) 금융기관에 대한 정부의 영향력이 대폭 강화되었고, 개발 자금의 원활한 지원을 목적으로 농업협동조합(1961년)·중소기업은행(1961년)·국민은행(1963년)·한국외환은행(1967년)·한국주택은행(1969년) 등 특수은행이 대거 설립되었으며, 지방경제의 활성화를 위하여 대구은행·부산은행 등의 지방은행이 설립되었다(1967년).[1]

3. 1970년대

1970년대에 들어서면서 우리 경제는 그간의 성장과정에서 기업의 재무구조가 크게 부실해지고 인플레이션 압력이 고조되었으며, 또한 국제통화제도의 불안 등 세계 경제여건의 악화로 인하여 국제수지적자도 확대되는 등 어려움을 겪게 되었다. 이에 정부는 1972년 「8·3 긴급경제조치」를 단행하고, 동 조치의 실시와 함께 사금융의 제도금융화 및 금융구조의 다원화를 적극 추진하기 시작하였다.[2] 그 결과 단기금융업법·상호신용금고법·신용협동조합법 등 이른바 사금융양성화 3법(1972년)과 종합금융회사에 관한 법률이 제정되어(1975년), 투자금융회사·상호신용금고·신용협동조합·종합금융회사 등 다양한 형태의 비은행금융기관이 신설 또는 정비되었다.

4. 1980년대

1) 1980년대에 들어서는 인플레이션의 체질화, 금융산업의 낙후 등 그 동안의 고도성장과정에서 누적되어 온 구조적인 문제점들이 경제성장을 가로막는 제약요인으로 작용함에 따라 정부는 금융부문에서도 일련의 자유화 및 개방화 시책을 추진하였다. 은행의 자율경영체제를 확립하기 위하여 1981~1983년 중 시중은행을 모두 민영화하고, 은행 내부경영의 자율성을 제약하는 각종 규정 및 통첩을 축소정비하였으며, 통화관리에 있어서도 민간신용한도제 중심의 직접규제방식에서 탈피하여 간접규제방식으로 점차 이행하게 되었다. 또한 금융기관간 경쟁촉진을 위하여 금융시장에의 진입제한을 완화함으로써, 1982~1983년 중 2개 시중은행(신한은행 및 한미은행)과 12개 투자금융회사, 58개 상호신용금고 및 1개 투자신탁회사가 신설되었다. 금융기관의 신규설립은 1988~1989년 중 재개되

---

1) 금융제도(1975), 47면 이하 참조.
2) 삼십년사, 47면.

어 여덟 번째 시중은행인 동화은행과 중소기업전문은행으로서 부산 및 대구에 본점을 두고 전국을 영업구역으로 하는 동남은행 및 대동은행이 설립되었으며, 5개 지방투자신탁회사와 11개 지방리스회사 등 다수의 비은행금융기관도 추가 설립되었다.

2) 이와 함께 금융기관 취급업무의 다양화도 진전되었는데, 은행의 경우는 신용카드업무·상업어음일반매출 및 환매조건부채권매도·양도성예금증서(CD)업무 등이 도입되는 한편, 상호부금 및 신탁업무의 취급도 단계적으로 확대 허용 되었다.[1]

3) 아울러 금리자유화의 기반조성을 위하여 1980년대 초반 이후 정책금융과 일반금융의 금리격차 축소·은행대출금리의 차등금리제 도입·일부 금융시장상 품의 발행금리 자유화 등의 조치가 취하여졌다. 특히 1988년 12월에는 정책금융 을 제외한 모든 여신금리와 금융기관의 만기 2년 이상 장기수신금리 등에 대한 최고이율 규제를 철폐함으로써 광범위한 「금리자유화조치」를 단행하였다.[2]

5. 1990년대(외환위기 이전)

1) 1993년 8월 「금융실명거래 및 비밀보장에 관한 긴급재정명령」의 전격적 공포에 의거 당시 금융개혁을 위한 핵심과제의 하나였던 「금융실명제」를 실시 하였다. 금융실명제는 모든 금융거래자의 「실지명의」로만 할 수 있는 제도로서, 1982년 「금융실명거래와 비밀보장에 관한 법률」로 법제화된 이후 두 차례의 실 시유보를 거친 뒤 1993년 8월 12일 「헌법」 제76조의 대통령 긴급명령의 형태로 전격적으로 실시되었다. 동 제도가 실시되기 이전에는 지하경제와 연계된 각종 부조리의 만연, 분식회계와 탈세 등 왜곡된 거래관행으로 인한 폐해가 매우 심 각하였다.[3]

2) 1990년대에 들어 금융자유화 및 개방화가 본격적으로 추진되었다. OECD 가입 등 한국의 국제적 지위 상승으로 선진국의 금융시장 개방압력이 가중된 점 이 이러한 변화를 가져오게 한 주요 요인으로 작용하였다. 이러한 금융자유화 및 개방화는 「금리자유화」, 금융업에 대한 「진입제한 완화」, 금융기관 「업무영역 확 대」 및 외국인 국내투자 제한 완화를 통한 「금융개방」으로 요약할 수 있다.[4]

---

1) 금융제도(1986), 3면 참조.
2) 금융제도(1986), 3면 참조.
3) 금융기관론, 62면.
4) The Bank of Korea Research Department, Financial System in Korea, 2002, p. 11 이하 참조.

가. 금리자유화

1991년 8월 정부와 한국은행은 「4단계 금리자유화추진계획」을 발표하였다. 동 계획은 요구불예금 등 일부 단기예금 금리를 제외한 모든 금리를 1996년까지 자유화하는 것을 주요 내용으로 하고 있다. 그리고 예금금리보다 대출금리를 빨리 자유화하고, 예금금리는 장기·거액상품금리를 단기·소액상품금리보다 먼저 자유화하는 것을 기본원칙으로 하였다.

이와 같은 금리자유화추진계획은 1991년 11월부터 단계별로 추진되어 1997년 7월에는 3개월 미만 저축성예금금리가 자유화됨에 따라, 은행의 요구불예금과 같은 일부 단기수신 예금금리와 재정자금 대출금리를 제외한 거의 모든 금리가 자유화되었다.

나. 진입제한 완화

1980년대까지 금융산업에 대한 신규진입은 금융기관 간 과당경쟁을 억제하여 금융제도의 안정을 유지한다는 이유로 엄격히 제한하였으나, 1990년대 들어서는 금융산업의 경쟁촉진과 대외개방을 위하여 진입규제를 크게 완화하였다.

은행업에는 1991년 3개 투자금융회사가 2개 일반은행(하나은행 및 보람은행)으로 전환하여 진입하였으며, 1992년 11월에는 근로자에 대한 금융지원을 위주로 하는 평화은행이 신설되었고, 또한 특수은행이었던 국민은행과 한국주택은행이 1995년 1월과 1997년 8월에 각각 일반은행으로 전환하였다.

다. 금융기관 업무영역 확대

금융기관 업무영역은 은행업·증권업·보험업을 3대 축으로 유지하면서 핵심업무 이외의 업무에 대해서는 겸영을 허용하였다. 특히 비은행금융기관의 은행시장 잠식으로 영업이 위축되어 온 은행에 대해서 거액 RP[1] 매도(1994년)·표지어음[2] 발행(1994년)·국공채 창구판매(1995년)·금융채 발행(1997년) 등 일부 증권

---

1) RP란 repurchase agreement(환매조건부채권매매)이다. 이는 일정 기간이 경과한 후 일정한 가격으로 동일한 채권을 다시 매수하거나 매도하는 조건으로 채권을 매매하는 것을 말한다. 즉 채권의 매도와 환매라는 두 거래가 하나의 계약으로 구성되어 형식은 채권매매이나 경제적으로는 단기자금대차거래로서 단기자금의 운용과 조달수단으로 이용되고 있다. 이에 관한 상세는 후술한다.
2) 표지어음이란 「기업의 자금조달을 목적으로 기업어음·무역어음·팩토링어음 등을 근거로 금융기관이 별도의 자체어음을 발행하여 일반투자자에게 판매하는 어음」을 말한다. 기업이 발행하는 상업어음이나 무역어음 등은 발행기업의 사정에 따라 금액이나 만기일까지 기다리거나 이 어음을 재할인하는 등 자금을 회수하는 데 큰 어려움을 겪게 된다. 이 같은 불편을 덜어주기 위하여 은행이 돈을 빌려주고 받은 여러 가지 어음을 묶어 금액과 기간이 일정한 별도의 어음을 만들어 팔 수 있도록 한 것이 표지어음이다. 표지어음이란 이름도 몇 가지 어음을 근거로 해서 대표적인 어음(표지)을 만든다는 뜻에서 붙여진 이름이다.

업무 및 단기 금융업무 겸영을 허용하였다.

라. 금융개방

1990년대에는 금융산업에 대한 개방을 확대하고 외국인의 주식투자를 허용하였다. 은행의 경우 1994년 4월 외국은행의 사무소 및 지점 설치시 심사요건인 경제적 수요심사(economic needs test)제도를 폐지하고, 1995년 5월에는 국내에 지점을 설치하고자 하는 외국은행의 경우 사무소를 먼저 설치하여야 지점개설이 가능한 사무소 전치요건도 폐지하였다. 또한 1997년 2월에는 총자산 기준 세계 500대 이내 은행이어야 한다는 외국은행의 국내지점 설치기준도 폐지하였다.

6. 1990년대(외환위기와 그 이후)

가. 외환위기 발생과 IMF 지원요청

1997년에 한국경제는 대기업의 계속적인 부도와 함께 큰 폭의 경상수지 적자 지속·외자유입 부진 등으로 외환보유액이 줄어들고 환율이 상승하는 등 불안한 모습을 보였다. 하반기 들어 대기업 부실의 현재화·동남아시아 외환위기의 영향 등이 겹치면서 한국경제의 건전성에 대한 해외투자자의 불신이 높아져 외국인 주식투자자금이 유출로 돌아서고, 국제금융시장에서 한국 금융기관의 차입금 만기연장이 어려워지는 상황에 이르게 되었다.

특히 같은 해 11월 들어 금융기관의 외환사정이 급격히 악화되면서 외환시장에서 환율이 급등하고, 한국은행의 긴급 외화자금 지원이 불가피하여 외환보유액이 빠르게 감소하는 등 외환결제불능의 위기에 직면하게 되었다. 이에 따라 정부는 1997년 11월 IMF에 긴급 외화자금 지원을 요청하게 되었고, IMF와의 협의를 거쳐 12월 210억 달러 규모의 대기성차관협정을 체결하게 되었다. 이와 함께 IBRD와 ADB가 각각 100억 달러 및 40억 달러를 지원하기로 하였으며, 미국·일본 등 선진국도 233억 5천만 달러의 자금을 지원하기로 하였다.

나. 외환위기 후속조치

1) 외환위기가 발생하자 정부는 1998년 1월 해외채권은행들과 국내금융기관의 단기외채 만기연장에 대한 기본원칙에 합의하여, 4월 217억 달러의 단기외채를 정부보증 하에 만기 1~3년의 신규채무로 전환하였고, 외화유동성 확보를 위해 1998년 중 총 41억 달러의 외화표시 외국환평형기금채권을 발행하였다.

또한 외국인 투자자금의 유입을 촉진하기 위하여 1997년 말 채권시장을 개방한 데 이어 1998년에는 주식시장과 단기금융시장을 전면 개방하는 한편, 외국인에 의한 국내기업의 적대적 M&A 허용, 외국인 투자업종의 개방폭 확대, 국내 부동산 취득의 자유화 등 외국인 투자환경을 대폭 개선하였다. 이어서 정부는 외국인 투자에 대한 잔존 규제를 대부분 폐지하였다.

2) 한편 정부는 외환위기의 근본원인인 경제의 구조적 취약성을 개선하기 위하여 기업의 구조조정과 함께 금융개혁을 강력히 추진하게 되었다. 먼저 부실채권 누적 등으로 회생이 불가능할 것으로 판단되는 금융기관은 조기에 정리하고, 회생가능한 금융기관에 대해서는 합병·경영진 교체·조직 및 인력축소 등 강력한 자구노력을 전제로 공적자금 투입에 의하여 증자와 부실채권 정리를 지원함으로써 경영정상화를 도모하였다.

정부는 금융산업의 구조조정을 원활히 추진하기 위하여 먼저 예금자보호제도 및 금융기관 부실처리와 관련한 제도를 신속히 정비하였다. 1997년 12월 「예금자보호법」을 개정하여 금융권별로 분산되어 있던 예금보험관련기금을 예금보험공사가 관리하는 「예금보험기금」으로 통합하였다. 이에 따라 예금보험기금의 보호대상 금융기관은 은행에서 증권회사·보험회사·종합금융회사·상호저축은행 및 신용협동조합으로 확대되었다.

3) 금융기관의 부실처리와 관련하여서는 1997년 11월 「금융기관부실자산 등의 효율적 처리 및 성업공사의 설립에 관한 법률」을 제정하였다. 이에 따라 금융기관이 보유하고 있는 부실자산을 조기에 정리할 수 있도록 성업공사(현재의 자산관리공사) 내에 「부실채권정리기금」을 설치하였다. 이와 함께 「금융산업의 구조개선에 관한 법률」을 1998년 1월 및 9월 두 차례 개정하여, 부실금융기관의 범위를 넓히고 금융기관의 합병·감자 등에 필요한 절차를 간소화하였다. 또한 부실금융기관에 대한 정부 및 예금보험공사의 출자 및 감독기구의 감자명령근거를 신설하였다.

7. 2000년대 이후

1) 금융기관 경쟁력 강화와 다양한 금융서비스 제공을 위해 2000년에 금융지주회사법을 제정하였다.[1] 2003년 8월 「방카슈랑스」를 도입하여 은행의 보험상품판매를 허용하였다. 2004년 2월 한국은행은 요구불예금 금리를 자유화함으로써 금리자유화를 마무리하였다. 2007년 미등록 사채업자 등으로부터 금융소비

---

1) 2014년 말 현재 9개의 은행지주회사와 3개의 비은행지주회사로 총 12개의 금융지주회가 설립되어 있다.

자를 보호하기 위하여 1998년 폐지하였던 「이자제한법」을 다시 제정하였다.

2) 2007년 8월 종래의 「증권거래법」, 「간접투자자산운용업법」, 「신탁업법」 등 자본시장관련 6개 법률을 통합한 「자본시장과 금융투자업에 관한 법률」이 제정되어 2009년 2월부터 시행하게 되었다. 동법의 입법취지는 자본시장과 금융투자업에 대한 규제를 재편하여 금융혁신과 경쟁을 촉진하고, 대형투자은행 육성과 자본시장 활성화 등 직접금융시장을 확충함으로써, 기존 은행중심의 간접금융체계와 조화를 도모하기 위한 기반을 조성하기 위한 것이었다.[1]

Ⅲ. 중앙은행제도(한국은행)

1. 총   설

1) 거의 모든 나라는 중앙은행(central bank)을 가지고 있다. 중앙은행은 나라에 따라 그 형태와 조직이 다양하다. 중앙은행제도는 19세기 중반 유럽의 대형상업은행이 국가의 지원과 보호 하에 발권기능을 독점하면서 국가기관으로 발전함에 따라 형성되었다. 그 후 중앙은행은 발권은행으로서의 기능뿐만 아니라, 정부의 은행·은행의 은행으로서의 기능까지 수행하면서 근대적인 모습을 갖추어 오다가, 1930년대 초 「금본위체제」가 붕괴되고 「관리통화제도」로 이행하게 됨에 따라, 그 기능면에서 커다란 변화를 맞이하였다.

무제한적인 통화발행이 가능한 「관리통화제도」 하에서는 통화가치의 붕괴 위험이 언제나 잠재되어 있기 때문에, 통화가치의 안정을 위한 통화신용정책의 수행이 중앙은행의 가장 핵심적인 기능으로 자리 잡게 되었다. 또한 중앙은행은 통화신용정책 및 최종대부자 기능의 효율적인 수행을 위하여 지급결제제도의 운영·관리와 금융기관 감독·검사업무도 수행하고 있다.

2) 우리나라의 중앙은행인 한국은행은 1950년 6월 「한국은행법」에 의하여 설립되었다. 설립 당시 한국은행은 정부가 전액 출자한 법인으로서 자본금은 15억원이었다. 그러나 발권력을 가진 중앙은행의 경우 일반 회사와는 달리 영업활동을 위한 기초자산인 납입자본금의 필요성이 없다는 이유 등으로 제 1 차 「한국은행법」 개정시(1962년) 한국은행은 「무자본 특수법인」으로 전환되어 오늘에 이르고 있다.

---

1) 금융제도, 19면 이하 참조.

2. 금융통화위원회

한국은행 내에는 통화신용정책과 한국은행의 운영에 관한 사항을 심의·의결하는 「금융통화위원회」를 두고 있다. 금융통화위원회는 경제 각계의 대표에 의해서 운영되는 합의제 기구이다. 금융통화위원회를 합의제 기구로 설치·운영하는 취지는 중앙은행의 기능이 국민경제에 미치는 영향이 막중하다는 점에서 「정책결정의 민주화」와 「정치적 중립성」을 견지하려는 데 있다.

3. 한국은행의 정책목표

「한국은행법」은 한국은행의 설립목적을 「효율적인 통화신용정책의 수립과 집행을 통하여 물가안정을 도모하고 이 과정에서 금융안정에 유의하는 것」으로 규정하고 있다(한은 1조). 물가안정은 화폐를 발행하고 통화신용정책을 담당하는 한국은행의 기본적인 목표이며, 통화신용정책의 원활한 수행을 위해서는 금융안정이 필수적이기 때문이다. 따라서 한국은행의 정책목표는 「물가안정」과 「금융의 안정」으로 요약할 수 있다.

4. 한국은행의 주요기능

한국은행은 효율적인 통화신용정책의 수립과 집행을 통하여 「물가안정」을 도모함으로써 국민경제의 건전한 발전에 이바지함을 목적으로 하고 있다. 이를 위하여 한국은행은 발권은행으로서 화폐를 발행함은 물론 통화신용정책의 수립 및 집행, 지급결제제도의 운영·관리, 금융기관 경영실태 분석 및 검사, 외국환 관리 등을 수행하고 있다. 또한 한국은행은 국고금 관리, 국제금융기구와의 거래 및 교류, 경제조사 및 통계편제 등도 담당하고 있다.[1] 이를 간단히 분설하면 다음과 같다.

가. 화폐 발행

한국은행은 「한국은행법」이 정하는 바에 의하여 대한민국 내에서 은행권과 주화를 발행할 수 있는 「유일한 발권기관」이다(한은 47조). 한국은행은 정부의 승인을 얻어 금융통화위원회가 정하는 바에 의하여 어떠한 규격·모양 및 권종의 은행권도 발행할 수 있고, 한국은행권은 법화로서 모든 거래에 무제한 통용된다(한은 48조·49조).[2] 한국은행은 설립 이후 세 차례의 통화개혁을 단행하여 화폐체

---

1) 금융제도, 38면.
2) 우리나라의 발권제도는 은행권 발행에 대한 준비로서 금 또는 외국환의 보유를 요구하지 아니하며 화폐발행한도에 관하여도 아무런 제한규정을 두지 않는 등 통화당국의 책임 하에 통화공급

계를 정비한 바 있는데, 현재 유통되고 있는 은행권 및 주화는 1962년 제 3 차 긴급통화조치에 의한 원(₩)표시 화폐이다.[1]

나. 통화정책의 수립 및 집행

통화정책이란 독점적 발권력을 지닌 중앙은행이 통화량이나 금리에 영향을 미쳐 물가안정, 금융안정 등을 달성함으로써 경제가 지속가능한 성장을 이룰 수 있도록 하는 정책을 말한다.[2] 이러한 통화정책의 수단으로는 공개시장조작, 여수신제도, 지급준비제도 등이 운용된다. 이러한 수단들을 차례대로 간단히 살펴보기로 한다.

(1) 공개시장조작

공개시장조작은 「중앙은행이 금융시장에서 금융기관을 상대로 국채 또는 중앙은행 증권 등을 매매하여 금융기관의 자금사정을 변화시킴으로써 통화량과 단기시장금리를 조절하는 정책수단」이다(한은 68조).[3] 이러한 공개시장조작은 금융시장의 가격메커니즘을 통해 유동성을 기동성 있게 신축적으로 조정하는 것이 가능하다는 점에서 금리가 자유화되고 장단기 금융시장이 발달한 선진국의 경우 통화정책의 주된 수단으로 사용되고 있다.[4]

우리나라의 경우 1980년대 중반까지는 대상증권의 부족과 금리규제 등으로 공개시장조작이 제대로 수행되기 어려웠으나, 1980년대 중반 이후 금리자유화추진 등을 배경으로 점차 여건이 갖추어지면서 그 사용이 확대되어 현재는 통화정책의 주된 수단으로 활용되고 있다.

공개시장조작은 통화안정증권 발행 및 중도환매, 증권매매, 통화안정계정 예수 등을 통해 이루어진다. 통화안정증권은 통화량을 조절하기 위하여 한국은행이 발행하는 증권으로서 1961년 제정된 「한국은행 통화안정증권법」에 의하여 발행되고 있다. 다음으로 증권매매는 국공채 등을 매매하여 자금을 공급하거나 환수하는 것으로서 그 대상은 공개시장조작의 효율성과 대상증권의 신용리스크 등을 감안하여 국채·정부보증채·토지개발채권·통화안정증권으로 제한하고

량을 신축성 있게 조절하는 이른바 관리통화제도를 채택하고 있다.
1) 긴급통화조치 당시에는 500원·100원·50원·10원·5원·1원·50전·10전권의 은행권 8종과 10원·5원·1원화의 주화 3종이 발행되었다. 그 후 경제규모의 확대와 거래단위의 거액화로 고액권 발행의 필요성이 증대됨에 따라 1,000원권·5,000원권·10,000원권·50,000원권의 은행권과 100원화·500원화의 주화가 새로이 발행되었고, 500원권 이하의 은행권은 주화로 대체되어 발행이 중단되었다(금융제도, 55면).
2) 통화정책, 5면.
3) 통화정책, 100면.
4) 금융제도, 57면.

있다.[1]

(2) 여수신제도

중앙은행의 여수신제도는 중앙은행이 개별 금융기관(한국은행법상 금융기관은 은행금융기관으로 한정됨)을 상대로 대출을 해 주거나 예금을 받는 정책수단이다. 전통적으로 중앙은행의 통화정책 수단은 공개시장조작, 지급준비제도와 함께 대출제도를 의미하였다. 그러나 최근 들어 많은 중앙은행들이 개별 금융기관을 상대로 한 일시적 부족자금 대출과 함께 일시적 여유자금을 예수할 수 있는 대기성 「여수신제도(standing facility)」를 도입하면서 중앙은행의 대출제도는 여수신제도로 발전되었다. 한국은행도 2008년 3월 대기성 여수신제도인 자금조정대출과 자금조정예금을 새롭게 도입함으로써 이전의 중앙은행 대출제도를 「여수신제도」로 확대·개편하였다.

현재 한국은행이 상시적으로 운용하고 있는 대출제도에는 ① 금융기관의 자금수급 과정에서 발생한 부족자금을 지원하는 '자금조정대출', ② 금융경제상황과 중소기업 및 지역 금융동향 등을 감안하여 정한 한도 범위 내에서 지원하는 '금융중개지원대출', ③ 금융기관의 일중 지급·결제에 필요한 일시적인 부족자금을 당일 결제마감시까지 지원하는 '일중당좌대출' 등이 있다. 이들 대출은 어음재할인 또는 증권담보대출의 형태로 실행될 수 있으며, 담보의 종류에는 금융기관이 대출로 취득한 신용증권, 국공채, 통화안정증권 등이 있다.

이밖에도 한국은행은 「한국은행법」에 의거 자금조달 및 운용 불균형 등으로 유동성이 악화된 금융기관에 대한 긴급여신을 할 수 있으며, 금융기관으로부터의 자금조달에 중대한 애로가 발생하거나 발생할 가능성이 높은 경우 금융기관이 아닌 영리기업에 대하여도 특별대출을 실행할 수 있다.

한편 한국은행은 금융기관이 자금수급 과정에서 발생한 여유자금을 예치할 수 있는 「자금조정예금」제도를 운용하고 있다.[2]

(3) 지급준비제도

지급준비제도란 「금융기관으로 하여금 지급준비금 적립대상 채무의 일정비율(지급준비율)에 해당하는 금액을 중앙은행에 지급준비금으로 예치하도록 의무화하는 제도」이다. 중앙은행은 지급준비율을 조정하여 금융기관의 자금사정을 변화시킴으로써 시중 유동성을 조절하고 금융안정을 도모할 수 있다. 예를 들어 지급준비율을 올리면 은행들은 더 많은 자금을 지급준비금으로 예치해야 하기

---

1) 금융제도, 58면.
2) 자료: 한국은행.

때문에 대출 취급이나 유가증권 매입 여력이 축소되고 결국 시중에 유통되는 돈의 양이 줄어들게 된다. 이에 따라 시중 유동성이 줄어들게 되고, 과도한 대출 증가로 인한 금융불안 가능성도 방지할 수 있게 된다.

지급준비제도는 1980년대 이후 전세계적으로 통화정책이 통화량 중심에서 금리 중심으로 전환됨에 따라 그 활용도가 과거에 비해 저하된 것은 사실이지만 우리나라를 비롯한 주요국에서 여전히 중요한 통화정책 수단으로 간주되고 있다. 이는 금융기관으로 하여금 중앙은행에 일정규모의 지급준비금을 당좌예금으로 예치하게 함으로써 중앙은행 당좌예금계좌를 이용한 금융기관간 지급결제가 원활히 이루어지도록 함은 물론 단기시장금리를 안정시킴으로써 금리정책의 유효성을 제고하는 등 그 유용성이 크기 때문이다.

현재 우리나라의 지급준비제도 적용대상 금융기관에는 일반은행 및 특수은행이 있다. 이들 금융기관은 예금종류에 따라 현재 0~7%로 차등화되어 있는 지급준비율에 해당하는 금액을 지급준비금으로 보유하여야 한다. 한편, 한국은행법 개정에 따라 2011년 12월 17일부터는 기존 예금채무 이외에 일부 금융채에 대해서도 지급준비율을 부과할 수 있게 되었다. 금융기관은 동 지급준비금을 원칙적으로 한국은행 당좌예금으로 보유하여야 하나, 필요지급준비금의 35%까지 금융기관 자신이 보유하고 있는 한국은행권을 지준예치금으로 인정해 주고 있다.[1]

예금종류별 지급준비율(2015년 4월 2일 현재)

예금종류	지급준비율
장기주택마련저축, 재형저축	0.0%
정기예금, 정기적금, 상호부금, 주택부금, CD	2.0%
기타예금	7.0%

(4) 금융기관에 대한 직접규제

금융기관에 대한 직접규제는 공개시장조작, 대출정책, 지급준비정책 등과 같은 간접적인 정책방식을 활용할 여건이 마련되어 있지 않거나 이들만으로는 충분한 효과를 기대할 수 없는 경우에 사용하는 정책수단이다. 한국은행은 과거 금융기관에 대한 여·수신금리규제, 금융기관 여신에 대한 직접통제, 여신금지부

---

1) 자료: 한국은행.

문 지정, 중소기업대출비율제도, 제조업대출 지도비율제도 등의 직접규제수단을
사용하여 왔으나, 현재는 「중소기업대출비율제도」를 제외하고는 사용하지 않고
있다.[1]

다. 지급결제제도의 총괄·감시

1) 1980년대 중반 이후 금융자유화·국제화의 진전과 함께 금융전산화 및 정
보통신기술의 혁신을 배경으로 전자자금이체가 급속히 확대됨에 따라 지급결제
제도의 안전성 확보와 효율적 운영은 중앙은행의 주요한 책무 중 하나가 되었
다.[2] 한국은행은 금융기관으로부터 예금을 수입하고 이를 통하여 금융기관간의
자금결제를 완결하는 전통적인 기능을 수행함과 아울러, 금융기관간 거액자금거
래를 전자자금이체방식에 의하여 실시각으로 결제하는 한국은행 금융결제망
(BOK-Wire)을 구축·가동함으로써 지급결제제도의 중핵이 되고 있다.[3][4]

2) 「한국은행법」은 "한국은행은 지급결제제도의 안전성과 효율성을 도모하
기 위하여 한국은행이 운영하는 지급결제제도에 관하여 필요한 사항을 정할 수
있다"(한은 81조 1항)고 명시함으로써, 한국은행의 지급결제업무의 법적 근거를 명
확히 하였다. 이에 따라 한국은행은 현재 최종결제서비스의 제공, 한국은행 금
융결제망의 운영, 지급결제제도에 대한 감시 등의 업무를 수행하고 있다.

라. 금융기관 경영실태 분석 및 검사

(1) 금융기관 경영실태 분석

한국은행은 금융기관 경영실태와 관련한 자료를 수집하고 이를 분석하는
업무를 수행하고 있다. 이는 한국은행이 최종대부자로서의 기능을 원활히 수행
하고 또한 한국은행 자산의 부실화를 방지하는 데 목적이 있다. 즉 문제가 발생
할 경우 그 원인과 파급영향을 분석하여 최종대부자 기능을 발동할 것인지의 여
부를 적기에 결정하고, 지원 규모와 기간 등에 오류를 범하지 않기 위해서는 금
융시장의 동향은 물론 개별 금융기관의 경영상태를 상시적으로 파악하고 있어
야 하기 때문이다. 또한 한국은행은 금융기관에 대하여 거액의 대출을 공여하고

---

1) 금융제도, 65면.
2) 특히 정보통신기술의 발달 등으로 지급수단의 혁신이 이루어지고 새로운 금융기법이 확산됨에
  따라 주요국 중앙은행은 지급결제제도의 효율성 및 안전성 제고 등을 위하여 실시각 총액결제
  시스템을 직접 운영함은 물론 지급결제제도에 대한 중앙은행의 관리기능을 강화하는 추세이다.
3) 한국은행의 지급결제제도(BOK-Wire)는 금융기관간의 실시간 총액결제방식이나, 금융결제원의
  결제제도는 어음교환, 타행환 등으로 인하여 발생한 금융기관간 일일분의 대차를 상계한 후 차
  액의 이체를 한국은행에 의뢰하는 방식이다.
4) 금융제도, 66면.

있기 때문에 금융기관 경영실태에 대한 정확한 분석을 통하여 국민의 재산인 대출금이 부실화되지 않도록 관리하여야 할 필요성도 크다.

이를 위하여 한국은행은 개별 금융기관의 건전성 판별을 목적으로 경영실태분석기법을 개발하였으며,[1] 또한 2000년 8월부터 경영분석전산시스템(financial analysis & information retrieval system: FAIR System)을 구축하여 금융기관 경영에 관련된 각종 정보를 종합·관리하고 이를 바탕으로 금융기관경영실태를 효율적으로 분석·파악하고 있다.[2]

(2) 금융기관 검사

한국은행은 금융통화위원회가 통화신용정책 수행을 위하여 필요하다고 인정하는 경우 금융감독원에 대하여 구체적 범위를 정하여 금융기관에 대한 검사를 요청할 수 있다. 또 필요시 한국은행 소속 직원이 금융감독원의 금융기관 검사에 공동으로 참여할 수 있도록 요구할 수 있다. 이 경우 금융감독원은 대통령령으로 정하는 바에 따라 지체 없이 응하여야 한다(한은 88조 1항).

그리고 한국은행은 금융기관에 대하여 일시적인 긴급여신을 하였거나 비은행금융기관 등에 여신을 제공한 경우 당해 금융기관 등의 업무와 재산상황을 조사·확인할 수 있다. 그리고 한국은행은 금융통화위원회가 통화신용정책 수행을 위하여 필요하다고 인정하는 경우 금융기관에 대하여 자료제출을 요구할 수 있다(한은 87조).

마. 외환정책 관련업무

1) 한국은행은 설립 당시에는 외환정책 결정기관으로서 외환정책의 수립·집행 및 외국환 관리 등에 관한 업무를 관장하였다. 그 후 1961년 12월 외국환관리법이 제정되고 1962년 5월 한국은행법이 개정됨에 따라 외환정책의 수립·집행에 관한 업무는 정부로 이관되었다. 정부는 1997년 외환위기를 계기로 자본시장의 대외개방을 더욱 적극적으로 확대하였으며, 1999년 4월에는 종전의 「외국환관리법」을 폐지하고 「외국환거래법」을 시행하여 대부분의 기업 및 외국환은행의 대외거래를 자유화하였고, 2001년 1월에는 송금 등 개인의 대외거래를 자

---

1) 한국은행 경영분석기법은 동향분석모형(CLEAR모형)과 예측분석모형(FORESEE모형)으로 구성되어 있다. 동향분석모형은 각종 분석지표를 종합적으로 활용하여 금융기관의 경영건전성을 평가할 수 있도록 종합평점법(credit scoring method)에 의거 개발하였으며 판별분석법을 보조적으로 활용하도록 하고 있다. 예측분석모형은 여러 측면에서 미래의 은행 부실화 징후를 사전에 파악할 수 있도록 Logit 모형에 의한 도산확률예측기법, 위험허용수준과 주가동향 등에 의한 도산확률예측기법 등 다수의 경영분석기법을 활용하여 개발하였다.
2) 금융제도, 68면.

유화하였다.

2) 현행 「외국환거래법」은 외국환관리와 관련한 책임과 권한을 정부에 부여하되, 권한의 일부를 금융위원회, 증권선물위원회, 관계 행정기관의 장, 한국은행총재, 금융감독원장, 외국환업무취급기관등의 장 등에게 위임·위탁하여 행사하도록 하고 있다(동법 23조 1항). 「한국은행법」에서는 한국은행이 정부의 인가를 받아 외국환업무 및 외국환의 보유, 외국의 금융기관·국제금융기구·외국정부 등으로부터의 예금의 수입 등의 업무와 정부의 환율정책에 대해 협의하는 기능을 수행하도록 규정하고 있다(한은 82조·83조).

바. 기   타

1) 한국은행은 통화금융동향 및 국내외 경제전반에 관한 조사연구업무를 통하여 국내외 경제 움직임을 분석·전망하고 또한 정책대안을 제시함으로써 통화신용정책을 비롯한 여러 가지 국가경제정책의 입안시 기초자료로 활용할 수 있도록 하고 있다. 정부가 금융통화에 관한 중요한 정책을 수립하는 때에는 금융통화위원회의 의견을 들어야 하고(한은 93조), 정부와 금융통화위원회는 정책의 수립에 필요하다고 인정하는 경우 상호간에 자료를 요청할 수 있고, 이 경우 특별한 사유가 없는 한 이에 응하여야 한다(한은 94조).

2) 한편 한국은행은 경제현황의 정확한 진단을 위하여 각종 통계를 편제하고 있는데, 현재 한국은행이 작성·발표하고 있는 주요 통계로는 통화금융·국제수지·자금순환·국민계정·생산자물가지수·기업경영분석·산업연관표 등이 있다. 그 외에도 한국은행은 국고금을 관리하고 정부에 신용을 공여하는 등 정부의 은행으로서의 기능을 수행하고 있다(한은 71조). 먼저 한국은행은 대한민국 국고금의 공적 예수기관으로 모든 종류의 국고금을 정부예금으로 예수하고 이의 출납계리 업무도 담당하고 있다. 한국은행은 정부에 대하여 당좌대출 또는 기타 형식의 여신을 할 수 있으며, 국채 또는 정부보증채를 직접 인수할 수 있다(한은 75조).

Ⅳ. 은행제도

1. 은행제도의 여러 유형

각국의 은행제도는 그 나라의 정치·경제·사회·문화적 유산에 따라, 업무영역 또는 지역적 활동범위, 존립방식 등에 있어서 상이한 특성을 보인다.

가. 겸업은행제도와 전문은행제도

(1) 각 제도의 특징과 구분의 기준

1) 「겸업은행제도」와 「전업은행제도」의 구분은 은행의 업무범위, 즉 은행이 타금융업에 어느 정도 손을 댈 수 있는가에 따른 구분이다. 은행이 타산업에 손을 대는 문제와 타산업이 은행에 손을 대는 문제를 혼동하여 모두 금산분리의 문제로 오해하는 경우가 종종 있다. 그러나 전자는 은행의 「업무범위」의 문제이며, 후자는 은행의 「소유제한」의 문제로서, 양자는 전혀 다른 개념이므로 혼동이 없도록 주의할 일이다. 은행이 특수한 목적 또는 경쟁상의 비교우위에 따라 은행업과 증권업 등을 분리하여 소수의 특정한 업무에만 전업하는 것을 「전업(분업=전문)은행제도(specialized banking system)」(전업주의)라고 하고, 은행업과 증권업 등을 겸영하는 것을 「겸업은행제도(universal banking system)」(겸업주의)라고 한다.[1]

2) 겸업은행제도라 하면 은행이 고유업무인 예금과 대출업무뿐만 아니라 은행 주변 업무, 신탁업무, 증권업무, 보험업무와 장기의 산업금융까지 참여하여 종합적인 금융 서비스를 제공하는 은행제도라고 이해할 수도 있다. 그러나 전문은행과 겸업은행의 구분은 「은행이 증권(투자)업을 원칙적으로 제한 없이 영위할 수 있는가의 여부」에 따른 구분이라고 보아야 한다. 예컨대 은행이 보험업이나 신탁업 또는 신용카드업을 겸영하더라도 이를 겸영은행이라고 부르지는 않는다. 그러나 최근에 들어서는 각종 파생상품이나 연금 등 어떤 특정기관의 고유업무라 할 수 없는 공통영역이 늘어나는데다 대부분의 금융기관들이 정도에는 차이가 있지만 자신의 핵심업무 이외에 타업의 핵심업무를 포함한 여러 주변업무를 겸영하고 있기 때문에 겸업제도와 전업제도로 명확하게 구분하는 것은 쉽지 않다는 견해도 있다.[2]

3) 또 하나의 문제는 겸업이냐 전업이냐의 기준을 어디에 둘 것인가이다. 즉 은행이 자체적으로(in-house) 증권투자업을 영위할 경우에만 겸업주의로 볼 것인가 또는 「지주회사」 내지 「자회사」 방식으로 실질적으로 타업을 영위하는 경우에도 겸업주의로 보아야 할 것인가의 문제가 있다. 전자(내부겸업)를 기준으로 구분할 경우에는 독일의 경우를 제외하고는 겸업주의국가를 찾기 어렵다. 그러나 후자(외부겸업)를 기준으로 한다면, 우리나라 뿐만 아니라 미국, 영국, 일본 등 주요국은 지주회사 내지 자회사 방식으로 업종간 경계를 허물고 사실상 타업을 영

---

1) 금융기관론, 41면.
2) 금융기관론, 42면.

위하기 때문에 겸업주의를 택하고 있다고 보아야 한다.

(2) 주요국의 제도운용

은행의 업무영역에서는 각국의 초기 산업과정에서 자본시장의 발달정도와 기업의 자금조달행태에 크게 영향을 받아 나라별로 사정이 같을 수가 없었다. 자체 겸영여부를 기준으로 한다면, 전통적으로 영국·미국과 이의 영향을 깊이 받은 일본과 우리나라 등은 「전업은행제도」를, 독일·이탈리아·프랑스 등 대륙계 국가는 「겸업은행제도」를 채택하였다고 볼 수 있다.

㈎ 미   국

미국은 1929년 대공황의 여파로 시작된 은행도산이 고수익 추구를 위해 위험이 큰 증권업에 지나치게 참여한 데 따른 것으로 판단하고, 1933년 「은행법(Banking Act of 1933, Glass-Steagall Act)」 제정을 통해 은행의 증권업무 취급을 엄격히 금지하였다. 그러나 1970년대 중반 이후 금융혁신, 금융증권화 등으로 금융산업간 경쟁이 격화되면서 은행지주회사가 자회사 등을 통해 법규해석상 금지여부가 모호한 증권업무에 진출하였다. 이는 대부분 법원과 연방준비제도에 의해 합법화되거나 제한이 완화됨으로써 은행의 증권업진출이 확대되어 오다가 결국 1999년 11월에 동법과 함께 은행의 겸업을 금지해 온 「은행지주회사법」이 폐지되고 이와 동시에 「금융개혁법(Financial Service Modernization Act of 1999)」이 제정되어 은행·증권·보험 상호간의 업무장벽이 철폐되어 이들 간의 겸업이 가능하게 되었다.[1]

겸업의 형태는 종전까지 지주회사 중심의 제한된 겸업화가 이루어졌으나 위 법률의 발효로 은행의 증권 중개업 영위 등 겸영확대와 함께 금융지주회사의 자회사 방식으로 은행자회사, 보험자회사, 증권자회사 및 기타 금융자회사가 제한 없이 해당업종의 고유업무를 영위할 수 있게 되었다. 그리고 국법은행의 경우 직접 증권 자회사를 소유할 수 있게 되었다.

2008년 리먼 브라더스 사태로 촉발된 이른바 글로벌 금융위기의 재발을 막기 위해 오바마 행정부가 2010년 7월 「금융개혁법(Dodd-Frank Act)」을 발표하였다.[2] 법안의 주요내용은 금융회사에 대한 규제 및 감독 강화, 금융감독기구 개편, 중요 금융회사 정리절차 개선, 금융지주회사 등에 대한 감독 강화, 지급결제 시스템에 대한 감독 강화 등을 골자로 하고 있다. 특히 이 법안에서 주목할 것은 금융지주회사에 대한 감독 강화방안의 하나로 상업은행과 투자은행의 역할을

---

1) 전철환·함정호, 「한국은행산업의 진로」, 지식산업사, 2000, 78~80면 참조.
2) 이 법안은 3,500쪽에 걸쳐 400개 법안을 담고 있어 대공황 이후 최대 금융개혁법안으로 불린다.

분리한 이른바 「볼커룰(Volcker Rule)」[1]이 포함되어 있는 점이다. 향후 이 법안이 어떻게 시행되는가에 따라 미국 은행산업이 영향을 받게 되리라고 본다.

㈏ 영   국

영국의 금융제도는 역사적으로 분업주의를 채택하여 왔다. 단기상업금융과 소매금융업무를 전문적으로 취급하는 「예금은행(clearing banks)」과 기업금융과 증권인수업을 전문으로 하는 「상인은행(merchant banks)」, 증권회사 등은 업무가 구분되어 있었다. 이러한 분업주의는 1960년대 후반부터 변화되기 시작하여 예금은행들이 「자회사」를 통하여 머천트뱅크업무에 진출한 이래 예금은행과 머천트뱅크에 대한 업무구분규제가 폐지되었으며, 이러한 추세가 가속되어 영국은 1970년대를 거쳐 1980년대에 본격적으로 자회사를 통한 겸업주의를 확립하게 되었다.[2]

이러한 영국도 글로벌 금융위기이후 대형은행[3]의 파산을 경험하면서 은행개혁을 위해 겸업제한을 강화하는 방안을 마련하였다. 영국은 2013년 12월 「은행개혁법(Banking Reform Act 2013)」을 제정하면서, 금융시스템 충격으로부터 은행의 핵심업무를 보호하고 부실은행 정리시 핵심서비스의 지속적 제공을 보장하기 위하여 은행의 예금취급업무와 투자금융업무를 분리(ring-fencing)하여 은행의 핵심업무를 보호하는 장치를 마련하였다.[4]

㈐ 일   본

일본의 경우 근대적인 은행제도 도입 당시 영국의 제도를 참고하였기 때문에 패전 이전까지는 은행의 증권업 겸영을 금지하는 명시적인 법규가 없었음에도 불구하고 전업주의 관행을 유지하여 오다가, 패전 후 미국 금융제도의 영향을 받아 원칙적으로 은행의 증권업무 취급을 금지하도록 법제화하였다. 그러나 1970년대 이후 국채 소화 촉진 등의 이유로 은행의 증권업무 취급범위가 점차 확대되었다. 또한 1980년대 중반 이후 금융국제화 등으로 금융업종간 업무영역 완화방안이 구체적으로 논의되었다. 1994년 은행의 증권 자회사 설립이 허용되었고, 1997년 12월에는 미국형 은행지주회사제도를 도입하기 위하여 관계법을 제정하고, 은행지주회사가 증권, 보험 등 금융업을 영위하는 자회사를 소유할 수 있도록 하였다.[5]

---

1) 전 연방준비제도이사회(FRB) 의장이자 오바마 정부의 백악관 경제회복 자문위원회(ERAB) 위원장인 폴 볼커(Paul Volcker)의 제안이 대폭 반영되었다 하여 볼커룰(Volcker rule)이라고 부른다.
2) 이근영, 「주요국의 금융제도와 시사점」, 한국은행 조사국, 2004, 33면.
3) 이른바 리먼사태 이후 Northen Rock, RBS, HBOS 등 영국의 대형은행이 파산하게 되었다.
4) 한국은행, "영국 은행개혁법의 주요내용," 2014. 6.
5) 金融, 31면; 전철환·함정호, 전게서, 85면 이하 참조.

2005년 일본은 「은행법」, 「증권거래법」, 「보험업법」 등 주요 금융관련법들을 정비하여 겸업에 대한 규제를 대폭 완화하는 한편 2007년 8월부터 금융자본시장의 기본적인 거래규정을 정한 법률로서 종래의 「증권거래법」, 「투자신탁업법」, 「선물거래법」 등을 단일법으로 통합한 「금융상품거래법」이 전면적으로 시행되고 있다.[1]

　　㈜ 독　　일

독일은 은행이 여수신업무 외에도 증권투자업을 자체적으로(in-house) 제한 없이 영위할 수 있도록 허용하는 겸업은행제도의 대표적 국가이다.[2] 이 이유는 대체로 다음과 같다. 독일은 19세기 중반 산업혁명이 시작되면서 늘어난 산업자금 수요를 충족하기 위해 주식회사 형태의 민간소유은행(Kreditbanken)을 다수 설립하였다. 당시 독일에서는 영국과 달리 산업자본이 제대로 축적되지 못해 은행이 상업은행 업무만으로는 유지할 수 없었다. 또한 기업은 증권시장의 기반이 취약했기 때문에 투자자금을 전적으로 은행에 의존할 수밖에 없었다. 따라서 은행은 당시 산업발전정책을 적극 추진하던 정부의 영향 아래 국가산업발전 지원을 정관에 명기하는 등 정부의 산업발전정책에 호응하면서 산업화에 소요되는 대규모 자금을 장기로 대출하거나 직접투자 형태로 공급하는 투자은행업무까지 취급하는 증권업무 직접겸영형태로 발전하여 오늘까지 이어지고 있다는 것이다.[3]

은행의 보험업 직접겸영은 은행법에 따라 금지되고 있다. 따라서 은행은 주로 전문 보험회사와 업무제휴를 통한 보험상품 판매업무를 취급하고 있다.

　　(3) 향후의 전망

1980년대에 들어 세계적인 금융산업에 대한 규제완화와 전자 및 통신기술의 발달에 따라 전통적인 상업은행들이 본연의 상품인 예금·대출 및 결제업무 이외에 증권·보험 등과 연계된 상품을 직접 또는 자회사를 통하여 취급하거나 증권회사·보험회사 등 여타 금융기관과의 업무제휴를 통하여 주변업무에 진출하고 있다. 미국·영국·일본 등 전업주의를 채택하여 온 국가들이 은행의 업무영역 제한을 대폭 완화하거나 철폐하여 세계 각국은 혼합주의를 넘어 겸업주의로 이행되어 가는 추세에 있다.[4]

---

1) 금융기관론, 43면.
2) 우리나라의 은행법에 해당하는 독일의 신용조직법(KWG)은 은행업(Bankgeschäft)을 「예금업무·여신업무·할인업무·금융상품위탁거래업무·유가증권보관관리업무·투자업무·만기전대출채권인수보증업무·지로업무·유가증권인수업무·전자화폐업무」로 정의함으로써[KWG §1(1)], 은행업에 증권업을 포함시키고 있다[주석(은행), 정대화 집필부분, 50면].
3) 전철환·함정호, 전게서, 82면.
4) 금융기관론, 43면.

우리나라는 그 기준을 「내부겸영(in-house)」에 둘 경우에는 은행·증권회사와 보험회사가 각각 은행업·증권업과 보험업을 고유업무로 하고 일부업무에 한해서 서로 부분적·제한적으로 겸영하고 있어, 우리나라 은행은 겸업주의 성격을 일부 띠고는 있으나, 원칙적으로 전업주의의 골격은 유지하고 있다고 보아야 할 것이다. 그러나 그 기준을 「외부겸영」에 둘 경우에는 우리나라도 이미 지주회사·자회사의 형태로 은행은 실질적으로 타업을 영위하고 있기 때문에 겸업주의국가라고 보아야 하며, 앞으로도 세계적인 금융자유화·개방화 추세에 따라 궁극적으로는 업종간의 장벽이 점차 제거되어 갈 것으로 전망된다.

나. 단점은행제도와 지점은행제도

각국은 역사적·지리적·사회적 이유에 따라서 단점 또는 지점은행제도를 채택하고 있다. 단점은행제도(unit banking system)는 「지점이 없거나 있더라도 그 설치가 지역적으로 엄격하게 제한되어 운영되는 제도」인데, 종래 미국의 은행제도가 대표적인 예이다. 그러나 미국도 1994년 Interstate Banking and Branching Efficient Act(Riegle-Neal 법)의 제정으로 주간 영업을 허용함으로써 단점은행제도는 사실상 폐지되었다.

지점은행제도(branch banking system)는 「전국적 지점망을 갖는 은행제도로 우리나라와 일본 및 서구의 은행제도가 채택한 방식」이다. 일반적으로 단점은행들은 지점은행들보다 규모가 작다고 한다.[1]

다. 지주회사소속 은행제도와 비소속 은행제도

1) 지주회사란 「주식(지분)의 소유를 통하여 국내회사의 사업내용을 지배하는 것을 주된 사업으로 하는 회사로서 자산총액이 대통령령이 정하는 금액 이상인 회사」를 말한다(독점 2조 1의 2호). 이러한 지주회사를 설립하고자 하거나 지주회사로 전환하고자 하는 자는 대통령령이 정하는 바에 의하여 공정거래위원회에 신고하여야 한다(독점 8조).

2) 금융지주회사라 함은 「주식(지분)의 소유를 통하여 금융업을 영위하는 회사(금융기관) 또는 금융업의 영위와 밀접한 관련이 있는 회사를 대통령령이 정하는 기준에 의하여 지배하는 것을 주된 사업으로 하는 회사」를 말한다(금지 2조 1항 1호).

3) 특히 은행지주회사라 함은 「은행을 포함하여 1 이상의 금융기관을 지배

---

1) 금융기관론, 56면.

하는 금융지주회사」를 말한다(금지 2조 1항 5호).

4) 지주회사소속 은행이란 위와 같은 은행지주회사의 자회사의 형태로 존재하는 은행을 말하고, 비소속 은행이란 그 이외의 은행을 말한다.

[근대적 은행제도의 도입]

우리나라에서 근대적 은행제도가 도입된 것은 1878년 6월 일본 제일은행의 부산지점 설치에서 비롯되었다. 제일은행은 그 후 원산(1880년)·인천(1883년)·서울(1888년)·목포(1898년)·진남포(1903년) 및 군산(1903년) 등에 각각 지점 또는 출장소를 설치하였으며, 그 후 다시 평양과 대구에도 지점을 설치하였다. 또한 제일은행 이외에도 1889년 제18은행이 부산과 원산에, 그리고 1891년에는 제58은행이 부산에 각각 지점을 설치하였고, 1907년에 흥업은행이, 1908년에는 밀양은행 등의 일본계은행이 설립되었다.

이러한 일본계은행의 진출은 한일양국의 급속한 교역증대에 따라 환 또는 환전업무를 취급할 필요성이 있다는 데 명분을 두고 이루어졌으나, 그 진의는 일본 대륙침투를 위한 금융자본의 진출에 있었다고 할 것이다. 이 중에서도 특히 선봉적인 역할을 수행하였던 것이 일본 제일은행으로서 이 은행은 일반은행업무 이외에도 각 개항장에서 관세업무 및 지금은(地金銀)의 매입업무 등을 수행하였다. 또한 1904년 구한국정부와 국고금취급에 관한 계약을 체결함으로써 국고금 취급사무를 전담하게 되었고, 이어 1905년에는 화폐정리에 관한 사무를 위임받아 우리나라의 실질적인 중앙은행으로서의 기능을 수행하게 되었다.

이와 같이 일본계은행이 국내에 진출하여 독점적인 금융기반을 확립하고 자국 상공업자들의 자금조달에 주력하게 되자, 우리나라의 상권은 점차 일본상인의 손에 의하여 지배되기 시작하였다.

이에 자극을 받은 한국인들은 우리나라의 상공업자들의 권익을 보호하기 위하여 1890년대에 들어서면서부터 민족자본에 의한 근대적 금융기관의 설립운동에 나서게 되었다. 이리하여 1894년 이래 조선은행·한흥은행·제국은행 등이 잇따라 설립되었으나, 자본력의 부족으로 1년도 못되어 모두 폐점하였다. 이어서 1897년에는 한성은행, 1899년에는 대한천일은행이 본격적인 민족금융기관으로서 첫 출발을 보게 되었다. 그러나 창립초기에 있어서는 이들 금융기관은 재정문란으로 외국 차관이 필요하게 된 구한국정부에 대하여 제일은행 자금을 융통하여 주는 등의 부대적인 임무에 주력하였을 뿐, 자본난과 정치적 불안으로 인하여 처음부터 경영난에 봉착하였다. 특히 을사보호조약체결(1905년)을 전후한 금융공황을 계기로 이들의 경영난이 한층 심각하여지게 되자, 정부는 1906년에 「은행조례」를 공포하여 한성은행에 10만원, 천일은행에 22만5천원을 무상으로 대여함으로써, 그 업무의 정상화를 기하는 동시에 경영면에도 깊이 관여하게 되었다. 한편 1906년 6월에는 서울에 있는 한국인 실업가의 공동출자로 한일은행이 새로운 전국 규모의 일반은행으로서 그 첫 출발을 보게 되었다.[1]

---

1) 금융제도(1975), 18면.

2. 은행의 기능

가. 경제성장 재원의 공급 및 자원의 효율적 배분

은행은 국민경제 내에서 가계 등 자금잉여부문으로부터 다수의 소액자금을 집적하여 대규모 자본을 형성하고, 이를 자금부족부문인 기업에 신용형태의 투자재원으로 공급하여 기업활동을 촉진함으로써 국민경제의 성장과 발전에 기여한다. 은행은 자금중개기능을 통하여 가계의 유휴 소액자금을 흡수하여 투자재원으로 활용될 수 있도록 함으로써, 국민경제 내에서 자금이 효율적으로 배분·사용될 수 있도록 한다.

나. 예금자의 안정적인 재산형성에 기여

은행은 불특정다수인으로부터 자금을 조달하여 기업 등 자금수요자에게 자금을 공급한다. 은행은 이 과정에서 여유자금을 맡긴 예금자에게 자금의 사용대가로 사전에 약정한 이자를 지급함으로써 보다 안전한 재산형성 기회를 제공한다. 은행예금은 예치된 자금의 원본이 보장된다는 점에서 기타의 금융수단인 주식이나 파생상품 등에 비하여 안전성이 우월하다.

다. 중앙은행 통화신용정책의 매개

중앙은행은 물가안정의 유지 등의 목적으로 국민경제에 적절한 통화량을 공급하는 공적 임무를 수행하는데, 은행은 중앙은행이 수립·집행하는 통화신용정책의 중간매개기관으로서의 역할을 한다.

은행은 중앙은행이 예금지급준비정책, 대출정책 및 공개시장조작 등의 통화신용정책수단을 운용함에 있어 중앙은행의 거래상대방이 된다. 은행은 중앙은행과의 거래를 통하여 중앙은행의 통화환수조치에 응하거나 중앙은행으로부터 본원통화를 공급받아 기업 등의 민간부문에 예금통화를 공급함으로써 중앙은행이 통화관리목적을 달성하는 데 협력한다.

라. 지급결제제도의 중추

가계, 기업 등 경제주체간의 거래로부터 발생하는 채권·채무는 현금으로 결제되기도 하지만, 많은 경우 자금이체 또는 어음·수표, 신용카드 등의 「비현금지급수단」에 의하여 이루어진다. 은행은 요구불예금을 통하여 계좌간의 자금이체를 가능하게 하고, 비현금지급수단에 의한 지급이 은행간 청산결제를 통하여 종국적으로 결제되도록 하는 기능을 수행한다.

은행의 지급결제서비스는 시간적, 공간적으로 분리된 채권·채무의 안전하고 신속한 결제를 통하여 거래당사자의 결제비용을 절감함으로써, 거래가 보다 활발하게 이루어지게 하고 나아가 국민경제 전체적으로 생산과 소비를 촉진시켜 경제성장에 기여한다.[1)

3. 은행업의 위험구조

가. 높은 부채(예금채무)의존도

은행은 불특정다수로부터의 자금조달에 의존하는 금융업의 속성상 자기자본 대비 부채의 비율이 다른 일반회사와 비교할 수 없을 정도로 높다. 따라서 은행은 영업손실이 발생하는 경우 예금채무에 대한 지급능력을 담보하는 자기자본의 완충력에 한계가 있고, 이는 은행재무구조의 불안요소로 작용하게 된다. 특히 은행의 예금채무는 은행의 자산운용실적과 관계없이 약정이자를 더하여 상환하여야 하는 성질을 가지므로 자산운용의 건전성이 훼손될 경우, 그 만큼 부채상환(예금환급)에 대한 신뢰를 상실하게 될 위험이 크다.

나. 예금과 대출의 만기 불일치

은행의 요구불예금은 예금자의 요구가 있으면 언제든 바로 환급해 주어야 하나, 대출은 원칙적으로 약정기한 내에는 상환요구를 할 수 없는 법적 성질을 갖고 있다.[2) 이와 같이 은행은 자산(대출금)과 부채(예수금)의 만기가 일치하지 않는 회계구조를 갖고 있기 때문에, 예금을 주로 유동성이 제약되는 기한부대출로 운용할 경우 일시에 예금의 인출사태가 일어날 때에는 유동성위기를 맞을 수도 있다.

은행은 이러한 만기불일치 구조에 대비하여 중앙은행에 예금지급준비금을 예치해 두어야 하지만(한은 55조), 은행의 부실징후 등을 이유로 예금자들이 동시에 예금인출을 요구해 오는 경우에는(bank run) 지급에 응할 수 있는 자금이 부족하게 되는 유동성위기에 빠질 위험이 높다.

다. 채권자(예금자)의 취약한 감시기능

은행이 특정 기업의 채권자일 경우에는 채권의 안전한 회수를 위해 해당기업의 경영상태를 감시하는 등 채권관리에 만전을 기한다. 은행의 최대 채권자는 예금자들이다. 그런데 그들은 불특정다수인들이기 때문에 그들 사이에는 「횡적유대」가 없기 때문에 그들이 채권자로서 은행의 경영을 감시하고 예금채권을 관

---

1) 주석(은행), 정대화 집필부분, 34~37면.
2) 예금의 법적 성질은 민법상 소비임치이고, 대출은 소비대차이다. 이에 관한 상세는 후술한다.

리한다는 것은 기대하기 어렵다. 예금자는 수적으로 많으면서 조직화되어 있지 않을 뿐 아니라, 절대 다수의 예금자는 은행경영에 대한 전문지식이 결여되어 있어 은행의 경영에 대한 평가능력이 부족하기 때문이다.

라. 은행간 위험전이

은행은 개별은행 단위로 특수한 위험 구조를 가지고 있을 뿐 아니라 산업전 체적으로도 하나의 은행이 유동성부족 또는 경영부실 등으로 인하여 지급불능상 태 또는 예금인출사태에 빠질 경우, 다른 은행에까지 그 위험이 전이될 가능성 이 높다. 모든 은행이 지급결제제도의 네트워크를 형성하고 있고, 일개 은행의 신용위험은 다른 은행의 예금자들에게도 심리적 불안을 야기하기 때문이다.[1]

4. 주요국의 은행제도

가. 미   국

1) 미국의 은행제도는 상당히 복잡하다. 미국의 은행은 우선 설립의 근거법 에 따라 국법은행(國法銀行)과 주법은행(州法銀行)으로 구분하는 이원적 상업은행 제도(Dual Banking System)를 가지고 있다. 즉 연방법(12 U.S.C. 3102, 12 CFR Part 28)에 의하여 통화감독청(OCC)의 설립인가와 감독을 받는 은행을 국법은행(National Bank)이라 하고, 주(州)은행법에 의하여 해당 주정부의 설립인가와 감독을 받는 은행을 주법은행(State Bank)이라고 한다.[2] 그 이외에도 연준가맹은행·비가맹은 행, 연방예금보험공사 부보은행·비부보은행 등으로 다기화되어 있다.

2) 국법은행은 연방준비제도(FRB)에 반드시 가맹하여야 하며, 연준가맹은행 은 연방예금보험공사(FDIC)에도 가맹하여야 한다. 주법은행은 연방준비제도 가 맹이 임의적이나, 연방준비제도 가맹시에는 연방예금보험공사에 의무적으로 가 맹하여 연준과 연방예금공사의 감독을 받게 된다. 연준 비가맹 주법은행은 주법 에 따라 연방예금보험공사에 부보(대다수 주에서 의무화)할 수 있으며, 이 경우 동 공사의 감독을 받게 된다.

---

1) 주석(은행), 정대화 집필부분, 38~40면 일부 참조.
2) 미국의 은행제도가 복잡한 것은 그 복잡한 역사로부터 유래한다. 미국은 합중국이라 각 주(州) 의 힘이 강하고 지방분권의식이 강하다. 이러한 연유로 독립직후에는 주의 정부에 의하여 인가 된 주법은행만이 존재하였다. 당시의 주법은행은 발권업무, 즉 지폐의 발행이 가능하였다. 그런데 남북전쟁으로 재정난에 봉착하였던 연방정부는 1864년 은행법에서 은행면허제도를 도입하여 국 가기관인 통화감독청(OCC)이 인가하는 국법은행을 만들어, 국법은행에만 발권업무를 인가하였 다. 이로서 주법은행에 더하여 국법은행이 탄생하게 된 것이다. 그 후 1913년에 중앙은행인 연방준 비제도(FRS)와 그 집행부인 연방준비은행(FRB)이 설립되어, 발권업무는 FRS가 독점하게 되었다.

3) 그 밖에 주택금융에 종사하는 저축대부조합(savings and loan association) 및 상호저축은행(mutual savings banks) · 소비자금융을 중심으로 하는 신용조합(credit union)이 있는데, 이들은 모두 소액예금 또는 출자금을 자원으로 하여 영업을 하고 있으며 저축금융기관이라고 불리운다.

나. 중   국

중국 국무원 산하에 은행업감독관리위원회, 증권감독관리위원회 및 보험업감독관리위원회 등 금융권역별 3개의 감독기관이 있다. 그 가운데 은행업감독관리위원회의 감독 하에 있는 은행업금융기관(Banking Institutions)은 대체로 아래와 같이 분류된다.[1]

(1) 정책은행

정책은행은 국가의 산업 · 지역발전정책을 수행하는 것을 목적으로 하는 비영리금융기관으로서 정부의 전액출자로 설립되었다. 개인예금은 수입하지 않으며, 재정교부금, 정책금융채의 발행, 중앙은행으로부터의 차입이 주된 자금조달원이다. 정책은행에 해당하는 것으로는 국가개발은행, 중국수출입은행, 중국농촌발전은행 등 3개의 은행이 있다.

(2) 상업은행

상업은행은 요구불예금을 수입할 수 있는 금융기관이다. 중국의 상업은행법에 의하면 상업은행의 업무범위는 우리나라 일반은행의 그것과 별 차이가 없다. 상업은행은 다시 대형상업은행, 주식제상업은행, 도시상업은행, 농촌상업은행 등으로 분류된다.

(3) 농촌신용조합

농민 · 농촌지역의 중소기업 등이 출자하여, 주로 출자자를 위한 금융서비스를 제공하는 금융기관이다. 농민 · 개인사업자 등을 대상으로 여 · 수신업무를 수행하거나 은행의 위임업무를 대리한다.

(4) 기   타

농촌합작은행, 신형농촌금융기관, 우정저축은행, 외자은행 등이 있다. 농촌합작은행은 협동조합과 주식회사의 성격을 동시에 갖고 있는 금융기관으로서 상업은행과 유사한 업무를 수행하고 있다. 신형농촌금융기관은 금융기관의 농촌지역 신규진입을 촉진하기 위하여 설립된 금융기관이다. 우정저축은행은 우편저축업무를 수행하는 기관으로서 중국우정집단공사가 전액출자하고 주로 개인고

---

1) http://www.cbrc.gov.cn/chinese/home/docViewpage/110007.html.

객을 대상으로 예금·송금서비스를 수행한다.

다. 독   일

1) 독일의 은행제도는 크게 일반은행(universal banks)과 특수은행(special banks)으로 구분한다. 일반은행은 은행산업의 97%를 차지하고, 예대업무·증권업무 등 다양한 종류의 금융업무를 취급할 수 있다. 독일 은행법상 은행업무는 겸업주의를 채택하여 예금·대출·어음할인·보증 등 은행의 고유업무 뿐만 아니라, 보험업무를 제외한 투자신탁·증권매매·보호예수·지로업무 등 거의 모든 금융업무를 포함한다.

2) 일반은행은 다시 상업은행, 저축은행그룹, 신용협동조합은행으로 구성된다. 상업은행은 대형은행,[1] 지방은행 및 외국은행으로 구성된다. 대형은행은 전국적인 점포망을 가진 민간상업은행이다. 지방은행은 기관수는 많으나 일부를 제외하고는 지역소재지에서의 예금 및 대출업무를 위주로 하고 있어 규모가 크지 않은 편이다. 저축은행그룹은 주정부 및 지방자치단체가 소유한 공영은행(public banks)으로서 주립은행(Landesbank)과 저축은행(Sparkasse)으로 구성된다. 신용협동조합은행은 단위신협과 단위신협의 상위기구인 신협중앙회로 구성된다.

3) 특수은행은 모기지은행, 건축대부조합 및 특수목적은행으로 분류된다. 모기지은행은 공공대출 및 상업용 부동산 모기지대출 부문에 전문화하고, 건축대부조합은 건축대부조합법에 근거하여 예금을 수취하고 주거용 건물의 건축·구입·개축자금을 지원하며, 특수목적은행은 각각 관련법에 의해 설립되어 주로 지역개발 및 국가경제발전을 위해 특정업무를 수행한다.

4) 일반은행과 특수은행은 모두 독일연방감독청(Bafin)의 감독대상이면서 통화금융기관(monetary financial institutions)으로서 독일 연방은행에 자산과 부채의 변동상황을 보고하는 점에서는 차이가 없다.

5) 독일 은행제도의 특징은 겸업제도(universal banking system), 다수의 은행과 고밀도의 지점망(dense branch network), 공영은행의 높은 시장점유, 상위 대형은행의 낮은 집중도 등을 들 수 있다. 일반은행은 은행법에 의해 증권업무를 포함한 모든 은행업을 영위할 수 있고, 대형상업은행·주립은행 및 신협중앙회가 투자은행업무를 겸영하고 있다.[2]

---

1) 독일의 대형은행은 전국적인 점포망을 가진 민간상업은행으로서, 일반적으로 Deutsche Bank, Commerzbank, Dresdner Bank, HVB(Bayerische Hypo-Vereinsbank) 및 Deutsche Postbank의 5개 은행을 든다.
2) "독일의 은행제도," 한국은행 프랑크푸르트 사무소, 업무참고자료 2009-1, 2009. 4.

라. 영   국

1) 영국의 금융기관은 예금수취기관(deposit taking institutions), 투자기관(investing institutions), 특수금융기관(specialized institutions) 및 정부계금융대행기관으로 구분된다. 이 중 우리나라의 은행에 해당되는 기관이 예금수취기관이다.

2) 예금수취기관은 주로 예금으로 조달한 자금을 대출로 운용하는데, 이 중 은행금융기관으로는 예금은행·머천트뱅크(도매금융기관)·외국은행·금융회사·할인회사 등이 있고, 예외적으로 예금수취가 허용된 비은행금융기관으로는 신탁저축은행·국민저축은행·주택대출조합 등이 있다.

마. 일   본

1) 일본의 은행제도는 1996년도 금융규제완화를 위한 이른바 Big-Bang 발표 이후 은행 형태별 구분 폐지와 함께 은행·증권·보험업의 상호진출을 허용하는 등 큰 변화가 있었다. 그러나 아직 일본의 은행제도는 도시은행·장기신용은행·신탁은행·지방은행 및 다양한 특수금융기관 등으로 구성되어 있다.

2)「도시은행」은 전국적인 영업기반을 갖고 있는 상업은행으로 일반 소비자 및 기업을 상대로 예금·대출업무뿐만 아니라 단기금융상품을 취급하고 있다.「장기신용은행」은 민간부분에 장기자금을 지원하기 위하여 설립된 은행으로 주로 만기 5년 이하의 금융채를 발행하여 장기대출로 운용하며, 채권투자 및 인수업무도 취급한다.「신탁은행」은 신탁업무 취급은행으로 신탁전업은행과 상업은행업무 겸영은행으로 구분되며, 증권회사와 상업은행은 자회사를 통하여 신탁업을 영위하고 있으나 일부지방은행은 신탁업무를 겸영한다.「지방은행」은 지역에 기반을 두고 주로 지역주민과 소기업을 상대로 영업을 하며, 규모에 따라 제 1 지방은행과 제 2 지방은행으로 구분된다. 이외에도 신용금고·신용협동조합·농업협동조합·농림중앙금고 등이 있는데, 주로 개인소액예금에 주력하고 있다.[1]

[은행의 기원]

1) 은행의 기원을 들자면 메소포타미아의 개인간 은(銀)의 대차(貸借)까지 거슬러 올라간다. 고대 그리스에는 활발한 무역거래로 인하여 무역상들을 위한 자금의 대출, 환전, 화폐의 보관 등을 위한 은행업이 필요하였다. 그리스 은행업은 로마에 전해졌으나 로마제국의 멸망과 함께 은행업도 퇴장하게 되고, 더욱이 교회는 고리

---

1) 金融, 32면; 일본 전국은행협회 자료 참조.

(高利)로 돈을 빌려주는 행위를 엄격히 금지하였다. 그러나 12세기 이탈리아 롬바드 상인들이 은행업을 발전시켜 은행업이 완전히 사라지지는 않게 되었다.

2) 이리하여 근대 은행의 기원은 중세 이탈리아의 환전상에서 찾는 견해가 유력하다. 롬바르디아의 화폐취급상들은 점두에 거래대(去來台)를 설치해 놓고 환전업무를 수행하였다. 이 거래대를 「bench」로 부르게 되어 이탈리아어인 「banco」, 후일 영어의 「bank」로 되었다는 것이 정설이다. 파산을 의미하는 영어의 「bankruptcy」는 거래를 못하게 되자 이 거래대를 뒤집어 엎었다는 것을 의미한다.

또한 롬바르디아의 환전상들의 일부는 마침내 영국 런던의 시티(city)로 이주하여 금융지역을 형성하게 되었는데 그 거리가 지금 세계 금융중심지의 하나인 롬바르드 가(街)이다. 「banco」는 책상 위에 금은화를 쌓아두고 점두의 거래대에서 영업하는 환전상이었으나, 베네치아의 은행은 장부와 서류만을 책상 위에 쌓아두고 영업하는 방식이었다고 한다. 현금 없이도 환어음의 결제나 계좌간의 자금이체가 가능하였다고 한다. 그리고 피렌체에는 메디치은행, 제노바에는 산·죠르지오 은행 등 한정된 고객만을 대상으로 거래하는 대형은행도 존재하였다고 한다. 오늘날의 「메가 뱅크」에 해당하는 것으로 볼 수 있다.

3) 예금·대출·환·수표 등 은행업무의 기원은 이탈리아의 「banco」에서 찾으나, 근대적 은행의 기능인 신용창조의 탄생에 얽힌 이야기는 영국의 골드스미스(goldsmith)설이다. 골드스미스란 금(金)을 보관·가공하는 업자로서 금장(金匠) 또는 금세공상으로 번역할 수 있다. 17세기의 런던은 시민혁명의 혼란 중이어서 자산가는 현금이나 귀중품을 주로 금세공상에게 맡겨서 보관하였다. 금세공상은 맡은 금(金)에 대하여 보관증 내지 예탁증서를 발행하였는데, 때로는 예탁증서 자체가 지폐처럼 유통되기도 하였다. 그런데 금세공상은 어느 날 맡긴 금의 양(量)보다 지출에 필요한 금의 양이 언제나 적다는 것을 알게 되었다. 고객 가운데는 금과 교환하지 않고 예탁증서 자체를 채무의 결제에 사용하는 자가 있었기 때문이다. 따라서 금세공상은 맡긴 금으로 대출을 하게 되었으나, 대출받은 자 또한 바로 이 금을 금세공상에게 맡기고 예탁증서로 교환하게 되었다. 이리하여 금세공상은 맡긴 금 이상의 양을 대출을 할 수 있게 되자 마침내 신용을 창조하기에 이르렀던 것이다. 이것이 「금세공상(goldsmith) 은행설」이며 예탁증서가 지폐의 원형이 된 것이다. 이러한 금세공상 가운데는 에드워드 블랙웰(Edward Blackwell)이라는 자가 있었다. 그는 지금도 영국에서 「은행업의 아버지」로 불린다. 그는 다른 금세공상으로부터 예금을 수입하여 정부에 대출하는 대정부 대출중개업자가 되기에 이르렀다. 1665년 영국 정부가 후일 국채(國債)의 원형이 되는 채무증서를 발행하게 되자 블랙웰은 중개자금을 동원하여 이것을 대량으로 인수하였다. 바로 이 때가 골드스미스들의 황금시대라고 한다. 그러나 1672년 영국왕 찰스 2세가 채무불이행(default)을 선언하자, 국채를 대량 인수한 블랙웰 등 대형 골드스미스들은 파산하게 되었다. 그런데 국채인수에 참가하지 않았던 소규모 골드스미스들이 살아남아 근대 상업은행의 모체가 되었다고 한다.[1]

---

1) 板谷敏彦, 「金融の世界史」, 新潮選書, 2014, 67~70면 참조.

5. 우리나라의 은행제도

가. 구   분

우리나라의 은행에는 일반은행과 특수은행이 있다. 일반은행은 「은행법」에 의거 설립·영업하는 은행이고, 특수은행은 각각의 「특수은행법」에 의해 설립·영업하는 은행을 말한다. 한편 은행은 고유계정과 분리된 별도의 계정(은행신탁계정)으로 「자본시장법」에 의한 신탁업을 겸영하고 있다.[1]

(1) 일반은행

1) 일반은행이라 하면 「은행법에 따라 인가되어 설립된 은행」을 말한다. 일반은행은 주로 단기의 예금을 수입하여, 이를 기초로 대출이나 어음할인에 의하여 주로 단기적인 상업자금을 공급하는 것을 고유업무로 하고 있다. 이러한 은행을 영국에서는 예금은행(depository bank), 미국에서는 상업은행(commercial bank), 독일에서는 신용은행(Kreditbanken), 일본에서는 보통은행으로 불리고 있다. 우리나라에서는 시중은행, 지방은행 및 외국은행 국내지점이 이에 속한다.

2) 「시중은행」(nationwide bank)은 전국을 영업구역으로 하는 은행이다. 1970년대까지는 조흥은행·한국상업은행·제일은행·한일은행·서울신탁은행의 5개 시중은행이 있었다. 1980년대 이후부터 2001년까지 여러 은행들이 신설·퇴출·합병 또는 업종전환 등으로 그 숫자는 변동하여 왔다. 2015년 6월 말 현재 7개 시중은행이 영업 중이다.

3) 「지방은행」(local bank)은 금융업무의 지역적 분산과 지역경제의 균형된 발전을 위하여 1967년에서 1971년 사이에 설립된 10개 은행 체제가 금융·외환위기 이전까지 지속되다가 구조조정과정에서 부실정도가 심한 지방은행이 퇴출 또는 합병됨에 따라 2015년 6월 말 현재 6개가 영업 중이다. 지방은행의 영업구역은 원칙적으로 1도(道) 1은행주의에 입각하여 지방은행이 소재한 행정구역상의 시·도로 제한되어 있었다. 그 후 1989년 11월에 지방은행의 영업구역을 5개 경제권으로 광역화하여 상대방 은행이 동의하는 경우 상호주의원칙에 의하여 동일 경제권 내에 지점을 설치할 수 있게 하였다. 서울과 광역시에 설치할 수 있는 점포수를 일정 수 이내로 제한하였던 규제는 1998년 11월에 폐지되었다.

4) 「외국은행 국내지점」이란 외국법령에 의하여 설립되어 외국에서 은행업을 영위하는 자(법 58조 1항)의 대한민국 내 영업소를 말한다. 외국은행 국내지점

---

1) 금융제도, 81면 이하 참조.

은 1967년 미국의 체이스맨해턴은행이 서울지점을 처음 설치한 이래 그 숫자가 크게 늘어났는데, 현재는 미국계 은행·유럽계 은행·일본계 은행 등으로 다양하게 진출하여 활동 중이다. 당초에는 국내은행과 영업환경에 있어서 다소 차이가 있었으나, 현재는 국내은행과 거의 동일한 조건에서 영업을 하고 있다.[1]

(2) 특수은행

1) 「특수은행」은 일반은행이 재원·채산성 또는 전문성 등의 제약으로 인하여 필요한 자금을 충분히 공급하지 못하는 특정 부문에 대하여 자금을 원활히 공급함으로써 일반 상업금융의 취약점을 보완하고, 이를 통하여 국민경제의 균형적 발전을 도모하기 위하여 설립된 금융기관이다.

특수은행은 1960년대 들어 국민경제의 취약부문과 전략적 육성이 필요한 부문에 대한 금융지원 강화를 위하여 설립되었으며, 주택금융·중소기업금융·농·수·축산금융 등과 같이 일반은행만으로는 충분히 뒷받침하기 어려운 분야를 전문적으로 맡아 자금을 공급하여 왔다.

따라서 특수은행은 자금운용면에서 상업금융의 취약점을 보완하는 보완금융기관으로서의 기능과 특정 부문에 대한 전문금융기관으로서의 기능을 담당하도록 되어 있다. 이와 같은 자금운용면에서의 보완성과 전문성에 부응하여 재원조달면에서도 민간으로부터의 예금수입에 주로 의존하는 일반은행과는 달리 재정자금과 채권발행에 많은 부분을 의존하여 왔으나, 최근에는 경제환경 변화로 전통적인 정책금융 수요가 감소하고 일반은행들이 특수은행 업무영역으로의 진출도 확대됨에 따라 특수은행의 업무 성격이 일반은행과 큰 차이가 없게 되었다.[2]

2) 현재 영업 중인 특수은행은 한국산업은행, 중소기업은행, 수산업협동조합중앙회의 신용사업부문, 한국수출입은행 등이다. 이들 특수은행은 그 업무의 전문성과 특수성 때문에 개별 특수은행법에 의하여 설립되었으나, 한국산업은행·중소기업은행·수산업협동조합중앙회의 신용사업부문에 대하여는 「한국은행법」과 「은행법」을 「원칙적으로 적용」(산은 3조 1항, 기은 3조 3항, 수협 11조 1항)하고, 한국수출입은행에 대하여는 「한국은행법」 및 「은행법」을 적용하지 아니한다(수은 2조 3항).

나. 회사로서의 은행

1) 일반회사를 「상법상의 회사」라고 한다면, 일반은행은 「특별법상의 회사」

---

1) 금융제도, 83면.
2) 금융제도, 84면 참조.

라고 할 수 있다. 특별법상의 회사는 다시 「일반특별법상의 회사」와 「특정특별법상의 회사」로 분류된다. 일반특별법상의 회사는 상법 외에 일반특별법의 적용을 받는 회사인데, 이의 예로는 「은행법」의 적용을 받는 일반은행·「보험업법」의 적용을 받는 각종 보험회사·「자본시장법」의 적용을 받는 각종 금융투자회사 등이 있다. 특정특별법상의 회사(특수회사)란 그 회사(또는 법인)의 설립존속 등을 위하여 특정의 특별법이 제정된 회사를 말하는데, 이의 예로는 각각의 설립법에 의하여 설립된 한국산업은행, 중소기업은행, 한국수출입은행 등이 있다.[1]

2) 그러나 은행은 위와 같은 강학상의 분류에도 불구하고 은행업이라는 기본적 상행위를 영위하는 당연상인이고(상법 46조 8호, 4조), 영리법인이기 때문에 모두 상법 중 회사법의 적용대상인 점에서는 차이가 없다.[2]

제 2 절 은행법 개관

Ⅰ. 은행법의 법원(法源)

1. 총 설

(1) 금융의 3대 축은 은행·보험 및 금융투자(증권)이다. 보험업의 경우 보험에 관한 일반적인 「사법적」 법률관계는 상법 제4편에서 규정하고, 보험업에 대한 감독[3]에 관한 사항은 「보험업법」에서 규정하고 있다. 금융투자업의 경우 금융투자에 관한 일반적인 사법적 법률관계와 감독에 관한 사항이 「자본시장법」에 혼재되어 있다. 신탁업의 경우 「신탁법」에서 신탁에 관한 일반적인 사법적 법률관계를 규정하고 있고, 신탁업에 대한 감독에 관한 사항은 「자본시장법」에서 규정하고 있다. 그러나 은행업의 경우에는 은행이 영위할 수 있는 업무의 종

---

1) 상법강의(상), 460~461면 참조.
2) 한국산업은행법 제3조 제2항: "이 법에 특별한 규정이 없으면 「상법」 중 주식회사에 관한 규정을 한국산업은행에 적용한다."; 중소기업은행법 제3조 제1항: "중소기업은행은 법인으로 한다."; 한국수출입은행법 제2조 제1항: "한국수출입은행은 법인으로 한다."
3) 규제와 감독이란 두 용어는 때로는 혼용되기도 한다. 규제(regulation)와 감독(supervision)을 구분하는 경우, 「규제」란 금융기관이 할 수 없는 일과 할 수 있는 일을 구분하여 금융기관의 진입과 퇴출·활동범위·활동내용 등을 규정하는 법률 및 규정의 체계를 말하고, 「감독」이란 금융기관이 규제를 준수하는지 감시·평가(검사)하고 그 결과에 따라 제재하는 활동을 의미한다(김홍범, "한국의 금융감독체계 : 비판적 검토," 「금융연구」 15권 별책, 한국금융연구원, 2001. 8, 145면 주 12 참조).

류와 은행에 대한 감독에 관한 사항을 「은행법」에서 규정하고 있으나, 은행업무
에 관한 일반적인 사법적 법률관계는 별도로 법규로서 규정하고 있지 않다. 따
라서 은행업무에 관한 일반적인 사법적 법률관계에 대하여는 보통 약관(여신·수
신 등에 관한 표준약관 등)이나 은행 자체의 내규 또는 규약 등이 적용된다.

(2) 미국의 경우 은행업무에 관한 사법적 법률관계는 「통일상법전」 등 법규
로서 상세히 규정하고 있는 것과는 대조적이다. 입법론적으로 우리나라의 경우
에도 은행업무에 관한 기본적인 사법적 법률관계를 언제까지나 약관이나 은행
자체의 내규 또는 규약으로 규정할 것이 아니라, 보험업이나 금융투자업 또는
신탁업과 같이 이를 법규로써 규정하는 것이 은행거래 당사자의 권리의무와 그
책임을 명확히 하고 나아가 은행업의 발전을 촉진하는 길이라고 본다.

2. 은 행 법

은행에 적용되는 은행법(제정: 1950. 5. 5, 법 139호)의 구조는 그 목적과 은행업·
금융기관 등에 대한 정의를 규정하고, 은행주식의 보유한도, 임원 및 직원 등 이
른바 소유구조와 경영지배구조에 대하여 규정하고 있다. 그리고 은행이 영위할
수 있는 업무의 종류를 은행업무·부수업무·겸영업무로 나누어 열거하고 있다.
또한 은행업의 인가, 은행업무, 회계, 합병·폐업·해산, 감독·검사, 외국금융기
관의 국내지점, 과징금 등의 부과 및 징수 등에서 상법의 특례와 행정법적인 규
정을 두고 있다. 또한 징역형·벌금형 등의 형사법적인 규정도 두고 있다.

3. 기타 법령 등

1) 은행의 조직과 활동을 규율하는 법령으로서 은행법 외에 동법을 보충하
는 시행령이 있다. 은행의 조직을 규율하는 법률로서 상법(제정: 1962. 1. 20, 법
1000호), 한국은행법(개정: 1997. 12. 31, 법 5491호), 금융지주회사법(제정: 2000. 10. 23,
법 6274호), 한국산업은행법(개정: 2014. 5. 21, 법 12663호), 중소기업은행법(개정: 2011.
9. 16, 법 11051호), 한국수출입은행법(개정: 2014. 5. 21, 법 12663호), 수산업협동조합법
(개정: 2015. 2. 3, 법 13188호), 금융위원회법(개정: 2014. 5. 28, 법 12712호), 금융산업구
조개선법(개정: 1997. 1. 13, 법 5257호) 등이 있다.

2) 은행의 활동(업무)을 규율하는 법률로서 민법(제정: 1960. 1. 1, 법 471호), 상
법, 한국은행법, 자본시장법, 금융위원회법, 외부감사법(제정: 1980. 12. 31, 법 3297
호), 신탁법(제정: 1961. 12. 30, 법 900호), 외국환거래법(개정: 1998. 9. 16, 법 5550호), 금

융실명법(제정: 1997. 12. 31, 법 5493호), 예금자보호법(제정: 1995. 12. 29, 법 5042호), 약관규제법(제정: 1986. 12. 31, 법 3922호), 공정거래법(개정: 1990. 1. 13, 법 4198호), 여신전문금융업법(제정: 1997. 8. 28, 법 5374호), 담보부사채신탁법(제정: 1962. 1. 20, 법 991호), 특정동산저당법(개정: 2015. 11. 19, 법 13287호), 선박저당법(개정: 2009. 3. 25, 법 9525호), 공장저당법(개정: 2009. 3. 25, 법 9520호), 전자금융거래법(개정: 2014. 10. 15, 법 12837호), 신용정보법(제정: 1995. 1. 5, 법 4866호), 특정금융정보법(개정: 2014. 5. 28, 법 12716호), 휴면예금재단법(제정: 2007. 8. 3, 법 8574호), 채권추심법(개정: 2014. 5. 20, 법 12594호), 보증인보호법(제정: 2008. 3. 21, 법 8918호), 채무자회생법(개정: 2014. 12. 30, 법 12892호), 신용보증기금법(제정: 1974. 12. 21, 법 2695호), 기술신용보증기금법(제정: 1986. 12. 26, 법 3866호) 등이 있다.

3) 또한 이러한 법령들만으로 관계되는 세부사항을 모두 정할 수 없기 때문에 이를 보충하는 여러 가지 규정이 제정되어 있는데, 이러한 규정들도 법규를 보충하면서 중요기능을 수행하고 있다. 예를 들면 금융위원회의 은행업감독규정·금융회사의 검사 및 제재에 관한 규정 등의 행정규칙이 은행법을 보충하거나 업무취급 근거규정으로서의 중요한 역할을 하고 있다.

Ⅱ. 은행법의 성격

(1) 「은행법」은 상법에 대한 특별법적 성격을 갖는다. 전술한 바와 같이 「은행법」은 「한국은행법」과 거의 같은 입법취지 아래 1950년 5월 5일 법률 제139호로 제정·공포되었는데, 「한국은행법」과는 상호보완적인 관계에 있는 동시에 「한국은행법」과 함께 금융기관 업무에 관한 기본법의 성격을 갖고 있다. 실제로 「은행법」 중에는 한국은행법상 규정된 금융통화위원회의 권한의 일부를 다시 규정하고 있는 부분도 있다(법 30조 2항). 그러나 「한국은행법」은 한국은행이라는 특수법인의 설치운영을 목적으로 하는 「조직법적 성격」을 갖고 있는 데 대하여, 「은행법」은 「상법」에 우선하는 특별법으로서 은행의 영업행위에 대한 규제와 조정을 주된 목적으로 하는 「행위법적 성격」을 띠고 있다.[1] 예를 들어 「은행법」은 자본금·소수주주권·감사위원회·상행위의 일종인 은행업의 영위·합병·영업양수도·청산인 등의 선임·이익금의 적립 등 많은 분야에서 상법에 대한 특례를 규정하고 있다.

---

1) 삼십년사, 158면.

(2) 은행법은 「행정법적 성격」을 갖는다. 즉 은행업의 영위에 대한 인가·은행의 업무에 관한 각종 제한과 감독에 관한 사항·은행과 그 임직원에 대한 제재에 관한 사항, 그리고 일종의 행정적 제재인 과징금·이행강제금 및 행정질서벌인 과태료의 부과징수에 관한 규정을 두고 있다.

(3) 은행법은 「형사법적 성격」도 갖는다. 은행업의 영위과정에서 공공성을 확보하기 위하여 여러 가지 준수사항과 금지사항을 규정하고, 그에 위반할 경우에 형벌인 징역형과 벌금형의 제재를 가하고 있다.

요컨대 「은행법」은 은행에 대하여 일반회사와는 다른 각종 제한을 가하는 상법의 특별법적 성격, 은행의 업무에 대한 규제와 감독 및 이의 실현을 위한 각종 행정적 제재를 가하는 행정법적 성격, 징역형·벌금형의 형사적 제재를 규정하는 형사법적 성격 등 복합적 법규의 성격을 갖고 있다고 볼 수 있다.

Ⅲ. 은행법의 연혁

1. 해방 후 금융기관의 사정

「은행법」의 제정을 설명하기 위하여는 해방 후의 금융기관의 사정, 금융관련법규체계, 한국은행법의 제정과 한국은행의 설립을 설명하지 않을 수 없다. 1945년 해방 후 금융기관의 사정을 살펴보면, 조선은행 이외에 일반은행 5개 정도가 영업활동 중이었다. 이 가운데 명목상으로는 조선상업은행과 조흥은행은 상업금융에, 조선상호은행과 조선신탁은행은 중소기업금융에, 그리고 조선저축은행은 저축 및 서민금융에 주안점을 두고 있었으나, 사실상 모두 동질화되어 단기상업금융에 치중하였다.

또한 조선은행은 미군정법령 제21호에 의거하여 그 기본적인 체제에 별다른 변화 없이 과도기간 중 우리나라 중앙은행으로서 국고·발권·시중은행에 대한 재할인 등 전통적인 중앙은행의 기능을 수행하였으나, 동 기능을 수행하는 데 필요한 독자적이고 자율적인 권한을 부여받지 못하였고 타금융기관과 경쟁적인 관계에서 일반은행업무도 취급하고 있었다.[1]

2. 해방 후 금융관련법규

해방 후 당시의 금융법규를 보면 「조선은행법」·「조선식산은행령」·「은행

---

1) 삼십년사, 18면 이하 참조.

령」·「저축은행령」·「금융조합령」 등 일제의 식민통치를 위한 금융법령들이 그대로 운용되었을 뿐 아니라 군정 또는 신정부에 의하여 공포된 여러 가지 행정명령과 통첩 등이 상호 통일성과 일관성을 결여한 채 각기 그 효력을 유지하는 등 금융법규체계가 정비되어 있지 못하였다. 따라서 신생 대한민국의 건국이념과 당면한 경제현실에 부합되지 않는 기존의 금융체제를 일신하는 한편, 건전하고 자주적인 금융체계가 시급히 요청되었다. 이와 같은 배경 하에서 출발하였던 금융제도의 개편에 관한 논의는 1950년 5월 5일 「한국은행법」과 「은행법」의 제정·공포로 일단락되었으며, 이에 우리나라 금융체제는 민주적이고 자주적인 체제로의 전환점을 맞이하였다.[1]

3. 한국은행법·은행법의 제정

(1) 정부수립 직후 조선은행은 독자적으로 중앙은행법의 기초에 착수하여 1948년 말 「중앙은행법 초안」을 작성하고 이를 정부·미국경제협조처(ECA) 등 관계요로에 건의하였다. 이에 대하여 정부는 재무부에 재무금융위원회를 설치하고 동 위원회로 하여금 조선은행의 건의 등을 심의·검토하게 하고 이를 토대로 1949년 초 정부안을 결정하였다.

그러나 정부는 동 법안의 중요성에 비추어 국제적인 금융이론의 권위자들의 자문을 얻고자 1949년 6월 미국의 연방준비제도이사회(FRB)에 전문가의 파견을 의뢰하였다. 이에 따라 뉴욕연방준비은행의 부룸필드(A. I. Bloomfield)박사가 내한하여 우리나라 금융제도의 연혁과 경제사정 등을 조사·분석한 뒤 전기의 조선은행안과 정부안을 참고로 1950년 2월 「한국은행법안」을 기초하고, 3월 중순에는 「은행법안」을 기초하였는데, 그 후 이 법안은 재무부·법제처·조선은행으로 구성된 특별위원회에서 수정된 뒤 국무회의를 거쳐 국회 본회의에 상정·통과되어 5월 5일자로 공포되었다.

(2) 「한국은행법」의 공포에 이어 1950년 5월 11일에는 「한국은행 설립에 관한 건」이 제정·공포되었고, 동 일자로 설립위원회 임명과 동시에 설립위원회사무국이 설치되었다. 이와 동시에 한국은행의 최고 의사결정기관인 「금융통화위원회」가 구성되어, 동년 6월 12일에 한국은행은 조선은행의 자산과 부채를 인수하고 업무를 개시하였다.

이와 같이 설립된 한국은행은 통화가치의 안정과 건전한 신용제도의 확립

---

1) 자료: 한국은행.

이라는 운영이념 아래 재할인정책·지급준비율정책·공개시장정책 등 중앙은행의 전통적인 금융조절수단 운용에 있어서뿐만 아니라, 금융통화위원회의 정책결정 및 운영에 있어서도 자주성과 중립성이 보장되었다. 특히 금융의 자주성과 중립성은 「한국은행법」의 가장 중요한 특징을 이루었는데, 이를 위하여 한국은행법은 금융통화위원회를 경제 각계에서 선출한 대표들로 구성토록 함으로써 어느 특정세력에 의한 독선적인 금융운용을 배제하여 금융의 민주화를 추구하도록 하였다.

(3) 한편 1950년 5월 「한국은행법」과 함께 공포된 「은행법」은 한국은행법과 동일한 체계와 입법정신으로 제정된 것으로서 한국은행법과 상호보완적인 성격을 갖고 있으며 일반적인 상법이나 기타 법령에 우선하는 효력을 갖도록 마련되었다. 즉 금융기관은 금융통화위원회가 결정하는 금융정책의 테두리 내에서 은행업에 관한 일체의 업무를 영위하되, 은행업무에 대한 감독과 검사는 금융통화위원회의 지시를 받아 한국은행 감독부장이 관장하도록 하였으며, 금융기관의 자산운영에 관해서도 위험자산이 자기 자본의 10배를 초과하지 못하도록 하여 금융기관의 공신력을 제고시키고 예금채권의 안정화를 기하였다. 그러나 이와 같은 내용의 「은행법」은 정부귀속주식의 불하와 증자문제 등의 선결요건이 타결되지 못하여, 그 시행이 지연됨으로써 효과적인 금융정책의 운영에 혼란과 많은 문제점을 제기시켜 오던 중 제정 후 4년만인 1954년 8월 15일에 그 시행을 보게 되었다.[1]

(4) 제정 당시의 「은행법」은 국내에 있는 외국금융기관을 포함하는 모든 은행이 이 법과 「한국은행법」 및 이에 의거한 명령·규정에 의하여 운영되게 하고, 「상법」 기타 법령보다 우선하여 적용되도록 제정되었다.

또한 은행을 예금의 수입·유가증권 또는 기타 채무증서의 발행에 의하여 일반 국민으로부터 채무를 부담함으로써 획득한 자금을 대출하는 법인으로 정의하고(당시의 법 3조), 대한민국에 있는 외국금융기관의 지점·대리점을 포함하는 모든 은행은 이 법 및 한국은행법과 이에 의거하여 발하는 명령·규정에 의하여 운용되도록 규정하였다(당시의 법 1조).

은행의 신설·정관의 변경 등은 금융통화위원회의 인가를 얻도록 하였고(당시의 법 9조), 은행의 자본금·적립금 및 잉여금에 관해서 규정하였다(당시의 법 15조 내지 17조). 또한 은행은 상업금융업무와 장기금융업무를 겸영할 수 있도록 하고(당시의 법 19조), 지불준비금으로 「한국은행법」에 정한 지정비율 이상 예금지불

---

1) 자료: 한국은행.

준비금을 보유하도록 하였다(당시의 법 30조).

[참고] 해방 후 은행법 제정 전의 은행업무의 문제점[1]
① 대출의 기한이 단기이나 거의 빈번히 갱신되어 국민경제상 비효과적으로 장기대출화하여 계약기간을 중요시하지 않고 대출금의 회수를 소홀히 하였다.
② 신용조사가 미비하였다.
③ 상품의 매입자금, 투기자금의 대출이 많았다.
④ 차주가 보유하는 담보에 대한 관리가 불충분하였다.
⑤ 대출의 분산화·균형화가 결여되었다.
⑥ 금융기관 임직원에 대한 거액대출의 경향이 많았다.
⑦ 용도가 불명확한 대출이 많았다.
⑧ 상업금융업무와 장기금융업무를 혼합하여 영업하는 은행이 많았다.
⑨ 본지점간의 연락이 불충분하였다.
⑩ 평가 이상의 부동산대출 또는 평가액에 비하여 과도한 대출을 하였다.
⑪ 예금채무에 비하여 저율의 예금지급준비율을 보유함으로써 중앙은행에 의존하고 있었다.
⑫ 관리와 감독의 불충분, 계리방법·대출정책의 불건전, 경비의 남용 등이 많았다.

4. 은행법의 변천

「은행법」은 1950년 5월 5일 법률 제139호로 제정된 이후 현재(2015년 6월)까지 20여 회에 걸쳐 일부개정 또는 전부개정(1998년에는 통합금융감독기구의 설치에 따른 후속조치로서의 전부개정)이 있었다. 다음은 제정 이후 현재까지의 일부개정 또는 전부개정의 주요내용을 간단히 소개한다.

(1) 1962년 「은행법」 일부개정의 주요내용
① 은행의 자본금의 최저한도를 1억원으로부터 15억환으로 인상하였다.
② 은행의 외환의 매매 등에 대한 인가권자를 금융통화운영위원회로부터 재무부장관으로 변경하였다.
(2) 1969년 「은행법」 일부개정의 주요내용
① 자본금의 최저한도를 15억원(지방은행은 1억5천만원)이상으로 하였다.
② 금지조항을 강화하였다.
(3) 1977년 「은행법」 일부개정의 주요내용
① 한국은행감독원장은 한국은행법과 은행법 규정에 따라 금융통화운영위

---

1) 법제처, 「건국 10주년 기념 법제 10년의 개관」, 1961, 192면.

원회가 관장·통제하는 사항을 제외하고 은행의 경영과 그 건전한 운영을 위한 지시명령을 할 수 있도록 하였다.

② 은행의 자본금 하한을 15억원(지방은행은 1억5천만원)에서 250억원(지방은행은 10억원)으로 인상하였다.

(4) 1982년 「은행법」 일부개정의 주요내용

동일인이 소유하거나 의결권을 행사할 수 있는 주식의 한도를 은행발행주식총수의 100분의 8로 제한하였다.

(5) 1991년 「은행법」 일부개정 주요내용

외국은행의 국내지점을 체계적으로 관리하기 위하여 외국은행의 국내지점에 대한 별도의 장을 신설하였다.

(6) 1994년 「은행법」 일부개정 주요내용

① 동일인의 은행 주식소유한도를 의결권 있는 발행주식총수의 100분의 8에서 100분의 4로 축소하되, 금융업만을 영위하거나 영위하고자하는 개인으로서 한국은행 은행감독원장의 승인을 얻은 자(금융전업기업가) 등에 대하여는 예외로 하였다.

② 동일인 여신한도와 관련하여 대출은 자기자본의 100분의 20에서 100분의 15로, 채무의 보증 또는 인수는 자기자본의 100분의 40에서 100분의 30으로 각각 축소하여 금융기관의 자산운용의 건전성을 도모하였다.

(7) 1997년 「은행법」 일부개정 주요내용

① 이사회는 상임이사와 비상임이사로 구성하되, 비상임이사의 수를 상임이사의 수보다 많도록 하였다.

② 은행장후보 및 감사후보는 비상임이사만 참여하는 후보추천위원회에서 추천하되, 비상임이사의 3분의 2 이상의 찬성으로 의결하도록 하였다.

(8) 1998년 「은행법」 전부개정 주요내용

① 은행업에 대한 인가권을 금융통화운영위원회에서 재정경제원장관으로 이관하였다.

② 은행의 영업소 신설 이전 등에 대한 인가제도를 폐지하고, 금융감독위원회가 영업소 신설 이전 등에 대한 기준과 절차를 정하도록 하였다.

③ 은행업무의 범위를 재정경제원장관이 정하도록 함으로써 다른 금융업종과의 업무영역조정기능을 일원화하였다.

④ 은행에 대한 감독권자를 종전의 금융통화운영위원회와 그 지시를 받는

한국은행은행감독원장에서 금융감독위원회와 그 지시를 받는 금융감독원장으로
변경하였다.

(9) 2000년 「은행법」 일부개정 주요내용

① 부실경영에 대한 소수주주의 견제기능을 강화함으로써 은행의 합리적
경영을 도모하기 위하여 은행의 소수주주에 대하여는 상법에 의한 소수주주권
의 행사요건을 크게 완화하였다.

② 은행의 건전한 경영을 도모하기 위하여 은행의 이사회에는 총 위원의 3분
의 2 이상을 사외이사로 하는 상법상의 감사위원회를 반드시 설치하도록 하였다.

(10) 2002년 「은행법」 일부개정 주요내용

① 동일인의 은행에 대한 주식보유한도를 4퍼센트에서 10퍼센트로 상향조
정하였다.

② 비금융주력자(산업자본)에 의한 은행지배를 방지하기 위하여 비금융주력
자는 4퍼센트를 초과하여 은행의 주식을 보유할 수 없도록 하였다.

③ 은행은 당해 은행의 전체 대주주에게 자기자본의 25퍼센트 범위 안에서
대통령령이 정하는 비율에 해당하는 금액을 초과하여 신용공여를 할 수 없도록
하였다.

④ 은행은 자기자본의 1퍼센트 범위 안에서 대통령령이 정하는 비율에 해당
하는 금액을 초과하여 당해 은행의 대주주가 발행한 주식을 취득할 수 없도록
하였다.

(11) 2009년 「은행법」 일부개정 주요내용

① 비금융주력자의 은행주식 보유한도를 은행의 의결권 있는 발행주식총수의
100분의 4에서 100분의 9로 조정하되 100분의 9를 초과하지는 못하도록 하였다.

② 금융감독당국 등이 은행 대주주에 대하여 필요한 최소한의 범위에서 검
사를 실시할 수 있도록 하였다.

(12) 2010년 「은행법」 일부개정 주요내용

① 은행의 고유 업무를 법률에서 직접 규정하고, 부수업무에 대하여 포괄적
허용방식으로 전환하여 사전신고에 의하여 운영할 수 있도록 하였다.

② 겸영업무를 「자본시장과 금융투자업에 관한 법률」과 「보험업법」 체계
개편에 맞추어 합리적으로 개편하고, 겸영업무를 금융위원회 인가가 아닌 사전
신고에 의해 운영할 수 있도록 하였다.

③ 차주의 의사에 반하여 예금 가입 등을 강요하는 일명 꺾기 등 은행의 불

공정 영업행위를 금지하였다.

　(13) 2013년 「은행법」 일부개정 주요내용

　비금융주력자(산업자본)의 은행 주식보유한도를 9퍼센트에서 4퍼센트로 축소하였다.

제 3 절   은행법 총칙

Ⅰ. 은행법의 목적

1. 총　　설

　「은행법」은 제 1 조에서 목적규정을 두어, "이 법은 은행의 건전한 운영을 도모하고 자금중개기능의 효율성을 제고하며 예금자를 보호하고 신용질서를 유지함으로써 금융시장의 안정과 국민경제의 발전에 이바지함을 목적으로 한다"고 규정하고 있다(법 1조).[1]

　본조를 살펴보면, 은행법은 「금융시장의 안정과 국민경제의 발전에의 기여」를 궁극의 목적으로 삼고 있는바, 이는 곧 금융경제적 측면에서 본 공공의 이익(공공성)을 천명한 것이고, 이는 은행법의 지향목표임과 동시에 지도원리라고 보아야 할 것이다. 따라서 은행법은 70개 미만의 조문으로 구성되어 있지만, 동법 전체에 흐르는 입법정신은 「공공성의 실현과 유지」에 있다는 점을 언제나 염두에 두고, 동법의 운용과 해석에 있어서도 항시 그 기준으로 삼아야 할 것이다.

　본조는 이와 같은 지도원리를 구현하기 위한 중간목표로서 「자금중개기능의 효율성 제고」·「예금자 보호」 및 「신용질서 유지」를 제시하고 있는바, 이는 곧 은행법의 목적, 즉 지도원리를 실현하기 위한 정책과제로 보아야 할 것이다.

　그리고 본조는 위의 정책과제를 달성하기 위한 직접적인 수단으로서 은행의 「건전성유지」를 제시하고 있는바, 이는 곧 위의 3가지 정책과제들을 이룩하기 위한 실천과제로 보아야 할 것이다. 그러나 본조에 열거된 과제들은 각기 독

---

[1] 일본의 경우 과거에는 법률의 목적규정이 없었으나 종전 후 제정된 은행법 등 금융관계법에서 입법의 취지를 명확히 하고 운용의 지침을 밝힌다는 관점에서 목적규정을 두기 시작하였다고 한다(詳說, 122면 참조). 따라서 법률의 목적규정에 대하여는 근래의 입법기술상의 유행에 따른 것으로서 특별한 의미를 두지 않는 견해도 있으나(詳解, 39면; 精義, 69면), 은행법상 본조의 목적규정은 그 자체로서 충분한 의의가 있다고 본다.

립된 성질을 갖고 있는 것은 아니고, 모두 지도원리를 향해 수렴하되 성격상 서로 중복되거나 유기적인 관련성을 갖고 있다고 하겠다.

위의 설명을 도식화하면 다음과 같다.

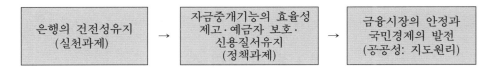

이하에서는 「은행법」의 목적이자 지도원리인 은행업의 공공성과 그 정책과제 및 실천과제를 나누어 설명한다.

2. 은행업의 공공성

가. 공공성의 개념

각종 경제정책적인 법영역은 국민의 실질적인 경제적 자유를 확보하기 위해서는 각 경제주체의 활동에 제한을 가하는 등 공적인 간섭이 필요한바(헌법 119조 2항), 이러한 경우의 국가의 개입은 필요불가결한 범위 내에서 최소한에 그쳐야 한다. 이 때의 국가개입의 기본적인 명분이 「공공의 복리」가 되고, 금융법 분야에서는 특히 「공공성」이라는 개념에 해당된다. 이하에 설명하는 우리나라 은행법은 경제정책적인 입법으로 나타난 각종 경제규제법의 하나에 불과하므로, 이 법 역시 현대사법의 지도이념인 「공공복리」를 최고의 목적으로 두어야 할 것이다.

금융거래와 금융활동은 국민경제 또는 국민생활에 있어서 매우 중요한 부분을 차지하고 있다. 정상적인 금융 없이는 정상적인 경제활동이 불가능하다. 은행의 자유로운 영업활동에 대하여 당국이 공적인 개입을 할 수 있도록 관련 법률이 허용하는 것은 은행업의 공공성 때문이다. 외국의 입법례에서도 이와 동일하게 공공성을 천명하고 있다.

나. 공공성이 필요한 이유

일반적으로 은행업이 공공성을 갖는 구체적인 이유로서 다음과 같은 점을 들 수 있다.

1) 첫째로 은행업무는 다수의 방대한 신용조직으로 연결되어 있어 어느 한 곳에서라도 파탄이 일어나면 연쇄반응을 일으켜 그 영향의 파급효과가 광범하기 때문에, 제도 및 업무운영의 적부는 나라의 신용질서 유지는 물론이고 나아

가 나라 전체의 경제활동에 중대한 영향을 미칠 수 있다는 점이다.

2) 둘째로 은행은 일반기업의 채권자와는 본질적으로 다른 채권자인 예금자, 즉 일반국민을 주된 채권자집단으로 하고 있다는 점이다. 은행은 일반공중으로부터 자금을 조달하여 이를 운용하므로 은행이 자금운용을 잘못하여 예금을 환급할 수 없는 사태에 이르게 되면 많은 사회구성원들에게 피해를 입히게 된다. 이러한 은행의 경영실패는 금융시스템 전체에 대한 불안심리를 조성하고, 나아가 사회불안을 야기할 수도 있다.

따라서 은행의 파탄시 일반기업과는 달리 이를 구제하기 위하여 국가가 개입하게 되는 경우가 많은바, 이 경우 구제비용은 납세자인 전 국민이 부담하게 된다. 이른바 1997년 외환위기 이후 은행파탄을 구제하기 위하여 엄청난 규모의 공적자금을 투입한 예를 상기해 볼 필요가 있다. 결국 이러한 사회적 비용이 발생하지 않도록 일반공중의 예금에 대한 선량한 관리자로서의 역할을 잘 수행하는 것이 곧 은행의 공공성이라고 할 수 있다.

3) 셋째로 은행의 자금공급 기능은 국가 전체적인 경제활동에 있어서 매우 중요하기 때문에, 은행은 국민이 축적한 자산인 예금을 국민경제의 발전에 이바지할 수 있도록 적절히 공급하여야 하는 의무를 갖고 있다는 점을 들 수 있다. 은행업무는 광범위한 고객, 즉 가계부문·기업부문 등 국민전체를 상대로 하고 이들에 의하여 유지된다. 따라서 국민일반에 대한 책임을 다하는 것이 은행의 공공성 가운데서도 가장 중요한 과제이다. 요컨대 은행은 사기업의 입장을 초월하여 사회적 책임을 다해야 하는 공적인 기관이다.[1]

3. 자금중개기능의 효율성 제고

가계·기업·정부 등의 개개의 경제주체는 자금조달을 내부에서 스스로 조달할 수도 있다. 예를 들어 가계는 미리 축적해 둔 예금을 찾아서 소비재의 구입에 충당할 수 있을 것이고, 기업은 내부적립금을 설비투자에 충당할 수도 있다. 이를 이른바 자기금융이라고 한다.

그러나 자기가 갖고 있는 자금력인 자기자금만으로는 언제나 모든 부채와 지급을 결제할 수는 없는 일이다. 따라서 부족한 부분은 외부의 자금력, 즉 외부금융에 의지할 수밖에 없는 일이다. 외부로부터의 자금의 조달수단은 두 가지가 있다. 하나는 주식이나 사채의 형태로 자본시장으로부터 조달하는 형태가 있고,

---

1) 詳解, 40~41면; 解說, 43면 참조.

다른 하나는 대출 등의 형태로 금융시장으로부터 자금을 조달하는 방법이다.

금융시장에서의 금융기관은, 한편으로는 자금의 수요자에 대하여 대부를 하거나 상업어음을 할인하거나 또는 주식이나 사채를 매입하고, 다른 한편으로는 이를 위하여 필요한 자금을 자금잉여자 내지 공급자로부터 예금 등의 형태로 조달하는 것이다.

자금의 수요자가 공급자의 자금을 활용하기 위해서는 양자를 연결하고, 자금의 수급 내지 대차를 조정하는 장소와 그 기능을 담당하는 존재가 필요하다. 일상적인 경제거래는 각 경제주체 간의 자연스러운 여러 활동 가운데서 생물의 혈액처럼 유기적으로 기능하고 있다. 여기에서 각 경제주체의 금융활동을 중개하는 신용조직이 중대한 역할을 하고 있다. 그 중에서도 특히 은행은 여신·수신·환 등을 통하여 신용조직의 중추적인 역할을 하고 있는바, 은행법은 은행이 각 경제주체간의「금융의 원활화」를 위하여 자금중개기관으로서의 제 기능을 효율적으로 수행할 수 있도록 법적인 틀을 제공하고 있는 것이다.[1]

4. 예금자보호

일반인은 일상의 활동으로 취득한 소득으로 소비하고, 잉여가 있으면 이를 보통 금융자산으로 운용하게 된다. 금융자산 가운데서도 특히 중요한 부분을 차지하는 것이 은행에 맡겨지는「예금」이다.

은행의 예금을 대출로 운용하였으나 대출거래처의 도산 등으로 은행이 대출원금을 회수할 수 없게 된다면, 예금의 만기일이 되어도 예금자에게 원리금을 되돌려 줄 자원이 그만큼 부족하게 되는 사태에 이른다. 대출거래처의 도산 등의 건수가 늘어나고 그 금액이 거액화되면 은행의 지급능력이 약화된다.

한편 일반예금자로서는 맡긴 예금의 원리금을 확실하게 인출할 수 있기를 바란다. 예금자는 은행의 채권자이나 일반 채권자와는 달리 불특정다수이고, 서로간에 횡적인 연결이나 결합이 없는 상태이다. 따라서 일반공중이 안심하고 자금을 맡길 수 있는 제도의 확립이 필요하다. 국민생활안정과 산업자금 등 금융자원의 확보를 위해서는 예금자를 보호하는 국가적인 시스템의 확립이 필요한 것이다. 따라서 은행법은「예금자 보호」를「자금중개기능의 효율성 제고」와「신용질서유지」와 함께 공공성확보를 위한 정책과제의 하나로 열거하고 있다.[2]

---

1) 詳解, 45면; 金融, 13면.
2) 詳解, 44면 참조.

5. 신용질서의 유지

오늘날의 경제사회를 한 마디로 표현하면 신용사회이다. 기업과 기업간의 거래는 물론이고, 기업과 가계·기업과 정부·가계와 가계 등의 모든 거래는 신용을 매개로 성립한다. 이러한 신용사회의 한가운데서 중요 역할을 하고 있는 존재가 은행 등의 금융기관이다. 신용이란 「맡긴 돈은 반드시 되찾을 수 있다」는 확신 내지 신뢰 그 자체이다. 은행법의 운용과 해석에 있어서는 항상 「신용」 내지 「신뢰」라는 개념을 염두에 두어야 할 것이다.

일반 개개인은 금융기관을 「언제나 신뢰할 수 있다」는 확신을 갖는 상태가 되어야 한다. 신뢰가 흔들리면 신용불안을 야기하고, 궁극에 가서는 금융공황에까지 이르게 된다. 개개인이 어떤 은행을 신뢰하지 않는다면, 그 은행으로부터 예금을 인출하여 타은행에 다시 예금하거나 개인 보관의 행태가 일어나게 된다. 이른바 예금인출사태가 발생한다. 이렇게 되면 당해 은행은 대외적인 신용의 실추로 입출금의 흐름이 약화되어 가다가 결국은 도산에 이르게 된다. 이어서 그 은행에 여신을 한 타 금융기관의 도산이라는 연쇄반응적 악순환이 초래된다. 이러한 혼란은 금융기관에 한정되지 않고 경제 각 분야, 나아가 국가경제 전체가 마비될 수 있다.[1]

신용의 실추는 각 경제주체의 경제활동을 위축시킨다. 경제활동의 정체는 실업의 증대를 초래하고, 개개인의 생활수준의 저하, 나아가 공황이라는 극히 심각한 사회문제로 발전하게 된다. 이른바 외환위기 이후의 사태가 이를 잘 반영하고 있다. 즉 은행에 대한 신뢰의 저하는 은행의 퇴출·예금인출사태·신용질서의 파탄·경제활동의 경색·대규모의 실업 및 불황으로 연결되고 있는 것이다.

금융은 인체의 혈액과 같은 기능을 하므로, 그 과정에서 각종의 금융리스크 내지 신용파탄이 발생할 가능성은 항상 있는 것이다. 전술한 바와 같이 신용질서의 파탄은 연쇄반응적인 것이라서 순식간에 경제 전체를 마비시키는 성질을 갖고 있어, 혼란이 생긴 후에는 어떠한 수단으로도 단시일에 회복시키기 어려운 것이다. 따라서 은행법은 「신용질서의 유지」를 공공성의 확보를 위한 정책과제의 하나로서 제시하고 있는 것이다.

6. 은행경영의 건전성

은행법은 은행의 공공성의 확보·유지라는 지도이념을 천명하고, 이를 위한

---

1) 詳解, 42면.

정책과제인 「자금중개기능의 효율성 제고」·「예금자보호」·「신용질서유지」라는
3가지 이념을 실현하기 위하여, 그 실천과제로서 은행의 건전한 운영을 도모한
다고 규정하고 있다. 즉 「은행경영의 건전성」은 은행법의 3대 정책과제를 실현
하기 위한 구체적이고 직접적인 과제이다.

　　은행으로서는 일반공중으로부터 예금 등 기타의 형태로 조성한 자금을 안전
하고 확실하게 운용하는 것이 최대의 임무가 된다. 즉 일반공중의 재산을 관리·
운용하는 역할을 하고 있다. 따라서 은행경영이 부실하면 일반공중의 생활에 바
로 지장을 주게 된다. 앞에서 본 바와 같이 은행의 이용자는 광범위하여 은행의
경영내용 여하에 따라 국민경제 전체에 중대한 영향을 미칠 수 있다. 국민경제가
순조롭게 발전하고 국민생활이 향상되기 위하여는 경제활동 및 국민생활에 필요
한 자금이 원활하게 유통·순환되는 시스템이 항상 건강하여야 한다는 의미이다.

　　「은행경영의 건전성」이란 예금자에 대한 책임을 충분히 다하기 위하여 은
행의 경영자는 장래의 모든 가능성을 상정하고, 자산의 실질가치유지에 대한 만
전의 대비체제를 갖출 것을 요청하는 이념이다. 은행이 자신의 경영의 건전성을
유지하여야 한다는 요청은 동서고금을 막론하고 금융제도의 근간을 이루는 과
제이다. 따라서 경제구조가 급격하게 변화하여 가는 오늘날의 현실에서 이 과제
의 중요성은 더욱 커질 것이다. 또한 금융자유화 등에 따라 금융기관간의 경쟁
은 갈수록 심화되므로 각 금융기관은 경영기반을 강화하고 경영의 건전성을 확
보하는 것이 불가결의 명제가 되는 것이다.

　　은행법은 두 가지 측면에서 은행경영의 건전성을 유도하고 있다. 하나는 「제
도상의 규제」이고, 다른 하나는 감독당국의 은행에 대한 「일상의 감독활동」이
다. 은행은 조직·활동 전반에 걸쳐 제도상 여러 가지 규제를 받고 있다. 영업인
가제도, 자기자본충실의 요청, 소유구조 및 경영지배구조에 대한 규제, 동일차주·
대주주 등에 대한 대출제한, 은행업무의 범위의 명확화, 임원의 겸직제한, 합병
또는 은행업종료에 대한 인가 등이 이에 해당한다. 즉 은행법은 은행의 「요람에
서 무덤까지」 은행을 규제하고 있는바, 이는 모두 은행의 건전경영을 위한 제도
적 장치인 것이다.[1]

7. 사기업성(영리성)과 공공성의 조화

　　은행은 대부분 주식회사의 조직을 갖추고 있어 사기업으로 경영되고 있다.

---

1) 詳解, 46면 참조.

은행경영자로서는 이윤을 극대화하는 것이 주주로부터 위임된 명제이다. 자유경제는 각 개인의 자유로운 경제활동을 전제로 하고 있는데, 이 점에서는 은행도 예외가 될 수는 없다. 창의적인 경영수완을 발휘하여 자유로이 경쟁하고 그 성과를 거두는 것이다. 그 결과 손실이 생기면 그것은 전적으로 은행경영자의 책임으로 돌아간다.

은행은 이미 설명한 바와 같이 고도의 공공성을 갖고 있으나, 한편으로는 자본주의 경제의 중추로서 자유로운 영업활동을 충분히 발휘해야 하는 입장에 놓여 있는 것이다. 은행이 사기업인 이상 은행의 행동원리가 사기업성에 기초를 두고 있는 것은 당연한 이치이다. 따라서 기업이 생산성향상을 위해 불철주야 노력하는 것과 같이, 은행이 치열한 경쟁을 통하여 경영능률의 향상을 도모하는 것은 당연한 것이다.

은행법에서는 은행의 사기업적인 성격을 직접 규정하고 있지는 않으나, 개개의 은행이 신용수수기관으로서의 중추적인 역할을 다하기 위해서는 자주적인 경영활동을 통하여 건강한 체력을 유지해 줄 것을 기대하고 있다고 해석하여야 할 것이다. 일견 「공공성」과 「사기업성(영리성)」은 상호 모순되는 명제로 보이나, 이를 조정·절충하는 것이 은행법의 과제라고 볼 수 있다.

Ⅱ. 은행법상의 용어의 정의

1. 은 행 업

가. 은행법의 규정

은행업이란 「예금의 수입, 유가증권 기타 채무증서의 발행에 의하여 불특정 다수인으로부터 채무를 부담함으로써 조달한 자금을 대출하는 것을 업으로 행하는 것」을 말한다(법 2조 1항 1호).[1] 따라서 은행업은 수신·여신·환 기타의 금융거

---

1) 은행업의 경제학상의 개념은 「공중으로부터 단기적인 요구불예금을 받아들이고, 이를 기초로 하여 대부나 어음할인에 의해서 단기적인 상업자금을 공급하는 상업은행의 업무」가 대표적인 개념이다. 은행업에 대한 경제학상의 개념이 그러한 것이라면, 은행법상의 「은행업」의 개념도 이와 크게 다를 바 없다. 따라서 은행법 제2조 1호에서 정한 은행업의 내용은 경제학적으로 보더라도 은행의 본질적 기능에서 벗어나 있지 않다(詳解, 61면). 「은행업」과 후술하는 「은행」의 정의는 어디까지나 은행법의 목적에 비추어 정해져야 하는 용어이고, 경제학상 또는 사회통념상의 개념과는 반드시 일치한다고는 볼 수 없다. 앞에서 본 바와 같이 은행은 상당히 오랜 역사를 가지고 있으며, 오늘날 우리들이 은행이라고 부르고 있는 제도는 오랜 기간을 통해 그때그때 사회의 요구에 응해서 변화되고 발전되어 온 것이다. 따라서 은행의 형태라든가 또는 그 업무, 즉 은행업이라는 것은 일정한 것이 아니고 국가에 따라 시대에 따라 서로 다른 모습을 하고 있는 것이다(詳解, 61면).

래1)에 해당되어, 이를 영업으로 할 경우에는 상법상 「기본적 상행위」에 해당한다고 `볼 수 있다(상법 46조 8호). 그리고 이러한 행위를 영업으로 하는 자, 즉 은행은 「당연상인」이 된다(상법 4조). 은행업에 대한 이 정의규정은 우리나라의 은행은 전업은행제도(specialized banking system)를 채택하고 있음을 보여주고 있다.2)

　은행법상 「은행업」의 정의는 「은행」을 정의하기 위한 도구개념으로서의 역할을 하고(법 2조 1항 1호 및 2호), 은행이 할 수 있는 업무는 다시 「은행업무」(법 27조), 「부수업무」(법 27조의2) 및 「겸영업무」(법 28조)로 나누어 규정하고 있다. 그 가운데서 「은행업무」가 은행의 본질적인 「고유업무」이며 바로 「은행업」이다.

나. 은행업의 요건

　은행업이 되기 위한 요건으로는 ① 예금의 수입·유가증권 기타 채무증서의 발행, ② 불특정 다수인으로부터 채무를 부담함으로써 조달한 자금을, ③ 대출하는 것을 업으로 할 것의 3가지를 요구하고 있는데(법 2조 1항 1호), 이를 좀 더 상세히 살펴보면 다음과 같다.

(1) 예금의 수입 등

　1) 「예금의 수입」이란 금전의 소비임치를 수치하는 행위인데, 이른바 수신업무이다. 은행이 타인자본을 조달하는 주된 방법은 「예금의 수입」인바, 이는 예금주와의 예금계약(소비임치계약)3)에 따라 예금증서와 교환으로 금전의 예입을 받는 것을 말한다. 예금의 종류는 예치기간·이자율·이자계산방법·예치한도·예입자격 등에 따라 여러 가지가 있을 수 있는데, 은행이 되기 위해서는 반드시 모든 종류의 예금거래를 영위하여야 하는 것은 아니고, 일부 종류의 예금만을 수입하는 경우에도 은행으로서의 요건을 충족하는 것이 된다. 은행이 예금을 수입하면 은행은 그 소유권을 취득하고 예금자의 의사와 상관없이 처분할 수 있지만, 예금계약에서 정한 바에 따라 원금과 이자를 지급할 채무를 부담하게 된다. 이와는 달리 은행이 소유권을 취득하지 않고 운용권만을 수탁받아 운용한 후 원본과 운용실적을 위탁자에게 배당해 주는 신탁은 예금이 아니므로, 예금의 수입

---

1) 넓은 의미에서의 「금융거래」란 은행거래·보험·증권·신탁 등의 거래도 포함되지만, 상법은 이를 제46조(기본적 상행위) 내에서 각각 별호로 규정하고 있으므로, 여기에서의 금융거래란 은행의 업무를 말한다.

2) 겸업은행제도의 대표국가인 독일의 신용조직법[KWG §1(1)]은 은행업(Bankgeschäft)에 증권투자업을 명문으로 포함시키고 있다 함은 전술한 바와 같다.

3) 예금계약의 법적 성질은 예금의 종류에 따라 반드시 동일한 것이라고는 볼 수 없겠으나, 일반적으로 금전의 소비임치(민법 702조)로 보는 것이 통설·판례의 입장이다(이에 관한 상세는 제3장에서 후술함).

없이 신탁업만을 영위하는 회사는 은행이 아니다.[1][2]

2) 「유가증권 기타 채무증서의 발행」이란, 은행이 자신을 채무자로 하는 유가증권(채권·어음 등) 또는 자신의 채무를 증명하는 증서를 상대방에게 교부하고 자금을 조달하는 것을 의미한다. 유가증권이란 재산적 가치가 있는 사권(私權)이 표창되어 있는 증권으로서 그 권리의 발생·이전 및 행사의 전부 또는 일부를 위하여 증권의 소지를 필요로 하는 것을 말하는바, 현재 은행이 불특정 다수인으로부터 자금을 조달하기 위해 발행하고 있는 유가증권으로는 사채(금융채)·양도성예금증서(CD)·표지어음 등이 있다.[3]

「사채」는 은행이 상법상 주식회사이면 상법의 규정에 따라 이를 발행할 수 있지만,[4] 은행법 및 각 특수은행법은 이에 대한 특별규정을 두고 있다. 즉 일반은행은 상법이 규정하는 사채·전환사채·신주인수권부사채 기타 이에 준하는 사채(금융채)를 자기자본의 3배까지 발행할 수 있고(법 33조, 법시행령 19조 1항), 각 특수은행은 각각의 설립근거법에 정하여진 바에 따라 금융채를 발행할 수 있다.[5]

「양도성예금증서」는 무기명 할인식 양도가능증서로 만기는 30일 이상이고 중도해지가 불가능하다. 「표지어음」은 금융기관이 할인·보유하고 있는 상업어음 또는 무역어음을 분할 또는 통합하여 할인식으로 발행하고, 만기는 원어음의 잔여만기 이내에서 30일 이상이며 중도환매가 불가능하다.[6][7] 사채, 양도성예금증서 및 표지어음에 관한 상세는 후술한다.

(2) 불특정 다수인으로부터 자금조달

「불특정 다수인」으로부터 채무를 부담한다는 것은 예금의 수입 또는 유가증권의 발행을 불특정 다수인을 대상으로 함으로써 불특정 다수인에 대한 채무자가 되는 것을 의미한다. 따라서 ① 불특정 다수인이 아닌 특정 조합원 또는 회

---

1) 은행법 제 6 조는 "신탁업무만을 영위하는 회사는 이를 은행으로 보지 아니한다"고 규정하고 있다. 따라서 신탁회사는 은행이 아니지만 신탁업과 금융업을 겸영하는 회사는 은행이 될 수 있다. 우리나라의 경우 금전신탁만을 전문으로 하는 회사는 없으며 은행이 금전신탁업을 겸영하고 있다(법 28조).

2) 한은법해설, 60면.

3) 한은법해설, 60면. 은행은 이외에도 특정고객 또는 기관을 대상으로 기업어음, 자기발행어음, 상업어음, 무역어음, 환매조건부채권(RP), 국공채 등의 유가증권 기타 채무증서를 매매한다.

4) 상법상 주식회사는 이사회의 결의에 의하여 사채(전환사채 및 신주인수권부사채 포함)를 발행할 수 있다(상법 469조, 513조 1항·2항, 516조의2 1항·2항).

5) 한은법해설, 60면.

6) 금융채발행에 관한 사항은 은행법 및 동 시행령과 「은행감독규정」에 의해 규율되고 있으나, 양도성예금증서 및 표지어음의 발행에 관한 사항은 은행법 및 동 시행령에 구체적인 조항이 없고 금융통화위원회가 제정한 「양도성예금증서의 발행조건」 및 「금융기관 표지어음의 발행조건」에 의해 각각 규율되고 있다(한은법해설, 61면 주 9).

7) 한은법해설, 61면.

원만을 대상으로 예금을 수입하는 신용협동기구(신용협동조합·새마을금고·상호금
융), ② 불특정 다수인으로부터 채무를 부담하지 않고 자본금이나 자기소유의 영
업자금 또는 특정인으로부터 조달한 자금만을 갖고 대출을 하는 자(대부업자·사
채업자 등), ③ 자신이 직접 채무를 부담하지 않고 단순히 자금의 공급자와 수요
자를 중개하는 자(자금중개회사 등) 등은 은행이 될 수 없다.[1]

은행이 되기 위해서는 「예금의 수입」과 「유가증권 기타 채무증서의 발행」
을 모두 취급해야 하는 것은 아니고 그 중 한 가지만을 취급하여도 무방하다. 즉
예금만 수입하고 유가증권은 발행하지 않거나 예금의 수입은 하지 않고 유가증
권만을 발행하여 자금을 조달하여도 은행에 해당될 수 있다.[2]

(3) 대출업무

「자금의 대출」이란 금전의 소비대차인데, 이른바 여신업무이다. 은행이 되
기 위해서는 불특정 다수인으로부터 조달(예금 또는 유가증권 등 발행)한 자금을 대
출하는 업무를 하여야 한다.[3] 그러므로 불특정 다수인으로부터 자금을 조달하
지만 대출업무를 하지 않는 회사는 은행이 아니다.[4]

은행은 원칙적으로 예금의 수입·유가증권 발행 등을 통하여 불특정 다수인
으로부터 채무를 부담함으로써 조달한 자금을 대출하는 것을 업으로 하여야 하
지만, 은행이 되기 위해서는 반드시 이러한 업무만을 하여야 한다는 것은 아니
다. 이는 타인자본을 조달하여 이를 대출하는 업무가 상업금융기관의 본질적인
업무라는 것을 표현한 것에 지나지 않기 때문이다. 따라서 예금·대출업무를 주
된 업무로 하면 그 이외의 업무를 같이 영위하더라도 은행에 해당한다고 보아야
할 것이다. 또한 ① 자기자본을 대출재원의 일부로 사용하거나, ② 조달한 타인
자본의 일부를 유가증권투자 등으로 운용하거나, ③ 내·외국환, 지급보증, 보호
예수 등 예금·대출업무 이외의 업무를 영위하더라도 은행이 될 수 있다.[5]

그리고 은행이 되기 위해서는 모든 종류의 대출을 취급하여야만 하는 것은
아니고, 그 중 일부만을 취급하여도 무방하다고 본다.[6]

---

1) 한은법해설, 61면.
2) 한은법해설, 61면.
3) 「대출」이라 함은 당사자일방(금융기관)이 타방(차주)에게 후일 반환받을 것을 약정하고 자금
   을 융통하여 주는 행위 또는 그 계약을 말한다. 대출계약의 법적 성질은 소비대차(민법 598조)로
   보는 것이 통설·판례이다. 이에 관한 상세는 제3장에서 후술한다.
4) 한은법해설, 61면.
5) 은행은 은행법 기타 관계법률의 범위 안에서 은행업에 관한 모든 업무를 영위할 수 있는데(법
   27조 1항), 고유업무는 은행법 제27조 제1항에서, 부수업무는 은행법 제27조의2, 겸영업무는 은
   행법 제28조에서 규정하고 있다.
6) 한은법해설, 62면.

(4) 수신업무와 여신업무의 병행

「은행업」이 되기 위하여는 「수신업무와 여신업무를 병행」하여 영위할 필요가 있다. 금전의 유통을 매개한다는 은행업의 경제적 기능을 법적으로 확인한 것이다.

수신업무와 여신업무를 병행한다는 점이 은행법상 은행업의 이념 내지 정형이다. 따라서 대출이나 어음의 할인을 하면서 예금 등의 수입을 하지 않을 경우에는 은행법에 의한 「은행업」이 아니다. 이것은 「대부업 등의 등록 및 금융이용자 보호에 관한 법률」에 의한 「대부업」이 이러한 예에 해당한다. 그리고 차입금을 자금원으로 하여 자금의 대출 또는 어음의 할인을 영업으로 하는 경우도 은행법에 의한 「은행업」이 아니다. 대부업 또는 여신전문금융업이 등이 여기에 해당한다. 이러한 영업을 하는 자들은 대부업자 또는 여신전문금융회사로서 각각 해당 법률에 의거 규제감독을 받는다.

그러나 은행업으로서의 요건이 되는 업무는 은행업의 영위를 목적으로 한다는 의미이고, 그 업무가 현실적으로 영위되어야 하는가의 여부는 문제되지 않는다. 은행을 설립한 경우, 예를 들어 어느 단계까지는 예금의 수입업무만을 영위하고 자금의 대출업무는 영위하지 않는 경우라도 역시 은행업에 해당한다. 그리고 영업상 여신업무에 상당한 편중현상을 보여 수신업무와 여신업무 간에 상당한 계수상의 차이가 있더라도 역시 은행업임에는 틀림없다.

「은행법」 제 2 조 제 1 항 제 1 호는 은행업으로서 필요한 최소한의 업무를 규정한 것이고, 은행이 영위할 수 있는 업무의 한계 내지 범위를 규정한 것은 아니다. 은행은 보호예수·상호부금·지방자치단체의 금고 대행 등 「은행업」 그 자체는 아니지만 「은행업무」에 부수된 많은 업무를 영위할 수 있다. 그러나 상호부금 등의 부수업무는 은행업 그 자체는 아니므로, 이러한 영업을 아무리 대규모로 하더라도 「은행업」은 아니다.

(5) 조직화된 영업으로서의 행위

은행법에 의하여 규제되는 것은 어디까지나 「조직화된 영업으로서의 행위」이다. 여기에서 「영업」의 개념을 파악할 필요가 있다. 일반적으로 「영업」이란 「영리의 목적으로 동종행위를 계속적으로 반복하는 것」을 말한다.

영업이 되기 위하여는 「영리성」이 있어야 하므로, 영리성이 없는 구내매점 등의 판매행위는 영업이라고 볼 수 없다. 그러나 이러한 영리성은 실제에 있어서의 이익의 발생유무, 이익의 사용목적 등을 불문한다. 따라서 계속적으로 반복하여 여신·수신행위를 하더라도 영리성이 없다면 「은행업」이 아니다.

또한 영업이 되기 위하여는 「동종행위」를 하여야 하므로, 행위의 상대방은 구체적이거나 특정되지 아니하고 불특정다수이어야 한다. 그리고 행위의 내용은 대체로 정형적이어야 한다.

또한 영업이 되기 위하여는 동종행위를 반복하는 「계속성」이 있어야 하므로 한 번에 국한된 행위나 기회가 있을 때마다 반복하는 투기행위 등은 영업이 될 수 없다.[1)]

(6) 법인에 의한 영위

은행법은 「법인」이 아니면 은행업을 영위할 수 없다고 규정하고 있다(법 4조). 은행법은 은행업의 주체에 관하여 제한하고 있다. 이 규정의 취지는 전술한 은행업의 공공성이란 사회적 책임을 다하기 위해서는 은행업의 영위는 개인보다는 대규모 자본금을 조달할 수 있는 법인이 보다 적합하다고 본 것이다. 은행업은 법인 중에서도 특히 다수인으로부터 대규모의 자금조달이 가능한 주식회사가 보다 적합할 것이다.

(7) 은행이 영위할 수 있는 업무의 범위

은행법 제2조 제1항 제1호의 「은행업」에 대한 정의는 은행업의 개념 내지 특징을 정한 것이고, 은행이 영위할 수 있는 업무의 범위에 대하여는 별도로 은행법 제27조(은행업무), 제27조의2(부수업무) 및 제28조(겸영업무)에서 정하고 있다. 이에 관한 상세는 후술한다.

2. 은   행

가. 은행법의 규정

1) 은행법상의 은행이란 「은행업을 규칙적·조직적으로 영위하는 한국은행 외의 모든 법인」을 말한다(법 2조 1항 2호).[2)] 은행법상의 은행과 「금융지주회사법」에 의한 은행지주회사는 한국은행법상의 「금융기관」이다(한은 11조 1항). 수산업

---

1) 상법강의(상), 56~57면.
2) 은행법 제2조 제1항 정의규정에서의 「은행업」과 「은행」은 상법상 「상행위」와 「상인」의 개념에 대응된다고 볼 수 있다. 따라서 이러한 은행법상의 두 가지 개념은 상법 제46조와 제4조의 특칙으로 볼 수 있다.
　　은행법 제2조에서 정의하는 「은행업」은 인가를 받지 아니하면 영위할 수 없는 업종으로 되어 있다(법 8조 1항). 따라서 은행업을 영위할 수 있는 은행(법 2조)은 그 업종의 영위에 대하여 인가를 받은 기관이어야 하고, 인가를 받지 아니하고 은행업을 영위한 자는 처벌을 받게 되어 있다(법 66조 2항). 즉 제2조의 「은행업」에 대한 정의와 「은행」에 대한 정의는 은행법 제8조의 인가에 관한 규정과 분리하여 해석할 수 없는 불가분의 관계에 있다.

협동조합중앙회의 신용사업부문은 이를 하나의 은행으로 보나(법 5조), 보험사업자와 상호저축은행업무 또는 신탁업무만을 영위하는 회사는 이를 은행으로 보지 아니한다(법 6조).[1]

2) 그런데 신용협동조합중앙회나 새마을금고중앙회 등은 뒤에서 설명하는 바와 같이 은행이 아니지만, 「신용협동조합법」·「새마을금고법」은 이들이 일정한 업무를 수행하는 경우 제한된 범위 내에서 은행으로 간주하는 특별규정을 두고 있다. 이에 관하여는 후술한다.[2] 은행에 대하여 항목을 나누어 좀 더 상세히 살펴본다.

나. 은행이 되기 위한 요건

1) 은행법 제 2 조는 「은행업」에 대한 정의와 「은행」에 대한 정의를 각각 규정하고 있다. 동 정의에 따르면 은행업이라 함은 「예금의 수입, 유가증권 기타 채무증서의 발행에 의하여 불특정 다수인으로부터 채무를 부담함으로써 조달한 자금을 대출하는 것을 업으로 행하는 것」을 말하고, 은행이라 함은 이러한 「은행업을 규칙적·조직적으로 영위하는 한국은행 외의 모든 법인」을 말한다.

이러한 정의를 종합하여 보면, 은행이 되기 위해서는 ① 예금의 수입·유가증권 기타 채무증서의 발행에 의하여 불특정다수인으로부터 채무를 부담함으로써 조달한 자금을, ② 대출하는 업무를, ③ 규칙적·조직적으로 영위하는, ④ 한국은행 외의 모든 법인 등 4가지의 요건을 갖추어야 한다. 이상의 요건 중 ①과 ②에 대하여는 「은행업」의 정의에서 이미 설명하였으므로, 이하에서는 ③과 ④에 대하여만 설명하겠다.

2) 은행이 되기 위해서는 위와 같은 은행업을 「규칙적·조직적」으로 영위하여야 한다. 「규칙적」 영위라 함은 계획성·계속성을 갖고 반복적으로 은행업을 영위하는 것을 말하고, 「조직적」 영위라 함은 경영자 및 종업원 등 인적설비와 자본금·영업소·상업장부 등 물적 설비를 갖추고 은행업을 영위함을 말한다.[3] 또한 이를 업으로 행하여야 하는데, 이 때 「업」이라 함은 상법상 영업으로 하는 것을 말한다(상법 46조 본문 참조).

3) 은행에 해당되는 자는 「은행법」에 의하여 은행업의 인가를 받은 「일반은

---

[1] 한국은행법도 은행법과 마찬가지로 수산업협동조합중앙회의 신용사업부문은 이를 하나의 은행으로 보나(한은 11조 2항), 보험사업자와 상호저축은행업무 또는 신탁업무만을 영위하는 회사는 이를 은행으로 보지 않고 있다(동조 3항).
[2] 법인이 금융기관에 해당하는지의 여부는 금융위원회가 결정하는데, 금융위원회는 이러한 결정을 위하여 필요한 때에는 당해 법인에 대하여 장부와 기타 서류의 제출을 요구할 수 있다(법 7조).
[3] 한은법해설, 63면.

행」및 특별법에 의해 설립되어 은행업을 영위하는 「특수은행」이다.

「상법」의 규정에 따라 설립되어 「은행법」제8조의 규정에 의하여 은행업인가를 받은 자(시중은행 및 지방은행)는 은행법 제2조(은행업의 정의 및 은행의 정의)에 규정된 모든 요건을 충족하므로 은행에 해당된다.[1] 외국법령에 의하여 설립되어 외국에서 은행업을 영위하는 자(외국은행)가 대한민국 내에서 은행업을 영위하기 위하여 은행법의 규정(법 58조 1항)에 의하여 인가를 받아 설치한 영업소(외국은행 국내지점 등)는 독립된 법인은 아니지만 은행법은 이를 은행으로 보고 있다(법 59조 1항). 따라서 이들 일반은행(시중은행·지방은행·외국은행 국내지점 등)[2]에 대해서는 「한국은행법」및 「은행법」이 전적으로 적용된다.

특별법에 의하여 설립된 한국산업은행, 중소기업은행, 수산업협동조합중앙회 신용사업 및 한국수출입은행은 각각 은행업을 영위하는 법인으로서 은행에 해당하므로, 원칙적으로 「은행법」과 「한국은행법」의 적용대상이다. 다만 해당 은행의 특수성을 감안하여 해당 설립근거법에 의하여 적용이 제한되거나 배제되는 경우가 있다 함은 전술하였다.

4) 법인이 아니면 은행업을 영위할 수 없으므로(법 4조) 은행은 「법인」이어야 한다. 따라서 개인[3]이나 조합·법인격 없는 단체 등은 은행이 될 수 없다.

5) 은행에는 한국은행을 제외한다. 한국은행은 통화당국으로서 통화신용정책을 수립·집행하는 주체이므로, 정책수행의 대상이 되는 은행에 포함되지 않는 것으로 하고 있다.[4]

다. 은행 여부가 문제되는 기관

1) 보험사업자와 상호저축은행업무 또는 신탁업무만을 영위하는 회사는 은행으로 보지 아니한다(법 6조). 「보험사업자」는 보험료를 수입하고, 「신탁회사」는

---

1) 국내은행 국외지점은 은행법에 의해 설치되었으므로 은행법이 적용되나, 국내은행 국외 현지법인은 소재지법에 의해 설립되었으므로 은행법이 적용되지 않는다(한은법해설, 63면 각주 14).
2) 일반은행을 특별법에 의해 설립된 은행인 특수은행과 대비하기 위하여 「은행법에 의해 설립된 은행」이라고 말하고 있으나, 일반은행은 회사설립에 관한 일반법인 상법(시중은행과 지방은행) 또는 외국의 법령(외국은행)에 의해 설립되어 은행법에 의해 은행업인가를 받은 기관이므로 이는 정확한 표현이 아니고 「은행법에 의해 은행업인가를 받은 은행」이라는 표현이 보다 정확할 것이라는 견해(한은법해설, 64면 참조)가 있는데 이는 타당한 견해라고 본다. 은행에 대해서는 한국은행법 및 은행법이 우선 적용되지만, 동 법률에 규정이 없을 경우에는 상법 기타 법령이 적용된다(법 3조 2항).
3) 사채업자(개인)의 고리대금 행위는 은행업무에 해당되지 않으므로 은행법으로 규제할 대상이 아니다(한국은행은행감독원 감심 902-124, 1984. 2. 29.).
4) 한국은행법 제11조(금융기관의 범위) ① 이 법에서 "금융기관"이라 함은 「은행법」제2조에 따른 은행과 금융지주회사법에 의한 은행지주회사를 말한다.

위탁자로부터 신탁자산의 수탁 등의 형태로 금전을 수입하여 이 자금을 대출형태로 운용함으로써 신용매개기능을 담당한다는 점에서 보면 은행과 유사한 점도 있다. 그러나 보험료의 수입 또는 신탁자산의 수탁 등은 예금의 수입이나 유가증권의 발행 등을 통하여 불특정 다수인으로부터 채무를 부담하는 것이 아니기 때문에 이들 기관은 대출업무를 하더라도 은행이 될 수 없다.1)

「상호저축은행」은 예금의 일종인 상호부금을 수입하고 동 자금을 대출하는 업무를 영위하는 법인이므로 그 실질은 은행과 매우 유사하다고 볼 수 있다. 그러나 상호저축은행은 업무범위 및 영업구역이 제한된 서민금융기관으로서 이에 은행법을 적용하는 것은 적당치 않기 때문에 그 실질에 불구하고 은행법 제 6 조는 상호저축은행을 은행이 아닌 것으로 보고 있다.2)

2) 특별법에 의하여 일정한 경우 은행으로 간주되는 자로서 「신용협동조합중앙회」와 「새마을금고중앙회」(이하 '중앙회'라 한다)가 있다.

신용협동조합과 새마을금고(이하 '신협·금고'라 한다)는 조합원 또는 회원 상호간의 공동이익을 목적으로 설립된 비영리법인이다. 그 중앙회는 신협·금고의 공동이익의 증진을 도모하기 위하여 신협·금고를 회원으로 하여 설립된 비영리법인이다. 신협·금고는 조합원·회원으로부터 예탁금·적금을 수납하고 대출을 하는 등 신용사업을 영위하지만(신용협동조합법 39조 1항, 새마을금고법 28조 1항), 이러한 신용사업은 불특정다수인이 아닌 그 조합원·회원만을 대상으로 하는 것이므로 은행이 될 수 없다. 그리고 중앙회도 신협·금고로부터 예·적금을 수납하고 대출을 하는 등 신용사업을 영위하지만(신용협동조합법 78조 1항, 새마을금고법 67조 1항), 이러한 신용사업 역시 그 회원인 신협·금고를 대상으로 하는 것이므로 원칙적으로 은행이 될 수 없다.3)

그런데 신협·금고와 중앙회는 신용사업으로 위와 같은 예·적금의 수납 및 대출 외에 환업무(신협·금고는 내국환업무, 중앙회는 내·외국환업무)와 국가·공공단체 또는 금융기관의 대리업무 등도 영위할 수 있는데, 중앙회가 이러한 업무(외국환업무는 제외)를 수행하는 경우 「중앙회의 신용사업부문」은 하나의 은행으로 간주된다(신용협동조합법 6조 3항, 새마을금고법 6조 1항). 즉 신협·금고의 신용사업부문에 대하여는 은행으로 간주되지 않지만, 「중앙회의 신용사업부문」은 일정한 경우 은행으로 간주되는 것이다.4)

---

1) 한은법해설, 66면.
2) 한은법해설, 66면.
3) 한은법해설, 71면.
4) 한은법해설, 71면.

이와 같이 신용협동조합법 및 새마을금고법이 중앙회의 신용사업부문을 은행으로 간주하는 규정을 둔 것은 개별 신협·금고가 독자적으로 취급하기 어려운 지급결제 기능을 중앙기구인 중앙회를 통하여 수행할 수 있도록 함으로써 신협·금고의 경쟁력을 제고하기 위한 것이다. 즉 일정한 경우 은행의 자격을 갖게 된 중앙회가 다른 은행과 직접 어음교환 등 지급결제업무를 수행하고, 신협·금고는 중앙회와 연계하여 간접적으로 은행과 지급결제업무를 수행할 수 있도록 함으로써 신협·금고가 지역금융에 특화하면서 은행과 유사한 역할을 할 수 있도록 하기 위한 것이다. 중앙회는 일정한 경우 은행으로 간주되므로 한국은행에 당좌예금계정을 개설할 수 있고, 금융결제원의 어음교환에 참가할 수 있으며, 결제자금이 부족한 경우 한국은행으로부터 긴급여신을 받을 수 있다. 또한 신협·금고가 중앙회에 예치한 자금의 범위 내에서 중앙회의 명의로 자기앞수표를 발행하거나 지로업무를 취급하면 이는 어음교환소에 제시되어 한국은행에 개설된 중앙회의 당좌예금계정을 통하여 결제될 수 있다.[1]

3)「투자은행」이라는 용어가 있다. 투자은행이란「신규증권의 발행으로 장기 자금을 조달하려는 자금의 수요자와 자금의 공급자인 투자자 사이를 연결하는 중개기능을 주요 업무로 하는 증권인수업자(Underwriting House)」를 말하는데, 소비자금융뿐만 아니라 단기 금융시장 업무, 선물옵션·파생금융상품 업무, 투자신탁·투자자문 업무, 부동산 관련 업무, 인수·합병(M&A) 등을 수행한다. 일반 개인이나 기업고객을 상대로 예금을 받고 대출을 해줌으로써 이익을 얻는 상업은행(Commercial Bank)과 대응된다. 최근 미국에서는 투자은행이 산하에 은행·보험사·부동산회사 등 자회사를 두고 여러 가지 복합상품을 취급하는 종합금융서비스를 취급하기도 한다. 도매금융에 특화된 투자은행들은 특히 기업의 해외증권 발행 등을 대행해 주면서 높은 수수료를 받고 있다. 또 M&A를 적극 중재하는 기능을 하면서 때에 따라서는 자신이 직접 기업을 샀다가 기업가치를 높인 후 다시 파는 거래를 하고 있다. 정부·공공단체·민간기업이 발행하는 증권에 적당한 발행조건을 설정하고 그 일부 또는 전부를 인수하여 투자가에게 매매하는 역할을 한다. 또 구조조정 과정에 있는 국내 기업과 금융기관에 외국투자가들을 연결해 주는 역할도 하고 있다. 2008년 이른바 서브프라임 사태로 메릴린치, 베어스턴스, 리먼브

---

1) 현재 농업협동조합 중앙회·수산업협동조합 중앙회의 각 회원조합은 은행은 아니지만 수표법의 적용에 있어서 은행과 동일시 되므로(「수표법 적용 시 은행과 동일시되는 사람 또는 시설의 지정에 관한 규정」 제 2 호 내지 제10호) 자기명의로 자기앞수표를 발행하고, 한국은행법 및 은행법상의 은행으로 간주되는 중앙회를 통하여 어음교환에 참가(대리교환참가)하고 있다(한은법 해설, 72면 각주 29).

러더스 등 대표 투자은행들은 위기를 맞고 상업은행으로 합병 및 파산되었다.[1]

3. 상업금융업무

1) 상업금융업무라 함은 「대부분 요구불예금의 수입에 의하여 조달한 자금을 1년 이내의 기한으로 대출하거나 금융위원회가 예금총액을 고려하여 정하는 최고대출한도를 초과하지 아니하는 범위 안에서 1년 이상 3년 이내의 기한으로 대출하는 업무」를 말한다(법 2조 1항 3호).

2) 은행이 당좌예금을 취급할 수 있는 이유는 상업금융업무를 취급할 수 있기 때문이다(법 32조). 따라서 상업금융업무를 영위함은 은행을 타 금융기관과 구별시키는 중요한 요소가 된다.

3) 자금의 운용측면에서는 대출기한을 1년 이내라고 지정하고 있으나, 조달측면에서는 「대부분 요구불예금의 수입에 의한 자금」이라는 점 이외에는 특별한 제한이 없으므로, 굳이 요구불예금이 아니더라도 상업금융업무의 자원이 될 수 있는 가능성을 열어 놓고 있다. 따라서 「은행법」 제 2 조 제 1 항 제 4 호에서의 「장기금융업무」가 1년 이상의 기한부예금 등을 1년 이상 대출로 운용하는 것이라는 점에 비추어 볼 때, 요구불예금 이외에 저축성예금도 그 기한의 1년 초과여부를 불문하고 그 자원의 운용기간이 1년 이내라면 단기상업금융에 해당될 수 있다. 왜냐하면 1년 이상의 기한부예금에 의한 장기자금을 가지고 1년 이내의 단기대출로 운용하는 것은 예금지급자금의 준비 또는 유동성 확보의 측면에서 지장을 초래하지 않기 때문이다.[2]

4) 우리나라는 은행업과 증권업무의 분리원칙 및 장기금융과 단기금융의 분리원칙에 따라 원칙적으로 일반은행은 1년 이내의 단기예금 및 대출업무, 환업무, 지급보증업무 등 전통적인 단기상업업무를 주된 업무영역으로 하여 왔다. 그러나 1970년대 초반까지만 하더라도 직접금융시장이 발달하지 못하고 은행 이외에 기타의 금융기관은 발달하지 못하였기 때문에 은행은 단기상업금융업무뿐만 아니라 필요에 따라 사실상 장기금융업무를 직접 또는 자회사를 통하여 취급하여 왔다.

4. 장기금융업무

1) 은행법상 장기금융업무라 함은 「자본금·적립금 기타 잉여금, 1년 이상의

---

1) 기획재정부, 「시사경제용어사전」, 2010.
2) 은행법해설, 137면 참조.

기한부예금 또는 사채 기타 채권의 발행에 의하여 조달한 자금을 1년을 초과하는 기한으로 대출하는 업무」를 말한다(법 2조 1항 4호).

2) 일반적으로 장기금융이란 「장기의 예금을 수입하거나 또는 자본금·채권 발행 등 안정적인 재원을 가지고 개발금융·산업금융 등 장기금융의 제공에 이용하는 것」을 말한다. 은행법 제 2 조 제 1 항 제 3 호 및 제 4 호에서 장·단기자금 운용을 그 조달원인 장·단기금융과 결부시키는 것은 은행의 유동성을 확보하고 자금의 조달 및 운용에 균형을 기하기 위함이다.[1]

3) 자본금·적립금 등은 장기금융운용으로서 가장 확실한 금융자원이라고 볼 수 있고, 1년 이상의 기한부예금이라 함은 주로 1년 이상인 예·적금을 말한다. 사채 기타 채권의 발행에 의하여 조달한 자금이라 함은 은행이 은행법 제 33 조에 의하여 채권 등을 발행하여 조달한 자금을 말한다.

4) 「장기금융업무」란 위와 같이 조달한 자금을 1년을 초과하는 기한으로 대출하는 업무를 말한다. 은행법의 개정으로 대출기간의 상한은 철폐되었다. 종래에는 자본금·1년 이상 기한부예금·사채 및 기타 채권발행수입 범위 내에서 10년 이내의 대출을 취급할 수 있도록 하고, 당시 금융통화운영위원회가 인정하는 경우에 한하여 예외적으로 10년 이상의 대출취급도 가능하게 하였으나, 1996년 은행법의 개정으로 동 조항이 폐지되었다. 이러한 조치는 장·단기금융의 구분이 폐지되는 세계적인 추세에 따른 것이다.

5. 자기자본

1) 주식회사는 전형적인 물적회사로서 사람의 결합보다는 자본금의 결합에 그 특질이 있다. 따라서 주식회사의 자본금은 회사에 대하여는 성립의 기초가 되고, 주주에 대하여는 출자액 및 책임의 한계를 의미하며, 회사채권자에 대하여는 회사 신용 및 담보의 기능을 한다.[2] 주식회사의 자본금은 「상법」의 규정에 의하여 정의되고 있는데, 이에 의하면 자본금은 액면주식을 발행하는 경우에는 원칙적으로 「발행주식의 액면총액」이고(상법 451조 1항), 무액면주식을 발행하는 경우에는 주식의 발행가액에서 자본금으로 계상하기로 한 금액의 총액이다(상법 451조 2항).

2) 은행법상 자기자본이라 함은 「국제결제은행의 기준에 따른 기본자본과 보완자본의 합계액」을 말한다(법 2조 1항 5호). 자기자본의 구체적 범위에 대하여

---

1) 은행법해설, 139면 참조.
2) 상법강의(상), 619~620면.

는 대통령령이 정하는 바에 따라 금융위원회가 정한다(법 2조 2항). 따라서 자기자본에 관한 은행법의 규정은 상법에 대한 특칙이라고 볼 수 있다. 「은행법 시행령」에서는 자기자본과 기본자본에 대한 3가지 기준을 다음과 같이 제시하고 있다(법시행령 1조의2).

① 「기본자본」은 다음 각 목의 합계액으로 할 것이다.

(a) 보통주 발행으로 인한 자본금·자본잉여금, 이익잉여금 등 은행의 손실을 가장 먼저 보전(補塡)할 수 있는 것이다.

(b) 영구적 성격을 지닌 자본증권의 발행으로 인한 자본금·자본잉여금 등으로서 은행의 손실을 위 (a)의 기본자본 다음의 순위로 보전할 수 있는 것이다.

② 「보완자본」은 ①의 기본자본에 준하는 성격의 것으로서 ①에 포함되지 않는 후순위채권 등 은행의 청산 시 은행의 손실을 보전할 수 있는 것으로 할 것이다.

③ 해당 은행이 보유하고 있는 자기주식 등 실질적으로 자본충실에 기여하지 아니하는 것은 기본자본 및 보완자본에 포함시키지 아니할 것이다.

3) 은행법에서 자기자본의 정의 규정을 둔 이유는 사채 등의 발행한도(법 33조), 동일차주 등에 대한 신용공여한도(법 35조), 대주주에 대한 신용공여한도(법 35조의2), 대주주가 발행한 지분증권의 취득한도(법 35조의3), 다른 회사(자회사 포함) 등에 대한 출자한도(법 37조), 증권투자의 한도(법 38조 1호), 업무용부동산 소유한도(법 38조 3호) 등을 정하는 기준이 될 뿐만 아니라, 감독기관이 수행하는 은행 건전경영의 핵심적인 지도기준이 된다(법 34조). 이에 관한 상세는 제 4 장 은행감독법에서 설명한다.

6. 지급보증

1) 지급보증이라 함은 「은행이 타인의 채무를 보증하거나 인수하는 것」을 말한다(법 2조 1항 6호). 지급보증이란 은행이 거래자의 의뢰에 따라 동 거래자가 제 3 자에게 부담하는 채무(확정채무)의 지급을 약정하거나 보증채무 등 장래에 부담하게 될 가능성이 있는 채무(우발채무)를 인수하는 것으로서 신용공여시 자금의 공급이 수반되지 않는 점에서 대출과 성격을 달리 한다. 그러나 지급보증은 은행실무상 여신거래의 일종으로 취급된다.

2) 은행법이 지급보증의 정의 규정을 둔 이유는 타인의 채무를 보증하거나 인수하는 행위가 신용공여에 해당하는가의 여부에 대한 논란을 해소하기 위한

입법기술로 보인다. 은행법은 신용공여의 정의에서 지급보증을 포함시킴으로써 그러한 논란을 해소하고 있다. 지급보증은 은행의 「부수업무」 중 하나로서, 이에 관한 상세는 제 3 장 은행거래법 편에서 설명한다.

7. 신용공여

1) 은행법상 신용공여라 함은 「대출·지급보증 및 유가증권의 매입(자금지원적 성격의 것에 한한다) 기타 금융거래상의 신용위험을 수반하는 금융기관의 직접·간접적 거래」를 말한다(법 2조 1항 7호). 신용공여의 구체적 범위에 대하여는 대통령령이 정하는 바에 따라 금융위원회가 정한다(법 2조 2항).

2) 「은행법 시행령」상 신용공여의 범위는 ① 대출, ② 지급보증, ③ 지급보증에 따른 대지급금의 지급, ④ 어음 및 채권의 매입, ⑤ 그 밖에 거래상대방의 지급불능시 이로 인하여 금융기관에 손실을 끼칠 수 있는 거래 등이다(법시행령 1조의3 1항).

3) 은행법과 동법 시행령상의 신용공여의 범위는 위에서 본 바와 같으나, 금융실무에서는 은행이 상대방에게 신용을 공여하는 일체의 행위를 여신거래행위라고도 한다. 한국은행법에서는 은행법상 신용공여에 해당하는 것을 「대출」, 「여신」, 「융자」 등으로 혼용하여 사용하기도 한다(한은 28조, 66조, 67조, 75조 등).

4) 은행여신거래 기본약관의 적용범위는 은행과 채무자(차주·할인신청인·지급보증신청인 등 은행에 대하여 채무를 부담하는 사람) 사이의 어음대출·어음할인·증서대출·당좌대출·지급보증·외국환 기타의 여신에 관한 모든 거래이다(동 약관 1조 1항).

5) '융자'라 함은 금융 또는 여신과 마찬가지로 은행이 신용을 공여하는 일체의 금융거래를 포괄적으로 나타내기 위하여 사용되고 있는 개념으로서, 증서대출·어음대출과 같이 직접 자금의 교부를 수반하는 대출은 물론 자금의 교부가 수반되지 아니하는 무형의 신용공여인 어음보증도 여기에 포함된다(대판 1998. 10. 27, 98다27784).

6) 은행법상 신용공여의 정의는 동일차주(법 35조), 대주주(법 35조의2), 자회사(법 37조 3항) 등에 대한 여신규모의 법정한도 초과여부를 가리는 기준이 되는 역할을 한다.

8. 동 일 인

1) 동일인이라 함은 「본인 및 그와 대통령령이 정하는 특수관계에 있는 자」

를 말한다(법 2조 1항 8호). 「그와 대통령이 정하는 특수관계에 있는 자」라 함은 본인과 배우자·8촌 이내의 혈족 및 4촌 이내의 인척 등에 해당하는 관계에 있는 자를 말한다(법시행령 1조의4 참조).

2) 은행법상 「동일인」을 동법상의 「동일한 개인·동일한 법인·동일차주 등」 (법 35조)과 혼동하는 경우가 있다. 그러나 은행법상 양자는 다른 개념임에 주의 하여야 한다. 은행법상 동일인이라 함은 은행의 소유지분을 규제하기 위한 기준 이 되는 도구개념이고(법 15조), 동법상 「동일한 개인·동일한 법인·동일차주 등」 이라 함은 은행의 편중여신을 규제하기 위한 기준의 하나가 되는 도구개념이라 고 볼 수 있다. 동일차주 등에 대한 여신규제에 대하여는 후술한다.

3) 은행법이 동일인의 정의 규정을 둔 이유는 은행의 소유지분을 규제하기 위해서이다. 동일인은 원칙적으로 은행의 「의결권 있는 발행주식총수」의 100분 의 10을 초과하여 은행의 주식을 보유할 수 없다(법 15조). 이에 관한 상세는 제4 장 은행감독법에서 설명한다.

9. 비금융주력자

1) 「비금융주력자」라 함은 통상 산업자본으로 지칭된다. 론스타의 외환은행 인수나 국민연금의 우리금융 경영권 인수 시도와 관련해 종종 등장하였던 용어 가 비금융주력자이다.

2) 은행법상 「비금융주력자」라 함은 다음과 같다(법 2조 1항 9호).

① 동일인 중 비금융회사인 자의 자본총액의 합계액이 당해 동일인 중 회사 인 자의 자본총액의 합계액의 100분의 25 이상인 경우, 당해 「동일인」이 비금융 주력자이다.

② 동일인 중 비금융회사인 자의 자산총액의 합계액이 2조원 이상으로서 대 통령령이 정하는 금액[1]이상인 경우, 당해 「동일인」이 비금융주력자이다.

③ 자본시장법에 따른 투자회사로서 위 ① 또는 ②의 자가 그 발행주식총수 의 100분의 4를 초과하여 주식을 보유하는 경우, 당해 「투자회사」가 비금융주력 자이다.

④ 자본시장법에 따른 「사모투자전문회사」로서 다음과 같은 경우에 비금융 주력자이다. 첫째, 위 ①에서 ③까지의 어느 하나에 해당하는 자가 사모투자전 문회사 출자총액의 100분의 10 이상 지분을 보유하는 유한책임사원인 경우이다.

---

1) 이때 "대통령령이 정하는 금액"이라 함은 2조원을 말한다(법시행령 1조의5 2항).

둘째, 위 ①에서 ③까지의 어느 하나에 해당하는 자가 사모투자전문회사의 무한
책임사원인 경우이다. 셋째, 다른 상호출자제한기업집단(공정거래법에 따른 상호출
자제한기업집단)에 속하는 각각의 계열회사가 취득한 사모투자전문회사의 지분의
합이 사모투자전문회사 출자총액의 100분의 30 이상인 경우이다.

⑤ ④에 해당하는 사모투자전문회사가 투자목적회사의 주식 또는 지분의
100분의 4를 초과하여 취득·보유하거나 임원의 임면 등 주요 경영사항에 대하여
사실상의 영향력을 행사하는 경우의 해당 「투자목적회사」가 비금융주력자이다.

3) 비금융주력자에 대한 은행법의 규정내용이 매우 복잡하나, 도표로 정리
하면 아래와 같다. 즉, 비금융주력자는 아래의 ①·②·③·④·⑤ 중 어느 하나에
해당하는 자이다.

[은행법상 비금융주력자]

①	비금융회사의 자본총액이 전체 자본총액의 25% 이상인 동일인(법 2조 1항 9호 가목)
②	비금융회사인 자의 자산총액의 합계액이 2조원 이상인 동일인(법 2조 1항 9호 나목)
③	① 또는 ②의 자가 그 발행주식총수의 4%를 초과하여 주식을 보유하는 투자회사(법 2조 1항 9호 다목)
④	- 위 ①·②·③ 중의 자가 유한책임사원으로서 10% 이상 지분을 보유하는 사모투자전문회사 - 위 ①·②·③ 중의 자가 무한책임사원인 사모투자전문회사 - 상호출자제한기업집단이 출자총액의 30% 이상의 지분을 보유하는 사모투자전문회사(법 2조 1항 9호 라목)
⑤	④의 사모투자전문회사가 4%를 초과하여 지분을 보유하는 등의 투자목적회사(법 2조 1항 9호 마목)

4) 「은행법이 비금융주력자의 정의규정을 둔 이유는 산업자본의 은행 소유
지분을 규제하기 위해서이다. 1982년을 전후하여 정부소유 시중은행의 민영화가
이루어짐에 따라 산업자본의 은행지배를 방지하기 위하여 1982년 12월 「은행법」
개정시 동일인 주식보유한도제도를 도입하였고, 2002년 7월 「은행법」 개정 시
비금융주력자에 대해서는 시중은행의 주식을 일정비율 초과보유할 수 없도록
규제하였으며, 이후 수차례 개정을 거쳐 현재 비금융주력자는 원칙적으로 은행
의 「의결권 있는 발행주식총수」의 100분의 4(지방은행의 경우에는 100분의 15)를 초
과보유할 수 없도록 규정하고 있다(법 16조의2). 이에 관한 상세는 제4장 은행감
독법에서 설명한다.

10. 대 주 주

1) 일반적으로 주주가 「대주주」인가 또는 「소주주(소액주주)」인가의 여부는 주식소유의 수량에 따른 분류이다.[1] 주식회사에서 대다수의 주식을 소유하고 있는 주주를 보통 대주주라고 부른다. 따라서 대주주란 상대적인 개념이다. 대주주가 보통 회사의 경영권을 지배하고 있는 경우가 많다. 주식회사에서 회사를 지배하려면 원칙적으로 발행주식총수의 과반수를 소유해야 하지만(상법 368조 1항 참조), 주식회사제도 및 주식시장이 발전하면서 경영권을 요구하지 않는 소주주가 많이 발생하게 되어 때로는 20% 내지 10% 정도의 주식보유로도 회사의 지배가 가능한 경우도 발생한다. 오늘날의 대기업에서 대주주는 개인보다도 법인 및 그 밖의 단체, 즉 기관주주인 경우가 일반적이다.

2) 어떤 주식회사가 다른 주식회사의 발행주식총수의 100분의 50을 초과하는 주식을 보유할 경우, 이를 모회사라고 부르고 다른 회사를 자회사라고 부른다. 모회사의 주식은 원칙적으로 자회사가 이를 취득할 수 없다(상법 342조의2 1항).

3) 「과점주주」란 개념이 있다. 국세기본법에서는 주주 또는 유한책임사원 1인과 특수관계인이 소유하는 주식의 합계 또는 출자액의 합계가 당해 법인의 발행주식총수 또는 출자총액의 100분의 50을 초과하는 경우를 과점주주라고 정의한다(동법 39조).

4) 은행법상 「대주주」라 함은 다음 중 어느 하나에 해당하는 자를 말한다(법 2조 1항 10호).

① 은행의 주주 1인을 포함한 동일인이 은행의 의결권 있는 발행주식총수의 100분의 10(지방은행의 경우에는 100분의 15)을 초과하여 주식을 보유하는 경우의 당해 주주 1인은 대주주이다.

② 은행의 주주 1인을 포함한 동일인이 은행(지방은행 제외)의 의결권 있는 발행주식총수[2]의 100분의 4를 초과하여 주식을 보유하는 경우로서, 그 동일인이 최대주주이거나 대통령령이 정하는 바에 따라 임원의 임면 등의 방법으로 그 은행의 주요 경영사항에 대하여 사실상 영향력을 행사하는 자[3]인 경우의 그 주

---

1) 상법강의(상), 705면.
2) 은행법 제16조의2 제 2 항의 규정에 의하여 의결권을 행사할 수 없는 주식을 제외한다.
3) 「은행법 시행령」 제 1 조의6(사실상 영향력 행사의 기준 및 경영 관여 기준): 은행법 제 2 조 제 1 항 제10호 나목의 규정에 의하여 금융기관의 주요 경영사항에 대하여 사실상 영향력을 행사하는 자는 다음 각호의 하나에 해당하는 자를 말한다.
   1. 단독으로 또는 다른 주주와의 합의 또는 계약 등에 의하여 은행장 또는 이사의 과반수 이상

주 1인은 대주주이다.

　5) 은행법이 「대주주」를 정의하고 있는 이유는 은행의 대주주에 대한 신용공여한도(법 35조의2)와 대주주가 발행한 지분증권의 취득한도(법 35조의3)를 규제하고, 또한 대주주의 부당한 영향력 행사를 금지하며(법 35조의4), 대주주에 대한 자료 제출을 요구하기 위해서이다(법 35조의5). 이에 관한 상세는 제4장 은행감독법에서 설명한다.

　　을 선임한 주주
　2. 경영전략·조직변경 등 주요 의사결정이나 업무집행에 지배적인 영향력을 행사한다고 인정
　　되는 자로서 금융위원회가 지정한 자

제 2 장

은행조직법

제 2 장   은행조직법

제 1 절   은행업의 진입규제

I. 은행업인가

1. 총   설

가. 은행업의 인가

1) 은행업을 경영하려는 자는 금융위원회의 「인가」를 받아야 한다(법 8조 1 항). 또한 은행이 분할·합병·해산·영업양도 등의 행위를 하는 경우와 외국은행 국내지점의 신설·폐쇄 등의 경우도 금융위원회의 인가를 받아야 한다(법 55조, 58 조). 이 때의 인가(authorization)란 행정법학상의 용어로서, 「계약이나 합동행위 등 타인의 법률행위에 동의를 부여하여 그 행위의 효력을 완성시키는 행정행위」를 말한다. 인가는 민법상의 제한능력자에 대한 후견인의 동의제도와 비슷한 것이 다. 모든 인격자의 법률행위는 행정주체의 관여 없이도 각자의 의욕하는 바에 따라 완전한 효력이 발생하는 것이 원칙이다. 그러나 예외적으로 공익과 중요한 관계가 있는 법률행위의 효력발생에 대하여는 특별히 행정주체가 이에 관여하 도록 한 것이다.[1] 예를 들어 협동조합 임원선출 인가, 사립학교 정관변경 인가,

---

1) 행정법 I, 293면.

토지거래허가 등이 행정법학상 인가에 해당한다.[1] 또한 실무상 인가라는 개념이 사용되기도 하지만, 「승인」 또는 「허가」나 「인허」라는 개념도 사용된다.[2]

2) 위 은행업에 대한 인가는 장차 은행업을 목적으로 하는 법인(은행)의 설립인가가 아니고, 은행업을 적법하게 운영할 수 있도록 하는 허용하는 행정행위이다. 그러나 목적하는 사업(은행업)에 대하여 당국의 인가를 받지 못한다면 그 회사(은행)는 목적하는 사업의 수행이 불가능하므로 처음부터 회사(은행)설립 자체가 무의미할 것이다.[3]

그런데 비송사건절차법 제63조에서 인가를 필요로 하는 회사의 설립등기를 신청할 경우에, 관공서의 허가서 또는 인증 등본을 첨부하도록 요구하고 있어, 은행업에 대한 인가가 없는 한 은행(법인)의 설립등기가 불가능하게 된다. 또한 회사는 등기가 없으면 성립되지 않으므로(상법 172조, 317조 1항 참조), 은행법 제8조의 영업인가는 사실상 회사(은행)설립인가의 의미를 포함하고 있다고 볼 수 있다.

나. 행정법학상 인가와 유사한 개념

1) 인가와 유사한 개념으로서 행정법학상 「허가」와 「특허」라는 개념이 있다. 허가(permission)란 「일반적 금지를 특정한 경우에 해제하여 적법하게 일정한 행위를 할 수 있게 하여 주는 처분」, 즉 일반적으로 금지된 행위에 관한 자유의 회복을 말한다. 따라서 허가의 법률효과는 제한되었던 자연적 자유가 회복되는 데 그치고, 새로운 권리를 설정하는 것은 아니다. 영업허가, 건축허가, 주류판매업면허, 운전면허, 「은행업의 인가」, 신탁업의 인가가 대표적인 예이다.[4]

허가라는 개념은 실정법상으로도 사용되나 허가 이외에 「면허」, 「인허」, 「승인」 등의 용어가 실무상 사용되고 있다. 또한 실정법상 사용되는 허가라는 용어 중에는 학문상의 특허(예, 광업허가) 또는 인가에 해당하는 것도 있다. 특허에 해당하는 경우에도 실정법에서는 허가(광업허가) 또는 면허(어업면허)라는 용어를 사용하기도 한다.

2) 특허란 「상대방에게 직접 권리, 능력, 법적 지위, 포괄적 법률관계를 설정하는 행위」를 말한다. 그 예로서 버스운송사업면허, 전기사업허가, 도시가스사업허가, 통신사업허가 등을 들 수 있다.[5] 특허법상의 특허는 학문상의 특허가

---

1) 행정법론(상), 335면.
2) 행정법론(상), 335면.
3) 詳解, 75면 참조.
4) 행정법론(상), 324면.
5) 행정법론(상), 331면.

아니고 준법률행위적 행정행위의 하나인 「확인행위」이다.

3) 허가는 사실로서의 행위가 적법하게 행하여지기 위한 「적법요건」인 데 비하여, 인가는 법률적 행위가 효력을 발생하기 위한 「효력요건」이다. 즉 인가를 받아야 할 행위를 인가받지 않고 행한 때에는 그 행위는 무효가 된다.1) 위 은행업에 대한 「인가」는, 인가 없는 여·수신행위를 사법상 무효로 볼 수 없는 점과 인가를 받지 아니하고 은행업을 경영하는 자에게는 형사처벌이 가해지는 점에 비추어(법 66조 2항),2) 타인의 계약·합동행위 등 법률행위에 동의를 부여한다기보다는 일반적 금지를 해제한다는 성격이 강하다고 본다. 참고로 일본의 은행법은 이러한 경우 「면허(免許)」라는 용어를 사용하고 있고(일본의 은행법 4조 1항), 이 때의 면허는 행정법학상 「허가」로 보고 있다.3)

2. 은행업에 대한 인가제도

가. 인가의 요건

1) 은행업을 경영하려는 자가 은행업인가를 받기 위하여는 다음의 요건을 모두 갖추어야 하고(법 8조 2항), 이에 따른 요건 등에 관하여 필요한 세부사항은 대통령령으로 정한다(법 8조 3항).4)

① 자본금이 1천억원 이상이어야 한다. 다만, 지방은행의 자본금은 250억원 이상으로 할 수 있다.

② 은행업 경영에 드는 자금 조달방안이 적정하여야 한다.

③ 주주구성계획이 은행법 제15조(동일인의 주식보유한도 등), 동 제15조의3(사모투자전문회사등의 주식보유에 대한 승인 등) 및 동 제16조의2(비금융주력자의 주식보유 제한 등)에 적합하여야 한다.

④ 대주주가 충분한 출자능력이 있고, 건전한 재무상태 및 사회적 신용을 갖추어야 한다.

⑤ 사업계획이 타당하고 건전하여야 한다.

⑥ 발기인(개인인 경우만 해당한다) 및 임원이 은행법 제18조(임원의 자격요건 등.

---

1) 행정법Ⅰ, 285면.
2) 은행법 제 8 조에 따른 인가를 받지 아니하고 은행업을 경영하는 자는 5년 이하의 징역 또는 2억원이하의 벌금에 처한다(법 66조 2항).
3) 詳解, 75면.
4) 은행업의 인가를 받고자 하는 자는 신청서를 금융위원회에 제출하여야 한다(법 11조 1항). 이 경우 신청서의 내용과 종류는 대통령령으로 정한다(법 12조 2항). 금융위원회는 은행법 제 8 조에 따른 인가를 하거나 은행법 제53조 제 2 항에 따라 인가를 취소한 때에는 지체 없이 그 내용을 관보에 공고하고 인터넷 홈페이지 등을 이용하여 일반인에게 알려야 한다(법 12조).

이에 관하여는 후술한다)에 적합하여야 한다.

　⑦ 은행업을 경영하기에 충분한 인력, 영업시설, 전산체계 및 그 밖의 물적
설비를 갖추어야 한다.

　2) 이러한 인가요건에 비추어 은행업을 인가제로 하는 구체적 이유를 대체
로 정리한다면, ① 은행경영의 기초적 요건을 확보함으로써 신용질서의 유지와
예금자보호를 도모할 필요가 있다는 점, ② 당해 은행이 공공성에 반하지 않도
록 인적 구성에도 미리 심사를 할 필요가 있다는 점, ③ 국가전체 내지는 지역사
회의 금융경제를 효율적으로 운영하기 위해서는 당해 은행의 설립이 타당한가
의 여부를 미리 심사할 필요가 있다는 점 등이 될 것이다.[1]

나. 은행업인가(허가)제도의 필요성

　자본금이나 주주구성 또는 경영진의 자질 등에 비추어 공적인 신용기관에
부합하는 은행이 되기에는 부적절한 은행이 일단 설립된 후에 여러 가지 사정으
로 경영이 부진하여 제 기능을 다하지 못할 경우, 정부가 이를 사후적으로 감독
하여 경영을 정상화한다는 것은 매우 힘든 일이다. 따라서 은행의 설립단계에서
행정력으로서 불건전한 은행을 사전에 배제시킴으로써 장래의 불안요인을 미리
제거할 필요가 있다.

　또한 정부가 부적합한 은행의 설립을 방치한다면 자본적 기초가 약하거나
부도덕한 경영진이 이끄는 은행이 출현하여 폭리를 취하거나 부당한 경쟁 등을
야기할 소지가 크고, 나아가 은행의 경영파탄 등을 초래할 우려가 있다. 이러한
결과는 예금자 등 은행 이용자에게 큰 피해를 입히게 되고 사회경제적으로도 엄
청난 해악을 끼치게 된다. 따라서 은행법은 누구든지 은행업을 영위하고자 할
때에는 정부의 인가를 받도록 규정하고 있다.[2]

　정부는 자격을 갖춘 신청자라면 물론 폭넓게 이를 수용하여야 할 것이나,
우리나라의 은행난립의 폐단은 이른바 IMF 환란전후의 사정을 돌이켜 보더라도
명확히 알 수 있는 바와 같이, 진정 자격을 갖춘 자만이 은행업을 영위할 수 있
도록 인가되어야 할 것이다. 주요 선진국에서도 은행업의 경우에는 기타의 산업
과 구별하여 허가제 내지는 인가제를 채택하고 있다. 우리나라에서도 이러한 방
침을 명백하게 채택하고 있는 것이다.

---

1) 詳解, 73면 참조.
2) 詳解, 73면 참조.

다. 은행업인가의 심사기준

은행법은 은행업인가를 받으려는 자가 갖추어야 할 요건을 열거하고 있다 (법 8조 2항). 또한 금융위원회는 은행업을 인가할 경우 당해 신청자가 일정액 이 상의 자본을 갖추고 있는지 여부(법 9조), 법인(法人)인지 여부(법 4조) 등을 심사하 여야 할 것이다. 그러나 은행법상의 인가요건 중 일부는 매우 추상적이기 때문 에, 은행법 시행령에서 인가의 세부요건을 정하고(법시행령 1조의7), 이에 따라 금 융위원회는 은행업의 인가시의 구체적인 심사기준을 따로 마련하고 있다(감규 2 장 1절).

은행업인가의 심사기준의 내용은 인가신청자의 재산적 기초·지식·경험·사 회적 신용 등과 같은 주관적 요건과 은행의 신설이 금융경제적 상황에 비추어 적절한가 등의 객관적 요건의 두 가지로 대별할 수 있다.

은행업인가 시 금융위원회는 은행법에 명문으로 규정되어 있는 여러 가지 요건에 부합하는지 여부를 심사하여야 함은 물론, 법률이 요건으로 제시하지 않 았던 점이라도 은행법의 취지·목적 등을 고려하여 심사하여야 한다.

인가의 성격은 법률적으로 구속되는 이른바 「법규재량」에 속한다고 볼 것 이다. 인가권자는 은행업의 인가시 은행의 설립이 은행법의 취지·목적 등으로부 터 도출되는 제원칙에 적합한가의 여부를 검토해야 할 것이다. 그러나 은행업의 공공적 성격과 인가의 구체적 기준설정이 기술적으로 어려운 점 등에 비추어, 은 행업의 인가는 법규재량의 범주 가운데서도 행정재량의 성격을 갖는다고 본다.

라. 예비인가

은행법은 은행업의 인가를 받으려는 자가 본인가에 앞서 미리 예비인가를 신청할 수 있도록 「예비인가제도」를 마련하고 있다(법 11조의2). 예비인가란 인가 사항에 대한 사전심사 및 확실한 실행을 위하여 인가 이전에 예비적으로 행하여 지는 인가권자의 의사표시를 말하는데, 인가의 효력을 갖지 아니한다. 실무상 사전인가 또는 내인가 등으로 불리기도 한다.

은행업의 인가를 받기 위해서는 많은 비용과 시간이 소요된다. 많은 비용과 시간을 투입하여 인가를 준비하였으나 인가를 받지 못하는 경우가 있을 수도 있 다. 예비인가란 인가를 위한 그러한 준비활동이 수포로 돌아가지 않도록 미리 타진하는 절차라고 볼 수 있다. 이에 관한 상세는 금융위원회의 「은행업감독규 정」에서 규정하고 있다.

마. 인가에 붙이는 조건

1) 금융위원회는 은행업의 인가시 금융시장의 안정, 은행의 건전성 확보 및 예금자보호를 위하여 필요한 조건을 붙일 수 있다(법 8조 4항). 조건이 붙은 은행업인가를 받은 자는 사정의 변경, 그 밖에 정당한 사유가 있는 경우에는 금융위원회에 그 조건의 취소 또는 변경을 신청할 수 있다. 이 경우 금융위원회는 2개월 이내에 조건의 취소 또는 변경 여부를 결정하고, 그 결과를 지체 없이 신청인에게 문서로 알려야 한다(법 8조 5항).

2) 이때 조건이란 행정법상 「행정행위의 부관」의 일종이다. 행정행위의 부관이란 「행정행위의 효과를 제한하거나 특별한 의무를 부과하거나 요건을 보충하기 위하여 주된 행위에 붙여진 종된 규율」을 말한다. 예컨대, 허가나 인가시에 통상 발생할 수 있는 효과를 제한하기 위하여 인·허가권자가 특별히 부과하는 제한이다. 구체적으로는 조건·기한·부담·철회권의 유보·법률효과의 일부배제·부담의 추가 및 변경 또는 보충권의 유보 등이 있다.[1]

3) 조건은 행정행위의 효력을 그 발생이 불확실한 장래의 사실에 의존하게 하는 행정청의 의사표시를 말한다. 행정행위는 통지에 의하여 완전한 효력을 발생하는 것이 원칙이나, 조건이 부가되면 그 효과는 조건이 성취되기 전까지는 불안정한 상태에 놓이게 된다. 따라서 실제로 조건이 붙여지는 경우는 드물고 부담에 해당하는 경우가 많다. 또한 그 내용상 조건인가 부담인가의 판정이 어려운 경우에는, 원칙적으로 상대방에 대한 이익침해성이 적은 부담으로 해석하여야 한다.[2]

4) 금융위원회가 인가시에 자의로 조건을 붙인다면 인가가 당국의 법규재량이라는 점에 반할 가능성이 있다. 따라서 조건을 붙이는 여부를 완전히 금융위원회의 재량에 맡긴다는 뜻은 아니며, 금융위원회는 심사의 기준에 비추어 공익상 필요가 있다고 인정할 때에는 인가에 조건을 붙이거나 이에 변경을 가할 수 있다는 취지이다.

Ⅱ. 자 본 금

1. 주식회사로서의 은행

은행법은 은행이 「법인」이어야 할 것을 요구하고(법 4조), 주식회사의 형태

---

1) 행정법Ⅰ, 300면.
2) 행정법Ⅰ, 301면.

를 요구하지는 않는다. 그러나 은행은 일반적으로 「주식회사」의 형태를 취한다. 은행법이 「자본금」이라는 용어를 사용하는 것도 은행이 주식회사임을 전제로 하는 규정이라고 볼 수 있다.

일반적으로 회사의 형태로서는 주식회사 외에도 유한회사·유한책임회사·합자회사·합명회사 등이 있는데, 그 중에서도 은행이 보통 주식회사의 형태를 취하는 이유는 다음과 같다. 즉, 특정한 자금력에 의존하지 않으면서도 대자본을 조달할 수 있어 대규모의 영업을 수행할 수 있다는 점, 기업의 소유와 경영이 분리되어 전문경영인이 기업을 담당함으로써 사원(주주)이 경영에 미치는 영향이 약하다는 점, 정보의 공개원칙이 가장 철저히 지켜질 수 있다는 점, 주주총회·임원·감사 등 내부 조직이 체계적이라는 점, 주주의 물적 유한책임과 함께 기업의 독립성과 영속성을 유지할 수 있다는 점 등 주식회사가 갖는 장점을 최대한 살리기 위해서이다. 오늘날 국민생활에 직결되는 생산·유통·금융 등을 담당하는 기업형태는 거의 전부가 주식회사의 형태를 취한다.[1]

2. 자본금의 개념

가. 의   의

자본금이란 「사원의 출자에 의하여 이루어지는 일정한 기금으로서 회사재산을 확보하기 위한 기준이 되는 일정한 금액」을 말한다. 법정자본금이라고도 한다. 주식회사의 자본금은 회사가 액면주식을 발행하는 경우에는 원칙적으로 발행주식의 액면총액으로 하고(상법 451조 1항), 회사가 무액면주식을 발행하는 경우에는 주식 발행가액의 2분의 1 이상의 금액으로서 이사회(신주발행사항을 주주총회에서 결정하기로 한 경우에는 주주총회)에서 자본금으로 계상하기로 한 금액의 총액으로 한다(상법 451조 2항).

자본금은 회사가 확보하여야 할 재산의 계산상의 금액이므로, 회사가 현실적으로 보유하고 있는 회사재산과 다르다. 또 자본금은 회사가 장래에 발행할 주식의 총수인 수권자본(상법 289조 1항 3호)과 구별하여야 한다. 수권자본은 회사가 발행할 수 있는 주식의 최대한도를 말하며, 수권주식 또는 수권주식총수라고도 한다.[2]

---

1) 상법강의(상), 627면 참조.
2) 상법강의(상), 620~621면 참조.

나. 자본금의 규모

주식회사는 자본금의 최저 또는 최고에 제한이 없다. 종전에는 최저자본금을 법정하여 주식회사의 자본금은 5천만 원 이상이어야 한다고 규정하였으나, 2009년 개정 상법은 주식회사의 설립을 쉽게 할 수 있도록 최저자본금에 관한 규정을 삭제하였다. 자본금은 정관의 기재사항은 아니고 「등기사항」에 불과하다 (상법 317조 2항 2호).

다. 자본금에 관한 입법례

주식회사 설립시에 자본금의 총액에 해당하는 주식의 인수가 있어야 하는지에 관하여는 입법례가 나누어진다.

(1) 총액인수 제도

이 제도는 「회사의 정관에 자본금을 기재하고 회사설립 시에 자본금의 총액에 관하여 주식의 인수가 확정될 것을 요구하는 제도」이다. 확정자본주의라고도 한다. 과거에 대륙법계의 국가들이 채택하였던 제도이다.

(2) 수권자본 제도

이 제도는 「회사의 정관에 회사가 발행할 주식의 총수(수권주식)만을 기재하게 하고, 회사설립 시에는 그 중 일부에 대한 주식의 인수만 있으면 회사가 성립할 수 있게 하며, 회사성립 후에는 이사회가 수시로 신주를 발행할 수 있게 하는 제도」이다. 창립주의라고도 한다. 영미법계 국가들이 채택하고 있다.

(3) 상법의 입법태도

종전에 상법은 회사설립 시에는 수권주식의 4분의 1 이상을 발행하고 이에 대한 인수·납입이 있어야만 회사가 성립할 수 있게 하였으나(개정전 상법 289조 2항), 2011년 4월 개정상법은 회사설립을 쉽게 할 수 있도록 이 제도를 폐기하였으므로 현행 상법은 영미법계의 「수권자본제도」에 가까운 입법태도라고 볼 수 있다.

3. 은행의 최저자본금

가. 은행법의 규정

은행의 자본금은 1천억원 이상이어야 한다. 다만 전국을 영업구역으로 하지 아니하는 은행(지방은행)의 자본금은 250억원 이상으로 할 수 있다(법 9조).[1] 이

---

1) 보험회사는 300억원 이상의 자본금 또는 기금을 납입함으로써 보험업을 시작할 수 있다(보험 9조 1항 본문). 투자매매업자·투자중개업자·집합투자업자 및 신탁업자는 인가업무 단위별로 5억원 이상으로서 대통령령으로 정하는 금액 이상의 자기자본을 갖추어야 한다(자본 12조 2항 2호). 참고로 일본의 경우 은행의 최저자본금은 10억円으로 되어 있다(일본의 은행법 5조 2항).

금액은 은행이 인가시부터 폐업시까지 확보하여야 할 자본금의 최저액으로 보아야 하고, 우리 상법이 수권자본제도를 채택하였다고 하여 이를 은행이 장래에 발행할 주식의 총수인 수권자본(상법 289조 1항 3호)으로 볼 수는 없다. 은행의 임원 등이 위 규정(법 9조)을 위반하여 최저자본금을 유지하지 못한 경우에는, 1년 이하의 징역 또는 3천만원 이하의 벌금에 처한다(법 68조 1항 1호).

나. 규정의 취지

최저자본금에 관한 은행법의 취지는 예금자보호의 요청과 진입의 제한에 의한 은행의 난립을 방지하는 데 있다. 은행업을 영위함에 있어 최저자본금을 법정한 이유는 은행의 자본적 기반이 취약하면 경제나 금융의 동요에 흔들리기 쉬워 신용기관으로서의 지위를 지키기가 어렵다는 점, 은행업에 있어서의 자본금의 성격은 일반영리회사의 그것과는 달리 본원적인 자금조달수단이라기보다는 외부부채인 예금 등에 대한 최종적인 담보로서의 성격을 유지한다는 점에 있다. 특히 후자는 예금자보호를 위하여 요청되는 것이다.[1]

은행법은 이른바 시중은행과 지방은행의 경우를 달리하여 자본금에 큰 차이를 두었다. 그 이유는 전국에 본지점을 두고 있는 시중은행의 경우에는 신용력·활동규모 등으로 보아 보다 큰 자본력을 필요로 할 것이라는 점, 전국규모의 영업활동을 위한 준비라면 자금의 조달능력도 그 규모에 상응하는 수준이어야 하는 점, 자본금에 크게 차등을 두어야만 전국은행의 난립을 방지할 수 있다는 점 등이다. 최저자본금제도는 이른바 「진입의 제한」을 위한 가장 강력한 규제라고 볼 수 있다.

요컨대, 은행법의 자본금 규정은 은행의 난립을 막아 적정 은행수를 유지한다는 의도라기보다는 은행의 자기자본의 충실을 통하여, 개개은행의 경영기반을 강화하여 신용수수기관으로서의 적격성을 유지함에 그 취지가 있다고 보아야 할 것이다.

4. 자본금의 변동

가. 총 설

1) 자본금의 변동은 「자본금의 증가 또는 감소」를 뜻한다. 자본금을 증가시키려면 (액면주식의 경우) 「액면가」를 늘리거나 「발행주식 수」를 늘려야 할 것이다. 자본금의 증가를 위하여 액면가를 늘리는 방법은 모든 주주가 늘어난 액면

---

1) 詳解, 90면.

가만큼 추가로 주금을 납입하여야 하므로 주주유한책임의 원칙에 위배된다(총주주의 동의가 있으면 가능하다고 할 것이다). 따라서 자본금의 증가는 발행주식 수를 늘리는 방법, 즉 신주발행을 하는 방법에 의할 수밖에 없다.[1] 신주발행 중 통상의 신주발행에서는 회사재산이 증가하나(실질상의 증자), 특수한 신주발행에서는 회사재산이 증가하지 않는 것이 원칙이다(명의상의 증자).

2) 「자본금의 감소」는 자본금의 액을 감소시키는 것을 말하는데, (액면주식의 경우) 액면가의 감소(무액면주식의 경우 자본금의 감액)나 주식 수의 감소에 의하는 방법에 의한다.[2] 자본금의 감소에는 회사재산이 감소되는 경우(실질상의 감자)와 회사재산은 실제로 감소되지 않는 경우(명의상의 감자)가 있다.

나. 자본금의 감소(감자)
(1) 상법의 규정

자본금의 감소란 「회사의 자본금의 액을 감소시키는 것」을 말한다. 일반적으로 자본금의 증가를 뜻하는 증자(增資)에 대응하여 감자(減資)라 부르기도 한다.

주식회사의 자본금이 감소하면 그만큼 회사가 유보하여야 할 현실재산이 감소하게 되므로 대외적으로는 회사채권자에게 불리하게 되고, 대내적으로는 주주의 권리의 존재와 범위에 영향을 주게 된다. 이러한 점으로 인하여 상법은 감자가 정관변경사항은 아니지만, 이에 대하여 채권자보호절차 등 엄격한 요건을 규정하고 있다. 증자는 이사회의 결정으로서 충분하지만,[3] 감자는 주주에게 중대한 이해관계가 있으므로 「주주총회의 특별결의」를 요하도록 하고 있다(상법 438조 1항).

(2) 은행법의 규정

1) 은행이 자본금을 감소하려는 경우에는 금융위원회에 미리 「신고」하도록 되어 있다(법 10조 1항). 또한 금융위원회는 이러한 신고를 받은 내용이 관계법령에 위반되거나 은행 이용자의 권익을 침해하는 것이라고 인정되는 경우에는 해당 은행에 대하여 그 시정 또는 보완을 권고할 수 있다(법 10조 2항). 이 경우 신고의 심사기준은 ① 자본금 감소의 불가피성이 인정될 것, ② 예금자 및 채권자 보호에 지장을 줄 염려가 없을 것 등이다(감규 9조).

2) 은행법은 예금자보호 등 공공성의 관점에서 상법의 규제에 더 가중하여,

---

1) 상법강의(상), 1066면.
2) 상법강의(상), 1065~1066면.
3) 우리 상법은 회사의 자금조달의 편의를 도모하기 위하여 수권자본제도를 도입하여 신주발행은 원칙적으로 이사회에서 자유롭게 결정하여 할 수 있도록 하였다(상법 416조).

자본감소에 대하여는 은행경영자의 자주성에 맡기지 않고 감독당국에 「미리 신고」하도록 규정하고 있다. 이는 예금자 등 외부채권자의 공동의 이익을 해하면서 주주의 이익을 도모하는 점을 방지하는 데 취지가 있다. 은행의 자본금은 모든 채권자의 공동담보이므로 함부로 감자를 한다면 일반예금자인 채권자에게 불측의 손해를 끼칠 수 있다. 감자를 사전신고제로 한 것은 이러한 점을 반영한 것이라고 본다.

   3) 은행의 감자는 사전 신고제이나 이러한 신고 없는 감자가 당연히 무효가 되는 것은 아니다. 그러나 이러한 행위는 법령위반행위로서 은행 또는 그 임직원은 감독당국의 제재를 받는다(법 53조, 54조). 즉 사전 신고 없이 감자를 하여 은행법에서 정한 최저자본금에 미달하는 경우, 이에 대하여는 은행법 제53조에 의하여 영업인가를 취소해야 할 것인가의 문제가 있다. 만일 이러한 경우가 발생하면 기계적으로 인가를 취소하기보다는, 그러한 은행의 활동을 허용하는 것이 거래의 안전에 부합한 점과 은행법 제53조는 인가를 취소할 수 있는 경우를 열거하고는 있으나 감자에 의한 최저자본금 미달을 예시하지 않은 점 등을 고려하여 은행인가의 효력은 그대로 유지시킬 수 있다고 본다. 그러나 은행이 은행법에서 정한 최저자본금을 유지하지 않은 경우, 은행의 임원 등이 벌칙으로서 1년 이하의 징역 또는 3천만원 이하의 벌금의 처벌을 받는 것은 별도의 문제이다(법 68조 1항 1호).

   ### 다. 자본금의 증가
   은행법은 증자에 관하여는 명확하게 규정하고 있지 않지만, 자본금의 증가는 은행의 사회적 신용을 높이고 영업규모의 확대에 기여하여 일반적으로는 바람직스러운 일이다.

   그러나 증자도 경우에 따라 바람직스러운 결과를 초래하지 않는 경우가 있다. 예컨대 증자로 인하여 은행의 자본금이 영업규모에 비하여 너무 과다할 경우에는 1주당 이익을 일정수준 이상으로 확보하기가 곤란해질 수 있고, 또한 실제 영업규모에 비하여 과대한 자본금은 비용이 드는 자금이 사장되는 일이 생길 수 있다. 또한 배당의 형태로 은행 자산의 사외유출 요인이 되어 결국 은행의 재무구조를 취약하게 만들 소지도 있다. 또한 과다한 증자는 때로는 주주의 대폭적인 배당감소 내지는 이익배당중지의 사태를 초래하여 사회적 신용을 해하게 될 수도 있고, 자본금에 대한 명목적인 신용을 얻기 위하여 은행 간 과당경쟁을 초래할 우려도 있다는 점을 유의해야 할 것이다.

라. 자본의 변동과 등기

자본금의 감소는 자본금의 액·발행주식총수가 모두 감소하므로 감자의 효력이 생기면 소정기간 내에 「변경등기」를 하여야 한다(상법 317조 2항 2호·3호·동조 4항, 183조). 자본금의 증가는 신주의 발행인데, 신주발행의 효력이 생기면 발행주식총수·주식의 종류와 수에 변경이 생기고 또 자본금의 액도 증가하므로 은행은 일정한 기일 내에 변경등기를 하여야 한다(상법 317조 4항, 183조).

상법은 수권자본제도를 채택하여 자본금의 액은 정관의 기재사항이 아니고 등기사항에 불과하므로, 자본금의 증가와 감소는 정관변경사항이 아니다.

Ⅲ. 유사상호(商號)의 사용금지

1. 상법상 상호에 관한 규정

가. 상호의 의의

상호의 정의에 대하여는 상법에 명문규정은 없으나 「상인이 기업(영업)활동상 사용하는 기업(영업)의 명칭」이라고 정의할 수 있다.[1]

기업은 그 기업의 개성을 표시하고 그 동일성을 식별하기 위한 어떠한 명칭 또는 표지를 필요로 한다. 이러한 필요에 의하여 기업의 명칭으로서 기업의 동일성과 개성을 표시하기 위하여 사용되는 것이 「상호(trade name; Firma)」이다. 따라서 기업의 명성과 신용이 상호에 화체되고, 기업의 독립성과 동일성은 상호에 의하여 식별된다.[2]

나. 상호의 기능

상호에는 두 개의 기능이 있다. 하나는 「상호사용권」(적극적 권리)으로서 타인의 방해를 받지 않고 당해 상호를 사용하는 권리이다. 다른 하나는 「상호전용권」(소극적 권리)으로서 타인이 부정한 목적으로 동일하거나 유사한 상호를 사용하는 것을 배제시킬 수 있는 권리이다. 누구든지 부정한 목적으로 타인의 영업으로 오인할 수 있는 상호를 사용하지 못하는데(상법 23조 1항), 이에 위반하여 상호를 사용하는 자가 있는 경우에 이로 인하여 손해를 받을 염려가 있는 자 또는 상호를 등기한 자는 그 폐지를 청구할 수 있고(상법 23조 2항), 손해배상의 청구도 할 수 있다(상법 23조 3항). 또한 이에 위반한 자에 대하여는 과태료를 부과한다(상법 28조).

---

1) 상법강의(상), 107면.
2) 상법강의(상), 106면.

다. 상호에 관한 일반원칙

1) 첫째로 「상호선정자유의 원칙」이다. 기업은 원칙적으로 어떠한 명칭이든 자유로이 상호로 선정하여 사용할 수 있다(상법 18조). 이는 기업으로서는 편리한 점이 많지만, 일반 공중의 오인을 살 염려가 있다. 이에 반하여 기업이 인명·지명·업종명 등을 상호로 사용함에는 반드시 이들의 진실과 일치하여야 한다는 「상호진실주의」가 있는데, 이 상호진실주의는 일반공중으로부터 오인될 위험은 없지만 기업에 있어서 이러한 사항이 변경되는 경우에 기존상호를 유지할 수 없는 불이익이 있다.

우리나라에서는 원칙적으로 상호자유주의를 취하고 있지만, 일정한 경우에는 이를 제한하는 「자유주의적 절충주의」를 취하고 있다.[1] 상법은 회사의 상호에는 그 종류에 따라 합명회사·합자회사·유한책임회사·주식회사 또는 유한회사의 문자를 사용하도록 하고, 회사가 아니면 상호에 회사임을 표시하는 문자를 사용하지 못하도록 규정하고 있는 점(상법 19조, 20조)은 상호진실주의를 반영하고 있다. 또한 행정당국의 감독을 받는 일부의 업종에 대하여는 주로 공공목적에서 상호자유주의의 원칙에 대하여 다시 제약을 가하고 있다. 예컨대, 보험업법은 보험사업자에게 그 상호 또는 명칭 중에 주로 영위하는 보험사업의 종류를 표시하도록 규정하고 있다(보험 8조 1항). 즉 △△ 생명보험주식회사, ○○ 화재보험주식회사 등으로 업종을 명시하는 문자를 상호에 포함시킬 것을 강제하고 있다. 또한 은행·보험 등의 업종을 영위하는 회사가 아닌 경우에는 특별법에 의하여 은행·보험 등의 문자를 상호로 사용하지 못하도록 한 점(법 14조, 보험 8조 2항)도 상호자유주의의 원칙을 제한하고 있다.

2) 둘째로 동일한 영업에는 단일상호를 사용하여야 한다는 「상호단일의 원칙」이다(상법 21조). 회사는 설립시 반드시 상호를 정하여야 하므로, 상호는 이른바 정관의 절대적 기재사항이다. 회사의 상호는 회사의 전 인격을 표시하는 유일한 명칭으로서 한 개만이 있으므로, 회사가 수 개의 영업을 하더라도 한 개의 상호만을 사용할 수 있다.

2. 부정경쟁방지법상의 상호보호

가. 상호와 관련된 부정경쟁행위

부정경쟁방지법은 「국내에 널리 알려진 타인의 상표·상호(商號)」 등을 부정

---

1) 상법강의(상), 109면 참조.

하게 사용하는 등의 부정경쟁행위와 타인의 영업비밀을 침해하는 행위를 방지하여 건전한 거래질서를 유지하기 위하여 제정된 법률인데, 동법에서는 상인이나 상품의 동일성을 혼동시킬만한 소정의 부정경쟁행위를 금지하고 있다. 동법상 부정경쟁행위의 여러 유형 중 「상호」와 관련된 행위는 다음과 같다(부경 2조 1호).

① 국내에 널리 인식된 타인의 성명, 상호, 상표, 상품의 용기·포장, 그 밖에 타인의 상품임을 표시한 표지(標識)와 동일하거나 유사한 것을 사용하거나 이러한 것을 사용한 상품을 판매·반포 또는 수입·수출하여 타인의 상품과 혼동하게 하는 행위는 금지된다.

② 국내에 널리 인식된 타인의 성명, 상호, 표장(標章), 그 밖에 타인의 영업임을 표시하는 표지와 동일하거나 유사한 것을 사용하여 타인의 영업상의 시설 또는 활동과 혼동하게 하는 행위는 금지된다.

③ 국내에 널리 인식된 타인의 성명, 상호, 상표, 상품의 용기·포장, 그 밖에 타인의 상품 또는 영업임을 표시한 표지와 동일하거나 유사한 것을 사용하거나 이러한 것을 사용한 상품을 판매·반포 또는 수입·수출하여 타인의 표지의 식별력이나 명성을 손상하는 행위는 금지된다.

④ 정당한 권원이 없는 자가 국내에 널리 인식된 타인의 성명, 상호, 상표, 그 밖의 표지와 동일하거나 유사한 도메인이름을 등록·보유·이전 또는 사용하는 행위 등은 금지된다.

나. 상법과의 차이

1) 상법에서는 모든 상호를 다 보호대상으로 하나, 부정경쟁방지법에서는 전국을 하나의 지역으로 파악하여 「국내에 널리 인식된 상호」를 보호대상으로 한다.

2) 상법 제23조에 위반하여 상호를 사용한 경우에는 200만원 이하의 과태료가 과해지지만(상법 28조), 부정경쟁방지법을 위반하여 상호를 부정사용한 경우에는 3년 이하의 징역 또는 3천만원 이하의 벌금이라는 무거운 벌칙을 가한다(부경 18조 3항 1호).

다. 사법적인 구제수단

1) 타인의 위반행위로 자신의 영업상의 이익이 침해되거나 침해될 우려가 있는 자는 법원에 그 행위의 금지 또는 예방을 청구할 수 있고(부경 4조 1항), 손해배상을 청구할 수 있다(부경 5조).

2) 법원은 타인의 영업상의 신용을 실추시킨 자에게는 손해배상을 갈음하거나 손해배상과 함께 영업상의 신용을 회복하는 데에 필요한 조치를 명할 수 있다(부경 6조).

3. 은행법상의 규정

가. 소극적 규정

1) 은행법은 "한국은행과 은행이 아닌 자는 그 상호 중에 은행이라는 문자를 사용하거나 그 업무를 표시할 때 은행업 또는 은행업무라는 문자를 사용할 수 없으며, 은행·은행업 또는 은행업무와 같은 의미를 가지는 외국어 문자로서 대통령령으로 정하는 문자를 사용할 수 없다"고 규정하고 있다(법 14조). 위의 대통령령으로 정하는 문자란 "bank 또는 banking(그 한글표기문자를 포함한다)이나 그와 같은 의미를 가지는 다른 외국어문자(그 한글표기문자를 포함한다)"를 말한다(법 시행령 3조의4).

은행법은 은행은 상호 중에 은행이라는 문자를 사용하여야 한다고 적극적으로 규정하지 않고, 은행이 아닌 자는 그 상호 중에 은행이라는 문자를 사용할 수 없다고 소극적으로 규정하고 있다.

2) 그러나 오늘날 은행이라는 문자는 은행이 갖는 경제적 기능을 인식하게 하는 하나의 사회적 통념을 형성하고 있다. 따라서 은행법은 은행이라는 문자의 사용을 강제하지는 않으나, 우리나라에서 은행업을 영위하는 국내의 은행은 모두 은행이라는 문자를 상호 속에 넣고 있는 실정이다. 또한 은행이 주식회사일 경우에는 상호 중에 주식회사라는 문자를 사용하여야 하므로(상법 19조), 은행은 보통 '주식회사 ○○은행' 또는 '△△은행 주식회사'라는 명칭을 상호로 사용하고 있다.

은행이 아닌 자가 유사상호를 사용하는 경우에는 5천만원 이하의 과태료를 부과한다(법 69조 1항 2항). 이는 은행으로서의 실태도 없고 기능도 하지 않는 자가 그 상호에 은행과 혼돈되는 문자를 사용함으로써 야기될 일반공중의 불측의 손해를 방지하기 위함이다.

나. 은행상호의 변경

1) 상호는 정관의 「절대적 기재사항」이므로(상법 289조 1항 2호), 상호의 변경은 정관의 변경이고, 은행법상 정관의 변경은 금융위원회 보고사항이다(법 47조 1호). 은행법은 상호를 변경하였을 때에도 당국에 보고하도록 별도규정을 두고 있다(법 47조 5호).

2) 일단 상호가 정해지고 영업이 이루어지면 많은 고객들과 거래가 이루어
질 것이고 사회적 신용이 이 상호에 표창될 것이므로, 이후 어떠한 이유에서든
상호를 변경하는 것은 일시적이나마 이해관계인에게 혼란을 초래하는 등의 상
당한 부담을 줄 수도 있을 것이다. 그러나 신용기관으로서의 위상에 비추어 무
리가 없고 변경의 빈도나 동업자간의 유사상호 등의 관점에서 특별히 문제가 있
는 것으로 판단되는 경우가 아니라면, 상호자유의 원칙(상법 18조)에 따라 상호의
변경을 인정해야 할 것이다. 은행법이 상호의 변경을 사전신고가 아닌 「사후보
고사항」으로 규정한 것은 위와 같은 취지를 반영한 것으로 볼 수 있다.

다. 은행상호와의 관련문제

1) 위에서 본 바와 같이 은행법에 의하면 은행업의 인가를 받은 자 이외에
는 「은행」이라는 상호는 물론이고, 그 업무를 표시함에 있어서 은행업 또는 은
행업무라는 문자도 사용할 수 없도록 되어 있다(법 14조). 그런데 은행이라는 문
자의 의미와 관련하여 문제가 되는 것은 인재은행·혈액은행·장기은행 등의 경
우이다. 이러한 명칭은 일반적으로 상호 그 자체라기보다는 단순한 통칭이라고
볼 수 있고, 또한 이를 사용하는 자에게 영리성이 없거나, 상법상의 상호라고 하
더라도 은행업 내지 금융업과는 명확히 무관한 개념이라고 일반적으로 인식되
어 있는 경우에는 위의 은행법 위반으로 문제삼을 필요가 없다고 본다. 그러나
이는 사항에 따라 개별적이고 구체적으로 판단하여야 할 것이다. 따라서 은행이란
문자의 사용에는 위의 은행법에 저촉되지 않도록 신중을 기하여야 할 것이다.[1]

2) 상호저축은행법에 의한 상호저축은행도 "은행"이라는 명칭을 사용한다
(동법 9조 1항). 상호저축은행은 2001년 3월 상호신용금고법이 상호저축은행법으
로 개정되면서 2002년부터 종전의 상호신용금고가 입법적으로 이름을 바꾼 것이
므로, 은행이라는 명칭을 사용하는 점에 대하여 법적인 제재를 가할 수는 없다.
그런데 현실적으로 상호저축은행은 더 나아가 거의 예외 없이 회사의 명칭을
"저축은행"으로, 대표자를 "은행장"으로 표시하면서 영업활동을 하고 있고 업무
도 은행과 매우 유사하므로, 일반공중은 이를 은행법상의 은행과 혼동할 우려가
있다.[2] 따라서 소비자보호의 측면에서 이점에 관한 적절한 조치가 요망된다.

3) 은행의 상호는 당연히 부정경쟁방지법에서 규정하는 「국내에 널리 인식
된 상호」에 해당한다. 따라서 타인이 특정 은행의 상호를 부정한 목적으로 사용

---

1) 精義, 83면 참조.
2) 상호저축은행 중앙회를 비롯하여 거의 모든 회원사(상호저축은행)는 인터넷 등의 매체를 통하
   여 "저축은행"이라는 명칭으로 광고활동을 하고 있다.

한다면, 이는 상법의 특별법인 부정경쟁방지법에 의거 대처하여야 할 것이다. 예컨대 특정 은행의 상호와 동일하거나 유사한 것을 사용하여 대부업 등 금융업을 영위하는 경우를 생각해 볼 수 있다. 이러한 행위가 일반인들로 하여금 해당 은행의 상호와 혼동하게 한다든가, 해당 은행의 영업상의 시설 또는 활동과 혼동하게 하거나 해당 은행의 명성을 손상하는 행위에 해당할 경우에는, 동법에 의한 형사상 또는 민사상의 구제를 청구할 수 있을 것이다.

[「은행」이라는 명칭의 유래]

우리나라의 「은행」이라는 명칭에 해당하는 것으로서 구미각국에서는 Bank, Banque, Banco(a) 등이 사용되고 있는데, 이러한 용어는 이탈리아의 banco에서 유래하였다(통설). banco는 영어의 bench이다. 지중해무역의 발달로 번창한 도시국가시대이래, 특히 베니스 등의 주요도시에는 각국의 화폐가 유입되었다. 거기서는 환전상이 고객과의 사이에 거래대(bench)를 놓아두고 거래를 하였는데, 이러한 환전상이 차츰 화폐의 수입과 대출을 업으로 하게 되어 banco가 그 통칭이 되고 그 명칭이 각국의 발음과 철자에 따라 Bank, Banque, Banco(a) 등으로 불리어지게 되었다고 한다.

한자를 사용하는 중국이나 일본 그리고 우리나라에서는 모두 「은행」이라는 문자를 사용한다. 「은(銀)」은 국제적 금본위제도 성립 이전에는 세계적으로 주요한 화폐의 구실을 하였다. 중국은 은의 생산국이 아니나, 수·당시대 이래 중화문명의 우월에 힘입어 이미 동양의 선진국으로서 정치적으로나 경제적으로 번영하였고, 세계 각국으로부터 대량의 은이 유입되었다. 명말(明末)에서 청대에 이르러 아편의 수입으로 무역이 역조될 때까지는, 서양제국이 차·비단·약초를 구하기 위하여 은을 가지고 내항하였다. 그 결과 은이 쌓여 주로 거액의 상거래의 지급수단이 되었고, 종래의 동전과 함께 유통하게 되었으며, 은이라는 문자가 전과 같이 화폐를 의미하게 되었다.

「행(行)」은 열(列), 즉 집적을 의미하는 문자라고 한다. 좌전에 의하면 고대중국의 군대에서는 병 25인의 집단을 행이라고 하였다. 이러한 행은 집적의 의미에서 나아가 후세에는 상품을 집적하여 매매하는 곳, 즉 상점을 의미하는 문자로도 되었다. 청대에는 관허 중개상인을 아행(牙行)이라고 불렀다. 아편전쟁 전의 폐쇄무역시대, 서양인들과의 무역을 독점하던 관허의 무역중개 조합상인으로서 공행(公行), 후일 양행(洋行)이라고 불리던 것이 광동(廣東)에 설립되었다. 이것은 특수한 직분을 부여받은 아행의 일종이었다. 양행이라는 말은 아편전쟁 후에는 의미가 바뀌어, 바다를 건너온 외국인과 관계되는 상점을 의미하게 되었고, 나아가 일반적으로 대상사(大商社)를 의미하게 되었다. 따라서 은행은 은, 즉 화폐를 취급하는 대상사를 의미하는 것이다.

중국에서 은행이라는 용어가 최초로 사용된 시기는 명확하지 않다. 영국이 아편전쟁 후 동양경제정책의 금융중추기관으로서 최초로 홍콩에 설립한 Oriental Banking

Corporation이 1845년에 상해에 지점을 설치하였을 때, 그 한자명칭은 동아은공사(東亞銀公司)였다. 공사(公司)란 우리나라의 회사에 해당한다. 태평천국의 난이 일어나 청조정부가 군비의 부족을 보충하기 위하여 지폐를 발행하지 않을 수가 없었는데, 그 운용을 위하여 설립된 금융기관에 관은전호(官銀錢号)라는 명칭을 붙였다. 「号」도 역시 상사를 의미하는 문자이나, 이 때까지도 은행이라는 문자는 사용되지 않았다.

1853년 영국의 Chartered Bank of India, Australia and China가 설립되었을 때, 홍콩에서는 이를 음역하여 渣打銀行(사타은행)이라고 불렀고, 또한 1857년 상해지점이 설치되었을 때, 중국인은 영국인 초대지점장의 명칭(Macgregor 또는 McCurry 정도로 추정되나 확인할 길은 없다)을 음역하여 麥加利銀行(맥가리은행)이라고 불렀다. 이것이 Bank가 은행이라고 한역된 최초의 일이라고 한다.[1]

일본에서 근대적 은행명칭을 사용한 것은 1872년, 국립은행조례에 따라 신설된 제일국립은행 이후의 일이라고 한다. 우리나라에서는 우리나라 사람들의 손에 의해서 「은행」이라는 명칭을 가진 금융기관이 설립되기 시작한 것은 1984년의 갑오경장 이후의 일이다. 그러나 유감스럽게도 이보다 훨씬 앞서 일본인들에 의하여 「은행」이라는 명칭을 가진 근대의 금융기관이 도입되었다. 즉 1876년에 강화조약이 체결되자 일본인과 일본상품이 우리나라에 들어오게 되었는데, 1878년(고종 15년)에 이르러 일본의 제일은행은 당시 부산포에 지점을 설치하였다. 이것이 우리나라에서 「은행」이라는 명칭을 가진 금융기관으로서는 최초의 것이라고 한다.[2]

Ⅳ. 지점의 신설·이전 등

1. 상법상의 영업소

가. 영업소의 개념

상법상 영업소라 함은 「기업의 존재와 활동을 공간적으로 통일하는 일정한 장소」를 말한다.[3] 즉 상인의 영업활동의 중심이 되는 일정한 장소 내지 거점으로 파악하고 있다. 자연인의 경우에는 그 주소가 일반생활의 중심지가 되는 것과 같이 영업소는 기업의 경영활동의 중심지인 것이다. 영업소이기 위하여는 다음과 같은 점이 있어야 한다.[4]

(1) 기업활동의 장소적 중심지

영업소는 기업활동에 관한 기본적 사항을 결정하고 경영활동에 관한 지휘

---

1) 要論, 27면 이하 참조.
2) 이석륜·이정수, 「은행개론」, 박영사, 1995, 82~83면 참조.
3) 상법강의(상), 141면.
4) 상법강의(상), 141~142면.

명령을 하는 중심지이다. 이러한 영업소는 대내적으로는 결정 또는 명령을 하는 장소이나, 대외적으로는 기본적인 거래가 이루어지는 장소이기도 한다. 따라서 이러한 결정 또는 명령에 따라 구체적으로 거래를 기계적으로 하거나 사실행위를 하는 데 불과한 장소(예컨대, 공장·창고 등)는 영업소가 아니다. 또한 영업소는 주소의 경우와 같이 단순히 공간적 내지 장소적 관념이므로, 특정한 장소에 있는 점포 기타의 물적 설비를 뜻하는 것이 아니다.

(2) 계 속 성

영업소는 어느 정도 시간적으로 계속성을 가지는 장소이어야 한다. 따라서 일시적인 매점 등은 영업소가 될 수 없다.

(3) 단 위 성

영업소는 인적 조직과 물적 조직에 의한 하나의 단위이어야 하고, 기업활동의 결과가 보고·통일되는 중심지이어야 한다. 특히 계산조직에 있어서 유기적한 단위를 이루고 있어야 한다. 따라서 하나의 기업에 수 개의 영업소가 있을 수 있다.

(4) 객 관 성

영업소인지 여부는 객관적인 사실의 문제이지, 당사자의 의사의 문제가 아니다. 그러나 기업이 영업소에 관하여 사실과 상이한 등기를 한 경우에는 기업은 이를 선의의 제3자에게 대항할 수 없다(상법 39조). 또한 형식적 의의의 영업소와 실질적 의의의 영업소가 다른 경우에 제3자가 형식적 의의의 영업소를 신뢰한 경우에는, 기업은 「금반언칙」 또는 「외관법리」에 의하여 선의의 제3자에게 대항할 수 없다.

나. 영업소의 종류

상법상 영업소의 종류는 「본점」과 「지점」뿐이다. 본점은 「기업활동 전체의 지휘명령의 중심점으로서의 지위를 가진 영업소」이고, 지점은 「본점의 지휘를 받으면서도 부분적으로는 독립된 기능을 하는 영업소」를 말한다. 출장소·사무소·매점 등은 본점 또는 지점에 있어서의 조직활동의 구성부분을 이루고 있는 데 불과하고 그 자체는 영업소가 아니지만, 경우에 따라 영업소의 성질을 가지고 있는 경우가 있다. 그러므로 영업소인가 아닌가는 실질에 따라 결정될 것이지, 당사자가 붙인 명칭 여하에 의하지 않는다. 대리점은 대리상의 영업소이지 본인인 기업의 영업소가 아니다.

위와 같은 본점과 지점은 기업이 동일한 영업을 경영하는 경우에 있어서의 각 영업소간의 주종관계이고, 기업이 여러 가지 종류의 영업을 경영하는 경우에 그 각 영업에 관하여 각각 독립한 영업소를 둔다면, 각 영업소간의 주종관계는 있을 수 없고 각각 독립한 지위를 갖는다.[1]

다. 영업소에 관한 법률상의 효과

(1) 일반적 효과

영업소는 자연인에 있어서의 주소에 해당하는 법률상의 효과를 가지고 있다. 영업소에 관하여 특히 주의할 것은 다음과 같다.[2]

1) 상행위로 인한 채무이행의 장소가 된다(특정물인도채무를 제외하고는 채권자의 영업소)(상법 56조, 민법 467조 2항).

2) 증권채무의 이행장소가 된다(채무자의 영업소)(어음 2조·4조·21조 이하·48조·52조·60조·76조·77조, 민법 516조·524조 등).

3) 등기소 및 법원의 관할결정의 표준이 된다(상인의 영업소 소재지의 법원)(상법 34조, 민소 5조·12조, 비송 129조 등).

4) 민사소송법상의 서류송달의 장소가 된다(수령인의 영업소)(민소 183조 1항).

(2) 본점의 법률상의 효과

1) 회사설립무효·취소의 소 등 각종 회사법상의 소는 「본점소재지」를 관할하는 지방법원 합의부의 관할에 속한다(상법 186조, 240조, 430조 등).

2) 회사회생사건도 회사의 「본점소재지」를 관할하는 지방법원 합의부의 관할에 전속한다(회생 3조 1항).

3) 주식회사의 사채(社債)에 관한 비송사건은 사채를 발행한 회사의 「본점소재지」의 지방법원 합의부 관할로 하고(비송 109조), 주식회사의 청산에 관한 비송사건은 본점소재지의 지방법원 합의부의 관할로 한다(비송 117조).

4) 주식회사의 주주총회는 정관에 다른 정함이 없는 한 「본점소재지」 또는 이에 인접한 지에서 소집하여야 한다(상법 364조).

(3) 지점의 법률상의 효과[3]

지점은 독립한 영업소로서 다음과 같은 법률상의 의미를 갖는다. 그러나 지점은 독립한 법인격을 전제로 한 능력(예컨대, 소송능력)을 갖지 못한다.

① 지점영업만을 위하여 지배인을 선임할 수 있다(상법 10조, 13조).

---

1) 상법강의(상), 142면.
2) 상법강의(상), 142~143면.
3) 상법강의(상), 143면.

② 표현지배인의 여부를 결정하는 표준이 된다(상법 14조).

③ 상업등기의 대항력을 결정하기 위한 독립적 단위가 되고, 지점에 있어서의 등기가 없는 이상 본점에 있어서의 등기를 지점거래에 원용할 수 없다(상법 35조, 38조).

④ 지점에서의 거래로 인한 채무이행의 장소가 된다(상법 56조).

⑤ 지점만을 독립적으로 영업양도·양수의 대상으로 할 수 있다(상법 374조 1 항 1호·4호, 576조 1항).

2. 은행법의 규정

1) 은행의 본점이 그 본점이 소재한 특별시·광역시·도·특별자치도에서 다른 특별시·광역시·도·특별자치도로 이전한 때, 국외현지법인 또는 국외지점을 신설한 때, 국외현지법인 또는 국외지점을 폐쇄한 때, 국외사무소 등을 신설·폐쇄한 때에는 금융위원회에 「보고」하여야 한다(법 47조 3호 및 4호).

2) 1998년 전면 개정 전의 은행법은 은행이 지점·대리점 기타 영업소의 신설·폐쇄 또는 본점·지점·대리점 기타 영업소의 이전을 할 경우에는 감독당국의 인가를 받도록 하였다. 1998년 개정 은행법은 지점신설·이전 등에 대하여 인가 대신 금융위원회가 기준과 절차를 정할 수 있도록 하였다. 이른바 감독당국의 '점포행정사무'였다. 그러나 2000년 개정 은행법은 이러한 사항을 전면 자유화하고, 오로지 국외지점 등의 신설 및 본점의 타지 이전에만 금융당국과 미리 협의하도록 하였다. 그러나 2010년 개정 은행법은 더 나아가 이러한 사항(본점이전 및 국외점포 신설 등)조차도 사후보고사항으로 변경하였다. 이는 금융의 국제화·개방화·자유화 추세에 따른 당연한 조치라고 볼 수 있다.

3. 은행의 영업소

가. 영업소 등의 개념

은행법상 영업소의 개념에 대하여 구체적으로 정의하고 있지는 않다.[1] 은행의 지점·대리점·출장소·임시점포 등은 물론 본점 소속 영업부서가 본점 이외의 소재지에 위치하여 업무를 영위할 경우에도 「영업소」에 해당된다고 보고 있다.[2] 반면에 「사무소」라 함은 은행이 은행업에 관한 정보의 수집 및 제공, 금

---

1) 일본의 경우에는 은행의 영업소를 「은행이 그 고유업무 또는 부수업무의 전부 또는 일부를 영위하는 시설 또는 설비」라고 정의하고 있다(일본의 은행법시행규칙 8조).
2) 은행법해설, 74면.

융경제동향조사, 본·지점 또는 고객과의 업무연락 등의 사무를 수행하기 위하여 직원을 상주시키고 있는 영업소 이외의 시설을 말하므로 영업소가 아니다.[1]

문제가 되는 것은 은행의 점포 외에 설치하는 현금자동지급기(CD) 또는 현금자동예입인출기(ATM) 등의 기계설비를 설치한 이른바 무인점포를 어떻게 볼 것인가이다. 이러한 무인점포는 영업활동의 중심 내지 거점으로 파악하고 있는 상법상의 영업소 개념에는 포함될 수 없으나, 위에서 정의하는 은행 영업소의 개념에는 포함된다고 본다(일본 은행법시행규칙 8조 참조).

나. 본 점

본점은 은행의 업무전반을 통할하는 시설로서 등기된 영업소인데, 본점에는 총계정원장을 반드시 비치하여야 한다.[2] 은행 본점의 법률효과에 대하여는 위 일반회사의 본점에 대한 상법, 채무자회생법, 비송사건절차법 등에서 규정한 내용이 그대로 해당된다.

다. 지 점

지점은 본점에 종속하여 지점명의로 독립계산을 하며 은행업무 중 일정범위의 업무를 수행하는 시설로서 지점으로 등기된 영업소를 말하는데, 지점에는 총계정원장을 비치하여야 한다.

은행법상의 지점은 상법상의 영업소인 지점의 성격을 갖고 있다. 따라서 은행의 지점에는 상당히 광범위한 대리권을 가지는 상업사용인인 「지배인」을 두어야 하는 등 그 법적 효과로서 전술한 상법상의 영업소 및 지점에 관한 법률상의 효과가 대체로 그대로 적용된다.

지점의 해당 여부는 실질에 따라서 판단할 것이므로, 당사자가 사용하는 명칭에 좌우될 것은 아니다. 이른바 분점·출장소·파출소 같은 것은 보통 본점 또는 지점의 영업으로부터 독립하지 않는 하나의 구성부분이므로 여기에서 말하는 지점이 될 수 없다.[3]

라. 대 리 점

은행의 대리점이란 은행의 위임을 받아 은행을 위하여 은행업의 전부 또는 일부를 대리하는 은행법상의 영업소를 말하는 것으로, 그 법적 성격은 상법 제87조에 의한 「대리상」이다. 특정한 업무를 위하여 지점 또는 출장소를 설치하기

---

1) 은행법해설, 74면.
2) 은행법해설, 74면.
3) 은행법해설, 75면.

곤란한 경우에 대리점계약에 의하여 업무영역의 확대 및 업무수행의 편의를 도
모함은 물론 영업소를 대리점 형태로 운영하면 고정자산 투자비용을 줄일 수 있
다는 이점은 있으나, 대리점주 물색 및 선정에 어려움이 따르며 대리점과 엄격한
계약을 체결한다 하더라도 사고가 발생하였을 때에는 법률상 책임을 은행이 부
담하여야 한다는 문제점이 있어, 현재 국내은행은 이를 도입하지 않고 있다.[1]

마. 국외지점 등

은행은 기업의 대외거래를 원활하게 지원하고 현지 국내기업 및 교민에 대
하여 금융편의를 제공할 수 있을 뿐만 아니라 은행차관의 도입이나 외화예금증
서 등 외화표시채권의 발행을 통하여 경제성장에 소요되는 외화자금을 효율적
으로 조달할 수 있고 수익의 증대와 대외 신인도의 제고를 위하여 다른 나라에
진출하고 있다.[2]

다른 나라에 진출하는 방식으로는 지점이나 사무소를 신설하는 방식과 현
지의 제반 법규에 따라 은행을 설립하는 방식이 있는데, 은행을 설립하는 방식
으로는 기존의 현지 은행의 주식을 매입하는 방법과 현지 법규에 따라 은행을
새로이 신설하는 방법이 있다.[3]

국외지점은 외화자금을 현지에서 보유·운용하게 되므로 외국환거래법상의
제한이 있다. 즉 국내에 본점을 둔 은행이 해외지사를 설치하고자 할 경우에는
정부에 신고하고 수리를 받아야 한다(외환 18조).

제 2 절   은행주식의 보유한도 등

Ⅰ. 금산분리

1. 금산분리의 개념

금산분리(金産分離)란 '금융과 산업의 분리'의 약칭으로서, 금융자본과 산업
자본이 결합하는 것을 제한하는 제도이다. 금융자본이란 일반적으로 비은행금융
업을 제외한 은행업을 말하고, 산업자본이란 제조업 등을 의미한다. 은행업은

---

1) 은행법해설, 75면.
2) 은행법해설, 77면.
3) 은행법해설, 77면.

타인자본의 비중이 커서 안정적인 경영을 하려는 속성을 가진 반면, 산업은 위험을 부담하면서 성장경영을 추구하므로 은행업과 산업의 경영주체는 상호교차소유가 안되도록 분리되어야 한다는 것이다. 은행법은 '산업자본의 은행지배 방지'를 위하여 제3장(은행 주식의 보유한도 등) 제15조 내지 제16조의5 등 9개 조문을 두어 동일인 주식보유한도제를 규정하고 있다. 그러나 산업자본의 비은행 금융기관의 소유는 제한을 두지 않고 있다. 금산분리의 논의는 일반적으로 금융업의 특성과 역할 및 금융업종 간 시스템리스크의 차이(은행>보험>증권)[1]를 감안하여 산업의 은행 소유·지배관계를 대상으로 하고 있다.

2. 금산분리의 필요성

금산분리의 필요성에 대한 논거는 다음과 같다. 첫째, 금산분리는 경제력 집중방지와 공정경쟁을 유도한다. 금융의 기능은 자금의 효율적 배분인데, 자금을 지원받는 산업자본이 자금지원의 주체인 은행을 지배하게 되면, 여신취급이 사업성분석에 기초하지 않고 편중되어 자금 배분이 제대로 되지 않는다. 기업과 은행의 결합은 그 자체로도 거대 기업집단화 할 수 있을 뿐 아니라, 차입자금으로 지배력을 확장할 수 있는 등 경제력 집중 가능성이 높아진다. 그리고 산업의 은행소유 여부에 따라 경쟁기업 사이에 자금조달, 상품판매 등에 있어 차이가 발생하여 공정경쟁을 저해할 수 있다. 둘째, 금산분리는 금융제도의 안정성을 유지하게 한다. 은행을 소유한 산업자본이 부실화되면 산업자본의 부실이 은행의 건전성에 전가되고, 은행의 신뢰도 하락으로 예금인출 사태의 가능성이 높게 된다. 한편 은행은 여신의 사후관리로서 기업구조조정을 수행하는데, 대기업집단에 속하는 산업자본이 부실화되면, 계열은행은 계속적 자금지원으로 부실계열기업의 퇴출을 지연하고 자금배분의 왜곡과 은행건전성의 악화를 초래할 수 있다. 셋째, 금산분리는 지배주주와 소액주주·고객 간 이해상충 문제를 해소할 수 있다. 산업이 은행을 지배하게 되면, 은행의 경영진이 소액주주 및 채권자보다 지배주주인 산업자본의 이익을 우선적으로 고려할 수 있다. 예를 들면, 은행은

---

1) 고객과 금융기관 간 정보의 비대칭성에 기인하여 고객의 대규모 금융계약 해지 쇄도현상으로 1개 금융기관의 지급불능이 다른 금융기관에 전이되는 시스템리스크의 가능성은 금융업종 간에 차이가 존재한다. 은행의 경우 유동적인 부채(예금계약)로 확보한 자산을 비유동적인 대출로 운용하는 자산-부채 간의 비대칭성에 기인하여 예금인출 가능성이 상존한다. 순수보장성 보험은 중도해지시 원본이 전혀 보장되지 않으므로 지급불능이 문제되지 않는 반면, 저축성보험은 장기의 비유동적 부채(보험계약)로 확보한 자산을 상대적으로 유동적인 수단(주식, 신용공여)으로 운용하기 때문에, 보험의 경우 은행보다 계약해지의 쇄도 가능성이 낮다. 증권의 경우 고객예탁금의 지급불능 여부가 문제되나, 증권금융에 전액 예탁되므로 지급불능의 가능성이 낮다.

계열기업에 우대금리의 여신을 제공하고, 계열기업의 경쟁회사에 여신을 불승인할 수 있다. 그리고 은행은 유가증권, 현금 등 유동성자산을 불공정하거나 불법적인 방법으로 계열기업에 유용하거나 전용하여 고객관계에서 잠재적 이해상충 가능성이 있다.

Ⅱ. 은행주식의 소유규제

은행소유는 동일인[1] 주식보유한도제에 의하여 규제된다. 국영은행의 민영화과정에서 1982년 12월 은행법 개정시 일반은행이 대주주의 사금고화가 되는 것과 산업자본의 은행지배의 방지를 위한 것이다. 동일인이란 이러한 규제취지를 효과적으로 달성하기 위하여 이해관계가 있는 다수인을 집합적으로 보는 개념이다. 소유규제는 대주주에 의한 책임경영으로 은행의 경쟁력을 강화하는 것과 산업자본의 은행지배의 방지 사이의 금융정책의 선택이다. 은행법은 동일인의 주식보유한도, 사모투자전문회사 등에 대한 특칙, 대주주에 대한 감독 및 관리, 금융자본 전환계획에 대한 평가 및 점검, 외국은행 등에 대한 특례에 대하여 규정한다.

1. 동일인의 주식보유한도

가. 원   칙

동일인(금융주력자)은 시중은행의 의결권 있는 발행주식 총수의 10%를 초과하여 은행의 주식을 보유할 수 없다(법 15조 1항 본문). 동일인이란 본인과 그와 특수관계에 있는 친·인척, 비영리법인, 30% 이상의 지분을 소유하고 있는 회사와 그 임원·계열회사 등을 말하는데, 주식의 보유란 동일인이 자기 또는 타인의 명의로 주식을 소유하거나 계약 등에 의하여 의결권을 가지는 것을 말한다(법 2조 1항 9호 다목). 자본시장법상 5% rule에서 보유와 공동보유자의 개념[2]은 '소유 그 밖에 이에 준하는 경우로서 대통령령이 정하는 경우'인데, 은행법보다 다소 융통성있는 개념이어서 구별이 필요하다. 은행이 회사에 대출할 때 대주주의 소유주식을 담보로 취득하는 것은 금융실무상 비일비재하다. 이러한 경우를 은행주식

의 보유라고 볼 수 있을까? 은행이 대출금의 담보로 주식을 제공받으면서 주식의 명의개서는 하지 않았으나 주권을 교부받았고 의결권을 포함한 주주로서의 모든 권리를 은행이 행사하고 대출금의 변제도 담보주식의 소유권을 은행에게 귀속시키거나 이를 처분하여 충당하는 방법으로 하기로 약정한 사안에 대하여, 대법원은 은행은 형식적인 계약서의 문언에도 불구하고 주식의 소유권을 확정적으로 취득하였고, 그렇지 않다 하더라도 담보계약에 의하여 의결권을 가지는 경우로서 유가증권의 '보유'에 해당한다고 보아 은행에게 자본시장법상 주식대량보유상황의 보고의무가 있다고 판시하였다.[1]

비금융주력자(산업자본)[2]는 은행의 의결권 있는 발행주식총수의 4%(시중은행), 15%(지방은행)를 초과하여 은행의 주식을 보유할 수 없다(법 16조의2 1항). 비금융주력자에는 상호출자제한기업집단 등에서 제외되어 비금융주력자에 해당하지 아니하게 된 자로서 그 제외된 날부터 3개월이 지나지 아니한 자를 포함한다.

금융주력자 또는 비금융주력자가 이러한 보유한도를 초과하여 은행의 주식을 보유하는 경우에는 그 초과하는 주식에 대하여는 의결권을 행사할 수 없으며, 지체 없이 그 한도에 적합하도록 하여야 한다(법 16조 1항). 금융위원회는 동일인이 이러한 보유한도를 준수하지 않는 경우에는 6개월 이내의 기간을 정하여 그 한도를 초과하는 주식을 처분할 것을 명할 수 있다(법 16조 2항). 이러한 보유한도를 규정한 은행법의 규정은 보유한도를 초과하여 취득한 은행주식의 보유를 무효로 하는 것이 아니라, 그 한도를 초과한 주식에 대하여 의결권이 없는 것으로 하거나 금융위원회의 처분명령의 대상으로 한 점으로 보아, 효력규정이 아니라 단속규정으로 보아야 할 것이다.

나. 보유한도의 적용배제와 예외승인

이러한 주식보유한도의 원칙에는 법률에 의하여 적용이 배제되거나 금융위원회의 승인을 받은 경우에는 예외가 인정된다. 은행법과 금융지주회사법에 의하여, ① 정부 또는 예금보험공사가 은행주식을 보유하는 경우, ② 지방은행의

---

1) 대판 2002. 7. 22, 2002도1696.
2) 비금융주력자란, ① 동일인 중 비금융부문의 자본비중이 25% 이상, ② 동일인 중 비금융부문의 자산합계가 2조원 이상, ③ ① 또는 ②가 그 발행주식총수의 4%를 초과하여 주식을 보유하는 투자회사, ④ ①부터 ③까지의 어느 하나에 해당하는 자가 출자총액의 10% 이상 지분을 보유하는 유한책임사원이거나 무한책임사원인 경우, 다른 상호출자제한기업집단에 속하는 각각의 계열회사가 취득한 지분의 합이 출자총액의 30% 이상인 경우의 어느 하나에 해당하는 경영참여형 사모집합투자기구, ⑤ ④가 주식 또는 지분의 4%를 초과하여 취득·보유하거나 임원의 임면 등 주요 경영사항에 대하여 사실상의 영향력을 행사하는 경우의 해당 투자목적회사 등의 어느 하나에 해당하는 자이다(법 2조 1항 9호).

의결권 있는 발행주식총수의 15% 이내에서 보유하는 경우, ③ 은행지주회사가
자회사인 은행주식을 보유하는 경우에는, 동일인 보유한도를 초과하여 은행의
주식을 보유할 수 있다(법 15조 1항 1호·2호, 금지 13조). 이는 각각 부실은행의 구조
조정, 지방경제의 활성화, 은행지주회사의 계열사인 은행의 사업지배를 하려는
것이 그 취지이다. 금융위원회의 동일인 주식보유한도의 예외적 승인은 금융주
력자와 산업자본에 대한 것으로 구분된다.

(1) 비금융주력자가 아닌 동일인(금융주력자)

금융주력자인 동일인은 의결권 있는 발행주식총수의 10%(시중은행)(지방은행
15%), 25%, 33%의 한도를 각각 초과할 때마다 금융위원회의 승인을 받아 은행의
주식을 보유할 수 있다. 금융위원회는 은행업의 효율성과 건전성에 기여할 가능
성, 해당 은행 주주의 보유지분 분포 등을 고려하여 필요하다고 인정되는 경우
에만 이러한 한도 외에 따로 구체적인 보유한도를 정하여 승인할 수 있고, 동일
인이 그 승인받은 한도를 초과하여 주식을 보유하려는 경우에는 다시 금융위원
회의 승인을 받아야 한다(법 15조 3항). 보유한도를 초과하여 은행의 주식을 보유
할 수 있는 자의 자격, 주식보유와 관련한 승인의 요건은, ① 해당 은행의 건전
성을 해칠 위험성, ② 자산규모 및 재무상태의 적정성, ③ 해당 은행으로부터 받
은 신용공여의 규모, ④ 은행업의 효율성과 건전성에 기여할 가능성 등을 고려
한다(법 15조 5항).[1]

그러나 금융위원회는 해당 은행이, ① 금융산업구조개선법에 따른 부실금융
기관인 경우, ② 예금자보호법에 따른 부실금융기관인 경우 또는 부실우려금융
기관인 경우, ③ 경영지도기준을 준수하지 못하는 등 예외승인사유[2]의 어느 하
나에 해당하는 경우에는, 승인의 요건(법시행령 별표1)을 갖추지 아니한 경우에도
승인을 할 수 있다(법 15조 7항). 해당 은행이 부실금융기관 등인 경우에 금융주력
자에게 한도초과보유요건의 예외승인이 적용되는 것이 비금융주력자(산업자본)에
도 적용되는지가 문제된다. 은행법 제16조의2 제 3 항은 세 가지 경우의 비금융
주력자에 대해 산업자본 판단에서 제외하여 금융주력자와 같이 한도초과보유승
인을 적용하도록 하고 있다. 해당 은행이 부실금융기관 등 특별한 사유가 있는
경우 비금융주력자도 한도초과보유를 받을 수 있고, 더 나아가 한도초과보유의
예외승인도 받을 수 있을 것이다.

---

1) 은행법 시행령 5조·별표1.
2) 자본비율로서, ① 총자본비율이 8% 미만인 경우, ② 기본자본비율이 6% 미만인 경우, ③ 보통
주자본비율이 4.5% 미만인 경우의 어느 하나에 해당하는 경우이다(감규 14조의5).

특히 투자회사가 은행법 제15조 제 3 항에 따른 금융위원회의 한도초과보유 승인을 받아 은행의 주식을 보유하는 경우, 그 투자회사에 대하여는 자본시장법 제81조 제 1 항(자산운용의 제한)을 적용하지 아니한다(법 15조 6항). 이는 대량의 은행주식을 장기적으로 보유하면서 은행의 소유지배구조에 깊이 관여하지 않는 양질의 국내자본(기관투자자)을 육성하기 위한 배려가 숨어 있다.[1]

(2) 비금융주력자인 동일인(산업자본)

비금융주력자인 동일인은 시중은행의 주식에 대한 의결권을 행사하지 아니하는 조건으로 재무건전성 등의 요건(법시행령 별표2)을 충족하여 금융위원회의 승인을 받은 경우에는 10% 한도까지 시중은행주식을 보유할 수 있다(법 16조의2 2항). 의결권 포기조건은 산업자본이 사실상 영향력을 발휘할 수 없게 하여 경영 관여를 못하게 하는 것이다. 그리고 일정한 비금융주력자에 대하여는 산업자본 해당여부 판단에서 제외하여 금융주력자인 동일인처럼 금융위원회의 승인없이 시중은행의 주식을 10%까지 보유할 수 있고, 발행주식총수의 10%(시중은행)(지방은행 15%)·25%·33%의 한도를 각각 초과할 때마다 금융위원회의 승인을 얻어 은행의 주식을 보유할 수 있다(법 16조의2 3항). 여기에 해당하는 일정한 비금융주력자에는, ① 2년 이내에 금융자본으로 전환하기 위한 전환계획을 금융위원회에 제출하여 승인을 받은 비금융주력자, ② 동일 외국인의 주식보유비율 이내에서 주식을 보유하는 비금융주력자,[2] ③ 기금 또는 그 기금을 관리·운용하는 법인(이하 '기금 등')으로서 은행과 제조업의 동시지배에 따른 이해상충방지 등 소정의 요건[3]을 모두 갖추어 금융위원회의 승인을 받은 비금융주력자 등이다. 이는 내국인 역차별 문제의 해소 이외에 은행산업에 진출하기에 아직 충분한 자본축적이 이루어지지 않은 금융자본의 상황을 고려하여 산업자본의 비금융부문의 매각으로 국내 금융자본의 형성, 은행주식에 대한 투자를 확대하여 다양한 주주군이 형성되어 주주간 나아가 주주와 이사회 사이의 견제와 균형을 통하여 은행 책임경영 체제의 확립을 위한 것이다.[4]

---

1) 은행법(김), 114면.
2) 1개 은행에 한하고, 외국인 주식보유비율을 초과하게 된 경우에는 초과보유한 주식에 대하여는 의결권을 행사할 수 없으며, 금융위원회는 1년 이내의 기간을 정하여 초과보유주식의 처분을 명할 수 있다(법 16조의2 4항 내지 6항).
3) ① 은행의 주식을 보유한 기금 등과 은행의 예금자, 다른 주주 등 이해관계자 사이의 이해상충 방지체계를 갖출 것, ② 금융감독원으로부터 필요한 범위 내에서 감독 및 검사를 받을 것, ③ 국가재정법의 자산운용지침을 준수하는 것(법 16조의2 3항 3호, 법시행령 11조의3 2항).
4) 금융위원회, "은행주식 보유규제 및 금융지주회사제도 합리화 방안"(2008. 10. 13. 보도자료), 3면.

2. 경영참여형 사모집합투자기구 등에 대한 특칙

비금융주력자인 산업자본이 사원으로 참여한 경영참여형 사모집합투자기구 (Private Equity Fund, 이하 'PEF')[1] 및 이러한 PEF가 주식 또는 지분의 4%를 초과하여 취득·보유하거나 임원의 임면 등 주요 경영사항에 대하여 사실상의 영향력을 행사하는 경우의 해당 투자목적회사(Special Purpose Company, 이하 'SPC')[2]도 산업자본인 비금융주력자이다. PEF의 유한책임사원(이하 'LP')은 PEF의 집합재산인 주식 또는 지분의 의결권행사 및 무한책임사원(이하 'GP')인 업무집행사원의 업무[3]에 관여해서는 아니 된다(자본 249조의11 4항). LP는 GP와 달리 PEF가 가진 주식의 의결권행사에 영향을 미칠 수 없으므로 LP는 은행경영에 관여할 수 없다. 특칙조항은 PEF나 SPC를 일종의 투자매개체로 삼아 투자대상 은행을 사금고화하려는 야욕을 가진 산업자본이 있을 수 있으므로, 이에 대한 대비책으로 마련된 것이 은행법 제15조의3 내지 제15조의5이다.[4]

가. 주식보유한도 초과승인의 요건

PEF 또는 SPC(이하 "PEF 등")가 은행의 의결권 있는 발행주식 총수의 10%를 초과하여 주식보유승인을 받고자 하는 경우에는 다음의 요건을 모두 갖추어야 한다. 첫째, PEF의 업무집행사원에 관한 요건은, ① 법인으로서 자신이 업무집행사원으로 있거나 그 재산운용을 위탁받은 PEF 등의 다른 사원 또는 주주의 특수관계인이 아닐 것, ② 자신이 업무집행사원으로 있거나 그 재산운용을 위탁받은 PEF 등의 다른 사원 또는 주주가 해당 PEF 등의 재산인 주식 또는 지분에 대하여 영향력을 행사하는 것을 배제할 수 있을 정도의 자산운용 능력·경험 및 사회

---

1) 경영참여형 집합투자기구는 경영권 참여, 사업구조 또는 지배구조의 개선 등을 위하여 지분증권 등에 투자·운용하는 투자합자회사로서 집합투자증권을 사모로만 발행하는 집합투자기구이다 (자본 9조 19항 1호). PEF의 사원은 1인 이상의 무한책임사원과 1인 이상의 유한책임사원으로 하되, 사원의 총수는 49명 이하로 한다(자본 249조의11 1항). PEF는 정관으로 무한책임사원 중 1인 이상을 업무집행사원으로 정하여야 하고, 업무집행사원이 회사의 업무를 집행할 권리와 의무를 가진다(자본 249조의14 1항).

2) 투자목적회사는 주식회사 또는 유한회사로서, PEF인 주주 또는 사원의 출자비율이 50% 이상이어야 하고, 그 재산의 운용방식은 PEF의 방식과 동일하며 또한 SPC의 재산의 운용은 주주 또는 사원인 PEF의 업무집행사원에게 위탁하여야 한다(자본 249조의13, 자본시행령 296조).

3) 업무집행사원의 업무는, ① 투자대상기업 선정이나 SPC의 설립 또는 선정, ② 투자대상기업이나 SPC의 지분증권을 매매하는 경우에는 그 가격·시기·방법 등의 결정, ③ PEF재산이나 SPC재산에 속하는 지분증권에 대한 의결권의 행사, ④ ①부터 ③까지의 업무에 준하는 업무로서 사원의 이익을 보호하기 위하여 필요한 업무 중 금융위원회가 정하여 고시하는 업무이다(자본 249조의11 4항, 자본시행령 291조 2항).

4) 은행법(김), 123면.

적 신용을 갖출 것 등이다. 둘째, PEF의 업무집행사원 또는 그의 임원에 관한 요건은, ① 업무집행사원이 법인이고, 해당 법인 설립 후 3년이 지났을 것, ② 업무집행사원의 임원은 은행법의 임원결격사유에 해당하지 아니할 것, ③ 최근 5년간 금융관련법령을 위반하여 벌금형 이상에 해당하는 형사처벌을 받은 사실이 없고 부실금융기관지정이나 허가·인가 취소된 기관의 최대주주 등이 아닐 것의 기준을 충족할 것, ④ 자신이 업무집행사원으로 있거나 있었던 PEF 등이 1개의 PEF 등에 출자된 가액이 5천억원 이상이거나 1개의 PEF 등에 대하여 그 자산 운용대상을 미리 정하지 아니하고 주주 또는 사원이 PEF 등에 출자하여 2개 이상의 투자대상기업에 실제 투자된 가액이 3천억원 이상에 해당될 것이다(법 15조의3 2항, 법시행령 10조 2항). 이에 의하면 GP는 LP의 영향을 받지 않고 독립적·중립적으로 PEF를 운용할 수 있는 정도로 자산운용능력과 평판 등이 뛰어난 자로 한정된다.[1] 실제로 LP는 PEF재산운용에 관여하고자 하는 경우가 많고, 업무집행사원도 투자자확보를 위하여 LP의 요구를 수용할 수밖에 없는 실정이다.[2] 이를 감안하여 금융위원회는 한도초과승인을 위한 심사를 함에 있어서 초과승인요건에 해당하는지 여부를 확인하기 위하여 필요한 경우에는 해당 PEF 등 또는 그 재산운용 등을 담당하는 업무집행사원에게 해당 PEF 등의 정관, 그 밖에 주주 또는 사원 사이에 체결된 계약내용 등의 정보 또는 자료의 제공을 요구할 수 있다(법 15조의3 3항). 금융위원회는 한도초과보유 승인을 함에 있어서 해당 은행 주주의 보유지분분포·구성내역, 해당 PEF 등의 사원 또는 주주의 구성내역 등을 고려하여 해당 PEF 등이 은행의 주요 경영사항에 대하여 사실상 영향력 행사의 가능성이 높은 경우에는 경영관여 등과 관련하여 필요한 조건을 붙일 수 있다(법 15조의3 6항).

나. PEF 등의 금지행위

금융위원회의 보유한도초과승인을 받아 은행주식을 보유하는 경우, PEF 등 또는 그 주주·사원은, ① PEF의 LP 또는 SPC부터 재산운용을 위탁받은 PEF의 업무집행사원 이외의 자가 PEF등이 보유한 은행주식의 의결권 행사에 영향을 미치는 행위, ② 비금융회사의 주식 또는 지분에 투자하여 의결권 있는 발행주식총수(또는 출자총액)의 10% 이상 또는 임원의 임면 등 회사의 주요 경영사항에 대하여 사실상 지배력행사가 가능한 투자행위, ③ 은행법 또는 동법에 따른 명

---

1) 은행법(김), 126면.
2) 김건식·정순섭 공저, 「제 3 판 자본시장법」, 두성사(2013), 940면.

령을 위반하는 행위 등을 하여서는 아니 된다(법 15조의5). 비금융회사의 지분에 10% 이상 투자하거나 주요 경영사항에 대하여 사실상의 영향력을 행사할 수 없도록 하고 있는 것은 PEF가 은행과 비금융회사를 상대로 동시에 경영권 참여를 할 수 없도록 하려는 것으로서 은산분리의 잔재를 엿볼 수 있는 조항이다.[1]

3. 대주주에 대한 감독 및 관리

가. 한도초과보유주주에 대한 적격성 심사

적격성심사는 한도초과보유승인 이후에도 정기적 또는 필요시에 그 자격 및 승인요건(이하 '초과보유요건')의 유지여부를 사후심사하여 요건미달시 한도초과보유를 위법한 것으로 간주하여 시정명령, 의결권 제한, 처분명령 등의 조치를 통하여 은행경영관여자인 대주주[2]를 감독하기 위한 것이다.

금융위원회는 한도초과보유주주[3]가 초과보유요건을 충족하는지 여부와 기금 등의 이해상충방지장치의 충족여부를 매반기 정기적으로 심사하여야 한다(법 16조의4 1항·6항). 다만, 한도초과보유주주와 은행과의 불법거래 징후가 있는 경우 등 특별히 필요하다고 인정할 때에는 수시심사를 실시할 수 있다(법시행령 11조의4 1항).

금융위원회는 적격성심사를 위하여 필요한 경우에는 은행 또는 한도초과보유주주에 대하여 필요한 자료 또는 정보의 제공을 요구할 수 있다(법 16조의4 2항). 심사결과, 한도초과보유주주가 초과보유요건을 충족하지 못하고 있다고 인정되는 경우에는 금융위원회는 6개월 이내의 기간을 정하여 초과보유요건을 충족하도록 명할 수 있고(법 16조의4 3항), 명령을 받은 한도초과보유주주는 그 명령을 이행할 때까지 10%(시중은행)(지방은행 15%), 비금융주력자인 경우 4%를 각각 초과하여 보유하는 은행의 주식에 대하여는 의결권을 행사할 수 없다(법 16조의4 4항). 금융위원회는 시정명령을 받은 한도초과보유주주가 그 명령을 이행하지 아니하는 경우에는 6개월 이내의 기간을 정하여 10%(시중은행)(지방은행 15%), 비금융주력자인 경우 4%를 각각 초과하여 보유하는 은행의 주식을 처분할 것을 명

---

1) 은행법(김), 128면.
2) 대주주(大株主)란 은행의 주주 1인을 포함한 동일인이, ① 은행의 의결권 있는 발행주식총수의 10%(지방은행의 경우 15%)를 초과하여 주식을 보유하는 경우의 그 주주 1인, ② 시중은행의 의결권 있는 발행주식총수(의결권을 행사할 수 없는 주식 제외)의 4%를 초과하여 주식을 보유하는 경우로서 그 동일인이 최대주주이거나 임원 임면(任免) 등의 방법으로 그 은행의 주요 경영사항에 대하여 사실상 영향력을 행사하고 있는 자인 경우의 그 주주 1인 등의 어느 하나에 해당하는 자를 말한다(법 2조 1항 10호).
3) 은행법 제15조 제 3 항 및 제16조의2 제 3 항에 따라 은행의 주식을 보유하는 자이다.

할 수 있다(법 16조의4 5항). 처분명령 미이행시 매 1일당 처분대상 주식의 장부가액에 0.03%를 초과하지 아니하는 범위내에서 이행강제금을 부과할 수 있다(법 65조의9).

나. 대주주의 주식보유현황 관리

주식보유한도규제를 위해서는 먼저 은행의 주식보유현황의 확인, 사실상의 영향력을 행사할 수 있는 주주 실체의 적시 파악 등 정보체계의 확립이 필요하다. 그리고 승인 없이 주식보유한도를 초과하여 보유하는 주식에 대하여 의결권 제한, 처분명령 등을 통해 감독당국은 대주주의 보유주식에 대한 감독을 한다.

(1) 동일인의 범위 확정

은행은 동일인이 보유하는 주식의 범위를 확정하기 위하여 관련 주주에게 필요한 자료의 제출을 요구할 수 있고, 10일 이내에 자료를 제출하지 아니하거나 거짓 자료를 제출한 경우에는 은행이 알고 있거나 얻을 수 있는 자료를 근거로 동일인이 보유하는 주식의 범위를 확정한다. 은행은 동일인이 보유하는 주식의 범위를 확정하였을 때에는 관련 주주에게 이를 통지하여야 하고, 금융감독원장에게 동일인의 해당 은행 주식보유현황을 보고하여야 한다. 금융감독원장은 은행이 확정한 동일인이 보유하는 주식의 범위에 오류가 있다고 인정되는 경우에는 관련 주주에게 직접 필요한 자료의 제출을 요구할 수 있다(법시행령 4조).

(2) 동일인의 주식보유상황 보고

동일인(정부, 예금보험공사, 금융안정기금의 부담으로 주식을 취득한 한국산업은행 제외)이, ① 시중은행의 의결권 있는 발행주식총수의 4%를 초과하여 주식을 보유하게 되었을 때, ② ①의 동일인이 해당 은행의 최대주주가 되었을 때, ③ ①의 동일인의 주식보유비율이 해당 은행의 의결권 있는 발행주식 총수의 1% 이상 변동되었을 때, ④ 은행의 의결권 있는 발행주식총수의 4%를 초과하여 보유한 PEF의 경우 그 사원의 변동이 있을 때, ⑤ 은행의 의결권 있는 발행주식총수의 4%를 초과하여 보유한 SPC의 경우 그 주주 또는 사원의 변동이 있을 때(해당 SPC의 주주 또는 사원인 PEF의 사원의 변동이 있을 때를 포함)[1]에 해당하게 된 경우에는 그 사유발생일부터 5일 이내에 주식보유상황 또는 주식보유비율의 변동상황 확인을 위하여 은행법 시행령이 정하는 사항을 금융위원회에 보고하여야 한다(법 15조 2항, 법시행령 4조의2 2항).

---

1) 이는 PEF나 SPC를 활용하여 간접적으로 은행의 건전성 및 안정성에 위해를 야기할 수 있는 배후의 지분보유자들을 철저히 감시하겠다는 정책당국의 의지가 반영된 것이라는 견해가 있다(은행법(김), 105면).

(3) 위법한 보유한도초과시의 조치

동일인이 주식보유한도[금융주력자인 경우 10%(시중은행)(지방은행 15%)·25%·33%, 비금융주력자인 경우 4%(예외승인 10%)]를 초과하여 주식을 보유하는 경우 한도를 초과하는 주식에 대하여는 의결권을 행사할 수 없으며, 지체없이 그 한도에 적합하도록 하여야 한다(법 16조 1항). '한도에 적합하도록 한다'는 것은 대주주 주식보유현황의 확인결과 한도초과보유가 발견되었으므로 금융위원회의 한도초과보유나 전환계획의 사후승인절차를 밟는 것이 아니라 한도초과보유주식의 처분을 의미한다.1) 동일인이 이를 준수하지 아니하는 경우에는 금융위원회는 6개월 이내의 기간을 정하여 그 한도를 초과하는 주식을 처분할 것을 명할 수 있다(법 16조 2항). 처분명령 미이행시 금융위원회는 매 1일당 처분대상 주식의 장부가액에 0.03%를 초과하지 아니하는 범위 내에서 이행강제금을 부과할 수 있다(법 65조의9).

다. 대주주와의 거래제한

(1) 개   요

은행이 대주주의 자금조달원으로서 사금고화와 대주주의 영향력 행사로 인한 경영관여를 방지하고 건전경영을 위하여, 은행법은, ① 대주주에 대한 신용공여 제한(35조의2), ② 대주주 발행주식의 취득제한(35조의3), ③ 대주주의 금지행위(35조의4), ④ 대주주에 대한 자료요청(35조의5), ⑤ 대주주에 대한 검사(48조의2), ⑥ 대주주 위법행위에 대한 제재(53조의2)에 대하여 규정하고 있다. ①과 ⑤에 대하여는 관계 부분에서 기술하고, 이곳에서는 그 이외의 사항을 살펴보기로 한다.

(2) 대주주 발행주식의 취득제한

㈎ 취득한도

은행은 대주주가 발행한 지분증권을 자기자본의 1%(특정금전신탁을 제외한 신탁계정 취득분 포함)에 해당하는 금액을 초과하여 취득하여서는 아니 된다. 다만, 은행지주회사의 자회사인 은행이 그 은행지주회사의 다른 자회사 등이 GP인 PEF에 출자하는 경우에는 그러하지 아니한다(법 35조의3 1항). 한도설정의 취지는 은행은 대주주로부터 사실상 영향력을 받게 되므로 은행과 대주주 간의 자산이전거래가 제한없이 허용될 경우 은행은 손해를 입을 수 있다. 따라서 법이 동 거래에 개입함으로써 공정성을 회복하는 데 초점이 맞추어지고, 예외적인 경우는 대주주가 매우 안정적인 수익기반을 갖는 우량회사인 때에는, 은행의 자산운용

---

1) 산업자본이 비자발적인 요인으로 최대주주가 되어 금융위의 사전승인을 받을 수 없던 상황에 대해 구 은행법 제15조의2 제 4 항은 6개월 이내에 금융위의 승인을 받는 조치, 보유주식의 처분 조치, 비금융회사 부문의 자본비중 감소 등 비금융주력자가 아니게 하는 조치를 규정하였다.

측면에서 이해상충과 무관하게 대주주의 발행지분증권을 추가 취득(대량 보유)하는 것이 훨씬 유리한 경우도 생각할 수 있다.[1] 대주주의 범위에는 10% 초과 주주(지방은행 15%) 뿐만 아니라 4% 초과 주주로서 최대주주 등 사실상 영향력을 행사하는 주주도 포함한다. 취득한도내의 보유주식에 대해서는 은행은 원칙적으로 섀도보팅(shadow voting)을 해야 한다.[2] 이는 대주주가 은행으로 하여금 자신이 발행한 지분증권을 보유하도록 하면서 회사지배에 악용하는 것을 방지하기 위한 규정이다.[3]

(나) 한도초과지분의 처분

은행의 대주주가 아닌 자가 새로 대주주가 됨에 따라 은행이 취득한도를 초과하게 되는 경우, 그 은행은 1년 이내에 그 한도를 초과한 지분증권을 처분하여야 한다. 금융위원회는 은행이 초과보유한 지분증권의 규모, 증권시장의 상황 등에 비추어 부득이하다고 인정되는 경우에는 그 기간을 연장할 수 있다(법 35조의3 3항, 법시행령 20조의6 3항).

(다) 절차상 요건

은행은 그 은행의 대주주가 발행한 지분증권을 단일거래금액이 자기자본의 0.1%에 해당하는 금액 또는 50억원 중 적은 금액 이상으로 취득하려는 경우에는, ① 재적이사 전원의 찬성으로 미리 이사회의 의결을 거쳐야 하고, ② 취득한 경우에는 지체없이 그 사실을 금융위원회에 보고하고 인터넷 홈페이지 등을 이용하여 공시하여야 하며, ③ 지분증권의 취득에 관한 사항을 분기별로 인터넷 홈페이지 등을 이용하여 공시하여야 한다(법 35조의3 4항 내지 6항, 법시행령 20조의6 4항·5항). 이는 은행과 대주주 간의 이해상충거래에 대해 상시적으로 그 부당성과 불공정성을 감시할 수 있도록 하는 순기능을 부여한다.[4]

(라) 제   재

은행이 지분증권의 취득한도를 초과하거나 대주주가 부당한 영향력을 행사하여 은행이 지분증권의 취득한도를 초과한 경우 초과취득한 지분증권의 장부가액 합계액의 40% 이하의 과징금을 은행 또는 대주주에 부과하고(법 65조의3 3호·18

---

1) 은행법(김), 249면·251면.
2) 은행은 그 은행의 대주주가 발행한 지분증권의 의결권을 행사할 때 그 대주주 주주총회에 참석한 주주의 지분증권수에서 그 은행이 소유한 지분증권수를 뺀 지분증권수의 의결 내용에 영향을 미치지 아니하도록 의결권을 행사하여야 한다. 다만, 대주주의 합병, 영업의 양도·양수, 임원의 선임, 그 밖에 이에 준하는 사항으로서 그 은행에 손실을 입히게 될 것이 명백하게 예상되는 경우에는 그러하지 아니하다(법 35조의3 7항).
3) 은행법(김), 252면.
4) 은행법(김), 246면.

호), 취득한도를 초과하여 대주주가 발행한 지분증권을 취득한 자는 10년 이하의 징역 또는 5억원 이하의 벌금에 처한다(법 66조 1항 3호). 대주주가 발행한 지분증권의 취득을 금융위원회에 대한 보고 또는 공시를 하지 아니한 은행에게는 5천만원 이하의 과태료를 부과한다(법 69조 1항 7호).

(3) 대주주의 금지행위

(가) 금지행위의 유형

은행의 대주주는 그 은행의 이익에 반하여 대주주 개인의 이익을 취할 목적으로, ① 부당한 영향력을 행사하기 위하여 그 은행에 대하여 외부에 공개되지 아니한 자료 또는 정보의 제공을 요구하는 행위(주주의 회계장부열람권의 행사에 해당하는 경우 제외), ② 경제적 이익 등 반대급부의 제공을 조건으로 다른 주주와 담합하여 그 은행의 인사 또는 경영에 부당한 영향력을 행사하는 행위, ③ 경쟁 사업자의 사업활동을 방해할 목적으로 신용공여를 조기 회수하도록 요구하는 등 은행의 경영에 영향력을 행사하는 행위, ④ 은행의 대주주 신용공여한도를 초과하여 은행으로부터 신용공여를 받는 행위, ⑤ 은행으로 하여금 교차신용공여금지를 위반하게 하여 다른 은행으로부터 신용공여를 받는 행위, ⑥ 은행으로 하여금 대주주 출자지원 신용공여의 금지를 위반하게 하여 신용공여를 받는 행위, ⑦ 은행으로 하여금 은행법 제35조의2 제8항을 위반하게 하여 대주주에게 자산의 무상양도·매매·교환 및 신용공여를 하게 하는 행위, ⑧ 은행법 제35조의3 제1항에서 정한 비율을 초과하여 은행으로 하여금 대주주의 주식을 소유하게 하는 행위, ⑨ ①부터 ③까지의 행위에 준하는 행위로서 대통령령으로 정하는 행위 등의 어느 하나에 해당하는 행위를 하여서는 아니 된다(법 35조의4). 이는 은행법상으로 은행의 공공적인 역할이 강조됨에 따라 본 조항과 같이 은행 대주주에게도 제한적인 범위내에서 공공성을 감안한 법률상의 충실의무를 부과하고 있는 것이다. 이는 대주주가 은행에 대해 부당한 영향력을 행사하여 은행을 사금고화하려는 의도를 방지하기 위한 규정이다.[1] 대주주에 대한 부당한 영향력 행사의 차단장치이다.

(나) 제   재

대주주가 금지행위를 위반함으로써, 은행이 ① 은행법 제35조의2 제1항 또는 제2항에 따른 신용공여한도를 초과하여 해당 대주주에게 신용공여한 경우에는 초과한 신용공여액의 100분의 40 이하, ② 은행법 제35조의2 제7항 또는

---

1) 은행법(김), 254면.

제 8 항을 위반하여 해당 대주주에게 신용공여하거나 자산을 무상양도·매매·교환한 경우에는 해당 신용공여액 또는 해당 자산의 장부가액의 100분의 40 이하, ③ 은행법 제35조의3 제 1 항에 따른 주식취득한도를 초과하여 해당 대주주의 주식을 취득한 경우에는 초과취득한 주식의 장부가액 합계액의 100분의 40 이하의 과징금을 각각 대주주에게 부과할 수 있다(법 65조의3 16호 내지 18호). 금지행위를 위반한 자는 10년 이하의 징역 또는 5억원 이하의 벌금에 처한다(법 66조 1항 4호).

(4) 대주주에 대한 자료제출요구와 감독조치

㈎ 자료제출요구의 사유

대주주의 위법행위 확인을 위한 경우와 대주주 부실전이를 차단하기 위한 부실징후 감시를 위하여 감독당국의 상시 모니터링이 필요하다. 은행의 경영건전성이 해치는 것을 사전에 예방하기 위한 조치이다. 금융위원회는, ① 은행 또는 그 대주주가 신용공여한도(법 35조의2부터 제35조의4까지)를 위반한 혐의가 있다고 인정할 때, ② 은행 대주주(회사만 해당)의 부채가 자산을 초과하는 등 재무구조의 부실화로 인하여 은행의 경영건전성을 현저히 해칠 우려가 있는 경우[1]에는 은행 또는 그 대주주에 대하여 필요한 자료의 제출을 요구할 수 있다(법 35조의5).

㈏ 감독조치

대주주의 부실전이를 차단하기 위하여 금융위원회는 위의 ②에 해당되는 은행에 대하여, ① 대주주에 대한 신규 신용공여의 금지, ② 사채권 취득거래의 제한, ③ 대주주가 발행한 주식의 신규 취득 금지 등의 조치를 할 수 있다(법 35조의5 2항, 법시행령 20조의8 2항).

4. 금융자본 전환계획에 대한 평가 및 점검

가. 개   요

2년 이내에 금융주력자로 전환하고자 하는 비금융주력자는 전환계획을 금융위원회에 제출하여 승인을 받은 경우 금융자본과 동일하게 은행주식의 초과보유가 허용된다. 그런데 전환계획의 이행을 확보할 수 있는 제도적 장치가 마련되지 않을 경우 다른 비금융주력자와의 형평성 문제, 제도 악용 등의 소지가 초래될 수 있다. 은행법은 금융자본 전환제도의 실효성을 확보하기 위하여 외부

---

1) 부채가 자산을 초과하는 경우, 대주주의 신용위험이 고정 이하로 분류된 경우, 신용평가회사 둘 이상이 투자부적격 등급으로 평가한 경우에 해당하여 해당 은행과 불법거래할 가능성이 크다고 인정되는 경우를 말한다(법시행령 20조의8 1항).

전문기관을 통하여 전환계획의 타당성과 실현가능성을 전문적·객관적으로 평가하고, 금융위원회로 하여금 초과보유승인 이후에도 전환계획의 이행상황을 정기적으로 점검하여 실천의지가 미약한 산업자본을 배제하도록 의결권제한, 주식처분명령 등의 조치를 하도록 하고 있다.

나. 전환계획 이행상황 점검 및 조치

금융위원회에 제출한 전환계획은 ① 시장상황에 대한 전망 등 전환계획의 전제가 된 가정이 합리적일 것, ② 처분대상인 비금융회사의 발행주식 규모, 자산 규모 등에 비추어 전환계획이 제시된 이행기간 내에 실현될 수 있을 것, ③ 분기별 이행계획이 포함되어 있을 것 등의 승인요건을 갖추어야 한다(법시행령 11조의2 1항). 금융위원회는 승인심사시 회계법인, 신용평가회사 등 전문기관으로 하여금 평가하게 할 수 있다. 금융위원회는 전환계획에 대한 승인을 받아 4%(시중은행)(지방은행의 경우 15%) 한도를 초과하여 은행의 주식을 보유하는 비금융주력자(이하 '전환대상자')의 전환계획 이행상황을 분기별로 점검하고, 그 결과를 인터넷 홈페이지 등을 이용하여 공시하여야 한다(법 16조의3 2항). 점검결과, 전환대상자가 전환계획을 이행하지 아니하고 있다고 인정되는 경우에는 금융위원회는 6개월 이내의 기간을 정하여 그 이행을 명할 수 있다(법 16조의3 3항). 금융위원회로부터 이행명령을 받거나 대주주에 대한 금융감독원장의 검사결과 은행과의 불법거래 사실이 확인된 전환대상자는 4%(시중은행)(지방은행의 경우 15%) 한도를 초과하여 보유하는 은행의 주식에 대하여는 의결권을 행사할 수 없다(법 16조의3 4항). 전환대상자가 이행명령을 이행하지 아니하는 경우와 대주주에 대한 금융감독원장의 검사결과 은행과의 불법거래 사실이 확인된 경우에 해당하면 금융위원회는 6개월 이내의 기간을 정하여 4%(시중은행)(지방은행의 경우 15%) 한도를 초과하여 보유하는 은행의 주식을 처분할 것을 명할 수 있다(법 16조의3 5항).

5. 외국은행 등에 대한 특례

외국은행 또는 그 지주회사(이하 "외국은행 등")가 국내가 아닌 해외에서 지배하고 있는 비금융회사의 자산이 2조원 이상인 경우 산업자본에 해당한다. 이러한 점은 해외 유수 은행의 국내은행 투자에 대한 제도적 장애요인으로 작용할 수 있으므로 이를 해소할 필요가 있어 은행법은 특례조항을 규정한다.

금융위원회는 외국은행 등이, ① 자산총액, 영업규모 등에 비추어 국제적 영업활동에 적합하고 국제적 신인도가 높고, ② 해당 외국의 금융감독기관으로부터 해당 외국은행 등의 건전성 등과 관련한 감독을 충분히 받으며, ③ 금융위가 해당 외국의 금융감독당국과 정보교환 등 업무협조 관계에 있는 등의 요건을 모두 충족하고, 외국은행 등의 신청이 있는 경우에는, 그 외국은행 등이 직접적·간접적으로 주식 또는 출자지분을 보유하는 외국법인을 동일인의 범위에서 제외할 수 있다. 다만, 그 외국법인이 그 외국은행 등이 주식을 보유하는 은행의 주식을 직접적·간접적으로 보유하는 경우에는 그러하지 아니하다(법 16조의5 1항). 해당 국가의 금융감독을 받고 있는 외국 유수의 외국은행 등이 해외에서 지배하고 있는 비금융회사의 자산·자본을 비금융주력자 판정시 동일인의 범위에서 제외하는 것이다.[1]

과거부터 감독당국은 외국인 본인과 국내은행의 주식취득에 직·간접적으로 관련된 외국인의 외국 소재 계열회사 및 국내 소재 계열회사만을 동일인으로 파악하여 비금융주력자 여부를 판단하여 왔다. 이는 감독당국이 외국법인의 해외 계열사를 모두 확인하는 것이 현실적으로 불가능하다는 점을 감안한 것이다. 은행법 제16조의5는 외국인들의 국내은행 주식취득과 관련한 기존 감독당국의 유권해석을 2010년 5월 조문화한 것이다.[2]

6. 합병에 따른 특례

금융산업구조개선법에 따른 합병이나 전환으로 신설되는 금융기관, 존속하는 금융기관 또는 전환 후의 금융기관이 은행인 경우 동일인이 합병 또는 전환 당시 의결권 있는 발행주식 총수 중 은행법 제15조 제 1 항에 따른 한도를 초과하여 주식을 소유하게 되거나 사실상 지배하게 되는 경우에는 그 합병등기일 또는 업종변경에 대한 정관의 변경등기일부터 3년 이내에 은행법 제15조 제 1 항에 적합하게 하여야 하며, 이 경우 그 주식의 의결권 행사의 범위는 합병등기일 또는 업종변경에 대한 정관의 변경등기일부터 은행법 제15조 제 1 항에 따른 한도로 제한된다. 다만, 금융위원회가 그 동일인을 금융기관의 합병 또는 전환 당시 은행법 제15조 제 5 항에 적합한 자로 인정하는 경우에는 그 동일인은 같은 조 제 2 항 및 제 3 항에 따라 적법하게 금융기관의 주식을 소유하거나 사실상 지배하는 것으로 보며, 그 동일인이 금융기관의 합병 또는 전환 후 3년 이내에 은행법 제15조 제 5 항에 적합한 자로 되는 경우에는 같은 조 제 2 항 및 제 3 항을 준용하여 금융위원회에 신고하거나 금융위원회의 승인을 받아 적법하게 금융기관

---

1) 금융위원회, "은행주식 보유규제 및 금유지주회사제도 합리화 방안"(2008. 10. 13. 보도자료), 7면.
2) 은행법(김), 143면.

의 주식을 소유할 수 있다(금산 9조 2항).

Ⅲ. 소수주주권의 행사

1. 주 주 권

주주권이란 주주가 회사에 대하여 갖는 권리를 의미한다. 이러한 주주권에는 그 권리의 내용에 따라 「자익권」과 「공익권」으로 구분되고,[1] 권리행사의 방법에 따라 「단독주주권」과 「소수주주권」으로 구분할 수 있다. 단독주주권이란 「각 주주가 지주수에 관계없이 단독으로 행사할 수 있는 권리」이고, 소수주주권이란 「발행주식총수의 일정비율의 주식을 가진 주주만이 행사할 수 있는 권리」이다. 자익권은 모두 단독주주권에 속하고, 공익권은 대부분 단독주주권이나 일부에 대하여는 소수주주권으로만 행사할 수 있다.

2. 상법상 소수주주권에 대한 규정

1) 상법은 발행주식총수의 100분의 10 이상, 100분의 3 이상 및 100분의 1 이상에 해당하는 주식을 가진 주주의 경우에 「소수주주권」을 인정하고 있다. 상장회사의 경우에는 소수주주의 주식보유비율을 이 보다 완화하고 있다(상법 542조의6 참조).

2) 발행주식총수의 100분의 10 이상에 해당하는 소수주주권으로는 「회사의 해산판결청구권」(상법 520조 1항)이 있다.

3) 발행주식총수의 100분의 3 이상에 해당하는 소수주주권으로는 「주주총회소집청구권」(상법 366조), 「이사·감사·청산인의 해임청구권」(상법 385조 2항, 415조, 539조), 「회계장부열람청구권」(상법 466조), 회사의 업무와 재산상태를 조사하기 위한 「검사인선임청구권」(상법 467조)이 있다. 또한 소수주주권 중 의결권 없는 주식을 제외한 발행주식총수의 100분의 3 이상에 해당하는 주식을 가진 주주에게만 인정되는 소수주주권으로서 「주주제안권」(상법 363조의2) 및 「집중투표청

---

[1] 주주권의 내용은 권리행사의 목적에 따라, 회사로부터 경제적 이익을 받는 권리(자익권)와 이를 확보하기 위한 권리(공익권)의 두 가지로 크게 분류된다. 그 중 자익권은 출자금에 대한 수익 내지는 출자금의 회수를 위한 권리로서 「이익배당청구권」(상법 462조), 「잔여재산분배청구권」(상법 538조) 등이 있다. 공익권은 주주총회에서의 「의결권」(상법 369조, 368조)·「주주제안권」(상법 363조의2)·「집중투표청구권」(상법 382조의2) 등 경영참여를 위한 권리와 「설립무효소권」(상법 328조)·「총회결의취소의 소권」(상법 376조)·「합병무효소권」(상법 529조)·「해산판결청구권」(상법 520조 1항)·「주주총회소집청구권」(상법 366조)·「이사 등의 해임청구권」(상법 385조 2항 등)·「회계장부열람청구권」(상법 466조) 등 경영감독을 위한 권리가 있다[상법강의(상), 681~682면].

구권」(상법 382조의2)이 있다.

4) 발행주식총수의 100분의 1 이상에 해당하는 소수주주권으로는 이사·청산인의 「위법행위유지청구권」(상법 402조, 542조 2항), 이사·감사에 대한 손해배상청구 및 이익공여금지위반의 경우 이익반환에 관한 「대표소송권」(상법 403조, 415조, 467조의2)이 있다.

3. 은행법상 소수주주권의 행사

은행법은 은행의 소수주주권으로서 「대표소송권」·이사·감사·청산인의 「해임청구권」·이사의 「위법행위유지청구권」·「주주제안권」·「회계장부열람청구권」·「임시주주총회 소집청구권」 및 회사의 업무·재산상태의 검사를 위한 「검사인선임청구권」 등을 규정하고 있다(법 23조의5). 은행법은 이로써 상법상 소수주주권으로서 인정된 권한 중 은행의 특수한 기능과 공공적 성격상 인정하기 곤란한 「집중투표청구권」(상법 382조의2), 회사의 「해산판결청구권」(상법 520조 1항)을 제외하고는 모두 인정하고 있다.

가. 대표소송권 및 소송비용청구권

1) 주식회사에 있어서 주주의 대표소송이란 「소수주주가 회사를 위하여 이사 등의 책임을 추궁하기 위하여 제기하는 소송」을 말한다. 이사와 회사간의 소송에 관하여 감사나 감사위원회가 회사를 대표하여 회사가 스스로 소를 제기하여야 하는데(상법 394조, 415조의2 7항), 감사 또는 감사위원회와 이사간의 정실관계로 그 실현을 기대하기 어렵다. 그런데 이는 회사와 주주의 이익을 해하는 것이므로 상법은 소수주주에게 회사를 대위하여 이사의 책임을 추궁하는 소(訴)를 제기할 수 있도록 한 것이다.[1]

이 제도는 원래 미국의 형평법에서 인정된 것인데, 우리 상법이 이를 도입한 것이다. 다만 미국 및 이를 도입한 일본에서는 이를 단독주주권으로 인정하고 있으나, 주주들이 이를 남용하는 경우가 많으므로 우리 상법은 이 제도를 도입하면서도 제소권자를 소수주주로 제한하였다.[2]

대표소송은 소수주주가 회사의 이익을 위하여 회사의 대표기관적 자격에서 소송을 수행하는 것이므로 「제 3 자의 소송담당」에 해당한다. 따라서 판결의 효력은 당연히 회사(및 다른 주주)에게 미치고(민소 218조), 소수주주의 이 권리는 공

---

1) 상법강의(상), 1029면.
2) 상법강의(상), 1029~1030면.

익권의 일종이다.[1)

  2) 은행의 경우 6개월 이상 계속하여 은행의 발행주식총수의 10만분의 5 이상에 해당하는 주식을 보유한 자[2)는 상법 제403조(대표소송권)[3)에서 규정하는 주주의 권리를 행사할 수 있다(법 23조의5 1항). 대표소송의 대상이 되는 자는 이사뿐만 아니라 발기인·감사·이사와 통모하여 현저하게 불공정한 발행가액으로 주식을 인수한 자 및 이익공여금지에 위반하여 그 이익을 공여 받은 자에 대하여도 준용한다.[4) 이 경우 주주가 대표소송을 제기하여 승소한 때에는 은행에 대하여 소송비용 기타 소송으로 인한 모든 비용의 지급을 청구할 수 있다(법 23조의5 7항).

나. 이사 등의 해임청구권

  1) 상법상 주식회사의 이사가 그 직무에 관하여 부정행위 또는 법령이나 정관에 위반한 중대한 사실이 있음에도 불구하고 주주총회에서 그 해임을 부결한 경우, 발행주식의 총수의 100분의 3 이상에 해당하는 주식을 가진 주주는 총회의 결의가 있는 날부터 1월 내에 그 이사의 해임을 법원에 청구할 수 있다(상법 385조 2항). 이 규정은 감사에 대하여도 준용되고(상법 415조), 청산인에 대하여도 이사의 경우와 같은 소수주주의 해임청구권이 인정되고 있다(상법 539조 2항).[5)

  해임청구의 소는 회사와 그 이사를 공동피고로 하고, 또 원고승소의 판결이 확정되면 회사의 해임행위를 요하지 않고 바로 해임의 효력이 발생한다(형성판결). 이와 같이 소수주주에게 이사의 해임판결을 청구할 수 있도록 한 것은 대주주의 다수결원칙에 의한 횡포로부터 (회사 및) 소수주주를 보호하기 위한 것이고, 이 경우에 당해 이사의 직무집행을 정지하고 직무대행자를 선임하는 가처분을

---

1) 상법강의(상), 1030면.
2) 보유방법은 주식의 소유, 주주권행사에 관한 위임장의 취득 및 2인 이상의 주주의 주주권의 공동행사 등을 포함한다. 은행법상 소수주주권을 행사하기 위한 주식의 보유방법은 모두 이와 동일하다(법시행령 12조 1항).
3) 상법 제403조(주주의 대표소송) : ① 발행주식의 총수의 100분의 1 이상에 해당하는 주식을 가진 주주는 회사에 대하여 이사의 책임을 추궁할 소의 제기를 청구할 수 있다.
   ② 제 1 항의 청구는 그 이유를 기재한 서면으로 하여야 한다.
   ③ 회사가 전항의 청구를 받은 날로부터 30일 내에 소를 제기하지 아니한 때에는 제 1 항의 주주는 즉시 회사를 위하여 소를 제기할 수 있다.
4) 주주의 대표소송은 발기인(상법 324조)·감사(상법 415조)·불공정한 가액으로 주식을 인수한 자(상법 424조의2)·주주의 권리행사와 관련하여 이익을 공여받은 자(상법 467조의2) 및 청산인(상법 542조)에 준용한다.
5) 상법 제539조 제 2 항 : 청산인이 그 업무를 집행함에 현저하게 부적임하거나 중대한 임무에 위반한 행위가 있는 때에는 발행주식의 총수의 100분의 3 이상에 해당하는 주식을 가진 주주는 법원에 그 청산인의 해임을 청구할 수 있다.

신청할 수 있다(상법 407조).[1]

2) 은행의 경우 6개월 이상 계속하여 은행의 발행주식총수의 10만분의 250 이상(대통령령이 정하는 은행[2])의 경우에는 10만분의 125 이상)에 해당하는 주식을 보유한 자는 상법 제385조에서 규정하는 「이사의 해임청구권」(「감사」에도 준용한다) 및 상법 제539조(청산인의 해임청구)에서 규정하는 해임청구권을 행사할 수 있다(법 23조의5 2항).

다. 이사의 위법행위유지(留止)청구권

1) 상법상 주주의 위법행위유지청구권이란 「이사가 법령 또는 정관에 위반한 행위를 하여 이로 인하여 회사에 회복할 수 없는 손해가 생길 염려가 있는 경우에, 회사를 위하여 그 이사에 대하여 그 행위를 유지할 것을 청구할 수 있는 권리」이다(상법 402조).

상법상 주주의 「위법행위유지청구권」은 영미법상의 소(訴)에서 인정되는 법원의 유지명령제도(injunction)를 도입한 것인데, 이와 다른 점은 영미법상의 위법행위유지청구는 개개의 주주가 이를 청구할 수 있으나 우리 상법상 「위법행위유지청구권」은 소수주주 또는 감사나 감사위원회가 이를 청구할 수 있도록 규정한 점이다.[3]

우리 상법은 이사(회)의 업무집행에 대한 주주의 직접감독권으로서 주주의 「유지청구권」(상법 402조, 424조)과 전술한 「대표소송권」(상법 403조)을 규정하고 있는데, 주주의 유지청구권은 「사전조치」이나 대표소송권은 「사후조치」라는 점에서 양자는 근본적으로 구별되고 있다.[4]

2) 은행의 경우 6개월 이상 계속하여 은행의 발행주식총수의 10만분의 25 이상(자산총액이 2조원 이상인 은행의 경우에는 100만분의 125 이상)에 해당하는 주식을 보유한 자는 상법 제402조(유지청구권)[5]에서 규정하는 주주의 권리를 행사할 수 있다(법 23조의5 3항).

---

1) 상법강의(상), 920면.
2) 이 때 "대통령령이 정하는 금융기관"이라 함은 최근 사업연도 말 현재의 자산총액이 「2조원」이상인 금융기관을 말한다. 은행법상 대표소송권을 제외한 모든 소수주주권의 경우에도 동일하다(법시행령 12조 2항).
3) 상법강의(상), 1026면.
4) 상법강의(상), 1026면.
5) 상법 제402조(유지청구권): 이사가 법령 또는 정관에 위반한 행위를 하여 이로 인하여 회사에 회복할 수 없는 손해가 생길 염려가 있는 경우에는 감사 또는 발행주식의 총수의 100분의 1 이상에 해당하는 주식을 가진 주주는 회사를 위하여 이사에 대하여 그 행위를 유지할 것을 청구할 수 있다.

라. 주주제안권

1) 주주제안권이란 「주주가 일정한 사항을 주주총회의 목적사항으로 할 것을 제안할 수 있는 권리」를 말한다. 이러한 주주제안권은 주주의 의결권과 함께 주주권 중 「공익권」에 해당한다.

주주제안권은 미국·영국·독일·일본 등에서 인정하고 있는데, 우리나라에서는 1977년에 증권거래법을 개정하여 주권상장법인에 대하여 이를 인정하다가 1998년 개정상법이 이를 규정함으로써(상법 363조의2) 모든 주식회사에 일반화되었다. 상법상 주주제안권의 내용은 일정한 사항을 주주총회의 목적사항으로 할 것을 제안할 수 있는 권리뿐만 아니라(의제제안권)(상법 363조의2 1항), 주주총회의 목적사항에 추가하여 제안의 요령을 제출할 수 있는 권리(의안제안권)(상법 363조의 2 2항)를 포함한다.[1]

2) 은행의 경우 6개월 이상 계속하여 은행의 의결권 있는 발행주식총수의 1만분의 50이상(자산총액이 2조원 이상인 은행의 경우에는 1만분의 25 이상)에 해당하는 주식을 보유한 자는 상법 제363조의2(주주제안권)[2]에서 규정하는 주주의 권리를 행사할 수 있다(법 23조의5 4항).

마. 회계장부열람청구권

1) 상법상 주식회사의 이사는 정기주주총회 회일의 1주간 전부터 재무제표와 그 부속명세서·영업보고서 및 감사보고서를 본점에서는 5년간 비치하고 지점에서는 3년간 비치하여야 하는데(상법 448조 1항), 주주(및 회사채권자)는 영업시간 내에 언제든지 이를 열람하고, 그 등본이나 초본의 교부를 청구할 수 있다(상법 448조 2항). 그런데 주주가 재무제표와 그 부속명세서·영업보고서 및 감사보고서를 가지고는 충분히 그 내용을 알 수 없는 경우에는, 주주는 다시 그 기재가 진실하고 정확한 기재인가를 알기 위하여 그 원시기록인 회계의 장부와 서류의

---

1) 상법강의(상), 845~846면.
2) 상법 제363조의2(주주제안권) ① 의결권 없는 주식을 제외한 발행주식총수의 100분의 3이상에 해당하는 주식을 가진 주주는 이사에 대하여 회일의 6주 전에 서면으로 일정한 사항을 주주총회의 목적사항으로 할 것을 제안(이하 '주주제안'이라 한다)할 수 있다.
   ② 제 1 항의 주주는 이사에 대하여 회일의 6주 전에 서면으로 회의의 목적으로 할 사항에 추가하여 당해 주주가 제출하는 의안의 요령을 제363조에서 정하는 통지와 공고에 기재할 것을 청구할 수 있다.
   ③ 이사는 제 1 항에 의한 주주제안이 있는 경우에는 이를 이사회에 보고하고, 이사회는 주주제안의 내용이 법령 또는 정관에 위반되는 경우를 제외하고는 이를 주주총회의 목적사항으로 하여야 한다. 이 경우 주주제안을 한 자의 청구가 있을 때에는 주주총회에서 당해 의안을 설명할 기회를 주어야 한다.

열람·등사를 청구할 수 있는 권리를 갖는다. 주주의 이러한 「회계장부열람권」(right of inspection of books and records)은 미국 회사법상의 제도를 따라 인정된 것이다.[1]

2) 은행의 경우 6개월 이상 계속하여 은행의 발행주식총수의 1만분의 5 이상(자산총액이 2조원 이상인 은행의 경우에는 10만분의 25 이상)에 해당하는 주식을 보유한 자는 상법 제466조(주주의 회계장부열람권)[2]에서 규정하는 주주의 권리를 행사할 수 있다(법 23조의5 5항).

바. 주주총회 소집청구권 및 검사인선임청구권

1) 상법상 주주총회의 소집은 원칙적으로 「이사회」가 결정한다(상법 362조). 그러나 예외적으로 소수주주(상법 366조 2항)·감사(상법 412조의3) 또는 감사위원회(상법 415조의2 6항, 412조의3)·법원의 명령에 의하여 소집되는 경우가 있다(상법 467조 3항).

소수주주에 의하여 주주총회가 소집되는 경우는, 소수주주가 먼저 회의의 목적사항과 소집의 이유를 적은 서면 또는 전자문서를 먼저 이사회에 제출하여 주주총회(임시총회)의 소집을 청구하여야 하고(상법 366조 1항), 이러한 청구가 있음에도 불구하고 이사회가 지체 없이 총회소집의 절차를 밟지 아니한 때에는, 그 소수주주가 법원의 허가를 얻어 직접 총회를 소집하는 경우이다(상법 366조 2항 1문). 이 경우 주주총회의 의장은 법원이 이해관계인의 청구나 직권으로 선임할 수 있다(상법 366조 2항 2문).

이 경우의 소수주주는 회사의 집행기관의 지위에 서는 것이므로 소집비용은 회사의 부담이 될 것이다. 이렇게 소수주주에 의하여 소집된 주주총회는 회사의 재산상태의 악화에 대한 대책을 세우거나, 임원을 해임하는 경우 등에 중요한 의미를 갖는다.[3] 따라서 이렇게 소집된 주주총회에서는 회사의 업무와 재산상태를 조사하기 위하여 검사인을 선임할 수 있다(상법 366조 3항).

검사인(inspector)은 「주식회사의 설립절차, 회사의 업무나 재산상태, 또는 주주총회의 소집절차나 결의방법의 적법성을 조사할 임무가 있는 임시적 감사기관」이다.[4] 검사인은 주주총회 이외에도 법원에 의하여 선임된다. 법원이 선임하는 경우는 설립시 변태설립사항을 조사하기 위하여 이사 또는 발기인의 청구가 있는 경우(상법 298조 4항, 310조 1항), 주주총회의 소집절차나 결의방법의 적법성을

---

1) 상법강의(상), 1167면.
2) 상법 제466조(주주의 회계장부열람권) ① 발행주식의 총수의 100분의 3 이상에 해당하는 주식을 가진 주주는 이유를 붙인 서면으로 회계의 장부와 서류의 열람 또는 등사를 청구할 수 있다.
  ② 회사는 제1항의 주주의 청구가 부당함을 증명하지 아니하면 이를 거부하지 못한다.
3) 상법강의(상), 838면.
4) 상법강의(상), 1055면.

조사하기 위하여 주주총회 전에 회사 또는 발행주식총수의 100분의 1 이상에 해당하는 소수주주의 청구가 있는 경우(상법 367조 2항), 신주발행시 현물출자를 검사하기 위하여 이사의 청구가 있는 경우(상법 422조 1항), 업무집행에 관하여 부정행위 또는 법령이나 정관에 위반한 중대한 사실이 있음을 의심할 사유가 있는 때에 소수주주의 청구가 있는 경우(상법 467조) 등이다.

2) 은행의 경우 6개월 이상 계속하여 은행의 발행주식총수의 1만분의 150 이상(자산총액이 2조원 이상인 은행의 경우에는 1만분의 75 이상)에 해당하는 주식을 보유한 자는 상법 제366조(소수주주에 의한 소집청구)[1] 및 제467조(회사의 업무, 재산상태의 검사)[2]에서 규정하는 주주의 권리를 행사할 수 있다. 이 경우 상법 제366조에서 규정하는 주주의 권리를 행사할 때에는 의결권 있는 주식을 기준으로 한다(법 23조의5 6항).

[참고] 상법과 은행법상의 소수주주권 비교

구 분	상법(일반회사)	상법(상장회사) 542조의6	은행법(23조의5)
주주제안권	3/100(363조의2)	10/1,000	50/10,000(4항)
집중투표권	3/100(382조의2)	1/100	-
회사의 해산판결청구권	10/100(520조 1항)	-	-
주주총회소집 청구권	3/100(366조)	15/1,000	150/10,000(6항)
이사 등 해임청구권	3/100(385조 2항, 415조, 539조)	50/10,000	250/10,000(2항)
회계장부열람 청구권	3/100(466조)	10/10,000	5/10,000(5항)
검사인선임 청구권	3/100(467조)	15/1,000	150/10,000(6항)
이사 등 위법행위유지청구권	1/100(402조, 542조 2항)	50/10,000	25/100,000(3항)
대표소송권	1/100(403조, 415조, 467조의2)	1/10,000	5/100,000(1항)

1) 상법 제366조(소수주주에 의한 소집청구) ① 발행주식의 총수의 100분의 3 이상에 해당하는 주식을 가진 주주는 회의의 목적사항과 소집의 이유를 기재한 서면을 이사회에 제출하여 임시총회의 소집을 청구할 수 있다.
  ② 제1항의 청구가 있은 후 지체 없이 총회소집의 절차를 밟지 아니한 때에는 청구한 주주는 법원의 허가를 얻어 총회를 소집할 수 있다.
2) 상법 제467조(회사의 업무, 재산상태의 검사) ① 회사의 업무집행에 관하여 부정행위 또는 법령이나 정관에 위반한 중대한 사실이 있음을 의심할 사유가 있는 때에는 발행주식의 총수의 100분의 3 이상에 해당하는 주식을 가진 주주는 회사의 업무와 재산상태를 조사하게 하기 위하여 법원에 검사인의 선임을 청구할 수 있다.

각 비율은 발행주식총수에 대한 비율이다(단, 주주제안권과 집중투표청구권의 경우에는 의결권 없는 주식을 제외한 발행주식총수를 말한다). 상법(상장회사)과 은행법상의 소수주주권은 6개월 이상 계속하여 주식을 보유할 것을 요건으로 하고, 자산 2조원 이상의 회사와 은행의 경우에는 비율을 반으로 완화하고 있다(상법 542조의6, 법 23조의5).

제 3 절   은행의 경영지배구조

Ⅰ. 임원 및 직원

1. 임   원

가. 의의 및 법적 지위

1) 우리나라의 주식회사 또는 은행의 임원1)이라 함은 「이사회(board of directors)로부터 일상업무의 집행을 직접 위임받은 상법상 또는 은행법상의 대표이사·이사·감사(감사위원회의 위원)2)·집행임원 등」을 말한다고 볼 수 있다.

2) 상법상 이사는 원칙적으로 독립된 기관이 아니라 기관인 「이사회의 구성원」에 불과하다.3) 따라서 이사란 「이사회의 구성원으로서 이사회의 회사의 업무집행에 관한 의사결정과 대표이사(은행의 경우에는 은행장) 및 다른 이사의 업무집행을 감독하는 데 참여할 권한을 갖는 자」라고 볼 수 있다.4) 이사는 주주총회에서 「보통결의」에 의하여 선임된다(상법 382조 1항). 이는 주주총회의 전속권한사항이다(상법 382조 1항). 이사는 원칙적으로 3인 이상이어야 하고, 임기는 3년을 초과하지 못한다(상법 383조).

상법상 감사는 「이사·집행임원의 업무집행과 회계를 감사할 권한을 가진

---

1) 우리 상법은 「발기인, 이사 기타의 임원 등의 특별배임죄」(상법 622조), 「발기인, 이사 기타의 임원 등의 독직죄」(상법 630조) 등에서 임원이라는 용어를 사용하고 있고, 은행법에서는 「임원의 자격요건」(법 18조), 「임원 등의 겸직제한」(법 20조) 등에서 「임원」이라는 용어를 사용하고 있으나, 임원에 대한 정의는 규정하지 않고 있다.
2) 은행은 감사 대신 「감사위원회제도」를 채택하고 있으므로(법 23조의2), 은행의 감사위원도 임원이 된다.
3) 이사의 기관성에 대하여는 긍정설과 부정설이 있으나, 부정설이 다수설이다.
4) 상법강의(상), 905면.

주식회사의 기관」이다.1) 주식회사의 감사는 원칙적으로 필요기관인 점에서 임의기관인 유한회사의 감사가 언제나 임의기관인 점(상법 568조)과 다르고, 원칙적으로 상설기관인 점에서 언제나 임시기관인 검사인과 다르다.2) 감사의 선임은 이사와 마찬가지로 주주총회의 전속권한사항이다(상법 409조). 감사위원회에 대하여는 후술한다.

3) 은행법상 「임원」과 「은행」과의 관계는 상법상 「이사·집행임원 또는 감사(감사위원회가 설치되어 있는 경우에는 감사위원회 위원이다. 이하 같다)」와 「회사」와의 관계에 해당한다. 이사·집행임원 또는 감사(이하 "임원"이라 한다)와 회사와의 관계는 「위임관계」이므로(상업사용인과 회사와의 관계가 보통 고용관계인 점과 구별됨), 민법상 「위임」에 관한 규정이 이에 준용된다(상법 382조 2항, 408조의2 2항, 415조). 그러나 민법상의 위임계약이 원칙적으로 무상인 점(민법 686조 1항)과는 달리 회사는 임원에게 보수를 주는 것이 보통이다. 따라서 상법은 임원의 보수의 액을 정관에서 정하지 아니한 때에는 주주총회의 결의로(집행임원의 보수는 정관에 규정이 없거나 주주총회의 승인이 없는 경우 이사회의 결의로) 이를 정하여야 하는 것으로 규정하고 있다(상법 388조, 408조의2 3항 6호, 415조).

나. 은행 임원의 결격사유와 자격요건

1) 상법상 임원이 될 수 있는 자격에는 원칙적으로 제한이 없고, 주주가 아니어도 무방하다. 따라서 주식회사의 소유와 경영은 분리되고 있다. 그러나 정관으로 임원(이사·감사)이 가질 수 있는 주식의 수를 정할 수 있는데(자격주), 이때에 임원은 그 수의 주권을 감사 또는 감사위원회에게 공탁하여야 한다(상법 387조, 415조의2 7항).

2) 2009년 1월 개정상법은 사외이사의 결격사유에 대하여 규정하고, 사외이사가 그러한 결격사유의 하나에 해당하게 되면 그 직을 상실하는 것으로 규정하고 있다(상법 382조 3항).

3) 그러나 은행법은 일반회사와는 달리 은행 임원의 결격사유와 요건을 규정하고 있다. 결격사유로서 다음의 경우 중 하나에 해당하는 자는 은행의 임원이 될 수 없고, 임원이 된 후에 이에 해당하게 된 경우에는 그 임원의 직을 잃는다(법 18조 1항).

① 미성년자·피성년후견인 또는 피한정후견인

---

1) 상법강의(상), 1036면.
2) 상법강의(상), 1036면.

② 파산선고를 받은 자로서 복권되지 아니한 자

③ 금고 이상의 실형을 선고받고 그 집행이 끝나거나 집행이 면제된 날부터 5년이 지나지 아니한 자

④ 은행법 또는 외국의 은행 법령, 그 밖에 대통령령으로 정하는 금융 관련 법령에 따라 벌금 이상의 형을 선고받고 그 집행이 끝나거나 집행이 면제된 날부터 5년이 지나지 아니한 자

⑤ 금고 이상의 형의 집행유예를 선고받고 그 유예기간 중에 있는 자

⑥ 은행법, 한국은행법, 금융위원회법, 금융산업구조개선법 또는 외국의 금융 관련 법령에 따라 해임되거나 징계면직된 자로서 해임되거나 징계면직된 날부터 5년이 지나지 아니한 자

⑦ 금융산업구조개선법 제10조 제 1 항에 따라 금융위원회로부터 적기시정조치를 받거나 같은 법 제14조 제 2 항에 따라 계약이전의 결정 등 행정처분을 받은 금융기관의 임직원으로 재직 중이거나 재직하였던 자로서 그 적기시정조치 등을 받은 날부터 2년이 지나지 아니한 자

⑧ 은행법 또는 외국의 은행 법령, 그 밖에 대통령령으로 정하는 금융 관련 법령에 따라 영업의 허가·인가 등이 취소된 법인 또는 회사의 임직원이었던 자로서 그 법인 또는 회사에 대한 취소가 있었던 날부터 5년이 지나지 아니한 자

⑨ 은행법 또는 대통령령으로 정하는 금융 관련 법령에 따라 재임 중이었거나 재직 중이었더라면 해임 요구 또는 면직 요구의 조치를 받았을 것으로 통보된 퇴임한 임원 또는 퇴직한 직원으로서 그 통보가 있는 날부터 5년이 지나지 아니한 자

4) 은행의 임원은 금융에 대한 경험과 지식을 갖춘 자로서 은행의 공익성 및 건전경영과 신용질서를 해할 우려가 없는 자이어야 하고(법 18조 2항), 은행의 임원의 자격요건에 관한 구체적인 사항은 대통령령으로 정한다(법 18조 3항).

다. 임원의 의무 및 민사책임

(1) 은행 임원의 의무

회사와 이사간의 관계는 「위임관계」이므로(상법 382조 2항, 408조의2 2항), 은행과 임원의 관계도 위임관계이다. 따라서 은행의 임원은 민법상 수임인으로서 「선관주의의무」를 부담한다(민법 681조). 이사·집행임원인 임원은 「경업피지의무」(상법 397조, 408조의9),1) 회사기회유용금지의무(상법 397조의2 1항, 408조의9),2) 「자기거래

---

1) 이사는 이사회의 승인이 없으면 자기 또는 제삼자의 계산으로 회사의 영업부류에 속한 거래를

금지」(상법 398조, 408조의9),1) 「보고의무」(상법 393조 4항, 412조의2, 408조의6),2) 「비밀유지의무」(상법 382조의4, 408조의9)3) 등 각종 의무를 부담한다.4)

(2) 은행임원의 「은행」에 대한 민사책임

은행 임원이 「고의 또는 과실로 법령 또는 정관에 위반한 행위를 하거나 그 임무를 게을리한 때」에는 그 임원은 「은행」에 대하여 손해배상책임을 부담하는데,5) 이 책임은 과실 있는 임원들이 연대하여 지게 된다(상법 399조, 408조의8). 은행 임원이 법령 또는 정관에 위반한 행위를 하거나 그 임무를 게을리함으로써 은행에 손해를 입히는 경우는 주로 「대출업무」와 관련된다. 예컨대 대표이사에 의해 이미 실행된 대출에 대한 이사회의 추인 결의에서 이사가 선관주의의무를 다하지 아니하고 찬성한 경우,6) 은행 이사가 대출하면서 충분한 담보를 확보하지 않아 은행으로 하여금 대출금을 회수하지 못하게 하는 손해를 입힌 경우7) 등은 임무를 게을리 한 대표적인 예가 될 것이다.

[판례: 금융기관의 임원의 업무수행상의 고의 또는 중과실 여부의 판단 기준]
  새마을금고의 임원이 대출을 결정함에 있어서 임원이 법령이나 정관에 위반한 대출이었음을 알았거나 또는 어떤 부정한 청탁을 받거나 당해 대출에 관한 어떤 이해관계가 있어 자기 또는 제 3 자의 부정한 이익을 취득할 목적으로 대출을 감행한 경우 또는 조금만 주의를 기울였으면 임원으로서의 주의의무를 다 할 수 있었을 것임에도 그러한 주의를 현저히 게을리하여 쉽게 알 수 있었던 사실을 알지 못하고 대출을 실행한 경우에는 고의 또는 중과실로 인한 책임을 진다(대판 2002. 6. 14, 2001다52407).

하거나 동종영업을 목적으로 하는 다른 회사의 무한책임사원이나 이사가 되지 못한다(상법 397조 1항).
2) 이사는 이사회의 승인 없이 현재 또는 장래에 회사의 이익이 될 수 있는 회사의 사업기회를 자기 또는 제 3 자의 이익을 위하여 이용하여서는 아니 된다(상법 397조의2 1항).
1) 이사는 이사회의 승인이 있는 때에 한하여 자기 또는 제 3 자의 계산으로 회사와 거래를 할 수 있다(상법 398조 본문). 참고로 은행의 임원(직원을 포함한다)은 금융위원회가 정하는 소액대출을 제외하고, 은행과 대출거래를 하지 못한다(법 38조 6호).
2) 이사는 3월에 1회 이상 업무의 집행상황을 이사회에 보고하여야 한다(상법 393조 4항). 이사는 회사에 현저하게 손해를 미칠 염려가 있는 사실을 발견한 때에는 즉시 감사에게 이를 보고하여야 한다(상법 412조의2).
3) 이사는 재임 중뿐만 아니라 퇴임 후에도 직무상 알게 된 회사의 영업상 비밀을 누설하여서는 아니 된다(상법 382조의4).
4) 이사·집행임원의 각종 의무에 대한 상세는 상법강의(상), 975면 이하 참조.
5) 이사·집행임원의 회사에 대한 책임에 관한 상세는 상법강의(상), 1004면 이하 참조.
6) 대판 2007. 5. 31, 2005다56995.
7) 대판 2002. 6. 14, 2002다11441.

[판례: 대표이사에 의해 이미 실행된 대출에 대한 이사회의 추인 결의에서 이사가 선관의무를 다하지 아니하고 찬성한 경우, 위 대출로 인한 손해의 발생과 인과관계가 인정되는지 여부]

비록 대표이사에 의해 대출이 이미 실행되었다고 하더라도 이에 대한 추인행위는 대표이사의 하자 있는 거래행위의 효력을 확정적으로 유효로 만들어 주는 것으로서, 이사가 선관의무를 다하지 아니하여 이와 같은 추인 결의에 찬성하였다면 위 대출로 인한 손해의 발생과 인과관계가 인정된다(대판 2007. 5. 31, 2005다56995).

[판례: 대표이사에 의해 이미 실행된 대출에 대한 이사회의 추인 결의에 찬성한 이사의 행위와 대출금의 회수 곤란으로 인한 손해 사이의 인과관계를 판단함에 있어 다른 이사들의 선관의무 위반 여부를 고려할 것인지 여부]

대표이사에 의해 이미 실행된 대출에 대한 이사회의 추인 결의에 찬성한 이사들의 행위와 대출금의 회수 곤란으로 인한 손해 사이의 인과관계는 이사 개개인이 선관의무를 다하였는지 여부에 의해 판단하여야지, 다른 이사들이 선관의무를 위반하여 이사회의 추인 결의에 찬성하였는지 여부를 전제로 판단할 것은 아니다. 이사회의 결의는 법률이나 정관 등에서 다른 규정을 두고 있지 않는 한 출석한 이사들의 과반수 찬성에 의해 이루어지는바, 만일 다른 이사들의 선관의무 위반을 전제로 인과관계를 판단하여야 한다면 이사회의 결의를 얻은 사항에 관하여 이사 개개인에게 손해배상책임을 묻는 경우, 당해 이사 개개인은 누구나 자신이 반대하였다고 해도 어차피 이사회 결의를 통과하였을 것이라는 주장을 내세워 손해배상책임을 면하게 될 것이기 때문이다(대판 2007. 5. 31, 2005다56995).

[판례: 부실대출이 실행된 후 여러 차례 변제기한이 연장된 끝에 최종적으로 당해 대출금을 회수하지 못하는 손해가 발생한 경우, 단순히 변제기한의 연장에만 찬성한 이사들도 손해배상책임을 부담하는지 여부]

부실대출이 실행된 후 여러 차례 변제기한이 연장된 끝에 최종적으로 당해 대출금을 회수하지 못하는 손해가 발생한 경우, 그에 대한 손해배상책임은 원칙적으로 최초에 부실대출 실행을 결의하거나 이를 추인한 이사들만이 부담하고, 단순히 변제기한의 연장에만 찬성한 이사들은 그 기한 연장 당시에는 채무자로부터 대출금을 모두 회수할 수 있었으나 기한을 연장함으로써 채무자의 자금사정이 악화되어 대출금을 회수할 수 없게 된 경우가 아닌 한 손해배상책임을 부담하지 않는다(대판 2007. 5. 31, 2005다56995).

(3) 은행 임원의 「제 3 자」에 대한 민사책임

은행의 임원이 「고의 또는 중대한 과실로 그 임무를 게을리한 때」에는 그 임원은 「제 3 자」에 대하여 연대하여 손해를 배상할 책임이 있다(상법 401조).[1]

---

1) 이사의 제 3 자에 대한 책임에 관한 상세는 상법강의(상), 1017면 이하 참조.

상법은 제 3 자를 보호하고 또 이사의 직무집행을 신중하게 하기 위하여, 이
사가 고의 또는 중대한 과실로 그 임무를 게을리 한 경우에는 그 이사 개인은 제 3
자에 대하여 직접 손해배상을 지도록 한 것이다. 따라서 이사가 그 임무를 게을
리하여 제 3 자에게 직접 또는 간접으로 손해를 입힌 경우에는, 비록 불법행위의
요건을 갖추지 않아도 그 이사는 제 3 자에 대하여 상법 제401조에 의하여 손해
배상책임을 부담하는 것이다. 예컨대 은행의 임원이 주식청약서·사채청약서·재
무제표 등에 허위의 기재를 하거나 허위의 등기나 공고를 하여 투자자 등 제 3 자
에게 손해를 입힌 경우에는, 고의 또는 중대한 과실로 그 임무를 게을리한 행위
라고 볼 수 있어 본조의 책임을 진다. 그러나 이사 등의 경영상의 판단에 과오
(경과실)가 있고 이로 인하여 제 3 자에게 손해를 끼친 경우에는 본조에 의한 책
임을 지지 않는다.[1)]

(4) 은행 임원의 경영판단의 원칙 문제

경영판단의 원칙(business judgement rule)은 「이사가 권한 범위 내의 사항에 관
하여 내린 의사결정이 합리적인 근거가 있고 회사의 이익을 위하여 외부의 영향
없이 독립적으로 성실하게 이루어진 경우에는 이로 인한 회사의 손해에 대하여
책임을 묻지 아니한다는 원칙」을 뜻한다. 대법원은 금융기관의 이사가 이른바
프로젝트 파이낸스 대출을 하면서 단순히 회사의 영업에 이익이 될 것이라는 일
반적·추상적인 기대 하에 일방적으로 임무를 수행하여 회사에 손해를 입힌 경
우에는 그와 같은 이사의 행위는 허용되는 경영판단의 재량범위 내에 있는 것이
아니라고 한다.[2)] 또한 이사가 법령에 위반한 행위를 한 때에는 그 행위 자체가
회사에 대하여 채무불이행에 해당하므로 경영판단의 원칙은 적용될 여지가 없
다고 한다.[3)]

[판례: 금융기관의 이사가 대출 관련 임무를 수행함에 있어 인정되는 경영판단의 원
칙의 내용]
　금융기관의 이사가 대출 관련 임무를 수행함에 있어 필요한 정보를 충분히 수집·
조사하고 검토하는 절차를 거친 다음 이를 근거로 금융기관의 최대 이익에 부합한
다고 합리적으로 신뢰하고 신의성실에 따라 경영상의 판단을 내렸고, 그 내용이
현저히 불합리하지 아니하여 이사로서 통상 선택할 수 있는 범위 안에 있는 것이
라면, 비록 사후에 회사가 손해를 입게 되는 결과가 발생하였다고 하더라도 그로

---

1) 상법강의(상), 1022면.
2) 대판 2008. 7. 10, 2006다39935; 동 2011. 10. 13, 2009다80521.
3) 대판 2005. 7. 15, 2004다34929; 동 2011. 4. 14, 2008다14633.

인하여 이사가 회사에 대하여 손해배상책임을 부담한다고 할 수 없지만, 금융기관
의 이사가 이러한 과정을 거쳐 임무를 수행한 것이 아니라 단순히 회사의 영업에
이익이 될 것이라는 일반적·추상적인 기대 하에 일방적으로 임무를 수행하여 회
사에 손해를 입게 한 경우에는 필요한 정보를 충분히 수집·조사하고 검토하는 절
차를 거친 다음 이를 근거로 회사의 최대 이익에 부합한다고 합리적으로 신뢰하고
신의성실에 따라 경영상의 판단을 내린 것이라고 볼 수 없으므로, 그와 같은 이사
의 행위는 허용되는 경영판단의 재량범위 내에 있는 것이라고 할 수 없다(대판
2008. 7. 10, 2006다39935).

[판례: 이사가 법령을 위반한 행위로 회사에 손해를 입힌 경우에도 경영판단의 원칙
이 적용되는지 여부]

　① 회사의 이사가 법령에 위반됨이 없이 관계회사에게 자금을 대여하거나 관계
회사의 유상증자에 참여하여 그 발행 신주를 인수함에 있어서, 관계회사의 회사
영업에 대한 기여도, 관계회사의 회생에 필요한 적정 지원자금의 액수 및 관계회
사의 지원이 회사에 미치는 재정적 부담의 정도, 관계회사를 지원할 경우와 지원
하지 아니할 경우 관계회사의 회생 또는 도산가능성과 그로 인하여 회사에 미칠
것으로 예상되는 이익 및 불이익의 정도 등에 관하여 합리적으로 이용가능한 범위
내에서 필요한 정보를 충분히 수집·조사하고 검토하는 절차를 거친 다음, 이를 근
거로 회사의 최대 이익에 부합한다고 합리적으로 신뢰하고 신의성실을 다하여 경
영상의 판단을 내렸고, 그 내용이 현저히 불합리하지 않은 것으로서 통상의 이사
를 기준으로 할 때 합리적으로 선택할 수 있는 범위 안에 있는 것이라면, 비록 사
후에 회사가 손해를 입게 되는 결과가 발생하였다 하더라도 그 이사의 행위는 허용
되는 경영판단의 재량범위 내에 있는 것이어서 회사에 대하여 손해배상책임을 부담
한다고 할 수 없다. 그러나 회사의 이사가 이러한 과정을 거쳐 이사회 결의를 통하
여 자금지원을 의결한 것이 아니라, 단순히 회사의 경영상의 부담에도 불구하고 관
계회사의 부도 등을 방지하는 것이 회사의 신인도를 유지하고 회사의 영업에 이익
이 될 것이라는 일반적·추상적인 기대하에 일방적으로 관계회사에 자금을 지원하게
하여 회사에 손해를 입게 한 경우 등에는, 그와 같은 이사의 행위는 허용되는 경영
판단의 재량범위 내에 있는 것이라고 할 수 없다(대판 2011. 4. 14, 2008다14633).

　② 상법 제399조는 이사가 법령을 위반한 행위를 한 경우에 회사에 대하여 손해
배상책임을 지도록 규정하고 있는데, 이사가 임무를 수행하면서 위와 같이 법령을
위반한 행위를 한 때에는 그 행위 자체가 회사에 대한 채무불이행에 해당하므로,
그로 인하여 회사에 손해가 발생한 이상 특별한 사정이 없는 한 손해배상책임을
면할 수 없고, 법령을 위반한 행위에 대하여는 원칙적으로 경영판단의 원칙이 적
용되지 않는다(대판 2008. 4. 10, 2004다68519).

[판례: 금융기관의 임원의 선관의무의 내용과 경영판단의 원칙과의 관계 및 금융기
관의 임원이 선관의무에 위반하여 임무를 해태하였는지 여부의 판단 기준]

　금융기관의 임원은 소속 금융기관에 대하여 선량한 관리자의 주의의무를 지므

로, 그 의무를 충실히 한 때에야 임원으로서의 임무를 다한 것으로 된다고 할 것이지만, 금융기관이 그 임원을 상대로 대출과 관련된 임무 해태를 내세워 채무불이행으로 인한 손해배상책임을 물음에 있어서는 임원이 한 대출이 결과적으로 회수곤란 또는 회수불능으로 되었다고 하더라도 그것만으로 바로 대출결정을 내린 임원에게 그러한 미회수금 손해 등의 결과가 전혀 발생하지 않도록 하여야 할 책임을 물어 그러한 대출결정을 내린 임원의 판단이 선량한 관리자로서의 주의의무 내지 충실의무를 위반한 것이라고 단정할 수 없고, 대출과 관련된 경영판단을 함에 있어서 통상의 합리적인 금융기관 임원으로서 그 상황에서 합당한 정보를 가지고 적합한 절차에 따라 회사의 최대이익을 위하여 신의성실에 따라 대출심사를 한 것이라면 그 의사결정과정에 현저한 불합리가 없는 한 그 임원의 경영판단은 허용되는 재량의 범위 내의 것으로서 회사에 대한 선량한 관리자의 주의의무 내지 충실의무를 다한 것으로 볼 것이며, 금융기관의 임원이 위와 같은 선량한 관리자의 주의의무에 위반하여 자신의 임무를 해태하였는지의 여부는 그 대출결정에 통상의 대출담당임원으로서 간과해서는 안 될 잘못이 있는지의 여부를 대출의 조건과 내용, 규모, 변제계획, 담보의 유무와 내용, 채무자의 재산 및 경영상황, 성장가능성 등 여러 가지 사항에 비추어 종합적으로 판정해야 한다(대판 2002. 6. 14, 2001다52407).

2. 은행 내의 비등기 집행임원

1) 주식회사가 최근 사업연도말 현재의 자산총액이 2조원 이상인 경우에는 의무적으로 이사회를 사외이사가 이사총수의 과반수로 구성하도록 되어 있다(상법 542조의8 1항 단서). 은행법도 은행이사회의 구성에 있어서 사외이사를 3명 이상 두어야 하고, 사외이사의 수는 전체 이사 수의 과반수가 되어야 한다고 규정하고 있다(법 22조 1항). 사외이사가 과반수인 이러한 이사회는 업무집행기관(집행임원)과 업무감독기관의 분리를 전제로 하여(감독형 이사회제도), 이사회가 업무집행기관(집행임원)에 대한 실효성 있는 감독을 할 수 있도록 하기 위하여, IMF경제체제 이후에 증권거래법 등에서 규정된 것이었다. 그런데 사외이사에 관한 이러한 입법을 하면서 이사회와 분리된 업무집행기관(집행임원)에 대한 입법을 하지 않고 종래와 같이 이사회에 업무집행에 관한 권한을 부여함으로써(참여형 이사회제도), 사실상의 집행임원 내지 집행간부인 비등기이사가 발생하게 된 것이다. 이러한 사실상의 집행임원은 이사회와 별도의 업무집행기관(집행임원)에 대한 입법은 하지 않고 사외이사의 설치강요에 따라 발생한 새로운 기업현상으로서 법률이 미처 이를 규정하지 못한 점에서 발생한 특수한 현상이라고 볼 수 있다.[1]

2) 이러한 집행임원은 종래(실제로 사외이사를 강제하기 전)에 등기이사가 수행

---

1) 상법강의(상), 902면.

하던 직무를 담당하고 이로 인하여 보수 등에서도 등기이사와 거의 동등한 대우를 받고 있으면서도, 종래에 상법 등 법률상 근거가 없는 새로운 제도로서 발생하게 되었다(국내 회사 중 비등기 집행임원이 1,000명을 초과하는 경우도 있다). 이러한 사실상의 집행임원(비등기이사)은 오늘날 실제로 과거 등기이사의 업무를 수행하면서도 주주총회에서 선임되지 않았고, 또한 등기가 되지 않았다는 이유로 우리 대법원 판례는 이러한 사실상의 집행임원은 상법상 이사로서의 직무권한을 행사할 수 없다고 판시하였다.[1] 이와 같이 사실상 종래 이사(임원)의 업무를 수행하는 집행임원은 2011년 4월 개정상법 이전에는 그 설치근거도 법률에 없었을 뿐만 아니라 그의 지위·권한·의무·책임에 대하여도 법률에 규정이 없었고, 또한 그러한 집행임원은 등기되어 공시되지도 않음으로 인하여 집행임원과 거래하는 제 3 자의 보호에도 많은 문제점을 제기하였다.

　3) 따라서 이러한 문제를 해결하기 위하여 2011년 4월 개정상법은 집행임원제도를 도입하여, 회사는 선택에 의하여 대표이사에 갈음하여 집행임원을 둘 수 있도록 하였다. 집행임원을 두는 회사를 「집행임원설치회사」라 한다(상법 408조의2 1항). 집행임원설치회사는 (대표이사에 갈음하여 집행임원을 두는 것이므로) 대표이사를 두지 못한다(상법 408조의2 1항). 또한 집행임원 설치회사와 집행임원의 관계는 「민법」 중 위임에 관한 규정을 준용한다(상법 408조의2 2항). 상법은 집행임원 설치회사의 기관구성에 관한 사항(상법 408조의2·5·7 등), 집행임원의 선임·종임·등기에 관한 사항(상법 317조 2항, 408조의2·3 등), 집행임원의 권한·의무·책임 등에 관한 사항(상법 408조의4·5·6·7·8·9 등)을 규정하고, 집행임원은 그 직무권한이 이사와 유사하므로 집행임원에 대하여는 이사에 관한 많은 규정이 준용하도록 하였다(상법 408조의9).

　4) 그러나 위와 같은 상법의 개정은 금융기관이 상법상 집행임원설치회사에 따른 지배구조를 선택하지 않음으로써 그동안 문제되었던 비등기임원(사실상 집행임원)의 지위·권리·의무·책임 등을 입법적으로 해결하는 데 있어서는 아무런 도움이 되지 못하고 말았다. 2011년 4월 개정상법이 집행임원에 대하여 규정하고 있고 금융기관이 사실상 집행임원을 두고 있으면서 상법상 집행임원제도를 채택하지 않고, 그러한 사실상 집행임원은 상법상 집행임원과 다르다고 억지 주장을 하는 것은 사실상 탈법행위라고 볼 수 있다.[2]

---

1) 대판 2003. 9. 26, 2002다64681.
2) 정찬형, "금융기관 자배구조의 개선방안," 「금융법연구」(한국금융법학회) 제12권 제 1 호(2015),

현재까지 은행이 상법상 「집행임원 설치회사」로 전환한 경우는 없기 때문에, 은행의 부행장, 부행장보 등의 비등기 임원은 상법상의 이사도 아니고, 집행임원도 아니다. 이들은 상법상의 집행임원이 아닌 「사실상의 집행임원」이다. 따라서 이들의 권리와 의무 등의 법적 지위는 상법의 개정에도 불구하고 여전히 많은 문제로 남아 있게 되었고 또한 이들과 거래하는 제 3 자의 보호도 항상 큰 문제가 되고 있다. 따라서 사외이사를 이사총수의 과반수(또는 이사총수의 2분의 1 이상) 두도록 한 금융기관에 대하여는 사실상 집행임원을 두고 있으면서 상법상 집행임원 설치회사를 채택하지 않는 것은 사실상 탈법행위이므로, 이러한 탈법행위를 방지하기 위하여 의무적으로 집행임원 설치회사를 채택하도록 금융관계법이 개정되어야 할 것으로 본다.[1]

3. 직   원

가. 상법상 상업사용인

1) 임원을 제외한 은행의 직원은 대체로 상법상 「상업사용인」에 해당한다. 상법상 상업사용인이란 「특정한 상인에 종사하여 대외적인 영업상의 업무에 종사하는 자」이다. 이를 분설하면 다음과 같다.[2]

① 상업사용인은 「특정한 상인에 종속되어 있는 자」이다. 이러한 특정상인을 상법은 「영업주」라고 표현하고 있는데(상법 11조 1항 참조), 이에는 자연인과 법인이 있다. 이러한 상인이 상업사용인을 선임하는 것이다. 상업사용인이 특정한 상인을 위하여 활동하는 점에서는 대리상과 같으나, 상업사용인은 기업의 내부에서 특정한 상인에 「종속」되어 있으나 대리상은 기업의 외부에서 「독립」된 상인인 점에서 양자는 구별된다. 또한 상업사용인은 특정한 상인에 종속된 「경영보조자」이지 경영담당자는 아니므로 법인(특히 회사)인 상인의 경영담당자인 기관과 구별된다. 따라서 회사의 이사 등은 상업사용인이 아니다.

② 상업사용인은 「대외적인 영업상의 업무」에 종사하는 자이다. 기업의 업무에는 대리권을 수반하는 「대외적인 영업상의 업무」와 대리권을 수반하지 않는 「대내적인 업무」가 있는데, 전자에 해당하는 업무에 종사하는 자가 상업사용인이다.[3] 또한 상업사용인은 기업의 영업상의 업무에 종사하는 자이므로(따라서

75면.
1) 정찬형, 상게논문, 82면.
2) 상법강의(상), 82면~83면.
3) 상법강의(상), 82면.

영업주의 대리권을 수반함), 예컨대 단순노무, 경비, 운전, 조사연구 등 대내적인 업무에만 종사하는 자는 상법상의 상업사용인이 아니다.[1]

2) 상법은 상업사용인에 대하여 대리권의 유무·광협에 따라 「지배인」(상법 10조 등)·「부분적 포괄대리권을 가진 사용인」(상법 15조)·「물건판매점포사용인」 (의제상업사용인)(상법 16조)이라는 세 가지의 상업사용인을 인정하고 있다. 은행의 경우 지점장·영업부장 등의 직책을 가진 자는 대체로 「지배인」에 해당하고, 차장·대리·심사역 등의 직책을 가진 자는 일반적으로 「부분적 포괄대리권을 가진 사용인」에 해당한다고 볼 수 있다.

나. 지점장의 법적 지위

1) 은행의 지점장 또는 영업부장은 상업사용인 중 특히 「지배인」에 해당하는바, 이는 「영업주에 갈음하여 그 영업에 관한 재판상 또는 재판 외의 모든 행위를 할 수 있는 대리권을 가진 상업사용인」이다(상법 11조 1항). 지배인은 이와 같이 최고급의 경영보조자이지만 영업주에 의하여 선임된 상업사용인의 일종이므로, 영업주에 대하여 「종속적 근로의무」를 부담하고 영업주의 지휘명령에 복종하여야 한다. 이러한 의무를 부담하지 않는 자는 포괄적 영업대리권이 부여되어 있더라도 상법상의 지배인이라고 할 수 없다. 지배인의 선임과 종임은 등기사항이다(상법 13조, 상업등기법 50조~51조).

2) 지배인의 권한(지배권)은 「영업주에 갈음하여 그 영업에 관한 재판상 또는 재판 외의 모든 행위」에 미친다(상법 11조 1항). 따라서 지배권의 범위는 그 영업에 관하여는 포괄적이고(포괄성), 또한 상법의 규정에 의하여 정하여지는 법정의 권한이다(정형성).

지배인의 대리권은 이와 같이 그 범위가 객관적으로 법률에 의하여 정형화되어 있으므로, 거래의 안전을 위하여 그 획일성이 요구된다. 즉 영업주가 그 대리권에 대하여 거래의 금액·종류·시기·장소 등에 관하여 개별적으로 제한하더라도, 그 위반은 대내적으로 해임 또는 손해배상의 사유가 되는 데 그치고, 대외적으로 선의의 제 3 자에게 대항할 수 없다(획일성 또는 불가제한성)(상법 11조 3항). 또한 영업주가 비록 지배인의 대리권을 제한하는 경우에도 이를 등기하여 공시하는 방법도 없기 때문에, 영업주는 언제나 선의의 제 3 자에게 이를 대항할 수 없다.[2] 예를 들면, 어떤 은행의 지점장이 내부규정상 그의 대출권한이 10억원으

---

1) 상법강의(상), 82면~83면.
2) 상법강의(상), 88면.

로 제한되어 있음에도 불구하고 이를 초과한 금액의 대출을 실행하였을 경우, 영업주인 은행은 내부규정을 모르는 선의의 제 3 자인 대출고객에게 내부규정상 대리권제한을 이유로 그 대출계약의 무효를 주장할 수 없는 것이다.

[판례: 은행원의 예금불입금 유용행위에 대한 지점장의 공동불법행위 성립 여부]
　　민법 제760조 제 1 항 소정의 공동불법행위가 성립하려면 각자의 고의·과실에 기한 행위가 권리침해에 대하여 객관적으로 공동원인이 되는 것임을 요한다고 할 것인바, 행원이 고객으로부터 위탁받은 예금불입금을 횡령한 불법행위에 대하여 지점장으로서의 단순한 감독 불충분만으로는 곧 지점장 자신의 불법행위가 되는 과실이 있었다고는 할 수 없고 지점장의 과실을 인정하려면 행원의 불법행위가 지점장의 감독 불충분에 기인하고 그가 감독함에 있어 상당한 주의를 하였더라면 그 손해를 방지할 수 있었던 경우라야 할 것이다(대판 1982. 12. 28, 80다3057).

다. 지배인(지점장)과 대표이사·대표집행임원(은행장)의 차이점

주식회사인 은행의 지점장은 보통 상법상「지배인」에 해당하고, 은행장은 보통 상법상「대표이사」(집행임원 설치회사의 경우에는 대표집행임원, 이하 같음)에 해당한다. 지배인의 개념을 좀 더 명확하게 하기 위하여 지배인과 대표이사의 차이를 지점장과 은행장으로 대체하여 양자를 비교하여 보면 다음과 같다. 양자는 물론「정형적·포괄적 대리권」을 갖는다는 점에 있어서는 유사하다(상법 11조, 389조 3항, 209조).

　　그러나 다음과 같은 차이가 있다. 우선 지점장의 대리권은「개인법상의 대리권」임에 반하여 은행장의 권한은「단체법상의 대표권」이다. 지점장은 상인인 영업주(은행이라는 법인)에「종속」되나, 은행장은 상인인 주식회사(은행)의「기관」으로서 그 조직의 일부이지 법인에 종속된 자가 아니다. 즉 은행장의 대표행위는「법인 그 자신의 행위」가 되는 대표성을 갖게 된다. 나아가 지점장의 권한은 특정된 영업 또는 영업소에 있어서의 경영활동을 단위로 제한되나, 은행장의 대표권은 영업 전반에 미친다. 또한 은행장은 이사회의 구성원으로 지점장의 선임·해임에 관여한다(상법 393조 1항 참조).[1]

라. 직원과 은행과의 관계

은행법상 직원의 일부(지점장·차장·과장·대리 등)는 앞에서 본 바와 같이 상법상「상업사용인」에 해당한다. 상업사용인과 상인과의 법률관계는 내부관계와 외

---

1) 이에 관한 상세는 상법강의(상), 949면 주 1 참조.

부관계로 나누어 볼 수 있는데, 「내부관계」는 고용관계로서 민법 또는 노동법이
규율하고, 「외부관계」는 상법이 규율하고 있다. 또한 내부적 법률관계는 원칙적
으로 당사자가 자율적으로 정할 수 있으나, 외부적 법률관계는 거래의 안전을
위하여 강제적으로 규율된다.[1]

마. 은행 직원의 의무 및 민사책임

(1) 은행에 대한 의무

상법은 상업사용인의 부작위의무에 대하여 두 가지를 규정하고 있는데, 하
나는 「영업주의 허락 없이 자기 또는 제 3 자의 계산으로 영업주의 영업부류에
속한 거래」를 하지 못하는 「경업금지의무」이고, 다른 하나는 「영업주의 허락
없이 다른 회사의 무한책임사원·이사 또는 다른 상인의 사용인」이 되지 못하
는 「겸직금지의무」이다(상법 17조 1항). 그런데 후자의 경우에는 은행법에서 특별
히 다시 규정하고 있다(법 20조 1항). 이에 관한 상세는 후술한다.

(2) 민사책임

1) 은행 직원은 영업주인 은행과의 사이에 「고용계약 내지 위임계약」이 있
어 그러한 계약의 효력으로서 은행에 대하여 민법상 각종 의무를 부담하게 되
고,[2] 또한 은행직원이 불법행위로 인하여 「은행」에 손해를 입혔다면 이에 대한
손해배상책임을 진다(민법 750조).

> [판례: 대출금회수가 용이하지 않다는 사실을 예상하면서도 대출한 경우 지점장 등
> 대출담당직원의 손해배상책임을 인정한 예]
> 은행 지점장, 차장, 지점장대리 등이 대출업무를 취급함에 있어서 법령상 연체
> 대출이 있는 사람에게는 대출을 하여서는 안 되게 되어 있는데도, 금원을 차용하
> 려는 자가 대출신청 명의인이 아니라 실제는 이미 여신한도까지 초과하여 대출을
> 받은 제 3 자를 위해서라는 것을 대출 당시 알았고 동인들에게 추가로 대출하면 그
> 대출금회수가 용이하지 아니하리라는 사실을 충분히 짐작하면서도 대출한 이상,
> 대출시 은행장의 승인이 있었다거나 신용보증기금의 보증 하에 일부대출이 되었
> 다 하여도 위 주의의무가 면제되는 것은 아니므로 그 대출금을 회수하지 못함으로
> 인한 동액 상당의 손해를 불법행위자로서 배상할 책임이 있다(대판 1983. 12. 27,
> 80다1446).

2) 은행직원의 불법행위로 인하여 은행의 「사용자책임」이 문제된 경우에 대

---

1) 상법강의(상), 82면.
2) 예컨대 고용계약의 경우에는 「노무제공의무」(민법 655조), 위임계약의 경우에는 「위임사무처
리의무」(민법 680조), 「선관주의의무」(민법 681조) 등이 있다.

하여 다음과 같은 다수의 판례가 있다.

[은행의 사용자책임을 인정한 판례]

[은행의 대출업무 담당직원이 대출고객을 속인 경우]

은행의 대출업무 담당직원이 대출고객을 속여 대출금에 대한 선이자 및 이면담보 명목으로 대출금의 일부를 받아 편취한 사안에서, 그 편취행위가 외형상 객관적으로 은행의 사무집행행위와 관련되고, 나아가 대출자가 그 편취금에 관하여 영수증이나 예금통장을 받지 않은 잘못만으로는 은행의 면책을 인정할 만한 중과실에 해당하지 아니하여, 위 편취행위에 대하여 은행의 사용자책임을 인정한다(대판 2006. 10. 26, 2004다63019).

[금융기관이 대상 기업의 요구에 따라 회계법인에게 사실과 다른 금융거래내역을 회신한 경우]

금융기관이 갖추어야 할 공신력 및 전문성에 비추어 금융기관이 고객의 요구에 의하여 제3자인 회계법인이 조회한 은행조회서에 대하여 회신하는 경우에는 고객에게 직접 정보를 제공하는 경우와 마찬가지로 그 회신을 받은 회계법인이 사실을 오인하지 않도록 정확하고도 충분한 신용정보를 제공하여야 할 주의의무가 있다. 금융기관이 대상 기업의 요구에 따라 회계법인에게 사실과 다른 금융거래내역을 회신함으로써 투자자들이 이를 기초로 작성된 부실 감사보고서를 신뢰하고 주식을 매수한 경우에는, 금융기관은 투자자들의 주식 매수로 인한 손해를 배상할 책임이 있다(대판 2007. 10. 25, 2005다10364).

[고객이 담보조로 맡긴 수표로 타에 통용한 경우]

고객이 은행으로부터 대출을 받기 위하여 은행지점장에게 담보로 수표를 교부하였는데 고객은 대출 받은 바 없고 도리어 지점장이 그 수표로서 대출 받은 금원을 타에 통용했다면 위 지점장은 은행의 대출업무를 처리하면서 불법행위를 저질렀다고 할 것이니 은행은 사용자책임을 면할 수 없다(대판 1977. 10. 11, 77다798).

[당좌대월 담보조로 보관중인 수표를 은행지점장이 통용한 경우]

은행이 회사에 대한 당좌대월 담보조로 보관중인 수표를 그 은행지점장이 통용하였다면, 이는 은행의 피용자가 은행의 사무집행에 관하여 한 불법행위이다(대판 1977. 4. 12, 76다1041·1042).

[은행지점장이 권한을 일탈하여 지급보증약정서를 발행하여 타인에게 손해를 입힌 경우]

은행의 지배인인 지점장이 금융통화위원회의 규정이나 은행장의 지시를 어기고 특정인을 위하여 일정한 금액의 지급을 보증한다는 내용의 지급보증약정서를 발행한 경우에는 그것이 지점장 본래의 직무권한을 면탈하여 한 것이기는 하지만 그 행위는 지점장으로서의 본래의 직무와 밀접한 관계를 가지고 있어 적어도 외형상은 그 본래의 직무의 집행으로 보여진다. … (중략) … 위 지점장이 위 지급보증약정서 이외에도 그 전에 그와 같은 내용의 지급보증약정서를 여러 장 발행하였으며 그 중의 일부는 그 약정기일에 결제까지 되었다면, 은행은 위와 같은 지급보증약정서를 발행하지 못하도록 상당한 사전조치를 취하지 아니하였다고 할 수밖에 없어 은행은 피용자인 지점장의 선임 및 감독에 상당한 주의를 하였다고 할 수 없다(대판 1969. 1. 21, 68다321).

[예금취급소장의 지급보증행위]
농업협동조합 예금취급소장의 타인발행 수표에 대한 지급보증행위는 조합중앙회의 승인이 없어 무효라 하더라도 그 행위는 예금취급소장이 그 직무에 관하여 한 행위라고 할 것이므로 피고조합은 사용자책임을 져야 한다(대판 1971. 5. 24, 71다416).

[은행지점 차장이 대출금을 대출받은 사람의 채권자에게 직접 지급해주겠다는 지급확인행위를 한 경우]
은행의 지점차장이 지점에서 대출되는 대출금을 대출 받은 사람의 채권자에게 직접 지급해주겠다고 확인하는 행위는 지점차장으로서 본래의 직무인 대출업무와는 밀접한 관련을 가지고 있고 외관상으로도 직무행위와 유사하여 거래상 직무범위에 속하는 행위라 할 것이고 은행은 사용자로서 위 불법행위로 인한 손해배상책임을 면치 못한다(대판 1975. 5. 27, 74다1583).

[은행지점 차장이 타인발행 약속어음상에 은행명의의 배서를 하고 차장 본인명의의 지급보증서를 작성 교부한 경우]
은행지점 차장이 "갑"으로 하여금 "을"에게 금원을 대여하게 하고 "을"이 지급담보로 발행하는 약속어음에 은행지점 명의의 배서를 하고 따로이 은행지점 차장명의로 위 약속어음의 지급을 보증한다는 내용의 지급보증서를 작성·교부하였다면, 위 배서행위나 지급보증행위는 어음법상 배서나 지급보증으로서의 효력은 없다 하더라도 이는 은행업무 전반에 걸쳐 은행지점장을 보좌하는 동 지점 차장 본래의 업무인 예금의 유치 확보 및 대출업무 등과 밀접한 관련을 갖는 것일 뿐 아니라 외관상으로도 그 직무행위에 속하는 것으로 은행은 그 지점 차장의 사용인으로서 "갑"이 입게 된 손해를 배상할 책임이 있다(대판 1975. 5. 13, 75다53).

[예금취급소장이 개인수표를 지급보증한 경우]
지방은행의 예금취급소장이 개인수표를 지급보증하는 것은 외관상 그 은행의 업무로 보여지고 또 본래의 업무와 밀접한 관계가 있는 것이므로 은행은 사용자로서 그 피용자인 예금취급소장의 불법행위로 인한 손해를 배상하여야 한다(대판 1980. 8. 12, 80다901).

[은행의 사용자책임을 부정한 판례]

[은행의 지점장이 고객의 대출금을 개인적으로 위탁받아 운용하는 행위]

일반적으로 은행이 개인으로부터 단기간 동안 금전의 운용을 위임받아 월 3~4%의 이자를 지급하는 일은 있을 수 없는 점, 그럼에도 원고는 은행지점장에게 이 사건 대출금 중 4억 8,000만 원을 맡겨 개인적으로 운용하도록 한 후, 그 이자 명목으로 2회에 걸쳐 3,000만 원을 지급받은 점 등에 비추어 보면, 피고(은행)의 지점장이 고객의 대출금을 개인적으로 위탁받아 운용하는 행위는 외형상 객관적으로 은행 지점장의 사무집행행위와 관련이 있다고 보기 어렵고, 그렇지 않다고 하더라도 원고로서는 위 자금운용 약정이 통상의 은행거래에서 있을 수 없는 대단히 이례적인 것이어서 조금만 주의를 기울였더라면 실제로는 피고의 지점장으로서의 사무집행이 아님을 알 수 있었음에도 불구하고 고이율의 이자를 지급받을 목적으로 일반인에게 요구되는 주의의무에 현저히 위반한 것으로 보아야 할 것이다. 따라서 원고는 피고에 대하여 사용자책임으로 인한 손해배상책임을 물을 수 없다 (대판 2011. 5. 13, 2010다62680).

[지점장의 개인으로부터의 차용행위]

은행이 개인으로부터 금원을 차용함은 있을 수 없는 일이고 격식에도 없는 지불 보증서를 교부받고 직접 지점장에게 금원을 교부하고 월 3分의 고율을 약정한 점 등으로 미루어 이 사건 금원의 차용은 위 지점장의 개인적 차금으로 봄이 상당하고 그 차용행위가 외관상으로도 그 직무행위 또는 그와 밀접한 행위라고는 볼 수 없을 것이다(대판 1975. 9. 23, 74다2141).

[은행지점장이 은행의 긴급한 용도에 필요하다는 이유로 개인으로부터 금원을 차용하여 임의소비한 경우]

은행지점장이 본점에서 자금배정이 늦어 긴급한 용도에 필요하다는 이유로 원고로부터 금원을 차용하여 이를 개인적 용도에 임의소비한 경우라면 일반적으로 보아 은행이 금융기관 아닌 개인으로부터 차용한다는 것은 있을 수 없는 일이므로 이러한 행위가 피고은행 지점장의 사무와 관련된 행위라고는 일반적으로 인정할 수 없고 이런 차용행위가 외관상으로 그 직무와 유사하여 그 직무행위로 볼 수 없으므로 은행에게 사용자로서의 책임을 인정할 수 없다(대판 1974. 11. 12, 74다 1169. 동지: 대판 1977. 3. 22, 75다999).

4. 임·직원의 겸직제한

가. 상법의 규정

1) 주식회사의 이사(집행임원을 포함함, 이하 같음)와 회사와의 관계는 「위임관계」이므로(상법 382조 2항, 408조의2 2항, 415조), 이사는 일반적인 의무로서 회사에

대하여 「선량한 관리자의 주의의무」(선관의무)를 부담한다(민법 681조). 그런데 1998년 개정상법은 이사의 책임강화를 통한 건전한 기업운영을 촉진한다는 목적으로 다시 이사의 「충실의무」를 도입하여 「이사는 법령과 정관의 규정에 따라 회사를 위하여 그 직무를 충실하게 수행하여야 한다」고 규정하고 있다(상법 382조의3). 이사의 「선관의무」는 대륙법계의 위임관계에 기초한 의무인데, 1998년 개정상법은 이에 다시 영미법계의 「충실의무」에 대하여 1개의 조문을 둔 것이다.

2) 상법은 위와 같은 이사의 선관의무와 충실의무에 터잡아 「경업피지의무」를 규정하고 있다. 즉 이사는 이사회의 승인이 없으면 자기 또는 제3자의 계산으로 회사의 영업부류에 속한 거래를 하거나 동종영업을 목적으로 하는 다른 회사의 무한책임사원이나 이사가 되지 못한다(상법 397조 1항, 408조의9).

3) 상업사용인에 대하여는 법률상 부작위 의무로서 「경업피지의무」를 부과하고 있다. 상업사용인은 영업주의 허락 없이 자기 또는 제3자의 계산으로 영업주의 영업부류에 속한 거래를 하거나 회사의 무한책임사원, 이사 또는 다른 상인의 사용인이 되지 못한다(상법 17조 1항).

나. 은행법상의 규정

1) 은행의 임·직원은 다음의 경우를 제외하고는 한국은행, 다른 은행 또는 「금융지주회사법」에 따른 은행지주회사의 임직원이 될 수 없다(법 20조 1항).

① 자은행(子銀行)의 임직원이 되는 경우

② 해당 은행을 자회사로 하는 은행지주회사의 임직원이 되는 경우

③ 해당 은행을 자회사로 하는 은행지주회사의 다른 자회사인 은행의 임원이 되는 경우

2) 은행의 상임임원은 다음의 경우를 제외하고는 다른 「영리법인」의 상시적인 업무에 종사할 수 없다(법 20조 2항).

① 은행법 제20조 제1항 각 호의 어느 하나에 해당하는 경우

② 채무자회생법에 따라 관리인으로 선임되는 경우

③ 자회사 등의 임직원이 되는 경우

3) 은행법 제20조 제2항의 은행의 상임임원이란 「계속적으로 영업의 실무를 담당하고 있는 임원」이라는 의미로서, 여기에 해당하는가의 여부는 구체적으로 또 개별적으로 판단해야 할 것이다. 은행장·부행장·부행장보·전무이사·상무이사 등 은행에 따라 같은 임원이라도 다양한 직책명을 부여할 수 있다. 또한 은행장·부행장·부행장보·전무이사·상무이사 등의 직책명을 갖고 있는 자는 비

록 사실상 「상무」에 종사하지 않더라도 은행 내의 지배구조상 중추의 위치에 있다 할 것이므로, 일상적으로 지휘명령권이 있다고 보아 본조의 「상임임원」으로 추정된다. 따라서 이러한 지위에 있는 자는 상임임원이 아니라는 증명책임을 부담한다고 본다.

4) 은행법 제20조 제2항의 「다른 영리법인의 상시적인 업무에 종사」의 경우도 역시 사례별로 개별적으로 판단하여야 할 해석의 문제이다. 「다른 영리법인」이란 주로 다른 「회사」를 말한다. 상법상 주식회사는 물론이고 어떤 형태의 회사든 여기에 해당된다. 상법 제3편 제6장의 「외국회사」도 여기에 포함된다고 해석된다. 우리나라에 영업소를 갖지 않는 외국회사의 경우는 의문이 있을 수 있으나, 이 경우에도 역시 본조의 입법취지와 문리해석상 포함된다고 본다. 「영리법인」이라고 규정하였으므로, 회사형태가 아닌 영업체 또는 공익법인 등은 여기에 포함되지 않는다고 본다.

그러나 후술하는 은행법의 입법취지에 비추어, 상임임원의 겸직금지 대상처를 「법인」으로 제한한 것은 문제가 있다고 본다. 현실적으로 법인(회사)의 형태가 아니면서도 영리업체를 운영하는 경우도 많기 때문이다. 따라서 입법론으로는 법인에 한정할 필요가 없다고 본다.

5) 상임임원이 자영업을 영위하는 경우도 문제가 있는데, 이 경우 역시 기본권의 규제는 최소한에 그쳐야 한다는 법제상의 원칙에 따라 제외시킨 것으로 해석된다. 따라서 상임임원은 가계소득을 늘리기 위하여 법인이 아닌 주택임대업을 하거나, 목욕탕을 운영하거나, 또는 개인소유의 토지를 활용하여 주차장영업 등을 할 수 있다고 본다.[1]

6) 위와 같은 은행법상 임원 등의 「겸직금지의무」를 규정한 일차적인 취지는 「공공적 요청」에 있다. 은행이 만일 경영상의 파탄에 이르게 되면 일반기업의 경우에 비할 수 없는 엄청난 사회경제적 파장을 일으킬 수 있다. 따라서 은행의 경영진이 은행업무에 전념해야 하는 의무는 「공공적 요청」이라고 하겠다. 은행의 임원 등은 원칙적으로 동종영업을 하는 은행뿐만 아니라 「다른 모든 영리회사의 상무」에 종사할 수 없도록 하고 있는 본 규정은 은행업무의 공공성과 은행의 사회경제적인 기능에 비추어, 은행업에 종사하는 임원 등은 일반회사의 임원보다 더 그의 업무에 전심전력하여야 한다는 취지로서,[2] 상법상 회사의 이사

---

1) 詳解, 279면.
2) 회사의 이사는 「동종영업」을 목적으로 하는 다른 회사의 무한책임사원이나 이사가 되지 못한다(상법 397조 1항 후단).

의 「선관의무·충실의무」를 더욱 강화하여 구체적으로 표현한 규정이라고 본다.

7) 은행의 임원 등의 겸직을 제한하는 또 다른 이유는 「정실거래의 예방」이다. 은행의 임원 등이 다른 영리법인(회사)의 상무에 종사하게 되면, 일반 예금자의 자금을 자기가 종사하는 회사에 함부로 대출하는 이른바 정실대출의 폐단을 초래할 가능성이 있다. 정실대출이 결국 부실자산을 야기하여 은행의 자산내용을 불건전하게 하거나 신용을 실추시키는 하나의 중대한 요인이 되고 있다. 특정기업에 집중적으로 자금을 공급하는 이른바 동일인에 대한 「편중대출」의 금지와 본조의 취지를 미루어 보아 우려되는 문제의 하나인 이른바 「정실대출」은 은행 임직원이 가장 경계하여야 할 사항이다.[1]

5. 임·직원의 직무와 관련된 형사책임

가. 형법상 업무상배임죄 등

1) 누구든지 타인의 사무를 처리하는 자가 그 임무에 위배하는 행위로써 재산상의 이익을 취득하거나 제 3 자로 하여금 이를 취득하게 하여 본인에게 손해를 가한 때에는 5년 이하의 징역 또는 1천 500만원 이하의 벌금에 처한다(형법 355조 2항). 업무상의 임무에 위배하여 위의 죄를 범한 자는 더욱 가중하여 10년 이하의 징역 또는 3천만원 이하의 벌금에 처한다(형법 356조). 전자는 「배임죄」이며, 후자는 「업무상 배임죄」이다.

2) 특히 배임죄(형법 제355조) 또는 업무상의 배임죄(형법 356조)를 범한 사람은 그 범죄행위로 인하여 취득하거나 제 3 자로 하여금 취득하게 한 재물 또는 재산상 이익의 가액이 과다할 때(5억 이상)에는 다음과 같이 가중처벌한다(특가 3조).

① 이득액이 50억원 이상일 때: 무기 또는 5년 이상의 징역

② 이득액이 5억원 이상 50억원 미만일 때: 3년 이상의 유기징역

3) 또한 타인의 사무를 처리하는 자가 그 임무에 관하여 부정한 청탁을 받고 재물 또는 재산상의 이익을 취득한 자는 5년 이하의 징역 또는 1천만원 이하의 벌금에 처한다(형법 357조). 이는 「배임수증죄」이다.

[업무상배임죄의 예]

① 금융기관의 임직원들이 대출을 함에 있어 대출채권의 회수를 확실하게 하기 위하여 충분한 담보를 제공받는 등 상당하고도 합리적인 조치를 강구하지 아니한 채 만연히 대출을 해 주었다면 업무위배행위로 제 3 자로 하여금 재산상 이득을 취

---

1) 詳解, 278면.

득하게 하고 금융기관에 손해를 가한다는 인식이 없었다고 볼 수 없다. 배임죄에 있어 재산상의 손해를 가한 때라 함은 현실적인 손해를 가한 경우뿐만 아니라 재산상 실해 발생의 위험을 초래한 경우도 포함되고, 재산상 손해의 유무에 대한 판단은 본인의 전 재산 상태와의 관계에서 법률적 판단에 의하지 아니하고 경제적 관점에서 파악하여야 하며, … 일단 손해의 위험성을 발생시킨 이상 사후에 담보를 취득하였거나 피해가 회복되었다 하여도 배임죄의 성립에 영향을 주는 것은 아니다(대판 2004. 3. 26, 2003도7878).

② 배임죄에 있어서 '재산상의 손해를 가한 때'라 함은 현실적인 손해를 가한 경우뿐만 아니라 재산상 실해 발생의 위험을 초래한 경우도 포함되고 일단 손해의 위험성을 발생시킨 이상 사후에 피해가 회복되었다 하여도 배임죄의 성립에 영향을 주는 것은 아니다(대판 2004. 7. 22, 2002도4229).

③ 부실대출에 의한 업무상배임죄가 성립하는 경우에는 담보물의 가치를 초과하여 대출한 금액이나 실제로 회수가 불가능하게 된 금액만을 손해액으로 볼 것은 아니고, 재산상 권리의 실행이 불가능하게 될 염려가 있거나 손해발생의 위험이 있는 대출금 전액을 손해액으로 보아야 할 것이다(대판 2000. 3. 24, 2000도28).

④ 금융기관의 임·직원이 대출을 함에 있어서 금융기관의 이자수익을 위한다는 의사가 있었다고 하더라도, 대출 당시 여신규정을 위반하였을 뿐만 아니라 대출신청인의 재무상태 등 대출 적격 여부를 제대로 심사하지도 아니한 채 채무상환능력이 불량한 대출신청인에게 대출을 한 경우, 이러한 임무위배행위로 제3자로 하여금 재산상 이득을 취득하게 하고 금융기관에 손해를 가한다는 인식과 의사가 없었다고 볼 수 없다(대판 2008. 5. 29, 2006도7487).

⑤ 금융기관이 거래처의 기존 대출금의 원리금으로 상환되도록 약정된 새로운 대출금을 실제로 거래처에 교부한 경우, 업무상 배임죄가 성립한다(대판 2010. 1. 28, 2009도10730).

⑥ 금융기관의 대출담당 직원이 아파트를 담보로 대출을 해준 후 그 아파트에 임차인이 전입신고를 하는 등으로 대항력을 갖추고 나서야 아파트에 대한 근저당권설정등기를 경료한 경우, 업무상 배임죄가 성립한다(대판 2009. 7. 23, 2009도3712).

⑦ 신용협동조합의 이사장이 소정의 대출한도액을 초과하여 대출하거나 비조합원 또는 무자격자에게 대출하였다면, 그 대출금에 대한 회수의 가능 여부나 담보의 적정 여부에 관계없이 조합에 재산적 손해를 입게 한 것으로 보아야 할 것이고, 이 경우 이사장의 임무위배가 인정되는 이상 설령 조합 내 여신위원회의 사전 심사와 결의를 거쳤다고 하더라도 업무상 배임죄의 성립에 영향이 없다(대판 2011. 11. 30, 99도4587).

⑧ 상호신용금고의 대표이사가 제3자에게 이익을 취득하게 하고 신용금고에 손해를 가할 것을 인식하면서 업무상의 임무에 위배하여 별다른 담보를 취득함이 없이 변제자력이 불충분한 제3자에게 장기간에 걸쳐 계속적으로 불성실한 대출을 한 때에는 포괄하여 배임죄가 성립한다(대판 1987. 7. 21, 87도546).

⑨ 은행의 이사 등이 어음대출·어음매입 등의 형식으로 타인에게 자금을 대여

하거나 타인의 채무를 지급보증함에 있어 그 타인의 상환능력이 심히 의심스러워 그를 위하여 자금을 대여하거나 지급보증을 할 경우 은행에 손해가 발생하리라는 점을 충분히 알고 이에 나갔다면, 이와 같은 자금대여나 지급보증은 타인에게 이익을 얻게 하고 은행에 손해를 가하는 행위로서 은행에 대하여 배임행위가 되고, 은행의 이사 등은 단순히 그것이 경영상의 판단이라는 이유만으로 배임죄의 죄책을 면할 수는 없으며, 이러한 이치는 그 타인이 자금지원회사의 자회사라 하여 달라지지 않는다(대판 2001. 4. 10, 2000도48).

[업무상배임죄를 부정한 예]

업무상 배임죄가 성립되려면 주관적 요건으로서 임무위배의 인식과 자기 또는 제 3 자의 이익을 위하여 본인에게 재산상의 손해를 가한다는 인식 즉 배임죄의 범의가 있어야 할 것인바, 부정한 사례금의 수수나 정실관계 등이 개재되지 않았고 또 기업의 도산을 막고 정상적인 영업활동을 지원해 주려는 것 외에 별다른 범죄의 동기가 없었다면 자본구조가 취약하고 상환자원이 부족하며 기업경영이 위기에 처해 있었던 기업에 대하여 신규여신을 하였다는 점만으로는 은행장에게 업무상 배임죄의 범의가 있었다고 단정할 수 없다(대판 1987. 3. 10, 81도2026).

나. 상법상의 특별배임죄·독직죄

1) 회사의 임직원 등이 그 임무에 위배한 행위로써 재산상의 이익을 취하거나 제 3 자로 하여금 이를 취득하게 하여 회사에 손해를 가한 때에는 10년 이하의 징역 또는 3천만원 이하의 벌금에 처한다(상법 622조 1항). 이는 「특별배임죄」로서 위의 형법상 배임죄(형법 355조 2항) 또는 업무상 배임죄(형법 356조)에 대한 특별규정이다. 회사 임직원 등의 「특별배임죄」에 대한 형벌은 회사범죄 중 가장 무거운 형벌이다.

2) 또한 회사의 임직원 등이 그 직무에 관하여 부정한 청탁을 받고 재산상의 이익을 수수, 요구 또는 약속한 때에는 5년 이하의 징역 또는 1천 500만원 이하의 벌금에 처한다. 그러한 이익을 약속, 공여 또는 공여의 의사를 표시한 자도 위와 같다(상법 630조). 이는 「독직죄」로서 위의 형법상 배임수증죄(형법 357조)에 대한 특별규정이다.

다. 특정경제범죄법상의 죄

(1) 수재(收財) 등의 죄

1) 은행의 임·직원이 그 직무에 관하여 부정한 청탁을 받고 재산상의 이익을 수수·요구 또는 약속하거나, 타인에게 공여(供與)하게 하거나 공여하게 할 것을 요구 또는 약속하였을 때에는 5년 이하의 징역 또는 10년 이하의 자격정지에

처한다(특가 5조 1항·2항).[1] 또한 은행의 임·직원이 그 지위를 이용하여 소속금융
기관 또는 다른 금융기관의 임·직원의 직무에 속한 사항의 「알선」에 관하여 금
품 기타 이익을 수수·요구 또는 약속한 경우에도 같은 형벌에 처한다(특가 5조 3
항). 이는 특가법상 수재죄 등의 죄로서 형법상 배임수재죄 또는 회사법상의 독
직죄(상법 630조)에 대한 특별규정이다. 은행은 특별법령에 의하여 설립되고 그
사업 내지 업무가 공공적 성격을 지니고 있어 국가의 경제정책과 국민경제에 중
대한 영향을 미치기 때문에, 그 임·직원에 대하여 일반 공무원과 마찬가지로 엄
격한 청렴의무를 부과하여 그 직무의 불가매수성을 확보하고자 하는 데 있다.[2]

[특정경제범죄법 중 금융기관임·직원이 「직무에 관하여」의 의미]

① 특정경제범죄법 제5조 제1항 소정의 금융기관 임·직원이 「직무에 관하여」
라 함은 금융기관의 임·직원이 그 지위에 수반하여 취급하는 일체의 사무를 말하
는 것으로서, 그 권한에 속하는 직무행위뿐만 아니라 그와 밀접한 관계가 있는 사
무 및 그와 관련하여 사실상 처리하고 있는 사무도 포함되지만, 그렇다고 금융기
관 임·직원이 개인적인 지위에서 취급하는 사무까지 이에 포함된다고 할 수는 없
다(대판 2000. 2. 22, 99도4942. 동지: 대판 1998. 9. 4, 98도268; 동 1989. 7. 25, 89
도890; 동 1994. 3. 22, 93도2962; 동 1998. 2. 10, 97도836).

② 금융기관 임·직원이 그 「직무에 관하여」라 함은 금융기관의 임·직원이 그
지위에 수반하여 취급하는 일체의 사무를 말하는 것으로서, 그 권한에 속하는 직
무행위뿐만 아니라 이와 밀접한 관계가 있는 경우와 그 직무와 관련하여 사실상
처리하고 있는 행위까지도 모두 포함되고, 또한 그 직무가 금융기관의 신용사업
내지 주된 사업과 관련된 것인지 그 외의 사업과 관련된 것인지 구별할 것은 아니
라 할 것이다(대판 1999. 10. 8, 99도3225).

③ 금융기관의 임·직원이 그 「직무에 관하여」라고 하는 것은 금융기관의 임직
원이 그 지위에 수반하여 취급하는 일체의 사무와 관련하여 라는 뜻이고, 금융기
관의 임·직원이 거래처 고객으로부터 금품 기타 이익을 받은 때에는 그것이 당해
거래처 고객이 종전에 금융기관의 임·직원으로부터 접대 또는 수수 받은 것을 갚
는 것으로서 사회상규에 비추어 볼 때에 의례상의 대가에 불과한 것이라고 여겨지
거나 개인적인 친분관계가 있어서 교분상의 필요에 의한 것이라고 명백하게 인정
할 수 있는 경우 등 특별한 사정이 없는 한 직무와의 관련성이 없는 것으로 볼 수
없다(대판 1998. 2. 10, 97도2836).

2) 또한 동법에서는 위의 각 경우에, 수수·요구 또는 약속한 금품 기타 이

---

1) 회사법의 독직죄와 경합하는 경우에는 법조경합에 의하여 특별법상의 본죄가 적용된다.
2) 동지: 대판 2000. 2. 22, 99도4942.

익의 가액에 따라 ① 수수액이 1억원 이상인 때에는 무기 또는 10년 이상의 징역에, ② 수수액이 5천만원 이상 1억원 미만인 때에는 7년 이상의 유기징역에, 그리고 ③ 수수액이 3천만원 이상 5천만원 미만일 때에는 5년 이상의 유기징역을 처하는 등 형을 가중하고 있는 것이 특징이다(특가 5조 4항).

3) 위와 같이 동일한 범죄행위에 대하여 형법 또는 상법의 형량보다 가중한 것은 은행 임직원의 특수한 신분에 비추어 건전한 국민경제윤리에 반하는 특정경제범죄에 대하여 가중처벌함으로써 경제질서를 확립하고 나아가 국민경제의 발전에 이바지하기 위함이다(특가 1조 참조).

[판례: 금융기관 임·직원의 특정경제범죄법상 「배임수재죄」의 예]
　금융기관 직원이 대출신청과 관련하여 자신이 대출하여 준 종전의 다른 대출자의 연체이자 문제를 거론함으로써 위 대출신청자로부터 그 연체이자를 대납하겠으니 자신의 대출 건을 잘 처리해 달라는 부탁을 받고 이를 대출하여 준 후에, 이 대출자로부터 위 다른 대출자의 연체이자를 대납받은 사안에서, 위 금융기관의 직원의 행위는 특정경제범죄법 제 5 조의 '직무에 관한 부정한 청탁'을 받고 제 3 자인 소속 금융기관에게 이익을 공여하게 한 '배임수재죄'에 해당한다(대구고판 2007. 6. 14, 2007노15).

(2) 사금융 알선 등의 죄
은행의 임직원이 그 지위를 이용하여 자기의 이익 또는 소속 은행 외의 제 3 자의 이익을 위하여 자기의 계산으로 또는 소속 은행 외의 제 3 자의 계산으로 금전의 대부, 채무의 보증 또는 인수를 하거나 이를 알선하였을 때에는 5년 이하의 징역 또는 5천만원 이하의 벌금에 처한다(8조).

[판례: 금융기관 임·직원의 특정경제범죄법상 「사금융알선죄」의 예]
　은행 지점장의 지위에 있음을 기화로 은행의 공신력을 사적으로 이용하여 거래처의 이익을 위하여 거래처의 제 3 자에 대한 차용금채무를 보증한 경우에는 특정경제범죄법 제 8 조 소정의 '사금융알선 등의 죄'가 성립한다(대판 1997. 5. 30, 95도531).

(3) 보고의무 등 위반죄
은행 임직원은 그의 감독을 받는 사람이 그 직무에 관하여 특정경제범죄법에 규정된 죄를 범한 정황을 알았을 때에는 지체 없이 소속 금융회사 등의 장(長)이나 감사 또는 검사(檢査)의 직무를 담당하는 부서의 장에게 보고하여야 한다(특가 12조 1항). 정당한 사유 없이 이 의무를 위반한 사람은 100만원 이하의 벌금에 처한다(동조 3항).

은행의 장이나 감사 또는 검사의 직무에 종사하는 임직원은 그 직무를 수행할 때 은행 임직원이 그 직무에 관하여 특정경제범죄법에 규정된 죄를 범한 정황을 알았을 때에는 지체 없이 수사기관에 알려야 한다(특가 12조 2항). 정당한 사유 없이 이 의무를 위반한 사람은 200만원 이하의 벌금에 처한다(동조 4항).

라. 은행 임직원에 대한 기타의 벌칙

은행의 임직원에 대하여는 이 이외에도 은행법상의 각종 벌칙(법 67조~68조)이 있고, 기타 금융실명법1) 및 신용정보법2) 등에 의한 처벌규정이 있다. 각각 관계되는 곳에서 설명한다.

6. 임·직원에 대한 신분상의 제재

은행 임직원에 대한 신분상의 제재로서는 은행법(법 54조 1항), 금융위원회법, 금융산업구조개선법 등에 의한 각종 제재가 있다. 제재에 관하여 본장에서는 간략히 언급하고, 상세는 제 4 장 은행감독법에서 후술한다.

가. 은행법상의 제재

1) 금융위원회는 은행의 임원이 은행법 또는 은행법에 따른 규정·명령 또는 지시를 고의로 위반하거나 은행의 건전한 운영을 크게 해치는 행위를 하는 경우에는 금융감독원장의 건의에 따라 해당 임원의 업무집행 정지를 명하거나 주주총회에 그 임원의 해임을 권고할 수 있으며, 금융감독원장으로 하여금 경고 등 적절한 조치를 하게 할 수 있다(법 54조 1항).

2) 금융감독원장은 은행의 직원이 이 법 또는 이 법에 따른 규정·명령 또는 지시를 고의로 위반하거나 은행의 건전한 운영을 크게 해치는 행위를 하는 경우에는 면직·정직·감봉·견책 등 적절한 문책처분을 할 것을 해당 은행의 장에게 요구할 수 있다(법 54조 2항).

나. 금융위원회법상의 제재

1) 금융감독원장은 금융기관의 임직원이 다음 각 호의 어느 하나에 해당하는 경우에는 그 기관의 장에게 이를 시정하게 하거나 해당 직원의 징계를 요구할 수 있다(금위 41조 1항). 징계는 면직·정직·감봉·견책 및 경고로 구분한다(금위

---

1) 동 법률에 의거, 은행의 임직원이 비실명금융거래를 한 경우 및 금융거래의 비밀을 준수하지 못한 경우에는 징역 또는 벌금형에 처해진다(실명 6조).
2) 금융거래의 내용에 관한 정보나 자료를 동의 없이 또는 정당하지 않은 목적으로 제공하거나 이용한 경우에는 징역 또는 벌금형에 처해진다(신용 32조 1항).

41조 2항).

① 이 법 또는 이 법에 따른 규정·명령 또는 지시를 위반한 경우

② 이 법에 따라 금융감독원장이 요구하는 보고서 또는 자료를 거짓으로 작성하거나 그 제출을 게을리한 경우

③ 이 법에 따른 금융감독원의 감독과 검사 업무의 수행을 거부·방해 또는 기피한 경우

④ 금융감독원장의 시정명령이나 징계요구에 대한 이행을 게을리한 경우

2) 금융감독원장은 금융기관의 임원이 이 법 또는 이 법에 따른 규정·명령 또는 지시를 고의로 위반한 때에는 그 임원의 해임을 임면권자에게 권고할 수 있고, 그 임원의 업무집행의 정지를 명할 것을 금융위원회에 건의할 수 있다(금위 42조).

다. 금융산업구조개선법상의 제재

금융위원회는 금융기관이 다음 어느 하나에 해당하는 경우에는 금융감독원장의 건의에 따라 그 금융기관 임원의 업무집행정지를 명하고, 그 임원의 업무를 대행할 관리인을 선임하거나 주주총회에 그 임원의 해임을 권고할 수 있다(금산 14조 1항).

① 적기시정조치에 따른 요구 또는 명령을 위반하거나 이를 이행하지 아니한 경우

② 특정주주가 소유한 주식에 대한 처분명령을 이행하지 아니한 경우

Ⅱ. 이사회 및 사외이사

1. 이 사 회

가. 이사회의 의의

주식회사의 이사회(board of directors)는 집행임원 비설치회사의 경우는 「회사의 업무집행에 관한 의사결정 및 이사의 직무집행을 감독할 권한을 갖는 이사 전원으로 구성되는 주식회사의 필요상설기관」이나, 집행임원 설치회사의 경우는 「(대표)집행임원의 선임·해임과 집행임원의 업무집행을 감독하는 것을 주업무로 하는 이사 전원으로 구성되는 주식회사의 기관」이다(상법 408조의2 3항). 기관인 이사회는 상설적 존재이나, 그 활동은 정기 또는 임시의 회의형식으로 한다. 따라서 「기관으로서의 이사회」(board of directors)와 그 이사회가 업무수행을

위하여 개최하는 「정기 또는 임시의 이사회」(meeting of the board of directors)는 개념상 명백히 구별되는 것이다.[1]

나. 은행법상 이사회의 구성

은행은 이사회에 상시적인 업무에 종사하지 아니하는 이사인 「사외이사」를 3인 이상 두어야 하고, 사외이사의 수는 전체 이사수의 과반수가 되어야 한다(법 22조 2항). 사외이사의 사임 또는 사망 등의 사유로 이사회의 구성이 이 요건에 맞지 아니하게 된 경우에는 그 사유가 발생한 날 이후 최초로 소집되는 주주총 회일까지 이사회의 구성이 이 요건에 맞도록 하여야 한다(법 22조 6항).

다. 이사회의 권한

1) 상법상 「집행임원 비설치회사」에서의 이사회는 첫째로 법령 또는 정관에 의하여 주주총회의 권한으로 되어 있는 사항을 제외하고는 회사의 모든 업무집 행에 관하여 의사결정을 할 권한(상법 393조 1항)과, 둘째로 이사의 직무집행을 감 독할 권한(동조 2항)을 갖는다.[2] 상법상 「집행임원 설치회사」에서의 이사회는 주 로 업무집행기관(집행임원)에 대한 업무감독권한을 갖는다(상법 408조의2 3항). 집행 임원 설치회사에서는 업무집행(의사결정 및 집행)을 원칙적으로 집행임원이 하고 (상법 408조의4 1호), 이사회는 집행임원에게 업무집행에 관한 의사결정을 위임한 다(상법 408조의2 3항 4호, 408조의4 2호).[3]

2) 은행법상 이사회의 권한은 ① 경영목표 및 평가에 관한 사항, ② 정관의 변경에 관한 사항, ③ 임·직원의 보수를 포함한 예산 및 결산에 관한 사항, ④ 해산·영업양도 및 합병 등 조직의 중요한 변경에 관한 사항, ⑤ 은행법 제23조 의3(내부통제기준)에 관한 사항 등에 대한 심의·의결이다(법 23조 1항).

3) 상법의 규정에 의한 이사회의 권한 중 지배인의 선임 또는 해임과 지점 의 설치·이전 또는 폐지에 관한 권한은 은행의 정관이 정하는 바에 의하여 위임 할 수 있다(법 23조 2항). 또한 이사회의 의결에 있어서 해당 의안과 특별한 이해

---

[1] 상법강의(상), 926면; 이철송, 「회사법」, 박영사, 2013, 661면(회의인 이사회는 기관인 이사회의 구체적인 권한실행방법일 뿐이라고 한다).

[2] 상법 제393조 (이사회의 권한) ① 중요한 자산의 처분 및 양도, 대규모 재산의 차입, 지배인의 선임 또는 해임과 지점의 설치·이전 또는 폐지 등 회사의 업무집행은 이사회의 결의로 한다.
　② 이사회는 이사의 직무의 집행을 감독한다.
　③ 이사는 대표이사로 하여금 다른 이사 또는 피용자의 업무에 관하여 이사회에 보고할 것을 요구할 수 있다.
　④ 이사는 3월에 1회 이상 업무의 집행상황을 이사회에 보고하여야 한다.

[3] 상법강의(상), 932면.

관계가 있는 이사는 의결권을 행사하지 못한다(법 25조).

2. 사외이사

가. 의 의

상법상 사외이사란 사내이사에 대응하는 개념으로서, 「회사의 상무(常務)에 종사하지 아니하면서 보통의 이사와 동일한 직무권한을 가지고 동일한 의무와 책임을 부담하는 자」를 말한다(상법 382조 3항 참조). 상법은 이사를 사내이사, 사외이사, 그 밖에 상무에 종사하지 아니하는 이사로 구분하고 있다(상법 317조 2항 8호).

은행법상 사외이사는 「이사로서 회사의 상시적인 업무에 종사하지 않는 자」이다(법 22조 2항).[1] 따라서 사내이사는 「이사로서 회사의 상시적인 업무에 종사하는 자」라고 볼 수 있다. 은행의 경우에는 앞에서 본 바와 같이 사외이사를 3인 이상 두어야 하고, 또한 전체 이사수의 과반수가 되어야 한다(법 22조 2항).

나. 사외이사제도 도입배경·문제점

주식회사의 경우 이사 선임시 대주주 및 경영진의 영향력 배제가 현실적으로 곤란할 뿐만 아니라 소유와 경영의 미분리 등으로 이사가 제 역할을 수행하지 못하는 등 기존의 이사회제도는 대주주 및 경영진의 독단과 전횡에 의한 기업경영의 왜곡을 방지하지 못함으로써 기업의 사회적 비용을 초래하는 문제점을 야기하였다. 이에 따라 이사회의 기능 강화 등을 통한 경영의 투명성 확보 및 지배구조 선진화 기반 구축을 위하여 미국 등 선진국에서 운영하고 있는 사외이사 제도를 도입·시행하게 되었다.

그런데 이러한 사외이사제도는 업무집행기관과 업무감독기관을 분리하지 않고 종전과 같이 「참여형 이사회」를 전제로 하여 이루어짐으로써, 결과적으로 업무집행(기관)에 대한 감독(감사)의 실효를 거두지도 못하면서 (오히려 종래보다 그 실효를 더 떨어뜨리면서) 새로운 문제점만을 야기시키게 되었다.[2] 특히 금융기관에서는 사외이사가 회장 등의 추천위원 등에 참여하여 그 권한을 남용하는 폐단이 크게 발생하고 있다. 업무집행기관과 업무감독기관을 분리하지 않고 참여형 이사회에 사외이사를 두도록 한 지배구조는 우리나라에만 있는 독특한(이상한) 지배구조로서 글로벌 스탠다드에 맞지 않게 되어 국제적인 신용을 잃고 있다.[3]

---

1) 자본시장법 제9조 ③ 이 법에서 "사외이사"란 회사의 상시적인 업무에 종사하지 아니하는 자로서 제25조에 따라 선임되는 자를 말한다.
2) 정찬형, 전게논문(금융법연구 제12권 제1호), 72면.
3) 이에 관한 상세는, 정찬형, 상게논문, 68~77면 참조.

다. 은행법상 사외이사의 추천·선임제도

1) 은행은 사외이사후보를 추천하기 위하여 상법의 규정[1]에 의한 위원회인 「사외이사후보추천위원회」를 설치하여야 한다. 이 위원회는 사외이사가 총위원의 2분의 1 이상[2]이 되도록 구성하여야 한다(법 22조 3항).

2) 사외이사는 사외이사후보추천위원회의 추천을 받은 자 중에서 주주총회에서 선임한다(법 22조 4항). 사외이사의 자격은 은행법상 임원의 자격요건(법 18조)에 준한다고 보는데, 은행법은 사외이사의 결격사유를 상세하게 규정하고 있다(법 22조 7항 참조).

라. 결원에 대한 조치

사외이사의 사임 또는 사망 등의 사유로 이사회의 구성이 규정된 요건에 맞지 아니하게 된 경우에는 그 사유가 발생한 날 이후 최초로 소집되는 주주총회일까지 그 요건에 맞도록 하여야 한다(법 22조 6항).

마. 사외이사의 권한·의무·책임

1) 사외이사는 보통의 이사의 하나이므로 보통의 이사와 동일한 권한을 가진다. 다만 통상적인 업무집행에 속하는 사항은 사외이사의 직무범위 밖이라고 할 것이다.

2) 사외이사의 의무와 책임은 상법상 이사의 그것에 각각 준한다고 볼 것이다. 그러나 사외이사제도의 도입취지에 비추어 경영진에 대한 견제와 감시기능은 사외이사에게 더 요구된다고 볼 수 있다. 이에 따라 사외이사는 경영의 투명성과 전문성을 제고하는 데 기여할 수 있어야 할 것이다.

---

1) 상법 제393조의2(이사회내 위원회) ① 이사회는 정관이 정한 바에 따라 위원회를 설치할 수 있다.
　② 이사회는 다음 각호의 사항을 제외하고는 그 권한을 위원회에 위임할 수 있다.
　　1. 주주총회의 승인을 요하는 사항의 제안
　　2. 대표이사의 선임 및 해임
　　3. 위원회의 설치와 그 위원의 선임 및 해임
　　4. 정관에서 정하는 사항
　③ 위원회는 2인 이상의 이사로 구성한다.
　④ 위원회는 결의된 사항을 각 이사에게 통지하여야 한다. 이 경우 이를 통지받은 각 이사는 이사회의 소집을 요구할 수 있으며, 이사회는 위원회가 결의한 사항에 대하여 다시 결의할 수 있다.
2) 이 제한은 새로 설립되는 은행이 최초로 이사회를 구성하는 경우에는 이를 적용하지 아니한다(법 22조 5항).

[참고] 기업지배구조 모범규준(사외이사)[1]

사외이사는 독립적으로 중요한 기업경영정책의 결정에 참여하고 이사회의 구성원으로서 경영진을 감독·지원할 수 있어야 한다.

① 사외이사는 기업·경영진·지배주주와의 사이에 직무수행의 중립성을 저해할 우려가 있는 이해관계가 없어야 한다. 사외이사는 취임승낙시 기업·경영진·지배주주와 이해관계가 없다는 확인서를 기업에 제출하여야 하고, 기업은 이를 공시하여야 한다.

② 기업은 사외이사가 기업의 경영실태를 정확히 파악할 수 있도록 직무수행에 필요한 정보를 적시에 제공하여야 한다. 특히 이사회가 개최될 때에는 상정될 의안에 대하여 충분히 검토할 수 있도록 사전에 정보를 제공하여야 한다. 또한 사외이사는 직무수행에 필요한 정보를 신속하게 제공하도록 요청할 수 있다. 다만, 기업의 중요한 기밀사항은 사외이사 과반수의 요청에 의하여 제공하며, 경영진은 정당한 사유가 없는 한 이 요청에 응하여야 한다.

③ 사외이사는 직무수행을 위하여 충분한 시간을 투여하여야 하며, 이사회가 개최될 때에는 사전에 관련자료를 검토한 후 참석하여야 한다. 사외이사는 주주의 의견을 청취하고 기업 내·외부의 다양한 정보원으로부터 정보를 취득하도록 노력하여야 한다.

④ 사외이사는 필요한 경우 적절한 절차에 의하여 임직원이나 외부 전문인력 등의 지원을 받을 수 있으며, 기업은 합리적인 범위 내에서 이에 소요되는 비용을 지원하여야 한다.

⑤ 사외이사는 경영 감독·지원 기능을 제고하기 위하여 사외이사만이 참여하는 회의를 정기적으로 개최하는 것이 바람직하다. 사외이사와 경영진은 경영사안에 대해 정기적으로 협의할 수 있는 기회를 가지도록 노력하여야 한다.

Ⅲ. 감사위원회

1. 도입배경

「감사위원회」제도는 사외이사와 함께 미국에서 발생하였는데, 현재는 영국·캐나다 등 많은 국가에 확산되고 있다. 감사제도에 관한 외국의 입법례는 크게 ① 이사회의 과반수 이상을 독립된 사외이사로 구성하고 이러한 사외이사로 구성되는 미국의 「감사위원회제도」(Audit Committee), ② 3인 이상의 감사로 구성되는 독일의 「감사회제도」(Aufsichtsrat), ③ 일본의 「감사제도」(위원회설치회사는 감사

---

1) 회사의 지배구조에 관한 세계적인 추세에 영향을 받아 우리나라에서도 1999년 7월 28일에 기업지배구조개선위원회에서 본 「기업지배구조모범규준」의 최종안을 마련하였는데, 이에 의하면 이사회에는 경영진과 지배주주로부터 독립적인 기능을 수행할 수 있는 사외이사를 두도록 하고, 이러한 사외이사는 독립적으로 중요한 기업경영정책의 결정에 참여하고 이사회의 구성원으로서 경영진을 감독·지원할 수 있어야 한다고 규정하고 있다.

위원회, 감사회설치회사는 감사회, 그 밖의 경우는 감사) 등이 있는데, 1999년 개정상법은 그간의 기업풍토와 감사현실에서 종래의 감사제도가 그 실효를 거두지 못하였다는 점 또한 자본시장의 국제화에 따라 회사의 지배구조에 관한 세계적인 추세를 반영한다는 점 등에서 미국의 감사위원회제도를 채택하게 된 것이다.[1] 감사위원회제도는 경영진의 직무를 제3자의 관점에서 견제·감시하는 감사의 기능에 갈음하여 「이사회내 위원회」로서 운영된다.

그런데 감사위원회제도는 원래 「감독형 이사회제도」(즉, 업무집행기관과 업무감독기관을 분리하는 지배구조)에서 감사의 실효성을 기할 수 있는 제도인데, 우리 상법은 업무집행기관이 별도로 없는 「참여형 이사회제도」에서 감사위원회를 두도록 하거나(은행은 반드시 두어야 함) 둘 수 있는 것으로 함으로써 업무집행에 관한 의사결정에 참여하는 이사가 다시 감사위원회 위원으로서 업무집행을 담당한 이사의 직무를 감사한다는 것은 「자기감사의 모순」이고 또한 이는 종래의 감사(監事)보다도 그 지위의 독립성과 감사의 실효성에 더 문제가 있게 되었다.[2]

2. 이사회내 위원회제도

가. 의   의

1999년 개정상법은 이사회는 정관이 정한 바에 따라 「이사회내 위원회」를 설치할 수 있도록 하고 있는데(상법 393조의2 1항), 이러한 위원회는 2인 이상의 이사로 구성하고(상법 393조의2 3항),[3] 이사회로부터 위임받은 업무에 대하여 이사회의 권한을 행사하는 이사회의 하부조직이다.

이러한 「이사회내 위원회」제도는 이사회의 효율적 운영[4]과 또한 의사결정의 객관성과 전문성을 확보하기 위하여,[5] 미국의 제도를 도입하여 1999년 개정상법이 신설한 것이다. 상법이 이와 같이 이사회내 위원회를 설치할 수 있는 근거규정을 두게 됨으로써, 그 동안 실무에서 실시하고 있었던 이사회내의 각종 위원회가 그 법률상 지위를 얻게 되었고, 또한 감사위원회(상법 415조의2)의 설치 근거가 마련된 것이다.[6] 이사회내 위원회로서 어떠한 위원회를 둘 것인가는 회

---

1) 상법강의(상), 1048~1049면.
2) 이러한 문제점에 관한 상세는 정찬형, 전게논문(금융법연구, 제12권 제1호), 77~81면 참조.
3) 다만 감사위원회는 3인 이상의 이사로 구성된다(상법 415조의2 2항).
4) 예컨대, 이사의 수가 많고 각 이사의 사정으로 인하여 이사회를 빈번하게 개최하기가 곤란한 경우 등이다.
5) 예컨대, 경영진의 인사·보수 등과 같은 사항에 대하여 사외이사로 구성된 위원회에 위임하는 경우 등이다.
6) 상법강의(상), 939면.

사의 자율에 맡겨져 있어, 정관이 정하는 바에 의한다.[1]

나. 권   한

「이사회내 위원회」는 이사회의 하부조직으로서의 지위를 가지므로, 원칙적으로 이사회로부터 위임받은 업무에 대하여만 이를 결의할 권한을 갖는다. 그러나 이사회는 그의 권한을 모두 위원회에 위임할 수 있는 것은 아니고, 위임할 수 없는 권한이 있다. 즉 이사회는 ① 주주총회의 승인을 요하는 사항의 제안, ② 대표이사의 선임 및 해임, ③ 위원회의 설치와 그 위원의 선임 및 해임, ④ 정관에서 정하는 사항에 대하여는 그 권한을 위원회에 위임할 수 없다(상법 393조의2 2항).

다. 위원의 자격 및 선임·종임

이사회내 위원회의 위원은 「이사」의 자격이 있어야 함은 상법상 명백한데(상법 393조의2 3항), 어느 이사를 어느 위원회에 누가 어떻게 배정할 것인가 등에 관한 위원의 선임·해임기관은 상법상 명문의 규정은 없으나 「이사회」라고 보아야 할 것이다.[2]

3. 상법상의 감사위원회

가. 의   의

1999년 개정상법은 주식회사는 이사회내 위원회의 하나로서 「감사위원회제도」를 감사에 갈음하여 채택할 수 있음을 규정하고 있다(상법 415조의2 1항). 따라서 이러한 감사위원회란 「감사에 갈음하여 이사의 업무집행과 회계를 감사할 권한을 가진 이사회내 위원회의 하나」인 기관이라고 볼 수 있다. 이러한 감사위원회는 「합의체 의결기관」인 점에서 감사가 수인(數人)이 있는 경우와 구별된다.[3]

나. 설   치

1) 상법상 감사위원회의 설치는 임의사항이다. 즉 회사는 정관이 정한 바에 따라 감사에 갈음하여 감사위원회를 설치할 수 있는데, 감사위원회를 설치한 경우에는 감사를 둘 수 없다(상법 415조의2 1항).

2) 그러나 최근 사업연도말 현재 총자산액이 2조원 이상인 상장회사는 일정

---

1) 미국의 회사에서 두고 있는 이사회내 위원회의 종류에는 「집행위원회」(executive committee), 「보수위원회」(compensation committee), 「이사후보지명위원회」(nominating committee), 「재무위원회」(finance committee), 「공공정책위원회」(public policy committee) 및 「주주대표위원회」(committee of shareholder representatives) 등이 있다[상법강의(상), 940면 주 1].

2) 상법강의(상), 940면.

3) 상법강의(상), 1048면.

한 회사를 제외하고는 의무적으로 감사위원회를 설치하여야 한다(상법 542조의11 1항, 동시행령 37조 1항).

다. 주요 권한

상법상 감사위원회의 주요권한은 ① 이사와 회사간의 소(訴)에 관한 대표권(상법 394조), ② 이사의 부당행위로 손해발생 우려가 있는 경우 그 행위의 유지청구권(상법 402조), ③ 이사의 직무집행에 대한 감사 및 이사에 대하여 영업에 관한 보고요구·회사업무와 재산상태에 대한 조사권(상법 412조), ④ 임시총회 소집요구권(상법 412조의3), ⑤ 자회사에 대한 조사권(상법 412조의4), ⑥ 회사비용에 의한 전문가의 조력 청구권(상법 415조의2 5항) 등이다(상법 415조의2 7항).

라. 주요 의무 및 책임

1) 상법상 감사위원회의 주요의무로서는 ① 이사의 위법행위 발견시 이사회 앞 보고의무(상법 415조의2 7항, 391조의2), ② 주주총회에 제출할 의안 및 서류를 조사하여 그 적정여부를 주주총회에 대한 보고의무(상법 415조의2 7항, 413조), ③ 감사록 작성의무(상법 415조의2 7항, 413조의2) 및 ④ 감사보고서의 이사 앞 제출의무(상법 415조의2 7항, 447조의4) 등이 있다.

2) 또한 상법상 주요책임으로서는 ① 임무해태시 회사에 대한 연대손해배상책임 및 악의 또는 중대한 과실로 그 임무 해태시 제3자에 대하여 연대손해배상책임(상법 414조)이 있다.

3) 외부감사법상의 ① 외부감사인 선임 제청(외감 4조), ② 외부감사인으로부터 이사의 직무수행에 관한 부정행위 또는 법령이나 정관에 위반되는 중요한 사실의 보고 수령(외감 10조 1항), ③ 외부감사인으로부터 회사가 회계처리 등에 관한 회계처리기준을 위반한 사실의 보고 수령(외감 10조 2항), ④ 이사의 직무수행에 관한 부정행위 또는 법령 및 정관 위반 사실의 외부감사인에 대한 통보(외감 10조 3항) 등의 책임과 의무가 있다.

4) 감사위원회위원은 회사의 임원이므로 상법상 「특별배임죄」·「독직죄」 등(상법 622조 내지 635조)의 벌칙이 적용된다.

4. 은행의 감사위원회

가. 감사위원회의 구성

은행은 이사회 내에 상법의 규정[1]에 의한 「감사위원회」를 설치하여야 한다 (법 23조의2 1항). 감사위원회는 총 위원의 3분의 2 이상을 사외이사로 구성하여야 하고, 위원 중 1명 이상은 대통령령으로 정하는 회계 또는 재무 전문가일 것을 요한다(법 23조의2 2항). 감사위원회의 위원의 사임 또는 사망 등의 사유로 감사위 원회의 구성이 이 요건에 맞지 아니하게 된 경우에는 그 사유가 발생한 날 이후 최초로 소집되는 정기주주총회에서 감사위원회의 구성이 이 요건에 맞도록 하 여야 한다(법 23조의2 4항).

나. 상임위원의 결격사유 및 추천

1) 다음 중 어느 하나에 해당하는 자는 사외이사가 아닌 감사위원회 위원(상 임감사위원)이 될 수 없으며, 상임감사위원이 된 후 이에 해당하게 되면 그 직을 잃는다(법 23조의2 3항).

① 은행법상 임원의 결격사유(법 18조 1항) 중 어느 하나에 해당하는 자

② 해당 은행의 대주주(대주주가 법인인 경우에는 그 법인의 임직원을 포함한다)

③ 해당 은행의 상임 임직원이거나 최근 2년 이내에 상임 임직원이었던 자

④ 그 밖에 해당 은행의 경영에 영향을 미칠 수 있는 사람 등 상임감사위원 으로서의 직무를 충실하게 수행하기 어렵다고 인정되는 자로서 대통령령으로 정하는 자

2) 감사위원회의 위원후보는 사외이사 전원으로 구성된 「후보추천위원회」 에서 추천한다. 이 경우 후보추천위원회는 재적 사외이사 3분의 2이상의 찬성으 로 의결한다(법 24조).

다. 은행 감사위원회 위원의 내부업무 겸직문제

상법상 「감사」는 그의 지위의 독립성과 감사의 공정성을 기하기 위하여 그 의 회사 및 자회사의 이사 또는 지배인 기타 사용인의 직무를 겸하지 못하므로 (상법 411조)[2] 이사와는 달리 「업무집행권」이 없다. 따라서 감사위원도 내부업무

---

1) 상법 제415조의2 ① 회사는 정관이 정한 바에 따라 감사에 갈음하여 제393조의2의 규정에 의 한 위원회로서 「감사위원회」를 설치할 수 있다. 감사위원회를 설치한 경우에는 「감사」를 둘 수 없다.
2) 상법 제411조(겸임금지) 감사는 회사 및 자회사의 이사 또는 지배인 기타의 사용인의 직무를 겸하지 못한다.

를 겸직하는 경우 감사위원으로서의 의사결정 및 업무수행시 경영진 및 대주주
로부터 자유로울 수 없으므로, 감사위원은 내부업무(집행임원, 자회사 임원)를 겸임
하지 않는 것이 바람직하다. 감독규정은 은행의 「상근감사위원」은 타직무를 겸
직할 수 없도록 규정하고 있다(감규 27조).

Ⅳ. 준법감시제도

1. 금융기관의 내부통제제도 도입

가. 제도도입의 근거

1) 금융기관의 내부통제기능 강화를 위하여 2000년 1월 은행법, 종합금융회
사법, 상호저축은행법, 증권거래법, 증권투자회사법, 증권투자신탁업법, 선물거
래법, 보험업법 등을 개정하여, 준법감시인 제도의 도입과 시행근거를 마련하였
다. 동 법률에 의하여, 은행·보험회사·투자신탁회사 영역은 2000년 6월에, 종합
금융회사 영역은 2000년 7월에, 증권회사 영역은 2000년 9월에 각각 해당 법률
시행령에 「내부통제기준」에 포함되어야 할 내용 및 「준법감시인」의 선임자격
관련 내용을 신설하였다.

이에 따라 금융기관은 법령을 준수하고 자산운용을 건전하게 하며 예금자·
투자자 및 계약자 등을 보호하기 위하여 당해 금융기관의 임원 및 직원이 그 직
무를 수행함에 있어 따라야 할 기본적인 절차와 기준인 「내부통제기준」을 정하
여야 한다. 그리고 금융기관은 내부통제기준의 준수 여부를 점검하고 내부통제기
준에 위반하는 경우 이를 조사하여 감사위원회에 보고하는 자인 「준법감시인」을
1인 이상 두어야 한다. 이는 은행법, 보험업법 및 기타 금융관련법에서 모두 동
일하다.[1]

2) 2011년 4월 개정상법에서 「준법지원인제도」를 도입하였다. 상법상 준법
지원인이란 「일정한 상장회사에서 준법통제기준의 준수에 관한 업무를 담당하는
사람」을 말한다(상법 542조의13 2항·3항). "준법통제기준"이라 함은 법령을 준수하
고 회사경영을 적정하게 하기 위하여 임직원이 그 직무를 수행할 때 따라야 할
준법통제에 관한 기준 및 절차를 말한다. 최근 사업연도 말 현재의 자산총액이
5천억 원 이상인 상장회사는 준법통제기준을 마련하여야 한다(상법 542조의13 1항,
동 시행령 39조). 준법통제기준 마련의 의무가 있는 상장회사는 준법지원인을 1인

---

[1] 내부통제제도와 준법감시인에 대한 상세는 금융감독원, 「내부통제지배구조 검사업무편람」; 일
본 금융기관 준법감시위원회의 「금융기관 준법감시 지침서」(Compliance Handbook) 등 참조.

이상 두어야 한다(상법 542조의13 2항). 다만, 다른 법률에 따라 내부통제기준 및 준법감시인을 두어야 하는 상장회사는 제외한다(상법 시행령 39조 단서). 상법상 준법지원인과 준법통제기준은 「은행법」상의 준법감시인과 내부통제기준에 각각 대응되는 개념이다.

나. 제도의 도입배경

1997년 말 외환위기 이후 금융산업의 전반에 대한 규제완화, 구조조정 및 개방화가 진전되면서 금융회사에 대한 효율적인 감독체계의 중요성이 부각됨으로써 선진국 「컴플라이언스(compliance)제도」의 국내 도입 분위기가 조성되었다.

감사위원회 위원의 3분의 2를 차지하는 「사외이사」는 외부자로서 금융기관 업무 파악 및 실질적인 감사기능 수행에 한계가 있고, 「집행이사」는 업무집행자로서 감사역할을 독립적·객관적으로 수행하기 어려울 뿐만 아니라 합의체 성격인 위원회 조직의 특성상 신속한 의사결정 및 중요업무에 대한 사전통제의 역할을 수행하기가 곤란한 측면이 있었다. 따라서 제3의 특정인을 「준법감시인」으로 임명하여 법규준수에 대한 책임과 권한을 부여함으로써, 조직 내의 각 부서나 각 위원회로부터 독립적인 위치에서 능동적인 견제역할을 수행하도록 할 필요가 있다고 보았다.

금융산업의 특성상 관련법규만으로는 금융거래자 보호에 미흡한 측면이 있다. 금융산업은 타인(고객)의 자산을 위탁받아 운용·관리하는 것이 주요 업무이므로 그 속성상 고객자산을 유용하거나 고객의 이익을 침해할 가능성이 그 어느 산업보다 높다. 따라서 금융인의 엄격한 도덕성과 신뢰성이 금융산업의 유지·발전에 필수적인 요소이고, 이를 위하여 상시적인 통제·감독 장치로서 compliance 제도 도입이 필요하다고 보았다.

상시적으로 엄격한 내부통제가 이루어지지 않을 경우 사후적으로 금융거래자에게 피해를 초래할 뿐만 아니라 금융산업의 공공성을 고려할 때, 사전적 통제 실패의 결과는 심각한 결과를 초래할 가능성이 높다. 특히 급속도로 발전하는 첨단 금융상품의 속성을 고려할 때 임직원의 행위를 내부에서 적절히 제어하지 않고 관련 법규에 의한 사후 감독만으로는 금융재산의 안정성 유지와 금융거래자 보호라는 기본적 역할을 수행하는 데에 한계가 있고, 그 결과는 해당 금융회사뿐만 아니라 금융시장 전반에 심대한 영향을 초래할 수 있다. 즉 자산규모의 대형화, 첨단 금융상품과 투자기법의 등장 등으로 금융산업의 경우 임직원이 언제든지 고객재산에 큰 손실을 가져오고 시장질서를 저해할 수 있는 가능성이 높다고 할 것이고, 이러한 점에서 임직원을 사전에 교육·훈련·통제시킬 수 있는 제도적 장치와 운용부서 등에 대하여 철저한 사전 또는 상시감독이 가능하도록 하는 조직 및 운영 체계를 수립하는 것이 금융회사 내부에 잠재된 위험성을 사전에 최대한 제어할 수 있는 수단이다.

요컨대 금융산업에 있어서 준법감시인제도는 회사가 고객자산의 선량한 관리자로서 선관의무에 입각하여 고객의 이익을 위해 최선을 다하는지, 제반 법규 및 규정 등은 엄격히 준수되고 있는지 등에 대하여 상시적으로 점검·통제하는 조직을 갖추어 그 기능을 원활하게 작동하는 것이 본 제도의 목적이라고 할 수 있다.[1]

2. 은행의 내부통제제도

가. 은행법상의 도입

은행 및 은행의 임직원은 은행법을 비롯한 각종 규제를 준수하여야 한다. 이러한 규제를 위반하면 각종 제재가 가해질 수 있다. 이러한 제재들에 못지 않게 심각한 불이익은 공적기관으로서의 은행의 명예나 신용이 실추되는 것이다. 그러므로 은행은 영업활동이 규제의 테두리를 벗어나지 않고, 나아가 사회에서 일반적으로 요구되는 윤리수준에 부합하도록 내부체제를 정비할 필요가 있다. 이러한 사정에 맞추어 2000년의 개정 은행법은 내부통제장치의 구축을 은행의 자율에 맡기지 않고, 내부통제기준의 제정과 준법감시인의 선임근거를 마련함으로써 이러한 제도를 법적으로 강제하게 되었다.[2]

나. 내부통제기준의 제정

1) 은행은 내부통제기준을 정하고 이를 준수하도록 하여야 하는 바, 내부통제기준이란 「법령을 준수하고 자산운영을 건전하게 하며 주주 및 예금자를 보호하기 위하여, 그 은행의 임직원이 그 직무를 수행함에 있어서 따라야 할 기본적인 절차와 기준」을 말한다(법 23조의3 1항).[3]

2) 내부통제기준에 포함되어야 할 사항은 금융업종별로 약간 상이하나 대체로 기획·총무 관련 업무, 위험관리(법규준수 및 자산운용 측면만 해당) 관련 업무, 내규(금융관련법률 관련 내규 중 관련 조문만 해당) 등 제·개정 관련 업무, 내부통제제도

---

1) 금융감독원, 「내부통제지배구조 검사업무편람」 참조.
2) 금융감독원, 「내부통제지배구조 검사업무편람」 참조.
3) 「내부통제기준」과 「준법감시인」은 선진금융기관에서 널리 정착된 「complience program」과 「complience officer」에 상당하는 것이다.

(또는 체제) 관련 업무 등이다. 따라서 은행의 경우에는 ① 업무의 분장 및 조직구조에 관한 사항, ② 자산의 운용 또는 업무의 영위과정에서 발생하는 위험의 관리에 관한 사항, ③ 임·직원이 업무를 수행함에 있어서 반드시 준수하여야 하는 절차에 관한 사항, ④ 경영의사결정에 필요한 정보가 효율적으로 전달될 수 있는 체제의 구축에 관한 사항, ⑤ 임·직원의 내부통제기준 준수여부를 확인하는 절차·방법 및 내부통제기준을 위반한 임·직원의 처리에 관한 사항, ⑥ 임직원의 금융투자상품 거래 내용의 보고 등 불공정거래행위를 방지하기 위한 절차나 기준에 관한 사항, ⑦ 내부통제기준의 제정 또는 변경 절차에 관한 사항, ⑧ 준법감시인의 임면절차에 관한 사항, ⑨ 이해상충을 관리하는 방법 및 절차 등에 관한 사항, ⑩ 광고의 제작 및 내용에 관하여 지켜야 할 사항 등이다(법시행령 17조의2 1항).

다. 준법감시인

(1) 의   의

준법감시(Compliance)란 일반적으로 「고객 재산의 선량한 관리자로서 회사의 임직원 모두가 제반 법규 등을 철저하게 준수하도록 사전 또는 상시적으로 통제·감독하는 것」을 의미한다. 우리나라의 경우 그 동안 Compliance에 대하여 사회적으로 정형화된 개념·업무범위 및 방법 등에 대한 정의는 없으나, 2000. 1. 21 금융관련법률 개정을 통하여 「준법감시」로 통칭되고 있다. 미국 등 선진국의 경우 내부통제(Internal Control)의 전부 또는 그 일부를 대상으로 하는 업무로서 업종별·회사별로 다양하게 정의되고 있다.[1]

은행에 있어서 「준법감시기능」(Compliance)은 은행 임·직원이 직무를 수행함에 있어 법규를 준수해 나가도록 하는 준법감시체제(Compliance System)를 스스로 마련하고 이를 운영·점검하는 활동을 말하는데, 「준법감시인」(Compliance Officer)은 통상 이러한 준법감시 업무에 종사하는 자를 말한다.[2]

(2) 감사위원회(감사)와의 비교

「감사위원회(감사)」는 주주를 대리하여 경영진 이외의 제3자가 경영진이 수행한 업무 및 회계 등의 적정성 여부를 감사하는 제도인 반면, 「준법감시인」은 경영진이 내부통제제도를 스스로 마련하고 임·직원이 업무를 수행하기 이전

---

1) 미국의 준법감시인의 소개에 관하여는 손성, "미국 회사법제에서의 준법감시인제도에 관한 법이론적 고찰," 「상장협」 제43호(2001, 춘계호), 123~138면 참조.
2) 금융감독원, 「내부통제지배구조 검사업무편람」 참조.

에 관련법규 위반 여부 등을 스스로 점검하게 하는 제도라고 볼 수 있다.[1]

(3) 임 명

은행은 내부통제기준의 준수여부를 점검하고 내부통제기준을 위반하는 경우 이를 조사하여 감사위원회에 보고하는 자인 「준법감시인」을 1명 이상 두어야한다(법 23조의3 2항). 은행은 준법감시인을 임면하려면 이사회의 결의를 거쳐야한다. 다만, 외국금융기관의 지점의 경우에는 그러하지 아니 하다(법 23조의3 3항).

(4) 자격요건

준법감시인으로 임명되기 위하여는, 「적극적 요건」으로서 ① 한국은행 또는 금융감독원의 검사대상기관에서 10년 이상 근무한 경력이 있는 자, ② 금융관계 분야의 석사 이상의 학위소지자로서 연구기관이나 대학에서 연구원 또는 전임 강사 이상의 직에 5년 이상 근무한 경력이 있는 자, ③ 변호사 또는 공인회계사의 자격을 가진 자로서 그 자격과 관련된 업무에 5년 이상 종사한 경력이 있는 자, ④ 기획재정부·금융위원회·증권선물위원회 또는 금융감독원에서 5년 이상 근무한 경력이 있는 자로서 해당 기관에서 퇴임 또는 퇴직한 후 5년 이상 지난 자에 해당하는 경력이 있는 자 중 하나에 해당하는 경력이 있는 자이어야 한다(법 23조의3 4항 1호). 「소극적 요건」으로서 은행법상 임원의 결격요건(법 18조 1항)에 해당하지 아니할 것과(법 23조의3 4항 2호), 최근 5년간 금융관련법령을 위반하여 금융위원회 또는 금융감독원장으로부터 주의·경고의 요구 등에 해당하는 조치를 받은 사실이 없어야 한다(법 23조의3 4항).

(5) 권한과 의무

1) 준법감시인의 권한으로서, 그 직무를 할 때 임·직원에게 자료나 정보의 제출을 요구할 수 있다(법시행령 17조의3 5항).

2) 준법감시인의 의무로서 선량한 관리자의 주의로 그 직무를 수행하여야 하는데, 자산운용에 관한 업무, 은행업무와 부수업무 및 해당은행이 겸영하는 업무를 수행하는 직무를 담당해서는 아니 된다(법시행령 17조의3 4항).

(6) 은행의 의무

은행은 준법감시인이 그 직무를 수행함에 있어서 자료나 정보의 제출을 임·직원에게 요구하는 경우에는 그 임·직원으로 하여금 이에 성실히 협조하도록 하여야 하고(법시행령 제17조의3 5항), 또한 「준법감시인」이었던 자에 대하여 당해 직무수행과 관련한 사유로 부당한 인사상의 불이익을 주어서는 아니 된다(동조 6항).

---

1) 금융감독원, 「내부통제지배구조 검사업무편람」 참조.

(7) 은행내 지배구조와의 관계[1]

1) 이사회와의 관계   이사회는 효율적인 내부통제를 위한 내부통제제도 (또는 체제)의 구축 및 운영에 관한 정책(또는 방침)을 정한다. 이사회는 준법감시인을 임면하고, 내부통제기준의 제·개정권한을 보유한다. 감사위원회(감사)와 준법감시인의 업무구분이 명확하지 않은 사항에 대해서는 이사회의 의결로 정한다. 이 경우 상법, 금융관련법령 및 검사업무편람상의 동 제도에 대한 취지를 훼손하지 않는 범위 내에서 업무수행상 구분이 명확하지 않은 사항에 대하여 구체적으로 명시하여야 한다.

2) 경영진과의 관계   경영진은 내부통제제도(또는 체제) 구축 및 운영에 필요한 인적·물적 자원을 지원하고 준법감시인의 독립성 확보를 위하여 노력하여야 한다. 대표이사 또는 대표집행임원(은행장)은 준법감시인을 이사회에 추천하고 준법감시결과를 최종 보고받아 준법감시관련 대책의 마련을 지시한다. 대표이사 또는 대표집행임원(은행장)은 준법감시부서 소속 직원에 대한 인사발령시 준법감시인과 충분히 협의를 거쳐야 하고, 인사평정시에도 준법감시인의 의견을 충분히 반영하여야 한다.

3) 감사위원회와의 관계   준법감시인은 내부통제기준 위반 여부를 조사하여 그 조사결과를 감사위원회(감사)에 보고하여야 하고, 감사위원회(감사)는 보고사항에 대한 조치결과를 준법감시인에게 통보하는 등 준법감시업무를 지원하여야 한다. 준법감시인은 위반행위자에 대한 처리방향, 제재의 내용 등을 정하여 감사위원회 앞 제재를 의뢰할 수 있는데, 감사위원회(감사)도 위반자에 대한 처리기준을 사전에 마련할 필요가 있다. 감사위원회는 자체감사 업무 수행시 필요한 경우 사안에 따라 준법감시부서와 공동으로 감사업무를 수행하거나 감사계획 및 준법감시인의 준법감시계획 수립시 상호간의 관심사항이 동 계획에 반영될 수 있도록 준법감시인과 협의·조정할 수 있다.

---

1) 금융감독원, 「내부통제지배구조 검사업무편람」 참조.

제 4 절 합병·폐업·해산

I. 총 설

회사의 설립·발전·소멸의 일련의 과정중 상법은 회사경영의 합리화·사업의 확장·경쟁력의 제고 등 회사의 발전을 위한 기구변경(구조조정)의 방법으로 영업양도·양수, 조직변경, 합병·분할 등을, 회사의 소멸에 대하여는 해산·청산 등을 규정한다. 은행법은 제 8 장(합병·폐업·해산)에서 제55조(합병·해산·폐업의 인가), 제56조(인가취소에 의한 해산), 제57조(청산인 등의 선임)의 3개 조문을 두고 있다. 이 장에서는 은행의 합병·폐업·해산 등은 회사의 조직변경에 해당되나, 은행의 자율에 맡기지 아니하고 주주·예금자 등 이해관계자의 보호와 국민경제에서의 은행의 지위를 감안하여 감독당국의 개입을 규정한다. 이는 은행법이 실현하고자 하는 공공성의 정책과제인 신용질서의 유지·금융의 원활화·예금자 보호 등의 관점에서 행정적 규제를 가하기 위함이다.[1]

II. 분할 및 합병

1. 분 할

가. 개 념

회사의 분할이란 「1개 회사가 2개 이상의 회사로 나누어져, 분할 전 회사(피분할 회사)의 권리의무가 분할 후 회사에 포괄승계되고 (분할 전 회사가 소멸하는 경우에는 청산절차 없이 소멸되며) 원칙적으로 분할 전 회사의 사원이 분할 후 회사의 사원이 되는 회사법상의 법률요건」을 말한다.[2] 회사분할은 회사합병에 반대되는 제도이다. 상법은 회사의 분할을 단순분할[3](회사가 분할에 의하여 1개 또는 수개의 회사를 설립하는 것)과 분할합병(회사가 분할에 의하여 1개 또는 수개의 존립 중의 회사와 합병하는 것)으로 구분하고 있다. 또한 회사가 단순분할과 분할합병을 겸할 수도 있다(상법 530조의2).

---

1) 詳解, 430면.
2) 상법강의(상), 506~507면.
3) 상법(530조의2)은 "분할"로 규정하고 있으나, "분할합병"과 구분을 위해 "단순분할"이라고 한다.

회사의 분할은 복합적인 사업을 경영하는 대기업에 있어서 특정사업부문의 기능별 전문화, 부진사업이나 적자사업의 분리에 의한 경영의 효율화, 이익분산에 의한 절세, 주주들 간의 이해조정, 기타 국민경제적 목적 등 다양한 목적에 의하여 이루어지고 있다.[1]

나. 인   가

은행이 분할을 하려는 경우에는 금융위원회의 인가를 받아야 한다(법 55조 1항 1호). 금융위원회는 분할인가를 하려는 때에는 ① 금융산업의 효율화와 신용질서의 유지에 지장을 주지 아니할 것, ② 분할에 따른 영업계획 및 조직운영계획이 적정할 것, ③ 분할에 따른 은행의 소유구조 변경이 법령에 적합할 것, ④ 상법 및 자본시장법, 그 밖의 관계법령에 따라 절차 이행에 하자가 없을 것 등의 기준을 충족하는지를 심사하여야 한다(법시행령 24조의7 1항). 금융위원회가 인가를 하는 경우에 금융시장의 안정, 은행의 건전성 확보 및 예금자 보호를 위하여 필요한 조건을 붙일 수 있다(법 55조 2항).

2. 합병 및 분할합병

가. 개   념

합병이란 「2개 이상의 회사가 상법의 특별규정에 의하여 청산절차를 거치지 않고 합쳐져 그 중 한 회사가 다른 회사를 흡수하거나(흡수합병) 신회사를 설립함으로써(신설합병), 1개 이상의 회사의 소멸과 권리의무(및 사원)의 포괄적 이전을 생기게 하는 회사법상의 법률요건」이다.[2] 합병제도는 경제적으로는 경영의 합리화·영업비의 절약·사업의 확장·경쟁의 회피를 통한 시장의 독점 등의 목적을 달성하기 위하여 이용되고, 법률적으로는 해산하는 회사의 청산절차를 생략하고 재산의 이전에 따르는 세금을 감경할 수 있으며 또 영업권을 상실하는 것을 방지하기 위하여 이용된다.[3]

은행법은 분할합병을 합병의 개념에 포함시키고 있는데, 이는 합병되는 부분이 분할되는 은행의 일부분이라는 것을 제외하고는 합병의 일종으로 볼 수 있고, 감독당국에서도 합병과 분할합병의 인가를 달리 취급할 필요가 없기 때문이다. 우리나라에서는 대부분이 흡수합병이고,[4] 신설합병의 예는 적다. 그 이유는

---

1) 상법강의(상), 508면.
2) 상법강의(상), 489면.
3) 상법강의(상), 489면.
4) 은행간 합병, 은행과 비은행간 합병의 경우에도 흡수합병의 경우가 대부분이었으나, 2001. 11.

신설합병의 경우는 회사를 설립하는 절차와 비용으로 인하여 인적 및 물적인 부담이 크고, 당사회사가 갖고 있는 영업에 관한 허가·인가 등 무형의 권리를 잃게 되며, 또 세제상으로도 불리하기 때문이다.[1]

회사는 어느 종류의 회사와도 자유로이 합병할 수 있는 것이 원칙이나, 은행은 감독당국의 인가를 받은 경우에 한하여 합병할 수 있다.

나. 금융산업구조개선법상의 특례

(1) 개   요

금융산업의 개방화·국제화·겸업화가 급속히 진전되면서 금융기관간 경쟁이 심화되어 금융기관의 부실가능성이 높아지고 있는 가운데 금융산업의 대외경쟁력제고와 합병·전환을 통한 금융기관의 대형화를 유도하기 위하여 정부는 1991년 「금융기관의 합병 및 전환에 관한 법률」을 제정하였다. 이후 금융기관의 합병·전환 또는 정리 등 구조개선을 지원하는 한편, 금융기관의 부실화를 사전에 예방하고 부실금융기관 발생시 이를 원활히 수습할 수 있는 제도적 장치를 마련하기 위하여 1997년 금융산업구조개선법으로 변경하게 되었다. 금융산업구조개선법은 경제위기 극복을 위한 IMF와의 협의사항을 이행하는 금융개혁법적인 성격에 따라 금융기관 구조조정의 수단을 제공하는 역할을 하였다.

금융산업구조개선법은 합병절차의 간소화, 합병에 관한 지원사항 등을 규정하고 있다. 금융기관은 같은 종류 또는 다른 종류의 금융기관과 서로 합병하여 같은 종류 또는 다른 종류의 금융기관이 될 수 있고, 단독으로 다른 종류의 금융기관으로 전환할 수 있는데, 금융기관이 금융산업구조개선법에 따른 합병 또는 전환을 하려면 미리 금융위원회의 인가를 받아야 한다(금산 3조·4조 1항). 금융기관이 금융산업구조개선법에 의한 합병 또는 전환의 인가를 받으면 관련 법률에 따른 금융기관의 영업, 영업의 폐업 또는 합병에 대한 인가·허가 또는 지정을 받은 것으로 간주하고 있다(금산 5조 1항). 신용카드업을 겸영하고 있지 아니하는 은행과 신용카드회사가 합병하는 경우에는 금산법에 의한 합병인가 이외에 여신전문금융업법에 의한 신용카드업 영위 허가 및 은행법에 의한 신용카드업 겸영 인가를 받을 필요가 없을 뿐만 아니라 신용카드업 폐업관련 인허가를 받지 않아도 된다.

---

1. 합병한 (구)국민은행과 (주)한국주택은행은 신설합병 형태를 취하였다.
1) 상법강의(상), 491면.

(2) 은행법과의 관계

은행법은 은행의 합병을 금융위원회의 인가사항으로 규정하고 있다. 그러나 금융산업구조개선법에 의하면 금융기관의 합병 및 전환, 부실금융기관에 대한 조치, 금융기관의 청산 및 파산 등에 관하여 금융산업구조개선법에서 정하는 것을 제외하고는 그 금융기관의 영업의 인가·허가 등의 근거가 되는 법률과 상법, 비송사건절차법, 그 밖의 관계 법령의 규정에 따르도록 규정함으로써, 금융기관의 합병 등에는 금융산업구조개선법이 우선 적용된다(금산 24조의4).[1] 따라서 은행의 합병의 경우 인가의 기준·절차의 간소화·합병에 관한 지원·벌칙 등에 관하여는 금융산업구조개선법이 은행법 내지 상법에 우선하여 적용된다. 또한 금융산업구조개선법은 금융기관이 영업의 전부를 다른 금융기관에 양도하고 소멸하는 경우와 다른 금융기관의 영업의 전부를 양수하는 경우에 금융산업구조개선법 중 합병에 관한 규정을 준용한다고 규정하고 있기 때문에(금산 26조), 은행이 영업을 전부 양도하거나 전부 양수하는 경우에도 금융산업구조개선법이 은행법 내지 상법의 규정에 우선하여 적용된다.

(3) 합병절차의 간소화

금융산업구조개선법에서는 금융기관이 주주총회에서 합병의 결의를 한 경우에는 상법의 규정(527조의5 1항)[2]에 불구하고 채권자에 대하여 10일 이상의 기간을 정하여 이의를 제출할 것을 2개 이상의 일간신문에 공고할 수 있도록 함과 아울러, 동 공고를 하는 경우에는 개별채권자에 대한 최고를 생략할 수 있도록 채권자보호절차의 간소화를 규정하고 있다(금산 5조 3항).

은행과 같이 예금자를 비롯한 수많은 채권자를 갖고 있는 조직체가 상법에 따라 개별채권자에게 일일이 최고를 해야 한다면, 엄청난 인적·물적 비용이 소요될 것이고, 합병 그 자체가 사실상 불가능해질 수도 있을 것이다. 그러나 은행은 상시 감독당국의 감독하에 있다는 점, 상법에서 규정하는 최고를 하지 않더라도 알고 있는 채권자인 예금자를 보호한다는 취지는 충분히 달성할 수 있다는 점 등에서 은행이 합병을 결의한 경우에는 알고 있는 채권자 전원에게 따로 따로 해야하는 최고는 불필요한 것이다.[3]

---

1) IMF 경제체제의 금융구조조정으로 이루어진 은행간 합병, 은행과 비은행간 합병은 모두 금융산업구조개선법에 의한 인가를 받았다.
2) 회사는 주주총회의 합병승인결의가 있은 날로부터 2주 내에 채권자에 대하여 합병에 이의가 있으면 1월 이상의 기간내에 이를 제출할 것을 공고하고 알고 있는 채권자에 대하여는 따로따로 이를 최고하여야 한다(상법 527조의5 1항).
3) 詳解, 433면.

이 경우의 채권자의 범위에 대하여는 특별히 규정하고 있지 않으나, 보호예수계약에 의한 채권자 기타 은행의 업무와 관계되는 다수인을 상대로 하는 정형적 계약의 채권자도 포함되는 것으로 보아야 할 것이다. 보호예수는 은행의 부수업무의 하나이나, 오늘날에는 그 계약자가 상당수에 이르므로, 따로 따로 최고할 필요가 없는 채권자로 보아야 할 것이다.[1]

이와 같이 금융산업구조개선법은 상법의 일반적 합병요건에 인가행위라는 행정상의 처분을 가중하는 한편, 합병시 최대의 난제인 채권자보호절차를 간소화하였다. 이 점에서는 은행의 합병은 일반회사보다 그 절차가 더 용이하다고 볼 수도 있으나, 이는 은행업이 인가업종이고 건전경영의 확보를 위하여 은행법상 각종의 규제 내지 감독이 따르고 합병 자체도 감독당국의 인가사항으로 되어 있기 때문에, 일부 절차를 간소화하더라도 예금자보호 등에 관하여는 충분히 배려되었다고 보기 때문이다.

이외에도 금융산업구조개선법에서는 주주명부 폐쇄공고(상법 354조 4항, 금산 5조 6항), 합병승인 주주총회 소집통지 및 공고(상법 363조 1항, 금산 5조 4항), 재무제표 등의 공시(상법 522조의2, 금산 5조 5항), 주식매수청구기한(상법 522조의3 2항, 금산 12조 8항) 등에서 상법의 그것과 비교할 때 합병절차를 간소화하고 있다.

(4) 적기시정조치로서의 강제합병

금융위원회는 은행의 자기자본비율이 일정수준에 미달하는 등 재무상태가 기준에 미달하거나, 거액의 금융사고 또는 부실채권의 발생으로 인하여 은행의 재무상태가 기준에 미달하게 될 것이 명백하다고 판단되면 은행의 부실화를 예방하고 건전한 경영을 유도하기 위하여 해당 은행이나 그 임원에 대하여 합병을 권고·요구 또는 명령하거나 그 이행계획을 제출할 것을 명하여야 한다(금산 10조 1항). 이는 부실은행의 정비차원에서 이루어지는 이른바 적기시정조치의 일환으로 합병이 강제되는 경우이다.

금융위원회는 은행에 대하여 합병을 명하는 경우에는 다른 금융기관을 지정하여 명령의 대상이 되는 은행과의 합병을 권고할 수 있는데, 예금보험공사는 합병을 권고받은 은행에 대하여 그 이행을 전제로 예금자보호법(2조 6호)에 따른 자금지원의 금액과 조건 등을 미리 제시할 수 있다(금산 11조 1항·2항). 또한 예금보험공사는 은행이 적기시정조치를 원활하게 이행할 수 있도록 하기 위하여 필요하다고 인정되면 은행 간의 합병을 알선할 수 있다(금산 11조 3항).

---

1) 詳解, 433면.

다. 인   가

은행이 은행법 제55조 제 1 항 제 1 호에 따라 합병을 하려는 때에는 금융위원회는 분할인가의 경우와 같은 심사기준을 충족하는지를 심사하여야 한다(법시행령 24조의7 1항). 은행은 합병절차가 간소하게 되어 있고 합병관련 조세를 감면받을 수 있으며 정부의 지원을 받을 수 있으므로 은행은 금융산업구조개선법에 따른 합병을 선호할 것이다.

금융위원회는 금융산업구조개선법에 따른 합병인가를 할 때, ① 합병의 목적이 금융산업의 합리화와 금융구조조정의 촉진 등을 위한 것일 것, ② 합병이 금융거래를 위축시키거나 기존 거래자에게 불이익을 줄 우려가 없는 등 금융산업의 효율화와 신용질서의 유지에 지장이 없을 것, ③ 합병이 금융기관 간 경쟁을 실질적으로 제한하지 아니할 것, ④ 합병 후에 하려는 업무의 범위가 관계 법령 등에 위반되지 아니하고 영업계획이 적정할 것, ⑤ 합병 후 업무를 할 수 있는 조직 및 인력의 체제와 능력을 갖추고 있을 것, ⑥ 상법, 자본시장법, 그 밖의 관계 법령에 위반되지 아니하고, 그 절차의 이행에 흠이 없을 것, ⑦ 자기자본비율, 부채 등이 적절한 수준일 것, ⑧ 주요 출자자가 충분한 출자능력과 건전한 재무상태를 갖추고 있을 것 등의 기준에 적합한지를 심사하여야 한다(금산 4조 3항). 금융위원회는 금융기관 간의 합병을 인가하려면 금융기관 간의 경쟁을 실질적으로 제한하지 아니하는지에 대하여 미리 공정거래위원회와 협의하여야 한다. 또한 인가심사기준에 비추어 금융산업의 건전한 발전을 위하여 필요하다고 인정하면 인가에 조건을 붙일 수 있다(금산 4조 4항·5항).

Ⅲ. 해산 및 폐업

1. 총   설

가. 은행업의 종료원인

은행이 해산 또는 폐업 등의 사유로 은행업을 종료하는 경우는, 은행 측의 의사에 따라 은행업무를 종료하는 임의종료와 기타의 경우인 강제종료로 대별할 수 있다. 임의종료는 은행의 자의에 의한 해산 또는 폐업이고, 강제종료는 은행이 은행법 등의 규정에 의하여 은행업인가가 취소되어 강제해산되는 경우이다.

임의종료원인 중 해산이란 은행이 영업활동을 종료하고 재산관계의 청산에 들어가는 상태를 말하고, 폐업이란 은행업을 폐지하고 난 후 타업 등을 영위하는 것을 말한다.

나. 은행업의 종료에 대한 제한

은행법은 은행업의 영위, 은행의 합병, 영업의 양도·양수 등이 감독당국의 인가사항으로 되어 있는 것처럼, 은행의 해산이나 은행업의 폐지와 같이 은행업을 종료한다는 중대한 결정에 대하여도 이를 당사자의 자유에 맡기지 않고 감독당국의 인가사항으로 규정하여 관여하고 있다.

예금자보호나 신용질서유지 등 공공성의 관점에서 본다면, 합병이나 영업의 양도·양수보다도 오히려 은행의 해산이나 폐업 등에 감독당국의 규제 내지 감독이 더 필요할 것이다. 또한 그 후의 채무관계의 정리과정, 즉 청산·파산 등에 관하여도 예금자보호의 관점에서 계속적인 감독이 필요할 것이다.[1]

일반적으로 회사가 도산하는 경우 채권자가 실력을 행사하여 자의로 채권을 회수할 수 없다. 이 경우에는 경매, 강제집행 등의 방법으로 권리의 실현을 도모해야 하는데 이는 사회질서를 유지하기 위함이다. 그리고 채무자의 총재산을 대상으로 전채권자를 위하여 공평하게 배당을 하거나, 기업의 재건을 도모하면서 공평하게 변제를 할 수 있게 하는 법제도가 있다. 공평배당을 목적으로 하는 파산, 재건을 목적으로 하는 화의·회사정리 등의 제도가 이에 해당한다.[2]

은행이 해산 또는 폐업하려는 경우에는 은행의 채권자인 예금자를 최대한 보호할 필요가 있다. 또한 우리나라 전체 내지 영업지역에 있어서의 금융경제에 미치는 영향과 일반고객의 금융서비스 수혜확보 문제 등을 고려하여야 하고, 은행 측의 사정만으로 이 문제를 처리할 수 없기 때문에 감독당국의 관여가 필요한 것이다. 이러한 취지에서 은행법은 특별히 제한(인가)을 하고 있는 것이다.[3]

2. 해   산

가. 개   념

회사의 해산이란「회사의 법인격(회사의 권리능력)을 소멸시키는 원인이 되는 법률요건」을 말한다.[4] 회사의 법인격의 소멸을 가져오는 원인이 되는 법률사실을 해산이라고 하고, 해산에 이어 기존의 법률관계를 마무리하는 절차를 청산이라고 한다. 회사의 법인격은 해산에 의하여 곧 소멸하는 것이 아니라 해산에 의하여 청

---

1) 詳解, 446면.
2) 詳解, 446면.
3) 詳解, 446~447면.
4) 상법강의(상), 526면.

산의 절차에 들어가게 되고, 이 청산절차가 종료한 때에 비로소 소멸하게 된다.

나. 인   가

(1) 해산인가의 사유

일반적으로 주식회사는 해산함으로써 임의로 영업을 종료할 수 있고, 이에 대하여 상법상의 제약은 없다. 상법은 주식회사의 경우, ① 존립기간의 만료 기타 정관으로 정한 사유의 발생, ② 합병, ③ 파산, ④ 법원의 명령 또는 판결, ⑤ 회사의 분할 또는 분할합병, ⑥ 주주총회의 결의 등을 해산사유로 규정한다(상법 517조). 은행은 상법상 해산사유에 해당하는 경우에도 은행업무의 공공성, 예금 자보호 등을 위하여 감독당국의 인가를 받아야 해산할 수 있다.

그런데 상법상의 해산사유의 모두에 감독당국의 인가가 필요한가의 문제가 있다. 분할(분할합병 포함)과 합병의 경우에는 이미 금융위원회의 인가사항으로 되어 있으므로(법 55조 1항 1호), 이로 인한 해산에 다시 금융위원회의 인가를 받을 필요는 없다. 또한 파산 및 법원의 명령 또는 판결에 의한 해산의 경우에는 법원의 통제 하에 적정절차를 거쳐 수행되므로 은행법상 다시 금융위원회의 인가를 받을 필요는 없을 것이다.[1] 그런데 '존립기간의 만료 기타 정관으로 정한 사유의 발생'은 법률행위가 아니고 단순한 사실행위 또는 사건의 발생일 경우가 있으므로, 이 경우에는 감독당국의 인가 없이 곧바로 해산의 효력이 발생한다고 본다.[2] 왜냐하면 행정법상의 인가란 어디까지나 제 3 자의 법률행위에 동의를 부여하여 그 행위의 효력을 보충함으로써 법률상의 효력을 완성시키는 행정행위이기 때문이다.[3] 따라서 금융위원회의 인가를 받아야 하는 해산사유는 '주주 총회의 특별결의'에 의한 경우뿐이라고 본다.

(2) 인가 심사기준

은행의 해산은 당해 은행의 예금자나 거래처와 국민 및 국민경제 전반에 미치는 영향이 매우 크기 때문에 이를 은행의 의사에만 맡겨두지 않고 금융위원회의 인가를 받도록 하고 있다(법 55조 1항 2호). 금융위원회는 은행이 해산하려는 때에는, ① 해당 은행의 경영 및 재무상태 등에 비추어 부득이할 것, ② 예금자

---

1) 파산, 법원의 명령 또는 판결에 의하여 해산하는 경우에도 은행업인가 취소는 필요하다(재정경제부는 5개 퇴출은행에 대하여 1998. 9. 29. 은행업인가를 취소한 바 있다).
2) 은행이 원시정관에 존립기간 또는 해산사유를 규정하거나 정관변경을 통하여 존립기간 또는 해산사유를 규정할 가능성은 미미하다.
3) 은행이 존립기간의 만료 또는 정관에서 정한 사유가 발생하면 해산의 효력이 발생되어 은행은 더 이상 은행업을 영위할 수 없게 되므로, 이러한 사유로 해산하는 경우에도 금융위원회의 인가를 받도록 할 경우 정관규정의 효력이 문제될 것이다.

등 이용자보호와 신용질서 유지에 지장을 주지 아니할 것, ③ 상법 및 자본시장법 그 밖의 관계법령에 따른 절차 이행에 하자가 없을 것 등의 기준을 충족하는지를 심사하여야 한다(법시행령 24조의7 2항).

3. 폐   업

은행은 주주총회의 특별결의로 은행업을 폐지한다는 취지의 정관변경을 하고, 감독당국의 인가를 받으면 폐업할 수 있다(법 55조 1항 2호). 은행업의 폐지는 해산과는 구별되나 사실상 해산과 동일한 효과를 가져 오는 것이므로 감독당국의 인가를 받도록 한 것과 인가기준은 해산의 경우와 동일하다(법시행령 24조의7 2항).

은행의 정관에는 당연히 은행업을 규정하고 있으나, 목적을 변경하여 은행업을 전부 폐지하고 다른 업종으로 전환하거나 일부를 폐지하고 계속 은행업을 영위하는 경우를 상정할 수 있다. 그런데 은행이 은행업을 전부 폐지하고 다른 종류의 금융기관으로 전환하는 경우에는 금융산업구조개선법에 따라 처리하도록 되어 있으므로 은행법에 의한 폐업의 인가는 은행이 은행업을 전부 폐지하는 경우에 해당한다. 은행업 폐지의 효력은 감독당국의 폐업인가를 받아야 발생하고, 그 시점에서 그 때까지 부여되어 있던 은행업인가도 실효된다.

은행업과 은행업무(고유업무, 부수업무, 겸영업무)는 다른 개념이나, 부수업무와 겸영업무는 은행업의 정의에 포함되지 않으므로(법 2조 1항 1호) 고유업무 이외의 업무의 폐지는 은행업의 폐지에 포함되지 않는다. 그리고 은행업의 일부 폐지(예컨대, 환업무를 폐지하는 경우)는 정관변경의 절차가 불필요하고 은행업의 폐지인가도 받을 필요가 없다.

Ⅳ. 영업의 전부 또는 일부의 양도·양수

1. 개   념

일반적으로 영업은 주관적 의미에서의 영업과 객관적 의미에서의 영업이라는 두 가지 의미로 이해된다. 주관적 의미에서의 영업은 기업(상인)의 영리활동을 의미하고, 객관적 의미에서의 영업은 일정한 영리목적을 위하여 조직화된 유기적 조직체로서의 영업재산 전체를 의미한다.

영업양도란 영업의 동일성을 유지하면서 객관적 의의의 영업(영업용 재산과 재산적 가치 있는 사실관계가 합하여 이루어진 조직적·기능적 재산으로서의 영업재산의 일체)

의 이전을 목적으로 하는 채권계약이다.1) 영업양도는 유기적 일체로서의 영업을 양도하는 것이 원칙이나, 전체적으로 영업의 동일성이 인정되는 한 구성부분의 일부를 제외(예컨대, 은행의 경우 일부 지점을 제외)하더라도 무방하다. 한편, 영업양수는 영업양도에 대비되는 개념이다.

　　자본주의의 발전과 더불어 경영을 합리화하고 이윤을 극대화하기 위한 목적으로 기업의 집중현상이 일어나게 된다. 영업의 양도·양수는 합병과 마찬가지로 기업집중현상의 한 형태이다.

2. 영업양도·양수에 대한 은행법상 규제

가. 인　　가

　　상법상으로는 영업의 전부 또는 중요한 일부의 양도, 회사의 영업에 중대한 영향을 미치는 다른 회사의 영업 전부 또는 일부의 양수의 경우에만 주주총회의 특별결의를 필요로 하나(상법 374조 1항 1호·3호), 은행법에서는 영업의 전부 또는 중요한 일부의 양도·양수에 대하여 금융위원회의 인가를 받아야 한다(법 55조 1항 3호). 중요한 일부의 양도·양수란 고유업무 또는 겸영업무 일부의 양도·양수를 말한다(법시행령 24조의7 5항). 예를 들면 은행이 겸영하고 있는 신탁업, 신용카드업을 양도·양수하고자 하는 경우에 인가대상에 해당된다. 영업의 양도에는 은행이 그 영업의 전부를 양도·양수하는 것으로 합병과 거의 같은 효과를 갖는 영업양도에서부터, 극히 일부 업무의 양도·양수에 이르기까지 다양한 형태가 있을 것이다. 그 중 부수업무 일부에 관한 영업의 양도·양수는 규제를 가할 필요가 없는 것으로 하여 인가사항으로 제한하지 않는다.

　　은행의 영업양도는 그 방법이나 규모 여하에 따라서 합병과 아주 유사한 면이 있다. 은행법상 영업양도의 인가도 합병의 경우와 마찬가지로 행정법상의 인가로서, 행정당국이 제3자의 행위를 보충하여 그 법률상의 효과를 완성시키는 행정행위이다. 따라서 인가를 받지 아니한 은행의 영업양도는 무효이다.2)

　　은행의 영업자체는 아니지만 ‘영업용 중요재산’을 양도하거나 양수하고자 하는 경우에도 인가를 받아야 하는지 여부가 문제될 수 있다. 영업 및 영업양도의 개념을 상법상의 그것에 따르는 이상 영업용 중요재산의 양도나 양수의 경우에는 인가대상에 포함되지 않는다고 보아야 할 것이다.3)

---

1) 상법강의(상), 167면.
2) 詳解, 442면.
3) 금융감독위원회는 2002. 4. 한빛은행(우리은행)의 전산부문 양도 인가신청에 대하여 이 조에

나. 인가의 심사기준

영업양도에 의한 기업의 집중은 그 경제적 효과에 있어서는 사실상 합병과 거의 같은 효과를 가져오기 때문에, 은행법 시행령은 인가시 심사기준에 있어서 영업양수의 인가에 관하여는 분할 또는 합병에 관한 심사기준을 준용하고, 영업양도의 인가에 관하여는 해산 또는 은행업 폐지의 심사기준을 각각 준용한다고 규정한다(법시행령 24조의7 3항). 또한 금융산업구조개선법에서도 금융기관이 영업의 전부를 다른 금융기관에 양도하고 소멸하는 경우와 다른 금융기관의 영업의 전부를 양수하는 경우에 관하여는 금융산업구조개선법 제 3 조부터 제 5 조까지, 제 5 조의2, 제 6 조부터 제 8 조까지 및 제 9 조 제 1 항 중 합병에 관한 규정을 준용한다고 규정한다(금산 26조).

다. 영업양도의 절차

일반회사의 경우 영업양도는 양도인과 양수인의 두 당사자가 체결하는 채권계약(개인법상의 법현상)에 의하여 그 법률상의 효력이 발생하는데, 이 점은 상법의 특별규정에 의하여 그 법률상의 효력이 발생하는 합병(단체법상의 법현상)과 근본적으로 구별된다.

영업양도는 당사자 간의 의사에 기한 계약에 의하여 특별승계 되는 것이므로, 당사자의 의사와는 무관하게 포괄승계 되는 합병과는 구별된다. 따라서 영업양도의 경우에는 양도인은 재산의 종류에 따라 각별로 이전행위를 해야 한다. 즉 부동산에 관하여는 등기가 있어야 하고, 동산에 관하여는 인도가 있어야 한다. 또 지명채권에 관하여는 채무자에 대한 통지 또는 채무자의 승낙이 있어야 한다. 은행의 경우에는 다수의 지명채권을 갖고 있기 때문에, 이러한 개별 채권마다 그 채무자에 대하여 각별로 통지를 해야 한다면 막대한 비용과 노력이 필요할 것이다. 이 점에 대하여 금융산업구조개선법에서는 금융기관이 영업의 전부를 양도·양수하는 경우에 동법 중 합병에 관한 규정을 준용한다고 규정하고 있고(금산 26조), 합병에 관한 규정 중에는 채권자에게 10일 이상의 기간을 정하여 이의를 제출할 것을 2개 이상의 일간신문에 공고함으로써 개별 채권자에 대한 최고를 생략할 수 있는 절차간소화 조항을 두어(금산 5조 3항), 이러한 문제를 입법적으로 해결하고 있다.

의한 인가대상이 아니라고 판단하여 인가신청을 반려한 바 있다.

V. 은행업의 강제종료

1. 총   설

해산·폐업·영업양도 등은 은행이 어떠한 사유로 인하여 임의로 은행업을 종료하는 경우에 해당되나, 은행은 강제로 은행업을 종료해야 하는 경우도 있다. 은행법상 은행업의 강제종료에 해당되는 경우로는 금융위원회에 의한 은행업의 인가취소에 의한 강제해산이 있고(법 53조 2항·56조 2항), 금융산업구조개선법상 행정처분으로서의 인가취소로 인한 강제해산이 있으며(금산 14조 2항·4항), 상법상 법원의 해산명령 또는 해산판결에 의하여 해산되는 경우(상법 517조 1호, 227조 5호·6호) 등이 있다.

2. 은행법상의 강제해산

은행은 은행업인가가 취소된 경우에는 해산하는데(법 56조 2항), 이 경우의 해산은 강제해산에 해당한다. 법원은 은행이 강제해산된 경우에는 이해관계인이나 금융위원회의 청구 또는 법원의 직권으로 청산인을 선임하거나 해임할 수 있다(법 56조 3항).

은행이 은행업인가를 취소당하면 은행업을 영위할 수 없으므로 더 이상 은행이 될 수 없고 은행법의 적용대상에서 제외된다. 그러나 단순히 은행이 아닐 뿐 주식회사로서의 존재는 계속 유지된다. 은행법 제56조의 강제해산규정은 은행업인가가 취소된 주식회사가 자발적으로 해산하지 않는 한 예금자를 그대로 둔 채로 계속 존속하게 되는 현상을 부정하고 해산을 강제하는 법적 근거이다.

은행업인가가 취소된 은행은 인가취소사유에 비추어, 재무상태 내지 경영상황이 현저히 불량하여 개선의 가망이 없거나 극히 곤란한 사정 등이 있거나, 영업의 내용이 반사회적이어서 존속자체가 사회적 위험을 초래할 우려가 있는 등의 사정이 있다고 보아야 하기 때문에, 조속히 청산절차로 이행하여 채권·채무의 정리를 도모하는 것이 예금자보호 등 공공성의 목적에서 타당하기 때문이다.[1]

은행이 본업인 은행업의 인가를 취소당하였다면 해산이 불가피하나, 그 결과 타법률에 의하여 영위하는 겸영업무의 수행도 또한 허용되지 않는다. 이는 은행이 겸영을 인가받은 타업은 어떠한 것이든 본업으로서의 은행 또는 은행업

---

1) 詳解, 457면.

의 신용과 기능을 전제로 하고 있기 때문이다. 예컨대 은행업인가가 취소되면 은행이 타 법률에 의하여 인가받은 겸영업무인 신탁업무나 신용카드업무 등도 당연히 종료된다.[1]

3. 금융산업구조개선법상의 강제해산

금융산업구조개선법상의 강제해산은 부실금융기관의 정리를 위한 행정처분에 의하여 은행업이 강제종료되는 경우이다. 금융위원회는 부실금융기관이 일정한 요건에 해당하는 경우에는 그 부실금융기관에 대하여 계약이전의 결정, 6개월 이내의 영업정지, 영업의 인가·허가의 취소 등 필요한 처분을 할 수 있다(금산 14조 2항). 금융기관이 이러한 행정처분에 의하여 영업의 인가·허가 등이 취소된 때에는 해산한다(금산 14조 4항). 행정처분의 요건은, ① 적기시정조치(금산 10조 1항) 또는 주식의 소각 또는 병합명령(금산 12조 3항)에 따른 명령을 이행하지 아니하거나 이행할 수 없게 된 경우, ② 적기시정조치에 의한 명령 및 예금보험공사의 알선[2]에 따른 부실금융기관의 합병 등이 이루어지지 아니하는 경우, ③ 부채(負債)가 자산을 뚜렷하게 초과하여 적기시정조치에 의한 명령의 이행이나 부실금융기관의 합병 등이 이루어지기 어렵다고 판단되는 경우, ④ 자금사정의 급격한 악화로 예금 등 채권의 지급이나 차입금의 상환이 어렵게 되어 예금자의 권익이나 신용질서를 해칠 것이 명백하다고 인정되는 경우 등의 어느하나에 해당하는 경우이다(금산 14조 2항).

Ⅵ. 청 산

1. 총 설

가. 의 의

회사는 합병(주식회사의 경우는 분할 및 분할합병을 포함)의 경우를 제외하고는 해산으로 바로 소멸하지 않는데, 이 점은 은행도 동일하다. 즉 기존의 법률관계를 처리하기 위하여 청산 내지 파산의 절차가 종료할 때까지는 청산 내지 파산의 목적의 범위 내에서 해산 전의 은행과 동일한 인격을 유지한다.

---

1) 詳解, 457면~458면.
2) 예금보험공사는 금융기관이 적기시정조치를 원활하게 이행할 수 있도록 하기 위하여 필요하다고 인정되면 금융기관 간의 합병이나 영업의 양도·양수 또는 제3자에 의한 인수를 알선할 수 있다(금산 11조 3항).

청산이란 「회사가 해산 후 그 재산적 권리의무를 정리한 후 회사의 법인격을 소멸시키는 것」을 말한다.[1] 합병(분할 및 분할합병 포함)과 파산이 해산사유인 경우 청산을 필요로 하지 않는다. 해산 후 청산 중의 회사를 청산회사라고 하는데, 청산회사는 청산의 목적범위 내에서만 활동하고 그 법인격은 종전의 회사와 동일하다. 주식회사가 해산하면, 합병·분할·분할합병과 파산의 경우를 제외하고는 청산을 하여야 하는데, 청산회사의 권리능력은 청산의 목적범위내에서 존속하는 것으로 본다(상법 542조 1항, 245조).

나. 종   류
청산절차에는 임의청산과 법정청산의 두 가지가 있다. 임의청산은 인적회사가 해산한 경우에 정관 또는 총사원의 동의로 회사재산의 처분방법을 임의로 정하는 청산방법이다(상법 247조). 임의청산의 경우에도 채권자보호절차를 취하여야 한다(상법 248조, 249조, 269조). 이에 대하여 법정청산은 물적회사가 해산한 경우 또는 인적회사에서 임의청산의 방법에 의하지 않는 경우에 이용되는 청산방법인데, 그 절차에 관하여 상법은 상세히 규정하고 있다. 법정청산의 경우 상법은 회사채권자와 사원을 보호하기 위하여 엄격하게 규정하고 있다(상법 250조 이하, 542조).

주식회사에 있어서는 회사재산만이 회사채권자의 유일한 담보이고 또 이해관계인이 다수이고 그 기구가 복잡하기 때문에 그 청산방법을 회사에 임의로 맡길 수 없고 상법에서 강행법규로 규정할 필요가 있다. 따라서 주식회사의 청산에는 인적회사와는 달리 임의청산이 없고 법정청산만이 있다.[2] 이에 따라 은행의 청산 내지 파산은 법원의 감독 하에서 이루어진다. 이 단계에서는 당사자의 자율성은 제한되고 법원의 권한이 강화되는 한편, 감독당국의 의견진술 등 협조가 필요하므로, 법원과 감독당국의 긴밀한 협력관계가 매우 중요하다.[3]

다. 은행청산의 특수성
은행도 일반적으로 주식회사이기 때문에 청산의 경우 법정청산에 의한다. 주식회사의 청산의 경우에는 채권자보호를 위한 제도가 있기는 하지만, 법정의 범위 내에서 당사자의 자치적 처리에 맡기는 것을 원칙으로 하고 있다(상법 531조 1항, 539조 1항).

그러나 은행의 경우에는 예금자 등 방대한 채권자집단이 있다. 이러한 은행

---

1) 상법강의(상), 529면.
2) 상법강의(상), 1246면.
3) 詳解, 469면.

의 청산은 일반 주식회사의 청산에 비하여 공공적 견지에서 보다 엄격한 감독 하에서 수행될 것이 요청된다. 따라서 일반공중인 예금자 등은 그 숫자는 방대 하지만 횡적연대가 없는 집단이기 때문에, 이러한 채권자들이 청산의 과정에서 거액채권자인 대기업거래처 등에 비하여 불리한 취급을 받지 않도록 법제도면 에서 충분한 조치가 필요하다.[1] 따라서 은행법에서는 은행이 은행업의 인가취 소로 강제해산 되는 경우에는 법원이 금융위원회의 청구에 의해서도 청산인을 선임하거나 해임할 수 있도록 규정하고 있고(법 56조 3항), 은행이 해산하거나 파 산한 경우에는 금융감독원장 또는 그 소속 직원 1명이 청산인이나 파산관재인으 로 선임되도록 규정하고 있으며(법 57조 1항), 금융산업구조개선법에서는 금융위 원회에 청산인 등의 추천권을 부여하고 있다(금산 15조 1항).

2. 청 산 인

가. 의   의

청산회사는 영업을 하지 않으므로 청산회사에서는 해산 전의 회사의 업무 집행기관은 그 권한을 잃는다. 청산회사의 업무집행기관은 청산인인데, 이 청산 인은 해산 전의 회사의 업무집행기관과는 다르다. 주식회사가 청산에 들어가면 청산인을 선임하여야 한다. 청산인은 「청산중의 회사의 청산사무를 담당하는 자」 이다.[2] 청산인의 수에 대하여는 상법상 제한이 없으므로(상법 542조에서 383조를 준 용하지 않음) 1인 이상이면 무방하다고 보는데 청산인이 1인이면 그가 대표청산인 이 된다. 청산인이 3인 이상 복수로서 청산인회를 구성하는 경우에는 이사회에 관한 규정이 준용된다(상법 542조 2항).[3] 이러한 청산인회와 대표청산인은 존속중 의 회사에서의 이사회와 대표이사에 대응된다.

나. 직무권한과 의무

청산인의 직무권한은 ① 현존사무의 종결, ② 채권의 추심과 채무의 변제, ③ 재산의 환가처분, ④ 잔여재산의 분배 등이다(상법 254조, 542조 1항). 이 중에서 법률적으로 가장 문제가 되는 것은 채무의 변제이므로 상법은 이에 관하여 상세 한 규정을 두고 있다(상법 535조~537조).

청산인은 그 직무와 관련하여 많은 의무를 부담한다. 즉 청산인은 법원에 대한 청산인의 취임신고의무(상법 532조), 회사재산의 조사보고의무(상법 533조),

---

1) 詳解, 466면.
2) 상법강의(상), 1246면.
3) 상법강의(상), 1246면.

감사에 대한 대차대조표 및 그 부속명세서와 사무보고서의 제출의무 및 본점비치와 열람제공의무(상법 534조 1항~4항), 정기총회에 대한 대차대조표 및 사무보고서의 승인요구의무(상법 534조 5항), 파산원인을 발견한 경우 파산선고의 신청의무 등을 부담한다(회생 295조 2항, 상법 542조 2항).

다. 선임과 해임

(1) 상법의 규정

청산인은 제 1 차적으로 자치적으로 선임되는데, 이렇게 자치적으로 선임되지 않으면 제 2 차적으로 해산 전의 회사의 업무집행기관(인적회사의 경우는 업무집행사원, 유한책임회사의 경우는 업무집행자, 물적회사의 경우는 이사)이 된다(상법 251조, 287조의45, 531조 1항 본문, 613조 1항). 주식회사의 경우 청산인은 합병·분할합병 또는 파산의 경우 외에는 이사가 되는 것이 원칙이지만(법정청산인), 예외적으로 정관에서 다른 정함을 하거나 주주총회의 결의로 이사 외의 자를 선임할 수 있다(상법 531조 1항).

(2) 은행법의 규정

은행의 강제해산으로 인한 청산의 경우에는 엄격감독의 필요상 감독당국이 개입하고 법원이 관여한다. 은행은 해산 전까지는 은행법에 의하여 감독당국의 엄격한 감독하에 놓여져 있지만, 예금자보호 등의 공공목적을 위하여는 청산과정에서도 상법상의 청산절차는 물론이고, 이에 더하여 은행법 기타 특칙을 두어 엄격히 감독할 필요가 있다. 은행의 경우에는 은행법 등에서 예금자보호 등의 관점에서, 해산이든 폐업이든 어떠한 영업종료사유에 있어서도 이를 상법의 원칙이나 은행의 임의에 맡기지 않고 있다.

은행법은 은행이 은행업의 인가취소로 강제해산되는 경우에는 법원이 이해관계인이나 금융위원회의 청구 또는 법원의 직권으로 청산인을 선임하거나 해임할 수 있도록 규정하고(법 56조 3항), 은행이 해산하거나 파산한 경우에는 금융감독원장 또는 그 소속 직원 1명이 청산인이나 파산관재인으로 선임되도록 규정함으로써(법 57조 1항), 은행의 청산과정에 감독당국이 계속 관여할 수 있는 길을 열어 두고 있다.

은행업의 인가취소에 의한 해산으로 청산절차에 들어가더라도 인가취소에 책임이 있는 인가취소 당시의 이사가 청산인이 되는 것은 불합리하고, 감독당국은 인가취소의 당사자로서 인가 취소의 취지가 제대로 구현되도록 법원에 청산인의 선임을 청구하는 것이다. 은행법은 은행의 강제해산시 청산인의 선임권을 자치에 맡기지 않고 이를 법원의 권한으로 규정함으로써, 일반회사의 청산과는 달리 은행의 청산의 경우에는 법원의 관여를 제도화하였다. 이것은 강제해산의 대상이 된 은행은 영업상태가 현저히 불량하다던가, 그 은행의 존속 자체가 공공의 이익을 크게 해할 우려가 있었던 경우로서, 그러한 은행의 임원 등에게 청산절차를 맡긴다는 것은 예금자 등의 이익을 해할 우려가 있다고 보기 때문이다.[1]

(3) 금융산업구조개선법상의 청산인 추천권

금융산업구조개선법에 의하면 금융위원회는 금융기관이 해산하거나 파산한 경우에는 상법 및 채무자회생법의 규정에도 불구하고, ① 대통령령으로 정하는 금융전문가, ② 예금보험공사의 임직원 중에서 1명을 청산인 또는 파산관재인으로 추천할 수 있으며, 법원은 금융위원회가 추천한 사람이 금융 관련 업무지식이 풍부하고 청산인 또는 파산관재인의 직무를 효율적으로 수행하기에 적합하다고 인정되면 청산인 또는 파산관재인으로 선임하여야 한다. 이 경우 금융위원회는 그 금융기관이 예금자보호법에 따른 부보금융기관으로서 예금보험공사 또는 정리금융기관이 그 금융기관에 대하여 최대채권자에 해당하면 예금보험공사의 임직원을 추천하여야 한다(금산 15조 1항).

라. 청산인의 선임·해임 등의 재판

청산인의 선임 또는 해임의 재판에 대하여는 불복의 신청을 할 수 없다(비송 119조). 이 점은 법원이 은행의 청산의 감독에 관하여 한 명령에 대하여도 같다.

3. 청산절차

청산인은 법원에 대한 취임신고(상법 532조), 회사재산의 조사(상법 533조) 등의 절차에 이어서, 채권추심·채무변제·재산의 환가처분 등의 사무를 처리하고, 잔여재산을 귀속권리자에게 분배한다(상법 542조 1항, 254조 1항). 이러한 절차는 회사가 채무를 완제할 수 있는 경우이다. 그런데 청산중 회사의 재산이 그 채무를 완제하기에 부족한 것이 분명하게 되어 파산원인을 발견한 경우에는 지체 없이 파산선고를 신청하여야 한다. 파산선고 후에는 파산관재인에 의해서 채권자·채무자의 이해조정이 이루어진다. 일반적으로 채무초과의 상태에 있더라도 회사를 해체하는 것보다는 오히려 갱생의 방법을 취하는 경우도 있다. 즉 채무자회생법에 의한 화의절차 등이 이에 해당한다.

회사의 해산 후 청산목적의 범위 내에서 존재하는 법인인 청산법인은 이상

---

1) 詳解, 467면

의 청산절차가 완료함과 동시에 소멸한다. 청산사무가 종결된 때에는 청산인은 지체없이 결산보고서를 작성하고, 이를 주주총회에 제출하여 승인을 얻은 후(상법 540조 1항), 소정의 기간 내에 청산종결의 등기를 하여야 한다(상법 264조, 542조 1항).

4. 청산에 관한 비송사건절차법상의 특칙

은행의 청산에 관한 사건의 처리는 일반회사의 경우와 같이 비송사건절차법에 의한다. 은행의 청산에 관한 사건은 주식회사인 경우 그 관할법원은 본점소재지의 지방법원 합의부의 관할로 한다(비송 117조 2항). 또한 은행의 청산에 대한 감독권은 일반회사의 경우와 같이 법원에 있다(비송 118조 1항).

은행의 청산사무감독을 적정하고 효율적으로 수행하기 위해서는 청산에 관한 감독주체인 법원과 감독당국인 금융위원회 상호간에는 긴밀한 협조관계의 유지가 필수불가결하다. 이러한 요청에 따라 은행청산실무에 있어서 법원은 은행의 업무를 감독하는 관청에 의견의 진술을 요청하거나 조사를 촉탁할 수 있고(비송 118조 2항), 또한 은행의 업무를 감독하는 관청은 법원에 그 은행의 청산에 관한 의견을 진술할 수 있다(비송 118조 3항).

제 3 장

은행거래법

제 3 장 은행거래법

제 1 절 총 설

은행법과 그 시행령은 은행이 영위할 수 있는 업무를 「은행업무(법 27조)」, 「부수업무(법 27조의2)」 및 「겸영업무(법 28조)」 등 3종으로 크게 나눈 후, 다시 세부적으로 그 종류를 열거하고 각 업무에 따른 행정적인 규제를 가하고 있다. 그러나 은행과 고객 사이의 거래에 관한 「사법적(私法的)」인 법률관계는 거의 전적으로 각종 「은행거래약관」에 맡겨져 있는 실정이다.[1] 본장에서는 은행업무에 대한 개황과 공법적인 규제를 간단히 서술하고, 주로 은행이 영위하는 각종 업무의 법적 성격과 거래로 인하여 발생하는 「사법적」 법률관계를 중심으로 서술한다.

Ⅰ. 은행이 할 수 있는 업무의 종류

1. 업무종류의 법제화

1) 은행은 은행법 또는 그 밖의 관계법령에서 정한 범위에서 모든 업무를 운영할 수 있다(법 27조 1항). 은행이 법률의 범위에서 업무를 운영할 수 있도록 제한한 것은, ① 은행처럼 공공성이 강한 기업은 가능한 한 그 본업에 전념하고, 여신·수신의 양면에서 사회적 의무와 경제적 기능을 충실히 발휘하여야 하는 점, ② 은행이 법령에서 정한 업무 외의 업무를 영위하는 것을 허용한다면 은행의

---

[1] 공정거래위원회에 따르면, 현재 은행거래와 관련된 약관은 약 1,000여 종이 있다고 한다.

주된 업무가 그 영향을 받아 고객에 대한 서비스의 수준 저하를 초래하고, 나아가 예금자의 자산과 거래처의 안전을 해칠 우려가 있다는 점 등이 그 이유이다.

2) 종전의 은행법에서는 은행업의 범위를 대통령령에 위임하고, 부수업무도 정부의 고시(告示) 등으로 정하도록 되어 있었으나, 개정 은행법은 은행이 영위할 수 있는 모든 업무를 법제화함으로써 정부의 자의로 은행의 업무범위가 변동되는 일이 없도록 하였다. 이러한 조치에서 나아가 은행의 주요업무에 대하여는 은행과 고객 사이의 기본적인 법률관계까지 법제화하는 단계로 발전되는 것이 바람직하다고 본다.

2. 은행이 영위하는 업무의 종류

가. 은행업무(고유업무)

은행업무란 은행업 그 자체, 즉 은행의 본질적인 업무를 말하는데 이를 고유업무라고 부르기도 한다. 은행업무의 범위는 다음과 같다(법 27조 2항).[1]

① 예금·적금의 수입 또는 유가증권 기타 채무증서의 발행

② 자금의 대출 또는 어음의 할인

③ 내·외국환

불특정다수를 대상으로 ① 예금·적금을 수입하거나 또는 유가증권 기타 채무증서의 발행업무와 ② 자금의 대출 또는 어음의 할인업무를 함께 영위하는 것이 「은행업」(법 2조 1항 1호)에 해당하는 것이고, ③의 내·외국환업무는 「환업무」로서 별도로 규정하지 않더라도 은행업을 영위함에 있어서 필수불가결한 업무이다. 이에 관한 상세는 후술한다.

나. 부수업무

은행은 은행업무(고유업무)에 부수하는 업무를 운영할 수 있다(법27조의2 1항). 이를 「부수업무」라고 한다. 부수업무는 원칙적으로 「신고사항」이다. 그러나 다음의 업무는 신고를 하지 아니하고 운영할 수 있다(법 27조의2 2항). 이에 관한 상세는 후술한다.

① 채무의 보증 또는 어음인수

② 상호부금

③ 팩토링

---

1) 이러한 고유업무를 영업으로 할 경우 상법상의 「기본적 상행위」가 되며 이를 영위하는 자는 「당연상인」이 된다(상법 4조, 46조 8호).

④ 보호예수

⑤ 수납 및 지급대행

⑥ 지방자치단체의 금고대행

⑦ 전자상거래와 관련한 지급대행

⑧ 은행업과 관련된 전산시스템 및 소프트웨어의 판매 및 대여

⑨ 금융관련 연수, 도서 및 간행물 출판업무

⑩ 금융관련 조사 및 연구업무

⑪ 기타 대통령령으로 정하는 업무[1]

다. 겸영업무

은행은 은행업이 아닌 업무로서 다음과 같은 업무를 「겸영업무」로 직접 운영할 수 있다. 은행이 겸영업무를 직접 운영하려는 경우에는 금융위원회에 「신고」하여야 한다(법 28조 1항·2항). 상세는 후술한다.

① 대통령령으로 정하는 금융 관련 법령에서 인가·허가 및 등록 등을 받아야 하는 금융업무(법 28조 1항 1호, 법시행령 18조의2 1항·2항)

(a) 자본시장법에 따른 업무로서 파생상품의 매매·중개 업무, 파생결합증권의 매매업무, 국채증권·지방채증권 및 특수채증권의 인수·매출 업무, 국채증권·지방채증권·특수채증권 및 사채권의 매매업무, 국채증권·지방채증권 및 특수채증권의 모집·매출 주선업무, 집합투자업, 투자자문업, 신탁업, 집합투자증권에 대한 투자매매업, 집합투자증권에 대한 투자중개업, 일반사무관리회사의 업무, 명의개서대행회사의 업무, 환매조건부매도 및 환매조건부매수의 업무

(b) 「보험업법」에 따른 보험대리점의 업무

(c) 「근로자퇴직급여 보장법」에 따른 퇴직연금사업자의 업무

(d) 「여신전문금융업법」에 따른 신용카드업

(e) 「담보부사채신탁법」에 따른 담보부사채에 관한 신탁업

(f) 기타 금융위원회가 정하여 고시하는 업무

② 대통령령으로 정하는 법령에서 정하는 금융 관련 업무로서 해당 법령에서 은행이 운영할 수 있도록 한 업무(법 28조 1항 2호, 법시행령 18조의2 3항)

은행법 및 그 시행령 또는 은행업감독규정에서 열거하고 있는 은행의 부수

---

1) 이 때의 "대통령령으로 정하는 업무"란 다음의 업무이다(법시행령 18조 1항).
 (a) 업무용 부동산의 임대
 (b) 수입인지, 복권, 상품권 또는 입장권 등의 판매 대행
 (c) 은행의 인터넷 홈페이지, 서적, 간행물 및 전산 설비 등 물적 설비를 활용한 광고 대행 등.

업무 또는 겸영업무를 제외하고, 대통령령으로 정하는 법령에서 정하는 금융 관
련 업무로서, 해당 법령에서 은행이 (인·허가 또는 등록 없이) 위탁받아 운영할 수
있도록 한 업무는 다음과 같은 것을 예로 들 수 있다.

　　(a) 선박투자회사법 제 2 조 제 3 호의 자산보관회사(자본시장법에 따른 신탁업자
로서 선박투자회사의 위탁을 받아 그 자산의 보관 및 이와 관련된 업무를 하는 회사)업무

　　(b) 한국주택금융공사법 제45조 제 1 항에 따른 주택저당채권의 관리·운용
및 처분에 관한 수탁업무

　　③ 그 밖에 그 업무를 운영하여도 은행법 제27조의2 제 4 항 각 호의 어느
하나에 해당할 우려가 없는 업무로서 대통령령으로 정하는 금융업무(법 28조 1항
3호, 법시행령 18조의2 4항)

　　(a) 「자산유동화에 관한 법률」에 따른 유동화전문회사의 유동화자산 관리의
수탁업무 및 채권추심 업무의 수탁업무

　　(b) 「주택저당채권유동화회사법」에 따른 주택저당채권유동화회사의 유동화
자산 관리의 수탁업무 및 채권추심 업무의 수탁업무

　　(c) 기업의 인수 및 합병의 중개·주선 또는 대리 업무

　　(d) 기업의 경영, 구조조정 및 금융 관련 상담·조력 업무

　　(e) 증권의 투자 및 대차거래 업무

　　(f) 상업어음 및 무역어음의 매출

　　(g) 금융관련법령에 따라 금융업을 경영하는 자의 금융상품 및 「무역보험법」
에 따른 무역보험의 판매 대행

　　(h) 은행법, 금융관련법령 또는 외국 금융 관련 법령에 따라 금융업자 또는
기업으로부터 대가를 받고 기업에 금융업자의 대출을 중개하는 업무

　　(i) 국외지점이 소재하는 국가의 관련 법령에 따라 영위할 수 있는 업무

　　(j) 그 밖에 해당 업무를 운영하여도 법 제27조의2 제 4 항 각 호의 어느 하
나에 해당할 우려가 없는 업무로서 금융위원회가 정하여 고시하는 업무[1]

---

1) 은행업감독규정 제25조의2 2항 : 영 제18조의2 제 4 항 제10호에서 "금융위가 정하여 고시하는
　업무"란 다음 각 호의 업무를 말한다.
　　1. 신용정보서비스
　　2. 상법 제480조의2에 따른 사채관리회사의 업무
　　3. 중소기업협동조합법 제115조에 따른 소기업·소상공인공제(중소기업중앙회가 당해 공제의
　　　약관에 대해 금융감독원과 사전협의한 경우에 한한다)의 판매대행.

[은행의 업무범위]

구 분	업무내용	근거규정
고유업무	− 예금·적금의 수입 또는 유가증권 기타 채무증서의 발행 − 자금의 대출 또는 어음의 할인 − 내·외국환	법 27조 2항
부수업무	− 채무의 보증 또는 어음의 인수 − 상호부금 − 팩토링 − 보호예수 − 수납 및 지급대행 − 지방자치단체의 금고대행 − 전자상거래와 관련한 지급대행 − 은행업과 관련된 전산시스템 및 소프트웨어의 판매 및 대여 − 금융 관련 연수, 도서 및 간행물 출판업무 − 금융 관련 조사 및 연구업무 등	법 27조의2 2항
겸영업무	− 금융 관련 법령에서 인가·허가 및 등록 등을 받아야 하는 업무 중 대통령령으로 정하는 금융업무 − 금융 관련 법령에서 정하는 업무로서 해당 법령에서 은행이 운영할 수 있도록 한 업무 − 그 밖에 대통령령으로 정하는 금융업무	법 28조 1항

3. 법령에 위반한 업무의 사법(私法)상의 효력

1) 회사는 법률에 의하여 법인격(권리능력)을 부여받으므로, 법률에 의하여 권리능력이 제한될 수 있음은 당연하다. 회사법상의 일반회사와는 달리 은행은 은행법 또는 각종의 특별법령에 의하여 특정행위가 제한되거나 금지되는 경우가 있다(법 35조의 동일차주 등에 대한 신용공여한도, 법 35조의2의 대주주에 대한 신용공여한도, 법 37조의 자회사 등에 대한 대출규제, 법 38조의 여신에 관한 금지업무 등).[1] 이에 대하여는 그러한 규정을 효력법규로 보고 특별법에 의한 권리능력의 제한이라고 설명하는 견해[2]와 그러한 규정을 단속법규로 보고 이 규정을 특별법에 의한 권리능력의 제한이라고 볼 수 없다는(즉 권리능력과는 무관하다는) 견해[3]로 나뉘어 있다.

생각건대 이러한 특별법상의 제한규정을 일률적으로 단속규정으로 보면 그러한 제한 목적에 반할 뿐만 아니라, 때에 따라서는 일반공중의 손해발생의 위험도 있기 때문에, 일률적으로 단속규정으로 보는 견해에는 찬성할 수 없다. 따

---

1) 보험회사에 대하여도 이와 유사한 규정이 있다(보험 9조, 10조 등).
2) 최기원, 「신회사법론」, 박영사, 2012, 84면; 손주찬, 「상법(상)」, 박영사, 2004, 446면.
3) 정동윤, 「회사법」, 법문사, 2001, 48면; 이철송, 「회사법강의」, 박영사, 2013, 73면.

라서 각종의 특별법상의 개별적인 제한 규정에 따라 그 제한 목적과 일반공중의 이익을 고려하여 효력규정으로 해석해야 할지의 여부를 결정해야 하고, 효력규정으로 해석될 때에는 특별법에 의한 권리능력의 제한으로 보아야 할 것이다.[1]

은행이 영위할 수 있는 업무를 법령으로 제한한 것이 은행의 권리능력을 제한한 것이라는 입장을 취한다면 이에 위반되는 행위의「사법상」의 효력은 없는 것이 된다. 그러나 은행의 업무범위를 획정하여 그 한계를 정하는 경계선이 상당히 가변적인 점에 비추어 본다면, 거래의 안전과 법적 안정성을 해하면서까지 은행의 권리능력을 제한하는 것은 무리가 있다고 보지 않을 수 없다. 외견상 명백히 은행법의 목적에 반하지 않는다면 제한업무에 위반하는 행위의「사법상」의 효력을 인정하여도 무방하다고 본다. 그러나 은행 또는 그 임·직원이 위와 같은 법령위반 행위를 한 경우, 그 행위 자체의 사법상 효력에는 영향이 없더라도, 과징금의 부과(법 65조의3)와 처벌(법 66조)을 받는 것은 별개의 문제이다.

[특별법상의 제한을 효력규정으로 본 판례]

[상호신용금고법 제17조에 위반한 차입행위의 효력]

상호신용금고법 제17조 제 1 항 및 제 2 항의 차입행위등 채무부담제한에 관한 규정은 서민의 금융 및 저축업무를 담당하는 상호신용금고가 경영자의 무분별하고 방만한 채무부담행위로 인한 자본구조의 악화로 불실화됨으로써 그 업무수행에 차질을 초래하고 신용질서를 어지럽게 하여 서민거래자의 이익을 침해하는 사태가 발생함을 미리 방지하려는 데에 그 입법취지가 있다고 하겠으므로, 이러한 차입등 채무부담의 제한규정은 단순한 단속법규가 아니라 효력법규로서 이에 위반한 채무부담행위는 무효라고 보아야 할 것이다(대판(전) 1985. 11. 26, 85다카122).[2]

[특별법상의 제한을 단속규정으로 본 판례]

[상호신용금고법 제12조 위반행위의 효력]

동일인에 대한 일정액을 넘는 대출 등을 원칙적으로 금하고 있는 상호신용금고법 제12조의 규정취지는 원래 영리법인인 상호신용금고의 대출업무 등은 그 회사의 자율에 맡기는 것이 원칙이겠지만 그가 갖는 자금중개기능에 따른 공공성 때문에 특정인에 대한 과대한 편중여신을 규제함으로써 보다 많은 사람에게 여신의 기

---

1) 상법강의(상), 466면.
2) (반대의견) 상호신용금고의 자금차입행위는 상호신용금고법 제11조 소정의 상호신용금고가 그 목적으로 하는 업무자체에는 해당하지 아니하나 그 소요자금의 조달 등 목적수행을 위하여 필요한 부수적 업무에는 해당한다 할 것이고 동법 제17조 제 2 항의 차입절차규정은 상호신용금고의 금융업무의 건실한 경영을 확보하고 계원 및 부금자등의 이익보호를 도모하기 위한 내부적인 제약규정으로 단속규정이라 할 것이므로 위 규정에 반하는 차입행위의 사법상의 효력을 부인할 것은 아니다.

회를 주고자 함에 있다 할 것이므로 이 규정은 이른바 단속규정으로 볼 것이고 따라서 그 한도를 넘어 대출 등이 이루어졌다 하더라도 사법상의 효력에는 아무런 영향이 없다(대판 1987. 12. 22, 87다카1458).

[단기금융업법 제11조가 효력규정인지 여부]
　단기금융업법 제11조를 둔 뜻은 원래 영리법인인 단기금융회사의 자금운용업무 등은 그 회사의 자율에 맡기는 것이 옳겠지만 그가 갖는 자금중개기능에 따른 공공성 때문에 특정인에 대한 과다한 자금의 편중운용을 규제함으로써 보다 많은 사람에게 여신의 기회를 주고자 함에 있다 할 것이므로 이 규정은 이른바 단속규정으로 볼 것이고 따라서 이를 위반하여 자금의 운용이 이루어졌다 하더라도 사법상의 효력에는 아무런 영향이 없다(대판 1987. 12. 8, 86다카1230).

2) 앞에서 본 바와 같이 은행이 「부수업무」와 「겸영업무」를 영위하고자 할 경우에는 원칙적으로 「신고」하도록 되어 있다(법 27조의2 2항, 28조 2항). 문제는 이러한 신고를 하지 않고 영위한 업무의 사법상의 효력이다. 부수업무와 겸영업무의 범위라는 것도 시대와 함께 변화하는 탄력적인 것이기 때문에 일반 고객에게는 신고사항의 구체적 범위와 신고여부를 인식하기 어렵다. 따라서 이에 위반하였다 하여 그 거래의 사법상 효력까지 부정한다면 거래의 안전을 해하고, 또한 은행법은 행정법적인 규정이지 직접 「사법상」의 효력형성을 목적으로 하는 규정이 아니므로, 이에 위반한 법률행위의 「사법적」 효력까지 부정하는 것은 아니라고 본다. 그러나 은행 또는 그 임·직원이 법령에 위반한 행위를 한 경우, 그 행위 자체의 사법상 효력에는 영향이 없더라도, 제재 내지 벌칙의 처벌을 받는 것은 별개의 문제이다. 부수업무(신고를 요하는 업무에 한함) 또는 겸영업무를 신고 없이 영위한 자에게는 5천만원 이하의 과태료를 부과한다(법 69조 1항 1호).

Ⅱ. 업무에 대한 규제

1. 업무 사이 이해상충의 방지

가. 이익의 충돌과 도덕적 해의
1) 은행이 증권업 등 타업을 겸영할 경우, 은행과 고객 사이 또는 고객과 고객 사이의 이익이 충돌하는 도덕적 해이의 문제가 발생할 수 있다. 이해상충에 따른 도덕적 해이 문제란 거래의 성격이나 내용에 따라 거래당사자 간에 상반된 이해관계가 존재할 경우, 한 당사자의 이익의 희생 하에 다른 당사자의 이익을

도모하는 부도덕적 행위의 발생을 의미한다.

2) 이해상충의 문제는 은행과 예금고객 사이, 은행과 대출고객 사이, 은행과 증권투자고객 사이, 예금고객과 증권투자고객 사이 등 다양한 관계에서 발생할 수 있다. 이와 같은 이해상충문제는 금융제도 전반에 걸쳐 악영향을 미치게 되므로, 이에 대처하기 위해 여러 가지 보완장치가 강구되고 있다.[1]

나. 은행법의 규정
(1) 업무간 공정관리

은행법은 이에 대처하기 위하여 다음과 같이 규정하고 있다. 은행은 은행법에 따른 업무를 운영할 때 은행과 은행이용자 사이, 특정 이용자와 다른 이용자 사이의 이해상충을 방지하기 위하여 은행의 업무, 집합투자업, 신탁업, 일반사무관리회사의 업무 등의 사이에는 이해상충이 발생할 가능성에 대하여 인식·평가하고 정보교류를 차단하는 등 공정하게 관리하여야 한다(법 28조의2 1항, 법시행령 18조의3).

(2) 내부통제기준

은행은 위와 같은 이해상충을 관리하는 방법 및 절차 등을 대통령령으로 정하는 바에 따라 내부통제기준에 반영하여야 한다(법 28조의2 2항). 은행은 이해상충을 공정하게 관리하는 것이 어렵다고 인정되는 경우에는 그 사실을 미리 해당 이용자 등에게 충분히 알려야 하고, 그 이해상충이 발생할 가능성을 내부통제기준이 정하는 방법 및 절차에 따라 은행이용자 보호 등에 문제가 없는 수준으로 낮춘 후 거래를 하여야 한다(법 28조의2 3항). 은행은 제 3 항에 따라 그 이해상충이 발생할 가능성을 낮추는 것이 어렵다고 판단되는 경우에는 거래를 하여서는 아니 된다(법 28조의2 4항). 금융위원회는 은행이용자 보호 등을 위하여 필요하다고 인정되는 경우에는 이해상충에 관한 내부통제기준의 변경을 권고할 수 있다(법 28조의2 5항).

(3) 별도의 장부와 기록

은행은 대통령령으로 정하는 겸영업무 및 부수업무의 경우에는 대통령령으로 정하는 바에 따라 은행업무와 구별하고, 별도의 장부와 기록을 보유하여야 한다(법 28조의2 6항). 대통령령으로 정하는 겸영업무 및 부수업무란 다음 중 어느 하나에 해당하는 업무를 말한다(법시행령 18조의3 3항).

① 집합투자업
② 신탁업

---

1) 금융기관론, 47면.

③ 집합투자증권에 대한 투자매매업

④ 집합투자증권에 대한 투자중개업

⑤ 「여신전문금융업법」에 따른 신용카드업

위의 업무 중 특히 신탁업을 수행하는 은행은 해당 업무에 속하는 자금, 유가증권 또는 소유물을 구별하여 별도의 장부와 기록을 보유하여야 한다(법시행령 18조의3 4항).

2. 불공정영업행위의 규제

가. 은행법상의 불공정영업행위

은행은 공정한 금융거래 질서를 해칠 우려가 있는 다음 중 어느 하나에 해당하는 불공정영업행위를 하여서는 아니 된다(법 52조의2 1항). 은행법상 불공정영업행위는 주로 여신거래와 관련된 것으로서, 이에 관한 구체적 내용은 은행법시행령(24조의4)에서 열거하고 있다. 이에 관한 상세는 업무편에서 소개한다.

① 여신거래와 관련하여 차주의 의사에 반하여 예금 가입 등을 강요하는 행위

② 여신거래와 관련하여 차주 등에게 부당하게 담보를 요구하거나 보증을 요구하는 행위

③ 은행 또는 그 임직원이 업무와 관련하여 부당하게 편익을 요구하거나 제공받는 행위

④ 그 밖에 은행이 우월적 지위를 이용하여 은행이용자의 권익을 부당하게 침해하는 행위

나. 중요정보의 제공

은행은 예금자 등 은행이용자를 보호하고 금융분쟁의 발생을 방지하기 위하여 은행이용자에게 금융거래상 중요정보를 제공하는 등 적절한 조치를 마련하여야 한다(법 52조의2 2항). 이 규정은 은행과 고객 사이의 거래에 있어서 부적절한 요소의 개입으로 인한 「불공정행위」를 미리 예방하기 위한 조치의 하나로 볼 수 있다.

다. 불공정행위의 효력

민법에 의하면 당사자의 궁박·경솔 또는 무경험으로 인하여 현저하게 공정을 잃은 법률행위는 무효가 된다(민법 104조). 당사자들이 자유로운 의사에 기하여 계약을 체결하였다면, 그 내용과 상관없이 계약은 유효하다. 그러나 민법 제

104조는 법률행위의 내용과 절차 두 측면에서 불공정한 경우에 한하여 불공정 법률행위로 무효화한 것으로, 내용에 관해서는 현저한 불균형을 요구하고, 절차에 관해서는 궁박·경솔 또는 무경험을 요구하고 있다. 자기의 급부에 비하여 현저하게 균형을 잃은 반대급무를 상대방에게 하게 함으로써 부당한 재산적 이익을 얻는 행위를 「불공정법률행위」 또는 「폭리행위」로 규율하고 있다. 이것은 금전의 소비대차에 한하여 적용되는 것이 아니고 매매 등 여러 계약에서도 문제된다.[1)]

은행법이 열거하고 있는 불공정 영업행위의 모습은 민법상의 불공정행위를 은행거래적 측면에서 구체화 내지 예시화한 것으로 볼 수 있다. 따라서 은행과 고객 사이의 거래가 은행법에서 예시한 행위에 해당하지 않더라도, 고객의 궁박·경솔 또는 무경험으로 인하여 현저하게 공정을 잃은 행위에 해당할 경우에는 은행법의 규정에 불구하고 그 거래는 무효가 된다.

[판례: 불공정영업행위의 판단기준]

어떠한 법률행위가 불공정한 법률행위에 해당하는지는 법률행위 시를 기준으로 판단하여야 한다. 따라서 계약 체결 당시를 기준으로 전체적인 계약 내용에 따른 권리의무관계를 종합적으로 고려한 결과 불공정한 것이 아니라면, 사후에 외부적 환경의 급격한 변화에 따라 계약당사자 일방에게 큰 손실이 발생하고 상대방에게는 그에 상응하는 큰 이익이 발생할 수 있는 구조라고 하여 그 계약이 당연히 불공정한 계약에 해당한다고 말할 수 없다(대판(전) 2013. 9. 26, 2011다53683).

[판례: 불공정행위의 성립요건]

민법 제104조에 규정된 불공정한 법률행위는 객관적으로 급부와 반대급부 사이에 현저한 불균형이 존재하고, 주관적으로 그와 같이 균형을 잃은 거래가 피해 당사자의 궁박, 경솔 또는 무경험을 이용하여 이루어진 경우에 성립하는 것으로서, 약자의 지위에 있는 자의 궁박, 경솔 또는 무경험을 이용한 폭리행위를 규제하려는 데에 그 목적이 있고, 불공정한 법률행위가 성립하기 위한 요건인 궁박, 경솔, 무경험은 모두 구비되어야 하는 요건이 아니라 그 중 일부만 갖추어져도 충분한데, 여기에서 '궁박'이라 함은 '급박한 곤궁'을 의미하는 것으로서 경제적 원인에 기인할 수도 있고 정신적 또는 심리적 원인에 기인할 수도 있으며, '무경험'이라 함은 일반적인 생활체험의 부족을 의미하는 것으로서 어느 특정영역에 있어서의 경험부족이 아니라 거래 일반에 대한 경험부족을 뜻하고, 당사자가 궁박 또는 무경험의 상태에 있었는지 여부는 그의 나이와 직업, 교육 및 사회경험의 정도, 재산상태 및 그가 처한 상황의 절박성의 정도 등 제반 사정을 종합하여 구체적으로 판단하여야 하며, 한편 피해 당사자가 궁박, 경솔 또는 무경험의 상태에 있었다고 하더라도 그 상대방 당사자에게 그와 같은 피해 당사자 측의 사정을 알면서 이를 이

---

1) 민법총칙, 290면.

용하려는 의사, 즉 폭리행위의 악의가 없었다거나 또는 객관적으로 급부와 반대급부 사이에 현저한 불균형이 존재하지 아니한다면 불공정 법률행위는 성립하지 않는다(대판 2002. 10. 22, 2002다38927).

[판례: 키코(KIKO) 통화옵션계약의 불공정행위 여부]

갑이 을 은행 등과 체결한 키코(KIKO) 통화옵션계약이 불공정행위인지 여부가 문제된 사안에서, 위 계약의 구조는 환율 변동의 확률적 분포를 고려하여 쌍방의 기대이익을 대등하게 한 것이므로 계약 체결 후 시장환율이 당초 예상과 달리 변동함으로써 결과적으로 쌍방의 이익에 불균형이 생겼다 하더라도 그 때문에 계약 자체가 현저하게 불공정하게 체결되었다고 볼 수 없다는 등 이유로 통화옵션계약이 불공정행위에 해당하지 않는다고 한 원심판단의 결론을 정당하다(대판(전) 2013. 9. 26, 2012다1146·1153).

Ⅲ. 은행거래의 특성

1. 은행과 고객과의 법적인 관계

은행은 상법상의 상인이며, 은행거래는 기본적 상행위이다. 은행과 고객 사이의 모든 거래는 당사자 사이에 「사법적」 법률관계를 형성하는데, 특히 사법상의 「계약관계」를 맺게 된다. 따라서 은행과 고객 사이의 관계는 기본적으로 그들 사이에 체결되는 한 개 또는 그 이상의 계약에 기초하게 된다.1) 따라서 이러한 관계를 규율하는 법영역은 민·상법 중 계약에 관한 규정이 될 것이다. 그러나 민·상법 중에는 은행거래에 관한 특별규정은 두고 있지 않다. 다만 매매·소비대차·임치(소비임치)·위임·신의성실의 원칙과 계약의 해석에 관한 일반원칙 등이 적용된다. 법원이 사법적 거래의 특수한 분야인 은행거래와 관련된 법적분쟁을 해결할 경우에 적용하는 법규범도 위의 규정들이다.

은행거래에 대한 민·상법 등 성문법규의 불비로 은행들은 주로 「보통거래약관」을 이용한다. 이러한 보통거래약관은 은행거래를 규율하는 민·상법 등의 규정을 거래실정에 맞도록 변경하거나 보충하는 기능을 하는데, 이에 대하여는 약관규제법이 적용된다. 동법은 은행과 고객 사이의 거래약관에 대하여만 규제하는 것이 아니고 다양한 상거래 등에서 이용되는 모든 종류의 약관에 대하여 규제하는 법률이다. 입법론으로는 은행거래에 대한 기본적인 「사법적」 법률관계를 규율하는 성문법규의 제정이 요청된다. 이 문제에 대하여는 후술한다.

---

1) Cranston, p. 63.

2. 은행과 고객 사이의 계약의 특징

가. 유사성과 공통점

은행과 고객은 예금계약·대출계약·보호예수계약 등 수많은 종류의 다양한 계약을 체결할 수 있는데, 이러한 계약은 계속적 계약일 수도 있고 일시적인 계약일 수도 있다. 또한 하나의 기본적인 계약에 부수하여 여러 가지의 부속적인 계약이 체결될 수도 있고, 은행과 고객의 권리의무도 계약마다 상이할 수도 있다.

이러한 차이점에도 불구하고 은행과 고객 사이의 다양한 계약에는 상당한 유사성과 공통점이 있는데, 이러한 점은 동시에 은행거래를 다른 거래와 구분시키는 특징이 된다. 은행과 고객 사이의 계약, 즉 금융거래에는 다음과 같은 특징이 있다.

나. 특   징

(1) 보통거래약관에 의한 부합계약

은행은 고객과의 계약의 기초로서 주로 보통거래약관을 이용한다. 은행과 고객간에 존재하는 다양한 계약들은 공통적인 속성이 있다는 점과 이러한 계약들은 통상적으로 보통거래약관에 의존한다는 사실을 근거로 은행과 고객 사이의 이른바「보통은행계약」(general banking contract)이라는 개념을 발전시킨 이론이 있다. 이에 따르면 보통은행계약이란「은행과 고객 사이에 최초로 거래할 때 체결」된다고 한다. 이 계약이 전술한 선관의무의 기초가 되고, 은행에서 사용하는 보통거래약관을 적용하는 계약적 기초가 된다고 한다.[1] 그러나 이러한「보통은행계약」이론은 은행·고객 사이의 관계를 전체적으로 파악하는 점에서는 의의가 있으나, 특정의 법률문제를 해결하는 데 있어서는 별다른 도움을 주지 못한다고 보는 견해도 있다. 즉 이러한 이론은 법적이라기 보다는 사실상의 개념이라고 보아, 실제 고객과 은행 사이의 문제를 해결하여야 할 경우에는 구체적인 계약에 따라 당사자의 권리·의무를 해석해야 한다는 것이다.[2]

(2) 계속적 채권계약

은행·고객 사이의 계약은 예금계약이든 대출계약이든 대체로 장기간에 걸친「계속적 채권계약」이다. 민법은 계속적 채권계약이라는 유형을 특별히 인정하고 있지 않고, 다만 계약의 해지에 관한 간단한 규정을 두고 있으며(민법 543조,

---

1) Herold and Lippisch, pp. 33 et seq.
2) Horn, 「Die Rechtsbeziehung Bank – Kunde」, Aktuelle Probleme im Bankrecht(Berner Tage für die juristische Praxis 1993), pp. 89 et seq.(Cranston, p. 65에서 재인용).

547조, 550조, 551조 등), 이 외에 개개의 계약에 관하여 계속적 계약의 특질을 고려한 약간의 규정을 두고 있을 뿐이다(민법 629조, 690조, 717조, 651조 등). 그러나 계속적 채권관계에는 명백히 여러 가지의 특질이 있고, 또한 이들 특질과 관련하여 여러 가지 문제가 제기되므로, 학설에서는 계속적 계약과 일시적 계약의 구별이 일반적으로 인정되어 있다. 그리고 이들 계약으로부터 성립하는 채권관계가 계속적 채권관계와 일시적 채권관계이다. 이 분류의 표준은 채권·채무의 내용을 이루는 급부가 「어느 시점에서」 행하여져야 하느냐, 또는 「얼마의 기간 동안」 계속해서 행하여져야 하느냐에 있다. 즉 급부의 실현이 「시간적 계속성」을 갖느냐의 여부를 그 기준으로 하는 구별이다.

민법의 전형계약 중에는 소비대차·사용대차·임대차·고용·위임·임치·조합·종신정기금 등이 이른바 계속적 계약에 속한다. 또한 은행이 고객과 체결하는 대부분의 계약도 대체로 위의 범주에 속한다. 대표적인 수신업무에 해당하는 「예금계약」은 임치 중에서 「소비임치」에 해당하고, 대표적인 여신업무에 해당하는 「대출계약」은 「소비대차」에 해당한다. 따라서 은행과 고객 사이의 대부분의 계약은 계속적 계약이고, 또한 계속적 채권관계라고 할 수 있다.

그러나 급부의 계속성이란 상대적 개념이다. 은행거래에 있어서 극단적인 예를 든다면, 오전에 예금계약을 체결하였다가 오후에 그 계약을 해지하거나, 오전에 대출계약을 체결하였다가 오후에 상환하고 그 계약을 해지하더라도 그러한 계약들은 역시 계속적 계약이고, 그 관계는 「계속적 채권관계」라고 보아야 할 것이다. 결국 계속적 채권관계냐 아니냐를 가리기 위해서는 그때그때의 계약이 계속적 채권관계로서의 특질을 갖추고 있느냐의 여부를 구체적으로 검토할 필요가 있다고 할 것이다. 계속적 채권관계의 특질에 대하여는 후술한다.

(3) 위임계약의 병존과 선관의무

1) 은행과 고객 사이의 계약에는 「사무처리의 위임」을 추가로 요구한다. 은행과 고객 사이의 관계는 계약적 관계인데, 그 계약이 예금계약이든 대출계약이든 통상 계좌의 개설이 따른다. 따라서 체결하는 계약의 법적 성질 여하에 불구하고, 계좌의 관리라는 「사무의 처리를 위임」하는 부수계약이 명시적 또는 묵시적으로 체결된다고 보아야 한다.

2) 민법은 타인의 사무의 처리라는 법률관계가 위임계약에 의하지 않고서 발생하게 되는 경우에도 위임에 관한 규정을 준용하고 있다(민법 919조, 956조, 959조, 1048조, 1103조, 1104조 등). 그밖에도 위임이 아닌 다른 전형계약관계에 있는 자들

사이에도 역시 위임에 관한 규정을 준용하는 경우가 있다. 즉 임치계약에 있어서 수치인의 권리의무(민법 701조) 등이 그 예이다. 이상과 같은 사실은 민법의 위임에 관한 규정이 널리 타인의 사무를 처리하는 법률관계에 일반적으로 적용되어야 할 통칙으로서의 의미를 갖는 것임을 간접적으로 말하여 준다.[1]

　　3) 예금계약의 법적 성질이 일반적으로 「소비임치계약」이라고 해석하고 있지만 이 경우에는 예금계좌의 관리라는 사무처리를 위임하는 계약이 추가되고, 대출계약의 법적 성질이 소비대차계약이라고 해석하더라도 이 경우에는 대출계좌의 관리라는 사무처리를 위임하는 계약이 부수적으로 체결된다. 즉 은행과 고객 간의 계약은 그 법적 성질 여하에 불구하고 위임계약이 추가되어 있다고 보아야 한다. 따라서 은행과 고객 사이의 관계에는 위임에 관한 민법의 원칙이 적용된다.

　　4) 「위임」은 당사자의 일방(위임인)이 상대방에 대하여 「사무의 처리」를 위탁하고, 상대방(수임인)이 이를 승낙함으로써 성립하는 계약이다(민법 680조). 그것은 타인의 노무를 이용하는 계약의 일종이다.[2] 위임인이 그의 사무의 처리를 위탁한 때에는, 수임인의 인격·지식·신용·기술 등에 관한 특별한 대인적 신뢰를 기초로 하는 것이 보통이다. 이와 같이 위임은 그 본질상 당사자 사이의 인적 신뢰관계를 기초로 하는 것이기 때문에, 이 점에서 고용·도급 등과 같은 타인의 노무를 목적으로 하는 계약과 질적으로 다르다.

　　5) 이러한 위임에 있어서 당사자 사이의 인적 신뢰관계의 절대성은 수임인에게 위임사무를 특별히 신중하게 처리할 것을 요구하게 되는데, 구체적으로는 수임인의 이른바 「선관주의의무」라는 엄한 책임이 요구된다는 점이 위임의 중요한 특징이 된다(민법 681조). 불공정영업행위의 금지(법 52조의2 1항), 금융거래상 중요정보의 제공(법 52조의2 2항),[3] 은행상품의 광고시 상품내용 등의 명시(법 52조의3 1항), 은행상품과 관련하여 이자율 등의 명시(법 52조의3 2항), 고객의 거래상 비밀유지 등의 의무는 이러한 「선량한 관리자의 주의의무」에서 파생된 것이다.

3. 계속적 채권관계로서의 은행거래

가. 기본채권과 지분채권

계속적 채권관계에 있어서는 반복적·정기적으로 파생하는 개별적 채권 내

---

1) 채권각론, 274면.
2) 채권각론, 272면.
3) 은행은 예금자 등 은행이용자를 보호하고 금융분쟁의 발생을 방지하기 위하여 은행이용자에게 금융거래상 중요정보를 제공하는 등 적절한 조치를 마련하여야 한다(법 52조의2 2항).

지 「지분채권」과, 이를 유출·파생케 하는 원천이라고 할 수 있는 「기본채권」이 존재한다. 예컨대, 은행과 고객 사이의 당좌거래에 있어서, 수시로 입·출금하는 것은 반복적으로 파생하는 개별적 채권채무관계이고, 이를 파생케 하는 원천은 당좌예금거래약정이라는 기본계약이다.

나. 해지권의 존재

1) 계속적 채권관계에 있어서는 이른바 「해지권」이 인정된다. 해지제도는 계속적 채권관계의 특징을 이루는 것이라고 할 수 있고, 채권관계에 있어서 해지가 인정되는 것은 오직 「계속적 채권관계」뿐이다.[1] 이 해지는 해제와는 본질적으로 다르다. 해제는 계약의 효력을 소급적으로 소멸하게 하나(민법 548조 1항 참조), 해지는 계속적 채권관계를 장래에 향하여 소멸하게 할 뿐이다(민법 550조 참조). 계속적 채권관계인 예금계약 또는 대출계약을 종료할 경우, 이를 처음부터 소급하여 없었던 일로 하는 것은 불가능하다. 따라서 계속적 채권관계가 대부분인 은행거래에 있어서는 채권관계를 장래에 향하여 소멸하게 하는 해지가 있을 뿐이다. 계속적 채권관계에 있어서 기간을 약정하지 않은 경우에는 해지의 자유와 그 제한이 문제된다(민법 603조, 613조, 635조, 660조, 699조 등 참조).

2) 계약의 해지와 관련하여 「예금」과 「대출」의 차이점이 극명하게 대비된다. 예금의 법적 성질은 「소비임치」이고, 대출의 법적 성격은 「소비대차」이다. 소비임치든 소비대차이든 금전 기타 대체물을 맡겼다가 다시 동종·동질·동량의 물건으로 반환할 것을 약정한다는 점에서는 별 차이가 없다. 따라서 민법은 소비임치에 관하여는 소비대차에 관한 규정을 준용한다(민법 702조). 그러나 소비임치와 소비대차 사이의 결정적인 차이점은 해지의 제한 여부에 있다. 소비임치의 경우에는 반환시기의 약정이 없는 때에는 언제든지 그 반환을 청구할 수 있다. 즉 소비임치계약은 언제든지 해지할 수 있다. 그런데 소비대차의 경우에는 대출자측(은행)에서는 반환시기의 약정이 있는 때에는 약정된 시기가 도래되기 전에 미리 반환을 최고할 수 없을 뿐만 아니라, 반환시기의 약정이 없는 때에도 상당한 기간을 정하여 반환을 최고하여야 한다. 그러나 차주는 언제든지 반환할 수 있다(민법 603조). 이에 따라 예금거래에서 고객은 언제든지 예금계약을 해지하고 금전의 반환을 청구할 수 있고, 대출거래에서도 차주는 언제든지 대출계약을 해지하고 대출금을 반환할 수 있으나, 은행은 기한이 도래하기 전에는 어떠한 경우에도 미리 대출금의 상환을 최고할 수 없게 된다. 이러한 법리에 따라 특정 은

---

1) 채권각론, 31면.

행에게 예금인출쇄도(bank run) 사태가 발생하면 상당한 대출자산을 보유하고 있음에도 불구하고 예금지급불능이라는 상황에 처할 위험성이 있다. 이른바 예금과 대출의 만기불일치로 인한 은행경영의 취약점으로서 은행을 규제·감독하는 이유의 하나로 든다.

다. 상호신뢰성의 요구

계속적 채권관계에 있어서는 일시적 채권관계와 달라서 당사자의 상호신뢰성이 특히 강하게 요구된다. 은행거래에 있어서 예금거래의 경우에는 은행의 건전성이 신뢰의 바탕이 될 것이고, 대출거래의 경우에는 대출고객의 신용이 신뢰의 기초가 될 것이다.

라. 사정변경의 원칙

(1) 의   의

계속적 채권관계는 상당히 긴 기간에 걸치기 때문에, 계약기간 중 경제적 사정의 큰 변동과 같은 사태가 일어나는 경우에는 처음의 계약내용을 그대로 이행하게 하는 것이 부당하게 되는 경우가 있게 된다. 이른바 「사정변경의 원칙」이 고려된다. 「사정변경의 원칙」이란 법률행위 특히 계약의 성립 당시에 있었던 환경 또는 그 행위를 하게 된 기초가 된 사정이 그 후 현저하게 변경되어 당초에 정하여졌던 행위의 효과 내지 계약의 내용을 그대로 유지하고 강제하는 것이 신의칙과 형평의 원리에 반하는 부당한 결과를 가져오는 경우에는, 당사자가 그 법률행위의 효과를 신의·형평에 맞도록 변경하거나 또는 폐기할 수 있다는 원칙으로서, 신의성실의 원칙(민법 2조)의 한 분칙이라고 할 수 있다.[1] 이 원칙을 직접 규정하는 일반적 규정은 없으나, 민법에는 이 원칙에 따른 규정이 산재해 있다(민법 218조, 286조, 557조, 627조, 628조, 661조, 689조 등 참조).[2] 판례는 사정변경의 원칙에 기한 해지권·해제권이 인정된다고 판시하고 있다. 한편 사정 변경을 이유로 계약을 수정할 수 있는지 문제되고 있는데, 입법을 통하여 이를 명확하게 규율할 필요가 있다고 보는 견해도 있다.[3]

[판례: 계속적 보증계약에 있어서의 해지권 인정]
계속적인 보증계약에 있어서 보증계약성립 당시의 사정에 현저한 변경이 생긴 경우에는 보증인은 보증계약을 해지할 수 있다고 보아야 할 것인바, 회사의 임원

---

1) 채권각론, 92면.
2) 민법총칙, 79면.
3) 민법총칙, 80면.

이나 직원의 지위에 있기 때문에 회사의 요구로 부득이 회사와 제 3 자 사이의 계속적 거래로 인한 회사의 채무에 대하여 보증인이 된 자가 그후 회사로부터 퇴사하여 임원이나 직원의 지위를 떠난 때에는 보증계약성립 당시의 사정에 현저한 변경이 생긴 경우에 해당하므로 사정변경을 이유로 보증계약을 해지할 수 있다고 보아야하며, 위 계속적 보증계약에서 보증기간을 정하였다고 하더라도 그것이 특히 퇴사후에도 보증채무를 부담키로 특약한 취지라고 인정되지 않는 한 위와 같은 해지권의 발생에 영향이 없다고 할 것이다(대판 1990. 2. 27, 89다카1381).

[판례: '계속적 보증'에 있어서 보증인의 책임범위와 그 제한 요건]
    채권자와 주채무자 사이의 계속적인 거래관계에서 발생하는 불확정한 채무를 보증하는 이른바 계속적 보증의 경우에도 보증인은 주채무자가 이행하지 아니하는 채무를 전부 이행할 의무가 있는 것이 원칙이고, 다만 보증인이 보증을 할 당시 주채무가 그 예상범위를 훨씬 초과하여 객관적인 상당성을 잃을 정도로 과다하게 발생하였고, 또 그와 같이 주채무가 과다하게 발생한 원인이 채권자가 주채무자의 자산상태가 현저히 악화된 사정을 잘 알고 있으면서도(중대한 과실로 알지 못한 경우도 마찬가지다) 그와 같은 사정을 알 수 없었던 보증인에게 아무런 통지나 의사타진도 하지 아니한 채 고의로 거래의 규모를 확대하였기 때문인 것으로 인정되는 등, 채권자가 보증인에게 주채무의 전부이행을 청구하는 것이 신의칙에 반하는 것으로 판단될 만한 특별한 사정이 있는 경우에 한하여 보증인의 책임을 합리적인 범위 내로 제한할 수 있다(대판 1995. 4. 7, 94다21931).

(2) 사정변경의 원칙과 은행거래약관

계속적 채권관계에 있어서는 시장의 상황이나 제반 여건의 변화에 따라 종종 계약의 내용을 변경시켜야 할 필요성이 생긴다. 그런데 은행과 고객은 원칙적으로 계약의 변경 내지 해지에 대하여는 협상을 하여야 할 것이다. 그러나 수많은 계약이 체결되는 은행거래의 분야에서 계약내용의 변경에 대하여 일일이 개별적으로 협상한다는 것은 타당하지 않다. 따라서 보통거래약관이 이에 관하여 규정하는 것이다.

즉 「여신거래기본약관」 제20조는 "은행은 채무자의 신용상태 변동시 은행이 정하는 바에 따라 신용평가등급을 조정하고 서면통지에 의하여 여신한도·여신만기·금리 등 여신거래조건을 신용평가등급에 따라 변경할 수 있기로 하고(동조 1항), 채무자는 제 1 항에 의하여 여신거래조건이 변경된 경우 이에 이의가 있을 때에는 변경기준일로부터 1개월 이내에 계약을 해지할 수 있으며(동조 2항), 채무자는 신용상태가 호전되었다고 인정되는 경우 은행이 정하는 바에 따라 여신한도·여신만기·금리 등 여신거래 조건변경을 서면으로 요구할 수 있기로 한다"고 규정하고 있다(동조 3항). 또한 지급보증약정서 제 3 조는 "국가경제·금융사정의 급격한 변동 또는 본인의 신용상태의 현저한 악화 등으로 여신거래에 중대한 지장을 초래한다고 판단될 때에는, 은행은 본인에 대한 통지에 의하여 한도액을 줄이거나 그 거래를 일시 정지할 수 있다"고 규정하고 있다(동조 1항).

이러한 일방당사자에 의한 계약의 변경은 일반적으로 민법상 「사정변경의 원칙」에 근거를 둔 것이다. 현행 민법상 사정변경의 원칙을 직접 규정하는 일반 규정은 없으나, 이 원칙을 바탕으로 하는 규정이 여러 곳에 산재하고 있다(민법 218조, 286조, 557조, 627조, 628조, 661조, 689조 등).

(3) 사정변경의 원칙과 약관의 변경

약관을 이용하는 모든 은행은 사정변경의 원칙에 따라 약관을 변경할 수 있는 권한을 유보하고 있다. 즉 대출거래의 경우 「은행여신거래기본약관」 제22조는 "은행이 이 약관이나 부속약관을 변경하고자 할 경우에, 채무자에게 불리한 내용이 될 때에는 서면통지로써, 그밖에는 거래영업점 게시로써, 이를 알리기로 하며(동조 1항), 통지를 발송하거나 게시한 후 1개월 이내에 채무자의 서면에 의한 이의가 은행에 도달하지 아니한 때에는 약관의 변경을 승인한 것으로 본다(동조 2항)"고 규정하고 있다.

또한 예금거래의 경우 「예금거래기본약관」 제20조에서는 "은행은 이 약관이나 입출금이 자유로운 예금약관 또는 거치식·적립식예금약관을 변경하고자할 때에는 변경약관 시행일 1개월 전에 한달간 영업점과 인터넷 홈페이지에 게시하여 거래처에 알린다. 다만, 법령의 개정이나 제도의 개선 등으로 인하여 긴급히 약관을 변경한 때에는 즉시 이를 게시 또는 공고하여야 한다(동조 1항)"고 규정하고 있다.

4. 은행거래에 적용될 법규

은행거래는 전술한 바와 같이 「사법적 계약관계」를 형성한다. 따라서 사법적 계약을 규율하는 기본법인 민법과 상법 기타 특별법이 적용된다. 특히 은행의 부수업무와 겸영업무가 확대됨에 따라 은행거래에 적용되는 특별법도 늘어나게 되었다.

은행거래는 상사거래이다. 따라서 상사에 적용될 법규는 은행거래에 적용될수 있다. 상법 제 1 조는 "상사에 관하여 본법에 규정이 없으면 상관습법에 의하고 상관습법이 없으면 민법의 규정에 의한다"라고 규정하고 있다. 따라서 상사에 적용될 법규는 상법에 한하지 않는다. 상사에 적용될 법규의 종류로서는 상사제정법인 상법전과 상사특별법령인 약관규제법, 독점규제법 등이 은행거래에 적용될 수 있다. 그 이외에 상사관계 조약 및 국제법규·상관습법·상사자치법·보통거래약관 등이 적용될 것이다.

은행거래는 금융거래이다. 따라서 금융거래에는 금융관계법규가 당연히 적용되는데, 금융관계법규는 대체로 상사특별법에 해당한다. 위에서 열거한 특별법 외 금융관계법규로서는 은행법을 위시하여 한국은행법·자본시장법·보험업법·신탁법·담보부사채신탁법·여신전문금융업법·어음법·수표법·소비자기본법·전자상거래법·금융실명법·예금자보호법 등이 적용될 수 있다.

IV. 은행거래약관

1. 의   의

은행거래약관은 보통거래약관의 일종인데, 보통거래약관이란 「그 명칭이나 형태 또는 범위를 불문하고 계약의 일방당사자가 다수의 상대방과 계약을 체결하기 위하여 일정한 형식에 의하여 마련한 계약의 내용」을 말한다(약관 1조). 보통거래약관은 정형계약서에 의한 계약을 포함하나, 하나의 모델에 불과한 표준계약서 서식이나 모범약관 등에 의한 계약과는 구별된다.[1]

보통거래약관 중에서 금융기관이 고객과의 거래시 이용하는 약관을 특히 「금융거래약관」이라 볼 수 있다. 따라서 금융거래약관이란 함은 「그 명칭이나 형태를 불문하고 금융기관이 금융거래와 관련하여 다수의 이용자와 계약을 위하여 미리 작성한 계약의 내용」을 말한다(감규 85조 참조). 이러한 금융거래약관 중에서 은행거래에 이용되는 보통거래약관이 은행거래약관이다.[2]

2. 은행거래약관의 체계 및 종류

수신거래에 관하여는 현재 약 20여 종의 표준약관이 있는데, 이는 기본약관과 예금별약관으로 이원화되어 있다. 예금거래기본약관은 예금거래에 일반적이며 공통적으로 적용되는 사항을 정하고 있고, 예금별약관은 예금의 종류별로 개

---

1) 상법강의(상), 42면.
2) 은행거래약관에 관하여는 정찬형, "은행대출약관," 「법과 약관」, 삼영사, 1984; 한상문,「여신실무법률(상)」, 한국금융연수원, 2013; 이주흥, "은행거래약관," 「금융거래법강의 II」, 법문사, 2001 등 참조.

별적이고 기본적인 사항을 정하고 있다.

여신거래에 관하여는 기업용·가계용 기본약관 등 약 50여 종의 표준약관이 제정되어 있다. 은행여신거래기본약관(여기에는 가계용과 기업용이 따로 있음)이란 여신거래 전반(증서대출·어음대출·어음할인·당좌대출·지급보증 등)에 걸쳐 일반적이며 공통적으로 적용되는 보통약관을 말한다. 이는 여신의 총칙적 조항, 담보에 관한 조항, 위험부담과 면책에 관한 조항, 상계에 관한 조항, 어음거래에 관한 조항 등으로 구성되어 있다. 여신거래실무에서는 여신거래기본약관에 부수하여 거래의 종류별로 특수한 사항만을 규정하는 약정서(여신거래약정서, 당좌거래약정서, 어음거래약정서, 근저당권설정약정서 등)가 따로 있어 기본약관과 같이 적용된다. 이러한 약정서의 내용도 약관규제법 제 2 조 제 1 항에서 정의하고 있는 「약관」으로서 동법의 규제대상이 된다. 이밖에 은행은 기타 업무의 특성에 맞추어 금전신탁거래기본약관, 전자금융거래기본약관, 외환거래기본약관 등을 따로 두고 있다.

3. 은행거래약관의 구속력의 근거

은행거래약관은 앞에서 본 바와 같이 보통거래약관의 일종이다. 보통거래약관에 의한 계약(부합계약)에서 그 약관의 적용에 관하여 당사자가 구체적이고 명시적으로 개별적 합의를 하지 않았다 하더라도 그 약관은 당사자를 구속하는 것이 일반적이다.[1] 그런데 그 근거가 무엇이냐가 문제된다. 이에 대하여는 약관은 그 자체가 법규범이 될 수 없고, 기업이 약관에 의한다는 점을 밝히고 또 고객이 볼 수 있게 약관을 제시한 경우에 한해서 개별약관의 내용을 구성하는 것이며, 이렇게 약관이 계약의 내용이 되기 때문에 당사자를 구속한다는 견해가 타당하다고 본다.[2] 이를 「법률행위설」이라고 한다.

우리나라의 약관규제법은 사업자에게 약관의 명시 및 설명의 의무를 부과하고 있고, 이를 이행하지 않은 약관은 계약의 내용으로 주장하지 못하게 하고 있는 점이(약관 3조) 법률행위설을 뒷받침하고 있다고 볼 수 있다.[3]

대법원 판례는 보험약관에 대하여 일관하여 법률행위설을 취하고 있다. 즉 "보통보험약관이 계약당사자에 대하여 구속력을 갖는 것은 그 자체가 법규범 또는 법규범적 성질을 가진 계약이기 때문이 아니라 보험계약당사자 사이에서 계약내용에 포함시키기로 합의하였기 때문이다"라고 판시하고 있다.[4] 그런데

---

1) 상법강의(상), 43면.
2) 상법강의(상), 44면.
3) 상법강의(상), 44면.
4) 대판 1985. 11. 26, 84다카2543; 동 1986. 10. 14, 84다카122 외 다수.

은행거래약관의 구속력에 대한 그 후의 대법원 판례는 "은행거래약관도 다른
일반거래약관과 마찬가지로 그 본질은 계약의 초안, 즉 예문에 불과하므로 그
것이 계약당사자에 대하여 구속력을 가지려면 계약당사자 사이에서 계약내용
에 포함시키기로 하는 합의가 있어야 할 것이지만, 일반적으로 계약당사자 사
이에 약관을 계약내용에 포함시킨 계약서가 작성된 경우에는 계약당사자가 그
약관의 내용을 알지 못하는 경우에도 그 약관의 구속력을 배제할 수 없다"고
판시하고 있다.[1]

4. 은행법상의 규제

가. 은행법상의 약관규제

은행은 이 법에 따른 업무를 취급할 때 은행 이용자의 권익을 보호하여야
하며, 금융거래와 관련된 약관을 제정하거나 변경하려는 경우에는 미리 금융위
원회에 보고하여야 한다. 다만, 이용자의 권익이나 의무에 불리한 영향이 없는
경우로서 금융위원회가 정하는 경우에는 약관의 제정 또는 변경 후 10일 이내에
금융위원회에 보고하여야 한다(법 52조 1항).

은행은 약관을 제정하거나 변경한 경우에는 인터넷 홈페이지 등을 이용하
여 공시하여야 한다(법 52조 2항).

약관을 보고받은 금융위원회는 그 약관을 공정거래위원회에 통보하여야 한
다. 이 경우 공정거래위원회는 통보받은 약관이 약관규제법 제 6 조부터 제14조
까지의 규정에 해당하는 사실이 있다고 인정될 때에는 금융위원회에 그 사실을
통보하고 그 시정에 필요한 조치를 취하도록 요청할 수 있으며, 금융위원회는
특별한 사유가 없는 한 이에 응하여야 한다(법 52조 3항).

금융위원회는 건전한 금융거래질서를 유지하기 위하여 필요한 경우에는 은
행에 대하여 약관의 변경을 권고할 수 있다(법 52조 4항).

나. 약관의 작성 및 운용 기준(은행업감독규정 86조 1항)

은행업감독규정상 금융거래약관의 작성 및 운용기준은 다음과 같다.

① 신의성실의 원칙에 따라 공정하게 작성하여야 한다.

② 은행 이용자의 권익을 최대한 보호하여야 한다.

③ 건전한 금융거래질서가 유지될 수 있도록 하여야 한다.

④ 약관규제법 등 관계법령에 위배되지 아니하여야 한다.

---

1) 대판 1992. 7. 28, 91다5624.

⑤ 약관의 제정 및 변경 절차, 약관의 관리방법, 약관의 공시 및 임직원 교육 등 약관의 작성·운영에 관한 기본적인 기준을 정하여야 한다.

⑥ 약관을 제정하거나 변경하는 경우 약관내용의 관련 법규 위반여부, 은행이용자의 권익 침해 및 분쟁발생 소지 등에 대하여 준법감시인의 심의를 거쳐야 한다.

다. 약관의 심사기준(은행업감독규정 87조)

은행업감독규정상 금융거래약관의 심사기준은 다음과 같다.

① 은행의 고의 또는 중대한 과실로 인한 법률상의 책임을 배제하는 조항 유무

② 상당한 이유 없이 은행의 손해배상범위를 제한하거나 은행이 부담하여야 할 위험을 이용자에게 이전시키는 조항 유무

③ 이용자에 대하여 부당하게 과중한 지연배상금 등의 손해배상의무를 부담시키는 조항 유무

④ 법률의 규정에 의한 이용자의 해제권 또는 해지권을 배제하거나 그 행사를 제한하는 조항 유무

⑤ 은행에게 법률에서 규정하고 있지 아니하는 해제권·해지권을 부여하거나 법률의 규정에 의한 해제권·해지권의 행사요건을 완화하여 이용자에 대하여 부당하게 불이익을 줄 우려가 있는 조항 유무

⑥ 상당한 이유 없이 은행이 이행하여야 할 급부나 이용자의 채무내용 등을 은행이 일방적으로 결정·변경할 수 있도록 권한을 부여하는 조항 유무

⑦ 법률의 규정에 의한 이용자의 항변권, 상계권 및 대위권 등의 권리를 상당한 이유 없이 배제 또는 제한하는 조항 유무

⑧ 이용자에게 부여된 기한의 이익을 상당한 이유 없이 상실케하는 조항 유무

⑨ 이용자의 제3자와의 계약체결을 부당하게 제한하는 조항 유무

⑩ 은행과 이용자의 의사표시와 관련한 부당한 의제를 통하여 이용자에게 부당하게 불이익을 주는 조항 유무

⑪ 보증인 또는 담보제공인에게 과도하게 책임을 부담시키거나 책임한계를 모호하게 함으로써 보증인 또는 담보제공인에게 부당하게 불이익을 주는 조항 유무

⑫ 기타 약관규제법 등 관계법령에서 정한 사항에 위배되는 조항 유무

5. 약관규제법에 의한 규제

우리나라에서는 1986년 12월 31일에 약관규제법이 법률 제3922호로 제정되었고, 동법은 1987년 7월 1일부터 시행되고 있다. 참고로 우리나라의 약관규제법에 해당하는 선진국의 법률로서, 영국은 1977년의 불공정계약약관법(Unfair Contracts Terms Act)이라는 성문법을 제정하여 약관을 입법적으로 규제하고 있으며, 미국의 통일상법전은 제 2 편에서 비양심성규정(unconscionability clause)으로 해결하고 있다.[1]

가. 약관의 명시와 설명·교부의무

은행거래약관도 약관규제의 필요성에 있어서는 다른 약관과 다를 바 없으므로, 은행거래약관에 대하여도 약관규제법이 규정하는 약관의 명시·설명의무, 개별약정우선의 원칙, 약관의 해석원칙, 내용통제 등이 그대로 적용된다. 즉 약관규제법 제 3 조 제 1 항 본문은 "사업자는 고객이 약관의 내용을 쉽게 알 수 있도록 한글로 작성하고, 표준화·체계화된 용어를 사용하며, 약관의 중요한 내용을 부호·색채·굵고 큰 문자 등으로 명확하게 표시하여 알아보기 쉽게 약관을 작성하여야 한다"고 규정하고, 동조 제 2 항은 "사업자는 계약을 체결할 때에는 고객에게 약관의 내용을 계약의 종류에 따라 일반적으로 예상되는 방법으로 분명하게 밝히고, 고객이 요구할 경우 그 약관의 사본을 고객에게 내주어 고객이 약관의 내용을 알 수 있게 하여야 한다"고 규정하며, 동조 제 3 항은 "사업자는 약관에 정하여져 있는 중요한 내용을 고객이 이해할 수 있도록 설명하여야 한다"고 규정하여, 이른바 약관의 「명시의무」와 「설명·교부의무」를 규정하고 있다. 또한 동조 제 4 항은 "사업자가 이러한 설명·교부의무에 위반하여 계약을 체결한 때에는 당해 약관을 계약의 내용으로 주장할 수 없다"고 규정하고 있다. 이러한 약관규제법의 취지에 따라 예금거래기본약관 전문에서는 "은행은 이 약관을 영업점에 놓아두고, 거래처는 영업시간 중 언제든지 이 약관을 볼 수 있고

---

1) UCC § 2-302(Unconscionable contract or Clause):
  (1) If the court as a matter of law finds the contract or any clause of the contract to have been unconscionable at the time it was made the court may refuse to enforce the contract, or it may enforce the remainder of the contract without the unconscionable clause, or it may so limit the application of any unconscionable clause as to avoid any unconscionable result.
  (2) When it is claimed or appears to the court that the contract or any clause thereof may be unconscionable the parties shall be afforded a reasonable opportunity to present evidence as to its commercial setting, purpose and effect to aid the court in making the determination.

또한 그 교부를 청구할 수 있다"고 규정하였고, 또한 은행여신거래기본약관 전문에서도 이와 동일한 내용으로 규정하고 있다. 약관의 명시는 방법여하를 불문하나, 적어도 계약체결 이전에 상대방인 고객이 그 내용을 현실적으로 인식·이해하는 것을 기대할 수 있는 방법이어야 한다.[1]

[판례: 은행거래약관에 예금채권의 양도금지 특약이 포함되어 있는 경우, 은행의 고객에 대한 약관의 명시·설명의무의 존부 및 그 위반시 특약의 효력]

예금채권은 금전채권의 일종으로서 일반거래상 자유롭게 양도될 필요성이 큰 재산이므로, 은행거래약관에서 예금채권에 관한 양도금지의 특약을 정하고 있는 경우, 이러한 특약은 예금주의 이해관계와 밀접하게 관련되어 있는 중요한 내용에 해당하므로, 은행으로서는 고객과 예금계약을 체결함에 있어서 이러한 약관의 내용에 대하여 구체적이고 상세한 명시·설명의무를 지게 되고, 만일 은행이 그 명시·설명의무에 위반하여 예금계약을 체결하였다면, 은행거래약관에 포함된 양도금지의 특약을 예금계약의 내용으로 주장할 수 없다(대판 1998. 11. 10, 98다20059).

[판례: 금융기관이 일반 고객과 전문적인 지식과 분석능력이 요구되는 장외파생상품 거래를 할 때 부담하는 설명의무의 내용과 범위 및 정도(일명 KIKO 사건)]

금융기관이 일반 고객과 사이에 전문적인 지식과 분석능력이 요구되는 장외파생상품 거래를 할 때에는, 고객이 당해 장외파생상품에 대하여 이미 잘 알고 있는 경우가 아닌 이상, 그 거래의 구조와 위험성을 정확하게 평가할 수 있도록 거래에 내재된 위험요소 및 잠재적 손실에 영향을 미치는 중요인자 등 거래상 주요 정보를 적합한 방법으로 명확하게 설명하여야 할 신의칙상 의무가 있다. 이때 금융기관이 고객에게 설명하여야 하는 거래상 주요 정보에는 당해 장외파생상품 계약의 구조와 주요 내용, 고객이 그 거래를 통하여 얻을 수 있는 이익과 발생 가능한 손실의 구체적 내용, 특히 손실발생의 위험요소 등이 모두 포함된다. 그러나 당해 장외파생상품의 상세한 금융공학적 구조나 다른 금융상품에 투자할 경우와 비교하여 손익에 있어서 어떠한 차이가 있는지까지 설명하여야 한다고 볼 것은 아니고, 또한 금융기관과 고객이 제로 코스트(zero cost) 구조의 장외파생상품 거래를 하는 경우에도 수수료의 액수 등은 그 거래의 위험성을 평가하는 데 중요한 고려요소가 된다고 보기 어렵다 할 것이므로, 수수료가 시장의 관행에 비하여 현저하게 높지 아니한 이상 그 상품구조 속에 포함된 수수료 및 그로 인하여 발생하는 마이너스 시장가치에 대하여까지 설명할 의무는 없다고 보는 것이 타당하다. 그리고 장외파생상품 거래도 일반적인 계약과 마찬가지로 중도에 임의로 해지할 수 없는 것이 원칙이고, 설령 중도에 해지할 수 있다고 하더라도 금융기관과 고객이 중도청산금까지 포함하여 합의하여야 가능한 것이므로, 특별한 사정이 없는 한 금융기관이 고객과 장외파생상품 거래를 하면서 그 거래를 중도에 해지할 수 있는지와 그 경우 중도청산

---

[1] 동지: 이주흥, 전게 "은행거래약관," 51면.

금의 개략적인 규모와 산정방법에 대하여도 설명할 의무가 있다고 할 수 없다. 한편 금융기관은 고객이 당해 파생상품거래의 구조와 위험성을 정확히 평가할 수 있도록 그 금융상품의 특성 및 위험의 수준, 고객의 거래목적, 투자경험 및 능력 등을 종합적으로 고려하여 고객이 앞서 살펴본 거래상 주요 정보를 충분히 이해할 수 있을 정도로 설명하여야 한다(대판(전) 2013. 9. 26, 2011다53683).

나. 약관규제법상의 의사해석원칙

(1) 개별약정우선의 원칙

약관에서 정하고 있는 사항에 관하여 사업자와 고객이 약관의 내용과 다르게 합의한 사항이 있을 때에는 당해 합의사항은 약관에 우선한다(약규 4조). 은행거래약관도 역시 이러한 약관규제법의 취지에 따라 "은행과 거래처 사이에 개별적으로 합의한 사항이 약관 조항과 다를 때는 그 합의사항을 약관에 우선하여 적용한다"고 규정함으로써(예금거래기본약관 21조, 전자금융거래기본약관 26조 등 참조), 「개별합의우선원칙」을 반영하고 있다.

[판례: 보통보험약관이 계약당사자 사이에서 구속력을 갖는 근거 및 그 구속력이 배제되는 경우]
보통보험약관이 계약당사자에 대하여 구속력을 갖는 것은 그 자체가 법규범 또는 법규범적 성질을 가진 약관이기 때문이 아니라 보험계약 당사자 사이에서 계약내용에 포함시키기로 합의하였기 때문이라고 볼 것이며, … 당사자 사이에서 명시적으로 약관의 내용과 달리 약정한 경우에는 위 약관의 구속력은 배제된다(대판 1991. 9. 10, 91다20432).

[판례: 약관조항에 대한 개별약정 우선의 원칙]
금융기관의 여신거래기본약관에서 금융사정의 변화 등을 이유로 사업자에게 일방적 이율 변경권을 부여하는 규정을 두고 있으나, 개별약정서에서는 약정 당시 정해진 이율은 당해 거래기간 동안 일방 당사자가 임의로 변경하지 않는다는 조항이 있는 경우, 위 약관조항과 약정서의 내용은 서로 상충된다 할 것이고, 약관의규제에관한법률 제4조의 개별약정우선의 원칙 및 위 약정서에서 정한 개별약정 우선적용 조항에 따라 개별약정은 약관조항에 우선하므로 대출 이후 당해 거래기간이 지나기 전에 금융기관이 한 일방적 이율 인상은 그 효력이 없다(대판 2001. 3. 9, 2000다67235).

(2) 신의성실의 원칙

약관은 신의성실의 원칙에 따라 공정하게 해석되어야 하며, 고객에 따라 다르게 해석되어서는 아니 된다(약규 5조 1항).

[판례: 보증인의 책임을 신의칙상 제한할 수 있는 경우]

채권자가 보증인에게 주채무의 전부 이행을 청구하는 것이 신의칙에 반하는 것으로 판단될 만한 특별한 사정이 있는 경우에 한하여 보증인의 책임을 합리적인 범위 내로 제한할 수 있다(대판 1995. 4. 7, 94다21931).

[판례: 약관 조항이 고객에 대하여 부당하게 불리한 조항으로서 '신의성실의 원칙에 반하여 공정을 잃은 약관 조항'이라는 이유로 무효라고 보기 위한 요건과 판단기준]

약관의 규제에 관한 법률 제 6 조 제 1 항, 제 2 항 제 1 호에 따라 고객에 대하여 부당하게 불리한 조항으로서 '신의성실의 원칙에 반하여 공정을 잃은 약관조항'이라는 이유로 무효라고 보기 위해서는, 그 약관조항이 고객에게 다소 불이익하다는 점만으로는 부족하고, 약관 작성자가 거래상의 지위를 남용하여 계약 상대방의 정당한 이익과 합리적인 기대에 반하여 형평에 어긋나는 약관 조항을 작성·사용함으로써 건전한 거래질서를 훼손하는 등 고객에게 부당하게 불이익을 주었다는 점이 인정되어야 한다. 그리고 이와 같이 약관조항의 무효 사유에 해당하는 '고객에게 부당하게 불리한 조항'인지 여부는 그 약관조항에 의하여 고객에게 생길 수 있는 불이익의 내용과 불이익 발생의 개연성, 당사자들 사이의 거래과정에 미치는 영향, 관계 법령의 규정 등 모든 사정을 종합하여 판단하여야 한다(대판 2014. 7. 24, 2013다214871).

(3) 작성자 불이익의 원칙

약관의 뜻이 명백하지 아니한 경우에는 고객에게 유리하게 해석되어야 한다(약규 5조 2항).

[판례: 작성자 불이익의 원칙을 반영한 경우]

보통거래약관의 내용은 개개 계약체결자의 의사나 구체적인 사정을 고려함이 없이 평균적 고객의 이해가능성을 기준으로 하여 객관적, 획일적으로 해석하여야 하고, 고객보호의 측면에서 약관 내용이 명백하지 못하거나 의심스러운 때에는 고객에게 유리하게, 약관작성자에게 불리하게 제한해석하여야 한다(대판 1998. 10. 23, 98다20752)

다. 공정거래위원회의 약관규제
(1) 약관법과 은행법의 규정

공정거래위원회는 은행법의 규정에 의한 금융기관의 약관이 약관규제법상의 「불공정약관조항」(동법 6조~14조)에 위반한 사실이 있다고 인정될 때에는 금융감독원에 그 사실을 통보하고 그 시정에 필요한 조치를 취하도록 권고할 수 있다(동법 18조). 즉 은행은 약관의 제정·변경시 금융위원회에 보고하여야 하는데

(법 52조 1항), 금융위원회는 보고받은 그 약관을 공정거래위원회에 통보하여야 한다. 이 경우 공정거래위원회는 통보받은 약관이 약관규제법 제 6 조부터 제14조까지의 규정에 해당하는 사실이 있다고 인정될 때에는 금융위원회에 그 사실을 통보하고 그 시정에 필요한 조치를 취하도록 요청할 수 있으며, 금융위원회는 특별한 사유가 없는 한 이에 응하여야 한다(법 52조 3항).

(2) 시정을 요청한 약관규제법 위반 은행약관의 예[1]

(가) 은행의 손해배상책임을 불합리하게 제한하는 조항

1) 문제약관

은행의 「종합자금관리서비스 이용약관」 제12조(손해배상 및 배상의 한계) 제 2 항: 고객 또는 은행이 중대한 과실 또는 부주의, 법규의 위반 또는 이 약관의 중대한 위반으로 인하여 발생한 손해 또는 손실을 다음 각 호와 같이 상대방에게 배상하기로 합니다.

① 은행은 고객이 은행에 납부한 과거 1년간 수수료 합계 금액 이내에서 배상하기로 합니다.

② 고객은 제13조(분쟁해결절차) 또는 제14조(준거법 및 관할법원)에 의해 정한 금액을 배상하기로 합니다.

2) 시정요청 사유

① 은행의 고의 또는 과실로 고객에게 손해가 발생한 경우에는 은행은 고객에 대하여 손해배상책임을 져야 하며, 그 손해배상은 통상의 손해를 한도로 하여야 한다(민법 750조, 763조, 393조).

② 은행의 귀책사유로 고객에게 손해가 발생한 경우에도 고객이 은행에 납부했던 수수료 상당액에 한해서 손해배상을 하기로 정한 약관조항은 상당한 이유 없이 사업자의 책임을 제한하는 조항으로 약관법 제 7 조 제 2 호에 해당한다.

(나) 은행의 일방적인 서비스 변경 조항

1) 문제약관

「폰뱅킹서비스 이용약관」 제 3 조 (서비스의 종류) 제 2 항: 은행은 필요한 경우 서비스의 종류와 내용을 추가, 변경, 제한할 수 있습니다.

2) 시정요청 사유

① 서비스 이용계약에 있어서 서비스 제공은 계약의 주된 급부로서, 서비스의 중지·변경·제한은 고객의 계약상 권리·의무에 중대한 영향을 미치는 사항

---

1) 공정거래위원회 자료(2015. 4. 22).

이다. 따라서 약관에서 서비스 중지·변경·제한 사유를 규정하더라도 이는 불가피한 경우에 매우 제한적으로 인정되어야 할 뿐만 아니라, 그 사유 또한 구체적이고 명확하여야 할 것이다.

② 위 약관조항은 사업자가 자의적인 판단으로 서비스 제공을 중지·변경·제한할 우려를 배제할 수 없는 조항으로 약관법 제10조 제 1 호에 해당한다.

㈐ 은행의 자의적인 추가담보 요구 조항

1) 문제조항

「외환거래약정서」 제 8 조(담보와 보증): 거래처는 외환거래의 채무와 관련하여 은행의 요구가 있을 때에는 은행이 만족할 만한 담보를 제공하며, 환율·금리 등의 변동으로 담보가치가 부족한 경우에는 추가담보를 제공하거나 보증인을 세웁니다.

2) 시정요청 사유

① 고객에게 아무런 귀책사유가 없거나 담보가치가 경미하게 감소한 경우까지 은행이 고객으로 하여금 추가 담보 제공을 요구할 수 있도록 하는 것은 고객에게 부당하게 불리하고, 기한의 이익 상실 등 예상치 못한 피해를 줄 수 있다.

② 저당권의 침해에 대한 구제방법 중 하나인 담보물보충청구권 발생 요건을 정하고 있는 민법 제362조는 요건을 보다 엄격하게 규정하고 있다.[1]

③ 이는 상당한 이유 없이 사업자가 부담하여야 할 위험을 고객에게 이전시키는 조항으로 약관법 제 7 조 제 2 호에 해당한다.

㈑ 은행의 해지권 행사요건을 완화한 조항

1) 문제약관

「외환거래약정서」 제11조(외국환거래약정의 취소 등): 본인에게 은행의 여신거래기본약관 제 7 조의 기한전채무변제의무의 발생사유가 있는 경우 은행은 이 약정서상 약정의 일부 또는 전부를 취소하거나 제 2 조에 의한 여신금액의 지출을 중지할 수 있기로 합니다.

2) 시정요청 사유

① 계약의 해지·취소 등은 계약당사자의 이해관계에 중대한 영향을 미치는 사항이다. 비록 계약위반이 있더라도 그것이 중대한 계약위반으로서 계약의 존속을 무의미하게 할 정도가 아니면 계약의 해제·해지를 엄격히 제한해야 할 것

---

1) 민법 제362조(저당물의 보충) 저당권설정자의 책임 있는 사유로 인하여 저당물의 가액이 현저히 감소된 때에는 저당권자는 저당권설정자에 대하여 그 원상회복 또는 상당한 담보제공을 청구할 수 있다.

이고, 그 사유를 약정하는 경우에도 그 사유가 구체적으로 열거되고 그 내용 또한 타당성을 가져야 할 것이다. 또한 채무이행이 불가능하게 된 때 또는 관련 법규에서 정하고 있는 경우를 제외하고는 상당한 기간을 정하여 그 이행을 최고하고 그 기간 내에 이행하지 아니한 때에 비로소 그 계약을 해지 또는 취소할 수 있어야 할 것이다.[1]

② 위 약관조항들은 해지사유가 지나치게 포괄적이고 추상적이거나, 계약위반사항에 대하여 그 시정을 최고함이 없이 즉시 계약을 해지할 수 있도록 정하고 있어서 은행 및 상호저축은행의 일방적인 계약 해지로 인하여 고객에게 불측의 손해를 입힐 가능성을 배제할 수 없다.

③ 따라서 위 약관조항들은 법률의 규정에 의한 해지권의 행사요건을 완화하여 고객에 대하여 부당하게 불이익을 줄 우려가 있는 조항으로 약관법 제 9 조 제 2 호에 해당한다.

㈒ 은행의 고의·중과실을 불문하고 책임을 면제한 조항

1) 문제약관

「펌뱅킹서비스 이용계약서」 제 6 조(업무처리 일반) 제 3 항: 은행은 이용기관이 전송한 거래지시 또는 자료 등이 착오, 오용, 유용, 위조, 변조 및 기타의 사고에 의한 것이라도 은행은 그 처리결과에 책임을 지지 아니한다.

2) 시정요청 사유   민법 제750조에 따라 은행의 고의 또는 과실로 인하여 업무처리 결과 고객에게 손해가 발생하였다면 은행은 손해배상책임을 져야 한다. 따라서 위 약관조항은 회사의 고의 또는 과실 여부를 불문하고 회사의 책임을 배제하고 있으므로 약관법 제 7 조 제 1 호에 해당한다.

㈓ 기타 시정요청한 문제 약관조항 유형

① 은행이 담보권을 실행할 때 은행이 적당하다고 인정하는 방법에 따라 처분할 수 있도록 정한 조항

② 고객이 계약상 의무를 불이행하여 고객에게 불이익처분을 할 수 있도록 정한 경우, 은행의 불이익처분에 대하여 일체의 이의제기를 금지한 조항

③ 계약기간 종료 후 대여금고 입고품 또는 보호예수품을 저축은행의 판단에 따라 처분할 수 있도록 정한 조항

---

1) 민법 제544조(이행지체와 해제) 당사자 일방이 그 채무를 이행하지 아니하는 때에는 상대방은 상당한 기간을 정하여 그 이행을 최고하고 그 기간내에 이행하지 아니한 때에는 계약을 해제할 수 있다. 그러나 채무자가 미리 이행하지 아니할 의사를 표시한 경우에는 최고를 요하지 아니한다.
    여신거래기본약관 제 7 조 제 3 항 내지 제 5 항에서도 채무자에게 기한의 이익 상실일 전에 일정기간을 부여하여 변제 또는 압류 등의 해소를 최고하도록 정하고 있다.

④ 약관변경에 대한 고객의 이의제기 방법을 서면으로 제한한 조항 등

제 2 절 은행업무(고유업무)

은행업무는 「예금·적금의 수입 또는 유가증권 기타 채무증서의 발행」, 「자금의 대출 또는 어음의 할인」 및 「내·외국환」 세 가지로 되어 있는데(법 27조 2항), 이는 은행의 고유업무이다. 특히 이 세 가지 업무를 「불특정다수」를 대상으로 영위한다는 점에서 여타의 유사한 금융기관들과 구별된다. 예금·적금의 수입 또는 유가증권 기타 채무증서의 발행을 「수신업무」, 자금의 대출 또는 어음의 할인을 「여신업무」, 그리고 내·외국환의 업무를 「환업무」라고 부른다. 이하 이러한 은행업무에 대하여 법률적 측면을 중심으로 살펴본다.

I. 예금·적금의 수입

1. 예금·적금업무에 대한 규제

가. 유사수신행위의 규제
(1) 유사수신행위의 정의

유사수신행위란 "금융관계법령에 의한 인가·허가를 받지 아니하거나 등록·신고 등을 하지 아니하고 불특정 다수인으로부터 출자금 또는 예금 등의 명목으로 자금을 조달하는 것을 업으로 하는 일정한 행위"를 말한다(유사 2조).

(2) 유사수신행위법의 주요 내용

1) 첫째로, 다른 법령에 의한 인가나 허가 등을 받지 아니하고 불특정 다수인으로부터 출자금 또는 예금 등의 명목으로 자금을 조달하는 유사수신행위를 금지한다(유사 3조). 은행업의 인가 없이 은행의 고유업무의 하나인 예금 등을 일반공중으로부터 수입하는 행위는 은행법에 의해서도 처벌된다(법 66조 2항).

2) 둘째로, 유사수신행위를 하기 위하여 광고 등을 하는 행위와 그 상호 중에 선량한 거래자가 금융업으로 인식할 수 있는 명칭을 사용하는 행위를 금지한다(유사 4조 및 5조). 은행법에서도 한국은행과 은행이 아닌 자는 그 상호 중에 은행이라는 문자를 사용하거나 그 업무를 표시함에 있어서 은행업 또는 은행업무라는 문자를 사용할 수 없다고 규정하고(법 14조), 이를 위반할 경우 과태료의 부

과 대상이 된다(법 69조 1항 2호).

　3) 셋째로, 이 법을 위반하여 유사수신행위를 한 자에 대하여는 5년 이하의 징역 또는 5천만원 이하의 벌금에 처하도록 하는 등 이 법 위반자에 대한 벌칙을 정하고 있다(유사 6조).

　(3) 유사수신행위법의 입법취지

　대법원은 유사수신행위법의 입법취지에 대하여 "유사수신행위를 규제하는 입법 취지는 관계 법령에 의한 허가나 인가를 받지 않고 불특정 다수인으로부터 출자금 등의 명목으로 자금을 조달하는 행위를 규제하여 선량한 거래자를 보호하고 건전한 금융질서를 확립하려는 데에 있다. 이러한 입법 취지 등에 비추어 볼 때, 광고를 통하여 투자자를 모집하는 등 전혀 면식이 없는 사람들로부터 자금을 조달하는 경우는 물론, 평소 알고 지내는 사람에게 직접 투자를 권유하여 자금을 조달하는 경우라도 자금조달행위의 구조나 성격상 어느 누구라도 희망을 하면 투자에 참여할 수 있는 기회가 열려 있다고 한다면 이는 불특정 다수인으로부터 자금을 조달하는 행위로서 유사수신행위에 해당한다. 이 경우 모집의 대상이 특정 직업군 등으로 어느 정도 제한되어 있다고 하더라도 달리 볼 것은 아니다"라고 판시하고 있다.[1]

> [판례: 유사수신행위의 규제에 관한 법률 제 2 조에 규정된 '불특정'의 의미]
> 「유사수신행위의 규제에 관한 법률」 제 2 조에 규정된 '불특정'이란 자금조달의 상대방의 특정성을 중시하지 아니한다는 의미로서 상대방의 개성 또는 특성이나 상호간의 관계 등을 묻지 아니한다는 뜻으로 이해하여야 한다. 또한 위 법률 제 3 조의 입법취지 등에 비추어 볼 때, 광고를 통하여 투자자를 모집하는 등 전혀 안면이 없는 사람들로부터 자금을 조달하는 경우뿐만 아니라 평소 알고 지내는 사람에게 직접 투자를 권유하여 자금을 조달하는 경우라도 자금조달을 계획할 당초부터 대상자가 특정되어 있는 것이 아니었다면 이는 불특정 다수인으로부터 자금을 조달하는 행위로서 유사수신행위에 해당한다고 봄이 타당하다. 그리고 이 경우 자금조달의 대상이 특정 직업군의 사람 등으로 제한되어 있더라도 달리 볼 것은 아니다(대판 2013. 11. 14, 2012도6674).

나. 수신업무에 대한 공법적 규제

(1) 예금지급준비금 규제

　1) 은행은 예금채무에 대한 지급준비를 위하여 한국은행법에서 정한 최저율

이상의 예금지급준비금과 예금지급준비자산을 보유하여야 한다. 다만, 신탁업무에 대하여는 지급준비금과 지급준비자산을 보유하지 아니할 수 있다(법 30조 1항).[1]

2) 통화신용정책과 관련 「은행이 유지하여야 하는 최저지급준비율」에 관한 사항을 심의·의결하는 기관은 한국은행 금융통화위원회이다(한은 28조 2호). 따라서 금융통화위원회는 각 은행이 보유하여야 할 예금지급준비금의 최저율(예금지급준비율)을 정하고, 필요하다고 인정할 때에는 이를 변경할 수 있다(한은 56조 1항). 이러한 예금지급준비율의 결정·변경은 통화신용정책수단인 예금지급준비제도의 중요한 핵심사항이므로 다른 나라 중앙은행과 마찬가지로 최고의사결정기구인 금융통화위원회의 권한으로 하고 있다(한은 28조 2호).

3) 은행이 외부로부터 자금을 수입하는 고유의 수신업무에는 예금의 수입과 유가증권 또는 기타 채무증서의 발행이라는 두 가지 방법이 있다(법 27조 2항 1호). 이에 따라 「예금채무」 외에 대통령령으로 정하는 금융채무[2]를 지급준비대상으로 하고 있다(한은 55조 1항 및 법 30조 1항).

4) 지급준비율은 원칙적으로 100분의 50 이하로 하며, 모든 금융기관에 일률적으로 적용한다(한은 56조 2항). 은행은 예금지급준비금을 원칙적으로 한국은행에 개설된 당좌예금계정에 예금의 형태로 보유한다(금융기관예금지급준비규정 4조 1항). 필요지급준비금의 35%까지 은행의 시재금으로 보유할 수 있도록 허용하고 있다(동규정 4조 2항).

5) 금융통화위원회는 현저한 통화팽창기에 있어서 필요하다고 인정하는 경우 금융통화위원회가 지정하는 날의 지급준비금 적립대상 채무액을 초과하는 증가액에 대하여 지급준비율에 해당하는 금액을 초과하여 전액까지를 최저지급준비금으로 추가로 보유하도록 요구할 수 있다(한은 57조).

6) 각 은행이 보유하여야 할 최저예금지급준비금은 월별로 계산하되 그 구

---

1) 예금지급준비제도는 19세기 중반 미국에서 은행권의 유통성 확보 및 예금자 보호를 위한 수단으로 처음 도입되었으나, 1913년 최종대부자기능을 수행하는 미국 연방준비은행이 설립되면서 예금자보호기능은 크게 퇴색한 반면 은행의 신용창조능력을 조절하는 통화정책수단으로서의 역할이 부각되었다. 그 후 동 제도는 다른 국가로 보급되어 1950년대 이후에는 거의 모든 국가가 이를 해외부문의 통화급증 등에 대처하는 중심적인 유동성조절수단으로 활용하게 되었다. 그리고 당초에는 은행예금에 대해서만 적용되었으나, 금융자유화와 금융혁신의 진전으로 비은행금융기관의 신종금융상품과 은행예금간의 대체성이 크게 높아진 1970~1980년대에는 미국·일본 등 주요국들이 지급준비제도의 적용을 비은행금융기관의 예금유사채무에까지 확대하기도 하였다. 이러한 추세에 따라 우리나라의 경우 1950년 한국은행법의 제정과 함께 예금지급준비제도를 도입하여 오늘에 이르고 있다(한은법해설, 212면 이하).
2) 현저한 통화팽창기에 발행되는 금융채, 농업금융채권, 수산금융채권, 중소기업금융채권, 산업금융채권 등이 있다(한은법시행령 12조의2).

체적인 방법은 금융통화위원회가 정한다(한은 59조 1항). 은행의 최저지급준비금은 대한민국안에 있는 그 본점·지점 및 출장소를 종합하여 계산한다(한은 59조 2항).

(2) 수신이율 및 기타 조건에 관한 규제

1) 은행은 「한국은행법」에 따른 금융통화위원회가 하는 은행의 각종 예금에 대한 이자 및 그 밖의 지급금의 최고율에 관한 결정 및 제한 등을 준수하여야 한다(법 30조 2항 1호). 그러나 은행의 수신업무에 관련된 이자와 기타 지급금의 최고율은 각 은행이 자율적으로 정한다. 다만 당좌예금은 무이자로 한다(「금융기관여수신 이율 등에 관한 규정」 2조).

2) 만기, 가입대상 등 금융기관 수신의 기타조건은 다음의 <별표>에서 정하는 경우를 제외하고는 각 금융기관이 자율적으로 정한다(「금융기관여수신 이율 등에 관한 규정」 3조 1항).

[수신의 기타조건]

구 분	기 타 조 건
1. 가계당좌예금	개인에 한함
2. 정기예금	만기 1개월 이상
3. 정기적금	만기 6개월 이상
4. 상호부금	만기 6개월 이상
5. 주택부금	만기 6개월 이상
6. 근로자주택마련저축	만기 1년 이상

다. 수신업무에 따른 각종 의무

(1) 예금자보호법에 의한 의무

예금보험공사에 예금보험을 가입한 부보금융기관은 매년 예금 등의 잔액에 1천분의 5를 초과하지 아니하는 범위 안에서 대통령령이 정하는 비율을 곱한 금액을 연간 보험료로 동 공사에 납부하여야 할 의무가 있다(예보 30조 1항). 예금보험제도에 관한 상세는 후술한다.

(2) 실명거래 의무

1) 금융실명법은 실지명의(實地名義)에 의한 금융거래를 실시하고 그 비밀을 보장하여 금융거래의 정상화를 꾀함으로써 경제정의를 실현하고 국민경제의 건전한 발전을 도모함을 목적으로 한다(실명 1조). 즉 차명거래를 규제하여 불법자금의 원천을 차단함으로써 거래의 투명성을 확보하고 조세정의와 금융정의를

실현하는 것이 주된 목적이었다. 그러나 종전의 금융실명법은 금융자산의 명의자와 실제의 거래자가 다른 비실명거래 즉 「차명거래」를 금지대상으로 규정하고 있었으나, 「합의에 의한 차명거래」에 대해서는 사실상 허용함으로써[1] 재산은닉, 불법대출 등 많은 사회적 문제를 야기하게 되었다.[2]

2) 위와 같은 폐단을 해소하기 위하여, 2014년 5월 금융실명법이 획기적으로 개정되어 2014년 12월부터 시행되고 있다. 개정법률의 골자는 "합의에 의한 차명"을 원칙적으로 금지하고, 이를 위반한 자에 대하여는 엄한 벌칙을 가하는 것을 내용으로 한다. 개정법률의 주요내용은 다음과 같다.

① 누구든지 불법재산의 은닉, 자금세탁행위 또는 공중협박자금조달행위 및 강제집행의 면탈, 그 밖에 탈법행위를 목적으로 타인의 실명으로 금융거래를 하여서는 아니 된다(실명 3조 3항).

② 실명이 확인된 계좌 또는 외국의 관계 법령에 따라 이와 유사한 방법으로 실명이 확인된 계좌에 보유하고 있는 금융자산은 명의자의 소유로 추정한다(실명 3조 5항).

③ 금융위원회는 금융회사 등이 금융실명법 또는 동법에 따른 명령이나 지시를 위반한 사실을 발견하였을 때에는 위반행위의 시정명령 또는 중지명령, 위법행위로 인한 조치를 받았다는 사실의 공표명령 또는 게시명령, 기관경고, 기관주의 가운데 어느 하나에 해당하는 조치를 하거나, 해당 금융회사 등의 영업에 관한 행정제재처분의 권한을 가진 관계 행정기관의 장에게 그 조치를 요구할 수 있다(실명 5조의2 1항).

④ 금융위원회는 금융회사의 임원 또는 직원이 금융실명법 또는 동법에 따른 명령이나 지시를 위반한 사실을 발견하였을 때에는 해임, 면직, 정직 등의 조치를 하여 줄 것을 해당 금융회사 등의 장에게 요구할 수 있다(실명 5조의2 3항). 또한 실명거래법 중 차명거래 금지규정 등을 위반한 자에 대하여는 5년 이하의 징역 또는 5천만원 이하의 벌금에 처한다(실명 6조 1항).

(3) 비밀보장의 의무

1) 금융기관에 종사하는 자는 명의인의 서면상의 요구나 동의를 받지 아니

---

1) 종전에는 차명거래가 적발되더라도 증여세, 소득세 등 세금 회피 목적으로 확인됐을 경우에 한하여 거래의 당사자는 증여세, 소득세 등 세금 및 가산세가 추징되고 차명거래를 중개한 금융회사 임직원은 과태료(500만 원 이하) 제재를 받았을 뿐이었다.

2) 이와 같이 처음부터 본법의 취지에 맞지 않게 합의에 의한 차명거래를 전면적으로 허용함으로써 주가조작 등 주식불공정 거래의 62%, 저축은행 불법대출의 90%가 차명계좌를 활용한 것으로 드러나, 금융실명제법은 "금융범죄 조장법"의 역할을 하고 있다는 사회적 비판을 받아 왔다.

하고는 그 금융거래의 내용에 대한 정보 또는 자료를 타인에게 제공하거나 누설하여서는 아니 되며, 또한 이에 위반하여 거래정보 등의 제공을 요구받은 경우에는 이를 거부하여야 할 의무가 있다. 그러나 법원의 제출명령 또는 법관이 발부한 영장에 의한 경우, 조세에 관한 법률에 의하여 제출의무가 있는 경우 등 많은 예외가 있다(실명 4조 1항, 3항). 비밀보장의무에 위반한 자에 대하여는 5년 이하의 징역 또는 5천만원 이하의 벌금에 처한다(실명 6조 1항).

2) 은행의 임직원(임직원이었던 자를 포함한다)은 업무상 알게 된 공개되지 아니한 정보 또는 자료를 외부(은행의 대주주 등)에 누설하거나 업무목적 외로 이용하여서는 아니 된다(법 21조의2). 이에 위반 한 자에 대하여는 10년 이하의 징역 또는 5억원 이하의 벌금에 처한다(법 66조 1항 1호).

(4) 특정 금융거래정보의 보고의무

1) 불법재산 등으로 의심되는 거래의 보고   은행은 다음 중 어느 하나에 해당하는 경우에는 대통령령으로 정하는 바에 따라 지체 없이 그 사실을 금융정보분석원장에게 보고하여야 한다(특금 4조 1항).

① 금융거래와 관련하여 수수(授受)한 재산이 불법재산이라고 의심되는 합당한 근거가 있는 경우

② 금융거래의 상대방이 금융실명법 제3조 제3항을 위반하여 불법적인 금융거래를 하는 등 자금세탁행위나 공중협박자금조달행위를 하고 있다고 의심되는 합당한 근거가 있는 경우

③ 범죄수익은닉규제법 제5조 제1항 및 테러자금금지법 제5조 제2항에 따라 금융회사 등의 종사자가 관할 수사기관에 신고한 경우

2) 고액 현금거래 보고의무   은행은 일반인이 원칙적으로 5천만원의 범위에서 대통령령으로 정하는 금액 이상의 현금 등을 금융거래의 상대방에게 지급하거나 그로부터 영수(領收)한 경우에는 그 사실을 30일 이내에 금융정보분석원장에게 보고하여야 한다(특금 4조의2).

3) 의심고객 확인의무   은행은 금융거래를 이용한 자금세탁행위 및 공중협박자금조달행위를 방지하기 위하여, ① 고객이 계좌를 신규로 개설하거나 대통령령으로 정하는 금액 이상으로 일회성 금융거래를 하는 경우, ② 고객이 실제 소유자인지 여부가 의심되는 등 고객이 자금세탁행위나 공중협박자금조달행위를 할 우려가 있는 경우에는 합당한 주의(注意)로써 확인 조치를 하여야 한다(특금 5조의2 1항).

2. 예금의 특징과 기능

가. 예금의 특징

1) 예금은 증권 및 파생상품으로 구성되는 금융투자상품과 함께 은행이 고객과 거래하는 3대 금융상품의 하나이다. 그러나 예금이 증권이나 파생상품과 차별되는 본질적인 특징이 있다면 그것은 「원본보장성」이다. 물론 예금도 수취은행이 도산한다면 원본을 환수하기 어려운 상황에 처할 수도 있으나, 이는 특수한 예외적인 경우로서 이러한 예를 들어 예금도 원본보장성이 없는 상품이라고 말할 수는 없는 것이다. 즉 예금계약은 법률상 소비임치에 해당하는 것으로서 원본을 반환할 것을 약정하는 계약임은 전술한 바 있다. 예금계약인 소비임치가 소비대차와 실질적으로 유사함에도 무담보거래를 현실적으로 가능하게 하는 중요한 이유는 일반공중의 「은행에 대한 신용」이다.

2) 은행의 예금이 신용협동기구 등의 비은행예금취급기관이 수입하는 예금과 차별되는 특징은 「불특정다수인(일반공중)으로부터의 금전수입」이라는 데 있다. 이러한 점에서 은행의 채권자인 불특정다수의 예금자를 보호하기 위하여, 은행대차대조표의 건전성 유지에 대한 엄격한 감독이 요청되는 것이다.

나. 예금의 기능

예금의 기능은 크게 3가지로 들 수 있다.

첫째는, 결제수단으로서의 기능이다. 보통예금이나 당좌예금 등 요구불예금은 계좌 간의 이체를 통하여 결제수단으로서의 역할을 한다. 예금이 결제수단의 기능을 갖는 이유는 실물거래에 따른 채무는 원칙적으로 현금통화(은행권)로 결제하지만, 현금통화와 가장 가까운 성질을 갖고 있는 것이 예금자산이기 때문이다. 즉 예금이라면 언제라도 현금통화로 바꿀 수 있기 때문에 누구라도 현금통화와 구별 없이 수용하는 것이다. 어음·수표나 신용카드 등의 지급수단을 이용한 경우에도 종국적으로는 예금자산의 계좌이체를 통하여 결제가 이루어진다. 예금이 결제수단으로서의 기능을 갖는 또 하나의 이유는 예금의 원본보장성에 있다. 예금이 원본보장성을 갖지 않는다면 누구도 예금을 현금과 동일시하지 않게 되어, 예금의 결제수단으로서의 기능을 상실하게 될 것이다.

또한 은행간의 최종적인 차액결제가 중앙은행에 개설된 은행들의 계좌간 이체를 통하여 이루어지는 점도 예금과 현금통화를 강하게 결부시킨다. 은행들이 중앙은행에 예치한 예금은 은행권(현금통화)과 함께 중앙은행의 부채이며, 최종적인 결제수단이라는 점에서 예금은 은행권(현금통화)과 동일한 결제수단으로 볼 수 있다.

둘째는, 예금은 은행이 수행하는 자금중개의 자원이다. 은행은 불특정다수인으로부터의 저축인 예금을 수입하여 설비자금이나 운전자금이 필요한 기업 등에 대출해준다. 이것이 은행의 자금중개기능이고, 이를 통해 예금이 산업과 경제를 발전시킨다. 이때 예금자가 예금하고 싶은 기간과 대출기업이 차입하고 싶은 기간이 각각 다르지만 은행은 예금자산의 중개를 통하여 예금자와 대출기업의 자금수급기간의 간극을 해소하는 역할도 수행하게 된다.

셋째로, 예금은 저축수단을 제공한다. 가계는 미래의 불안에 대비하여 화폐자산을 저장하고 필요할 때에 인출하게 된다. 이와 같이 예금은 안전한 자산보존기능을 갖고 있다.

3. 예금계약의 의의와 법적 성질

가. 예금계약의 의의

예금계약이라 함은 「은행 기타 금융거래를 업으로 하는 자(금융기관)에 대하여 금전의 보관을 위탁하여 금융기관이 예입금의 소유권을 취득하고, 위탁자(예금자)에 대하여 이를 반환할 것을 약정하는 계약」을 말한다. 예금은 은행이 일반대중·기업·공공기관 등 불특정 다수인으로부터 보관·예탁을 받아 관리·운용할 수 있는 자금으로서 은행의 자금조달에 있어 가장 중요한 위치를 차지하고 있다.

나. 예금계약의 법적 성질

(1) 금전의 소비임치

예금계약은 일반 공중이나 법인을 임치인으로 하고, 은행 기타의 금융기관을 수치인으로 하는 「금전의 소비임치계약」이다.[1] 예금계약의 법적 성질이 「소비임치」에 해당한다는 점에 대하여는 이설이 없다.[2] 소비임치는 민법상 전형계약의 하나인 「임치」의 일종이다.[3] 판례도 보통예금에 관한 사례에서, "이른바 예금은 은행 등 법률이 정하는 금융기관을 수치인으로 하는 금전의 소비임치계

---

1) 채권각론, 283면.
2) 예금계약의 법률문제에 관하여는 정찬형, "타점권(유가증권)으로 입금한 예금자의 예금채권의 성립시기," 「판례연구」 제 8 집, 고려대 법학연구소, 1996; 박철환, "예금계약의 법적 성질 및 성립에 관하여," 「민사법연구」 제 5 권, 대한민사법학회, 1996; 전경근, "예금계약에 관한 연구," 「법학박사학위논문」(서울대, 1999); 윤진수, "예금계약," 「금융거래법강의 II」, 법문사, 2001 등 참조.
3) 채권각론, 290면.

약으로서 …"라고 판시하고 있다.[1] 우리 민법은 소비임치에 관하여 1개의 조문만을 두고 있을 뿐이고(민법 702조), 상법도 이에 관하여 특별히 규정하고 있지 않다. 실무적으로 예금거래의 대부분은 보통거래약관이나 은행자체내규·실무관습 등에 의하여 규율되기 때문에 예금계약을 소비임치로 보는가, 그 밖의 특수한 계약으로 보는가의 논의가 특별한 실익이 있는 것은 아니다.

(2) 소비임치의 원본보장성

임치는 「당사자의 일방(임치인)이 상대방에 대하여 금전이나 유가증권 기타의 물건의 보관을 위탁하고, 상대방(수치인)이 이를 승낙함으로써 성립하는 계약」이다(민법 693조). 임치의 법률적 성질은 금전이나 유가증권 기타의 물건의 보관을 목적으로 하는 「낙성·불요식계약」이고, 무상·편무계약이 원칙이나 이자 등에 관한 특약이 있는 때에는 「유상·쌍무계약」이 된다.[2] 원래 임치계약에서는 수치인이 수치한 목적물을 보관하였다가 반드시 보관한 그 목적물 자체를 반환하여야 한다. 따라서 임치물의 소유권은 수치인에게 이전하지 않고, 소유권 내지 처분권이 없는 수치인은 임치물을 소비 등으로 처분하지 못한다.

그러나 임치계약에서도 당사자의 특약으로 수치인이 임치물을 소비할 수 있는 것으로 할 수 있는데(계약자유의 원칙), 이러한 특약이 있는 계약을 이른바 「소비임치」라고 한다.[3] 즉 임치에 있어서 목적물의 소유권을 수치인에게 이전하기로 하고 수치인은 그것과 「동종·동질·동량의 것」을 반환하기로 하는 때에 성립하는 것이 소비임치이다. 따라서 그 목적물은 대체물에 한하게 된다.[4] 이러한 점에서 소비임치인 예금의 「원본보장성」이 법적으로 확보된다.

(3) 소비대차와의 유사성

소비임치에 있어서 수치인이 목적물의 소유권을 취득하고, 동종·동질·동량의 것을 반환하게 되는 점은 「소비대차」와 유사하다. 이러한 점에서 민법은 소비임치에 대하여 소비대차의 규정을 준용하고 있다(민법 702조 본문). 그런데 소비임치계약은 반환시기의 약정이 없는 경우에는 임치인은 언제라도 반환청구를 할 수가 있으나, 소비대차의 경우에는 상당한 기간을 정하고 반환의 최고를 하여야 하는 점에서 차이가 있다(민법 702조 단서).

---

1) 대판 1985. 12. 24, 85다카880.
2) 채권각론, 284면.
3) 채권각론, 290면.
4) 오늘날의 은행업무는 금전뿐만 아니라 유가증권과 같은 대체물의 소비임치도 동시에 담당하고 있다.

4. 예금계약의 성립시기

1) 예금계약의 법적 성질을 불요식·낙성의 소비임치계약으로 보면, 예금계약도 당사자의 합의만으로 성립한다. 이 경우 예금증서나 예금통장의 작성·교부는 예금계약의 성립요건이 아니고, 또 증서·통장의 작성시기가 예금계약의 성립시기로 되는 것도 아니다.

현실적으로 중요한 문제는 「예금계약의 성립시기」와 「예금반환채권의 발생시기」를 구분하여야 한다는 점이다. 예금계약이 유효하게 성립되었다고 하여 예금주에게 바로 예금반환채권이 발생하는 것은 아니다. 왜냐하면 예금반환채권은 예금주의 입금을 조건으로 발생되는 것으로 보아야 하기 때문이다. 그런데 우리 대법원 판례는 예금계약의 성립시기와 관련하여, "예금계약은 예금자가 예금의 의사를 표시하면서 금융기관에 돈을 제공하고 금융기관이 그 의사에 따라 그 돈을 받아 확인을 하면 그로써 성립하며, 금융기관의 직원이 그 받은 돈을 금융기관에 입금하지 아니하고 이를 횡령하였다고 하더라도 예금계약의 성립에는 아무런 지장이 없다"고 판시하여,1) 예금계약을 요물계약으로 보고 있다. 그런데 위 판례에서의 예금계약의 성립시기는 엄격히 말하여 「예금반환채권의 발생시기」로 보아야 할 것이다.

예금거래기본약관에서 「예금이 되는 시기」를 ① 현금으로 입금한 경우에는 은행이 이를 받아 확인한 때, ② 현금으로 계좌송금하거나 또는 계좌이체한 경우에는 예금원장에 입금의 기록을 한 때, ③ 증권으로 입금하거나 계좌송금한 경우에는 은행이 그 증권을 교환에 돌려 부도반환시한이 지나고 결제를 확인한 때(다만 개설점에서 지급하여야 할 증권은 그 날 안에 결제를 확인한 때)로 규정하고 있는데, 이때 「예금이 되는 시기」는 사실상 입금이 되는 시기로서 이는 「예금계약의 성립시기」라기보다는 「예금반환채권의 발생시기」로 이해하여야 할 것이다(동약관 제7조).2)

---

1) 대판 1996. 1. 26, 95다26919; 동 1975. 11. 11, 75다1224(예금주가 예금취급소 창구계원에게 예금을 할 의사를 표명하면서 금원을 제공하여 예금증서를 각 교부하였으나 동 예금취급소장은 그 예금을 입금절차를 밟지 아니하고 횡령하였다 할지라도 동 예금취급소와 예금계약이 성립된 것이다); 동 1977. 4. 26, 74다646(예금계약은 예금자가 예금의 의사를 표시하면서 금전을 제공하고 금융기관이 이에 따라서 그 금전을 받아 확인하면 성립된다); 동 1984. 8. 14, 84도1139.

2) 예금거래기본약관 제7조(예금이 되는 시기) : ① 제6조에 따라 입금한 경우, 다음 각호의 시기에 예금이 된다.
 1. 현금으로 입금한 경우 : 은행이 이를 받아 확인한 때
 2. 현금으로 계좌송금하거나 또는 계좌이체한 경우 : 예금원장에 입금의 기록을 한 때
 3. 증권으로 입금하거나 계좌송금한 경우 : 은행이 그 증권을 교환에 돌려 부도반환시한이 지

2) 약속어음 등 증권으로 입금하는 경우, 예금계약의 성립시기에 관하여 대법원은 "은행수신거래기본약관의 '증권으로 입금하는 경우에는 은행이 교환에 돌려 부도반환시한이 지나고 결제를 확인한 때, 다만 개설점이 지급장소인 증권이면 그 날 안에 결제를 확인한 때'에 예금이 완료된다는 규정은, 다른 점포에서 지급될 약속어음 등 증권으로 입금하는 경우에는 이를 교환에 돌려 지급지 점포에서 액면금을 추심하여 그 결제를 확인한 때에 예금계약이 체결된 것으로 본다는 의미이며, 지급지 점포에서 당해 증권이 정상적으로 추심되었는지 또는 부도처리되어 추심이 이루어지지 않았는지 여부에 관계없이 추심을 의뢰한 점포에 위 약관 소정의 부도반환시한까지 부도통지가 없으면 무조건 예금계약이 성립된 것으로 본다는 취지라고는 볼 수 없다"고 판시하고 있다.[1]

[예금주가 예금 유치인을 통하여 추가금리를 지급 받기로 하고 예금한 경우에도 예금주와 은행간의 예금계약의 성립을 인정한 판례]
① 예금주가 예금에 있어 그 대가로 은행 소정 금리 외에 예금 유치인을 통하여 추가금리를 지급받기로 하였다 하더라도 그것이 은행직원과 예금유치인들 간에 은행의 예금고를 높임으로써 그 은행직원의 실적을 올리기 위한 방편으로 이루어진 것으로서 예금주에게 통장까지 전달된 것이라면 예금주와 은행간의 예금계약의 성립을 부인할 수는 없다(대판 1996. 1. 26, 95다26919).
② 예금주가 예금에 있어 그 대가로 은행 소정금리 외에 예금 유치인을 통하여 추가금리를 지급 받기로 하였다 하더라도 그것이 은행직원과 예금 유치인들 간에 은행의 예금고를 높임으로써 그 은행직원의 실적을 올리는 한편 예금 유치인이 같은 은행으로부터 대출상의 특혜를 받기 위한 방편으로 이루어진 것으로서 예금주에게 통장까지 전달된 것이라면 예금주와 은행간의 예금계약의 성립을 부인하여 이를 단순한 예금주와 유치인간의 대차관계라고만 볼 수 없다(대판 1985. 12. 24, 85다카880).

[예금구좌에 당좌수표 등 유가증권을 입금한 경우, 예금계약의 성립시기에 관한 판례]
저축예금계약에 적용되는 은행수신거래기본약관 제 5 조 제 1 항 제 2 호 소정의 "거래처가 증권으로 입금하는 경우에는 은행이 그 증권을 교환에 돌려 부도반환시한이 지나고 결제를 확인한 때에 예금계약이 성립한다"는 규정은, 다른 점포에서 지급될 당좌수표 등 증권으로 입금하는 경우에는 이를 교환에 돌려 지급지 점포에

나고 결제를 확인한 때. 다만, 개설점에서 지급하여야 할 증권은 그날 안에 결제를 확인한 때
② 제 1 항 제 3 호에도 불구하고 증권이 자기앞수표이고 지급제시 기간 안에, 사고신고가 없으며 결제될 것이 틀림없음을 은행이 확인한 경우에는 예금원장에 입금의 기록이 된 때 예금이 된다.
③ 은행은 특별한 사정이 없는 한 제 1 항 및 제 2 항의 확인 또는 입금기록을 신속히 하여야 한다.
1) 대판 1999. 2. 5, 97다34822.

서 액면금을 추심하여 그 결제를 확인한 때에 예금계약이 체결된 것으로 본다는 의미이지, 지급지 점포에서 당해 증권이 정상적으로 추심되었는지 또는 부도처리되어 추심이 이루어지지 않았는지 여부에 관계없이 추심을 의뢰한 점포에 위 약관 소정의 부도반환시한까지 부도통지가 없으면 무조건 예금계약이 성립된 것으로 본다는 취지라고는 볼 수 없다(대판 1995. 6. 16, 95다9754; 동 1987. 5. 26, 86다카1559; 동 1990. 5. 8, 88다카5560; 동 1996. 9. 20, 96다1610; 동 1999. 2. 5, 97다34822).

[예금자가 추심의뢰한 당좌수표가 부도처리되었는데도 추심과정에서의 실수로 그 금액이 정상입금된 것처럼 처리된 후 인출된 경우, 예금계약의 성립을 부정한 판례]
　예금자가 추심을 의뢰한 당좌수표의 지급지 점포에서는 부도통지를 하였는데 그 도중에 중개점포 담당직원의 실수로 추심을 의뢰한 점포에 부도 사실이 통지되지 아니함으로써 추심을 의뢰한 점포가 부도된 사실을 모른 채 위 당좌수표가 정상적으로 추심된 것으로 알고 그 액면금 상당의 입금이 이루어진 것으로 처리하고 이를 인출하여 준 경우, 이는 추심절차상의 사무착오로 인하여 입금되지 않은 금액을 입금된 것으로 잘못 알고 그 금액을 인출하여 준 것에 불과하고 이로써 추심결제를 확인한 것이 되는 것은 아니므로 그 증권에 의하여 추심할 금액 상당의 예금계약이 성립되었다고 볼 수 없다(대판 1995. 6. 16, 95다9754).

5. 예금계약의 당사자

가. 금융실명제 이전의 학설과 판례

(1) 학   설

예금계약에 있어서 진정한 예금주(계약의 당사자)가 누구인가에 관하여 분쟁이 생기는 경우가 종종 있다. 금융실명제 실시(1993년) 이전에는 우리나라에서도 누구를 예금주로 보는가에 관하여, 일본의 경우처럼[1] 실질상의 출연자를 예금주로 보는 「객관설」, 예금명의인(예금행위자)을 예금주로 보는 「주관설」 및 양설을 회색적으로 처리하는 「절충설」 등이 소개되고 있었다. 법조 실무자들은 대체로 판례를 소개·평석하면서, 스스로의 출연에 의하여 자기의 예금으로 하는 의사로 은행에 대하여 스스로 또는 대리인·사자를 통하여 예금계약을 한 자가 예금주로 보는 객관설을 지지하였다.[2]

---

1) 田中, 90~93면 참조.
2) 김병재, "기명식예금에 있어서의 예금채권자의 판정기준," 「민사판례연구」(민사판례연구회), 제10권(1987), 88면; 이창구, "예금주의 인정에 관하여," 「대법원판례해설」, 제 8 호(1987. 10), 93면; 허만, "공동명의로 개설된 예금채권과 다수당사자의 채권관계," 「민사판례연구」(민사판례연구회), 제15권(1993), 120~121면 등.

(2) 판   례

금융실명제 실시 이전의 대법원 판례는 금융기관에 대한 기명식예금에 있어서 예금주의 판단기준에 대하여, "금융기관에 대한 기명식예금에 있어서는, 명의의 여하를 묻지 아니하고, 또 금융기관이 누구를 예금주라고 믿었는가에 관계없이, 예금을 실질적으로 지배하고 있는 자로서 자기의 출연에 의하여 자기의 예금으로 한다는 의사를 가지고 스스로 또는 사자(使者), 대리인1)을 통하여 예금계약을 한 자를 예금주로 봄이 상당하다"고 판시하였다.2) 또한 "타인명의를 모용하여 은행과 예금계약을 체결하였을 경우 그 당사자는 실제예금계약을 체결한 본인이다"라고 판시하여,3) 외관 여하를 묻지 않고 「예금을 실질적으로 지배하고 있는 자」를 예금주로 보았다.

나. 1993년 금융실명제 실시 이후

1) 우리나라에서는 1993년 금융실명제 실시 이후에는 종래의 여러 학설에 불구하고, 기명식 예금의 경우 예금주는 원칙적으로 「실명확인을 거친 예금명의인」으로 보았다.4)

2) 금융실명제 실시 이후 대법원판례는, 예금주의 결정에 관하여 출연자가 누구인지를 불문하고 「예금명의인」이 원칙적으로 예금주임을 밝히면서, 예외적으로 예금반환채권을 귀속시키기로 하는 명시적 또는 묵시적 약정이 있는 경우에는 예금명의인이 아닌 출연자를 예금주로 인정하였다.

[금융실명제 하에서 출연자와 금융기관 사이에 예금 명의인이 아닌 출연자에게 예금반환권을 귀속시키기로 하는 특별한 약정이 있는 경우 출연자를 예금계약상의 예금주로 본 판례]
　금융실명거래및비밀보장에관한긴급재정경제명령5)이 시행된 후에는 금융기관에 예금을 하고자 하는 자는 원칙적으로 직접 주민등록증과 인감을 지참하고 금융기

---

1) 대판 1992. 6. 23, 91다14987; 동 1995. 8. 22, 94다59042 참조.
2) 대판 1987. 10. 28, 87다카946. 동지: 대판 1987. 5. 12, 86다카2903; 동 1988. 12. 27, 88누10060; 동 1992. 1. 21, 91다23073; 동 1992. 6. 23, 91다14987 등.
3) 대판 1973. 2. 26, 72다2448·2449.
4) 이재용, "금융법판례의 최근동향―예금계약에서 예금주 판정에 관한 문제," 「금융법연구」(6권 1호), 한국금융법학회, 2009; 장재현, "예금계약에서의 특약―타인을 예금명의자로 하는 특약, 예금주 사후의 잔고에 관한 특약," 「상사판례연구」(19권 1호), 한국상사판례학회, 2006; 윤진수, 전게논문; 김유진, "금융실명제하에서의 예금주의 인정," 「민사판례연구 Ⅶ」, 2000, 229면 이하 등 참조.
5) 구 「금융실명거래및비밀보장에관한긴급재정경제명령」은 1997. 12. 31. 법률 제5493호 금융실명법 부칙 제 2 조에 의하여 폐지되었고, 동 명령 제 3 조 제 1 항은 현행 금융실명법 제 3 조 제 1 항이다.

관에 나가 자기 이름으로 예금을 하여야 하고, 대리인이 본인의 주민등록증과 인감을 가지고 가서 본인의 이름으로 예금하는 것이 허용된다고 하더라도, 이 경우 금융기관으로서는 특별한 사정이 없는 한 주민등록증을 통하여 실명확인을 한 예금 명의자를 같은 명령 제 3 조 제 1 항 소정의 거래자로 보아 그와 예금계약을 체결할 의도라고 보아야 할 것이지만, 특별한 사정으로서 출연자와 금융기관 사이에 예금 명의인이 아닌 출연자에게 예금반환채권을 귀속시키기로 하는 명시적 또는 묵시적 약정이 있는 경우에는 출연자를 예금주로 보아야 한다(대판 1998. 11. 13, 97다53359. 본 판례는 특히 금융실명제 실시 후의 예금주의 결정에 관한 리딩 케이스라고 할 수 있다. 동지: 대판 1996. 4. 23, 95다55986; 동 1998. 1. 23, 97다35658; 동 1998. 6. 12, 97다18455).

[일부만이 금원을 출연한 공동명의예금의 경우에도 명의자 전원을 예금주로 본 판례]
　금융실명거래및비밀보장에관한법률 제 3 조에 의하면, 금융기관은 거래자의 실지명의에 의하여 금융거래를 하여야 하므로 금융기관으로서는 특별한 사정이 없는 한 실명확인을 한 예금명의자를 거래자로 보아 그와 예금계약을 체결할 의도라고 보아야 하고, 공동명의예금계약의 경우에도 공동명의자 전부를 거래자로 보아 예금계약을 체결할 의도라고 보아야 할 것이므로 공동명의자 중 일부만이 금원을 출연하였다 하더라도 출연자만이 공동명의예금의 예금주라고 할 수는 없다(대판 2001. 6. 12, 2000다70989. 동지: 대판 2000. 3. 10, 99다67031).

다. 2014년 금융실명법 개정 이후

예금주가 누구인가의 문제는 2014년 금융실명법의 개정으로 차명계좌를 사실상 금지함으로써 큰 전환점을 맞이하게 되었다 함은 앞에서 본 바와 같다. 개정된 금융실명법은 "실명이 확인된 계좌 또는 외국의 관계 법령에 따라 이와 유사한 방법으로 실명이 확인된 계좌에 보유하고 있는 금융자산은 명의자의 소유로 추정한다"고 규정하였다(실명 3조 5항). 차명계좌에 있는 재산에 대해서는 실소유주가 따로 있더라도 명의자 소유의 재산으로 추정한다는 것이다.

개정 법률의 취지는 조세포탈, 비자금 조성, 자금세탁, 횡령 등 불법·탈법 행위나 범죄 수단으로 활용될 수 있는 차명거래를 전면 금지하는 데 있다. 이러한 법 개정의 취지에 비추어 가족 간 합의된 차명거래 역시 원칙적으로 금지된다고 본다. 다만, 조세포탈 등의 목적에 해당하지 않는 경우의 차명거래가 허용되는 경우가 있다. 가령, 불법의 목적이 아닌 동창회, 종친회 통장 등 이른바 「선의의 차명계좌」는 허용되는 것으로 본다.

결국 「선의」의 여부는 사실 판단에 의해 이루어지므로 증명이 중요하게 된다. 왜냐하면, 이 법률의 개정 전에는 실소유주와 명의자가 합의에 의해 차명거래를 한 경우에는 해당 자산에 대해 실소유주의 소유권을 인정하였으나, 개정법률 이후에는 해당 자산에 대해서는 명의자 소유의 재산으로 추정돼 이를 번복하기 위해서는 소송을 통해 증명하여야 할 것이다.

6. 예금채권의 법적 성격과 양도성

예금자는 은행에 예입된 것과 동액의 금전을 반환받을 수 있는 권리 외에 일반적으로 이자를 지급받을 수 있는 권리를 갖는다. 예금자가 갖는 이러한 권리를 「예금채권」이라고 한다. 예금채권은 무기명예금증서에 의한 예금의 경우를 제외하고는 보통 「지명채권」이다. 실무상 예금채권의 양도 등 관리에 대하여는 지명채권에 관한 민법의 규정이 적용된다. 따라서 이러한 예금채권은 양도가 가능한데 양도금지의 특약도 유효하다(민법 449조 2항 본문). 다만 이러한 특약이 유효하기 위하여는 은행이 이러한 양도금지 특약의 내용을 명시·설명할 의무가 있다.

우리 대법원판례도 이러한 취지로 다음과 같이 판시하고 있다.

[예금채권의 준점유자에 관한 판례]
채권의 준점유자라고 하려면 채권의 사실상 귀속자와 같은 외형을 갖추어야 하므로, 예금채권의 준점유자는 예금통장과 그에 찍힌 인영과 같은 인장을 소지하여야 한다(대판 1985. 12. 24, 85다카880).

[은행거래약관에 예금채권의 양도금지 특약이 포함되어 있는 경우, 은행의 고객에 대한 약관의 명시·설명의무를 위반한 경우 그러한 특약의 효력을 부정한 판례]
예금채권은 금전채권의 일종으로서 일반거래상 자유롭게 양도될 필요성이 큰 재산이므로 은행거래약관에서 예금채권에 관한 양도금지의 특약을 정하고 있는 경우, 이러한 특약은 예금주의 이해관계와 밀접하게 관련되어 있는 중요한 내용에 해당하므로 은행으로서는 고객과 예금계약을 체결함에 있어서 이러한 약관의 내용에 대하여 구체적이고 상세한 명시·설명의무를 지게 되고, 만일 은행이 그 명시·설명의무에 위반하여 예금계약을 체결하였다면 은행거래약관에 포함된 양도금지의 특약을 예금계약의 내용으로 주장할 수 없다(대판 1998. 11. 10, 98다20059. 동지: 대판 1994. 10. 14, 94다17970; 동 1996. 3. 8, 95다53546; 동 1996. 6. 25, 96다12009; 동 1998. 6. 23, 98다14191).

[공동명의로 개설된 예금채권의 행사방법에 관한 판례]

　① 은행에 공동명의로 예금을 하고 은행에 대하여 그 권리를 함께 행사하기 위하여 양인이 통장과 도장을 나누어 갖는 경우에, 위 공동명의의 예금채권자들은 공동으로 이행의 청구나 변제의 수령을 하고 채무자의 이행도 예금채권자 전원에 대하여 하여야 하며 채권의 양도 등 처분행위도 예금주들이 공동으로만 하여야 한다(대판 1989. 1. 17, 87다카8).

　② 공동명의 예금의 인출방법은 공동명의자와 금융기관 사이의 공동명의 예금계약의 내용에 따라 결정되는 것이고, 계약의 내용이 공동명의자 전원의 인감증명이 날인된 예금청구서에 의하는 한 공동명의자 중 1인이 단독으로 예금청구를 할 수 있다는 것이면 공동명의자 중 1인은 다른 공동명의자의 동의를 받아 단독으로 예금을 청구할 수 있으므로, … (중략) … 금융기관이 공동명의자들 사이의 내부적 지분을 들어 정당한 예금청구를 거절할 수는 없다(대판 2001. 6. 12, 2000다70989. 동지: 대판 1994. 4. 26, 93다31825).

7. 예금통장의 법적 성격과 양도제한

가. 법적 성격

예금채권은 무기명 예금증서에 의한 예금을 제외하고는 지명채권이므로, 은행이 예금자에게 교부하는 예금통장, 예금증서는 유가증권이 아니고, 단순한 「면책증권」이다.[1]

나. 양도제한

전자금융거래법에 의하면, 위와 같은 예금통장 및 이에 갈음하는 예금인출 등의 기능을 갖는 현금카드, 직불카드 등은 전자금융거래를 위한 전자적 정보가 탑재된 「접근매체」에 해당한다(전금 2조 10호). 동법은 누구든지 접근매체를 사용 및 관리함에 있어서 다른 법률에 특별한 규정이 없는 한 ① 접근매체를 양도하거나 양수하는 행위, ② 대가를 수수(授受)·요구 또는 약속하면서 접근매체를 대여받거나 대여하는 행위 또는 보관·전달·유통하는 행위, ③ 범죄에 이용할 목적으로 또는 범죄에 이용될 것을 알면서 접근매체를 대여받거나 대여하는 행위 또는 보관·전달·유통하는 행위 등을 금지하고 있다(전금 6조 3항). 또한 접근매체를 양도하거나 양수한 자, 접근매체를 대여받거나 대여한 자 또는 보관·전달·유통한 자에 대하여는 3년 이하의 징역 또는 2천만원 이하의 벌금에 처한다고 규정하고 있다(전금 49조 4항 1호·2호).

---

1) 상법강의(하), 10면.

[예금통장의 제시가 없이 예금반환을 청구한 경우에 관한 판례]

① 예금통장의 제시가 없어도 예금지급청구서에 찍힌 인영과 미리 계출된 인영이 맞기만 하면 예금을 지급하는 것이 은행거래에 있어서의 상관습이라고 할 수 없다(대판 1962. 1. 11, 61다195).

② 보통예금약관에 예금을 찾을 때에는 원칙적으로 예금통장을 같이 제시하여야 되도록 되어 있다면, 예금통장 없이 예금청구서만에 의하여 예금을 환급하는 것은 어디까지나 예금주의 편의를 위하여 하는 것이라 할 것이므로 그 점에 있어 전혀 과실이 없다 할 수 없다(대판 1969. 11. 25, 69다1609).

③ 예금통장의 제시, 기재절차 없이 보통예금을 인출하여 별단계정에 대체입금한 것은 편법이지만 예금주의 요청에 따른 것이라면 이는 적법한 환급이라 할 것이다(대판 1978. 7. 25, 78다865).

[타인의 예금통장을 무단사용하여 예금을 인출한 후 바로 예금통장을 반환한 경우, 예금통장에 대한 절도죄가 성립하는지 여부에 대한 판례]

예금통장은 예금채권을 표창하는 유가증권이 아니고 그 자체에 예금액 상당의 경제적 가치가 화체되어 있는 것도 아니지만, 이를 소지함으로써 예금채권의 행사자격을 증명할 수 있는 자격증권으로서 예금계약사실 뿐 아니라 예금액에 대한 증명기능이 있고 이러한 증명기능은 예금통장 자체가 가지는 경제적 가치라고 보아야 하므로, 예금통장을 사용하여 예금을 인출하게 되면 그 인출된 예금액에 대하여는 예금통장 자체의 예금액 증명기능이 상실되고 이에 따라 그 상실된 기능에 상응한 경제적 가치도 소모된다. 그렇다면 타인의 예금통장을 무단사용하여 예금을 인출한 후 바로 예금통장을 반환하였다 하더라도 그 사용으로 인한 위와 같은 경제적 가치의 소모가 무시할 수 있을 정도로 경미한 경우가 아닌 이상, 예금통장 자체가 가지는 예금액 증명기능의 경제적 가치에 대한 불법영득의 의사를 인정할 수 있으므로 절도죄가 성립한다(대판 2010. 5. 27, 2009도9008).

[예금통장의 몰수와 예금반환채권의 관계에 대한 판례]

예금통장이 몰수되었다고 하여 예금반환채권까지 몰수된 것으로 볼 수 없다(대판 1997. 11. 14, 97다34235).

[예금증서 대신 현금보관증을 교부받고 은행에 금원을 교부한 경우에는, 예금계약의 성립을 인정하기 위한 특별한 사정이 있어야 한다고 한 판례]

금융기관과의 예금계약은 예금자가 예금의 의사로 금융기관에 금원을 지급하고 금융기관이 이를 승락하여 수납하면 성립하는 것이나, 이와 같은 예금계약을 함에 있어서는 통상 예금의 종류에 따라 이율과 기간이 다르므로 우선 어떤 이율의 어떤 예금에 가입할 것인가를 특정하여 거래약정에 필요한 인장과 금원을 금융기관에 교부하면 금융기관은 이를 수납하고 특정된 예금의 약정서인 예금증서에 입금사실을 기재하여 예금자에게 교부하여 당해 금원이 예입된 사실을 확인케 함으로써 거래관계가 개시되고 그 후는 그 예금통장에 의하여 입출금을 함이 금융거래에 공지된 일반적 실례라 할 것이므로, 이러한 경우 예금증서는 예금계약서의 구실을 한다 할 것이며, 예금증서를 교부받지 않고 금원만을 은행에 교부한다는 것은 그 것이 예금계약의 성질을 갖는 것인 이상 극히 이례에 속한다 할 것이고 금융기관 이 예금자로부터 금원의 수납을 받고 예금통장 대신 현금보관증을 작성·교부한다 는 것은 은행시간이 마감되고 창구직원이 없어 예금통장을 작성·교부할 수 없는 경우 등 특단의 사정이 있어 예금자가 이를 양해하는 경우 등 극히 예외적인 경우 에 한하여 예상할 수 있는 일시적·잠정적 거래방식이라 할 것이므로 예금증서 대 신 현금보관증을 교부받은 경우에 예금계약의 성립을 인정하려면 위에서 본 특별 한 사정 등에 관하여 심리해야 한다(대판 1985. 5. 28, 84다카2180).

8. 예금의 청구와 은행원의 주의의무 정도

가. 예금거래기본약관의 규정[1]

예금거래기본약관은 "은행은 예금지급청구서, 증권 또는 신고서 등에 찍힌 인영(또는 서명)을 신고한 인감(또는 서명감)과 육안으로 주의 깊게 비교·대조하여 틀림없다고 여기고, 예금지급청구서 등에 적힌 비밀번호나 PIN-Pad기를 이용하 여 입력된 비밀번호가 신고 또는 등록한 것과 같아서 예금을 지급하였거나 기타 거래처가 요구하는 업무를 처리하였을 때에는 인감이나 서명의 위조·변조 또는 도용이나 그 밖의 다른 사고로 인하여 거래처에 손해가 생겨도 그 책임을 지지 않는다. 다만, 은행이 거래처의 인감이나 서명의 위조·변조 또는 도용 사실을 알 았거나 알 수 있었을 때는 그러하지 아니하다(동약관 16조 1항)"고 규정하고 있다.

나. 판례의 태도

[예금청구시 은행원의 주의의무에 대한 판례]

① 은행의 출금담당직원이 예금지급청구서에 찍힌 인영과 신고한 인감이 동일 하고 비밀번호 역시 신고한 것과 같아 예금을 지급하였다고 하더라도, 은행업무상 요구되는 통상의 주의를 하였더라면 정당한 예금청구인이 아니라는 사실을 알 수 있었음에도 과실로 이를 알지 못하고 권한 없는 자에게 예금을 지급한 경우에는 그 지급이 유효하게 되는 것은 아니다(대판 2008. 10. 23, 2007다20266).

② 은행이 예금청구자에게 예금 수령의 권한이 있는지 없는지를 판별하는 방편 의 하나로 예금청구서에 압날한 인영과 은행에 신고하여 예금통장에 찍힌 인감을 대조확인할 때에는 인감 대조에 숙련된 은행원으로 하여금 그 직무수행상 필요로 하는 충분한 주의를 다하여 인감을 대조하도록 하여야 할 것이고, 그러한 주의의 무를 다하지 못하여 예금 수령의 권한이 없는 자에게 예금을 지급하였다면 은행으

---

1) 공정거래위원회 표준약관 제10012호.

로서는 그 예금지급으로서 채권의 준점유자에 대한 변제로서의 면책을 주장할 수 없다(대판 2013. 1. 24, 2012다91224).

③ 은행이 예금주가 아니면서 예금통장도 소지하지 아니한 자에게 예금청구서만에 의하여 예금을 인출하여 준 경우, 은행의 선의·무과실로 이루어진 채권의 준점유자에 대한 변제로 볼 수 없고, 그 선의·무과실에 대한 증명책임도 예금주가 아닌 은행에게 있다(대판 2006. 12. 21, 2004다41194).

[은행담당직원의 과실로 예금인출의 권한이 없는 사람에게 예금지급을 한 경우의 효력 및 면책특약에 관한 판례]

은행담당직원의 과실로 예금인출의 권한 없는 사람에게 은행의 예금을 지급하였으면 그 지급은 예금주에게 효력이 없다. … (중략) … 은행과 예금주 사이에 은행이 인감을 대조한 후 통장을 지참한 자에게 예금을 내어주면 그 효력이 있다는 면책특약의 취지는 통상의 주의를 하였더라면 정당한 예금청구인가 아닌가를 식별할 수 있는 것을 고의 또는 과실로 이를 알지 못하고 권한 없는 자에게 지급되었을 때까지 무조건 그 지급이 유효하다는 것은 아니라고 해석된다(대판 1975. 5. 27, 74다2083. 동지: 대판 1992. 6. 23, 91다14987).

[예금지급시 인영의 대조검사와 은행의 과실유무에 관한 판례]

원고 명의의 예금통장을 지참한 신원 미상인의 지급청구에 대하여 피고은행이 예금지급청구권에 날인된 인영과 예금원장에 신고된 원고의 인감을 대조하여 일치함을 확인하고 그 청구금액을 지급하였다면, 피고은행에게 과실이 있다 할 수 없다(대판 1976. 10. 12, 76다1413).

[인영의 대조검사시 요구되는 주의위무의 정도에 관한 판례]

은행이 예금청구자에게 예금 수령의 권한이 있는지 없는지를 판별하는 방편의 하나로 예금청구서에 압날한 인영과 은행에 신고하여 예금통장에 찍힌 인감을 대조·확인할 때에는 인감대조에 숙련된 은행원으로 하여금 그 직무수행상 필요로 하는 충분한 주의를 다하여 인감을 대조하도록 하여야 할 것이고, 그러한 주의의무를 다하지 못하여 예금수령의 권한이 없는 자에게 예금을 지급하였다면 은행으로서는 그 예금 지급으로서 채권의 준점유자에 대한 변제로서의 면책을 주장할 수 없다(대판 1992. 2. 14, 91다9244. 동지: 대판 2001. 6. 12, 2000다70989).

[금융기관의 직원이 고객으로부터 예금인출 요구를 받은 것처럼 가장하여 여러 차례에 걸쳐 금원을 인출한 경우, 표현대리의 법리를 인정하지 않은 판례]

금융기관의 직원이 고객관리차원에서 장기간 동안 고객의 예금을 파출수납의 방법으로 입금 및 인출하여 오던 중 고객으로부터 예금인출 요구를 받지 않았음에도 불구하고 인출을 요구받아 파출업무를 수행하는 것처럼 가장하여 금융기관의 영업부 직원에게 구두로 출금을 요구하여 돈을 받은 후 고객 몰래 인장을 찍어 둔 인출청구서에 고객의 서명을 위조하여 위 영업부 직원에게 교부하는 방법으로 여러 차례에 걸쳐 금원을 인출한 경우, 파출수납의 방법에 의한 예금 입·출금은 금융기관 직원 자신의 직무를 수행하는 것에 불과하고, 고객이 직원에게 예금 입·출금과 관련한 대리권을 수여하였다거나 그 수여의 의사를 표시한 것으로 볼 수는 없다(대판 2001. 2. 9, 99다48801. 동지: 대판 1999. 2. 5, 97다34822; 동 2000. 4. 7, 99다53742).

9. 예금에 대한 질권설정과 강제집행

가. 질권설정

질권이란 「채권자가 그의 채권의 담보로서 채무자 또는 제 3 자(물상보증인)로부터 받은 물건 또는 재산권을 채무의 변제가 있을 때까지 유치함으로써, 채무의 변제를 간접적으로 강제하는 동시에, 변제가 없는 때에는 그 목적물로부터 우선적으로 변제 받는 권리」를 말한다(민법 329조).[1]

예금의 질권설정이란 「예금주가 자기의 채권자를 위해서 예금을 채권의 담보로 제공하는 것」을 말한다. 이는 재산권을 그 목적으로 하는 권리질의 일종이다(민법 345조). 은행의 예금은 예금을 수취한 은행이 질권을 설정하는 경우와 제 3 자가 질권을 설정하는 경우의 두 가지가 있다. 예금은행이 질권을 설정하는 경우에는 예금은행이 채권자로서 질권을 설정하는 절차가 필요하나, 제 3 자가 질권을 설정하는 경우에는 예금은행의 질권설정 승낙이 필요하다(민법 349조 1항). 질권은 지급금지의 효력이 있으므로, 질권자로부터 질권해지의 통지를 받은 뒤가 아니면 그 예금을 예금주에게 지급할 수 없다(민법 335조, 355조).

나. 강제집행

(1) 강제집행의 종류

은행의 예금에 대하여 예금주의 채권자로부터 강제집행이 실시되는 경우가 종종 있다. 그러한 강제집행의 종류로서 가압류·압류, 전부명령, 추심명령 등이 있다.

「가압류」란 금전 또는 금전으로 환산할 수 있는 청구권을 그대로 두면 장래 강제집행이 불가능하게 되거나 곤란하게 되는 것을 막기 위하여 미리 일반담보가 되는 채무자의 재산을 확보하는 것으로 보전절차의 일종이다(민집 226조 1항).

---

[1] 실무상 예금에 대하여 양도담보권을 설정하는 경우도 있으나, 이의 설정방법과 일반적 효력은 질권의 경우와 대체로 동일하다.

「압류」란 금전채권에 관하여 강제집행의 제1단계로서 집행기관이 먼저 채무자의 재산(물건 또는 권리)의 사실상 또는 법률상의 처분을 금지하고 이를 확보하는 강제행위를 말한다(민집 227조 1항).

가압류·압류는 지급금지·처분금지의 효력만 있을 뿐 이로써 채권의 만족을 얻을 수 없다. 따라서 이를 환가해서 배당받는 절차가 필요한데, 금전채권에 대하여는 전부명령과 추심명령이라는 특별한 환가방법이 인정된다. 금전채권을 압류하였을 때, 압류채권자는 전부명령과 추심명령 중 하나를 선택하여 신청할 수 있다(민집 229조 1항).

「전부명령」이란 압류된 금전채권을 지급에 갈음하여 압류채권자에게 이전시키는 집행법원의 결정이다(민집 229조 3항).

「추심명령」이란 압류채권자에게 채무자가 제3채무자(은행)에 대하여 가지고 있는 금전채권을 대위절차(민법 404·405조)에 의하지 아니하고, 채무자에 갈음하여 직접 추심할 수 있는 권리를 부여하는 집행법원의 결정이다(민집 229조 2항).

(2) 강제집행의 효력발생시기

압류 등 강제집행의 효력발생시기는 압류 등이 제3채무자인 은행에 「송달」된 때이다(민집 227조 3항, 229조 4항). 다만, 전부명령의 경우 그 효력발생시기는 전부명령이 「확정」된 때이다(민집 227조 7항).[1] 전부명령이 확정된 때에는 집행채무자의 채무는 제3채무자(은행)에게 「송달」된 때로 소급해서 변제한 것으로 본다(민집 231조).

10. 예금의 종류

1) 예금은 고객의 다양한 수요에 부응하도록 여러 가지 종류로 구분되어 있다. 그러나 각종의 예금에 대하여 법령상의 규정이 있는 것은 아니다. 각종 예금의 명칭이나 내용은 고객의 수요와 사회경제적 필요성에 따라 은행업의 역사와 함께 정형화된 것이다.

2) 일반은행이 취급하고 있는 예금의 종류는 지급결제 편의 또는 일시적 보관을 목적으로 하는 「요구불예금」과 저축 또는 이자수입을 주목적으로 하는 「저축성예금」으로 대별된다. 그러나 요구불예금과 저축성예금의 구분은 편의상 거치기간의 설정여부가 기준이 되었으나, 저축 및 결제기능이 혼합된 새로운 예금

---

[1] 전부명령은 즉시항고가 없는 경우에는 1주일의 즉시항고기간이 지난 때에, 즉시항고가 있는 경우에는 그 각하 또는 기각결정이 확정된 때이다(민집 229조 6항, 민집 15조).

제도의 도입으로 그 구분기준이 불분명하여졌다.[1]

요구불예금이란 「예금자의 요구에 응하여 수시로 자유로이 지급이 이루어지는 예금을 총칭하는 것」으로서 당좌예금·보통예금 등이 그 대표적인 예인데, 이 외에도 가계당좌예금·별단예금 등이 있다. 저축성예금이란 「일정기간은 원칙적으로 지급되지 않는 예금」으로서 정기예금이 그 대표적인 예인데, 정기적금·저축예금·기업자유예금·근로자우대저축·장기주택마련저축 등이 있다.

언제라도 자유로이 입출금이 가능한 요구불예금은, 은행의 입장에서 보면 운용자산의 안정성이라는 측면에서 저축성예금에 비하여 취약하기 때문에 예금이자는 저축성예금보다 낮다. 그러나 요구불예금을 고객의 입장에서 본다면, 저축·이자증식기능은 저축성예금에 미치지 못하지만, 수수기능·각종결제기능·보관기능에서는 우수하여 고객의 지갑·금고대용 내지는 금전출납부대용으로 널리 이용되고 있다.

3) 이외에 은행예금을 기명예금과 무기명예금으로 구분하는 경우도 있다. 기명예금이란 「예금주의 성명을 예금통장 또는 예금증서에 기재하는 것」이다. 무기명예금이란 「예금증서에 예금주의 성명이 기재되어 있지 않은 것」이다.

4) 은행은 법령에 저촉되지 않는 한 어떠한 종류의 예금을 수입하더라도 무방한 것으로 해석된다.[2] 최근 들어서 은행은 수신기반 확충을 위하여 증권·보험 등과 연계한 예금상품을 도입하고 있다. 예를 들어 고객이 증권회사에 주식매매를 주문하면 고객의 은행예금계좌를 통하여 자동으로 결제되는 사이버(cyber) 증권투자용 계좌가 일부 은행에 도입되었다. 또한 예금자에 대하여 보험혜택을 부여하는 방카슈랑스(bancassurance),[3] 즉 은행·보험 연계상품의 취급도 늘고 있다.

가. 당좌예금

(1) 개 념

당좌예금은 은행과 당좌거래계약을 체결한 거래처가 발행한 당좌수표 및 약속어음 또는 당좌계약자가 (인수한) 환어음의 지급을 은행에 위임하고자 개설하는 예금이다(수표 3조 참조). 당좌예금은 예금주의 입장에서는 일상의 지급거래를 위한 결제예금의 성격을 지니는데, 은행법상 「상업금융업무」를 영위하는 은행만이 원칙적으로 당좌예금을 취급할 수 있다(법 32조). 은행의 입장에서는 당좌

---

1) 이하 예금의 종류에 대하여는 금융제도, 94~97면 참조.
2) 詳解, 120면.
3) 방카슈랑스란 은행과 보험의 합성어로 독일에서는 Allfinanz라고 부른다.

대월에 의해 신용창출의 원천이 된다.

(2) 특   징

당좌예금은 언제라도 인출이 가능하다는 점과 인출은 반드시 어음·수표에 의한다는 점의 두 가지에 특징이 있다. 예를 들면, A은행에 당좌예금을 보유하는 B가 C에게 금전지급을 하여야 하는 경우에, B는 현금대신 A은행을 지급인으로 한 당좌수표를 발행하여 C에게 교부한다. C는 이를 A은행에 제시하면 A은행은 B의 당좌예금으로부터 인출하여 그 수표금을 지급한다.

(3) 기   능

주로 기업의 결제계좌로서 이용되고 있다. 기업간의 거래는 통상 거액이고 빈번하다. 각 기업이 상시 현금의 형태로 거액의 결제용 자금을 주고 받는다면 매우 불편하여, 이러한 기능을 대행하는 것이 당좌예금이다. 기업은 은행과 당좌거래계약을 체결한 후, 거래은행을 지급인으로 하여 발행한 당좌수표 또는 거래은행을 지급장소로 하는 약속어음이나 환어음에 대하여 당좌예금을 인출하여 결제를 한다. 오늘날 기업은 당좌예금을 개설하지 않고서는 원활히 상거래를 수행하는 것이 거의 불가능하다.

당좌예금은 요구불예금의 전형으로서 예금통화의 중심을 이룬다. 당좌예금은 어음 등의 발행을 통하여 예금을 실질적으로 양도하는 기능을 하고, 현금을 대신하여 채무를 변제한다. 마치 통화와 같은 결제기능을 하는 것이다.

당좌예금에 있어서 은행은 단순히 금전을 보관하는 외에도 예금자의 지급청구에 응하고 이에 수반된 계산을 함으로써, 예금자의 회계사무를 대행하는 기능까지 수행하게 된다. 따라서 당좌예금의 이용자는 일상의 자금출납으로 인한 번잡으로부터 벗어날 수 있는 편의가 있다.

(4) 법적 성격

당좌거래계약은 수표 등의 지급사무를 내용으로 하는 수표계약과, 지급자금이 될 금전의 수납 및 보관을 목적으로 하는 소비임치 내지는 그 예약을 포함한 계속적·포괄적인 계약이다.

또한 당좌예금에 있어서 은행은 위에서 본 바와 같이 단순히 금전을 보관하는 외에도 수표 등의 지급청구에 응하고 이에 수반된 예금자의 회계사무까지 대행하는데, 이러한 제사무는 민법상의 위임계약에 의한 사무이다(민법 680조 이하).

통상 당좌계정을 전제로 당좌대출(월)계약이 체결된다. 당좌대출(월)계약이란 만일 당좌예금의 잔고가 없는 경우에도 수표 등의 제시가 있을 경우 일정한

한도액까지는 지급을 약속하는 계약으로서 당좌계정계약과는 별개의 독립의 계약이다(이에 관한 상세는 후술한다).

(5) 당좌예금의 폐단

당좌예금은 위에서 설명한 바와 같이 편리한 점도 있지만, 또한 폐단도 있다. 당좌거래가 악용될 소지가 있는 것이다. 즉 당좌예금계좌에 충분한 자금도 없이 거래처가 수표 등을 남발한다면 부도가 발생하여 신용질서가 문란해질 우려가 있다.[1] 이러한 폐단을 미연에 방지하기 위하여 은행은 당좌계정 개설시 상대방인 고객의 신용도를 면밀하게 조사하여 신중하게 대응함을 원칙으로 한다.

> [은행이 당좌예금거래 고객의 예금부족시 당좌예금계정 계약을 해지하거나 미사용 당좌수표용지를 회수하지 않은 경우, 은행의 제3자에 대한 불법행위 성립을 부정한 판례]
> 당좌예금 은행이 거래고객의 예금부족에도 불구하고 당좌수표의 부도처리에 이은 당좌예금계정계약을 해지하지 않고 미사용 당좌수표용지를 회수하지 아니하여 거래고객의 상대방인 제3자가 손해를 입었더라도 은행의 그와 같은 부작위가 제3자에 대한 불법행위가 되려면 그것이 위법한 것임을 요하므로 그 전제로서 제3자에 대하여 그와 같은 행위(작위)의무를 지고 있어야 할 것인데, 일반적으로 은행이 위에서 본 바와 같은 행위를 하는 것은 자기 방어의 필요에서 취하고 있는 조치이지 제3자에 대하여 부담하는 법적 의무라고는 볼 수 없고, 당좌예금계정계약 해약 후에 거래선의 미사용수표용지가 사용되어 제3자가 결과적으로 손해를 입는다는 것은 그 거래선의 현저하게 부당한 행위, 예컨대 수표용지의 매매를 하거나 제3자의 금원을 편취하고 있음을 은행을 대리할 권한 있는 은행종사자들이 알고 거기에 편승하고 있었다는 등 특별한 사정이 없는 한 은행은 이를 보통 예견할 수 없을 뿐만 아니라 거기까지 예견의무를 지울 수도 없다(대판 1989. 6. 27, 88다카9524).

나. 가계당좌예금

가계당좌예금은 일반대중의 은행이용도를 제고함으로써 현금선호성향을 낮추어 신용사회를 이룩하고, 가계저축을 증대시키기 위하여 1977년에 도입되었다.[2] 가계당좌예금은 일반당좌예금과는 달리 이자를 지급하고 있는데, 이자는 3개월마다 원금에 가산된다. 한편 가계당좌예금의 가입대상은 신용상태가 양호한 개인으로 제한되어 있는데, 구체적인 자격기준은 각 은행이 자율적으로 정하고 있

---

1) 금융제도, 94면 참조.
2) 동 예금의 명칭은 가계당좌예금에서 1981년 7월 가계종합예금으로 변경되었다가, 1992년 12월 다시 가계당좌예금으로 환원되었다(금융제도, 94면).

으며, 대출한도도 예금가입자의 신용도 등을 감안하여 자율적으로 정하고 있다.[1]

가계당좌예금거래에 있어서 이자지급방식·가계수표 장당 발행최고한도·대출한도·불량거래자에 대한 조치 등에 대하여는 한국은행의 「금융기관 여수신이율 등에 관한 세칙」에서 상세히 규정하고 있다.

다. 보통예금

(1) 특징과 기능

보통예금은 1원 이상의 단위로 예입 및 인출할 수 있는 요구불예금의 전형으로서 다음과 같은 특징이 있다. 즉 ① 고객이 인출시 수표 등을 발행하지 않고(이 점이 당좌예금과 다른 점임), ② 계속적 거래로서 해약을 하지 않는 한 예금잔고가 없더라도 구좌는 해지되지 않으며, ③ 1개의 계좌에는 1개의 통장을 사용하는데 개개로 예입된 금액은 1개의 예금채권을 구성한다(이 점이 정기예금과 다른 점임).

보통예금은 거래대상·예치금액·예치기간·입출금 회수 등에 아무런 제한이 없어 자유롭게 거래할 수 있는 예금으로서 일반개인 또는 당좌예금계정을 개설하지 않은 중소상공업자의 출납예금으로 많이 이용되고 있는 예금이다.[2]

은행의 고객은 보통예금을 통하여 계좌간의 자금이체나 연금·배당금 등의 수취·공공요금·세금·보험료·신용카드대금 등의 결제서비스를 받는다. 이처럼 보통예금은 단기의 저축수단임과 동시에 결제계좌로서의 역할을 하고 있다.

(2) 법적 성격

보통예금은 기간을 정하지 않은 금전의 「소비임치계약」이다. 또한 예입·인출이 반복·계속되는 포괄적·계속적 예금거래이다. 예금채권은 예입금마다 개별적으로 성립하는 것이 아니고, 합산되어 1개의 채권으로 성립된다. 즉 반복되는 예입·인출에 따른 금액의 증감에 관계없이 언제나 1개의 잔고채권으로서 취급된다.

(3) 계좌의 개설

은행은 보통예금에 대하여 특별한 조사 없이 개설해 주는 것이 관행이다. 이는 당좌예금에 비하여 법률관계가 단순하고, 제3자와의 관계에서 문제가 생길 소지가 거의 없기 때문이다. 그러나 은행 측은 보통예금의 계좌개설신청에 반드시 응해야 된다는 법률상의 의무를 부담하고 있는 것은 아니다. 보통예금의 취지에 따라 이용되지 않을 것이 명백할 때에는, 예외적으로 은행은 보통예금의

---

1) 금융제도, 94면.
2) 금융제도, 94면.

계좌개설을 거부할 수 있다고 본다.

(4) 예입과 인출

고객은 은행의 영업시간 내에는 언제라도 보통예금의 환급을 청구할 수 있다. 은행창구에서 보통예금을 인출할 경우에는 은행소정의 전표용지에 금액을 기재하고 기명날인 또는 서명한 후 통장과 함께 은행창구에 제출하고 비밀번호를 누른다. 이 경우 은행 측은 신고된 인감 또는 서명과 비교하여 육안으로 주의 깊게 대조하여 틀림없다고 인정하고 비밀번호가 신고한 것과 같아서 지급 등의 취급을 하였을 경우에는 은행은 이로서 면책된다(예금거래기본약관 16조).

오늘날은 주로 현금자동지급기(CD: cash dispenser) · 현금자동예입지급기(ATM: automatic teller machine) 등 기계를 통하여 보통예금의 예입 · 인출이 이루어진다. CD 나 ATM을 이용할 경우에는 현금카드가 발행되고, 그 이용에 관해서는 각 은행이 제정한 전자거래에 관한 약관과 규정이 적용된다. 그러나 전자거래에 관한 이러한 약관만으로는 이에 관하여 발생하는 고객과 은행과의 각종 법률문제를 해결하는데 미흡한 경우가 많으므로, 이 문제에 관한 입법적인 해결이 요망된다. 이에 대하여는 후술한다.

라. 별단예금

(1) 개   념

별단예금은 환 · 대출 · 보관 등 은행의 업무수행상 발생하는 미결제 · 미정리 자금 또는 타예금계정으로 취급할 수 없는 자금 등 일시적 보관금에 붙이는 편의적 계정명칭으로, 후일 다른 계정으로 대체되거나 지급될 예금을 말한다. 별단예금으로 취급되는 주요 예수금은 자기앞수표 발행자금 · 공탁금 · 부도대금 · 미지급송금 · 당좌예금 해지잔액 등이다. 따라서 별단예금에 대하여는 일정한 거래기한이나 거래약관이 없고, 예금증서나 통장도 발행되지 않으며, 필요한 경우에는 예치증 · 영수증 또는 확인서 등을 발행하여 줄 뿐이다.[1]

별단예금은 사무처리중에 일시 예치하는 예금이므로 이자를 지급하지 않는 것이 원칙이나, 따로 약정하는 경우(수표분실에 따른 공탁금에 대하여 은행과 예금주가 상호 합의한 경우 등)에는 최고이율(현재 연 2.0%) 범위 내에서 이자를 지급할 수 있다.[2]

(2) 특   징

별단예금은 다양한 성격의 각종 예금 등을 정리하기 위한 임시의 계정이므

---

1) 금융제도, 94면.
2) 금융제도, 94면.

로, 그 성격이 특정되지 않아 특정 약관도 존재하지 않는다. 또한 특약이 없는 한 예입기간도 없다. 따라서 그의 법적 성격을 통일적으로 규정할 수는 없는 것이 그 특징이다.

별단예금은 예금자 단위의 계좌가 아니고, 자금의 종류·내용별로 적절히 내역을 관리한다. 별단예금의 종류는 고객이 환급을 청구할 수 있는 예금적인 성격의 것과, 환급을 청구할 수 없는 가수금적인 성격의 것이 있다.

[별단예금제도의 취지 등에 관한 판례]
원래 약속어음의 채무자가 어음의 도난, 분실 등을 이유로 지급은행에 사고신고와 함께 그 어음금의 지급정지를 의뢰하면서 그 어음금액에 해당하는 돈을 별단예금으로 예치한 경우, 이 별단예금은 일반의 예금채권과는 달리 부도제재회피를 위한 사고신고의 남용을 방지함과 아울러 어음소지인의 어음상의 권리가 확인되는 경우에는 당해 어음채권의 지급을 담보하려는 데 그 제도의 취지가 있는 것이므로, 이와 같은 별단예금채권을 압류한 당해 어음채권자에 대한 관계에 있어서 그 예금을 수동채권으로 하는 은행의 상계는 원칙적으로 허용될 수 없고, 이를 예치받은 은행으로서는 어음소지인이 정당한 권리자임이 판명된 경우에는 그에게 이를 지급하는 것이 원칙이고, 어음소지인이 정당한 권리자가 아니라고 판명되기도 전에 이를 함부로 어음발행인에게 반환하거나 그에 대한 반대채권과 상계할 것도 아니며, 이를 어음발행인에게 반환하거나 그에 대한 반대채권과 상계하는 것은 사고신고담보금을 별단예금으로 예치하게 한 목적이나 취지에도 어긋난다고 할 것이다(대판 1992. 10. 27, 92다25540).

마. 공공예금

공공예금은 지방자치단체와의 금고사무취급계약에 의하여 재산세·등록세·주민세 등의 지방세와 수도료 등의 공공요금 수납대행업무를 취급하는 예금이다. 공공예금은 예수 및 지급업무가 해당 지방자치단체와의 개별계약에 의해서만 이루어진다는 점에 그 특징이 있고, 일반적으로 보통예금이율이 적용된다.[1]

바. 정기예금

(1) 개 념

정기예금은 「예금자가 이자 수취를 목적으로 예치기간을 사전에 약정하여 일정금액을 예입하는 기한부예금」이다. 즉 예입기간이 일정기간으로 확정되어 그 기간 내에는 환급청구를 할 수 없는 예금을 말한다. 정기예금은 은행 측에서

---

1) 금융제도, 95면.

볼 때 일정기간 예금인출 가능성이 낮아 자금운용의 안정성이 보장되는 이점이 있다.[1] 정기예금은 저축성예금의 대표적인 상품이다.

(2) 특   징

정기예금의 예치한도 및 가입대상에 대한 제한은 (원칙적으로) 없고, 예치기간은 1개월 이상이며, 금리는 자유화되어 있다. 정기예금의 예치기간은 일반적으로 월 또는 년으로 정해진다. 예금자의 입장에서는 그 기간 중에 원칙적으로 인출할 수 없는 구속을 받는 반면, 이율은 각종 예금 중에서 가장 높아서 자금운용으로 유리하고 저축성이 강하다. 은행의 입장에서는 예입기간 중 예금인출의 가능성이 적기 때문에 지급준비를 하지 않아도 되므로 가장 안전성이 높은 자금운용을 할 수 있게 된다. 정기예금은 이와 같이 고객 측 및 은행 측 쌍방에 이점이 많으므로, 오늘날 은행권 총수신잔고의 거의 절반을 차지하여 우리나라 경제발전에 큰 기여를 하고 있는 상품이다.

(3) 법적 성격

정기예금의 법적 성격은 기간을 정한 금전의 「소비임치」이다. 계약기간이 경과한 후에는 자동계속 정기예금의 약정이 없는 한 요구불예금으로 된다. 예금채권은 예입의 건별로 성립한다. 이 점에서 보통예금과 차이가 있다. 통장식 정기예금은 1책의 통장에 복수의 계좌가 개설되고 잔고가 표시된다. 그러한 경우에도 지급기간은 각 계좌마다 정해지는 독립된 예금이다. 고객과의 거래약정은 정기예금의 다양한 종류에 따라 각각 차이가 있을 수 있다.

(4) 계좌의 개설

예금계약의 체결은 보통예금의 경우와 거의 유사하다. 은행은 정기예금구좌를 개설할 때 고객으로부터 인감 등을 신고 받고, 금액·만기일 등의 명세를 표시한 정기예금증서 또는 통장을 작성하여 교부한다. 정기예금증서는 증거증권이면서 면책증권이다. 예금통장은 복수계좌로 예입되는 경우에 주로 교부된다. 그러나 통장은 수 개의 정기예금채권을 편의상 1개의 통장에 기재한 것이고, 예금마다 각기 별개로 수입과 환급이 기재된다. 다만 무기명식 정기예금은 증서로 발행하고, 인감 또는 서명감을 받지 아니한다. 이의 원리금의 지급시에는 정기예금증서 및 청구서를 받고 처리한다.

---

1) 금융제도, 95면.

[은행의 지점장대리가 대리권을 남용하여 체결한 수기통장식 정기예금계약의 효력을 부인한 판례]

　　은행의 지점장대리와 예금자간의 3개월 만기 정기예금계약의 형식을 빌어서 한 수기통장식 예금계약은, 위 지점장대리의 대리권 남용에 의한 계약이므로 그 정기예금계약은 은행이 책임질 수 없는 것이어서 같은 계약을 원인으로 한 예금자의 정기예금반환청구권은 유효하게 성립될 수 없다(대판 1987. 11. 10, 87다카1557).

(5) 중도해지

　　정기예금은 원칙적으로 기한 전에는 환급할 수 없다고 약정되어 있는 예금이다. 예금자 측으로부터 기한 전 환급청구가 있을 경우, 은행은 기한의 이익을 포기하고 중도해약에 응한다. 그러한 경우 예입기간에 따른 본래의 정기예금이율보다 상당히 낮은 기한전 해약이율(중도해약이율)이 적용된다.

사. 저축예금

　　저축예금은 가계저축의 증대를 도모하기 위한 가계우대저축의 하나로 수시입출금이 가능한 결제성 예금이면서도 이자가 지급되고 있다. 또한 최근에는 예금거래실적 등에 따라 마이너스대출이 제공되기도 한다. 저축예금은 1977년 7월 당시 한국주택은행이 최초로 도입하였는데, 1978년 1월부터 취급기관이 모든 은행으로 확대되었으며, 가입대상은 개인으로 한정되어 있다. 저축예금은 보통예금·가계당좌예금과 더불어 가계생활자금 저축의 일종인 예금상품이다. 한편 1997년 7월에 4단계 금리자유화의 실시에 맞추어 투자회사의 단기금융상품펀드(MMF: Money Market Funds)나 종합금융회사의 어음관리계좌(CMA: Cash Management Account) 등과 경쟁이 가능한 고금리의 시장금리부 수시입출식예금(Money Market Deposit Account; MMDA)이 저축예금의 일종으로 도입되었다. 동 상품은 일반 저축예금처럼 수시 입출이 가능하고, 최고예치한도에 대한 제한은 없으나 최초 가입 시 일정금액 이상을 예치해야 한다.[1]

아. 기업자유예금

　　기업자유예금은 1988년 12월 금리자유화조치 당시 개인기업이나 법인, 지방자치단체 등의 일시여유자금의 운용수단을 제공하기 위하여 도입하였다. 그러나 2003년 12월 가입대상 제한이 폐지되면서 금리는 보통예금 수준으로 낮아졌다. 기업자유예금에도 수시입출이 가능한 시장금리부 수시입출금식예금이 있다.[2]

---

1) 금융제도, 95면.
2) 금융제도, 95면.

자. 양도성예금증서

(1) 발행조건

1) 양도성예금증서(Negotiable Certificates of Deposit; CD)[1]란 「정기예금에 양도성을 부여한 금융상품」으로서 은행의 수신경쟁력을 제고하고 금리자유화의 기반을 조성하는 동시에 시중 여유자금을 흡수하기 위하여 1984년 6월에 재도입되어 현재에 이르고 있다.[2] 현재 우리나라에서는 양도성예금증서에 관한 명백한 법규정은 없고 금융통화위원회가 제정한 '금융기관 지급준비규정'과 '양도성예금증서의 발행조건'에 근거를 두고 발행되고 있다.

2) 양도성예금증서는 일반적으로 최저발행단위가 1천만원 이상인 거액예금수단으로서 최장만기 제한이 없는 대신 최단만기가 30일 이상으로 제한된다. 중도환매가 불가능하고, 발행형식은 '무기명 할인식 양도가능증서'의 형식을 취하고 있다. 취급금융기관은 한국은행에 예금지급준비금 예치의무가 있는 금융기관으로 제한되어 있다. 또한 양도성예금증서는 2000년 말까지는 예금보험대상이었으나 2001년부터는 관련 법률의 경과규정이 만료됨에 따라 그 대상에서 제외되었다.[3]

(2) 양도성예금증서의 법적 성격

1) 양도성예금증서는 예금증서를 교부하고 예금을 받는다는 점에서는 일반예금과 같이 금전의 소비임치로 분류될 수 있다. 그러나 보통의 예금증서(또는 예금통장)는 기명식으로 되어 있고 또 증서상에 기재된 약관에 의하여 양도를 금하고 있어 유가증권으로 볼 수 없고 면책증권으로 보고 있으나, 양도성예금증서는 예금채권(및 이자)을 표창하고 동 권리의 (이전 및) 행사에 증서의 소지를 요하는 불완전유가증권으로 볼 수 있다. 양도성예금증서는 은행이 지급을 약속한 증서이므로 (그 형식에 있어서는 어음의 문언성에 의하여 약속어음이 될 수 없지만) 그 실질에 있어서는 은행이 발행한 약속어음과 유사하게 볼 수 있다. 따라서 이러한 양도성예금증서에 대하여는 성질에 반하지 않는 한 약속어음에 관한 규정을 준용할 수 있다고 본다.[4] 우리나라에서는 현재 무기명식 양도성예금증서만이 발행되므

---

1) 양도성예금증서는 1961년 First National City Bank of New York(현재 Citibank)이 CP, TB 등 단기금융상품으로 은행예금이 이탈하는 데 대응하여 처음 도입한 것이다(금융시장, 101면).
2) 그 이전에도 양도성예금증서와 유사한 양도성정기예금제도가 1974년 5월부터 1977년 6월까지, 1978년 3월부터 1981년 말까지 두 차례에 걸쳐 시행된 바 있었으나, 발행금리가 정기예금금리 이내로 규제되어 실세를 반영하지 못한 데다가 전문적인 중개기관이 없어 유통시장도 불비한 등의 이유 때문에 그 실적이 미미하여 폐지된 바 있다.
3) 금융시장, 96면. 양도성예금증서에 관한 상세는 금융시장, 101면 이하 참조.
4) 상법강의(하), 10면.

로 이의 양도방법은 동 증서의 약관에 기재된 바와 같이 무기명채권의 양도방법
에 의하여 동 증서의 교부만으로 가능하다(동 약관 2조). 우리 대법원 판례에서는
CD를 유가증권으로 해석하여 실제로 증서가 발행되지 않으면 CD의 매매계약은
성립되지 않는 것으로 보고 있다.[1]

　　2) 고객이 금융기관과 무기명식 양도성예금증서의 발행조건에 관하여 합의
한 후 그 발행자금을 입금하여 담당직원의 확인을 받은 경우, 거치식 예금계약
이 성립하는지 여부에 대하여 의문이 있을 수 있다. 이에 대하여 대법원은 "예금
거래기본약관 및 거치식예금약관이 적용되는 무기명식 양도성예금증서는 거치
식 예금의 수신은행이 발행하는 증서로서 거치식 예금계약에 기한 예금반환청
구권을 표창하고 있고 그 예금반환청구권의 이전 및 행사에 증서의 소지가 필요
하다는 점에서 유가증권의 일종으로 볼 수 있지만, 양도성예금증서가 표창하고
있는 권리는 위와 같이 거치식 예금계약에 기하여 발생하는 것이므로 그 권리의
발생에 양도성예금증서의 발행이 필요한 것은 아니다. 무기명식 양도성예금증서
를 발행받고자 하는 고객은 금융기관과 사이에 고객의 입금액, 만기일, 이자율,
만기지급금액 등 양도성예금증서의 발행조건에 관하여 합의한 다음, 금융기관에
소정의 금원을 입금하여 담당직원의 확인을 받음으로써 거치식 예금계약이 성
립하게 되고, 금융기관은 그 예금계약에 기한 예금반환청구권을 표창하는 무기
명식 양도성예금증서를 발행하기로 하는 약정에 따라 그 증서를 고객에게 발행
할 의무를 부담하게 되며, 특별한 사정이 없는 한 그 증서에 기재된 내용은 거치
식 예금계약의 내용을 반영하는 것이라고 봄이 상당하다"고 판시하였다.[2] 또한
그 후 금융기관의 직원이 위 돈을 횡령하거나 양도성예금증서를 발행하지 않은
사정이 위 예금계약의 효력에 영향을 미치는지 여부에 대하여 대법원은 "금융기
관의 직원이 위와 같은 과정에서 고객으로부터 수령한 금원을 관련 계좌에 입금
하지 않고 횡령하거나 고객에게 양도성예금증서를 발행할 의무를 이행하지 아
니하였다 하더라도 그와 같은 사정은 일단 성립한 거치식 예금계약의 효력에 영
향을 미칠 수 없으며, 이러한 경우 고객으로서는 거치식 예금계약에 기한 예금
반환청구권을 계속 보유·행사하거나, 그 예금반환청구권을 표창하는 양도성예
금증서를 금융기관으로부터 발행받지 못하였음을 이유로 그 예금계약을 해제할
수 있다"고 판시하였다.[3]

---

1) 대판 2000. 3. 10, 98다29735.
2) 대판 2009. 3. 12, 2007다52942.
3) 대판 2009. 3. 12, 2007다52942.

[양도성예금증서가 실제로 발행되지 않은 경우, 양도성예금증서에 관한 매매계약의 성립을 부인한 판례]

양도성예금증서는 시중은행이 발행한 무기명 할인식으로 발행되는 유가증권으로서 그 권리의 이전 및 행사에 증서의 소지를 요하므로, 양도성예금증서가 실제로 발행된 바 없다면 고객이 이를 매입한다는 명목으로 은행 직원에게 그 자금을 제공한 것만으로는 고객과 은행간에 양도성예금증서에 관한 매매계약은 성립할 수 없다(대판 2000. 3. 10, 98다29735).

[양도성예금증서의 양수인은 그 발행인이나 전 소지인에게 양도인의 실질적권리 여부를 확인하여야 할 주의의무가 없다고 본 판례]

양도성예금증서를 취득함에 있어서 통상적인 거래기준으로 판단하여 볼 때 양도인이나 그 양도성예금증서 자체에 의하여 양도인의 실질적 무권리성을 의심하게 할 만한 사정이 있는데도 불구하고 이에 대하여 상당하다고 인정될 만한 조사를 하지 아니하고 만연히 양수한 경우에는 중대한 과실이 있다고 할 것이지만, 양도성예금증서는 단순한 교부만으로 양도가 가능하므로 양수인이 할인의 방법으로 이를 취득함에 있어서 그 양도성예금증서가 잘못된 것이라는 의심이 가거나 양도인의 실질적인 무권리성을 의심하게 될만한 특별한 사정이 없는 이상 위 양도성예금증서의 발행인이나 전 소지인에게 반드시 확인한 다음 취득하여야 할 주의의무가 있다고는 할 수 없다(대판 2000. 5. 16, 99다71573. 동지: 대판 1987. 6. 9, 86다카2079; 동 1995. 8. 22, 95다19980; 동 1997. 5. 28, 97다7936).

차. 외화예금

(1) 종   류

외화예금은 「대외지급수단에 의한 예금」으로서 외국환거래법에 의하여 규제되고 있다. 외화예금은 예금주체에 따라 대외계정·거주자계정 및 해외이주자계정으로 구분되고, 예금의 종류로는 당좌예금·보통예금·통지예금·정기예금·정기적금의 5종이 있는데 이 중 정기적금은 해외이주자계정에서는 취급되지 않는다.[1]

(2) 대외계정

대외계정은 비거주자, 개인인 외국인거주자, 우리나라 재외공관 근무자 및 그 동거가족 등이 개설하는 예금계정이다. 동 계정에는 외국으로부터 송금된 대외지급수단, 기타 외국환거래법에 의하여 취득 또는 보유가 인정된 대외지급수단을 예치할 수 있다. 예금의 처분은 대외송금, 대외지급수단으로의 인출 또는

---

1) 금융제도, 97면.

원화를 대가로 한 매각 등의 용도로만 가능하다.[1]

(3) 거주자계정

거주자계정은 「개인인 외국인거주자, 우리나라 재외공관 근무자 및 그 동거가족 등을 제외한 거주자가 개설할 수 있는 예금계정」이다. 동 계정에는 취득 또는 보유가 인정된 대외지급수단과 원화를 대가로 외국환은행으로부터 매입한 대외지급수단을 예치할 수 있다. 동 계정의 예금은 자기명의 및 다른 거주자명의의 거주자계정에의 이체, 자기명의 거주자계정에의 예치를 위한 다른 외국통화표시 대외지급수단 또는 외화채권의 매입, 대외지급수단으로의 인출, 인정된 거래에 따른 대외지급수단으로의 지급, 원화를 대가로 한 매각의 용도로만 처분할 수 있다. 다만 원화를 대가로 하여 외국환은행 등으로부터 매입한 대외지급수단을 예치하는 거주자계정의 경우에는 인정된 거래에 따른 지급을 위한 경우를 제외하고는 거주자계정에의 이체 또는 대외지급수단으로 인출할 수 없다.[2]

(4) 해외이주자계정

해외이주자계정은 「해외이주자 또는 재외동포가 개설하는 예금계정」이다. 동 계정에는 국내재산 처분자금으로 매입한 대외지급수단을 예치할 수 있고, 원화를 대가로 한 매각 또는 해외이주비 및 부동산처분대금 송금으로만 처분할 수 있다.[3]

(5) 외화예금의 지급준비

외국환은행은 수취한 외화예금에 대해서 금융통화위원회가 정하는 비율의 지급준비금을 한국은행에 예치하여야 한다. 외화예금 지급준비금의 최저율은 다음과 같다(외화예금지급준비규정 2조).

① 만기 1개월 이상 외화정기예금, 만기 30일 이상 외화양도성예금증서 및 만기 6개월 이상 외화정기적금 : 2%

② 기타예금 : 7%

③ 제 1 호 및 제 2 호의 규정에 불구하고 대외계정, 해외이주자계정 및 외국환은행이 개설한 거주자계정 예금과 동 계정 개설대상 해당자의 외화양도성예금증서는 1%

외화예금 지급준비금의 예치통화는 한국은행 총재가 지정하는 통화로 한다(동규정 3조). 외국환은행은 최저 예금지급준비금을 한국은행 외화당좌예금으로

---

1) 금융제도, 97면.
2) 금융제도, 97면.
3) 금융제도, 97면.

예치하여야 한다(동규정 4조 2항).

카. 예금과 유사한 상품

(1) 적 금

은행법은 은행의 고유업무로서 예금 외에 「적금」의 수입을 규정하고 있다. 적금은 기능적으로는 예금과 극히 유사한 은행 수신상품의 하나로, 일정 기간을 계약하고 정기적 또는 비정기적으로 금액을 불입하여 계약 기간이 만료된 후 이를 이자와 함께 일괄적으로 돌려받는 것이다. 예금은 돈을 굴리기 위한 것이라면, 적금은 돈을 모으기 위한 것이라고 보면 된다. 적금은 불입방식에 따라 「정기적금」과 「자유적립식 적금(자유적금)」이 있다. 정기적금은 「계약금액과 계약기간을 정하고 예금주가 일정금액을 정기적으로 납입하면 은행이 만기일에 계약금액을 지급하는 적립식 예금」이다. 정기적금은 가입대상 및 예치한도에 (원칙적으로) 제한이 없고, 계약기간은 6개월 이상이다. 정기적금은 예금주가 일정기간 (일반적으로 1/4회차 정도) 납입하면 적금계약액 범위 내에서 대출이 가능하고(적금대출), 또한 적금납입액의 90% 이내에서 대출(적금담보대출)을 받을 수 있는 이점이 있다.[1] 자유적금이란 「계약금액과 계약기간을 정하고 예금주가 일정금액을 비정기적(수시)으로 납입하면 은행이 만기일에 계약금액을 지급하는 것」이다.

적금에 있어서 적금합계액과 지급액과의 차액은 예금이자에 상당하다고 볼 수 있다. 만기시 지급금은 예금의 경우와는 달리 법적으로는 맡긴 것을 반환하는 것이 아니고, 은행으로부터의 일방적인 급부에 해당된다. 따라서 지급금과 적립합계액과의 차액은 법적으로 보면 이자는 아니다. 이 점에서 적금은 적립식 정기예금과 구별된다.

(2) 상호부금

상호부금이란 「일정한 기간을 정하고 부금을 납입하게 하여 그 기간의 중도 또는 만료시에 부금자에게 일정한 금전을 급부함을 약정하여 행하는 부금의 수입과 급부금의 지급업무」를 말한다(상호저축은행법 2조 3호). 이와 같이 상호부금은 예금과는 다른 특색이 있기 때문에 은행법은 이를 부수업무의 하나로 규정한 것으로 보인다(법 27조의2 2항 2호). 이에 관한 상세는 부수업무의 절에서 설명한다.

---

1) 금융제도, 95면.

11. 어음교환제도

가. 의   의

은행의 수신업무 중 특히 당좌예금과 밀접한 관계가 있는 제도의 하나로서 어음교환제도가 있다. 어음교환이란 「일정한 지역 내에 있는 다수의 은행 또는 금융기관이 상호 추심해야 할 어음·수표 등의 증권(교환증권)을 일정한 장소에 지참하여 제시·교환하고, 그 교환차액만을 수수하여 다수 증권의 추심 및 지급을 일시에 해결하는 집단적 결제제도」를 말한다.[1]

은행이 그 업무를 통하여 고객으로부터 받은 많은 어음·수표 등을 일일이 지급은행에 추심하면 많은 시간과 노력 및 비용이 들고 또한 위험이 따른다. 따라서 각 은행의 이러한 개별적인 추심에 다른 불편과 불리한 점을 제거하기 위하여 발생한 것이 어음교환제도이다. 즉 은행 간의 채권·채무는 그 결제를 개별적으로 하지 않고, 각 은행마다 타 은행에 대한 채권·채무액을 합계하여 상호간의 채권·채무의 차액만을 집단적으로 결제하는 방법을 말한다.

어음교환은 어음교환참가기관(주로 은행) 간의 계약(어음교환업무규약)에 기하여 수행되고, 이를 위한 장소 또는 시설을 어음교환소라고 부른다. 이러한 어음교환업무는 은행과 고객 간의 업무는 아니지만, 은행과 고객 간의 거래와 관련하여 발생하는 업무로서(주로 당좌예금거래업무) 모든 은행에 있어서 공통되는 기본적이고 중요한 업무 중의 하나이다.[2]

나. 어음교환의 법적 성질

어음교환(에 의한 결제)의 법적 성질에 대하여, (i) 어음교환에 참가하는 은행이 상호 어음채권과 어음채무를 대등액에 대하여 상계하는 것이라고 보는 상계설, (ii) 어음교환에 참가하는 은행간에 상호대립하는 채권·채무를 일괄하여 결제하는 것이라고 보는 상호계산설, (iii) 무수한 기장을 생략하기 위한 대체결제라고 보는 대체결제설, (iv) 어음교환에 참가하는 은행간의 규약(어음교환업무규약)에 기한 특별한 결제방법 내지 지급방법이라고 보는 특수결제방법설로 나뉘어 있는데, 특수결제방법설이 타당하다고 본다.[3]

---

1) 어음·수표법, 342~343면. 동지: 대판 1985. 2. 13, 84다카1832.
2) 어음·수표법, 342면.
3) 어음·수표법, 343~344면.

다. 어음교환의 효력

(1) 효력발생시기

어음교환의 효력은 교환어음의 차액이 한국은행에 있는 참가은행 당좌예금 계정에서 결제된 때에 발생한다고 본다[1](어음교환업무규약 13조 참조). 다만 한국은 행에 예치한 참가은행의 당좌예금잔액이 교환어음의 차액에 부족한 경우에는 참가은행이 그 부족액을 「결제일 영업종료시까지」 납입한 때(어음교환업무규약 14 조 2항) 또는 이를 납입하지 않은 경우에는 소정의 절차[2]에 따라 다시 교환어음 의 차액결제절차를 밟은 때에 그 효력이 발생한다고 본다.[3]

(2) 개별적인 어음의 지급의 효력

어음교환의 효력발생에 의하여 그 교환에 편입되었던 개개의 어음도 지급 의 효력이 발생하는데, 다만 지급은행에 의한 부도처리를 해제조건으로 하여 지 급의 효력이 발생한다고 볼 수 있다.[4]

(3) 부도어음이 발생한 경우

1) 어음의 부도란 광의로는 어음소지인이 적법한 지급제시를 하였으나 지급 이 거절된 모든 경우를 의미하는데, 협의로는 어음교환을 통하여 지급제시를 하 였으나 지급은행이 지급에 응하지 못하는 경우만을 의미한다. 이렇게 부도된 어 음을 「부도어음」이라고 한다.[5]

교환제시된 어음 중 부도어음이 있을 때 지급은행은 소정의 부도표시를 하 고 부도확인 번호를 기재한 후 부도어음대금회수용 영수증에 첨부하여 부도발 생 「익영업일」의 어음교환을 통하여 제시은행에 반환하여야 한다(어음교환업무규 약 15조 1항, 동시행세칙 104조 1항). 한편 부도어음을 반환하는 은행은 매 부도어음 마다 그 대금임을 기재한 부도어음대금회수용 영수증을 발행하여 첨부하고 이 를 당일 수납한 어음에 포함, 교환에 회부하여 부도어음대금을 회수한다(동시행 세칙 106조 1항). 따라서 부도어음의 제시와 부도어음의 대금의 회수가 모두 부도 발생 「익영업일」에 이루어지는 점에서 볼 때, 어음교환결과 일부 부도어음이 발 생한 경우에도 전체로서의 어음교환의 효력은 여전히 발생하고, 다만 해당어음

---

1) 어음·수표법, 348면.
2) 이때 "소정의 절차"란 어음교환소가 한국은행으로부터 결제일 영업종료시까지 부족자금을 납 입하지 않은 은행을 통보받은 경우 「은행경영상 긴급상황발생시 어음교환에 관한 긴급조치규약」 에서 정한 바에 따르는 절차를 말한다(어음교환업무규약 14조 2항 참조).
3) 어음·수표법, 348면.
4) 어음·수표법, 348면.
5) 어음·수표법, 350면.

에 한하여 지급의 효력이 발생하지 않을 뿐이다.[1]

12. 예금보호(보험)제도

가. 총   설

은행의 파산으로 예금자가 손실을 입게 될 위험이 있다면 예금자는 은행에 대하여 예금하는 것을 주저하게 될 것인데, 이는 결과적으로 은행의 중요한 국가경제적 기능인 자금중개기능이 제대로 이루어질 수 없게 된다. 따라서 대부분의 국가에서는 예금보험의 형태로 예금보호제도를 두고 있는데, 우리나라도 예금자보호법의 제정과 더불어 1996년부터 예금보호제도를 시행하고 있다.[2]

나. 예금보호제도의 의의

예금보호제도는 기본적으로 「은행의 예금지급 불능시에 예금자에게 예금지급을 보장하여 주는 제도」이다. 예금보호제도는 소액예금자를 보호함으로써 예금인출요구가 연쇄적으로 발생하는 것을 방지하고, 대형은행에 비하여 파산의 위험이 큰 소형은행에 대하여 일정한 경쟁력을 제공하여 준다(예금자는 예금보장만 확실하다면 소형은행에도 예금을 할 것이다). 그런데 이러한 예금보호제도는 예금자가 거래은행의 경영상태에 관심을 덜 가지게 됨으로써 시장의 자율감시기능이 약화되고, 은행도 위험도가 높은 거래를 선호하는 도덕적 해이(moral hazard)를 가져올 우려도 있다.[3]

예금보호제도는 대부분 예금보험제도의 형태로 나타난다. 예금보험제도는 일반적인 다른 보험과 같이 보험의 원리, 즉 통계적 확률에 근거한 대수의 법칙에 의하여 이루어진다. 또한 보험자는 은행을 비롯한 부보금융기관으로부터 예금보험료를 갹출한 후[4] 지급사유 발생시 동 금융기관을 대신하여 예금자에게 보험금을 지급하게 된다.

다. 예금보험 운영기구(예금보험공사)

현재 우리나라에서 예금보험제도를 운영하는 기구로 예금보험공사가 있다. 1995년 12월에 제정된 예금자보호법에 의거 1996년 4월에 설립된 예금보험공사

---

1) 어음·수표법, 348~349면.
2) 이재용, "예금에 관한 법적연구," 법학석사학위논문(고려대, 2001. 2), 98~100면 참조.
3) 최장봉·안종길·김기홍, 「예금보호제도의 도입방안과 외국사례 분석」(한국조세연구원, 1996. 4), 68~71면.
4) 은행의 경우 예금 평균잔액의 0.1%를 보험료로 지급하여야 한다(예보시행령 16조 1항 별표 1 참조).

는 금융기관이 파산 등으로 예금·보험금·예탁금 등을 지급할 수 없는 경우 이의 지급을 보장하는 역할을 담당하는 무자본 특수법인이다.

설립 당시에는 은행만을 대상으로 하는 예금보험기구였다. 그러다가 1997년 12월 예금자보호법의 개정으로 금융권별로 분산되어 있던 예금보험관련기금이 예금보험공사내의 예금보험기금으로 통합되었다. 이에 따라 예금보험 적용대상 부보금융기관은 은행에서 증권회사·보험회사·종합금융회사·상호저축은행으로 확대되었다(예보 2조 1호 참조).

동 공사의 주요업무는 예금보험기금의 관리 및 운용·보험료의 수납 및 보험금의 지급(예보 18조), 부실금융기관의 합병 알선 및 자금지원(예보 36조·38조), 정리금융기관의 설립 및 지도·감독업무(예보 36조의3·36조의5) 등이다. 또한 예금자보호법은 예금보험공사가 이러한 업무를 원활히 수행할 수 있도록 동 공사에게 부실금융기관의 업무·재산상황에 대한 조사권·검사요구권 등(예보 21조)의 강력한 권한을 부여하고 있다. 이에 대하여는 후술한다.

라. 보험관계의 성립

예금보험공사와 부보금융기관 및 예금자 사이의 보험관계는 예금자가 부보금융기관에 대하여 예금채권을 가지게 된 때에 성립한다(예보 29조 1항). 대상금융기관은 의무적으로 보험에 가입하여야 하고, 일정한 보험료를 예금보험공사에 납부하여야 한다(예보 30조).

마. 예금보험사고와 보험금의 지급

예금보험기금에서 예금자에게 보험금을 지급하는 예금보험사고의 종류에는 제 1 종 보험사고와 제 2 종 보험사고가 있다. 「제 1 종 보험사고」란 금융기관이 감독기관으로부터 예금의 지급정지처분을 받은 경우와 금융기관 스스로가 지급불능을 선언하고 예금지급업무를 중단하는 경우이고, 「제 2 종 보험사고」는 금융업의 인가취소·해산결의 또는 파산선고 등에 의해서 보험사 등 금융기관 폐쇄가 확정되는 경우이다(예보 2조 7호).

보험금은 보험금 지급공고일 현재 각 예금자의 예금채권 합계액에서 각 예금자가 해당 부보금융기관에 대하여 지고 있는 채무(보증채무를 제외) 합계액을 공제한 금액으로 하고(예보 32조 1항), 예금자에 대한 1인당 보장한도는 5천만원이다(예보시행령 18조 6항). 또한 예금자의 보험금청구권은 예금보험공사가 공고한 지급 개시일부터 5년간 행사하지 아니하면 시효로 인하여 소멸한다(예보 31조 6항).

Ⅱ. 유가증권 기타 채무증서의 발행

「유가증권 기타 채무증서의 발행」은 앞에서 설명한 「예금·적금의 수입」과 함께 은행 수신업무의 양대 축에 해당한다. 현재 은행이 불특정 다수인으로부터 자금을 조달하기 위하여 발행하고 있는 유가증권 기타 채무증서로는 사채(금융채)·양도성예금증서(CD)·표지어음 등이 있다 함은 제 1 장 용어의 정의(은행업)에서 간단히 설명한 바 있다. 그 중 양도성예금증서에 관하여는 예금부분(예금의 종류)에서 이미 설명하였기 때문에, 이하에서는 사채(금융채)와 표지어음의 발행에 대하여 설명한다.

1. 사채(금융채)의 발행

가. 사채의 의의

사채의 법률적 의의는 「주식회사가 일반공중으로부터 비교적 장기의 자금을 집단적·대량적으로 조달하기 위하여 채권을 발행하여 부담하는 채무」이다.[1] 경제학상 자본은 자기자본과 타인자본으로 구별되는데, 보통 「자기자본」은 주식발행에 의하여 조달되는 주식납입금이고(상법 451조 참조) 「타인자본」은 회사의 신용에 의하여 조달되는 차입금이다. 타인자본은 차입금의 기간에 따라 단기자본조달형식과 장기자본조달형식이 있는데, 장기자본조달형식의 대표적인 것이 「사채」이다.[2]

나. 사채와 차입금의 이동(異同)

사채는 주식회사가 자금조달을 위하여 타인으로부터 금전을 차입하는 것이고, 일정한 이자를 지급하며, 기한이 되면 원본의 상환이 예정되어 있는 점에서 소비대차인 보통의 차입금과 같다. 그러나 사채는 차주가 주식회사이고 대주가 일반 공중이며, 모집총액이 거액이고, 반환시기가 장기이며, 사채금액이 균일하게 구분되고, 각 채권자에 대하여 조건이 동일하며, 채권(債券)이 발행되는 점에서 보통의 차입금과 본질적으로 다르다. 사채는 이와 같은 특색이 있기 때문에 그 법적 규제에서도 집단적 발행을 위한 기술적 처리, 사채권자의 단체적 취급, 사채권자의 보호 등이 필요하게 된다.

---

1) 상법강의(상), 1175면.
2) 상법강의(상), 1175면.

다. 사채와 주식의 이동(異同)

(1) 공 통 점

주식과 사채는 증권발행에 의한 장기자금 조달의 수단인 점, 이사회가 발행을 결정하는 점, 유가증권인 채권을 발행하므로 증권투자에 적합한 대상인 점, 증권을 공모하는 경우에 모집 또는 매출가액이 대통령령으로 정하는 금액(현재 10억 원) 이상인 경우에는 모집 또는 매출에 관한 신고서를 금융위원회에 제출하고 일정한 기간이 경과한 후에 다시 투자설명서를 열람·교부하여야 하는 점(자본 119조, 123조) 등에서 같다.[1]

(2) 차 이 점

주식과 사채는 다음의 점에서 다르다. ① 주식은 주주권 내지 주주의 지위를 뜻하고, 주식을 가지는 주주는 회사의 구성원으로서 주주인 지위에 기초하여 회사에 대하여 각종의 권리를 가진다. 이에 반하여 사채는 회사에 대한 채권이고, 사채권자는 회사의 채권자로서 순전히 개인법적인 성격의 채권을 가지는 데 불과하다. ② 주식은 회사의 자기자본을 구성하는 데 반하여, 사채는 회사의 타인자본을 구성한다. ③ 주식의 경우에는 현물출자가 인정되고 인수가액의 전액 납입이 요구되나, 사채의 경우에는 금전납입만이 인정된다. ④ 주식의 경우에는 이익이 있는 경우에만 이익배당을 할 수 있으나, 사채의 경우에는 이익의 유무에 관계없이 확정이자를 지급하여야 한다. ⑤ 주식은 원칙적으로 존속 중에 상환되지 않으나(상환주식은 예외), 사채는 상환기에 상환된다. ⑥ 무기명식 주식제도가 폐지됨에 따라 주식에는 기명주식만이 인정되나, 사채에는 기명식과 무기명식이 인정되는 점이다.[2]

(3) 주식과 사채의 접근

오늘날 주식과 사채는 서로 접근하여 가고 있다. 그리하여 "주식의 사채화"와 "사채의 주식화"의 현상이 일어나고 있다. 주식의 사채화 현상으로서는 의결권 없는 주식, 비참가적 우선주, 주식의 상환에 관한 종류주식 등이 있고, 사채의 주식화 현상으로서는 전환사채, 신주인수권부사채, 상환사채 등이 있다.[3]

라. 사채의 종류

사채는 사채권자에게 부여된 권리의 내용에 따라 일반(보통)사채와 특수사

---

1) 이에 관한 상세는 상법강의(상), 1176~1177면 참조.
2) 이에 관한 상세는 상법강의(상), 1177면 참조.
3) 상법강의(상), 1178면.

채로, 사채권에 사채권자의 성명이 기재되어 있는지 여부에 따라 기명사채와 무기명사채로, 사채를 위하여 물상담보가 설정되어 있는지 여부에 따라 무담보사채와 담보부사채로, 사채의 등록여부에 따라 현물사채와 등록사채로 구분된다.

마. 사채계약의 법적 성질

사채가 「채권(債權)」이라는 점에는 이론이 없다. 그런데 사채의 성립의 원인이 되는 사채계약의 법적 성질에 관하여는 소비대차설,[1] 소비대차에 유사한 무명계약설,[2] 「채권(債券)」매매설,[3] 매출발행의 경우는 채권매매이고 그 이외의 경우는 소비대차에 유사한 무명계약이라고 하는 절충설[4] 등이 있다. 우리 상법상 사채발행은 채권발행을 전제로 하여 규정하고 있는 점(상법 478조, 488조 2호·5호·7호 참조), 또 등록사채를 인정하는 경우에도 등록이 말소된 경우에는 채권의 발행을 청구할 수 있도록 한 점(사채등록법 5조 3항) 등에서 볼 때, 채권이 발행되는 사채발행의 경우는 「채권(債券)매매설」이 가장 무난하다고 본다.[5]

바. 사채의 모집방법

사채모집은 언제나 모집에 의한 방법에 의한다.[6] 그런데 이러한 모집에 의한 방법에는 총액인수와 공모가 있다. 총액인수란 기채회사와 특정인간의 계약으로 특정인(인수인)에게 사채총액을 일괄하여 인수시키는 방법이다(상법 475조). 공모란 기채회사가 일반공중으로부터 사채를 모집하는 방법인데, 이에는 다시 직접모집·간접모집·매출발행 등이 있다.

사. 금 융 채
(1) 금융채의 의의와 종류

은행 및 기타 금융기관이 특별규정에 의하여 장기자금 등을 흡수할 목적으로 발행하는 일종의 사채를 금융채라고 한다. 이 금융채를 발행하는 은행을 채권발행은행이라 부른다. 일반금융기관의 예금수입은 단기융자를 위한 자금을 조달하는 수단으로 행하여지나, 금융채의 발행은 장기융자를 위한 자금을 조달하는 수단으로 이용되는 점에 차이가 있다. 금융채는 발행은행의 채무이다. 상환방법에는 상환기가 미리 정해져 있는 것, 매입매각에 의하여 수시 상환되는 것,

---

1) 이철송, 전게 「회사법강의」, 989면.
2) 최기원, 「신회사법론」, 박영사, 2012, 846면.
3) 정희철, 「상법학(상)」, 박영사, 1989, 588면.
4) 정동윤, 「상법(상)」, 법문사, 2012, 722면.
5) 상법강의(상), 1180면.
6) 상법강의(상), 1181면.

또는 추첨에 의하여 기한전에 상환되는 것 등 여러 가지가 있다. 일반적으로는 무기명채권으로 유통되는 것이 보통이다.[1]

일반은행은 상법이 규정하는 사채·전환사채·신주인수권부사채 기타 이에 준하는 사채(금융채)를 자기자본의 5배의 범위 내에서 발행할 수 있다(법 33조). 각 특수은행은 각각의 설립근거법에 정하여진 바에 따라 금융채를 발행할 수 있는데, 한국산업은행은 산업금융채권(산은 23조 1항)을, 중소기업은행은 중소기업금융채권(기은 36조의2 1항)을, 한국수출입은행은 수출입금융채권을 각각 발행할 수 있다(수은 20조 1항).

(2) 은행법상의 규제

㈎ 금융채의 발행한도

1) 은행의 사채 기타 이에 준하는 채권의 발행조건·발행방법 등에 관하여 필요한 사항은 대통령령으로 정한다. 이 경우 사채 등의 발행한도는 자기자본의 5배의 범위 내에서 대통령령으로 정한다(법 33조).

2) 은행은 은행법 제33조의 규정에 의하여 자기자본의 3배까지 상법이 정하는 사채·전환사채·신주인수권부사채 기타 이에 준하는 금융채를 발행할 수 있다. 다만 금융채를 새로이 발행하지 아니하였음에도 불구하고 자기자본의 감소·합병·전환 등의 사유로 인하여 금융채의 발행금액이 자기자본의 3배를 초과하게 되는 경우에는 그 발행금액이 자기자본의 3배 이내가 될 때까지 새로이 금융채를 발행할 수 없다(법시행령 19조 1항).

3) 은행이 이미 발행한 금융채를 상환하기 위하여 새로 금융채를 발행하는 경우에는 상환할 금융채의 발행금액은 은행법 제33조에서 정한 채권발행한도(자기자본의 5배의 범위내)에 산입하지 아니한다. 이 경우 상환하기로 한 금융채는 새로 금융채를 발행한 후 1월 이내에 상환하여야 한다(법시행령 19조 2항).

㈏ 금융채의 발행방법 등

은행은 금융채를 매출기간을 미리 정하여 매출의 방법에 의하여 발행할 수 있다(법시행령 19조 3항). 금융채의 상환기간은 1년 이상이어야 하고, 발행후 1년 이내에 중도상환할 수 없다. 다만 ① 외국에서 발행하는 경우, 또는 ② 합병(분할합병을 포함함)이나 전환한 금융기관이 합병일 또는 전환일 이전에 중도상환이 가능한 조건으로 발행한 경우에는 중도상환할 수 있다(법시행령 19조 4항).

---

1) 「경제학사전」, 경연사, 2011.

2. 표지어음의 발행

가. 의의 및 기능

표지어음이란 「은행 등 금융기관이 할인·보유하고 있는 상업어음 또는 무역어음을 분할 또는 통합하여 할인식으로 발행하는 약속어음의 일종」이다.[1] 기업들은 자금조달을 목적으로 상업어음이나 무역어음 등을 발행하거나 취득하여 은행 등 금융기관에서 할인하는 경우가 많다. 은행 등은 이러한 어음을 근거로 표지어음을 발행하여 일반투자자들에게 판매한다.

기업들이 발행하는 상업어음이나 무역어음 등은 발행기업 사정에 따라 금액과 만기일이 각각 다르고, 어음을 소지한 사람에게는 만기일까지 기다리거나 어음할인을 통해 자금을 회수해야 하는 등 불편이 뒤따른다. 이러한 불편을 해소하기 위하여 은행 등은 할인 등의 방법으로 자금을 빌려주고 취득한 여러 가지 어음을 묶어 금액과 기간이 일정한 별도 어음, 즉 표지어음을 만들어 팔고 있다. 실무상 액면규모가 큰 어음은 잘게 쪼개고, 규모가 작은 어음을 서로 합하여 원금 지급을 은행 등이 보장하는 형태로 발행되기 때문에 일반인들에게는 매력적인 단기투자 수단이 된다. 이와 같은 표지어음의 판매를 통하여 은행 등은 어음할인 자금을 신속하게 회수할 수 있고, 기업들은 소요자금을 원활하게 조달할 수 있게 된다.[2]

나. 발행조건 등

표지어음의 만기는 원어음의 잔여만기 이내에서 30일 이상이고 중도환매가 불가능하다. 다만, 잔여만기가 30일 이상인 수개의 원어음을 통합하여 발행하는 경우에는 각 원어음의 잔여기간 중 최장만기 이내로 한다. 은행 등 금융기관별 발행한도(일별 발행잔액 기준)는 상업어음 및 무역어음 할인잔액에서 일반매출 잔액을 차감한 금액 이내로 제한되어 있다.[3]

---

1) 상법강의(하), 48면; 어음·수표법, 71면.
2) 매일경제신문 용어사전 참조.
3) 금융기관 표지어음의 발행조건(한국은행 금융통화위원회규정).

Ⅲ. 대출 또는 어음의 할인

1. 은행 여신업무에 대한 각종 규제

가. 편중여신의 규제

(1) 총   설

자금의 대출 및 어음의 할인은 은행이 일반공중으로부터 예금 등의 형태로 조달한 자금을 자기의 책임과 계산으로 기업 등에게 공급하는 행위이다. 이와 같이 자금이 은행을 매개로 예금과 대출이라는 형태를 지속적·누적적으로 반복함으로써, 당초 자금의 몇 배에 이르는 자금으로 신용을 창조하여 경제발전에 기여하고 있는 것이다. 은행이 이와 같이 조성된 자금을 얼마나 적정하게 운용하는가의 문제는 국가경제적으로 매우 중요한 과제가 되고 있다. 따라서 은행법 등 관계법령에서는 자금의 적정배분이라는 실천과제를 위하여 편중여신의 규제 등 각종 규제를 가하고 있다.

(2) 편중여신 규제의 취지

1) 편중여신의 규제는 은행의 산업지배를 방지하고 특정 기업에 대한 대규모 여신이 부실화되어 은행의 공신력이 저하되는 위험을 사전에 방지하기 위하여 운용되고 있는 규제이다.

은행의 기본적 업무는 일반공중으로부터 예금을 수입하여, 집적된 자금을 각 산업방면에 필요한 자금을 대출이라는 형태로 공급하는 일이다. 그런데 대출거래처가 어떠한 사정으로 영업이 부진하게 되어 은행으로부터의 대출금을 변제할 수 없는 사태에 이르게 되면, 은행으로서는 예금자에게 예금을 반환할 자원이 불충분하게 되고, 은행에 대한 일반 공중의 신뢰가 흔들리게 되어 사회적으로 신용불안을 야기하게 된다. 특히 은행의 대출이 특정의 대기업에 편중되어 있는 경우, 그 대기업이 영업부진으로 은행차입금에 대한 변제를 할 수 없게 되는 사태에 이르면, 은행의 예금반환자원에 미치는 영향이 더욱 심각해지는 것이다. 따라서 은행법은 은행에 대하여 대출금 등 신용공여의 대상을 분산시킴으로써, 은행자산의 위험분산을 요구하고 있다. 이것이 동일차주 등에 대한 신용공여의 한도제도이다.

2) 은행이 특정 고객에게 자금공급을 집중하는 경우 그 고객이 우량기업이라면 은행 측에서 볼 때 대출업무의 효율성이 높아 대출비용이 하락하고, 수익

면에서 기여도가 클 것이다. 그러나 대출이 집중되어 있는 업체의 경영이 악화되면 은행의 자산건전성 확보에 문제가 발생하게 된다. 대출고객이 굴지의 대기업이라고 하더라도 기업인 이상 경영상의 불확실 요소에 직면할 가능성은 항상 있기 때문에, 특정의 거래처에 신용공여를 집중한다는 것은 대단히 위험한 일이다. 따라서 은행경영의 건전성을 확보하고「은행자산의 위험분산」을 도모하기 위해서는 동일차주 등에 대한 신용공여의 한도규제는 중요한 의의를 갖는다.

　　동일차주 등에 대한 신용공여 한도규제의 또 다른 기능은「은행신용의 적정분배」이다.[1] 은행은 광범위하게 일반공중으로부터 예금을 수입·집적하여, 그 자금을 국민경제 전체의 견지에서 기업·개인·공적부문 등에 대하여 적정하게 배분할 사회적 책무를 지고 있다. 즉 자금중개기능을 발휘함으로써 국민경제의 건전한 발전에 이바지하여야 하는 책임을 맡고 있는 것이다.

　　3) 은행은 사기업성을 초월하여 고도의 공공성을 띠고 있는 중추적 자금중개기관이다. 그러한 공공성이 높은 신용공여의 주체인 은행이 신용공여를 특정고객에 집중한다면 자금을 적정히 분산배분하여야 하는 책무를 다하지 못하고, 특정 기업 내지 기업집단의 자금조달 전담창구로 전락하여 버릴 가능성이 있다. 오늘날의 경우 특히 동일인 등에 대한 거액신용집중은 은행과 특정기업과의 유착을 필요 이상으로 심화시킬 우려가 있다. 당해 기업의 입장에서는 안이한 차입행태에 빠지게 되고, 은행으로서는 여신측면에서 자주성을 상실할 위험에 빠지게 되는 것이다. 또한 특정거래고객에의 과도한 의존은 대출심사 등의 업무가 타성에 빠지게 되고 정실에 치우칠 가능성이 있는 것이다.

　　따라서 은행법은 은행의 신용공여를 일정한 기준 하에 규제함으로써 그 반사작용으로 과도하게 편중된 여신을 시정하고, 그만큼 성장산업부문·중소기업부문 등에 대한 원활한 자금공급을 촉진토록 하여, 신용의 적정배분을 지향하는 것이다.

　　요컨대 신용공여 한도규제제도는 동일채무자에 대한 신용공여의 편중을 억제하여 은행자산의 위험분산을 도모함과 아울러 은행신용의 적정배분을 유도함으로써, 은행의 건전경영을 확보하고 나아가 국민경제의 발전에 이바지하는 중요한 기능을 발휘하고 있는 것이다.[2]

　　(3) 은행법상의 규정

　　㈎ 동일차주 등에 대한 신용공여한도

　　1) 동일차주 등에 대한 신용공여의 한도규제는 구체적으로는 동일차주에 대

---

1) 精義, 171면.
2) 詳解, 258면.

한 신용공여한도(법 35조 1항), 동일한 개인이나 법인 각각에 대한 신용공여한도 (동조 3항), 거액신용공여총한도(동조 4항) 등이 이에 해당된다.[1]

2) 은행은 동일한 개인·법인 및 그와 대통령령이 정하는 신용위험을 공유하는 자[2](동일차주)에 대하여 당해 은행의 자기자본의 100분의 25를 초과하는 신용공여를 할 수 없다(법 35조 1항).

은행은 동일한 개인이나 법인 각각에 대하여 당해 은행의 자기자본의 100분의 20을 초과하는 신용공여를 할 수 없다(법 35조 3항). 또한 동일한 개인이나 법인 또는 동일차주 각각에 대한 은행의 신용공여가 당해 은행의 자기자본의 100분의 10을 초과하는 거액신용공여의 총합계액은 당해 은행 자기자본의 5배를 초과 할 수 없다(법 35조 4항).

그러나 각 경우 '국민경제를 위하여 또는 은행의 채권확보의 실효성 제고를 위하여 필요한 경우'(법 35조 1항 1호) 및 '은행이 추가로 신용공여를 하지 아니하였음에도 불구하고 자기자본의 변동·동일차주 구성의 변동 등으로 인하여 본문의 규정에 의한 한도를 초과하게 되는 경우'(법 35조 1항 2호)로서 대통령령이 정하는 경우에는 그러하지 아니하다(법 35조 1항·3항·4항의 단서).

⑷ 대주주에 대한 신용공여한도

1) 은행이 당해 은행의 대주주(그 특수관계인을 포함함)에게 할 수 있는 신용공여는 당해 은행 자기자본의 100분의 25의 범위 안에서 대통령령이 정하는 비율(자기자본의 100분의 25)에 해당하는 금액과 당해 대주주의 당해 은행에 대한 출자비율에 해당하는 금액 중 적은 금액을 초과할 수 없다(법 35조의2 1항, 법시행령 20조의5 1항·2항). 그리고 은행이 당해 은행의 전체 대주주에게 할 수 있는 신용공여는 당해 은행 자기자본의 100분의 25의 범위 안에서 대통령령이 정하는 비율(자기자본의 100분의 25)에 해당하는 금액을 초과할 수 없다(법 35조의2 2항, 법시행령 20조의5 3항).

또한 은행은 위와 같은 경우에 신용공여한도를 회피하기 위한 목적으로 다른 은행과 교차하여 신용공여를 하여서는 아니 된다(법 35조의2 3항).

⑸ 자회사에 대한 대출규제

은행은 그 은행의 자회사 등과 거래를 할 때 다음 각 호의 어느 하나에 해당하는 행위를 하여서는 아니 된다(법 37조 3항).

---

1) 은행법상 동일인 등에 대한 거액여신 규제는 금융지주회사의 경우에도 동일하다(금지 45조).
2) 이 때 "대통령령이 정하는 신용위험을 공유하는 자"라 함은 공정거래법 제 2 조 제 2 호의 규정에 의한 기업집단에 속하는 회사를 말한다(은행시행령 20조의2).

① 그 은행의 자회사 등에 대한 신용공여로서 대통령령으로 정하는 기준을 초과하는 신용공여

② 그 은행의 자회사 등의 지분증권을 담보로 하는 신용공여와 그 은행의 자회사 등의 지분증권을 사게 하기 위한 신용공여

③ 그 은행의 자회사 등의 임직원에 대한 대출(금융위원회가 정하는 소액대출은 제외)

나. 여신에 관한 금지업무

1) 은행법은 다음과 같은 대출을 금지하고 있다(은행 38조).

① 직접·간접을 불문하고 해당 은행의 주식을 담보로 하는 대출

② 직접·간접을 불문하고 해당 은행의 주식을 사게 하기 위한 대출

③ 해당 은행의 임직원에 대한 대출(금융위원회가 정하는 소액대출은 제외)

2) 해당 은행의 주식을 담보로 하는 대출 또는 해당 은행의 주식을 사게 하기 위한 대출을 금지하는 취지는 자기주식의 취득을 제한하는 상법상의 취지와 같다. 종래에 상법은 자기주식의 취득을 원칙적으로 금지하였는데, 그 이유는 자기주식의 취득은 출자의 환급과 같은 결과를 가져와 자본충실의 원칙에 반하고, 일부 주주에게만 유리한 투자자금 회수의 기회를 부여하는 경우에는 주주평등의 원칙에 반하며, 회사의 내부사정에 정통한 이사가 자기주식의 취득에 의하여 투기를 할 염려가 있고, 회사가 자기의 계산으로 타인의 명의로 자기주식을 취득하는 경우에는 대표이사가 의결권을 행사하게 되어 의결권을 왜곡하는 현상이 생긴다는 것 등이었다.[1]

그러나 자기주식의 취득은 회사의 주가관리, 자금운용, 적대적 M&A에 대한 방어 등을 위하여 매우 유용하므로, 자기주식의 취득을 허용할 필요가 있었다. 따라서 2011년 4월 개정 상법은 배당가능이익의 범위 내에서 자기주식을 취득하는 것을 원칙적으로 허용하였다(상법 341조). 또한 종전의 상법과 마찬가지로 특정목적에 의한 자기주식의 취득을 인정하고 있다(상법 341조의2). 한편 자본시장법은 주권상장법인이 배당가능이익의 범위 내에서 일정한 조건 아래 자기주식을 취득 및 처분할 수 있는 특칙을 두고 있다(자본 165조의3 1항·2항).

3) 해당 은행의 임직원에 대한 대출을 원칙적으로 금지하는 것은 정실대출의 억제하는 데 그 취지가 있다.

---

1) 상법강의(상), 739면.

다. 불공정 영업행위 규제

1) 은행과 대출고객 특히 개인고객이나 영세사업자와의 관계는 현실적으로 대등한 관계로 보기 어렵다. 대법원도 "은행과 개인 사이에 이루어지는 대출거래의 경우, 둘 사이의 사업능력에 현저한 차이가 있고, 대출금액·담보제공 여부·대출기간·이율 등 거래조건의 중요한 부분이 대부분 은행의 주도하에 결정되는 점 등에 비추어, 은행이 고객들에 비하여 상대적으로 우월한 지위 또는 적어도 상대방의 거래활동에 상당한 영향을 미칠 수 있는 지위에 있다"고 판시한 바 있다.[1] 따라서 은행은 대출거래와 관련하여 우월적 지위를 남용하는 일이 없도록 주의하여야 할 일이다. 우월적 지위의 남용으로 인한 부당한 거래가 되어 고객에게 손해를 입혔을 경우 불법행위책임이 따르게 된다.

2) 은행법에서는 공정한 금융거래 질서를 해칠 우려가 있는 행위로서 특히 여신거래와 관련하여, ① 은행이 차주의 의사에 반하여 예금 가입 등을 강요하는 행위, 또는 ② 은행이 차주 등에게 부당하게 담보를 요구하거나 보증을 요구하는 행위를, 불공정영업행위로서 금지하고 있음은 앞에서 본 바와 같다(법 52조의2 1항).

3) 이에 따라 은행법 시행령에서는 여신거래와 관련한 불공정영업행위의 구체적 내용을 다음과 같이 예시하고 있다(법시행령 24조의4 1항).

① 여신거래와 관련하여 차주의 의사에 반하여 예금, 적금 등 은행상품의 가입 또는 매입을 강요하는 행위

② 여신거래와 관련하여 차주의 의사에 반하여 예금, 적금 등 은행상품의 해약 또는 인출을 제한하는 행위

③ 여신거래와 관련하여 차주 또는 제3자로부터 담보 또는 보증을 취득할 때 정당한 사유 없이 포괄근담보 또는 포괄근보증을 요구하는 행위[2]

④ 여신거래와 관련하여 제3자인 담보제공자에게 연대보증을 요구하는 행위

⑤ 여신거래와 관련하여 중소기업의 대표자·임원 등 금융위원회가 정하여 고시하는 차주의 관계인의 의사에 반하여 은행상품의 가입 또는 매입을 강요하는 행위

⑥ 여신거래와 관련하여 차주인 중소기업, 그 밖에 금융위원회가 정하여 고

---

1) 대판 2009. 10. 29, 2007두20812.
2) 「포괄근담보」란 현재 발생하였거나 장래에 발생할 다수의 채무 또는 불확정 채무를 일정한 한도에서 담보하기 위한 물건 또는 권리를 제공하는 것을 말한다. 「포괄근보증」이란 현재 발생하였거나 장래에 발생할 다수의 채무 또는 불확정 채무를 일정한 한도에서 보증하는 것을 말한다. 정당한 사유없이 포괄근담보 또는 포괄근보증을 요구하는 구체적 행위에 대하여는 「은행업감독규정」 제88조의2에서 상세히 규정하고 있다.

시하는 차주 및 차주의 관계인에게 여신실행일 전후 1개월 이내에 은행상품을 판매하는 행위로서 해당 차주 및 차주의 관계인을 보호하기 위한 목적으로 은행상품의 특성·판매금액 등을 고려하여 금융위원회가 정하여 고시하는 요건에 해당하는 행위 등

4) 독점규제 및 공정거래에 관한 법률에서도 "자기의 거래상의 지위를 부당하게 이용하여 상대방과 거래하는 행위"를 금지하고 있다(동법 23조 1항 4호).

[판례: 자기의 거래상의 지위를 부당하게 이용하여 상대방과 거래하는 행위의 기준]
　금융기관이 여신제공과 관련하여 고객의 해약·인출의 자유가 제한된 이른바 구속성 예금을 하게 하였다는 이유만으로 곧바로 독점규제및공정거래에관한법률 제23조 제 1 항 제 4 호에 정한 '자기의 거래상의 지위를 부당하게 이용하여 상대방과 거래하는 행위'에 해당하게 된다고 할 수는 없으며, 그 해당 여부는 ① 고객의 신용도, 영업상태, 금융기관과의 종전의 거래관계, ② 당해 예금 외의 물·인적 담보의 내용과 정도, ③ 총 여신액 대비 구속성 예금액의 비율, ④ 특히 예금 당시의 이자제한법을 고려한 총 실질 여신액의 실질 금리수준, ⑤ 예금 및 인출 제한의 경위, ⑥ 금융환경과 상관습 등을 종합하여 결정하여야 한다(대판 1999. 12. 10, 1998다46587).

라. 한국은행법상의 규제
(1)「금융기관여신운용규정」상의 운용지침
　한국은행 금융통화위원회는 통화신용정책에 관하여 한국은행의 금융기관에 대한 재할인 기타 여신업무의 기준 및 이자율을 심의·의결한다(한은 28조 3호). 이에 따라 한국은행 금융통화위원회는 은행의 건전한 여신 및 투자 운용을 유도하기 위해 필요한 사항을 정할 목적으로 금융기관여신운용규정을 제정하였다. 동 금융기관여신운용규정에 의하면, 금융기관은 불건전한 여신 또는 투자를 초래하지 않도록 다음과 같은 운용지침을 두고 있다(동규정 2조).

① 원칙적으로 자체조달재원 범위 내에서 자금 운용
② 자금운용 및 조달의 각종 위험에 대한 종합분석과 사후관리 등을 통하여 자산·부채의 건전성 유지
③ 국민경제의 균형 있는 발전을 위한 여신의 지역별 및 부문별 균점배분
④ 차주의 소요자금규모와 종합적인 신용의 분석을 통하여 적정한 여신을 공급하고, 여신취급후 용도 외 유용여부와 차주의 신용상태 변경상황 등의 파악을 통하여 여신의 효율성과 건전성 유지

⑤ 비업무용 부동산의 담보취득에 따른 기업의 부동산 취득조장의 방지 및 신용에 의한 여신취급 확대

⑥ 금융기관여신에 과다하게 의존하는 기업에 대한 재무구조 개선과 직접금융의 유도를 통한 과다여신의 억제

⑦ 여신업무와 관련된 예·적금 등의 가입강요 지양을 통한 금융거래질서의 건전화

⑧ 중소기업에 대한 대출의 확대, 특히 시중은행은 원화금융자금대출 증가액의 45% 이상, 지방은행은 60% 이상, 외국은행 국내지점은 35% 이상을 각각 중소기업자에게 지원

(2) 금융통화위원회 결정사항의 준수

은행은 대출업무를 영위함에 있어서 한국은행 금융통화위원회가 행하는 다음과 같은 각종 결정 및 제한사항을 준수하여야 한다. 이에 대하여는 은행법 제30조와 한국은행법 제28조에서 동일한 내용을 반복적으로 규정하고 있다.

① 은행의 각종 대출 등 여신업무에 대한 이자 및 그 밖의 요금의 최고율의 결정(법 30조 2항 2호, 한은 28조 14호)

② 은행 대출의 최장기한 및 담보의 종류에 대한 제한(법 30조 2항 3호, 한은 28조 15호)

③ 극심한 통화팽창기 등 국민경제상 절실한 경우 일정 기간내의 은행의 대출과 투자의 최고한도 또는 분야별 최고한도의 제한(법 30조 2항 4호, 한은 28조 16호)

④ 극심한 통화팽창기 등 국민경제상 절실한 경우 은행의 대출에 대한 사전승인(법 30조 2항 5호, 한은 28조 17호)

(3) 정부대행기관에 대한 대출제한

한국은행법에 의한 「정부대행기관」에 대한 은행의 대출은 그 원리금의 상환에 관하여 정부가 「보증」한 경우에 한한다(법 36조). 이때 「정부대행기관」이라 함은 생산·구매·판매 또는 배급에 있어서 정부를 위하여 공공의 사업 또는 기능을 수행하는 법인으로서 정부가 지정한 법인을 말한다(한은 77조 2항 참조). 이에 관한 상세는 제 4 장 은행감독법에서 설명한다.

마. 대출금리의 결정

대출금리는 1994년 7월 이후 재정자금을 제외하고는 모두 자유화되었다.[1]

---

1) 「금융기관 여수신이율 등에 관한 규정」(금융통화위원회규정) 제 4 조(여신이자 및 기타요금의 최고율) 금융기관의 각종 대출 등 여신업무에 대한 이자 및 기타요금의 최고율은 각 금융기관이 자율적으로 정한다.

대부분의 일반은행은 시장금리에 연동된 대출금리를 사용해 오고 있었으나, 2010년 2월 이후에는 COFIX(Cost of Fund Index, 자금조달비용지수)가 도입되어 가계대출을 중심으로 많이 활용되고 있다. 시장금리 연동대출의 경우 CD유통수익율, 국고채금리 등 시장금리에 원가와 적정마진을 더하여 대출금리를 결정한다. COFIX는 전국은행연합회에서 국내은행의 저축성예금, CD·RP·표지어음 및 금융채의 평균조달비용으로 산출하여 매월 공시하고 있다.

2. 대출의 법적 성질

(1) 일반적으로 자금의 대출이란 「이자를 받을 목적으로 금전을 대여하는 행위」이다. 법률상 또는 은행실무상 용어로서는 대출·대부·융자 등으로 다양하게 사용되나, 그 의미는 동일하다. 금융기관이 이러한 여신행위를 할 경우에는 고객으로부터 차용증서 또는 어음을 수취하고 자금을 대여하는 방식으로 하는데, 이의 법적 성질은 「소비대차계약」이다.

소비대차란 「당사자의 일방(대출자)이 금전 기타의 대체물의 소유권을 상대방(차입자)에게 이전할 것을 약정하고, 상대방은 동종·동질·동량의 물건을 반환할 것을 약정함으로써 성립하는 민법상 전형계약의 일종」이다(민법 598조). 그 특징은 차입자가 빌린 물건 그 자체를 반환하지 않고 다른 「동종·동질·동량」의 것을 반환하면 되는 데 있다. 연혁적으로 소비대차는 현물소비대차에서 금전소비대차로, 무이자 소비대차에서 이자부 소비대차로, 그리고 소비신용을 위한 것에서 생산신용을 위한 것으로 발달하여 왔다.[1]

(2) 민법상의 소비대차계약은 낙성계약이다. 즉 당사자 사이의 합의만으로 성립한다(민법 598조). 민법상의 소비대차는 무상계약임을 원칙으로 하나, 유상계약으로 체결되는 경우도 있다. 당사자 사이의 특약 또는 법률의 규정에 의하여 이자를 지급하여야 하는 경우에는, 이자는 대출자가 교부하는 금전 기타의 대체물의 이용에 대한 대가이므로, 유상계약이 된다. 특히 상인간에 금전의 소비대차를 한 때에는 대출자는 법정이자를 청구할 있다(상법 55조 1항).

소비대차는 원칙적으로 편무계약이나, 쌍무계약일 수도 있다. 즉 무이자 소비대차는 언제나 편무계약이나, 이자의 특약이 있는 이자부 소비대차는 언제나 쌍무계약이다.[2]

---

1) 채권각론, 301면.
2) 채권각론, 304면.

3. 대출의 종류

은행실무상 취급하는 대출은 자금의 종류, 취급통화, 약정기간, 차입자, 대출형식 등에 따라 구분하고 있다. 취급자금의 종류에 따라 은행계정 대출·신탁계정 대출로 구분하고, 취급통화의 종류에 따라 원화대출·외화대출로 구분하며, 약정기간에 따라 단기대출(대출기간이 1년 이하인 대출)·장기대출(대출기간이 1년을 초과하는 대출)로 구분한다. 또한 차입자에 따라 가계자금대출1)·기업자금대출2)·공공 및 기타자금대출3) 등으로 구분하고, 기업자금대출 및 공공 및 기타자금대출은 소요자금의 용도에 따라 다시 운전자금대출4)과 시설자금대출5)로 구분된다. 또한 대출은 취급방식에 따라 어음할인·어음대출·증서대출 및 당좌대출 등으로 구분된다. 이하에서는 대출의 취급방식에 따라 구분된 각종의 대출을 설명하기로 한다.

가. 증서대출

1) 증서대출이란 「차주로부터 어음대신 차용증서(보통 「여신거래약정서」를 징구한다)를 받고 취급하는 대출」을 말한다. 증서대출은 주로 특약 사항이 많은 대출이나, 한번 취급하고 나면 상환시까지 재대출이 일어나지 않는 가계대출 또는 장기시설자금대출에 주로 활용되고 있다.

2) 증서대출은 대출시 증거로서 차용증서를 징구하는 점에 그 특징이 있고, 「증서」대출이라는 용어도 이러한 점에서 발생하였다. 차용증서는 계약의 성립이나 효력 자체에 영향을 미치는 것은 아니고, 계약의 성립과 그 내용을 확인하는 증거서류에 불과하다. 차용증서에는 대출금액·상환기간·이율·이자지급시기 및 방법 등이 기재된다. 증서대출은 기업에 대한 장기운전자금이나 설비자금의 공급 등 일반적으로 장기여신의 대표적인 대출방식이다.

일반적으로 증서대출은 장기대출이므로 대주인 은행은 원본회수시까지 불안한 지위에 놓여 있다. 따라서 채권보전을 위하여 부동산 등 담보를 징구하는

---

1) 개인에 대한 주택자금, 소비자금 등 비영리 목적을 위한 여신과 사업자로 등록되지 아니한 개인의 부업자금에 대한 대출을 말한다.
2) 영리법인(정부출자기업체와 정부재투자기관을 포함) 및 사업자등록증을 소지한 개인기업에 대한 대출을 말한다.
3) 국가기관, 지방자치단체 등 공공기관과 학교법인 등의 비영리단체에 대한 대출을 말한다.
4) 생산 및 판매활동 등에 소요되는 자금을 지원하는 대출을 말한다.
5) 설비의 취득, 신설, 확장, 복구 및 기술개발자금 등의 자본적 지출에 소요되는 자금을 지원하는 대출을 말한다.

경우가 많다. 증서를 징구하고 대출하는 경우라도 채권담보를 위하여 어음을 징구하는 수도 있으나, 융자기간이나 융자목적 등의 사항으로 미루어 보아 실질이 증서에 더 무게를 둘 경우에는 역시 증서대출로 분류함이 타당하다.

나. 어음대출

1) 어음대출이란 「대출채권을 담보하기 위하여 차주로부터 약속어음을 수취하고 자금을 공급하는 방식으로 이루어지는 대출」로서, 약정기간이 1년 이내인 일시상환방식의 기업자금대출이나 공공 및 기타자금대출에 이용된다.

어음대출의 경우에 사용되는 어음은 은행을 수취인으로 하는 약속어음이다. 은행은 어음대출을 실행함으로써 어음채권과 금전소비대차계약상의 채권을 취득한다. 어음대출은 일반적으로 그 기간이 2개월·3개월 등 단기간의 대출에 이용된다. 어음대출의 경우 은행에 따라 이자를 수취하는 방식에 차이가 있다. 즉 증서대출과 마찬가지로 이자를 후취하는 은행도 있고, 할인료의 형식으로 이자에 해당하는 금액을 어음금액으로부터 차감하고 대출금을 교부함으로써 이자를 선취하는 은행도 있다.

2) 대출의 형식에 따른 대출의 종류 중에서, 은행실무상 단기여신은 증서대출보다도 어음대출에 의하는 경우가 많은 실정이다. 그 이유는 어음대출이 금전소비대차계약에 의한 민법상의 채권 외에 어음법상의 채권도 확보할 수 있어, 증서대출에 비해 회수가 간편하고 신속한 어음상의 권리를 취득하기 때문에 채권보전에 유리하기 때문이다.

3) 은행이 자금대출시 어음대출을 선호하는 이유는 대출자의 입장에서 다음과 같은 법적·경제적 이점이 많은 까닭이다.

① 첫째로, 어음은 추심절차가 간편하고 강력하다. 구체적으로는 대출은행이 어음의 지급장소를 동 은행의 영업소로 하면 대출은행은 자기의 채무자의 당좌예금구좌에서 바로 대출금을 결제할 수가 있다. 또한 어음의 지급장소를 타행의 영업소로 하면 어음교환제도에 의하여 추심이 가능하다. 어음교환제도에 의하는 경우는 부도처분의 제재로 인한 심리적 강제가 있어 추심의 실행도 용이하다. 채무자가 채무를 상환하지 않는 때에, 차용증서에 의한 증서대출의 경우에는 민법의 일반원칙에 따라 이행청구나 손해배상을 청구하게 되나, 어음에 의한 어음대출의 경우에는 어음법에 따라 어음상의 권리를 간편하고 확실하게 행사할 수가 있다.

② 둘째로, 어음대출에서는 대출은행은 그 어음으로써 한국은행으로부터 재

할인 받아 간편하게 현금화할 수 있는 방법이 있다.[1] 또한 타행으로부터 차입이나 콜거래시 그 어음을 담보로 사용할 수도 있다.

③ 셋째로, 채권양도에 있어서 증서대출의 경우에는 지명채권양도방법에 의하므로 확정일자 있는 문서에 의하여 채권양도를 통지하거나 채무자의 승낙이 필요하다(민법 450조). 그러나 어음채권의 양도는 어음의 배서만으로 가능하다(어음 11조).

다. 당좌대출

1) 당좌대출은 「당좌예금 또는 가계당좌예금의 거래자가 은행과의 사전 약정에 따라 일정한도 내에서 예금잔액을 초과하여 발행한 수표 및 어음을 은행이 지급함으로써 이루어지는 대출」이다. 어음 등의 지급자금인 당좌예금잔고를 초과하여 대출한다는 의미에서 「대월」이라는 용어가 사용되기도 한다. 당좌대출의 상환은 거래자가 자기의 당좌계정에 입금시킴으로써 이루어지고, 대출약정기간 중 수시 상환할 수 있다.[2]

은행실무상 당좌대출은 통상 기업당좌대출·가계당좌대출로 구분할 수 있고, 기업당좌대출은 또 다시 일반당좌대출[3]·일시당좌대출[4]·일중 당좌대출[5] 등으로 구분된다.

2) 당좌대출은 은행대출 중 가장 신속하고 간편하기 때문에 자금의 입출금이 빈번한 기업에게는 대단히 편리한 제도이다. 그러나 은행의 입장에서 볼 때는 대출의 규모·시기 등을 예측할 수 없어 거래관계가 긴밀하고 신용상태가 양호한 기업에 대하여만 당좌대출거래를 허용하고 있다.[6]

당좌대출은 미리 대출한도액이 정하여진다. 고객 측으로서는 이 한도액의 범위 내에서 언제든지 차입할 수가 있고 자금의 여유가 생기면 당좌예금에 입금함으로써 상환을 할 수가 있어 이자의 부담을 최소한으로 억제할 수 있으므로 효율적인 자금운용이 가능하다. 한편 금융기관으로서는 대출용자금을 항시 준비

---

1) 한국은행은 일반은행이 기업에 대하여 대출하여 준 상업어음 할인·무역금융·소재부품생산자금대출·기업구매자금대출·전자방식 외상매출채권 담보대출 등의 취급실적의 일정비율을 총액한도대출방식으로 저리로 대출하여 주고 있다(한은 64조, 한국은행의 금융기관대출규정).

2) 금융제도, 102면.

3) 거래상태가 양호하고 자산·신용상태가 확실한 당좌예금거래자를 대상으로 하며, 약정기간은 통상 1년 이내이다.

4) 일반당좌대출 거래자로서 일시적인 약정한도 초과시 또는 일반당좌대출 약정이 없는 당좌예금거래자가 일시적으로 당좌대출을 요청할 때 이용되며, 약정기간은 통상 1개월 이내이다.

5) 일반 또는 일시 당좌대출한도(당좌예금잔액)를 초과 인출하여 영업자금으로 운용되는 자금으로서, 약정기간은 취급당일 영업시간 이내로 되어 있다.

6) 금융제도, 102면.

하여 두어야 하는 문제와 잔고의 수시변동으로 인한 이자계산과 자금관리의 번잡이 따른다.

당좌대출의 경우 보통 채권의 보전이나 기타 상당한 사유가 있을 때에는 한도액감축·대출중단 또는 계약해지를 할 수 있다는 취지의 특약이 수반되는데, 이는 계속적인 의무를 부담하고 있는 은행이 경제상황이나 기업사정의 변화에 따른 위험에 대응하기 위해서이다.

또한 당좌대출은 당좌예금구좌에 예금을 입금함으로써 수시로 차입금을 상환할 수가 있는 점에서, 당좌대출은 대출의 실행과 상환이 고객의 의사에 따라 결정되는 점에 그 특징이 있다.

3) 증서대출·어음대출의 경우에는 계약의 성립과 동시에 대출이 이루어지나, 당좌대출은 이와는 달리 당해 고객이 예금잔고를 초과하여 어음 등을 발행하여 어음 등이 어음교환소를 경유하여 「지급제시」가 되었을 때 비로소 대출이 실행된다.

당좌대출 계속 중 상환의 법적 성격은, 입금액이 일단 당좌예금으로 된 후 상계가 되는 것이 아니고 곧 바로 변제되는 것이라고 해석된다.[1] 은행은 대출한도액을 초과하여 어음 등이 제시된 경우 이를 지급할 수도 있는데, 이를 위해서는 곧 바로 한도초과액의 상환청구를 할 수 있다는 취지의 특약을 하는 것이 보통이다.

4. 어음할인

가. 어음할인의 개념

어음할인이라 함은 「만기가 도래하지 않은 어음을 어음소지인(할인의뢰인)이 은행 등 금융업자(할인인)에게 양도하고, 은행 등이 만기까지의 이자 및 기타 비용(할인료)을 공제한 금액을 어음소지인에게 지급하는 거래」를 말한다.[2] 어음할인은 유가증권으로서의 어음을 보통의 상품과 동일하게 취급하는 점에서, 어음이 소비대차의 차용증서에 대신하여 수수되는 어음대출과 근본적으로 구별된다.

나. 어음할인의 기능

할인의뢰인의 입장에서는 ① 수취한 어음을 지급기일 전에 자금화할 수 있게 되는 주된 기능이 있고, ② 수취한 어음의 관리나 추심의 책임을 은행에 전가

---

1) 동지: 詳解, 139면.
2) 어음·수표법, 280면; 대판 1994. 11. 22, 94다20709.

시킬 수 있는 부수적 효과도 기할 수 있다.

상업은행에 있어서는 할인어음은 가장 기본적인 여신형태로서, ① 최적의 단기금융의 수단으로서 할인어음을 활성화하면 거래처 기반을 확대해 나갈 수 있고, 할인료 수익도 올릴 수 있으며, ② 지급기일에 교환 등의 간편한 제시방법에 의하여 할인의뢰인에게 교부한 자금을 회수할 수 있는 장점이 있고, ③ 인적 항변의 절단 등에 의하여 어음 양수인의 권리가 어음법에 의하여 강력하게 보호되며, ④ 어음 부도시에는 거래정지처분이라는 경제적 제재가 수반하므로 이행을 간접적으로 강제하는 효과도 기대할 수 있고, ⑤ 한국은행에서 재할인을 할 수 있으므로 은행이 자금운용의 탄력을 기할 수 있는 이점이 있다.[1]

[판례: 금융기관이 어음할인으로 취득한 어음에 대한 상환청구권(소구권)을 보전하지 아니하여 어음 환매자가 지급기일 후 어음발행인의 자력 악화로 인하여 입은 손해가 특별사정으로 인한 손해인지 여부]

금융기관이 어음할인을 하고 취득한 어음을 지급기일에 적법하게 지급제시를 하지 아니하여 소구권을 보전하지 아니하였다 할지라도, 지급기일 후에 어음발행인의 자력이 악화되어 무자력이 되는 바람에 어음환매자가 발행인에 대한 어음채권과 원인채권의 어느 것도 받을 수 없게 됨으로 인하여 손해를 입게 된 것이라면, 이러한 손해는 어음 주채무자인 발행인의 자력의 악화라는 특별 사정으로 인한 손해로서 지급제시 의무를 불이행한 금융기관이 그 의무 불이행 당시인 어음의 지급기일에 장차 어음발행인의 자력이 악화될 것임을 알았거나 알 수 있었을 때라야 어음을 환매하는 자에 대하여 손해배상 채무를 진다(대판 2003. 1. 24, 2002다59849).

[판례: 수표의 할인가능성 및 수표할인의 법률적 성질]

일람출급성인 수표의 경우에는 만기가 없으므로 어음할인과 같은 엄격한 의미에서의 수표할인은 성립할 수 없으나 특정기일 전까지 지급제시를 하지 않기로 하여 수표금액에서 그 기간까지의 이자를 공제하는 의미에 있어서의 수표할인은 가능하고, 금융기관 아닌 시중에서 이와 같은 의미의 수표할인이 이루어진 경우 거래의 실태에 따라서는 당사자 사이에 수표금 상당의 소비대차계약이 체결되고 그 수표는 소비대차상의 채무를 담보하기 위하여 교부된 것이라고 해석하여야 한다(대판 1997. 4. 25, 97다6636. 동지: 대판 1985. 2. 13, 84다카1832; 동 1994. 11. 22, 94다20709).

---

1) 한상문, 「여신실무법률(상)」, 한국금융연수원, 2013, 144면.

다. 어음할인의 법적 성질

어음할인의 법적 성질에 대하여는 매매설·소비대차설·병존설 및 무명계약설 등이 있으나, 오늘날 「매매설」이 통설이고 타당하다고 본다.[1] 우리 대법원의 판례는 "어음할인이 대출에 해당하는지 어음의 매매에 해당하는지는 약정의 내용과 거래의 실태 등을 종합적으로 고려하여 결정하여야 할 것이다"라고 판시하고 있다.[2]

[판례: 어음 또는 수표의 할인이 금융기간이 아닌 사인 간에 이루어진 경우, 그 성질이 소비대차인지 어음 또는 수표의 매매에 해당하는지 여부의 판단 기준]

통상 어음할인이라 함은, 아직 만기가 도래하지 아니한 어음의 소지인이 상대방에게 어음을 양도하고 상대방이 어음의 액면금액에서 만기까지의 이자 기타 비용을 공제한 금액을 할인의뢰자에게 교부하는 거래를 말하는 것인데, 수표의 경우에는 만기가 없으므로 어음할인과 같은 엄격한 의미에서의 수표할인은 존재할 수 없으나 특정기일 전까지 지급제시를 하지 않기로 하고 수표금액에서 그 기간까지의 이자를 공제하는 방법에 의한 수표할인은 가능한바, 그와 같은 형태의 어음 또는 수표의 할인이 금융기관이 아닌 사인 간에 이루어진 경우 그 성질이 소비대차에 해당하는 것인지 아니면 어음의 매매에 해당하는 것인지의 여부는 그 거래의 실태와 당사자의 의사에 의하여 결정되어야 할 것이다(대판 2002. 4. 12, 2001다55598).

[판례: 사인(私人) 간에 이루어진 어음 또는 수표의 할인의 법적 성질]

금융기관이 아닌 사인이 거래관계로 알게 된 상대방으로부터 자금의 융통을 요청받고는 거의 대부분 그 상대방이 발행인으로 된 융통어음과 수표를 교부받으면서 그 액면금액에서 만기 등까지의 이자를 공제한 나머지의 금액을 그 상대방에게 교부하였고, 소외 회사가 발행한 어음에 대하여도 그 상대방이 발행한 어음이나 수표와 같은 형태로 할인거래가 이루어졌다면 그 사인으로서는 그 어음 또는 수표 자체의 가치에 중점을 두고 이를 매수한 것이 아니라 어음 또는 수표의 할인의뢰인인 그 상대방의 신용이나 자력을 믿고서 그 상대방에게 어음 또는 수표를 담보로 금전을 대여하여 주었다고 봄이 상당하므로 그 사인과 그 상대방 간에는 어음 및 수표의 액면 상당 금액에 대한 원인관계인 계약이 체결되고, 그 어음 및 수표는 그와 같은 각 계약상의 채무를 담보하기 위하여 교부된 것으로 볼 여지가 많아 보인다(대판 2002. 4. 12, 2001다55598).

---

1) 어음·수표법, 283~285면. 어음할인의 법적 성질에 관한 각국의 비교법적 고찰에 관해서는 田中, 185~188면 참조.
2) 대판 2008. 1. 18, 2005다10814; 동 2002. 4. 12, 2001다55598.

[판례: 피고인이 어음을 편취한 후 이를 숨기고 제 3 자로부터 할인받은 경우, 그 어음할인행위가 별도의 사기죄를 구성]

편취한 약속어음을 그와 같은 사실을 모르는 제 3 자에게 편취사실을 숨기고 할인받는 행위는 당초의 어음 편취와는 별개의 새로운 법익을 침해하는 행위로서 기망행위와 할인금의 교부행위 사이에 상당인과관계가 있어 새로운 사기죄를 구성한다 할 것이고, 설령 그 약속어음을 취득한 제 3 자가 선의이고 약속어음의 발행인이나 배서인이 어음금을 지급할 의사와 능력이 있었다 하더라도 이러한 사정은 사기죄의 성립에 영향이 없다(대판 2005. 9. 30, 2005도5236; 동 2000. 9. 5, 99도3590).

라. 어음할인의 대상이 되는 어음

은행 실무에 있어서는 할인어음은 두 가지 형태로 이루어진다. 하나는 여신거래의 한 형식으로 순수하게 「약속어음」을 할인하는 형태이고, 다른 하나는 외국환거래에서 은행이 수출상으로부터 운송증권(주로 선하증권)이 담보조로 첨부된 「화환어음」을 매입하는 이른바 네고(negotiation)의 형태이다.[1]

(1) 약속어음

은행의 여신거래에서 어음할인의 대상이 되는 어음은 약속어음이다. 종래 은행들은 약속어음 중에서도 상업어음만을 할인하는 것으로 제한을 가하고 있었다. 그 이유는 한국은행이 「사업자등록증을 교부받은 업체 간에 당해 업체의 사업목적에 부합되는 경상적 영업활동으로 이루어지는 재화 및 용역의 거래에 수반하여 발행·배서양도·인수된 어음」만을 재할인 대상으로 삼고 있었기 때문이다. 그러나 현재는 금융기관이 대출로 취득한 어음은 한국은행이 취득한 날로부터 1년 이내에 만기가 도래하는 어음인 이상, 모두 재할인 대상이 되는 것으로 그 제한을 풀어 놓았으므로(한국은행 금융기관대출규정 4조), 은행이 그 할인의 대상을 상업어음으로 한정할 이유가 없어졌다고 할 것이다. 이와 같이 종래에는 은행들이 그 내규로 할인의 대상을 상업어음으로 제한하고 있었으므로, 은행이 실제로 할인한 어음이 상업어음이 아닌 융통어음인 것으로 밝혀진 경우에는, 그 할인행위가 유효한 것인지에 대하여 다툼이 있었다(아래 대법원 전원합의체 판례 참조). 그러나 이러한 제한이 없어진 지금은 그러한 문제가 제기될 여지도 없어졌다.[2]

따라서 약속어음의 할인취급시 은행실무상 주의할 점은 어음형식에 불비한 점이 없는가, 할인의뢰인의 배서는 정당한가, 위조 또는 변조의 흔적이 있거나

---

1) 한상문, 전게서, 145면.
2) 한상문, 전게서, 149면.

실효된 것이 아닌가 등을 살피면 될 것이다. 그리고 재할인을 위해서는 한국은행이 취득한 날로부터 1년 이내에 만기가 도래하는 어음인가의 여부도 살펴야 할 것이다.

[판례: 신용보증기금이 상업어음할인대출을 대상으로 하는 신용보증을 하였는데, 금융기관이 할인한 어음이 사후에 상업어음이 아닌 것으로 판명된 경우 신용보증기금이 보증책임을 부담하는지 여부]

[다수의견] 신용보증기금이 발급한 신용보증서에 신용보증 대상이 되는 '대출과목'이 '할인어음'이라고 기재되어 있는 한편, "본 보증서는 사업자등록증을 교부받은 업체 간에 당해 업체의 사업목적에 부합되고 경상적 영업활동으로 이루어지는 재화 및 용역거래에 수반하여 발행된 상업어음(세금계산서가 첨부된)의 할인에 대하여 책임을 진다"라는 내용의 특약사항이 기재되어 있는 경우, 신용보증서에 기재된 대출과목과 특약사항의 내용, 신용보증기금의 설립 취지, 신용보증이 이루어지는 동기와 경위, 신용보증에 의하여 달성하려는 목적, 신용보증에 의하여 인수되는 위험 및 상업어음할인대출 절차의 엄격성 등을 종합적으로 고려하면, 위 신용보증서의 상업어음할인 특약에 의해 신용보증을 한 당사자의 의사는, 금융기관이 선량한 관리자로서의 주의의무를 다하여 정상적인 업무처리절차에 의해 상업어음인지 여부를 확인하고 상업어음할인의 방식으로 실시한 대출에 대하여 신용보증책임을 진다는 취지로 해석함이 합리적이고, 따라서 금융기관이 상업어음으로서 할인한 어음이 사후에 상업어음이 아님이 드러났다 하여도 그 할인에 의한 대출과정에서 선량한 관리자로서의 주의의무를 다하였다면 그에 대하여는 신용보증기금이 신용보증책임을 부담한다.

[반대의견] 상업어음할인대출의 신용보증조건에 관한 위 특약은, 금융기관이 신용보증에 기하여 어음할인을 한 대상이 상업어음이 아니라면 그 대출채무는 신용보증의 대상이 되지 아니하고 그 어음할인대출채무에 관하여는 신용보증관계가 성립하지 않는다는 취지라고 볼 것이므로, 어음할인의 대상이 상업어음이 아닌 융통어음으로 판명된 때에는, 설령 금융기관이 어음할인대출 당시에 그것이 상업어음인지 여부를 조사·확인하면서 주의의무를 다하였다고 하더라도 그러한 사정만으로는 그 어음할인대출채무가 신용보증기금이 보증책임을 부담할 신용보증의 대상으로 될 수 없다(대판(전) 2008. 5. 23, 2006다36981).

(2) 화환어음

은행거래에서 환어음의 할인이 발생하는 것은 수출환어음을 매입하는 경우 이외에는 찾아보기 어렵다.[1) 화환어음이란 「운송중의 물건(운송증권)에 의하여 담보되어 있는 환어음」을 말하는데, 일종의 담보부어음이다. 이러한 화환어음은

---

1) 한상문, 전게서, 149면.

물적 담보가 첨부되어 있기 때문에 어음할인의 대상이 되고 있으며, 화환어음의 할인은 현재 수출대금의 조기회수를 위한 대표적인 업무가 되고 있다. 화환어음에는 운송중의 물건을 대표하는 서류(운송증권)만이 첨부된 것과, 이 위에 상업신용장(인적 신용)이 다시 첨부된 것의 두 가지가 있다.

[판례: 화환어음 매입은행의 매입서류에 대한 조사의무의 범위]

　화환어음 매입은행은 그 매입서류를 조사함에 있어서 실질적 조사의무가 면책되어 있는 것이지만 제시된 서류가 신용장에 기재된 사항과 문면상으로 일치되는지 여부 혹은 관계서류가 상태성과 정규성을 갖추었는지 여부를 조사할 의무까지 면제되는 것은 아니다(대판 2002. 5. 28, 2000다50299).

[판례: 은행이 무신용장 방식의 화환어음을 환매특약부로 매입하는 행위의 법적 성질(＝매매)과 그 화환어음이 지급거절된 경우의 권리구제 방법]

　은행이 수출자로부터 무신용장 방식에 의한 화환어음을 매입하면서, 일정한 경우 수출자가 은행에 대하여 환매채무를 지고 수출자는 은행의 관련 규정이 정하는 바에 따라 환매채무를 변제하여야 한다는 내용의 수출거래약정을 한 경우, 은행은 화환어음 매입의 법적 성질이 어음의 매매라는 것과 그 화환어음의 지급과 관련하여 일정한 사유가 발생한 경우에는 환매규정에 의하여 은행의 권리를 구제받을 수 있다는 것을 약정하였다고 보아야 할 것이므로, 은행이 화환어음의 매입에 의하여 어음법상의 소구권이나 위 환매채권을 갖는 외에 별도의 대출금채권을 갖게 될 수는 없다(대판 1996. 6. 11, 96다2064).

　[금융기관으로부터 실제로 대출 받은 자와 어음할인의 명의인이 다를 경우, 대출계약의 당사자를 실제로 대출을 받는 자로 본 판례]

　금융기관이 금원대출에 관한 약정을 함에 있어 실제로 대출을 받는 자는 甲이고, 乙은 그 금원대출의 편법으로 사용된 어음할인거래약정에 필요한 사업자등록을 갖고 있는 자로서 단지 자신의 명의를 빌려준 자에 불과한 자라는 사실을 잘 알고 있었음은 물론, 이러한 편법의 사용 자체가 대출방법에 관한 위 금융기관과의 구체적인 약정에 따른 것이라면 그 대출계약의 당사자를 甲으로 볼 것이다(대판 1992. 6. 12, 92다10722).

[어음할인 대출의 물상보증인이 설정한 근저당권에 의하여 채무자가 그 이후에 차용한 다른 채무까지 담보되는지 여부에 대하여 적극적으로 본 판례]

　은행으로부터 상업어음 할인대출을 받는 소외 회사를 위하여 어음거래약정서상 연대보증인이 된 자가 제공한 근저당권의 설정계약서 내용이 소외 회사가 현재 또는 장래 부담할 모든 채무를 담보하는 것이라면 어음할인대출금채무가 일단 변제되었다 하여도 위 근저당권설정계약이 유효하게 해지되지 않는 한 위 근저당권은 소멸되지 않고 그 후 발생한 모든 채무를 유효하게 담보한다(대판 1982. 7. 27, 81다카1117).

[어음할인 거래에 있어서 보증인의 보증책임의 범위가 상업어음의 할인거래로 인한 채무에 한정되는지 여부에 대하여 소극적으로 본 판례]

일반적으로 어음할인 거래는 타인이 발행한 상업어음을 할인취득자에게 배서·양도하는 방법에 의하는 것이 통상적이라 할 수 있으나, 어음할인 거래에 관한 기본약정서인 여신한도거래약정서에 거래방법을 제한하는 규정이나 보증인의 보증범위가 주채무자의 상업어음의 거래로 인한 채무만으로 한정된다는 규정이 없고 또 이와 같은 내용의 특약을 별도로 한 바도 없다면, 금융기관의 내부규정인 할인어음취급요령에서 융통어음의 할인을 금지하고 있다 하더라도 주채무자와 금융기관이 융통어음임을 알면서 서로 공모하여 어음거래를 하였다는 등 특별한 사정이 없는 한 보증인이 금융기관에 대하여 부담하는 보증책임의 범위가 제 3 자가 발행한 상업어음의 할인거래로 인한 주채무자의 채무에 한정되는 것은 아니다(대판 2000. 6. 23, 99다57720. 동지: 대판 1988. 11. 22, 87다카1836; 동 1997. 6. 24, 97다5428).

마. 어음할인을 대체하는 새로운 대출제도

(1) 기업구매자금 대출제도[1]

㈎ 도입목적

1) 어음은 상거래의 활성화·기업간 신용공여 등 순기능도 있지만, 발행기업의 부도시 연쇄부도를 유발할 가능성이 있고 또한 중소기업의 금융부담을 가중시키는 역기능이 더 크다. 그러나 어음제도가 상거래시 대금을 주고 받는 오랜 관행으로 정착되어 왔기 때문에 이를 대체할만한 금융·결제수단이 마련되어 있지 않은 상황에서 어음제도를 폐지할 경우 기업간 상거래 위축·신용경색 등 부작용을 초래할 가능성이 있다. 특히 대기업으로부터 납품대금으로 받은 약속어음을 금융기관에서 할인하여 자금을 조달하여 온 중소기업의 금융애로가 증대될 것이다. 따라서 기업간 상거래시 어음사용을 줄이고 현금결제를 확대하도록 유도하기 위하여 구매기업이 자금을 융자받아 납품업체에 현금으로 결제할 수 있도록 하는 새로운 금융·결제수단으로 기업구매자금 대출제도가 도입되었다(2000. 5. 22.부터 시행; 한국은행의 금융기관대출규정 11조; 한국은행의 기업구매자금대출 취급세칙).

2) 종래에는 구매기업(주로 대기업)이 물품대금을 어음으로 지급하고 납품업체(주로 중소기업)가 금융기관으로부터 이 어음을 할인하여 자금을 조달함으로써

---

1) 자료: 한국은행 정책기획국.

금융비용 등을 납품업체가 부담하는 것이 일반적이었다. 또한 상업어음은 배서·양도할 수 있어 발행기업 부도시 관련업체들이 어음의 연쇄부도로 많은 피해를 입게 되는 경우가 많았다.

그러나 기업구매자금대출제도가 활성화되어 업체간 상거래대금의 현금결제가 확산될 경우, 구매기업이 어음대신 현금으로 대금을 결제하므로 납품업체가 조기에 대금을 회수할 수 있게 되어 그만큼 금융부담이 경감되고 현금흐름도 개선될 것으로 기대된다. 또한 기업구매자금대출제도를 이용하면 구매업체가 어음대신 현금으로 대금을 결제하기 때문에 연쇄부도의 폐해를 원천적으로 방지할 수 있는 이점이 있다.

(내) 제도의 주요내용

1) 운용방식   기업구매자금대출제도는 납품업체가 주도적으로 물품대금을 조기에 회수할 수 있는 제도로서, 구체적으로 다음과 같은 두 가지 방식을 운용하고 있다.

① 납품업체가 물품을 납품한 후 구매기업을 지급인으로 하고 납품대금을 지급금액(어음금액)으로 하는 '환어음'을 발행하여 거래은행에 추심을 의뢰하면, 구매기업은 거래은행을 통하여 통보받은 환어음의 지급결제시 거래은행과 사전에 약정한 대출한도 범위내에서 기업구매자금을 융자받아 구매대금을 결제하는 방식이다.

② 판매업체가 그 판매대금을 회수하기 위하여 컴퓨터 등에 의하여 전자적 형태로 작성하여 '판매대금추심의뢰서'를 전송하면, 구매기업은 거래은행을 통하여 통보받은 추심의뢰서의 결제시 거래은행과 사전에 약정한 대출한도 범위내에서 기업구매자금을 융자받아 구매대금을 결제하는 방식이다.

2) 융자취급기준   융자대상은 사업자등록증을 교부받은 업체로서 그 업체의 사업목적에 부합하는 경상적 영업활동에 필요한 재화 및 용역을 구매하는 기업으로 한다. 융자시기는 환어음 또는 판매대금추심의뢰서가 도달한 날로부터 7일 이내에 기업구매자금을 융자하여야 한다. 융자기간은 자금소요기간 등을 감안하여 은행이 정한다. 융자금액은 구매대금(납품업체가 발행한 환어음 금액 또는 판매대금추심의뢰서상의 금액) 범위 내이다.

3) 환어음의 형식 및 결제   납품업체가 납품대금을 회수하기 위하여 발행하는 환어음은 구매기업에게 지급·제시되는 즉시 결제되도록 일람출급(at sight)방식으로 발행되고 타인에게 양도하지 않은 것이어야 한다. 따라서 납품업

체가 발행하는 환어음은 물품대금을 회수하는 수단으로만 사용되어 시중에 유통되지 않으므로 연쇄부도의 폐해는 없다.

판매대금추심의뢰서에는 판매대금의 지급은행과 지급업체, 판매내역, 판매업체 등이 기재되어야 한다. 또한 납품업체가 납품대금을 조기에 회수할 수 있도록 환어음 또는 판매대금추심의뢰서는 판매업체가 세금계산서 등의 발급일로부터 31일 이내에 추심의뢰하거나 전송한 것이어야 한다.

(2) 전자방식에 의한 외상매출채권 담보대출제도

㈎ 의   의

1) 한국은행은 기업간 상거래대금 결제시 어음사용을 줄이고 중소 납품업체가 납품대금을 조기에 현금으로 회수할 수 있도록 함으로써, 어음의 폐해를 줄이고 납품업체의 실질적인 금융부담도 덜어주기 위하여 기업구매자금 대출제도와는 별도로 전자방식에 의한 외상매출채권 담보대출제도를 새로이 도입하고, 이를 총액한도대출 지원대상에 포함시켜 활성화하는 방안을 마련하여 2001년부터 시행하고 있다(한국은행의 금융기관대출규정 11조; 한국은행의 전자방식 외상매출채권 담보대출 취급세칙).

2) 전자방식에 의한 외상매출채권 담보대출제도는 구매기업(대기업)이 물품구매대금을 어음으로 지급하는 대신 납품업체가 거래은행으로부터 외상매출채권을 담보로 대출을 받아 납품대금을 조기에 현금으로 회수하고, 일정기간이 지난 후 구매기업이 이 대출금을 대신 상환하는 방식의 새로운 형태의 상거래대금 결제제도를 말한다.

㈏ 주요내용

1) 대   상   융자의 대상은 은행이 사업자등록증을 교부받은 업체 간의 거래와 관련하여 그 업체의 사업목적에 부합하는 경상적 영업활동으로서 재화 및 용역을 판매하는 업체를 대상으로 한다.

2) 방   식   납품업체는 물품을 납품한 후 구매기업에 대한 외상매출채권을 거래은행에 담보로 제공하고 대출을 신청한다. 거래은행은 구매기업에 대한 납품내역을 확인한 후 외상매출채권을 담보로 대출을 실행한다. 구매기업은 일정기일 후 납품대금을 거래은행에 납부하여 납품업체의 대출금을 대신 상환한다. 이러한 상거래대금의 결제는 어음을 사용하지 않고 모든 절차가 컴퓨터 등에 의하여 전자적 방식으로 이루어진다.

3) 조   건   융자금액은 판매업체가 재화 및 용역을 판매하고 발생한

외상매출채권 금액 범위내로 한다. 융자시시는 판매업체가 판매대금을 조기에 회수할 수 있도록 전자적 형태로 작성하여 전송한 대출신청서가 대출취급 점포에 도달한 날로부터 7일 이내에 전자방식 외상매출채권담보대출금을 융자한다. 융자기간은 자금소요기간 등을 감안하여 금융기관이 정한다.

대출신청서에는 은행이 정하는 바에 따라 재화 및 용역의 구매업체, 판매업체와 외상매출채권내역 등이 기재되어야 한다.

4) 기업구매자급대출과의 차이점   「기업구매자금 대출제도」는 납품업체가 물품을 납품한 후 구매기업을 지급인으로 하고 납품대금을 지급금액으로 하는 환어음을 발행하거나 판매대금추심의뢰서를 전송하여 거래은행에 추심을 의뢰하고, 구매기업은 환어음 또는 추심의뢰서의 결제시 거래은행과 사전에 약정한 대출한도 범위내에서 기업구매자금을 융자받아 구매대금을 결제함으로써 이루어지는 방식이고, 「외상매출채권 담보대출제도」는 납품업체는 물품을 납품한 후 구매기업에 대한 외상매출채권을 거래은행에 담보로 제공하고 대출을 받고 구매기업은 일정기일 후 납품업체의 대출금을 대신 상환하는 방식이다. 따라서 대출은행에 대하여 전자의 경우에는 구매기업이 채무자가 되나, 후자의 경우에는 납품업체가 채무자가 되는 점에 차이가 있다. 특히 후자의 경우 대금결제는 어음을 사용하지 않고 모든 절차가 컴퓨터를 통하여 전자적 방식으로 이루어진다는 점에 특징이 있다.

5) 팩토링과의 차이점   외상매출채권 담보대출제도는 기업이 외상매출채권을 이용하여 대금을 회수한다는 점과 3당사자의 거래구조라는 점에서는 후술하는 팩토링과 유사하나, 대금회수의 방식에 있어서 전자(외상매출채권 담보대출제도)는 외상매출채권을 「담보」로 제공하고 대출을 받는 방식이나, 후자(팩토링)는 외상매출채권을 「양도」(매매)한다는 점에서 차이가 있다.

㈐ 기대 효과

전자방식에 의한 외상매출채권 담보대출이 활성화되면 총어음 발행에서 큰 비중을 차지하는 대기업의 어음발행이 크게 줄어들어 시행 중인 기업구매자금 대출제도와 함께 어음의 폐해를 줄이고 기업 간 상거래대금의 결제관행을 선진화하는 데 기여할 것으로 기대된다. 대기업과 거래하는 중소 납품업체의 경우 거래 대기업의 신용을 바탕으로 별도의 담보 부담 없이 외상매출채권을 담보로 거래은행에서 대출받아 납품대금을 조기에 현금으로 회수할 수 있게 되어 현금흐름을 개선하고, 자금부담을 경감할 수 있다.

　　외상매출채권 담보대출제도를 활용한 자금결제절차가 모두 전용통신망 또
는 인터넷망을 통하여 이루어지기 때문에 기업간 거래의 투명성을 제고함은 물
론 기업간 전자상거래의 활성화를 촉진하여 은행과 기업의 업무편의 및 효율성
도 제고할 수 있다. 또한 개별기업측에서는 어음관리에 소요되는 인력 및 경비
의 절감을 도모함은 물론 상거래대금 결제와 관련한 불확실성을 줄임으로써 자
금수급 관리 면에서도 큰 도움이 될 것으로 기대된다.

[참고] 전자방식에 의한 외상매출채권 담보대출 취급절차

　①~② 납품업체는 물품을 납품한 후 거래은행 앞으로 납품거래와 관련된
외상매출채권을 담보로 제공(양도)하고 대출 신청(세금계산서 첨부)
　③ 구매기업은 납품받은 물품내역을 확인한 후 거래은행 앞으로 확인서
전송
　④ 거래은행은 납품업체의 외상매출채권 양도내용과 구매기업이 전송한 물
품내역을 확인한 후 외상매출채권을 담보로 대출 실행
　　* 대출이자는 선취(어음할인방식의 할인료와 동일)
　⑤ 일정기간후 구매기업이 거래은행에 납품대금을 입금하고 납품업체에 대
한 대출금을 상환

(3) 기업구매전용카드 제도
㈎ 제도의 내용
　　기업구매전용카드라 함은 구매기업이 구매대금을 지급하기 위하여 여신전
문금융업법에 의한 신용카드업자로부터 발급받는 신용카드 또는 직불카드로서
일반적인 신용카드가맹점에서는 사용할 수 없고 구매기업·판매기업 및 신용카

드업자간의 계약에 의하여 당해 판매기업에 대한 구매대금의 지급만을 목적으로 발급하는 것을 말한다(조세특례제한법 7조의2 3항 5호). 구매대금이라 함은 구매기업이 당해 기업의 사업목적에 부합하는 경상적 영업활동과 관련하여 판매기업으로부터 재화를 공급받거나 용역을 제공받고 그 대가로 지급하는 금액을 말한다(동법 7조의2 3항 1호).

운용방식은 구매기업이 납품대금을 기업구매전용카드로 결제한 뒤 그 내역을 거래은행 또는 카드사로 보내면, 판매기업은 카드사로부터 판매대금을 지급받는 결제시스템을 말한다. 이 때 판매기업은 카드사로부터 판매대금 수령시 할인료 성격의 수수료를 부담하도록 되어 있다.

㈏ 기업구매전용카드의 법적 성격

판례는 기업구매전용카드가 신용카드인가의 여부에 대하여 부정적이다. 그 이유는 다음과 같다.[1]

1) 기업구매전용카드는 '신용카드'처럼 실물 형태의 '증표'가 발행되는 것이 아니라 단지 구매기업이 이용할 수 있는 카드번호만 부여될 뿐이고, 그 거래방법도 구매기업이 판매기업에 기업구매전용카드를 '제시'할 것이 요구되지 않으며, 구매기업이 카드회사에 인터넷 등을 통하여 구매 사실을 통보하면 카드회사가 판매기업에 물품대금을 지급하는 온라인거래 방식으로 결제가 이루어지는 수단을 지칭하는 데 지나지 않는다.

2) 구매기업은 카드회사와 가맹점가입계약을 체결한 모든 판매기업과 거래를 할 수 있는 것은 아니고 구매기업이 지정한 특정한 판매기업과 사이에서만 기업구매전용카드를 이용한 거래를 할 수 있을 뿐이므로, 판매기업을 일반 신용카드거래에 있어서의 가맹점과 동일하게 보기는 어렵다.

3) 기업구매전용카드는 어음제도의 문제점을 개선하기 위한 어음대체결제수단으로 도입된 것으로서, 일반 소비자들을 대상으로 발급되는 신용카드 회원과 달리 구매기업은 카드회사에 별도의 담보나 보증을 제공하여야 하는 경우도 있는 등 거래구조가 다르다.

대법원 판례는 피고인이 '기업구매전용카드'를 이용하여 물품의 판매 또는 용역의 제공을 가장하는 방법으로 자금을 융통(이른바 '카드깡': 필자 주)하였다는 이유로 구 여신전문금융업법 위반으로 기소된 사안에서, 위 카드가 '신용카드'에 해당하지 않는다고 보아 무죄를 인정하였다.[2]

---

1) 대판 2013. 7. 26, 2012도4438.
2) 대판 2013. 7. 25, 2011도14687.

Ⅳ. 환(換)업무

1. 총   설

가. 환(換)의 개념

환거래업무는 예금·대출과 함께 은행의 3대 고유업무의 하나를 이룬다. 환이란 「격지간의 채권·채무의 결제 또는 자금수수를 당사자 간의 직접적인 현금수수 없이 은행을 매개로 결제하는 금융거래」를 말한다. 이러한 환거래는 넓게는 대고객환업무 이외의 은행간 또는 은행내부의 자금대차·교환결제자금·부도대금 등의 결제를 포함하는데, 일반적으로는 대고객환업무만을 의미한다.[1]

환거래의 기본적인 구조는 금전대차의 결제 내지 자금의 이동을 필요로 하는 자(의뢰인)가 A 지역에 있는 은행에게 송금 내지 추심을 의뢰하면, B 지역에 있는 은행이 상대방에게 현금을 지급하거나 현금을 추심함으로써 이루어진다. 따라서 이 구조에서 환거래의 법률관계는 의뢰인과 A 지역의 은행간의 거래관계, A 지역의 은행과 B 지역의 은행 사이의 관계, B 지역의 은행과 상대방과의 관계를 중심으로 형성된다. A 지역의 은행과 B 지역의 은행이 동일은행의 영업소라면 동일은행내의 내부관계가 될 것이다.

나. 환의 기능

1) 개인이나 기업은 은행의 환업무를 이용함으로써 원격지간에 안전하고 신속하게 자금을 수수할 수가 있고, 원격지가 지급장소인 어음이나 수표의 대금을 추심할 수가 있다. 채권자와 채무자 사이에 채권채무를 결제하기 위하여 현금을 운반하는 경우 도난·분실 등의 위험이 있고 경비나 시간이 소요되어 그 불편이 매우 클 것이다. 여기에 환업무의 존재의의가 있다.

환업무는 예금이나 대출업무와 같이 자금의 조달과 운용에 따르는 이자의 획득을 목적으로 하는 것은 아니지만, 은행은 동 업무를 통하여 수수료 수입을 얻을 뿐만 아니라 송금 또는 추심대전을 단기간 은행에 머물게 함으로써 운용자금의 확대효과도 누릴 수 있다. 또한 환업무는 현금수수에 따른 위험배제, 시간과 경비의 절감 등을 통하여 국민경제내의 자금유통을 원활히 하는 데도 크게 기여하고 있다.[2]

---

1) 어음·수표법, 294~295면.
2) 금융제도, 104면.

2) 고객간의 환거래에는 신용관계가 전제된다. 환거래를 영업으로 하는 자가 신용이 없다면 환거래의 이용자는 불안정한 상황에 처하게 된다. 은행법에서 환거래를 은행의 고유업무로 규정하고 있는 것은 은행의 신용기능을 신뢰한 데 그 이유가 있다. 은행법 제27조 제2항 제3호에서 규정하는 「내국환·외국환」이란 환거래 일체를 포괄적으로 지칭한다고 본다.

이러한 환의 수단으로 이용되는 대표적인 것이 어음·수표이나 최근에는 컴퓨터의 도입으로 인하여 동일은행 본·지점간은 물론 타행간에도 온라인화가 되어 있어, 어음·수표를 통한 은행의 환업무는 거의 그 의미를 상실해 가고 있고 그 이용도 현저하게 줄고 있다. 또한 전자금융의 발달에 따라 내국환의 경우에는 예금거래로 흡수되는 경향이 현저하다.

3) 은행을 이용한 자금결제방법은 통신수단과 전자기술의 비약적인 발전에 따라 그 중요성을 더해 가고 있다. 과거에는 개인 간의 결제수단에는 주로 현금이, 기업 간의 결제수단으로는 주로 어음·수표 등이 이용되었다. 그러나 오늘날은 개인이든 기업이든 거의 모든 경제주체 사이에는 보통예금이나 당좌예금 등의 결제기능을 갖는 예금이 널리 보급되어 예금계좌를 통한 자금결제가 보편화되었다.

특히 계좌이체는 자금결제수단으로서 안전하며 정확하고 신속하다. 또한 그 편리성으로 인하여 전통적인 결제수단인 어음·수표의 지위를 능가하고 있다. 계좌이체는 수취인이 당좌예금계좌를 갖는 것을 요건으로 하던 시대에는 그 이용범위가 한정되어 있었으나, 지금은 보통예금계좌를 갖는 자는 누구나 계좌이체가 가능하게 됨으로써, 일반인도 이의 이용이 보편화되어 오늘날 지급결제에 있어서 가장 유력한 수단으로 자리잡게 되었다. 이와 관련하여 전자자금이체(Electronic Fund Transfer)의 법률문제가 크게 대두되고 있다. 이에 관하여는 후술한다.

2. 환의 종류

가. 내국환과 외국환

환은 환거래의 당사자 쌍방이 국내에 있는가 또는 당사자 일방이 국내에 있는가에 따라 내국환과 외국환이 있다. 즉 자금의 대차결제 내지 자금의 이동이 동일 국내에서 이루어지는 경우를 「내국환」이라 하고, 다른 나라 사이에서 이루어지는 경우를 「외국환」이라 한다. 내국환이든 외국환이든 양자의 법률관계는 동일하다. 그러나 외국환의 경우는 통화가 다른 나라 사이의 자금의 이동이므로,

환율 즉 이종통화간의 교환비율인 환시세가 형성되어 있다는 점에서 차이가 있다. 따라서 외국환의 경우에는 일반적으로 외국화폐가 개입되기 때문에 이의 관리·통제를 위하여 부분적으로 외국환거래법의 규제를 받고, 또 지정통화에 한하여 외국환이 가능하다. 외국환업무의 영위는 금융기관에 한하고, 또한 이를 영위하고자 하는 자는 정부에 등록하여야 한다(외환 8조 1항·2항). 외국환업무에 대하여는 후술한다.

나. 송금환과 추심환

내국환은 다시 채무자가 은행을 통하여 채권자에게 자금을 송금하는 형태인 송금환과, 채권자가 은행을 통하여 채무자에 대한 채권의 회수를 의뢰하는 형태인 추심환(대금추심·역환)으로 구분된다. 1989년 12월부터는 타행환시스템[1]이 가동되어 송금인과 수취인의 거래은행이 다르더라도 송금업무를 쉽게 처리할 수 있게 됨으로써 은행의 업무효율 및 대고객서비스가 크게 제고되었다.

송금환에는 종래 금융기관을 경유하여 채무자가 채권자에게 자금을 송부하고 채권·채무를 결제하는 방법인 「송금」과 수취인의 예금계좌에 일정금액을 입금하는 방법인 「계좌이체」의 두 가지가 있었으나, 전산제도의 발달에 따라 현재 내국환에서는 「송금」은 없고 「계좌이체」만이 있다. 이와는 달리 추심환(대금추심)은 채권자가 어음 등의 증권류를 금융기관을 통하여 채무자로부터 추심하는 방법이다. 최근에는 동일은행 본지점은 물론 타행 간에도 온라인화가 되어 있어, 어음·수표를 통한 은행의 환업무는 그 이용이 현저히 줄어 그 의미를 상실해가고 있다.[2]

한편 내국환업무의 취급 결과 발생한 은행간의 환대차는 원칙적으로 어음교환소에서 교환결제되는데, 교환결제자금은 은행이 한국은행에 지급준비금으로 예치한 당좌예금이 이용되므로 결국 각 은행간의 환대차는 한국은행 지급준비예치금계정의 대체결제로써 정리된다. 이하에서 환거래를 구성하는 주요제도인 계좌이체, 대금추심제도를 나누어 설명한다.

다. 계좌이체
(1) 계좌이체의 개념

계좌이체란 「수취인의 예금계좌에 일정금액을 입금할 것을 내용으로 하는 환업무」이다. 우선 지급을 하고자 하는 의뢰인이 은행(송금은행)에 소요자금과 수

---

1) 다른 은행간의 자금이체시스템을 말한다.
2) 어음·수표법, 295면.

수료를 지급하고 계좌이체를 의뢰한다. 의뢰인으로부터 계좌이체 의뢰를 받은 송금은행은 의뢰인이 지정한 수취인의 거래은행 즉 지급은행에 대하여 당해 수취인의 예금계좌에 일정금액을 입금할 것을 위탁한다. 이를 위탁받은 수취인의 거래은행(지급은행)은 수취인의 예금계좌에 이 금액을 입금한다. 송금은행은 지급은행에 대하여 수취인의 계좌에 일정금액의 계좌이체가 있었다는 사실을 통지하고, 통지를 받은 지급은행은 이를 수취인의 예금계좌에 기장하고 수취인에게 통지한다. 수취인은 예금계좌에 입금된 이체금액에 대하여 예금채권을 취득함으로써 환거래절차가 완결된다. 자금은 의뢰인, 송금은행, 지급은행, 수취인의 순으로 이전된다.

(2) 계좌이체의 특징

1) 이러한 계좌이체에는 수취인이 지급은행에 예금계좌를 갖는 것을 전제로 한다. 수취인의 예금계좌는 보통예금이든 당좌예금이든 요구불예금이라면 상관없다. 계좌이체가 송금과 다른 점은, 송금은 수취인이 거래은행(지급은행)을 갖지 않거나 송금인이 수취인의 은행예금계좌를 이용할 의사가 없는 경우에 이루어지나, 계좌이체는 은행의 결제계좌의 이용이 전제가 되고 있는 점이다. 또한 계좌이체가 대금추심과 다른 점은, 대금추심은 자금이 채무자(지급인)으로부터 의뢰인(채권자)으로 이동하는 것으로서 채권자 측의 행위이나, 계좌이체는 자금이 의뢰인(채무자)으로부터 채권자(수취인)로 이동하는 것으로서 채무자 측의 행위이다.

2) 계좌이체의 또 다른 특징은 전술한 바와 같이 송금방법으로서 가장 안전하고 확실하며 또한 간편하다는 점에 있다. 지급은행은 송금은행으로부터 지시된 바에 따라 자동적으로 자행의 예금계좌에 입금기장하면 충분하고, 수취인의 확인 등의 의무는 부과되어 있지 않다.

(3) 계좌이체의 법률관계

1) 계좌이체의 법률관계는 다음과 같다. 우선 이체의뢰인과 송금은행과의 관계는, 의뢰인이 송금은행에 대하여 지급은행에 개설된 수취인의 계좌로 이체할 것을 위임하는 「위임계약」이라고 해석함이 일반적이다. 이로써 송금은행은 이로써 지급은행에 계좌이체통지를 하여 지급은행의 예금계좌에 입금시킬 법률상의 의무를 부담하고, 이체의뢰인은 위임사무 처리비용의 전제로서 이체자금과 위임의 보수인 수수료를 지급할 의무를 부담한다.

2) 다음으로 송금은행과 지급은행의 관계는 송금은행이 미리 정해진 취급규정에 따라 지급은행에 대하여 수취인의 계좌로 이체할 것을 위임하는 「위임계약」

이다.

3) 지급은행과 당해은행에 계좌를 갖고 있는 수취인과의 관계는 지급은행의 일방적 기장에 의하여 수취인의 예금이 된다. 이 경우에는 개별적으로 예금계약이 필요하지 않고 바로 수취인의 예금채권이 된다.

라. 대금추심

(1) 대금추심의 개념

대금추심이란 「은행이 고객·거래은행 또는 자기의 지점 등의 의뢰에 의하여 각종의 유가증권 등에 기한 금전채권의 지급을 청구하는 것」을 말한다.[1] 채권에는 거리상 격지자간의 채권도 있고 또 시간상 기한부채권도 있는데, 이들은 모두 채무자로부터 즉시로 변제 받을 수 없고 추심을 요한다. 그런데 이러한 채권은 각 채권자마다 개별적으로 추심해야 한다면 시간과 비용의 면에서 막대한 불편이 따른다. 그러나 채권자가 환거래망이 완비된 은행을 이용하여 추심한다면 위와 같은 불편은 거의 해소되며, 대금추심이 은행을 통하여 많이 이용되는 이유는 여기에 있다.[2]

(2) 대금추심의 대상이 되는 유가증권

대금추심의 대상이 되는 유가증권 등은 은행이 지급인 또는 지급장소로 되어 있는 각종의 유가증권 등인데, 어음·수표에 한하지 않고 예금증서·우편환·채권·이표(利票)·주식배당금증서 등을 포함한다.[3]

(3) 대금추심의 종류

대금추심은 지급지가 추심은행의 어음교환지역내인 「당소대금추심」과 지급지가 추심은행의 어음교환지역외인 「타소대금추심」이 있는데, 타소대금추심인 경우에는 추심은행은 지급인의 어음교환구역내의 본지점 또는 다른 환거래은행에 다시 추심을 의뢰하는데 이를 전송추심이라고 한다.[4]

(4) 대금추심의 특징

어음·수표 등의 결제방법으로서의 대금추심제도는 다른 환거래인 송금 또는 계좌이체와 비교할 경우 자금의 흐름이 반대이다. 송금과 계좌이체의 경우에는 자금이 의뢰인으로부터 수취인으로 이동함에 비하여, 대금추심의 경우에는 자금이 지급인으로부터 의뢰인으로 이동하는 역환이다. 또한 송금과 계좌이체는

---

1) 어음·수표법, 297면.
2) 어음·수표법, 297~298면.
3) 어음·수표법, 298면.
4) 어음·수표법, 298면.

채무자 측의 행위고 그 법률상의 의미는 채무의 이행에 해당하나, 대금추심은 채권자 측의 행위이고 채권추심에 해당한다.

(5) 대금추심의 법률관계

1) 추심의뢰인과 추심은행·추심은행과 수탁은행의 관계는 각각 위임관계이다. 특히 추심의뢰인은 보통 추심은행에 예금계좌를 갖고 있는 고객인데, 이때 추심의뢰인과 추심은행간의 법률관계는 위임계약과 조건부예금계약이 병존하는 것으로 볼 수 있다.[1]

따라서 추심은행은 추심의뢰인에 대하여, 수탁은행은 추심은행에 대하여 각각 위임계약의 수임인으로서 선량한 관리자의 주의로써 추심사무를 처리하여야 할 의무가 있다. 즉 수임인의 보고의무(민법 683조)로서 입금보고 또는 부도통지 의무가 있고, 수취물인도 등의 의무(민법 684조)로서 추심대금을 인도할 의무가 있다.

그러나 이러한 추심은행은 위임계약에 기한 엄격한 선관의무를 부담하는 것은 아니라고 본다. 따라서 백지어음을 추심의뢰받은 추심은행이 백지를 보충하지 않고 지급제시하여 부도가 난 경우에도, 추심은행은 보충의무가 없으므로 추심의뢰인에 대하여 손해배상책임이 없다.[2]

2) 추심은행은 추심의 대상이 되는 어음·수표 등의 자체에 의하여 채무자에 대하여 추심할 수 있는 권한이 있어야 한다. 추심은행의 이러한 권한은 추심의뢰인으로부터 어음·수표 등에 추심위임배서를 받음으로써 취득한다. 그러나 일반적으로 (추심목적의) 신탁양도의 형식을 취하고 있다.[3]

3. 외국환업무

가. 우리나라 외국환업무의 연혁

우리나라는 1961년 외국환관리법 제정 이후 외화자금의 효율적 운용·국제수지 균형유지 및 통화가치의 안정 등을 주요 목적으로 비교적 엄격한 외환관리제도를 운용함에 따라 은행의 외국환업무도 상당히 제한적이었다. 그러나 1980년대 후반 이후 국제수지의 흑자 전환 등을 배경으로 일련의 외환자유화조치가 실시됨으로써 은행의 외국환업무 취급범위 및 규모가 크게 확대되었다. 1997년의 금융·외환위기 이후에는 외환자유화가 더욱 급속히 진전되어 주식 및 단기

---

1) 어음·수표법, 298면.
2) 어음·수표법, 298면. 동지: 대판 1992. 10. 27, 91다24724.
3) 어음·수표법, 299면.

금융상품에 대한 외국인투자 자유화·기업의 중장기 외화차입 및 해외증권발행 자유화 등의 조치가 단행되었다.[1]

　　외환자유화 추세에 맞추어 1998년 9월에는 외국환관리법을 폐지하고 외환 거래에 대한 사전규제보다 사후관리에 중점을 둔 외국환거래법을 제정하여 1999년 4월부터 시행하고 있다. 금융의 국제화·세계화 등으로 외환업무의 수요 가 증가함에 따라 외국환거래법에서는 은행뿐만 아니라 다른 금융기관(보험회사, 증권회사, 저축은행 등)도 외국환업무가 가능하도록 허용하는 외국환업무 취급기관 「등록제」를 채택하였다(외환 8조 1항).

나. 외국환업무의 개념

　　외국환업무는 「국제간의 대차관계를 현금수송에 의하지 않고 외국환업무 취급기관의 중개에 의하여 결제하는 업무」이다. 외국환거래법에서는 외국환을 대외지급수단, 외화증권, 외화파생상품 및 외화채권으로 정의하고 있다(외환 3조 1항 13호).

　　대외지급수단이라 함은 외국통화, 외국통화로 표시된 지급수단, 그 밖에 표 시통화에 관계없이 외국에서 사용할 수 있는 지급수단을 말한다(외환 3조 1항 4 호). 외화증권이라 함은 외국통화로 표시된 증권 또는 외국에서 지급을 받을 수 있는 증권을 말하고(동 8호), 외화파생상품이란 외국통화로 표시된 파생상품 또 는 외국에서 지급받을 수 있는 파생상품을 말하며(동 10호), 외화채권이라 함은 외국통화로 표시된 채권 또는 외국에서 지급을 받을 수 있는 채권을 말한다(동 12호).

다. 외국환업무 취급기관

(1) 금융회사

　　앞서 본 바와 같이 외국환거래법에서는 은행뿐만 아니라 다른 금융회사도 외국환업무를 할 수 있도록 외국환업무 취급기관 「등록제」를 채택하였기 때문 에(외환 8조 1항), 외국환업무를 취급하기 위하여 등록한 금융회사는 모두 외국환 업무 취급기관이 된다. 따라서 통상적으로 외국환은행이라 함은 외국환업무를 취급하는 은행이란 의미이다. 다만 외국환업무는 금융회사만 할 수 있고, 그 금 융회사의 업무와 직접 관련되는 범위에서 외국환업무를 할 수 있기 때문에(외환 8조 2항), 금융회사가 은행인가의 여부에 따라 외국환업무의 범위에서 차이가 있

---

1) 금융제도, 105면.

게 된다.

(2) 환전영업자

외국환업무 중 환전업무, 즉 ① 외국통화의 매입 또는 매도업무와 ② 외국에서 발행한 여행자수표의 매입업무 중 어느 하나에 해당하는 업무만을 업으로 하려는 자는 환전업무를 하는 데에 필요한 시설을 갖추어 등록하면 된다(외환 8조 3항). 이러한 자를 환전영업자라 한다(외환 8조 3항·4항).

라. 외국환업무의 내용

1) 은행이 취급하는 외국환업무는 다음과 같다(외환 3조 1항 16호).

① 외국환의 발행 또는 매매

② 대한민국과 외국 간의 지급·추심 및 수령

③ 외국통화로 표시되거나 지급되는 거주자와의 예금, 금전의 대차 또는 보증

④ 비거주자와의 예금, 금전의 대차 또는 보증 등

2) 외국환 발행업무는 은행이 해외에서 자금을 차입하기 위하여 외화표시채권 또는 외화증권을 발행하거나 기업 등 다른 기관의 발행에 관하여 인수를 담당하는 업무를 말한다.

3) 외국환매매업무는 「일반적인 외국환매매업무」와 「외국환은행 등과의 외국환매매업무」로 구분된다. 일반적인 외국환매매업무에는 무역거래에 수반하는 수출환어음의 매입, 수입대금결제, 여행자에 대한 외화현찰 및 여행자수표 등의 매매, 기타 외채원리금 상환을 위한 외국환매매 등이 있다. 이에 따른 매매율은 당일자 매매기준율(미달러화 이외의 통화의 경우에는 재정환율)[1]과 외국환은행간 매매율을 감안하여 외국환업무 취급은행장이 자율적으로 정하고 있다. 한편 은행은 은행간 매매를 통하여 대고객 외국환 매매거래에서 발생하는 외화자금의 과부족을 조절하거나 외국환포지션을 조정한다.[2]

은행간 매매거래는 외국환중개회사를 경유하거나 은행간 직접거래로 이루어지는데, 매매환율은 외환의 수급상황에 의하여 결정되고 있다. 「외국환매매거래」에는 매매계약과 동시에 외국환의 수도가 일어나는 「현물환거래」, 매매계약 후 일정기간이 지난 후 외국환의 수도가 이루어지는 「선물환거래」 및 결제일이 서로 다른 외환거래를 반대 방향으로 동시에 체결하는 「스왑거래」가 있다.[3]

---

1) 재정환율은 최근 국제금융시장에서 형성된 당해 통화와 미달러화와의 매매중간율을 시장평균환율로 재정하여 산출된다.
2) 금융제도, 106면.
3) 금융제도, 106면.

4) 우리나라와 외국간의 지급·추심 및 수령업무는 경상거래에서 발생하는 외국환 결제업무에서 파생된다. 이는 내국환의 경우와 마찬가지로 결제방법에 따라 「송금환」과 「추심환」으로 나누어진다. 송금환은 「국내의 채무자(수입상 등)가 은행을 통하여 해외의 채권자(수출상 등)에게 대금을 송금하는 것」이고, 추심환은 「채권자가 채무자를 지급인으로 하고 어음매입(또는 추심)은행을 수취인으로 하는 환어음을 발행하여 채무자로부터 대금을 추심하는 방식」이다.

5) 외화로 표시되거나 지급되는 예금·금전의 대차 또는 보증업무란 외화예금 및 외화대출업무, 수입신용장 개설 등 대외 외화표시 보증업무를 말한다.

6) 이 밖에 은행은 외화관련 신탁 및 파생상품거래 등을 취급하고 있고, 대외거래 등과 관련한 각종 부대업무도 수행하고 있다.[1]

4. 전자자금이체거래의 법률문제

가. 전자자금이체제도와 규범

1) 오늘날 금융기관들은 컴퓨터통신망을 이용한 전자자금이체제도(Electronic Fund Transfer System; EFTS)를 도입하여 금융거래에 있어서 자금의 이동을 전자적으로 신속하게 처리하고 있으며, 고객들의 이용은 계속 확대되고 있다. 이러한 새로운 제도는 금융기관 및 고객에게 여러 가지 편의를 제공하고 비용과 시간을 절약하는 효과도 가져온다. 그러나 다른 한편 과거에 예기치 않았던 아주 새로운 법률문제를 야기하게 되었다.[2]

우리나라에서는 이러한 추세에 따라 2007년 전자금융거래법(법률 제7929호)을 제정하여 전자금융거래와 전자자금이체에 따른 여러 가지 법률문제를 입법적으로 해결하기 위하여 노력하고 있다.[3] 기타 전자자금이체와 직접 또는 간접적으로 관련된 법률로서 전자서명법, 전자상거래 등에서의 소비자보호에 관한 법률, 전자문서 및 전자거래기본법 등이 제정되어 시행되고 있다.

2) 미국은 전자자금이체와 관련하여 소비자보호를 목적으로 1978년에 소비자신용보호법(Consumer Credit Protection Act)의 제 9 편(Title IX)으로서 새로이 "전자자금이체법"(Electronic Fund Transfer Act of 1978)을 추가하였고, 동법의 위임에 따라 미국연방준비위원회(Federal Reserve Board)는 규칙 E(Regulation E)를 제정하였다. 위

---

1) 금융제도, 107면.
2) 어음·수표법, 829면.
3) 기타 전자상거래 등 전자적 업무를 규율하기 위한 법률로서 「전자문서 및 전자거래 기본법」(전자문서법), 「전자상거래 등에서의 소비자보호에 관한 법률」(전자상거래법), 「전자서명법」 등이 있다.

법과 규칙은 「전자자금이체」의 정의를 비롯하여 모범약관·이체의 조건·이체의
기록과 주기적 통보·잘못된 이체의 해결·부정이체된 경우의 손실부담·은행의
책임 등 여러 가지 문제에 관하여 상세하게 규정하고 있다.

또한 미국은 1989년에 통일상법전(UCC) 제4A장을 신설하여 자금이체(Funds
Transfers)에 관하여 규정하고 있다. 연방법인 전자자금이체법은 소비자 사이에서
소액으로 행하여지는 이른바 「소비자 전자자금이체」(Consumer EFT)를 규율하는
것임에 반하여, 통일상법전 제4A장은 「상업적 전자자금이체」(Commercial EFT) 내
지 「대규모 전자자금이체」(wholesale wire transfer)를 규율하는 법이라는 점에서 양
자는 차이가 있다.

나. 전자자금이체의 정의

「전자자금이체」라 함은 지급인과 수취인 사이에 자금을 지급할 목적으로
금융회사(은행 등)에 개설된 계좌에서 다른 계좌로 전자적 장치에 의하여 ① 금
융회사에 대한 지급인의 지급지시 또는 ② 금융회사에 대한 수취인의 추심지시
(추심이체) 중 어느 하나에 해당하는 방법으로 자금을 이체하는 것을 말한다(전금
2조 12호).

전자자금이체는 지급지시 또는 추심지시가 서면에 의하여 이루어지는 서면
자금이체와 구별된다. 전자자금이체는 금융실무상 자동이체라고 부르기도 한다.

다. 자금이체와의 관계

전자자금이체는 자금이체의 일종이다. 자금이체의 전형적인 형태는 「채무
자와 채권자가 동일은행 또는 타은행에 계좌를 갖고 있는 경우에 채무자의 계좌
에서 차기(借記)하여 채권자의 계좌에 대기(貸記)하는 계좌이체」이다. 전자자금이
체도 서면자금이체와 마찬가지로 지급지시와 추심지시가 있다는 점에서는 동일
하다. 전자자금이체는 환업무의 일종인 계좌이체가 전자적 장치에 의하여 이루
어진다는 점에서 차이가 있다.[1]

라. 지로제도와의 관계

지로제도는 「중앙대체기관에 설정된 은행이나 우체국 또는 증권회사의 계
좌를 통하여 채무자와 채권자 간의 각종 자금거래를 장부상의 자금이체방식으
로 결제하는 제도」라고 볼 수 있다. 채권자가 현금으로 지급받지 않고, 채무자의
지급의뢰가 증권에 의하지 않고 지급이 이루어지는 방식이다. 따라서 이러한 지

---

1) 이에 관한 상세는 어음·수표법, 831~832면 참조.

로는 계좌간의 이체를 요하지 않으므로 전자자금이체와 구별된다.[1] 이때 지로에 의한 지급결제가 서면방식이 아닌 자기테이프로 이루어지는 경우에는 광의의 전자자금이체의 일종이라고 볼 수도 있다.

마. 전자자금이체의 법률문제

(1) 전자지급거래계약의 효력

1) 금융회사는 지급인 또는 수취인과 전자지급거래를 하기 위하여 체결한 약정에 따라 수취인이나 수취인의 금융회사에게 지급인 또는 수취인이 거래지시한 금액을 전송하여 지급이 이루어지도록 하여야 한다(전금 12조 1항).

「전자지급거래」라 함은 자금을 주는 자(지급인)가 금융회사 또는 전자금융업자로 하여금 전자지급수단을 이용하여 자금을 받는 자(수취인)에게 자금을 이동하게 하는 전자금융거래를 말한다(전금 2조 2호). 즉 전자자금이체 중 지급지시에 해당한다.

2) 금융회사는 자금의 지급이 이루어질 수 없게 된 때에는 전자지급거래를 하기 위하여 수령한 자금을 지급인에게 반환하여야 한다. 이 경우 지급인의 과실로 인하여 지급이 이루어지지 아니한 때에는 그 전송을 하기 위하여 지출한 비용을 공제할 수 있다(전금 12조 2항).

(2) 추심이체의 출금과 지급인의 동의

1) 금융회사는 추심이체를 실행하기 위하여 대통령령이 정하는 바에 따라 미리 지급인으로부터 출금에 대한 동의를 얻어야 한다(전금 15조 1항).

2) 지급인은 수취인의 거래지시에 따라 지급인의 계좌의 원장에 출금기록이 끝나기 전까지 금융회사에게 동의의 철회를 요청할 수 있다(전금 15조 1항).

3) 금융회사는 대량으로 처리하는 거래 또는 예약에 따른 거래 등의 경우에는 미리 지급인과 정한 약정에 따라 동의의 철회시기를 달리 정할 수 있다(전금 15조 1항).

4) 금융회사는 동의의 철회방법 및 절차와 약정에 관한 사항을 약관에 기재하여야 한다(전금 15조 1항).

(3) 전자자금이체의 효력발생시기와 철회

㈎ 효력발생시기

1) 전자자금이체의 경우 거래지시된 금액의 정보에 대하여 수취인의 계좌가 개설되어 있는 금융회사 또는 전자금융업자의 계좌의 원장에 입금기록이 끝난

---

1) 어음·수표법, 832~833면.

때 그 지급의 효력이 생긴다(전금 13조 1항 1호).[1]

2) 이용자가 원하는 경우 대통령령으로 정하는 절차와 방법에 따라 이용자가 거래지시를 하는 때부터 일정 시간이 경과한 후에 전자자금이체의 지급 효력이 발생하도록 하여야 한다(전금 13조 2항).

(나) 철 회

이용자는 지급의 효력이 발생하기 전까지 거래지시를 철회할 수 있다(전금 14조 1항). 그러나 이러한 전자자금이체의 경우에는 보통 입금의뢰와 동시에 자금이체가 이루어지므로 사실상 지급이체를 철회하는 것은 불가능하나, 기술상으로는 자금이체에 관한 모든 정보를 입력한 뒤에 일정한 기간이 지난 뒤에 이체수취인의 계좌에 입금되도록 할 수는 있다. 따라서 전자금융거래법은 "이용자는 대량으로 처리하는 거래 또는 예약에 따른 거래 등의 경우에는 미리 정한 약정에 따라 거래지시의 철회시기를 달리 정할 수 있다"고 규정하고 있다(전금 14조 2항). 금융회사는 거래지시의 철회방법 및 절차와 약정에 관한 사항을 약관에 기재하여야 한다(전금 14조 3항).

(4) 부정(무권한) 자금이체의 책임

(가) 책임의 구분

부정자금이체란 현금카드 등 접근매체의 위조나 변조, 도난·분실 등에 의한 부정사용에 의하여 무권한 전자자금이체가 있는 경우 등이다. 문제는 접근매체가 부정사용된 경우에 이에 따른 손실을 누가 부담할 것인가이다. 이때 금융기관 등의 책임여부에 대하여 ① 전자금융거래법은 접근매체의 위조나 변조로 발생한 사고, ② 계약체결 또는 거래지시의 전자적 전송이나 처리과정에서 발생한 사고, ③ 전자금융거래를 위한 전자적 장치 또는 정보통신망에 침입하여 거짓이나 그 밖의 부정한 방법으로 획득한 접근매체의 이용으로 발생한 사고, ④ 접근매체의 분실이나 도난으로 발생한 사고 등으로 나누어 규정하고 있다.

(나) 접근매체의 위조나 변조 등의 책임

1) 접근매체의 위조나 변조로 발생한 사고, 계약체결 또는 거래지시의 전자적 전송이나 처리과정에서 발생한 사고 및 전자적 장치 또는 정보통신망에 침입

---

[1] 기타의 전자금융거래의 경우 다음과 같은 시점에 그 지급의 효력이 생긴다(전금 13조 1항 2호·3호·4호).
② 전자적 장치로부터 직접 현금을 출금하는 경우 : 수취인이 현금을 수령한 때
③ 선불전자지급수단 및 전자화폐로 지급하는 경우 : 거래지시된 금액의 정보가 수취인이 지정한 전자적 장치에 도달한 때
④ 그 밖의 전자지급수단으로 지급하는 경우 : 거래지시된 금액의 정보가 수취인의 계좌가 개설되어 있는 금융회사 또는 전자금융업자의 전자적 장치에 입력이 끝난 때.

하여 거짓이나 그 밖의 부정한 방법으로 획득한 접근매체의 이용으로 발생한 사고로 인하여 이용자에게 손해가 발생한 경우에는 금융회사가 그 손해를 배상할 책임을 진다(전금 9조 1항 1호·2호·3호).

> [판례: 전자금융거래법 제 2 조 제10호에 정한 '접근매체'라고 하기 위해서는 전자금융거래계약의 체결이 전제되어야 하는지 여부 및 예금통장, 비밀번호 등은 위 법에서 말하는 '접근매체'로 볼 수 있는지 여부]
> ① 전자금융거래법(이하 '법'이라 한다) 각 규정의 내용과 법이 '전자금융거래의 법률관계를 명확히 하여 전자금융거래의 안전성과 신뢰성을 확보함'을 그 목적으로 하고 있는 점(제 1 조) 등을 종합하여 보면, 법 제 2 조 제10호 소정의 '접근매체'라고 하기 위해서는 전자금융거래계약의 체결이 전제되어야 한다고 봄이 상당하다.
> ② 금융기관의 창구에서 입출금 및 통장정리만이 가능할 뿐 법 제 2 조 제 8 호 소정의 전자적 장치를 통한 거래는 할 수 없는 통장, 비밀번호 등은 이 법에서 말하는 접근매체라고 볼 수 없다(대판 2010. 5. 27, 2010도2940).

2) 그러나 금융회사는 다음 각 호의 어느 하나에 해당하는 경우에는 그 책임의 전부 또는 일부를 이용자가 부담하게 할 수 있다(전금 9조 2항).

① 사고 발생에 있어서 이용자의 고의나 중대한 과실이 있는 경우로서 그 책임의 전부 또는 일부를 이용자의 부담으로 할 수 있다는 취지의 약정을 미리 이용자와 체결한 경우. 이용자의 고의나 중대한 과실은 대통령령이 정하는 범위 안에서 전자금융거래에 관한 약관에 기재된 것에 한한다.

② 법인인 이용자에게 손해가 발생한 경우로 금융회사가 사고를 방지하기 위하여 보안절차를 수립하고 이를 철저히 준수하는 등 합리적으로 요구되는 충분한 주의의무를 다한 경우

3) 금융회사 또는 전자금융업자는 접근매체의 위조나 변조 등으로 발생한 손해에 대하여 책임을 이행하기 위하여 금융위원회가 정하는 기준에 따라 보험 또는 공제에 가입하거나 준비금을 적립하는 등 필요한 조치를 하여야 한다(전금 9조 4항).

> [판례: 전자금융거래법 제 9 조 제 2 항 등에서 정한 '이용자의 고의나 중대한 과실'이 있는지 판단하는 기준 및 사례]
> ① 전자금융거래법 제 9 조, 전자금융거래법 시행령 제 8 조 등에서 정하는 '고의 또는 중대한 과실'이 있는지 여부는 접근매체의 위조 등 금융사고가 일어난 구체적인 경위, 그 위조 등 수법의 내용 및 그 수법에 대한 일반인의 인식 정도, 금융거래 이용자의 직업 및 금융거래 이용경력 기타 제반 사정을 고려하여 판단할 것이다.

② 갑이 금융기관인 을 주식회사 등에서 예금계좌를 개설하여 금융거래를 하면서 인터넷뱅킹서비스를 이용하여 왔는데, 병이 전화금융사기(이른바 보이스피싱)를 통하여 갑에게서 취득한 금융거래정보를 이용하여 갑 명의의 공인인증서를 재발급받아 다른 금융기관들로부터 대출서비스 등을 받은 사안에서, 갑이 제3자에게 접근매체인 공인인증서 발급에 필수적인 계좌번호, 계좌비밀번호, 주민등록번호, 보안카드번호, 보안카드비밀번호를 모두 알려준 점 등 제반 사정에 비추어, 갑의 금융거래정보 노출행위가 전자금융거래법 등에서 정한 금융사고의 발생에 이용자의 '중대한 과실'이 있는 경우에 해당한다(대판 2014. 1. 29, 2013다86489).

㈐ 접근매체의 분실과 도난 책임

금융회사 또는 전자금융업자는 이용자로부터 접근매체의 분실이나 도난 등의 통지를 받은 때에는 그 때부터 제3자가 그 접근매체를 사용함으로 인하여 이용자에게 발생한 손해를 배상할 책임을 진다. 다만, 선불전자지급수단이나 전자화폐의 분실 또는 도난 등으로 발생하는 손해로서 대통령령이 정하는 경우에는 그러하지 아니하다(전금 10조 1항).

(5) 오류자금이체의 처리문제

1) 전자금융거래법은 「오류」에 대하여 정의규정을 두고 있다. 이에 의하면, "오류라 함은 이용자의 고의 또는 과실 없이 전자금융거래가 전자금융거래계약 또는 이용자의 거래지시에 따라 이행되지 아니한 경우를 말한다"고 규정하고 있다(전금 2조 18호). 이 경우의 오류에 의한 자금이체란 금융기관의 착오로 인하여 이용자가 지시하지 아니한 자금이체가 행하여지거나 금액 또는 수취인이 지시한 내용과 다르게 자금이체가 행하여지는 경우 등을 상정할 수 있다.

이 경우 이용자는 전자금융거래에 오류가 있음을 안 때에는 그 금융회사에게 이에 대한 정정을 요구할 수 있으며, 금융회사는 오류의 정정요구를 받거나 스스로 오류가 있음을 안 때에는 이를 즉시 조사하여 처리한 후 정정요구를 받은 날부터 또는 오류가 있음을 안 날부터 2주 이내에 오류의 원인과 처리 결과를 대통령령으로 정하는 방법에 따라 이용자에게 알려야 한다(전금 8조).

[판례: ① 출금계좌의 예금주가 수취인 앞으로 계좌이체를 지시하거나 수취인의 추심이체에 관하여 출금 동의 등을 한 바가 없는데도 은행이 그러한 지시나 동의 등이 있는 것으로 착오를 일으켜 계좌이체 등을 한 경우, 수취인이 입금액 상당 예금채권을 취득하는지 여부(원칙적 적극) 및 ② 이 경우 수취인의 예금계좌가 은행에 개설되어 있다면 은행이 오류정정의 방법으로 자금이체 등을 취소시킬 수 있는지 여부(원칙적 적극)]
① 자금이체는 은행 간 및 은행점포 간의 송금절차를 통하여 저렴한 비용으로

안전하고 신속하게 자금을 이동시키는 수단이고, 다수인 사이에 다액의 자금이동
을 원활하게 처리하기 위하여 그 중개역할을 하는 은행이 각 자금이동의 원인인
법률관계의 존부, 내용 등에 관여함이 없이 이를 수행하는 체제로 되어 있다. 따라
서 예금거래기본약관에 따라 송금의뢰인이 수취인의 예금계좌에 자금이체를 하여
예금원장에 입금의 기록이 된 때에는 특별한 사정이 없는 한 송금의뢰인과 수취인
사이에 자금이체의 원인인 법률관계가 존재하는지에 관계없이 수취인과 수취은행
사이에는 입금액 상당의 예금계약이 성립하고, 수취인은 수취은행에 대하여 입금
액 상당의 예금채권을 취득한다. 이와 같은 법리는 출금계좌의 예금주가 수취인
앞으로의 계좌이체에 대하여 지급지시를 하거나 수취인의 추심이체에 관하여 출
금 동의 등을 한 바가 없는데도, 은행이 그와 같은 지급지시나 출금 동의가 있는
것으로 착오를 일으켜 출금계좌에서 예금을 인출한 다음 이를 수취인의 예금계좌
에 입금하여 그 기록이 완료된 때에도 동일하게 적용된다고 봄이 타당하므로, 수
취인은 이러한 은행의 착오에 의한 자금이체의 경우에도 입금액 상당의 예금채권
을 취득한다.

　② 이 경우 은행은 입금기록이 완료됨과 동시에 수취인에 대하여 입금액 상당의
부당이득반환청구권을 취득하게 되는데, 전자금융거래법 제 8 조 제 3 항이 "금융기
관 또는 전자금융업자는 스스로 전자금융거래에 오류가 있음을 안 때에는 이를 즉
시 조사하여 처리한 후 오류가 있음을 안 날부터 2주 이내에 오류의 원인과 처리
결과를 대통령령으로 정하는 방법에 따라 이용자에게 알려야 한다"고 하여 오류정
정이 허용될 경우의 처리절차에 관하여 규정하고 있는 점, 착오로 입금이 이루어
진 수취인의 예금계좌가 그 은행에 개설되어 있는 경우 은행으로서는 수취인에 대
한 부당이득반환청구권을 자동채권으로 하여 수취인의 예금채권과 상계할 수 있
는 점 등에 비추어 보면, 은행은 위와 같은 상계로써 수취인의 예금채권에 관하여
이미 이해관계를 가지게 된 제 3 자 등에게 대항할 수 없다는 등 특별한 사정이 없
는 한, 착오로 인한 자금이체에 의하여 발생한 채권채무관계를 정리하기 위하여
수취인의 예금계좌에 대한 입금기록을 정정하여 자금이체를 취소시키는 방법으로
은행의 수취인에 대한 부당이득반환청구권과 수취인의 은행에 대한 예금채권을
모두 소멸시킬 수 있다(대판 2012. 10. 25, 2010다47117).

　2) 또 하나의 문제는 이용자(의뢰인)의 과실(착오)로 인하여 금액 또는 수취인
이 원인관계에 따른 내용과 다르게 자금이체가 된 경우이다. 예컨대 이체하고자
의도하는 금액보다 많은 금액이 이체되거나 엉뚱한 자(계좌)에게 이체되는 경우
이다. 그런데 전자자금이체의 경우에는 자금이체가 실시간으로 처리되는 것이
보통이므로 원인관계에 의한 항변으로써 지급의 효력이 발생하기(수취인의 계좌의
원장에 입금기록이 끝난 때) 전까지 거래지시를 철회하는 것은 사실상 불가능하다
(전금 13조 1호, 14조 1항). 따라서 이 경우에도 오류정정의 절차로서 자금이체를 취

소할 수 있다고 본다.[1)]

  대법원 판례는 이용자의 과실(착오)로 인하여 이체하고자 의도하는 금액보다 많은 금액이 이체되거나 엉뚱한 자(계좌)에게 이체되는 경우에도, 일단 수취인과 수취은행 사이에는 예금관계가 성립하게 된다고 보고 있다.[2)] 그러나 이용자는 수취인에 대하여 오류부분에 대한 부당이득반환청구권이 발생하고,[3)] 수취인이 이를 고의로 인출하여 사용한 경우에는 형법상 횡령죄(형법 361조)가 성립한다고 보고 있다.[4)]

[판례: 계좌이체에 있어 그 원인관계의 흠결이 계좌이체의 효력이나 계좌이체로 말미암아 형성된 수취인과 수취은행 사이의 예금관계의 효력에 영향을 미치는지 여부]
  직접적인 현금의 수수 없이 금융기관에 개설되어 있는 계좌상의 이체를 통하여 현금수수의 효과를 발생하게 하는 자금이체제도의 일종인 계좌이체에 있어서는, 계좌이체의뢰인의 자금이체지시에 따라 지급은행 및 수취은행을 통하여 수취인의 예금계좌로 이체자금이 계좌이체되면 수취인과 수취은행 사이에 예금관계가 성립하고, 비록 계좌이체의뢰인과 수취인 사이에 계좌이체의 원인이 되는 법률관계가 당초부터 성립하지 않았거나 또는 그 법률관계가 사후에 일정한 사유로 소멸하게 되더라도 특별한 사정이 없는 한 그와 같은 원인관계의 흠결은 계좌이체의 효력이나 계좌이체로 말미암아 형성된 수취인과 수취은행 사이의 예금관계의 효력에 영향을 미칠 수는 없다고 할 것이다(대판 2006. 3. 24, 2005다59673).

[판례: ① 착오로 수취인의 예금계좌에 금원이 입금된 경우, 수취은행이 수취인에 대한 대출채권 등을 자동채권으로 하여 그 금원 상당의 예금채권과 상계하는 것이 유효한지 여부(원칙적 적극), ② 송금의뢰인이 착오송금임을 이유로 수취은행에 그 송금액의 반환을 요청하고 수취인도 착오송금임을 인정하여 수취은행에 그 반환을 승낙하고 있는 경우, 수취은행이 수취인에 대한 대출채권 등을 자동채권으로 하여 착오송금된 금원 상당의 예금채권과 상계하는 것이 신의칙 위반 내지 권리남용에 해당하는지 여부(원칙적 적극)]
  ① 수취은행은 원칙적으로 수취인의 계좌에 입금된 금원이 송금의뢰인의 착오로 자금이체의 원인관계 없이 입금된 것인지 여부에 관하여 조사할 의무가 없으며, 수취은행이 수취인에 대한 대출채권 등을 자동채권으로 하여 수취인의 계좌에 입금된 금원 상당의 예금채권과 상계하는 것은 신의칙 위반이나 권리남용에 해당한다는 등의 특별한 사정이 없는 한 유효하다.

  1) 정찬형, "전자금융거래법상의 전자자금이체에 관한 연구," 「고려법학」(고려대 법학연구원), 제 51호(2008), 585면; 어음·수표법, 850면.
  2) 대판 2006. 3. 24, 2005다59673.
  3) 대판 2007. 11. 29, 2007다51239.
  4) 대판 2010. 12. 9, 2010도891.

② 송금의뢰인이 착오송금임을 이유로 거래은행을 통하여 혹은 수취은행에 직접 송금액의 반환을 요청하고 수취인도 송금의뢰인의 착오송금에 의하여 수취인의 계좌에 금원이 입금된 사실을 인정하고 수취은행에 그 반환을 승낙하고 있는 경우, 수취은행이 수취인에 대한 대출채권 등을 자동채권으로 하여 수취인의 계좌에 착오로 입금된 금원 상당의 예금채권과 상계하는 것은, 수취은행이 선의인 상태에서 수취인의 예금채권을 담보로 대출을 하여 그 자동채권을 취득한 것이라거나 그 예금채권이 이미 제 3 자에 의하여 압류되었다는 등의 특별한 사정이 없는 한, 공공성을 지닌 자금이체시스템의 운영자가 그 이용자인 송금의뢰인의 실수를 기화로 그의 희생하에 당초 기대하지 않았던 채권회수의 이익을 취하는 행위로서 상계제도의 목적이나 기능을 일탈하고 법적으로 보호받을 만한 가치가 없으므로, 송금의뢰인에 대한 관계에서 신의칙에 반하거나 상계에 관한 권리를 남용하는 것이다(대판 2010. 5. 27, 2007다66088).

[판례: 계좌이체의 원인이 되는 법률관계의 부존재를 이유로 송금의뢰인이 수취인이 아닌 수취은행에 대하여 부당이득반환을 청구할 수 있는지 여부(소극)]

송금의뢰인과 수취인 사이에 계좌이체의 원인이 되는 법률관계가 존재하지 않음에도 불구하고, 계좌이체에 의하여 수취인이 계좌이체금액 상당의 예금채권을 취득한 경우에는, 송금의뢰인은 수취인에 대하여 위 금액 상당의 부당이득반환청구권을 가지게 되지만, 수취은행은 이익을 얻은 것이 없으므로 수취은행에 대하여는 부당이득반환청구권을 취득하지 아니한다(대판 2007. 11. 29, 2007다51239).

[판례: 계좌이체의 원인이 되는 법률관계의 부존재를 이유로 이체의뢰인이 수취인의 채권자가 행한 위 예금채권에 대한 강제집행의 불허를 구할 수 있는지 여부(소극)]

이체의뢰인과 수취인 사이에 계좌이체의 원인이 되는 법률관계가 존재하지 않음에도 불구하고, 계좌이체에 의하여 수취인이 계좌이체금액 상당의 예금채권을 취득한 때에는, 이체의뢰인은 수취인에 대하여 위 금액의 부당이득반환청구권을 가지게 되는 것에 그치고, 위 예금채권의 양도를 저지할 권리를 취득하는 것은 아니므로, 수취인의 채권자가 행한 위 예금채권에 대한 강제집행의 불허를 구할 수는 없다고 할 것이다(대판 2009. 12. 10, 2009다69746).

[판례: 착오로 송금되어 입금된 돈을 임의로 인출하여 소비한 행위가 송금인과 피고인 사이에 별다른 거래관계가 없는 경우에도 횡령죄에 해당하는지 여부(적극)]

어떤 예금계좌에 돈이 착오로 잘못 송금되어 입금된 경우에는 그 예금주와 송금인 사이에 신의칙상 보관관계가 성립한다고 할 것이므로, 피고인이 송금 절차의 착오로 인하여 피고인 명의의 은행 계좌에 입금된 돈을 임의로 인출하여 소비한 행위는 횡령죄에 해당하고, 이는 송금인과 피고인 사이에 별다른 거래관계가 없다고 하더라도 마찬가지이다(대판 2010. 12. 9, 2010도891).

(6) 전자금융거래법상의 벌칙

1) 접근매체를 위조하거나 변조한 자, 위조되거나 변조된 접근매체를 판매 알선·판매·수출 또는 수입하거나 사용한 자, 분실되거나 도난된 접근매체를 판매알선·판매·수출 또는 수입하거나 사용한 자 등에 대하여는 7년 이하의 징역 또는 5천만원 이하의 벌금에 처한다(전금 49조 2항).

2) 접근매체를 양도하거나 양수한 자, 접근매체를 대여받거나 대여한 자 또는 보관·전달·유통한 자 등에게는 3년 이하의 징역 또는 2천만원 이하의 벌금에 처한다(전금 49조 4항). 따라서 전자금융거래를 위한 전자적정보가 탑재된 예금통장이 접근매체에 해당되어, 이를 양·수도하거나 대여한 자가 위와 같은 처벌을 받게 된다 함은 전술한 바와 같다.

[판례: 전자금융거래법상 처벌대상인 '접근매체의 양수'의 의미 및 접근매체의 명의자가 양도하거나 명의자로부터 양수한 경우에만 처벌대상이 되는지 여부]

전자금융거래법 제49조 제4항 제1호에서 말하는 접근매체의 양수는 양도인의 의사에 기하여 접근매체의 소유권 내지 처분권을 확정적으로 이전받는 것을 의미하고, 단지 대여받거나 일시적인 사용을 위한 위임을 받는 행위는 이에 포함되지 않는다고 보는 것이 타당한데, 같은 법 제6조 제3항 제1호는 접근매체의 양도, 양수행위의 주체에 제한을 두지 않고 있으므로 반드시 접근매체의 명의자가 양도하거나 명의자로부터 양수한 경우에만 처벌대상이 된다고 볼 수 없다(대판 2013. 8. 23, 2013도4004).

[판례: 피고인이 갑으로부터 건네받은 을 명의의 통장 등 접근매체를 병이 지시하는 성명을 알 수 없는 사람에게 '양도'한 경우]

피고인이 갑으로부터 건네받은 을 명의 통장 등 접근매체를 병이 지시하는 성명을 알 수 없는 사람에게 양도하였다고 하여 전자금융거래법 위반으로 기소된 사안에서, 피고인은 단순히 접근매체를 사기 범행의 공범들 사이에서 내부적으로 전달하였다기보다 접근매체를 매수한 후 전부를 다시 매도하여 중간 차익을 얻는 행위를 업으로 한 점, 전화금융사기 범행의 특성상 유기적으로 연결된 범죄집단과 달리 행위자들 사이에 충분히 접근매체의 거래가 이루어질 수 있는 점, 접근매체의 유통 과정은 취득자가 접근매체를 이용하여 임의로 전자금융거래를 할 수 있음을 전제로 하고 있고 그에 대하여 일정한 가액도 수수되고 있는 점, 전자금융거래법은 전자금융거래의 법률관계를 명확히 하여 전자금융거래의 안전성과 신뢰성을 확보함에 입법목적이 있어 전자금융거래법 위반죄와 사기죄는 보호법익이나 입법목적을 달리하는 점 등을 감안할 때, 피고인의 행위는 접근매체의 양도에 해당한다(대판 2013. 8. 23, 2013도4004).

[판례: 구 전자금융거래법상 금지·처벌의 대상인 '접근매체의 양도'에 단순히 접근매체를 빌려 주거나 일시적으로 사용하게 하는 행위가 포함되는지 여부]

구 전자금융거래법(2008. 12. 31. 법률 제9325호로 개정되기 전의 것, 이하 같다) 제2조 제10호는 금융계좌에 관한 접근매체의 종류로 '전자식 카드 및 이에 준하는 전자적 정보', '금융기관 또는 전자금융업자에 등록된 이용자번호' 등을 규정하고 있고, 제6조 제3항은 접근매체를 양도·양수하는 행위를 원칙적으로 금지하고 있으며, 제49조 제5항 제1호는 '제6조 제3항의 규정을 위반하여 접근매체를 양도·양수한 자는 1년 이하의 징역 또는 1천만 원 이하의 벌금에 처한다'고 규정하고 있다. 일반적으로 양도라고 하면 권리나 물건 등을 남에게 넘겨주는 행위를 지칭하는데, 형벌법규의 해석은 엄격하여야 하고 명문규정의 의미를 피고인에게 불리한 방향으로 지나치게 확장 해석하거나 유추 해석하는 것은 죄형법정주의 원칙상 허용되지 않는 점, 민법상 양도와 임대를 별개의 개념으로 취급하고 있는 점, 이른바 '대포통장'을 활용한 범죄에 적극 대처하기 위하여 2008. 12. 31. 법률 제9325호로 구 전자금융거래법을 개정하면서 '대가를 매개로 접근매체를 대여받거나 대여하는 행위'에 대한 금지 및 처벌 조항을 신설한 점(제6조 제3항 제2호, 제49조 제4항 제2호) 등에 비추어 보면, 구 전자금융거래법에서 말하는 '양도'에는 단순히 접근매체를 빌려 주거나 일시적으로 사용하게 하는 행위는 포함되지 아니한다고 보아야 한다(대판 2012. 7. 5, 2011도16167).

제3절 부수업무

Ⅰ. 총 설

1. 부수업무의 범위

1) 부수업무의 범위는 은행법에서 정하고 있는데(법 27조의2 1항), 은행이 이를 영위하고자 할 경우에는 원칙적으로 신고사항이다. 그러나 다음의 업무는 신고 없이 운영할 수 있다(법 27조의2 2항).

① 채무의 보증 또는 어음인수

② 상호부금

③ 팩토링

④ 보호예수

⑤ 수납 및 지급대행

⑥ 지방자치단체의 금고대행

⑦ 전자상거래와 관련한 지급대행

⑧ 은행업과 관련된 전산시스템 및 소프트웨어의 판매 및 대여

⑨ 금융관련 연수, 도서 및 간행물 출판업무

⑩ 금융관련 조사 및 연구업무 및

⑪ 기타 대통령령으로서 정하는 업무.

2) 은행은 고유업무 외에도 이에 부수하는 고객의 각종 수요에 부응할 필요가 있기 때문에, 부수업무의 범위는 과거부터 많은 변동이 있었다. 또한 전자금융의 발달과 금융기술혁신 및 금융국제화에 따라 다양한 금융상품이 제공될 수 있어야 함은 당연하다.

은행의 부수업무의 범위는 사회경제의 변화에 따라 개별적·구체적이고 또한 신축성 있게 고려되어야 하는 사항이다. 따라서 앞으로 어떠한 형태의 부수업무가 추가될 것인지는 예측하기 어렵다. 그러나 부수업무의 범위가 아무리 유연성이 있다 하더라도, 은행의 공공적 성격에 비추어 은행 본연의 업무인 고유업무와 전혀 무관계한 일이 부수업무로 영위되어서는 아니 될 것이다. 따라서 은행의 부수업무는 다음과 같은 요건이 전제되어야 할 것이다.

2. 부수업무의 요건

가. 질적인 관련성

질적으로 고유업무(은행업)와의 관련성(유사성) 내지는 친근성이 있어야 한다. 예컨대 은행이 백화점을 경영하거나 골프장을 경영하는 것은 은행업과 이러한 업무 사이에 관련성이나 친근성이 없으므로 인정될 수가 없다고 본다. 문제는 관련성·친근성의 정도인데, 경우에 따라서는 관련성을 탄력적으로 해석할 필요가 있다. 각 시대에 따라 은행이 갖는 사회적·경제적 기능에 비추어 일반통념상 은행이 당연히 할 수 있다는 정도의 것이라면 충분하다고 본다.[1]

나. 양적인 종속성

양적으로 고유업무(은행업)를 초과할 수 없다. 은행업무와 유사한 업무라고 할지라도 업무량에 있어서 고유업무를 초과하는 영업행위를 할 수는 없다. 예컨대 보호예수업무에 고유업무보다 더 많은 인력과 시간을 투입할 수는 없다고 본

---

1) 詳解, 171면.

다. 은행에서 부수업무란 어디까지나 고유업무에 「종(從)된 업무」이다.[1]

다. 영 업 성

부수업무는 「영업으로」 수행하여야 한다. 즉 부수업무는 영업성이 있어야한다. 이 때의 영업성이란 「영리의 목적으로 동종행위를 반복하는 것」을 의미한다. 따라서 이러한 영업성은 영리성·계속성 및 영업의사를 그 요건으로 한다.[2]

영업이 되기 위하여는 「영리성」이 있어야 하나, 이러한 영리성은 실제에 있어서의 이익의 발생유무를 불문한다.[3] 따라서 예컨대 은행이 우량고객에 대한 서비스의 일환으로 일정한 고객에 대하여는 보호예수 또는 대여금고의 이용료(수수료)를 면제하는 경우에도 영리성 및 부수업무의 요건 유지에는 지장이 없다.

Ⅱ. 부수업무의 종류

1. 채무의 보증 또는 어음인수

가. 지급보증으로서 신용공여의 일종

타인의 채무보증과 어음인수는 은행법상 「지급보증」의 한 형태(종류)이고, 지급보증은 신용공여의 일종이다(법 2조 1항 6호·7호). 지급보증이란 고객의 의뢰에 의하여 동 고객이 제 3 자에게 부담하는 채무(확정채무)의 지급을 약정(보증)하거나 보증채무 등 장래에 부담하게 될 가능성이 있는 채무(우발채무)를 인수하는 계약이다.

지급보증은 자금의 공급이 수반되지 않는 점에서 증서대출·어음대출과 같이 직접 자금의 교부를 수반하는 대출과는 다르다.[4] 그러나 은행법에서는 대출, 지급보증 및 유가증권의 매입, 그 밖에 금융거래상의 신용위험이 따르는 은행의 직접적·간접적 거래를 신용공여라고 정의하기 때문에(법 2조 1항 7호), 직접 자금 공급이 따르지 않는 채무의 보증과 어음인수도 직접 자금의 공급이 수반되는 증서대출·어음대출·어음할인·당좌대출 등의 거래행위와 함께 신용공여행위로 보게 된다. 이에 따라 은행의 여신거래기본약관에서도 모두 여신의 일종으로 취급한다.[5] 따라서 후술하는 동일차주 등에 대한 신용공여의 한도(법 35조), 대주주에

---

1) 詳解, 171면.
2) 상법강의(상), 56면.
3) 상법강의(상), 56면.
4) 은행법상 은행업무는 자금을 「대출」하는 것이다(법 2조 1항 1호). 따라서 지급보증이 여신업무의 일종임에도 불구하고 은행업무(고유업무)가 아닌 부수업무가 된 이유는, 직접 자금의 대출을 수반하지 아니하고 우발적인 채무만을 부담하기 때문이라고 볼 수 있다.
5) 여신거래기본약관(기업용) 제 1 조(적용범위) ① "이 약관은 은행과 채무자(차주·할인신청인·지급보증신청인 등 은행에 대하여 채무를 부담하는 사람을 말합니다) 사이의 어음대출·어음할

대한 신용공여의 한도(법 35조의2) 초과 여부를 확인해야 할 경우에는 지급보증은 당연히 신용공여에 포함된다.

[융자의 개념에 관한 판례]
융자라 함은 금융 또는 여신과 마찬가지로 은행이 신용을 공여하는 일체의 금융 거래를 포괄적으로 나타내기 위하여 사용되고 있는 개념으로서 증서대출·어음대출과 같이 직접 자금의 교부를 수반하는 대출은 물론 자금의 교부가 수반되지 아니하는 무형의 신용공여인 어음보증도 당연히 여기에 포함된다(대판 1998. 10. 27, 98다27784).

[여신거래의 한 형태로서의 지급보증의 의의·당사자 간의 법률관계·지급보증의 방식 등에 관한 판례]
여신거래의 한 형태로서의 지급보증이란, 은행이 거래처의 위탁에 따라 그 거래처가 제3자에 대하여 부담하는 채무를 보증하여 주는 거래로서, 은행과 거래처 사이에 체결된 보증위탁계약에 터잡아 은행이 다시 채권자와 사이에 보증계약을 체결함으로써 성립하고 그로 인하여 지급보증을 한 은행은 거래처가 주채무를 이행하지 못할 경우에 그 보증채무를 이행할 의무를 지게 되며, 이러한 지급보증계약은 통상 은행이 지급보증서라는 형식의 서면에 보증 의사표시를 하여 피보증인인 거래처로 하여금 채권자에게 전달하는 방식으로 체결되고, 그 보증 범위는 지급보증서 등에 표시된 보증의사의 해석을 통하여 결정되는 것이며, 계속적 보증에 있어서 그 보증기간을 정한 경우에는 특단의 사정이 없는 한 그 보증기간 내에 발생한 주채무에 한하여 보증책임을 부담하기로 한 취지라고 볼 것이다(대판 2000. 11. 14, 2000다45853; 동 1998. 10. 27, 98다27784).

나. 지급보증의 법률관계

1) 지급보증의 법률관계는 주채무자인 고객(보증의뢰인)이 은행에 보증을 의뢰하고 은행이 이를 승낙하는 「지급보증위임계약」과, 이 위임계약에 따라 은행이 채권자와 별도로 체결하는 「보증계약」으로 구성된다. 「지급보증위임계약」은 고객(보증의뢰인)이 보증료의 지급을 약속하면서 자기가 부담하고 있는 채무의 보증을 은행에 부탁하고 은행이 이를 승낙함으로써 성립하는 낙성·불요식의 쌍무·유상계약이고, 그 법적 성질은 민법상 위임계약이다(민법 680조).
2) 지급보증은 민법상의 보증이다. 보증채무는 주채무의 존재를 전제로 하여 그 이행을 보증하는 것이므로 주채무가 존재하지 않으면 보증채무 역시 존재

인·증서대출·당좌대출·지급보증·외국환 기타의 여신에 관한 모든 거래에 적용됩니다."

하지 않는다(보증채무의 부종성). 따라서 지급보증인인 은행은 주채무자인 지급보증신청인이 이행하지 아니하는 채무를 지급보증기간 내에 이행할 의무가 있다(민법 428조). 은행은 이러한 보증행위에 의해서 보증 상대방에 대해서는 보증채무를 부담하게 되는 한편, 변제 기타의 출재(出財)로 주채무를 소멸하게 한 때에는 주채무자(보증의뢰인)에 대하여 구상권이 있다(민법 441조). 따라서 보증의뢰인이 채무를 이행하게 되면 은행의 보증채무는 즉시 소멸되지만, 고객(보증의뢰인)이 기일 내에 결제하지 않으면 보증 상대방에 대해 보증채무를 이행하여야 하고 그 대금은 지급보증 대지급금으로 계상하게 된다.

다. 보증보험과의 차이

1) 민법상의 보증인 지급보증은 보험업법상의 보증보험과 구별된다. 즉 보증보험계약이란 「채무자인 보험계약자가 채권자인 피보험자에게 계약상의 채무불이행 또는 법령상의 의무불이행으로 입힌 손해를 보험자가 보상할 것을 약정하는 보험계약」이다(상법 726조의5). 이러한 보증보험계약은 2014년 3월 개정상법에 의하여 신설되었다. 보증보험은 보험계약자(채무자)가 채무를 이행하지 않는 경우에 보험자가 보상책임(담보책임)을 지는 점에서(즉, 채권담보적 기능을 하는 점에서) 민법상 보증과 같이 보증성을 갖는다. 이러한 점에서 2014년 3월 개정상법은 보증보험에 관한 규정을 신설하면서 보증보험에 관하여는 그 성질에 반하지 아니하는 범위에서 보증채무에 관한 민법의 규정을 준용한다는 규정을 두고 있다(상법 726조의7).

2) 그러나 보증보험과 민법상의 보증은 계약의 당사자와 효력에서 각각 구별된다. 즉 계약의 당사자에서 보증보험은 「보험자와 보험계약자(채무자)」이나 민법상 보증은 「보증인과 채권자(피보험자)」이고, 계약의 효력에서 보증보험은 보험자가 보험료를 받고 「독립된 채무」를 부담하므로 부종성도 없고 최고·검색의 항변권도 없으나 민법상 보증에서 보증인은 「종된 채무」를 부담하므로 부종성이 있고 최고·검색의 항변권(민법 437조)이 있다.[1]

라. 지급보증의 방식

지급보증의 형식은 통상 지급보증서의 발급에 의하고 있으나, 경우에 따라서는 환어음의 인수(또는 보증) 및 약속어음에 대한 보증 등의 형태를 취하기도 한다. 신용장 개설도 이러한 지급보증의 하나의 형태이다. 한편 지급보증서에는

---

1) 상법강의(하), 764면.

일반적으로 동 지급보증이 용도 외로 사용되지 못하도록 대상채무의 범위, 금액, 기간 및 대상처 등을 명시하도록 되어 있다.1) 은행실무상 보증의 기간은 주채무의 기간 내로 하고, 보증을 하였을 때의 기장처리는 지급보증(부채계정)과 지급보증대충(代充)(자산계정)의 양립으로 기표한다. 보증채무는 주채무의 상환이 확인된 때 또는 대지급한 때 해지된다.

마. 지급보증의 종류

지급보증은 크게 「원화지급보증」과 「외화지급보증」2)으로 구분된다. 전자는 다시 대출보증3)·사채보증4)·어음보증 및 인수5)·무역어음인수·기타보증6) 등으로 나누어지고, 후자는 다시 신용장관련 보증 및 환어음인수보증·현지금융담보보증·해외건설 및 용역사업을 위한 보증·차관보증·기타 외화지급보증 등으로 나누어진다. 지급보증의 방식과 법률관계 등에 대하여는 제 1 장 총설에서 이미 설명한 바와 같다.

바. 어음인수의 특징

1) 어음의 인수(acceptation)란 환어음에 특유한 제도로서, 환어음의 지급인이 어음금액의 지급채무를 부담하는 어음행위이다. 은행법상 지급보증이란 「은행이 타인의 채무를 보증하거나 인수하는 것」을 말하기 때문에, 어음인수도 지급보증의 일종에 불과하다. 은행실무에서 환어음의 인수가 발생하는 것은 외국환거래(수입)에서 뿐이다.7)

2) 환어음은 지급위탁증권으로서 발행인이 지급인에게 지급을 위탁하고 이에 따라 지급인이 어음소지인에게 어음금액을 지급하는 증권인데, 발행인이 제

---

1) 금융제도, 107면. 지급보증서에는 통상적으로 지급을 보증한다는 내용의 문언·보증처명·채무자·보증기일·피보증채무의 내용·보증금액 또는 보증한도·보증채무의 이행시기·보증채무의 이행청구기간·보증채무의 이행장소·지급보증약관(양도 또는 질권설정금지·용도외 사용금지 등)·특약사항 등이 기재된다(지급보증약정서 참조).

2) 은행실무상 외화지급보증은 외국환거래법·대외무역법 등 관계 법령 및 규정에 의하여 허가 또는 승인된 거래에 관한 보증에 한하고, 보증방식은 신용장의 발행·지급보증서의 발급·환어음의 인수 등의 방식으로 한다.

3) 은행실무상 대출보증은 통상적으로 지급보증서발급 방식에 의하고, 보증금액은 채무의 원금 및 보증기간 중 지급이자의 합계액 범위내로 한다.

4) 은행실무상 사채보증의 보증대상은 자본시장법에 따라 발행하는 사채로 한다.

5) 은행실무상 상업어음에 대한 보증 및 인수는 당해 어음을 담보로 취득하고 지급보증서를 발급하는 방식으로 취급하고, 보증 및 인수대상 어음은 상거래에 수반하여 발행·양도·배서 또는 수취한 약속어음으로 한다.

6) 은행실무상 환어음과 관련된 거래의 지급보증은 환어음의 인수방식으로 함을 원칙으로 하고 있다.

7) 한상문, 전게서, 210면.

3자를 지급인으로 기재하였다고 하여 제3자가 지급채무를 부담하는 것은 아니고 제3자가 자기의 의사에 기하여 어음채무를 부담하겠다는 의사표시(즉, 인수)를 한 때에 비로소 어음채무를 부담하는 것이다. 따라서 인수에 의하여 주채무를 부담하는 것은 의사표시상의 효력이다.[1] 지급인은 인수에 의하여 약속어음의 발행인과 같이 주채무자가 된다. 어음의 주채무자가 되는 반사적 효력으로서, 수취인 등은 인수인에 대하여 어음금지급청구권을 갖는다.

2. 상호부금

상호부금이란 「서민 및 영세상공인이 상부상조에 의하여 필요한 목돈을 조성·사용할 수 있도록 한 전통적 상호금융인 계(契)가 변천된 제도」로서, 과거에 무진회사 형태로 성행되어 오다가 1962년 국민은행법이 제정됨에 따라 이러한 금융형태는 제도금융으로 흡수되었다.[2]

상호부금은 일정한 기한을 정하여 부금을 납입하면 중도 또는 만기에 일정한 금액을 급부할 것을 약정하는 수신거래로서 일반정기적금과 유사하나, 중도급부금의 지급이 당초부터 약정되어 있다는 특징을 가지고 있다. 보통 계약기간은 6개월 이상 60개월까지 월 단위로 정한다.

상호부금은 부금계약시에 총부금계약액·납입부금 및 납입기일을 정하고, 총납입회수의 1/4회차 이상을 납입하면 고객의 급부요구에 응하는 것이 일반적이다. 한편 상호부금은 1990년 8월부터 급부금 취급방식이 급부금 수령후에도 부금을 계속 납입한 후 만기시에 동 원리금으로 이를 일시 상환하는 방식에서 급부금수령시 부금을 중도 해지하고 급부원리금은 당초 부금 만기시까지 매월 균등 상환하는 방식으로 개편되었다. 이와 같은 급부금 취급방식의 개편으로 상호부금은 다른 예금·적금과 유사한 성격으로 변모하였고, 이에 따라 1991년 2월부터 상호부금에 대한 지준예치의무가 새로이 부과되었다. 따라서 현재의 상호부금제도는 중도급부금의 지급이 당초부터 약정되어 있다는 점 외에는 예금과 별로 차이가 없게 되었다.[3]

---

1) 상법강의(하), 237면.
2) 과거 무진회사(無盡會社) 형태로 성행되어 온 이 제도는 1983년 4월부터 당시 「국민은행법」의 개정으로 취급기관이 모든 은행으로 확대되었다.
3) 금융제도, 96면.

3. 팩 토 링

가. 팩토링의 개념

팩토링(factoring)이란 채권매입업을 말한다. 팩토링(채권매입업)이란 타인(거래기업, client)이 물건·유가증권의 판매, 용역의 제공 등에 의하여 취득하였거나 취득할 영업상의 채권(영업채권, accounts receivable)을 매입하여, 거래기업에 갈음하여 영업채권의 채무자(customer)로부터 이를 회수하는 것을 말하는데, 이러한 형태의 일을 영업으로 하는 자를 채권매입업자(factor)라고 한다(상법 168조의11).[1] 채권매입업은 상법상 기본적상행위의 하나로서(상법 46조의21), 이른바 신종 상행위의 일종이다.

나. 채권매입업의 종류

채권매입업은 여러 가지 기준에 의하여 다양하게 나뉘는데, 실제는 이들 여러 가지의 채권매입업이 결합하여 하나의 채권매입계약이 성립하는 것이 일반적이다.

우선 상환청구권(recourse)의 유무, 즉 채권매입업자가 매수하는 영업채권을 채무자로부터 회수하지 못하는 경우에 거래기업에 대하여 이를 상환할 수 있는지 여부에 따라 「상환청구권이 없는 채권매입업(factoring without recourse)」과 「상환청구권이 있는 채권매입업(factoring with recourse)」으로 분류된다. 상법은 "영업채권의 채무자가 그 채무를 이행하지 아니하는 경우 채권매입업자는 채권매입계약의 채무자(거래기업)에게 그 영업채권액의 상환을 청구할 수 있다"고 규정하여(상법 168조의12 본문) 「상환청구권이 있는 채권매입업」을 원칙으로 하고 있다.

그리고 채권양도의 통지유무, 즉 거래기업이 영업채권을 채권매입업자에게 양도하는 경우에 이를 채무자에게 통지하는지 여부에 따라 「통지방식 채권매입업(notification factoring)」과 「비통지방식 채권매입업(non-notification factoring)」이 있다. 우리나라에서는 후자도 상당히 이용되고 있다.[2]

또한 선급의 유무, 즉 채권매입업자가 매입한 영업채권의 변제기 전에 거래기업에 그 대가를 선급하는지 여부에 따라 「선급 채권매입업(advance factorimg)」과 「만기 채권매입업(maturity factoring)」이 있다.[3]

---

1) 팩토링에 관한 상세는 상법강의(상), 418면 이하 참조.
2) 상법강의(상), 420면.
3) 상법강의(상), 420면.

다. 팩토링거래의 당사자 및 거래구조

팩토링거래에는 기본적으로 3당사자가 있다. 즉 채권매입업자(factor), 거래기업(client) 및 채무자(customer)가 그것이다. 3당사자의 거래구조는 아래의 그림과 같다.[1]

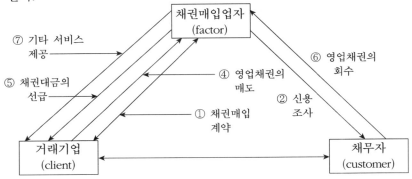

라. 팩토링금융

채권매입업자가 거래기업으로부터 영업채권을 매입하면 당연히 매입대금을 지급해야 한다. 이 대금은 채권의 매매거래에 따른 거래이지만, 그 지급시기는 자유롭게 결정할 수 있다. 채권매입업자가 채권을 회수해서 그 자금으로 매입대금을 지급하기로 약정하는 것이 일반적이다. 그러나 판매업자는 바로 자금을 사용하기를 원하므로 채권의 회수대금을 담보로 하여 채권매입업자로부터 판매대금에 상응하는 금액을 차입한다(전도금융). 이를 팩토링금융이라 하며 채권매입거래에서 매우 중요한 기능을 한다.[2] 팩토링금융의 거래구조는 아래의 그림과 같다.[3]

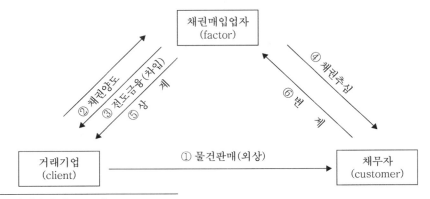

---

1) 상법강의(상), 422면.
2) 상법강의(상), 420면; 이철송, 「상법총칙·상행위」, 박영사, 2013, 632면.
3) 이철송, 상게서, 633면.

마. 팩토링거래의 법적 성질

팩토링거래에 있어서 법적 성질이 문제가 되는 것은 팩토링회사와 거래기업 간의 「팩토링 계약」(기본계약)과 이러한 팩토링 계약에 기초하여 거래기업이 팩토링회사에 하는 「외상매출채권의 매도」의 두 가지 경우이다.

1) 팩토링계약은 팩토링거래의 기본계약으로서 「계속적 채권계약」이고, 「특수한 혼합계약」이다. 따라서 선급팩토링의 경우는 소비대차의 성질을 갖고, 팩토링회사가 거래기업에 대하여 여러 가지 서비스를 제공하는 점에서는 위임계약의 성질도 갖고 있다. 그러므로 이러한 팩토링계약은 민법상 전형계약의 어느 하나로 설명될 수는 없다.[1] 기본계약은 예외 없이 채권매입업자가 작성한 약관에 의하여 체결된다.[2]

2) 팩토링계약(기본계약)에 기하여 이 계약상의 채무의 이행으로서 하는 개개의 외상매출채권의 매입(개별 팩토링행위)이 팩토링의 핵심인데, 이 매출채권의 매입(거래기업의 입장에서는 양도)의 법적 성질을 어떻게 볼 것이냐에 대하여는 소비대차설, 채권매매설, 절충설 등이 있다. 그런데 우리 나라에서 취급하는 팩토링이 상환청구권이 있는 팩토링이고 또한 선급팩토링(팩토링금융)임을 전제하면, 개별팩토링행위는 「소비대차의 담보를 위하여 하는 (외상매출)채권의 양도」라고 파악하여야 할 것으로 본다.[3]

바. 팩토링거래의 법률관계

팩토링거래의 법률관계는 팩토링회사와 거래기업간의 법률관계, 거래기업과 채무자간의 법률관계 및 팩토링회사와 채무자 간의 법률관계가 있다.

1) 거래기업과 채무자 간의 법률관계는 일반적인 상품매매계약 또는 서비스공급계약이므로 특별히 문제될 것이 없다.

2) 팩토링회사와 거래기업 간에는 채권의 양도와 관련된 법률문제가 있다. 외상매출채권은 양도할 수 있는 채권이어야 하므로, 채권이 그 성질·당사자 간의 의사 및 법률 등에 의하여 양도할 수 없는 경우에는 당연히 팩토링 거래에서도 양도대상이 되지 않는다(민법 449조 참조).[4]

3) 팩토링회사와 채무자 간에는 채무자의 항변과 관련된 법률문제가 있다.

---

1) 상법강의(상), 422면.
2) 이철송, 전게 「상행위·상법총칙」, 634면.
3) 상법강의(상), 423면.
4) 상법강의(상), 424면.

이에는 채권양도의 대항요건, 상계로서의 대항여부 등의 문제가 있다(민법 450조, 451조).[1]

4. 보호예수

가. 보호예수의 개념

보호예수는 은행의 부수업무 가운데서도 가장 역사가 오래된 것 중의 하나이다. 보호예수란 은행이 고객으로부터 일정한 수수료 또는 보관료를 받고 유가증권이나 귀금속 등을 보관해 주는 업무를 말한다. 이러한 업무는 은행이 보유하고 있는 견고한 시설이나 장치를 이용하여 고객의 귀중품을 보관해주거나 보호함을 대여해 주는 행위로서, 고객에 대한 일종의 서비스업무라고 볼 수 있다. 보호예수는 은행제도의 초기부터 환전업무와 함께 고객의 재산보호를 위한 은행의 중요업무의 하나였다. 이후 은행의 자금중개기능이 서서히 정착하게 되어 예금과 대출 등 여수신업무가 은행의 본업으로 등장함에 따라, 보호예수업무의 중요성이 점차 퇴색하게 되어 은행의 부업(부수업무)으로 밀려나게 된 것이다. 그러나 이후 신용제도의 발달에 따라 자산의 증권화가 진전되고 유가증권의 역할이 증대됨에 따라, 이의 안전한 보관을 필요로 하는 고객의 수요가 증대하게 되자 보호예수가 은행의 중요 부수업부의 하나로 자리잡게 된 것이다.

나. 보호예수의 법적 성질

보호예수의 법적 성질은 「은행고객을 위하여 유가증권·보석·귀금속 등 부피는 적으나 고가에 해당하는 귀중품의 보관을 보통 유상으로 인수하는 계약」이다. 타인을 위하여 물건을 보관함을 영업으로 한다는 점에서는 창고업(상법 155조 이하)과 유사하다. 그러나 창고업은 일반적으로 부피가 비교적 큰 물건을 보관하는 경우이므로 그 보관설비도 전문업자의 창고를 필요로 하나, 보호예수는 귀중품 중에서도 비교적 부피가 작은 물건을 맡기는 경우이므로 그 보관설비는 보통 은행의 영업소내에 시설을 둔다는 점에서 차이가 있다. 또한 보호예수는 은행의 부수업무로서 영위되어 보통 업무량도 고유업무를 초과할 수 없는 점에서도 물건의 보관을 주된 영업으로 하는 창고업과는 차이가 있다.

다. 보호예수의 종류

일반적으로 보호예수란 개봉보호예수와 봉함보호예수를 말하는데, 넓은 의

---

1) 상법강의(상), 425면.

미에서의 보호예수는 여기에 대여금고를 포함시킨다.

  (1) 개봉보호예수

  개봉보호예수는 「보관대상물건의 내용을 밝히고 보관을 맡기는 임치계약」
이다. 인수시 목적물의 종류·품질 및 수량을 명시하는 것이다. 은행은 반환시
맡긴 물건과 동일한 내용의 것을 반환할 책임이 있다. 피봉보호예수품으로 예수
할 수 있는 것은 국채 또는 지방채·어음·주권·사채권·기타의 유가증권·예금
증서 및 신탁증서 등이 있다.

  개봉보호예수의 목적물이 주식·공사채 등 유가증권인 경우에는 보관 외에
도 명의개서·원리금이나 배당금의 수령 등의 행위를 은행에 위임하는 경우가
있다. 이 경우에는 임치계약과 특별한 위임계약의 혼합계약이라고 할 수 있다.[1]

  (2) 봉함보호예수

  봉함보호예수는 「보관할 물건을 명시하지 않고 봉함하여 보관을 맡기고, 은
행은 그 내용물을 알지 못하고 보관을 인수하는 임치계약」이다. 개봉보호예수와
봉함보호예수는 은행이 그 내용물을 아느냐 모르느냐에 차이가 있지만, 타인의
물건을 보관한다는 점에서는 차이가 없다. 봉함보호예수의 경우에는 은행은 반
환시 봉함상태의 이상 여부를 확인하여 인도하면 충분하고, 내용의 상위나 부족
에 관해서는 일체 책임을 지지 않는다. 봉함보호예수품으로 예수할 수 있는 것
은 피봉예수의 경우의 제 증서·중요문서·화폐(구화폐 포함)·귀금속·보석 등이다.

  은행실무상 보호예수에 대한 상속·유증 또는 증여로 인한 명의변경 청구가
있을 수 있고, 보호예수품에 대한 질권설정·압류명령이 있을 수 있으며, 의뢰인
의 인감변경 또는 주소변경이 있을 수 있다. 그러한 경우에는 원칙적으로 모두
예수금에 준하여 처리하여야 할 것이다. 특히 질권설정의 경우에는 보호예수품
반환청구권에 대한 지명채권질(민법 346조, 349조)이 되고, 압류명령의 경우에는
역시 반환청구권에 대한 채권압류(민소 575조, 576조)가 된다.

  (3) 대여금고

  대여금고는 넓은 의미에서 보호예수의 일종이다. 대여금고란 「금융기관의
건물 안에 설비된 금고에 다수의 보관함을 설치하여 이를 거래처에게 대여하고,
거래처는 그 보관함을 이용해서 목적물을 스스로 보관하는 것」을 말한다. 은행

---

  [1] 참고로 본 제도와 유사한 「유가증권의 예탁결제제도」를 살펴본다. 일반적으로 유가증권의 예
탁결제제도라 함은 「유가증권의 양도당사자 또는 담보거래당사자가 모두 공통의 중앙예탁기관
에 계좌를 설정하여 유가증권을 예탁하고 양도나 담보설정시에는 현물의 유가증권을 수수하는
대신 중앙예탁기관에 의뢰하여 계좌간의 장부거래로 결제하고 중앙예탁기관은 예탁자의 청구가
있으면 동종·동량의 유가증권을 반환하는 제도」라고 정의할 수 있다.

은 고객에게 보관함을 제공하면 고객은 전용의 열쇠를 스스로 관리하고 이를 이용하여 보관함에 물건을 입출고하는 방식이다. 은행은 보호함의 유지와 그 개폐에 협력할 의무를 부담하나, 목적물의 내용에 대해서는 책임을 지지 아니한다.

고객이 보호함을 개폐할 때에는 은행이 미리 교부한 열쇠를 사용하지만, 이 경우 은행도 다른 열쇠를 동시에 사용하여야만 개폐가 가능함이 일반적이다. 그러나 은행이 열쇠를 따로 갖고 있는 것은 어디까지나 보호함의 유지관리를 위한 것이고, 은행이 보호함의 내용물을 점유하고 있기 때문은 아니다. 따라서 내용물의 점유권자는 고객이다.

대여금고의 법적 성질은 보호함 자체를 유상으로 사용하도록 제공하는「보호함 공간의 임대차계약」이라고 볼 수 있다. 대여금고에 보관할 수 있는 물품은 보호예수의 경우와 큰 차이가 없다.

5. 수납 및 지급대행

1) 은행의 수납업무 가운데 하나로서 국고금의 수납을 들 수 있다. 원래 국고금의 수납 등 국고금을 관리하는 일은 정부의 은행으로서의 기능을 수행하고 있는 한국은행의 일이다. 한국은행은 대한민국 국고금의 공적 예수기관으로 세금 등 국고금을 정부예금으로 받아두었다가 정부가 필요로 할 때 자금을 내주고, 정부 자금이 부족할 때에는 일시적으로 대출해 주기도 한다. 그런데 국고금 수납은 전 국민을 상대로 하는 방대한 일이기 때문에 점포와 인력이 제한되어 있는 한국은행만이 이 업무를 수행할 경우 전국 각지에 산재한 관련 기관과 납세자 등에게 충분한 편의를 제공하기 어렵다. 이에 따라 한국은행은 국고대리점으로 지정한 은행 등 각 금융기관의 영업점과 우체국에서 국고금 수납업무를 대행하도록 하고 있다. 국고금의 지급은 정부관서의 요청에 따라 한국은행이 채권자의 금융기관 예금계좌에 실시간으로 이체하는 방식으로 수행하고 있다.

2) 기타의 수납 및 지급업무로서 각종 공과금, 등록금 등의 수납업무가 있다. 학교 등 특정기관과의 계약(등록금수납계약)으로 수업료 등의 수납과 지출을 대행하는 경우가 있다. 이 경우 수납 및 지급업무의 대행은 그 법적 성격이 사실행위이기 때문에 그 기관을 대리하는 것은 아니라는 점에 주의할 필요가 있다.

6. 지방자치단체의 금고대행

가. 지방자치단체의 종류와 성격

1) 지방자치단체는 다음과 같이 두 가지 종류로 구분한다.

① 특별시, 광역시, 특별자치시, 도, 특별자치도

② 시, 군, 구

2) 지방자치단체는 법인으로 한다(지방자치법 3조 1항).

나. 금고업무의 약정과 신의성실의무

지방자치단체의 장은 원칙적으로 「은행법」에 따른 은행으로 하여금 소관 현금과 그의 소유나 보관에 속하는 유가증권의 출납, 보관 및 그 밖의 금고 업무를 취급하게 하기 위하여 금고를 지정하여야 한다. 지방자치단체의 장은 금고를 지정하거나 지정한 금고를 변경하였을 때에는 지정, 변경 및 그 밖에 대통령령으로 정하는 중요 사항을 공고하고, 시·도의 경우 행정자치부장관에게, 시·군 및 자치구의 경우 시·도지사에게 즉시 보고하여야 한다(지방재정법 77조 1항·2항). 금고의 수는 2개를 초과할 수 없다(동조 3항).

지방자치단체의 장이 위와 같이 지방재정법의 규정에 의하여 금고를 지정하는 경우에는 해당 은행과 금고업무에 관한 약정을 하여야 하고, 당해 은행은 법령 또는 조례·규칙이 정하는 금고로서의 모든 의무와 그 약정한 사항을 신의에 따라 성실히 이행하여야 한다(지방재정법 시행령 102조 1항).

다. 금고에 대한 검사와 손해배상책임

지방자치단체의 장은 금고가 취급하는 지방자치단체 소관 현금 및 유가증권의 출납·보관에 관하여 검사를 할 수 있다(지방재정법 79조). 이에 따라 지방자치단체의 장은 연 1회 이상 금고의 출납상황과 장부를 검사하여야 한다(지방재정법 시행령 106조).

금고가 지방자치단체를 위하여 취급하는 현금이나 유가증권의 출납·보관에 관하여 지방자치단체에 손해를 끼친 경우 금고의 배상책임에 관하여는 「민법」 및 「상법」을 적용한다(지방재정법 80조).

라. 금고업의 일부대행

1) 금고업무를 취급하는 금융기관은 지방자치단체의 장의 승인을 얻어 그의 책임으로 「은행법」에 의한 은행, 체신관서, 「새마을금고법」에 의한 새마을금고,

「신용협동조합법」에 의한 신용협동조합, 「상호저축은행법」에 의한 상호저축은행, 「여신전문금융업법」에 의한 신용카드업 또는 신용사업을 하는 당해 금융기관의 조합원인 법인으로 하여금 금고업무의 일부를 취급하게 할 수 있다(지방재정법 시행령 103조 1항).

　2) 지방자치단체의 장은 필요하다고 인정되는 경우에는 금고업무를 취급하는 금융기관에 대하여 당해 지방자치단체의 장이 지정하는 「은행법」에 따른 은행, 체신관서, 「새마을금고법」에 의한 새마을금고, 「신용협동조합법」에 의한 신용협동조합, 「상호저축은행법」에 의한 상호저축은행, 「여신전문금융업법」에 의한 신용카드업 또는 신용사업을 하는 당해 금융기관의 조합원인 법인으로 하여금 금고업무의 일부를 취급하게 할 수 있다(지방재정법 시행령 103조 2항).

7. 전자상거래와 관련한 지급대행

가. 총　설

넓은 의미의 전자상거래는 컴퓨터 통신망에서 상품이나 서비스의 구매, 수·발주, 광고 등 경제활동을 하는 것을 말한다. 좁은 의미로는 인터넷이나 PC통신을 이용, 상품이나 서비스를 사고 파는 것을 의미한다.

최근에는 전자상거래를 전화, PC통신, TV, 케이블TV, CD롬 등을 이용한 전자 카탈로그, 사내전산망 등 다양한 정보통신 매체를 이용하여 상품과 서비스를 유통시키는 모든 유형의 상업적 활동으로 확대되고 있다. 보다 넓은 의미로는 이러한 정보통신 매체를 활용하여 상품과 서비스를 사고 파는 것 뿐 아니라 수주와 발주, 광고 등 상품과 서비스의 매매에 수반되는 광범위한 경제활동을 의미하기도 한다.

미국 상무부는 1998년 발표한 "The Emerging Digital Economy"에서 전자상거래를 협의와 광의의 개념으로 나누어 규정하였는데, 협의의 개념은 소비자나 기업이 통신망, 특히 인터넷을 이용하여 상품과 서비스를 사고 파는 것이고, 광의의 개념은 기업과 소비자 간뿐 아니라 기업상호간, 기업과 정부 간에 상품과 서비스의 매매, 물류, 유통, 광고, 마케팅, 고객관리, 애프터서비스 등을 포괄하는 활동을 말한다. 대금결제는 신용카드를 통해 지급되는 것이 일반적이나, 가상은행에서 발행하는 전자화폐도 이용되고 있다.

전자상거래(e-commerce)라는 용어는 1989년 미국의 로렌스리버모어 연구소(Lawrence Livermore National Laboratory)에서 미국 국방부 프로젝트를 수행하면서 처음 사용하였는데 다음 해부터 일반적인 용어로 통용되기 시작하였다. 초기의 전자상거래는 대부분 특정한 경제주체간의 전용망인 부가가치 통신망(VAN; Value Added Network)을 이용하여 기업 간, 또는 정부와 기업 간에 전자적인 자료를 교환하는 전자문서교환(Electronic Data Exchange)에 국한되었으나, 1990년대 중반 인터넷이 상용화되면서 전자상거래가 급격하게 확산되었다.[1]

나. 전자상거래의 정의

1) 전자상거래법에서 「전자상거래」를 "전자거래의 방법으로 상행위를 하는 것"이라고 정의한다(전상 2조 1호). 전자문서 및 전자거래기본법에서는 '전자거래'를 "재화나 용역을 거래할 때 그 전부 또는 일부가 전자문서에 의하여 처리되는 거래"라고 정의한다(전상 2조 5항). "전자문서"란 정보처리시스템에 의하여 전자적 형태로 작성, 송신·수신 또는 저장된 정보를 말한다(전상 2조 1항). "정보처리시스템"이란 전자문서의 작성·변환, 송신·수신 또는 저장을 위하여 이용되는 정보처리능력을 가진 전자적 장치 또는 체계를 말한다(동법 2조 2항). 이를 종합하면, 전자상거래법상의 전자상거래란 「거래의 전부 또는 일부가 정보처리시스템에 의한 전자문서에 의해 처리되는 상행위」를 말한다고 볼 수 있다.

2) 이때의 상행위란 당연상인이 영업으로 하는 상행위인 기본적 상행위(상법 46조)뿐만 아니라 의제상인(설비상인 또는 민사회사)이 영업으로 하는 준상행위(상법 66조)도[2] 포함된다고 본다.

다. 전자상거래의 종류

(1) B2B(Business to Business)

기업과 기업 간의 전자상거래로서 개방된 통신망을 이용해 기업 간에 이루어지는 전자적인 거래를 의미한다. 현재는 인터넷을 이용하여 대기업뿐만 아니라 중소기업까지 폭넓게 이용되고 있다.

(2) B2C(Business to Customer)

기업과 소비자 간의 전자상거래로서 흔히 말하는 '인터넷쇼핑몰'에서의 거래를 의미한다. 전자상거래 중에서 가장 활성화되었고, 소비자들이 직접 참여하기 때문에 흔히 'B2C'를 전자상거래라고 부르고 있다.

---

[1] 「경제학사전」, 경연사, 2011.
[2] 설비상인 또는 민사회사의 요건을 갖춘 농장주가 생산한 농·축산물을 판매하는 행위 등이 이에 해당한다.

(3) B2G(Business to Government)

기업과 정부 간의 전자상거래를 의미한다. 조달청에서 운영하는 '나라장터'
가 이에 해당한다.

(4) C2C(Customer to Customer)

소비자와 소비자 간의 전자상거래로서 소비자끼리 물건을 사고파는 것을
의미한다. 중고장터나 G마켓, 옥션 등의 오픈마켓이 이에 해당한다.[1]

라. 전자상거래의 특수성

전자상거래가 다른 상거래에 대해 갖는 특수성에 무엇이냐에 대한 의문이
있을 수 있다. 이에 대하여 전자상거래의 당사자는 일반 거래 당사자에 비하여
거래의 비대면성으로 인한 위험, 정보의 비대칭성으로 인한 위험, 거래의 기술
적 장애로 인한 위험 등을 추가적으로 부담한다. 전자상거래의 특성으로 인해
제기되는 가장 큰 문제는 소비자의 보호라 할 수 있는바, 특히 정보의 비대칭성
으로 인해 소비자가 불공정한 거래에 심각하게 노출되어 있다. 전자상거래법은
주로 전자상거래에서 생기는 소비자의 불이익을 방지하거나 구제하기 위하여
마련된 법이다.[2]

마. 대행은행의 의무

1) 지급대행 은행은 전자상거래에 있어서 전자적 대금지급 관련자로서 전자
결제수단의 발행자, 전자결제서비스 제공자 및 해당 전자결제수단을 통한 전자
결제서비스의 이행을 보조하거나 중개하는 자(전자결제업자 등)에 해당한다(전상 8
조 1항).

2) 지급대행 은행이 전자결제업자로서 전자상거래와 관련한 지급대행업무
를 하는 경우 은행은 관련 정보의 보안과 신뢰를 유지하기 위하여 필요한 조치
를 하여야 한다(전상 8조 1항~4항).

3) 사업자와 소비자 사이에 전자적 대금지급과 관련하여 다툼이 있는 경우
지급대행 은행은 대금지급 관련 정보의 열람을 허용하는 등 대통령령으로 정하
는 바에 따라 그 분쟁의 해결에 협조하여야 한다(전상 8조 5항).

---

1) 「경제학사전」, 경연사, 2011.
2) 이철송, 전게 「상법총칙 · 상행위」, 638면.

제 4 절 겸영업무

Ⅰ. 자본시장법에 따른 업무 총설

1. 자본시장법상 주요용어의 정의

가. 금융투자업

「금융투자업」이란 이익을 얻을 목적으로 계속적이거나 반복적인 방법으로 행하는 행위로서 투자매매업, 투자중개업, 집합투자업, 투자자문업, 투자일임업 및 신탁업 중 어느 하나에 해당하는 업(業)을 말한다(자본 6조).

나. 금융투자상품

1) 「금융투자상품」이란 이익을 얻거나 손실을 회피할 목적으로 현재 또는 장래의 특정 시점에 금전, 그 밖의 재산적 가치가 있는 것을 지급하기로 약정함으로써 취득하는 권리로서, 그 권리를 취득하기 위하여 지급하였거나 지급하여야 할 금전 등의 총액이 그 권리로부터 회수하였거나 회수할 수 있는 금전 등의 총액을 초과하게 될 위험(투자성)이 있는 것을 말한다(자본 3조 1항). 금융투자상품의 종류는 「증권」과 「파생상품」으로 구분하고, 파생상품은 다시 「장내파생상품」과 「장외파생상품」으로 구분된다(자본 3조 2항).

2) 「증권」이란 내국인 또는 외국인이 발행한 금융투자상품으로서 투자자가 취득과 동시에 지급한 금전 등 외에 어떠한 명목으로든지 추가로 지급의무를 부담하지 아니하는 것을 말한다(자본 4조 1항). 이러한 증권은 채무증권, 지분증권, 수익증권, 투자계약증권, 파생결합증권 및 증권예탁증권으로서 6종으로 구분된다(자본 4조 2항).

3) 「파생상품」이란 다음 중 어느 하나에 해당하는 계약상의 권리를 말한다(자본 5조 1항).

① 기초자산[1]이나 기초자산의 가격·이자율·지표·단위 또는 이를 기초로

---

[1] 자본시장법 제 4 조 ⑩ 이 법에서 "기초자산"이란 다음 각 호의 어느 하나에 해당하는 것을 말한다.
  1. 금융투자상품
  2. 통화(외국의 통화를 포함한다)

하는 지수 등에 의하여 산출된 금전 등을 장래의 특정 시점에 인도할 것을 약정하는 계약

② 당사자 어느 한쪽의 의사표시에 의하여 기초자산이나 기초자산의 가격·이자율·지표·단위 또는 이를 기초로 하는 지수 등에 의하여 산출된 금전 등을 수수하는 거래를 성립시킬 수 있는 권리를 부여하는 것을 약정하는 계약

③ 장래의 일정기간 동안 미리 정한 가격으로 기초자산이나 기초자산의 가격·이자율·지표·단위 또는 이를 기초로 하는 지수 등에 의하여 산출된 금전 등을 교환할 것을 약정하는 계약 등

4) 장내파생상품이란 다음 각 호의 어느 하나에 해당하는 것을 말한다(자본 5조 2항).

① 파생상품시장에서 거래되는 파생상품

② 해외 파생상품시장에서 거래되는 파생상품

③ 그 밖에 금융투자상품시장을 개설하여 운영하는 자가 정하는 기준과 방법에 따라 금융투자상품시장에서 거래되는 파생상품

5) 파생상품으로서 장내파생상품이 아닌 것은 장외파생상품이다(자본 5조 3항).

6) 이상과 같은 자본시장법의 규정으로 미루어 보아 예금과 증권 및 파생상품 간의 차이점을 알 수 있다. 예금과 금융투자상품의 차이점은 「원본손실의 가능성 유무」에 있다. 금융투자상품 중 증권과 파생상품의 차이점은 「투자원금 이상의 손실 발생 가능성 유무」에 있다. 즉 증권은 투자원금까지만 손실발생이 가능하나, 파생상품은 투자원금 이상의 손실 발생이 가능하다.

2. 자본시장법상 은행에 대한 특칙

가. 집합투자재산 운용위원회의 설치

은행으로서 자본시장법에 따라 집합투자업에 관한 금융투자업인가를 받은 자는 인가받은 범위에서 투자신탁의 설정·해지 및 투자신탁재산의 운용업무를 영위할 수 있다. 이를 「집합투자업 겸영은행」이라고 부른다(자본 250조 1항).

집합투자업 겸영은행은 집합투자재산 운용업무와 관련한 의사결정을 위하

---

3. 일반상품(농산물·축산물·수산물·임산물·광산물·에너지에 속하는 물품 및 이 물품을 원료로 하여 제조하거나 가공한 물품, 그 밖에 이와 유사한 것을 말한다)
4. 신용위험(당사자 또는 제삼자의 신용등급의 변동, 파산 또는 채무재조정 등으로 인한 신용의 변동을 말한다)
5. 그 밖에 자연적·환경적·경제적 현상 등에 속하는 위험으로서 합리적이고 적정한 방법에 의하여 가격·이자율·지표·단위의 산출이나 평가가 가능한 것

여 은행법에 따른 업무·신탁업·일반사무관리회사의 업무를 수행하지 아니하는 임원 3인(사외이사 2인을 포함)으로 구성된 「집합투자재산 운용위원회」를 설치하여야 한다(자본 250조 2항).

나. 집합투자 겸영은행의 금지행위

1) 집합투자업 겸영은행은 투자신탁재산의 운용과 관련하여 다음 중 어느 하나에 해당하는 행위를 하여서는 아니 된다(자본 250조 3항).

① 자기가 발행한 투자신탁의 수익증권을 자기의 고유재산으로 취득하는 행위

② 자기가 운용하는 투자신탁의 투자신탁재산에 관한 정보를 다른 집합투자증권의 판매에 이용하는 행위

③ 자기가 운용하는 투자신탁의 수익증권을 다른 은행을 통하여 판매하는 행위

④ 단기금융집합투자기구를 설정하는 행위

2) 집합투자재산의 보관·관리업무를 영위하는 은행은 그 집합투자기구의 집합투자재산에 관한 정보를 자기가 운용하는 투자신탁재산의 운용 또는 자기가 판매하는 집합투자증권의 판매를 위하여 이용하여서는 아니 된다(자본 250조 4항).

3) 일반사무관리회사의 업무를 영위하는 은행은 해당 집합투자기구의 집합투자재산에 관한 정보를 자기가 운용하는 투자신탁재산의 운용 또는 자기가 판매하는 집합투자증권의 판매를 위하여 이용하여서는 아니 된다(자본 250조 5항).

4) 투자매매업 또는 투자중개업 인가를 받아 집합투자증권의 판매를 영위하는 은행은 다음 중 어느 하나에 해당하는 행위를 하여서는 아니 된다(자본 250조 6항).

① 자기가 판매하는 집합투자증권의 집합투자재산에 관한 정보를 자기가 운용하는 투자신탁재산의 운용 또는 자기가 운용하는 투자신탁의 수익증권의 판매를 위하여 이용하는 행위

② 집합투자증권의 판매업무와 「은행법」에 따른 업무를 연계하여 정당한 사유 없이 고객을 차별하는 행위

다. 이해상충 방지체계의 구축

집합투자 겸영은행은 자본시장법에 따라 집합투자업, 신탁업(집합투자재산의 보관·관리업무를 포함) 또는 일반사무관리회사의 업무를 영위하는 경우에는 임원을 두어야 하고, 임직원에게 다음 각 호의 업무를 겸직하게 하여서는 아니 되며,

전산설비 또는 사무실 등의 공동사용 금지 및 다른 업무를 영위하는 임직원 간
의 정보교류 제한 등 대통령령으로 정하는 이해상충방지체계를 갖추어야 한다
(자본 250조 7항).

  ① 「은행법」에 따른 업무
  ② 집합투자업
  ③ 신탁업
  ④ 일반사무관리회사의 업무

3. 은행법상 유가증권 투자업무 규제

  1) 은행은 조달한 자금을 대출에 운용하는 외에 유가증권 투자를 통하여 보
유자산의 다양화와 수익성 제고를 도모한다. 은행이 거래하는 유가증권으로는
국고채, 통화안정증권, 금융채, 지방채, 주식, 사채 등이 있다.

  2) 그러나 유가증권은 시장가치가 수시로 변화하는 위험자산이므로 은행법
에서는 은행경영의 건전성 확보를 위해 과도한 유가증권투자를 규제하고 있다.
즉 주식 및 상환기간 3년을 초과하는 유가증권·파생결합증권·수익증권·투자계
약증권·증권예탁증권·지분증권 등에 대한 투자는 자기자본의 100% 이내로 제
한된다(법 38조 1호).

  3) 해당 은행의 대주주가 발행한 지분증권을 취득할 수 있는 한도는 원칙적
으로 자기자본의 1% 이내로 제한된다(법 35조의3 1항).

  4) 또한 은행은 유가증권 보유한도 내에서도 타 기업을 지배할 우려가 있는
유가증권의 소유가 금지되고 있다. 즉 은행법에서는 은행이 다른 회사 등의 의
결권 있는 지분증권의 15%를 초과하여 소유하는 것을 원칙적으로 금지하고 있
다(법 37조).

Ⅱ. 자본시장법에 따른 겸영업무의 종류

1. 파생상품의 매매·중개 업무

가. 파생상품의 의의

  1) 파생상품이란 「선도(forward, 先渡), 옵션, 스왑의 어느 하나에 해당하는 계
약상의 권리」로서 그 가치가 기초가 되는 기초자산에서 파생되는 상품을 말한
다. 파생상품에 대하여는 종전에 선물거래법에서 규정하였던 것을 자본시장법에

서 여타의 법률들과 통합하여 이를 규정하고 있다. 예를 들어 달러를 기초로 하는 선물의 경우 달러환율의 변동에 따라 달러선물의 가치가 결정되게 된다. 파생상품은 레버리지를 이용하여 투기거래로 행하여지기 때문에 증권의 거래에 비하여 위험의 정도가 훨씬 커지는 특징을 가진다. 자본시장법상 기초자산의 범위가 넓어짐으로써 이를 기초로 하는 파생상품과 도박의 한계가 모호해질 수 있다. 이를 고려하여 자본시장법에서는 금융투자업자가 금융투자업을 영위하는 경우에는 도박에 관한 형법의 규정(형법 246조)을 적용하지 아니한다는 규정을 두고 있다(자본 10조 2항).[1]

2) 선도란 「기초자산이나 기초자산의 가격·이자율·지표·단위 또는 이를 기초로 하는 지수 등에 의하여 산출된 금전 등을 장래의 특정 시점에 인도할 것을 약정하는 계약」을 말한다. 선도거래는 계약이 이루어지면 바로 이행을 하여야 하는 현물거래와 달리 그 이행을 계약체결 후 일정기간이 경과한 후에 하게 된다. 선물도 선도에 해당한다. 다만 선도거래 중 거래소에서 이루어지고 이행이 확보되는 것이라고 할 수 있다. 선도의 경우에 다음에 설명하는 옵션과 달리 매도인·매수인 모두 매매를 이행할 의무를 지게 된다.[2]

3) 옵션이란 「당사자 어느 한쪽의 의사표시에 의하여 기초자산이나 기초자산의 가격·이자율·지표·단위 또는 이를 기초로 하는 지수 등에 의하여 산출된 금전 등을 수수하는 거래를 성립시킬 수 있는 권리를 부여하는 것을 약정하는 계약」을 말한다. 유리한 가격조건에서만 행사하고 불리한 조건에서는 행사하지 않을 선택권이 주어진다. 옵션은 콜옵션과 풋옵션으로 나누어진다. 전자는 장래 일정한 날 또는 일정 기간 동안 기초자산 등을 일정 가격에 매수할 수 있는 계약상의 권리이고, 후자는 장래 일정한 날 또는 일정 기간 동안 기초자산 등을 일정 가격에 매도할 수 있는 계약상의 권리이다.[3]

4) 스왑이란 「장래의 일정기간 동안 미리 정한 가격으로 기초자산이나 기초자산의 가격·이자율·지표·단위 또는 이를 기초로 하는 지수 등에 의하여 산출된 금전 등을 교환할 것을 약정하는 계약」을 말한다. 대표적인 것으로 금리스왑과 통화스왑이 있다.

나. 파생상품의 매매

매매란 「당사자 일방이 재산권을 상대방에게 이전할 것을 약정하고 상대방

---

1) 「주석 금융법 Ⅲ(자본시장법 1)」(김택주 집필부분), 55면.
2) 「주석 금융법 Ⅲ(자본시장법 1)」(김택주 집필부분), 56면.
3) 「주석 금융법 Ⅲ(자본시장법 1)」(김택주 집필부분), 56면.

이 그 대금을 지급할 것을 약정하는 민법상의 계약」이다(민법 563조). 은행이 일반인들과 파생상품의 매매거래를 할 경우에는 민법의 규정(민법 563조~595조)이 적용되겠지만, 은행이 회사 등 상인과 파생상품을 매매할 경우에는 당사자 쌍방이 상인이므로 상사매매에 관한 상법의 특칙(상법 67조~71조)이 적용된다. 상법에 규정된 상사매매에 관한 특칙은 대체로 매도인의 이익을 보호하기 위한 규정들이다. 상법이 이와 같은 특칙을 두게 된 이유는 상사매매에 따른 법률관계를 신속히 종결시켜 거래의 신속을 기하고, 당사자 간의 분쟁을 사전에 예방하여 기업의 신용을 유지시키고자 하는 데 있다.

다. 파생상품의 중개

1) 중개란 「타인간의 법률행위의 체결에 힘쓰는 사실행위」이다.[1] 중개인은 이와 같이 사실행위인 중개행위만을 할 뿐이므로 제 3 자에 대하여 당사자가 되지 않을 뿐만 아니라, 위탁자의 대리권도 없다. 따라서 중개인은 자기의 이름으로 위탁자의 계산으로 매매계약을 체결하는 위탁매매인과 구별된다.[2]

중개업(brokage)은 타인간의 계약의 체결을 중개하고, 시장의 시세·상대방의 신용상태 등을 탐지하고 전문적 자료를 위탁자에게 제공함으로써 계약의 체결을 용이하게 하며, 당사자에게 상대방을 알리지 않음으로써 거래를 원활하게 하는 기능을 갖고 있다.[3]

2) 중개인과 중개를 의뢰한 당사자 간에 체결되는 중개계약은 보통 비법률행위적 사무인 중개의 위탁과 이의 인수로써 성립하는 위임계약이다.[4] 중개계약은 위임계약이므로 중개인은 수임인으로서 선량한 관리자의 주의로써 위임사무(중개행위)를 처리할 의무를 부담한다.

중개인은 제 3 자에 대하여 당사자로 나타나지도 않고 또 본인을 대리하여 계약을 체결하는 것도 아니므로, 중개인과 제 3 자간에는 원칙적으로 아무런 법률관계가 발생하지 않는다.[5]

3) 중개가 성공하여 당사자 간에 계약이 성립한 때에는 중개인은 지체없이 당사자의 성명 또는 상호·계약의 연월일 및 그 요령을 기재한 서면을 작성하여 기명날인 또는 서명한 후 이를 각 당사자에게 교부하여야 하는데, 이 서면을 결

---

1) 상법강의(상), 293면.
2) 상법강의(상), 293면.
3) 상법강의(상), 292면.
4) 상법강의(상), 294면.
5) 상법강의(상), 294면.

약서라고 한다(상법 96조 1항). 중개인은 상인이므로 중개에 의하여 당사자 간에 계약이 성립하고 결약서의 작성교부절차가 완료된 때에는 특약이 없는 경우에도 중개에 의한 보수, 즉 중개료를 청구할 수 있다(상법 61조).

2. 파생결합증권의 매매업무

가. 파생결합증권의 정의

파생결합증권은 채무증권, 지분증권, 수익증권, 투자계약증권, 증권예탁증권 등과 더불어 자본시장법에서 규정한 6종의 증권 중 하나이다(자본 4조 2항). 자본시장법에서는 파생결합증권을 「기초자산의 가격·이자율·지표·단위 또는 이를 기초로 하는 지수 등의 변동과 연계하여 미리 정하여진 방법에 따라 지급하거나 회수하는 금전 등이 결정되는 권리가 표시된 것」이라고 정의한다(자본 4조 7항 전단). 즉 파생결합증권이란 「기초자산의 가격 등의 변동과 연계되어 이익을 얻거나 손실을 회피할 목적의 계약상의 권리가 표시된 증서」라고 볼 수 있다. 이는 구증권거래법 시행령상 규정되었던 주식워런트증권(ELW),[1] 주가연계증권(ELS)[2] 및 파생결합증권(DLS)[3]을 포괄하는 개념이다. 자본시장법에서는 파생결합증권을 위한 기초자산의 범위가 확대됨으로써 파생결합증권의 포괄범위가 더욱 커졌다는 데 특징이 있다.

파생결합증권은 파생상품과 달리 주식거래와 동일하여 가격변동에 따른 추가지급의무는 없다. 그 이유는 파생결합증권도 기초자산의 가격 등의 변동과 연계되어 있지만, 「증권」의 형태를 갖고 있기 때문이다.

나. 매매대상의 범위

은행법 시행령에서는 은행이 영위할 수 있는 겸영업무의 하나로서 자본시

---

1) 주식워런트증권(Equity Linked Warrent : ELW)이란 파생상품의 구조와 주식이 결합된 상품으로, 이 증권을 매매한다는 것은 특정주식자체를 사는 것이 아니라 특정시점에 특정가격으로 '살 수 있는 권리' 또는 '팔 수 있는 권리'를 매매하는 것이다. 예를 들면 현재 5만원인 주식을 1년 뒤에 55,000원에 살 수 있는 권리를 3,000원에 매입하였다고 할 때, 나중에 실제 주식의 가격이 6만원이 되면 2,000원 이익을 얻을 수 있게 된다.

2) 주가연계증권(Equity Linked Securities : ELS)은 이자나 원금이 주가변동과 연계되어 있는 증권이다. 이것은 주가 또는 지수의 변동에 따라 만기 지급액이 결정되는 증권으로서, 구조설계증권 즉 일반증권에 특정한 구조가 내장되어 있는 증권의 일종이다. 주가연계증권은 채권·주식·워런트 세부분으로 구성하여 세 상품을 적절히 조합해 특정 조건에 맞는 수익률을 발생시키는 것으로, 투자자가 맡긴 돈 중 일정부분을 정기예금 또는 채권에 투자하고 나머지 부분을 주식이나 각종 파생상품에 투자하여 그 운용결과에 따라 수익의 발생 여부가 결정되는 구조를 가진다.

3) 파생결합증권(Deriavtive Linked Securities : DLS)은 주가연계증권과 유사한 것으로, 주식 대신 원자재·부동산·금리 등 기초자산을 다양화시킨 증권이다. 신용연계증권(Credit Linked Note : CLN) 등이 이에 해당하는데, 주가연계증권을 제외한 것을 합하여 파생결합증권(DLS)이라고도 한다.

장법 제 4 조 제 2 항 제 5 호에 따른 파생결합증권의 매매업무를 열거하면서(법시행령 18조의2 2항 2호), 그 범위를 금융위원회가 정하여 고시하는 파생결합증권으로 한정한다. 이에 따라 금융위원회가 고시한 파생결합증권은 「금적립계좌」 및 「은적립계좌」이다(감규 25조의2).[1]

3. 국채증권·지방채증권 및 특수채증권의 인수·매출 업무

1) 국채증권·지방채증권 및 특수채증권은 자본시장법에서 구분한 6종의 증권 중 채무증권에 속한다.

국채증권이란 「정부가 국채법과 다른 법률에 따라 공공목적에 필요한 자금의 확보 등을 위하여 발행하는 채권(債券)」을 말한다(국채법 2조 1항). 국채증권의 종류는 ① 「공공자금관리기금법」 제 2 조에 따른 공공자금관리기금의 부담으로 발행하는 국채(국고채권)와, ② 다른 법률에 특별한 규정이 있는 경우 그 법률에 따라 회계, 다른 기금 또는 특별 계정의 부담으로 발행하는 국채 등이 있다(국채법 4조 1항). 국채는 국회의 의결을 받아 기획재정부장관이 발행한다(국채법 5조 1항).

지방채증권이란 「지방자치단체가 공공시설사업, 공영사업, 재해복구사업 등 각종 지역개발 사업을 효율적으로 추진하기 위해서 재정적인 필요에 따라 지방의회의 의결 얻고 중앙정부의 승인을 얻어 발행하는 채권」이다.

특수채증권이란 「법률에 의하여 직접 설립된 법인이 발행한 채권」을 말한다(4조 3항). 예컨대 각 특수은행이 각각의 설립근거법에 정하여진 바에 따라 발행하는 금융채가 이에 해당한다.[2]

2) 매출이란 「대통령령으로 정하는 방법에 따라 산출한 50인 이상의 투자자에게 이미 발행된 증권의 매도의 청약을 하거나 매수의 청약을 권유하는 것」을

---

1) 이를 실무상 골드뱅킹(금계좌, gold banking) 또는 실버뱅킹(은계좌, silver banking)이라고 한다. 골드뱅킹이란 「고객이 은행 계좌에 넣은 돈을 바탕으로 금의 시세와 환율 등을 고려해 금을 통장에 적립할 수 있게 하는 투자방식」을 의미한다. 실버뱅킹(은 계좌) 또한 투자 대상의 차이만 있을 뿐 골드뱅킹과 같은 구조로 운영된다. 골드뱅킹과 실버뱅킹은 저금리 추세가 장기화되면서 대안 투자처로 최근 인기를 끌고 있다. 이는 고객이 계좌에 돈을 입금하면 금이나 은의 국제 시세와 달러─원 환율 등을 고려해 이에 상응하는 무게로 환산한 후, 통장에 금이나 은을 직접 적립해 주는 방식으로 운영된다. 향후 현금화 시점에서 투자 대상인 금이나 은의 가격이 오르는 경우 시세차익을 올릴 수 있는 특징이 있다. 골드뱅킹은 그램(g) 단위로 금을 살 수 있는 만큼 소액으로도 금에 투자하는 것이 가능한 금융상품이다. 실버뱅킹은 은이 금에 비해 60분의 1가량 저렴한 만큼 소액으로도 투자가 가능하다는 점에서 향후 도입을 시도하는 은행들이 증가할 수 있다는 전망이 많다. 다만 은 가격은 금에 비해 변동성이 큰 만큼 리스크도 비례하는 특징을 지닌다(연합뉴스, 시사금융용어 참조).

2) 한국산업은행은 「산업금융채권」(산은 23조 1항)을, 중소기업은행은 「중소기업금융채권」(기은 36조의2 1항)을, 한국수출입은행은 「수출입금융채권」을 각각 발행할 수 있다(수은 20조 1항).

말한다(자본 9조9항).

　　3) 인수란 「제 3 자에게 증권을 취득시킬 목적으로 ① 그 증권의 전부 또는 일부를 취득하거나 취득하는 것을 내용으로 하는 계약을 체결하는 것과, ② 그 증권의 전부 또는 일부에 대하여 이를 취득하는 자가 없는 때에 그 나머지를 취득하는 것을 내용으로 하는 계약을 체결하는 것 중에서 어느 하나에 해당하는 행위를 하거나 그 행위를 전제로 발행인 또는 매출인을 위하여 증권의 모집·사모·매출을 하는 것」을 말한다(자본 9조 11항).

4. 국채증권·지방채증권·특수채증권 및 사채권의 매매업무

　　국채증권, 지방채증권, 특수채증권 및 사채권은 모두 채무증권에 속한다(자본 4조 3항). 국채의 자기매매업무는 국채시장의 활성화를 도모하기 위하여 국채전문딜러(primary dealer)제도를 도입하는 과정에서 1998년 10월에 허용되었다.

5. 국채증권·지방채증권 및 특수채증권의 모집·매출 주선업무

가. 모집과 매출

　　모집이란 「50인 이상의 투자자에게 새로 발행되는 증권의 취득의 청약을 권유하는 것」을 말한다(자본 9조 7항).

　　주선이란 「인수 이외에 증권의 발행인 또는 매출인을 위하여 해당 증권의 모집·매출을 하거나 그 밖에 직접 또는 간접으로 증권의 모집·매출을 분담하는 것」을 말한다(자본 9조 13항).

　　모집이나 매출은 청약대상자의 수를 50인을 기준으로 하고 있는데, 50인 수의 산정에 있어서 당해 취득청약의 권유 또는 매도청약이나 매수청약의 권유를 하는 날부터 과거 6월 이내에 해당 증권과 동일한 종류의 증권에 대하여 모집 또는 매출에 의하지 않고 청약의 권유를 받은 자를 합산한다(자본시행령 11조 1항). 매출에 대하여는 증권시장 및 다자간매매체결회사 밖에서 청약의 권유를 받는 자를 기준으로 그 수를 산출한다(자본시행령 11조 4항).

　　이는 50인 미만의 자를 대상으로 수회에 걸쳐 모집하는 경우에는 공모의 개념에 포함되지 않아 투자자 보호를 위한 발행공시규제를 회피해 갈 수 있기 때문에, 이를 규제하기 위한 것이다.[1]

---

1) 「주석 금융법 Ⅲ(자본시장법 1)」(김택주 집필부분), 102면.

나. 간주모집

모집이나 매출과 관련하여 청약의 권유를 받는 자의 수가 50인 미만으로서
증권의 모집에 해당되지 아니할 경우에도 해당 증권이 발행일부터 1년 이내에
50인 이상의 자에게 양도될 수 있는 경우로서 증권의 종류 및 취득자의 성격 등
을 고려하여 금융위원회가 정하여 고시하는 전매기준에 해당하는 경우에는 모
집으로 본다(자본시행령 11조 4항). 이를 「간주모집」이라고 하는데, 금융위원회의
규정에서 증권의 종류 및 취득자의 성격 등을 고려하여 모집으로 보는 전매기준
을 상세히 규정하고 있다.[1]

다. 청약의 권유

청약의 권유행위는 권유자가 제시한 조건에 부합하는 청약이 있으면 항상
승낙을 한 것으로 간주하겠다는 조건이 있는 권유행위이다. 청약과 동시에 승낙
의 의사표시를 하여야 하므로, 권유 당시에 매매조건이 확정되어 있어야 한다.[2]

자본시장법 시행령에서는 「청약의 권유」란 "권유받는 자에게 증권을 취득
하도록 하기 위하여 신문·방송·잡지 등을 통한 광고, 안내문·홍보전단 등 인쇄
물의 배포, 투자설명회의 개최, 전자통신 등의 방법으로 증권의 취득청약의 권
유 또는 증권의 매도청약이나 매수청약의 권유 등 증권을 발행 또는 매도한다는
사실을 알리거나 취득의 절차를 안내하는 활동을 말한다"고 정의하고 있다(자본
시행령 2조 2항).

6. 집합투자업

가. 집합투자업과 집합투자업자

집합투자업이란 「자본시장법에서 규정한 6종의 금융투자업 중 하나로서 집
합투자를 영업으로 하는 것」을 말한다(자본 6조 1항·4항). 집합투자란 원칙적으로
2인 이상의 투자자로부터 모은 금전 등 또는 「국가재정법」 제81조[3]에 따른 여
유자금을 투자자 또는 각 기금관리주체로부터 일상적인 운용지시를 받지 아니
하면서 재산적 가치가 있는 투자대상 자산을 취득·처분, 그 밖의 방법으로 운용
하고 그 결과를 투자자 또는 각 기금관리주체에게 배분하여 귀속시키는 것을 말

---

1) 「증권의 발행 및 공시 등에 관한 규정」 제2-2조 참조.
2) 「주석 금융법 Ⅲ(자본시장법 1)」(김택주 집필부분), 104면.
3) 국가재정법 제81조: 기획재정부장관은 기금 여유자금의 효율적인 관리·운용을 위하여 각 기금
   관리주체가 예탁하는 여유자금을 대통령령이 정하는 기준과 절차에 따라 선정된 금융기관으로
   하여금 통합하여 운용하게 할 수 있다.

한다(자본 6조 5항).

집합투자업자란 「자본시장법 시행에 따라 위의 집합투자업무를 수행하는 자」를 말한다. 2003년 12월 구 간접투자자산운용업법 제정을 계기로 종래의 증권투자신탁업법에 의한 투자신탁회사와 구 증권투자회사법에 의한 자산운용회사를 통합·개편함으로써 새롭게 도입된 「자산운용회사」가 이에 해당한다.

나. 집합투자의 요건

위에서 본 자본시장법상의 집합투자의 정의에 비추어 볼 때, 집합투자의 요건은 ① 자산의 집합, ② 일상적 운용지시의 배제, ③ 투자대상자산을 취득·처분 등의 방법으로 운용 및 ④ 운용실적의 배분 등 4가지로 정리할 수 있다.

다. 집합투자기구

1) 집합투자기구란 집합투자를 수행하는 기구를 말한다(자본 9조 18항). 집합투자기구의 종류는 다음과 같다(자본 9조 18항 각호 참조).

① 집합투자업자인 위탁자가 신탁업자에게 신탁한 재산을 신탁업자로 하여금 그 집합투자업자의 지시에 따라 투자·운용하게 하는 신탁 형태의 집합투자기구(투자신탁)

② 「상법」에 따른 주식회사 형태의 집합투자기구(투자회사)

③ 「상법」에 따른 유한회사 형태의 집합투자기구(투자유한회사)

④ 「상법」에 따른 합자회사 형태의 집합투자기구(투자합자회사)

⑤ 「상법」에 따른 유한책임회사 형태의 집합투자기구(투자유한책임회사)

⑥ 「상법」에 따른 합자조합 형태의 집합투자기구(투자합자조합)

⑦ 「상법」에 따른 익명조합 형태의 집합투자기구(투자익명조합)

⑧ 경영권 참여, 사업구조 또는 지배구조의 개선 등을 위하여 지분증권 등에 투자·운용하는 투자합자회사로서 지분증권을 사모로만 발행하는 집합투자기구(사모투자전문회사)

2) 집합투자기구는 설립형태에 따라 「계약형」과 「회사형」 및 「조합형」으로 나눌 수 있다. 위의 집합투자기구 가운데 투자신탁은 계약형 집합투자기구이고, 투자회사·투자유한회사·투자합자회사·투자유한책임회사·사모투자전문회사 등은 회사형 집합투자기구이며, 투자합자조합 및 투자익명조합은 조합형 집합투자기구로 볼 수 있다.

3) 「계약형 집합투자기구」는 집합투자업자인 위탁자가 신탁업자에게 신탁

한 재산을 신탁업자로 하여금 그 집합투자업자의 지시에 따라 투자·운용하게 하는 신탁 형태의 투자신탁이다. 투자신탁은 위탁자인 집합투자업자가 수탁회사와의 신탁계약에 의거 발행하는 수익증권을 수익자인 투자자가 취득하는 신탁제도로서 일본과 유럽국가들이 주로 채택하고 있다.

4)「회사형 집합투지기구」는 투자전문가가 투자전문회사를 설립하고 이 회사의 주식 또는 지분증권을 투자자가 매입하는 형태로 미국의 뮤추얼펀드에서 발전된 제도이다.

5)「조합형 집합투자기구」는 상법의 개정으로 투자합자조합 및 투자익명조합을 도입함에 따라 자본시장법에서 이에 부응하여 신설한 집합투자기구이다.

라. 집합투자업자의 업무내용

1) 집합투자업자는 투자신탁, 투자회사 등의 방식으로 설정·설립되는 집합투자기구의 재산을 운용하는 것을 주된 업무로 한다. 계약형 집합투자기구인 「투자신탁」은 수익증권을 발행하고 이를 통해 다수의 투자자로부터 자금을 모아 증권 등의 자산에 투자하여 그 수익을 투자자에게 분배하는 방식인데, 우리나라 집합투자기구의 대부분이 투자신탁방식으로 이루어지고 있다. 투자신탁의 조직은 「위탁회사」(투자신탁재산 운용), 「수탁회사」(신탁재산 보관) 및 「판매회사」(수익증권 판매)로 구성된다. 집합투자업자는 이 가운데 위탁회사의 역할을 담당한다. 수탁회사는 신탁회사이고 판매회사는 은행·증권회사 등이다.

2) 회사형 집합투자기구의 대표격인 「투자회사」는 증권 등을 자산으로 운용하고 그 수익을 주주에게 배분하는 방식이다. 투자회사는 상법상의 주식회사이나 본점 이외에 영업점을 설치하거나 직원의 고용 또는 상근 임원을 둘 수 없는 서류상의 회사이다. 투자회사는 자산의 운용, 보관, 모집·판매, 기타 일반사무를 각각 별도의 자산운용회사, 자산보관회사, 판매회사, 일반사무관리회사에 위탁하여야 한다. 투자회사의 위탁을 받아 자산을 운용하는 「자산운용회사」는 서류상 회사인 투자회사의 설립 및 주식 모집을 실질적으로 주관한다. 「자산보관회사」는 투자신탁에서의 신탁회사와 마찬가지로 신탁회사 또는 신탁업을 겸영하는 금융기관으로 제한되어 있다. 「판매회사」는 투자회사의 위탁을 받아 주식의 모집 또는 판매를 담당하는데, 주로 은행·증권회사·보험회사 등이 이 업무를 수행한다. 「일반사무관리회사」는 투자회사의 위탁을 받아 주식명의개서, 주식발행사무, 증권투자회사의 운영에 관한 사무 등을 담당하는 회사로 주로 자산운용회사가 맡고 있다.

7. 투자자문업

가. 자본시장법상의 투자자문업

1) 투자자문업이 제도화된 금융업의 하나로 자리잡게 된 것은 1987년 11월 증권거래법 개정으로 투자자문업에 대한 근거조항이 신설된 이후이다.

투자자문업이란 「금융투자상품, 그 밖에 대통령령으로 정하는 투자대상자산(금융투자상품 등)의 가치 또는 금융투자상품 등에 대한 투자판단에 관한 자문에 응하는 것을 영업으로 하는 것」을 말한다. 이 때의 투자판단이란 종류, 종목, 취득·처분, 취득·처분의 방법·수량·가격 및 시기 등에 대한 판단을 말한다(자본 6조 6항). 투자자문사 또는 은행의 PB가 수행하는 자문업무가 이에 해당한다.

2) 자문의 방법은 통상 금융투자상품의 가치 또는 금융투자상품 투자에 관하여 구술·문서 기타의 방법으로 조언하는 것이다. 그러나 불특정 다수인을 대상으로 발행 또는 송신되고, 불특정 다수인이 수시로 구입 또는 수신할 수 있는 간행물·출판물·통신물 또는 방송 등을 통하여 조언을 하는 경우에는 투자자문업으로 보지 아니한다(자본 7조 3항).

3) 투자자문업은 자문에 응하는 것을 영영으로 하는 상행위이기 때문에 당연히 보수를 전제로 한다. 따라서 따로 대가 없이 다른 영업에 부수하여 자본시장법 제6조 제6항에 따른 금융투자상품 등의 가치나 그 금융투자상품 등에 대한 투자판단에 관한 자문에 응하는 경우에는 투자자문업으로 보지 아니한다(자본시행령 7조 3항 8호).

4) 집합투자기구평가회사, 채권평가회사, 공인회계사, 감정인, 신용평가를 전문으로 하는 자, 변호사, 변리사 또는 세무사, 그 밖에 이에 준하는 자로서 해당 법령에 따라 자문용역을 제공하고 있는 자(그 소속단체를 포함한다)가 해당 업무와 관련된 분석정보 등을 제공하는 경우에도 투자자문업으로 보지 아니한다(자본시행령 7조 3항 9호).

나. 투자자문업자의 영업행위규칙

(1) 선관주의의무 및 충실의무

자본시장법에서는 금융투자업자 모두에게 공통 영업행위규칙의 하나로 「신의성실의무」를 규정하고 있다(자본 37조). 이에 더하여 투자자문업자는 투자자에 대하여 「선량한 관리자의 주의」로써 투자자문에 응하여야 하고, 투자자의 이익을 보호하기 위하여 해당 업무를 충실하게 수행하여야 한다고 하여, 투자자문업자에게 「선관의무」와 「충실의무」를 요구하고 있다(자본 96조).

(2) 불건전영업행위의 금지

투자자문업자는 다음 중 어느 하나에 해당하는 행위를 하여서는 아니 된다. 다만, 투자자 보호 및 건전한 거래질서를 해할 우려가 없는 경우로서 대통령령으로 정하는 경우에는 이를 할 수 있다(자본 98조 1항).

① 투자자로부터 금전·증권, 그 밖의 재산의 보관·예탁을 받는 행위

② 투자자에게 금전·증권, 그 밖의 재산을 대여하거나 투자자에 대한 제3자의 금전·증권, 그 밖의 재산의 대여를 중개·주선 또는 대리하는 행위

③ 투자권유자문인력 또는 투자운용인력이 아닌 자에게 투자자문업을 수행하게 하는 행위

④ 계약으로 정한 수수료 외의 대가를 추가로 받는 행위

⑤ 투자자문에 응하는 경우 금융투자상품 등의 가격에 중대한 영향을 미칠 수 있는 투자판단에 관한 자문 또는 매매 의사를 결정한 후 이를 실행하기 전에 그 금융투자상품 등을 자기의 계산으로 매매하거나 제3자에게 매매를 권유하는 행위

(3) 성과보수의 제한

투자자문업자는 투자자문과 관련한 투자결과와 연동된 성과보수를 받아서는 아니 된다. 다만, 투자자 보호 및 건전한 거래질서를 해할 우려가 없는 경우로서 대통령령으로 정하는 경우에는 성과보수를 받을 수 있다(자본 98조의2 1항). 투자자문업자가 이러한 단서에 따라 성과보수를 받고자 하는 경우에는 그 성과보수의 산정방식, 그 밖에 대통령령으로 정하는 사항을 해당 투자자문 또는 투자일임의 계약서류에 기재하여야 한다(자본 98조의2 2항).

8. 신 탁 업

가. 총   설

1) 신탁업은 신탁관계인·신탁재산 등의 개념과 수탁자의 권리의무 등 신탁에 관한 일반적인 「사법상」의 법률관계를 규정하고 있는 신탁법과 「신탁회사 업무의 내용·감독 등」을 규정하고 있는 자본시장법 등 각종 관계법령에 의하여 운영된다.

2) 자본시장법에서 「신탁업」이란 신탁을 영업으로 하는 것을 말한다(자본 6조 8항). 여기에서 신탁을 영업으로 한다는 의미는 「신탁의 인수」를 영업으로 하

는 것을 말한다.

「신탁」이란 신탁을 설정하는 자(위탁자)와 신탁을 인수하는 자(수탁자) 간의 신임관계에 기하여 위탁자가 수탁자에게 특정의 재산(영업이나 저작재산권의 일부를 포함)을 이전하거나 담보권의 설정 또는 그 밖의 처분을 하고, 수탁자로 하여금 일정한 자(수익자)의 이익 또는 특정의 목적을 위하여 그 재산의 관리·처분·운용·개발·그 밖에 신탁 목적의 달성을 위하여 필요한 행위를 하게 하는 법률관계를 말한다(신탁법 2조). 자본시장법상의 신탁이란 위의 「신탁법」 제2조의 신탁을 말한다(자본 9조 24항).

「신탁행위」는 위탁자와 수탁자 간의 계약, 위탁자의 유언 등에 의하여 성립하게 되는 법률행위이다(신탁법 3조).

3) 신탁업자로서는 은행, 금융투자업자(증권회사), 보험회사 등에 의한 신탁겸업사와 부동산 신탁회사가 있다. 겸업사의 경우 부동산신탁업무의 범위 등에서 다소 차이가 있는 점을 제외하고는 대체로 동일하다. 겸업사 신탁계정에서는 금전 및 재산을 신탁 받아 이를 유가증권, 대출금 등으로 운용하여 그 수익을 분배하는 업무가 이루어진다. 신탁업자는 일반적으로 자본시장법에 따라 신탁의 인수·신탁재산의 관리·운용·처분 등에 관한 업무 및 이에 부수하는 업무1)를 영위하는데, 이와는 별도로 「신탁법」·「담보부사채신탁법」 등에 의한 신탁업무도 수행하고 있다.

신탁업자인 수탁자는 선량한 관리자의 주의로 신탁사무를 처리하여야 하고(신탁법 32조), 이에 더하여 수익자의 이익을 위하여 신탁사무를 처리하여야 하는 「충실의무」를 부담한다(신탁법 33조).

나. 신탁재산의 제한과 신탁의 종류

1) 자본시장법상 신탁업자가 신탁계약에 따라 인수할 수 있는 재산은 ① 금전, ② 증권, ③ 금전채권, ④ 동산, ⑤ 부동산, ⑥ 지상권·전세권·부동산임차권·부동산소유권 이전등기청구권·기타 부동산 관련 권리, ⑦ 무체재산권(지식재산권 포함)으로 제한되어 있다(자본 103조 1항).

2) 신탁의 종류는 신탁인수시의 재산에 따라 금전신탁·재산신탁 및 종합재산신탁으로 구분되는데, 금전신탁은 금전의 운용방법을 위탁자가 지정하였는지 여부에 다라 특정금전신탁과 불특정금전신탁으로 분류할 수 있고, 재산신탁은

---

1) 부수업무로는 보호예수, 채무의 보증, 부동산매매의 중개, 금전 또는 부동산대차의 중개, 공채·사채 또는 주식의 모집, 그 불입금의 수입 또는 그 원리금·배당금지급의 취급, 재산에 관한 유언의 집행, 회계의 검사, 재산의 취득·관리·처분 또는 대차, 재산의 정리 또는 청산, 채권의 추심, 채무의 이행, 보험 등에 관한 대리사무 등이 있다.

증권신탁·금전채권신탁·동산신탁 및 부동산신탁 등으로 분류할 수 있다. 그리고 종합재산신탁은 위와 같은 재산을 함께 수탁하여 통합 관리하는 신탁이다.

3) 자본시장법에서는 수탁자에게 신탁재산의 처분권한이 부여되지 아니한 관리신탁의 수익권은 금융투자상품에서 제외하고 있다(자본 3조 1항 단서). 또한 「담보부사채신탁법」에 따른 담보부사채에 관한 신탁업, 저작권법에 따른 저작권신탁관리업의 경우에는 신탁업으로 보지 아니한다(자본 7조 5항).

다. 금전신탁

1) 금전신탁이란 「신탁인수시 신탁재산으로써 금전을 수탁하고 수탁받은 금전을 수탁자가 운용하여 신탁 해지시 원본과 수익을 금전의 형태로 수익자에게 교부하는 것」을 말하는데, 신탁재산이 금전인 이 신탁의 특성상 이익증식을 목적으로 한다.

2) 금전신탁은 위탁자가 위탁금전의 운용방법을 지정하는지의 여부에 따라 「특정금전신탁」과 「불특정금전신탁」으로 구분된다(자본시행령 103조). 또한 수탁자의 신탁재산 운용방법에 따라 다른 신탁금과 합동으로 운용되는 「합동운용신탁」과 단독으로 운용되는 「단독운용신탁」으로 나누어지는데, 불특정금전신탁은 합동운용방식을 취하고 특정금전신탁은 단독운용방식을 취한다. 또한 원본 또는 이익보전 여부에 따라 「약정배당신탁」과 「실적배당신탁」으로 구분된다.

3) 금전신탁은 위탁자가 금전을 일정기간 예치하고 이자에 해당하는 신탁이익을 지급받게 되므로 예금과 유사하나, 실적배당을 원칙으로 하고 고유재산은 물론 다른 신탁재산과도 분별하여 관리 운용하여야 하는 등 예금과는 근본적인 차이점을 가지고 있다. 금전신탁과 예금의 차이점을 정리하면 아래와 같다.[1]

[금전신탁과 예금의 차이점 비교]

구 분	금전신탁	예 금
관련법	신탁법, 자본시장법	은행법
재산관계	신탁재산(신탁계정)	고유재산(은행계정)
관계인	위탁자, 수익자, 수탁자	예금주, 은행
계약의 성질	신탁행위(계약, 유언)	소비임치계약
수탁(예수)자산	금전 및 금전이외의 재산권	금전으로 제한
운용대상 및 방법	법령 또는 신탁계약이 정한 범위 내	원칙적으로 제한 없음
이익분배	실적배당(원칙)	약정이자
원본 및 이익보전	없음(원칙)	원금 및 약정이자 지급의무
특 약	가능	불가능
예금자 보호	원본보전약정분만 보호	보호대상

---

1) 금융감독원, 「감독업무 매뉴얼」 중 신탁업무편 참조.

라. 재산신탁

재산신탁은 「신탁의 인수시 신탁재산으로 유가증권·금전채권·부동산 등을 수탁하여 신탁계약 내용에 따라 관리·처분·운용한 후 신탁종료시에 금전 또는 신탁재산의 운용현상 그대로 수익자에게 교부하는 신탁」을 말한다.[1]

재산신탁의 종류로는 수탁하는 재산에 따라 유가증권신탁·금전채권신탁·동산의 신탁·부동산신탁·지상권·전세권·토지 임차권의 신탁 등으로 나눌 수 있다.[2]

「유가증권신탁」은 유가증권의 보관, 이자·배당금·상환금의 수령, 증자대금의 불입 등 유가증권의 관리를 목적으로 하는 유가증권관리신탁과, 유가증권을 대여하여 대여료를 수취하거나 유가증권을 담보로 하여 수탁자가 차입하여 운용하는 등 유가증권 운용수익을 목적으로 하는 유가증권운용신탁 및 수탁 유가증권을 처분하기 위한 유가증권처분신탁 등이 있다.

「금전채권신탁」은 수익자를 위하여 금전채권의 추심·관리·처분을 목적으로 금전채권을 신탁하고 신탁종료시 수익자에게 원본과 수익을 금전으로 교부하는 신탁이다.

「부동산신탁」은 인수하는 신탁재산의 형태가 토지 및 그 정착물인 부동산이고, 신탁목적에 따라 관리·처분·담보·토지신탁[3] 등으로 구분한다.[4]

그 밖에 자본시장법상 허용되어 있는 수탁업무로는 동산신탁·지상권의 신탁·전세권의 신탁·토지임차권의 신탁 등이 있으나(자본 103조), 현재 그 취급실적은 거의 없다.[5]

마. 운용의 제한

자본시장법은 신탁재산에 속하는 금전의 운용방법을 증권·장내외 파생상품 등 금융투자상품의 매수, 금융기관에의 예치, 금전채권의 매수, 대출, 어음의 매수, 실물자산의 매수, 무체재산권의 매수, 부동산의 매수 또는 개발, 그 밖에 신탁재산의 안전성·수익성 등을 고려하여 대통령령이 정하는 방법 등으로 제한하고 있다(자본 105조 1항).

---

1) 금융제도, 183면.
2) 금융제도, 183면.
3) 토지신탁은 부동산 신탁회사만 취급 가능하다.
4) 금융제도, 184면.
5) 금융제도, 184면.

9. 집합투자증권에 대한 투자매매업

가. 집합투자증권의 정의

자본시장법에서 집합투자증권이란 「집합투자기구에 대한 출자지분(투자신탁의 경우에는 수익권을 말한다)이 표시된 것」을 말한다(자본 9조 21항). 자본시장법에서는 집합투자증권을 자본시장법 제 4 조에서 규정하는 증권의 한 종류로 보지 않고, 6개 유형으로 분류된 증권에 포함되는 것으로 본다. 이에 따를 때 투자신탁수익증권은 자본시장법 제 4 조 제 2 항 제 3 호의 「수익증권」에 속하고, 나머지각종 회사형 집합투자기구와 조합형 집합투자기구의 주식 등 집합투자증권은「지분증권」에 속한다.[1]

나. 투자매매업의 정의

자본시장법에서 투자매매업이란 「누구의 명의로 하든지 자기의 계산으로금융투자상품의 매도·매수, 증권의 발행·인수 또는 그 청약의 권유, 청약, 청약의 승낙을 영업으로 하는 것」을 말한다. 투자매매업은 자본시장법에서 정한 6종의 금융투자업의 하나이다(자본 6조 2항). 투자신탁의 수익증권 등을 제외하고는자기가 증권을 발행하는 경우에는 원칙적으로 투자매매업으로 보지 아니한다(자본 7조 1항).

투자매매업이란 이른바 '딜링'을 의미하는 것으로 증권회사의 업무 중 자기계정을 이용하는 영업, 즉 장외파생상품 또는 파생결합증권을 발행하는 것이 대표적인 예이다. 그 밖의 기업공개, 회사채 발행과 같은 인수업무도 투자매매업에 해당한다. 그러나 투자매매업자 중 유가증권의 인수업을 하려는 자는 이에 대하여 별도의 인가를 받아야 한다.

(1) 금융투자상품의 매매

투자매매업은 자기의 계산으로 매매를 한다는 의미에서 투자중개업과 구별된다. 자기의 계산으로 매매를 하여도 국가 또는 지방자치단체가 공익을 위하여관련 법령에 따라 금융투자상품을 매매하는 경우, 한국은행이 「한국은행법」 제68조에 따라 공개시장 조작을 하는 경우, 일정한 조건에 해당하는 자 사이의 환매조건부매도 또는 환매조건부매수(환매조건부매매)를 하는 경우 등에는 투자매매업으로 보지 아니 한다(자본 7조 6항 3호, 자본시행령 7조 4항).

---

1) 「주석 금융법 Ⅲ(자본시장법 1)」(김택주 집필부분), 111면.

(2) 증권의 발행

앞에서 본 바와 같이 금융투자업자가 스스로 증권을 발행하는 경우에는 원칙적으로 투자매매업으로 보지 아니 한다. 그러나 투자신탁의 수익증권, 대통령령으로 정하는 파생결합증권, 투자성 있는 예금계약, 그 밖에 이에 준하는 것으로서 대통령령으로 정하는 계약에 따른 증권, 투자성 있는 보험계약에 따른 증권 등을 발행하는 경우에는 투자매매업으로 본다(자본 7조 1항, 자본시행령 7조 1항·2항 참조).

(3) 증권의 인수

증권의 인수란 「제 3 자에게 증권을 취득시킬 목적으로 다음 중 어느 하나에 해당하는 행위를 하거나, 그 행위를 전제로 발행인 또는 매출인을 위하여 증권의 모집·사모·매출을 하는 것」을 말한다(자본 9조 11항).

① 그 증권의 전부 또는 일부를 취득하거나 취득하는 것을 내용으로 하는 계약을 체결하는 것

② 그 증권의 전부 또는 일부에 대하여 이를 취득하는 자가 없는 때에 그 나머지를 취득하는 것을 내용으로 하는 계약을 체결하는 것

인수의 경우에 간접공모에 따른 비용에도 불구하고 금융투자업자인 인수인을 통한 간접공모가 일반적으로 이용된다. 이는 인수기관의 공신력에 의하여 공모가 성공할 가능성이 높게 되고, 인수기관이 공모차질로 인한 위험을 부담하는 보험자의 역할을 하기 때문이다.[1]

다. 겸영은행의 금지행위

은행이 투자매매업 또는 투자중개업 인가를 받아 집합투자증권의 판매를 영위하는 경우에는 다음 각 호의 어느 하나에 해당하는 행위를 하여서는 아니 된다(자본 250조 6항).

① 자기가 판매하는 집합투자증권의 집합투자재산에 관한 정보를 자기가 운용하는 투자신탁재산의 운용 또는 자기가 운용하는 투자신탁의 수익증권의 판매를 위하여 이용하는 행위

② 집합투자증권의 판매업무와 「은행법」에 따른 업무를 연계하여 정당한 사유 없이 고객을 차별하는 행위

---

1) 「주석 금융법 Ⅲ(자본시장법 1)」(김택주 집필부분), 66면.

10. 집합투자증권에 대한 투자중개업

가. 투자중개업의 정의

투자중개업이란 「누구의 명의로 하든지 타인의 계산으로 금융투자상품의 매도·매수, 그 중개나 청약의 권유, 청약, 청약의 승낙 또는 증권의 발행·인수에 대한 청약의 권유, 청약, 청약의 승낙을 영업으로 하는 것」을 말한다(자본 6조 3항). 그러나 투자권유대행인이 투자권유를 대행하는 경우에는 투자중개업으로 보지 아니한다(자본 7조 2항).

이는 이른바 "브로커"를 의미한다. 예를 들어 증권회사가 자기계정에 미리 매입해 놓은 증권을 고객에게 중개하거나 판매하는 경우에는 투자매매업에 해당되지만, 증권거래소에 주문을 내어 고객에게 증권을 매입해 주거나 매도해 주는 경우에는 투자중개업에 해당된다. 즉 금융투자회사 대 고객 간의 거래는 「투자매매업」이고, 고객 대 고객의 거래는 「투자중개업」에 해당되는 것이다.

나. 전담중개업무

자본시장법은 전담중개업무에 관한 규정을 두고 있다. 동법에서 「전담중개업무」란 전문사모집합투자기구 등에 대하여 다음 중 어느 하나에 해당하는 업무를 효율적인 신용공여와 담보관리 등을 위하여 대통령령으로 정하는 방법에 따라 연계하여 제공하는 업무를 말한다(자본 6조 9항).

① 증권의 대여 또는 그 중개·주선이나 대리업무

② 금전의 융자, 그 밖의 신용공여

③ 전문사모집합투자기구 등의 재산의 보관 및 관리

④ 그 밖에 전문사모집합투자기구 등의 효율적인 업무 수행을 지원하기 위하여 필요한 업무로서 대통령령으로 정하는 업무

이는 전문사모집합투자기구 등의 효율적인 업무 수행을 지원하기 위하여 필요한 업무로서, 새로 도입되는 종합금융투자사업자에 대하여 업무 다양화를 유도하기 위한 제도적 기반을 구축한다는 의미를 갖는다고 한다.[1]

다. 겸영은행의 금지행위

은행이 이 업무를 겸영할 경우 집합투자증권에 대한 투자매매업자의 금지행위가 그대로 해당한다(자본 250조 6항).

---

1) 「주석 금융법 III(자본시장법 1)」(김택주 집필부분), 67면.

11. 일반사무관리회사의 업무

가. 일반사무관리회사의 기능

1) 회사형 집합투자기구에서는 대표적으로 증권 등을 자산으로 운용하고 그 수익을 주주에게 배분하는 투자회사 방식이 있다. 투자회사는 상법상의 주식회사이나 본점 이외에 영업점을 설치하거나 직원의 고용 또는 상근 임원을 둘 수 없는 서류상의 회사이다. 투자회사는 자산의 운용, 보관, 모집·판매, 기타 일반사무를 각각 별도의 자산운용회사, 자산보관회사, 판매회사, 일반사무관리회사 등에 위탁할 수밖에 없다.

2) 그 중에서 「일반사무관리회사」란 투자회사의 위탁을 받아 ① 투자회사 주식의 발행 및 명의개서, ② 투자회사 재산의 계산, ③ 법령 또는 정관에 의한 통지 및 공고, ④ 이사회 및 주주총회의 소집·개최·의사록 작성 등에 관한 업무, ⑤ 금융위원회로부터 위탁받은 가격기준의 산정업무, 그 밖에 투자회사의 사무를 처리하기 위하여 필요한 업무로서 투자회사 주식의 기준가격 산정업무·투자회사의 운영에 관한 업무를 영위하기 위하여 금융위원회에 등록한 자를 말한다(자본 184조 6항, 254조 8항). 주로 자산운용회사가 이러한 업무를 맡고 있다.

3) 위와 같이 투자회사는 일반사무관리업무를 반드시 일반사무관리회사에 위탁하여야 하나, 금융위원회는 투자회사를 제외한 투자신탁이나 투자익명조합의 집합투자업자 또는 투자회사 등이 법령에 정하는 방법을 위반하여 거짓으로 기준가격을 산정한 경우에는 그들에 대하여 기준가격 산정업무를 일반사무관리회사에 그 범위를 정하여 위탁하도록 명할 수 있다. 이 경우 해당 집합투자업자 및 그 집합투자업자의 계열회사, 투자회사·투자유한회사·투자합자회사·투자유한책임회사의 계열회사는 그 수탁대상에서 제외된다(자본 238조 8항).

나. 일반사무관리회사의 등록

투자회사의 위탁을 받아 같은 일반사무관리회사의 업무를 영위하려는 자는 금융위원회에 등록하여야 한다(자본 254조 1항). 법령이 정하는 등록요건을 구비하여 등록을 한 일반사무관리회사는 등록 이후에도 그 영업을 영위함에 있어서 그 등록요건을 계속 유지하여야 한다(자본 254조 8항). 기타 법령에 따른 등록신청서의 기재사항·첨부서류 등 등록의 신청에 관한 사항과 등록검토의 방법·절차, 그 밖에 필요한 사항은 대통령령으로 정한다(자본 254조 9항).

다. 준용규정

자본시장법 제42조의 업무위탁, 제54조의 직무관련정보의 이용금지, 제60조의 자료의 기록유지 및 제64조의 손해배상책임 등에 관한 사항은 일반사무관리회사에 준용한다. 따라서 일반사무관리회사는 위탁계약을 통하여 업무의 일부를 제삼자에게 위탁할 수 있고, 직무상 알게 된 미공개정보를 정당한 사유 없이 자기 또는 제삼자의 이익을 위하여 이용할 수 없고, 일반사무관리업무의 영위와 관련한 자료를 일정기간(자료종류별로 3년 내지 10년)동안 기록·유지하여야 하며, 법령·정관 등에 위반한 행위를 하거나 그 업무를 소홀히 하여 투자자에게 손해를 입힌 경우에는 그 손해를 배상할 책임이 있다.

라. 겸영은행의 금지행위

은행이 일반사무관리회사의 업무를 겸영하는 경우에는 해당 집합투자기구의 집합투자재산에 관한 정보를 자기가 운용하는 투자신탁재산의 운용 또는 자기가 판매하는 집합투자증권의 판매를 위하여 이용하여서는 아니 된다(자본 250조 5항).

마. 감독·검사

금융위원회는 투자자를 보호하고 건전한 거래질서를 유지하기 위하여 일반사무관리회사에 대하여 다음의 사항에 관하여 필요한 조치를 명할 수 있다(자본 256조 1항).

① 고유재산의 운용에 관한 사항
② 영업의 질서 유지에 관한 사항
③ 영업방법에 관한 사항
④ 그 밖에 투자자 보호 또는 건전한 거래질서를 위하여 필요한 사항으로서 대통령령으로 정하는 사항

바. 일반사무관리회사 등에 대한 처분
(1) 회사에 대한 처분

1) 금융위원회는 일반사무관리회사가 자본시장법 [별표 3] 각 호의 어느 하나에 해당하는 경우에는 일반사무관리회사의 등록을 취소할 수 있다(자본 257조 1항).

2) 금융위원회는 일반사무관리회사가 자본시장법 [별표 3] 각 호의 어느 하나에 해당하는 경우에는 6개월 이내의 업무의 전부 또는 일부의 정지, 계약의

인계명령, 위법행위의 시정명령 또는 중지명령, 위법행위로 인한 조치를 받았다는 사실의 공표명령 또는 게시명령, 기관경고, 기관주의 및 기타 대통령령으로 정하는 조치 중 어느 하나에 해당하는 조치를 할 수 있다(자본 257조 2항).

(2) 임·직원에 대한 처분

1) 금융위원회는 일반사무 관리회사의 임원이 자본시장법 [별표 3] 각 호의 어느 하나에 해당하는 경우에는 해임요구, 6개월 이내의 직무정지, 문책경고, 주의적 경고, 주의, 기타 대통령령으로 정하는 조치 중 어느 하나에 해당하는 조치를 할 수 있다(자본 257조 3항).

2) 금융위원회는 일반사무관리회사의 직원이 자본시장법 [별표 3] 각 호의 어느 하나에 해당하는 경우에는 면직, 6개월 이내의 정직, 감봉, 견책, 경고, 주의, 기타 대통령령으로 정하는 조치 중 어느 하나에 해당하는 조치를 그 일반사무관리회사에 요구할 수 있다(자본 257조 4항).

3) 일반사무관리회사 및 그 임직원에 대한 조치 등에 관하여는 자본시장법 제422조 3항(임직원의 관리·감독책임), 동 423조(청문의 실시), 424조(처분 등의 기록 및 공시) 및 425조(조체에 대한 이의신청) 등의 규정을 준용한다(자본 257조 4항).

[자본시장법 [별표 3] 일반사무관리회사 및 그 임직원에 대한 처분 사유]
1. 거짓, 그 밖의 부정한 방법으로 제254조 제 1 항에 따른 등록을 한 경우
2. 제184조 제 6 항에 따라 위탁받은 업무를 수행하지 아니하거나 법령을 위반하여 업무를 수행한 경우
3. 제254조 제 8 항에 따른 등록요건 유지의무를 위반한 경우
4. 업무의 위탁과 관련하여 제255조에서 준용하는 제42조 제 1 항부터 제 8 항까지 또는 제10항을 위반한 경우
5. 제255조에서 준용하는 제54조를 위반하여 자기 또는 제 3 자의 이익을 위하여 정보를 이용한 경우
6. 제255조에서 준용하는 제60조를 위반하여 자료를 기록·유지하지 아니하거나 거짓으로 기록·유지한 경우
7. 제256조 제 1 항에 따른 명령을 위반한 경우
8. 제256조 제 2 항에서 준용하는 제419조 제 1 항에 따른 검사를 거부·방해 또는 기피한 경우
9. 제256조 제 2 항에서 준용하는 제419조 제 5 항에 따른 보고 등의 요구에 불응한 경우
10. 제257조 제 2 항 제 1 호에 따른 업무의 정지기간 중에 업무를 한 경우
11. 제257조 제 2 항 제 3 호에 따른 금융위원회의 시정명령 또는 중지명령을 이행하지 아니한 경우

12. 제257조 제 2 항 제 2 호·제 4 호·제 7 호, 같은 조 제 3 항 제 1 호 또는 같은 조 제 4 항에 따른 조치를 위반한 경우

13. 제257조 제 5 항에서 준용하는 제424조 제 4 항을 위반하여 그 내용을 기록·유지 또는 관리하지 아니한 경우

14. 제426조 제 1 항에 따른 보고 또는 자료의 제출명령을 위반하거나 조사를 거부·방해 또는 기피한 경우

15. 제426조 제 2 항에 따른 요구에 불응한 경우

16. 제426조 제 3 항에 따른 조치에 불응한 경우

17. 제427조 제 1 항에 따른 심문이나 압수·수색에 불응한 경우

18. 제435조 제 5 항을 위반하여 신고자 등에게 불리한 대우를 한 경우

19. 그 밖에 투자자 보호 또는 건전한 거래질서를 해할 우려가 있는 경우로서 대통령령으로 정하는 경우

12. 명의개서 대행회사의 업무

가. 명의개서의 의의 및 필요성

주식의 양도는 주권의 교부에 의하여 그 효력이 발생하지만(상법 336조 1항), 회사에 대항하기 위하여는 명의개서를 하여야 한다. 즉 주식양수인(주권취득자)의 성명과 주소를 주주명부에 기재하여야 하는데(상법 337조), 이것을 「명의개서」라고 한다. 이러한 명의개서제도는 빈번하고 대량적으로 이루어지는 주식유통과정에서 회사가 명의개서된 주주만을 획일적으로 주주로 인정함으로써, 주주간의 분쟁에서 회사를 보호하기 위한 기술적 제도이다.[1] 기명주식의 경우에는 양도에 의하여 주식을 취득한 경우뿐만 아니라, 상속·합병 기타에 의하여 주식을 취득한 경우에도 주주명부에 명의개서를 하지 않으면 회사에 대하여 주주로서 권리를 행사하지 못한다. 이 명의개서에 의하여 주권소지인과 회사는 사단법적으로 연결된다.[2]

나. 명의개서의 효력

명의개서가 있으면 주식양수인은 회사에 대하여 주주임을 대항할 수 있고(대항력)(상법 337조 1항), 주주명부에 기재된 주주는 권리창설적 효력은 없으나 적법한 주주로 추정되며(추정적 효력 또는 자격수여적 효력), 회사가 주주명부에 기재된 주주를 적법한 주주로 인정하여 그에게 통지·최고 등을 하면 면책된다(면책

---

1) 상법강의(상), 767면.
2) 상법강의(상), 767면.

력)(상법 358조 1항).[1]

다. 명의개서대리인

1) 명의개서대리인(transfer agent)이란「회사를 위하여 명의개서사무를 대행하는 자」이다.[2] 주식의 명의개서는 원래 회사가 함이 원칙이나, 주식이 거래소 등을 통하여 대량적·집단적으로 거래됨으로 인하여 발생하는 회사의 명의개서사무의 번잡을 덜고 또한 주식양수인의 편의를 위하여 상법은 명의개서대리인을 둘 수 있음을 규정하고 있다(상법 337조 2항).[3]

2) 명의개서대리인은 명의개서를 대행하는 자이므로 민법상 회사의 대리인은 아니고, 이행보조자 또는 수임인의 지위를 가질 뿐이다.[4] 따라서 자본시장법에서는 명의개서대행회사라고 표현하고 있다(자본 365~369조).

3) 회사가 명의개서대리인을 두는 것은 임의적이나, 상장회사의 경우에는 한국거래소가 제정한 상장규정에 의하여 명의개서 대행계약을 상장요건으로 하고 있으므로 명의개서대리인을 두는 것이 강제적이다(유가증권시장상장규정 17조 1항).

라. 자본시장법상 명의개서 대행회사

(1) 명의개서대행회사의 등록

증권의 명의개서를 대행하는 업무를 영위하려는 자는 ① 예탁결제원 또는 전국적인 점포망을 갖춘 은행일 것, ② 전산설비 등 대통령령으로 정하는 물적설비를 갖출 것, ③ 대통령령으로 정하는 이해상충방지체계를 구축하고 있을 것 등의 요건을 모두 갖추어 금융위원회에 등록하여야 한다(자본 365조 1항·2항). 명의개서대행회사는 등록 이후 그 영업을 영위함에 있어서 위의 각 등록요건을 계속 유지하여야 한다(자본 365조 8항).

(2) 명의개서대행회사의 부수업무

명의개서대리인은 증권의 배당·이자 및 상환금의 지급을 대행하는 업무와 증권의 발행을 대행하는 업무를 부수적으로 영위할 수 있다(자본시장 366조). 위의 부수업무 중 증권의 발행을 대행하는 업무란 ① 증권용지의 신청·수령 및 가쇄(假刷), ② 예비증권의 보관, ③ 증권의 발행과 관련된 제통지 및 최고, ④ 증권의 발행 및 교부, ⑤ 회수된 증권의 폐기, ⑥ 그 밖에 이에 부수하는 업무 등이다(예

---

1) 상법강의(상), 769면.
2) 상법강의(상), 771면.
3) 상법강의(상), 771~772면.
4) 상법강의(상), 772면.

탁결제원의 「증권의 명의개서대행업무규정」 제 5 조 2항).

증권의 배당·이자 및 상환금의 지급을 대행하는 업무란, 주식배당금 및 사채원리금 지급대행업무로서 ① 주식배당금 및 사채원리금의 계산, ② 주식배당금 및 사채원리금의 지급대장 작성, ③ 통지서 및 영수증의 작성 및 발송, ④ 주식배당금 및 사채원리금의 지급, ⑤ 그 밖에 위의 업무에 부수하는 업무 등을 말한다(위 규정 5조 3항).

(3) 준용규정

명의개서대행회사에 대하여는 자본시장법 제54조(직무관련정보의 이용금지), 동법 제63조(임직원의 금융투자상품 매매), 동법 제64조(손해배상책임) 등 금융투자업자에 적용하는 영업행위규칙을 준용하고, 금유투자업자에 대한 자본시장법 제416조(금융위원회의 조치명령권)의 규정을 준용한다. 또한 자본시장법 제419조(금융투자업자에 대한 검사)의 일부규정은 명의개서대행회사에 대한 검사에 관하여 준용한다(자본 368조).

(4) 명의개서대행회사 등에 대한 조치

1) 금융위원회는 명의개서대행회사가 다음 중 어느 하나에 해당하는 경우에는 등록을 취소할 수 있다(자본 369조 1항).

① 거짓, 그 밖의 부정한 방법으로 등록을 한 경우
② 등록요건 유지의무를 위반한 경우
③ 업무의 정지기간 중에 업무를 한 경우
④ 금융위원회의 시정명령 또는 중지명령을 이행하지 아니한 경우
⑤ 자본시장법 [별표 13] 각 호의 어느 하나에 해당하는 경우로서 대통령령으로 정하는 경우
⑥ 대통령령으로 정하는 금융관련 법령 등을 위반한 경우로서 대통령령으로 정하는 경우
⑦ 그 밖에 투자자의 이익을 현저히 해할 우려가 있거나 해당 업무를 영위하기 곤란하다고 인정되는 경우로서 대통령령으로 정하는 경우

2) 금융위원회는 명의개서대행회사가 위의 등록취소요건 중 어느 하나에 해당하거나 자본시장법 [별표 13] 각 호의 어느 하나에 해당하는 경우에는 6개월 이내의 업무의 전부 또는 일부의 정지, 명의개서대행계약 등의 인계명령, 위법행위의 시정명령 또는 중지명령, 위법행위로 인한 조치를 받았다는 사실의 공표명령 또는 게시명령, 기관경고, 기관주의, 기타 대통령령으로 정하는 조치 중 어

느 하나에 해당하는 조치를 할 수 있다(자본 369조 2항).

3) 금융위원회는 명의개서대행회사의 임원이 위의 등록취소규정 중 어느 하나에 해당하거나 자본시장법 [별표 13] 각 호의 어느 하나에 해당하는 경우에는 해임요구, 6개월 이내의 직무정지, 문책경고, 주의적 경고, 주의, 기타 대통령령으로 정하는 조치 중 어느 하나에 해당하는 조치를 할 수 있다(자본 369조 3항).

4) 금융위원회는 명의개서대행회사의 직원이 위 등록취소요건 중 어느 하나에 해당하거나 자본시장법 [별표 13] 각 호의 어느 하나에 해당하는 경우에는 면직, 6개월 이내의 정직, 감봉, 견책, 경고, 주의, 기타 대통령령으로 정하는 조치 중 어느 하나에 해당하는 조치를 그 명의개서대행회사에 요구할 수 있다(자본 369조 4항).

5) 명의개서대행회사 및 그 임직원에 대한 조치 등에 관하여는 자본시장법 제422조 제 3 항(임직원의 관리·감독책임), 동 제423조(청문의 실시), 제424조(처분 등의 기록 및 공시) 및 제425조(조치에 대한 이의신청) 등의 규정을 준용한다(자본 369조 5항).

[자본시장법 [별표 13] 명의개서대행회사 및 그 임직원에 대한 처분 사유]
1. 제316조 제 1 항에 따른 실질주주명부를 작성·비치하지 아니하거나 거짓으로 작성한 경우
2. 제322조 제 1 항에 따른 증권등 취급규정에 따르지 아니한 경우
3. 제322조 제 3 항에 따른 자료제출요구에 불응한 경우
4. 제322조 제 3 항에 따른 확인을 거부·방해 또는 기피한 경우
5. 제367조에서 준용하는 제54조를 위반하여 자기 또는 제 3 자의 이익을 위하여 정보를 이용한 경우
6. 임직원의 금융투자상품 매매와 관련하여 제367조에서 준용하는 제63조를 위반한 경우
7. 제367조에서 준용하는 제416조에 따른 명령을 위반한 경우
8. 제368조에서 준용하는 제419조 제 1 항에 따른 검사를 거부·방해 또는 기피한 경우
9. 제368조에서 준용하는 제419조 제 5 항에 따른 보고 등의 요구에 불응한 경우
10. 제369조 제 2 항 제 2 호·제 4 호·제 7 호, 같은 조 제 3 항 제 1 호 또는 같은 조 제 4 항에 따른 조치를 위반한 경우
11. 제369조 제 5 항에서 준용하는 제424조 제 4 항을 위반하여 그 내용을 기록·유지 또는 관리하지 아니한 경우
12. 제426조 제 1 항에 따른 보고 또는 자료의 제출명령을 위반하거나 조사를 거부·방해 또는 기피한 경우
13. 제426조 제 2 항에 따른 요구에 불응한 경우

14. 제426조 제 3 항에 따른 조치에 불응한 경우

15. 제426조 제 4 항에 따른 자료제출요구에 불응한 경우

16. 제427조 제 1 항에 따른 심문이나 압수·수색에 불응한 경우

17. 제435조 제 5 항을 위반하여 신고자등에게 불리한 대우를 한 경우

18. 그 밖에 투자자 보호 또는 건전한 거래질서를 해할 우려가 있는 경우로서 대통령령으로 정하는 경우

13. 환매조건부매도 및 환매조건부매수의 업무

환매조건부매매업무는 재정적자 보전을 위해 대량 발행된 국채를 대부분 은행이 인수하게 됨에 따라 은행의 자금부담을 완화하고 은행업무의 다양화를 도모하기 위하여 1982년 9월부터 허용되었다. 1997년 7월에는 환매조건부매도 대상채권에 종전 발행시장의 인수분 외에 유통시장에서의 매입분이 추가되었으며, 2002년 1월에는 은행에 대한 환매조건부채권 매매의 최단만기(15일)제한이 폐지되었다.[1]

가. 개념과 법적 성격

1) 환매조건부매매(Repurchase Agreement: RP, Repo)란「현금으로 유가증권을 매도하는 계약과 장래의 일정한 날, 일정한 가격으로 동종·동량의 유가증권을 매수하기로 하는 계약이 동시에 이루어지는 유가증권의 매도·매수계약」이다.[2] 환매조건부매도란 증권을 일정기간 후에 환매수할 것을 조건으로 매도하는 경우를 말하고, 환매조건부매수란 증권을 일정기간 후에 환매도할 것을 조건으로 매수하는 경우를 말한다. 환매조건부매도와 환매조건부매수를 환매조건부매매라 한다(자본시행령 7조 3항 3호 참조).

2) RP거래는 증권매매형태로 이루어지나 실제로는 단기자금의 조달과 운용 수단으로 이용되고 있어 대차거래의 성격을 지니고 있다.[3] 따라서 RP거래의 법적 성격에 대하여 이를 증권의 매매로 보는 견해와, 담보부 소비대차로 보는 견해로 나뉜다. 증권매매설은 경제적 실질보다 법률적 형식을 중시한 반면 담보부 소비대차설은 법률적 형식보다는 경제적 실질을 중시한 견해라고 할 수 있다.[4]

---

1) 금융시장, 62면.

2) 송종준, "Repo거래의 법률관계와 도산법상의 당사자지위,"「상사법연구」제21권 제 2 호, 2002, 483면.

3) 금융시장, 59면.

4) 송종준, 전게논문.

나. 환매조건부 매매제도의 특징과 목적

환매조건부매매는 일반적인 유가증권 매매와는 달리 유가증권과 자금의 이전이 영구적인 것이 아니라 일시적이라는 데 근본적인 특징이 있다. 통상 RP 매도자는 보유 유가증권을 활용한 자금의 조달이 가능하고, RP 매수자는 단기 여유자금의 운용 또는 공매도 후 결제증권의 확보 등이 가능하다.[1]

RP는 중도환매시 불이익을 생길 수 있고 예금자 보호대상은 아니지만, 대부분 국채 또는 예금보험공사에서 보증하는 채권으로 어느 정도의 안정성이 보장된다. 보유채권을 담보로 거래하는 RP거래는 자금수요자가 자금을 조달하는데 이용하는 금융거래방식의 하나로, 소액투자자의 채권시장 참여를 활성화를 위하여, 금융기관 간에는 일시적인 자금부족을 해소하고 유가증권의 유동성과 활용성을 높이기 위하여 시행하는 제도이다.

다. 환매조건부매매의 대상

1) RP의 대상으로는 채권뿐만 아니라 주식 등도 가능하나, 시세변동이 크지 않아 가격이 안정적인 채권(환매조건부채권)을 주로 활용하고 있다. 따라서 RP거래는 채권시장의 수급에 영향을 줄 뿐 아니라, RP시장과 채권시장 간의 차익거래 기회를 제공하여 채권가격이 보다 합리적으로 형성되도록 한다. 이와 같이 RP시장은 단기금융시장과 자본시장을 연결시켜 통화정책의 금리파급경로가 원활히 작동하도록 함으로써 통화정책의 효율성 제고에도 기여한다.[2]

2) 환매조건부채권이란 대표적인 단기금융상품의 일종으로, 주로 금융기관이 보유한 우량회사가 발행한 채권 또는 국공채 등 상대적으로 안정성이 보장되는 장기채권을 1~3개월 정도의 단기채권 상품으로 만들어, 투자자에게 일정 이자를 붙여 만기에 되사는 것을 조건으로 파는 채권을 말한다. '환매채'라고도 한다.[3]

라. RP시장의 구성

RP시장은 매도기관, 매수기관 및 중개기관으로 구성된다. 매도기관은 RP거래를 이용하여 보유증권을 팔지 않고서도 일시적으로 필요한 자금을 조달할 수 있고, 보유증권을 담보로 제공하기 때문에 다른 수단에 비해 비교적 낮은 금리로 자금을 조달할 수 있다. 또한 수익성은 높으나 유동성이 낮아 팔기 어려운 증권도 RP거래를 통해 유동화할 수 있는 장점이 있다. 한편 매수기관은 국채 등을

---

1) 「금융용어사전」, 금융감독원, 2015.
2) 금융시장, 59면.
3) 「시사경제용어사전」, 기획재정부, 2010.

담보로 자금을 안전하게 운용할 수 있고 중개기관은 매도기관과 매수기관을 연결해 주고 수수료 수입을 얻을 수 있다.[1]

마. 환매조건부매매의 종류

1) RP는 거래주체를 기준으로 금융기관과 일반고객간에 이루어지는 대고객 RP, 금융기관간에 이루어지는 기관간 RP, 그리고 한국은행의 공개시장조작 수단으로서 활용되는 한국은행 RP로 구분할 수 있다. 기관간 RP에 있어서는 증권예탁결제원을 통한 증권 및 자금 동시결제(Delivery versus Payment: DVD) 의무화를 제외하면 완전 자율화된 반면, 일반투자자와 이루어지는 대고객 RP거래는 거래대상 증권·매도증권의 보관 등에 관하여 자본시장법 시행령 및 금융위원회의 금융투자업규정에서 규율하고 있다. 2007년 6월 투자자의 권리보호강화 및 RP거래의 활성화를 도모하기 위하여, 거래증권 특정화 및 거래내역 통지의무화, 적정 담보 설정·관리 및 거래대상 증권 확대 등을 내용으로 하는 제도개선이 이루어진 바 있다.[2]

2) 거래기간에 따라서는 만기가 1일인 overnight RP, 만기가 21일 이상으로 미리 정해진 term RP, 만기일을 미리 정해주지 않고 어느 한쪽의 통지가 있을 때까지는 매일 자동적으로 만기가 연장되는 open RP 등으로 나눌 수 있다.

3) 담보대상증권을 누가 보관하느냐에 따라 RP매도자가 매수자에게 증권을 넘겨주는 인도형 RP(delivery RP), 매도자가 대상증권을 보관하는 점유개정형 RP(hold-in-custody RP), 제3의 환매서비스기관을 통해 증권을 보관·관리하는 3자간 RP(tri-party RP)로 구분할 수 있다. 우리나라에서는 대고객거래의 경우 점유개정형 RP가, 기관간 거래 및 한국은행과 금융기관간 거래의 경우 3자간 RP가 주로 이용된다. RP거래에 따른 채권의 평가, 일일정산, 조세처리 등의 환매서비스 업무는 한국예탁결제원(장외)및 한국거래소(장내) 등이 취급하고 있다.[3]

바. 자본시장법의 규정

자본시장법은 장외거래, 즉 거래소시장 또는 다자간매매체결회사 외에서 금융투자상품을 매매, 그 밖의 거래를 하는 경우 그 매매, 그 밖의 거래방법 및 결제의 방법 등 필요한 사항은 대통령령으로 정한다고 규정하고 있다(자본 166조). 이에 따라 동법 시행령에서는 투자매매업자가 일반투자자와 환매조건부매매를 하는 경우에는 다음 각 사항의 기준을 준수하도록 규정하고 있다(자본시행령 제

---

1) 금융시장, 59면.
2) 「금융용어사전」, 금융감독원, 2015.
3) 금융시장, 60면.

181조 1항).

① 국채증권, 지방채증권, 특수채증권, 그 밖에 금융위원회가 정하여 고시하는 증권을 대상으로 할 것

② 금융위원회가 정하여 고시하는 매매가격으로 매매할 것

③ 환매수 또는 환매도하는 날을 정할 것. 이 경우 환매조건부매수를 한 증권을 환매조건부매도하려는 경우에는 해당 환매조건부매도의 환매수를 하는 날은 환매조건부매수의 환매도를 하는 날 이전으로 하여야 한다.

④ 환매조건부매도를 한 증권의 보관·교체 등에 관하여 금융위원회가 정하여 고시하는 기준을 따를 것

Ⅲ. 「보험업법」 제91조에 따른 보험대리점의 업무

1. 방카슈랑스(bancassurance)

은행이 겸영업무의 하나로서 보험대리점업무를 영위하는 것을 이른바 방카슈랑스라고 한다. 방카슈랑스는 은행(banque)과 보험(assurance)의 합성어로서, 일반적으로 좁은 의미로는 은행 판매망을 이용하여 은행 고객들에게 보험상품 및 관련 서비스를 판매하는 것을 의미하고, 넓은 의미로는 은행과 보험사의 업무제휴 전반을 지칭한다. 우리나라의 경우는 방카슈랑스를 은행 등의 금융기관이 보험회사의 대리점 또는 중개사 자격으로 보험상품을 판매하는 제도로 한정함에 따라 좁은 의미의 방카슈랑스로 볼 수 있다.[1]

방카슈랑스가 최초로 출현한 것은 1986년 프랑스 아그리콜 은행이 프레디카 생명보험회사를 자회사로 설립, 은행창구에서 보험상품을 판매하면서부터이다.[2] 이후 영국, 독일, 네덜란드 등 금융업종간 경계가 느슨한 유럽지역에서 유행하다가 전 세계의 금융시장으로 확산되었다. 우리나라에서는 2003년 8월부터 도입되었다.[3]

---

[1] 방카슈랑스에 대한 실무적인 문헌으로는 정재욱, 「국내 방카슈랑스 정책방향 및 은행권 주요 과제」, 한국금융연구원, 2003; 이석호, "방카슈랑스제도 시행에 따른 생명보험사의 비용절감(가격인하) 효과: DEA 비용효율성 분석을 중심으로," 「KIF 연구보고서」(2013년 7호), 한국금융연구원, 2013; 안철경·정세창, "방카슈랑스의 평가와 과제," 「2012년도 한국금융소비자학회 학술발표 논문집」, 한국금융소비자학회, 2012; 나동민, "방카슈랑스 확대에 따른 은행의 안전성 및 효율성 변화 분석," 「한국개발연구」(29권 1호), 한국개발연구원, 2006 등 참조.

[2] 현재 이와 같은 방식의 보험상품판매가 프랑스 전체 생명보험시장의 50% 이상을 점유하고 있다고 한다(금융기관론, 42면 각주 인용).

[3] 「금융실무대사전 Ⅱ」(금융실무법률), 한국금융연수원, 2006, 378면.

2. 보험대리상의 법적 지위

1) 보험대리상(insurant agent)이란 「일정한 보험자를 위하여 상시 그 영업부류에 속하는 보험계약의 체결 등을 대리함을 영업으로 하는 자」이다(상법 87조, 646조의2 1항).[1] 보험대리상에 관하여는 2014년 3월 개정상법에 의하여 최초로 상법 제 4 편(보험)에서 규정된 것인데, 이는 상법 제 2 편(상행위)에서의 대리상(상법 87조) 중 체약대리상에 대한 특칙이라고 볼 수 있고, 또한 보험업법상 보험대리점(보험업법 2조 10호)도 이에 해당한다고 볼 수 있다.[2] 보험대리상은 주로 다수인에게 보험계약을 권유하고 모집할 기회를 가진 자의 신용이나 경험을 이용하기 위하여 두게 된다. 손해보험에서는 신속하게 계약을 체결할 필요가 있으므로 보험대리상(체약대리상)이 많지만, 인보험에서는 그것이 장기의 계약이고 또 신체검사 기타 계약이 성립할 때까지 시일이 걸리는 점 등에서 계약체결권을 보험자에게 집중시킬 필요가 있기 때문에 보험중개대리상인 경우가 많다.[3]

2) 보험대리상은 일정한 보험자의 위탁을 받아(보험대리점 위임계약) 그 자를 위해서만 상시 계속적으로 보조하는 자인 점에서, 불특정다수의 보험자를 위하여 보조하는 보험중개인과 다르다.[4]

3) 보험대리상(체약대리상)의 권한에 관하여 2014년 3월 개정상법은 당사자 간의 분쟁을 방지하고 보험대리상의 권한을 명확히 하기 위하여 명문규정을 두고 있다. 즉, 보험대리상은 보험료수령권한, 보험증권의 교부 권한, 보험계약자로부터 청약·고지·통지·해지·취소 등의 의사표시를 수령할 권한, 보험계약의 체결·변경해지 등의 의사표시를 할 권한을 갖는다(상법 646조의2 1항).

3. 은행의 보험대리점업무 범위

은행은 보험대리점 또는 보험중개사로 등록할 수 있다(보험업법 91조 1항). 은행이 보험대리점업무를 겸영할 경우 이를 「금융기관보험대리점」이라 한다. 금융기관보험대리점이 모집할 수 있는 보험상품의 범위는 금융기관에서의 판매 용이성, 불공정거래 가능성 등을 고려하여 대통령령으로 정한다(보험업법 91조 2항). 이때 「모집」이란 보험계약의 체결을 중개하거나 대리하는 것을 말한다(보험업법

---

1) 상법강의(하), 541면.
2) 상법강의(하), 541면.
3) 상법강의(하), 542~543면.
4) 상법강의(하), 543면.

2조 12호).

[금융기관보험대리점이 모집할 수 있는 보험상품의 범위]

생명보험	손해보험
가. 개인저축성보험 1) 개인연금 2) 일반연금 3) 교육보험 4) 생사혼합보험 5) 그 밖의 개인저축성보험 나. 신용생명보험 다. 개인보장성 보험 중 제3보험	가. 개인연금 나. 장기저축성보험 다. 화재보험(주택) 라. 상해보험(단체상해보험 제외) 마. 종합보험 바. 신용손해보험 사. 개인장기보장성 보험 중 제3보험

1) 위 표에서 "신용생명보험"이란 금융기관으로부터 대출을 받은 피보험자가 사망하였을 때 미상환액을 보상하는 보험을 말한다(보험업감독규정 4-13조 1항).

2) 위 표에서 "종합보험"이란 개인재물의 화재·도난·파손·폭발 등 재물손해, 신체손해 및 손해배상책임손해를 보상하는 가계성종합보험과 기업의 화재·기계·기업휴지·배상책임위험 중 3개 이상의 위험을 결합한 손해를 보상하는 기업성종합보험을 말한다(보험업감독규정 4-13조 2항).

3) 위 표에서 "신용손해보험"이란 금융기관으로부터 대출을 받은 피보험자가 상해로 인하여 사망하였을 때 미상환액을 보상하는 보험을 말한다(보험업감독규정 4-13조 3항).

4. 은행의 보험대리점업무 방법

1) 금융기관보험대리점 등의 모집방법, 모집에 종사하는 모집인의 수, 영업기준 등과 그 밖에 필요한 사항은 대통령령으로 정한다(보험 91조 3항). 은행이 보험을 모집하는 방법은 점포 내의 지정된 장소에서 보험계약자와 직접 대면하여 모집하는 방법과 인터넷 홈페이지를 이용하여 불특정 다수를 대상으로 보험상품을 안내하거나 설명하여 모집하는 방법이 있다(보험시행령 40조 3항).

2) 은행은 그 금융기관보험대리점 등의 본점·지점 등 점포별로 2명의 범위에서 보험설계사로 등록된 소속 임원 또는 직원으로 하여금 모집에 종사하게 할 수 있다(보험시행령 40조 4항).

3) 금융기관보험대리점 등에서 모집에 종사하는 사람은 대출 등 불공정 모집의 우려가 있는 업무를 취급할 수 없다(보험시행령 40조 5항).

4) 은행은 모집할 수 있는 1개 생명보험회사 또는 1개 손해보험회사 상품의 모집액은 매 사업연도별로 해당 금융기관보험대리점 등이 신규로 모집하는 생명보험회사 상품의 모집총액 또는 손해보험회사 상품의 모집총액 각각의 100분의 25를 초과할 수 없다(보험시행령 40조 6항). 이는 은행의 전국적인 점포조직 등 막강한 인적·물적 시설로 무한정 보험대리점업무를 허용할 경우, 영세한 일반 보험대리점 또는 보험중개상과 이에 소속된 보험설계사의 영업범위가 위축되기 때문에 이들을 보호하기 위한 장치이다.

5) 은행이 보험계약의 체결을 대리하거나 중개할 때에는 금융위원회가 정하여 고시하는 바에 따라, 대리하거나 중개하는 보험계약의 주요 보장 내용, 대리하거나 중개하는 보험계약의 환급금 및 그 밖에 불완전 판매를 방지하기 위하여 필요한 경우로서 금융위원회가 정하여 고시하는 사항을 모두 보험계약자에게 설명하여야 한다(보험시행령 40조 9항).

Ⅳ. 「근로자퇴직급여보장법」에 따른 퇴직연금사업자의 업무

1. 퇴직연금의 개념

퇴직연금이란 「과거에는 근로자가 퇴직시 퇴직일시금을 수령하는 대신 연금형태로 받는 것을 의미하였으나, 근로자퇴직급여보장법의 제정으로 퇴직후 일시불로 받는 퇴직금 형태가 아닌 재직기간동안 매달 적립하여 운용하는 기업연금 형태의 연금」을 말한다. 동법에 의하면 사업장마다 사업장의 여건 및 근로자의 선호 등을 반영하여 자율적으로 퇴직급여제도의 종류(퇴직급, 퇴직연금)를 선택할 수 있다.

퇴직연금제도를 도입하면, 근로자의 퇴직급여재원이 사내유보가 아닌 사외예치되고, 이직을 하더라도 개인퇴직계좌를 통해 은퇴할 때까지 퇴직급여를 계속 적립할 수 있는 등의 장점이 있다.1)

2. 근로자 퇴직급여제도

근로자퇴직급여보장법은 근로자 퇴직급여제도의 설정 및 운영에 필요한 사항을 정함으로써 근로자의 안정적인 노후생활 보장에 이바지할 목적으로 제정된 법률이다(동법 1조). 퇴직급여제도에는 확정급여형퇴직연금제도, 확정기여형퇴

---

1) 전게 「금융실무대사전Ⅱ」(금융실무법률), 1091면.

직연금제도 및 개인형퇴직연금 등이 있다. 「확정급여형퇴직연금제도」란 근로자가 받을 급여의 수준이 사전에 결정되어 있는 퇴직연금제도를 말한다. 「확정기여형퇴직연금제도」란 급여의 지급을 위하여 사용자가 부담하여야 할 부담금의 수준이 사전에 결정되어 있는 퇴직연금제도를 말한다. 「개인형퇴직연금제도」란 가입자의 선택에 따라 가입자가 납입한 일시금이나 사용자 또는 가입자가 납입한 부담금을 적립·운용하기 위하여 설정한 퇴직연금제도로서 급여의 수준이나 부담금의 수준이 확정되지 아니한 퇴직연금제도를 말한다(동법 2조).

3. 퇴직연금사업자의 요건

퇴직연금사업자란 「퇴직연금제도의 운용관리업무 및 자산관리업무를 수행하기 위하여 법령에 따라 등록한 자」를 말한다(동법 2조 13호). 은행이 퇴직연금사업자가 되려는 경우에는 재무건전성 및 인적·물적 요건 등 대통령령으로 정하는 요건을 갖추어 고용노동부장관에게 등록하여야 한다(동법 26조).

4. 퇴직연금사업자의 금지행위

1) 퇴직연금사업자는 정당한 사유 없이 다음 각 호의 어느 하나에 해당하는 행위를 하여서는 아니 된다(동법 33조 3항).
① 법령에 따른 운용관리업무의 수행계약 체결을 거부하는 행위
② 법령에 따른 자산관리업무의 수행계약 체결을 거부하는 행위
③ 특정 퇴직연금사업자와 계약을 체결할 것을 강요하는 행위
④ 그 밖에 사용자 또는 가입자의 이익을 침해할 우려가 있는 행위로서 대통령령으로 정하는 행위
2) 운용관리업무를 수행하는 퇴직연금사업자는 다음 중 어느 하나에 해당하는 행위를 하여서는 아니 된다(동법 33조 4항).
① 계약체결시 가입자 또는 사용자의 손실의 전부 또는 일부를 부담하거나 부담할 것을 약속하는 행위
② 가입자 또는 사용자에게 경제적 가치가 있는 과도한 부가적 서비스를 제공하거나 가입자 또는 사용자가 부담하여야 할 경비를 퇴직연금사업자가 부담하는 등 대통령령으로 정하는 특별한 이익을 제공하거나 제공할 것을 약속하는 행위
③ 가입자의 성명·주소 등 개인정보를 퇴직연금제도의 운용과 관련된 업무

수행에 필요한 범위를 벗어나서 사용하는 행위

④ 자기 또는 제 3 자의 이익을 도모할 목적으로 특정 운용 방법을 가입자 또는 사용자에게 제시하는 행위

V. 「여신전문금융업법」에 따른 신용카드업

1. 신용카드의 의의

신용카드(credit card)라 함은 「이를 제시함으로써 반복하여 신용카드가맹점에서 물품의 구입 또는 용역의 제공을 받을 수 있는 증표로서 신용카드업자가 발행한 것」을 말한다(여전 2조 3호). 신용카드는 현금이나 수표 없이도 신용카드 가맹점으로부터 물품이나 용역을 이자부담 없이 일정기간 외상구매할 수 있는 신용거래수단이다.

신용카드와 유사한 지급수단으로서 「선불카드(prepaid card)」와 「직불카드(debit card)」가 있다. 선불카드란 신용카드업자가 대금을 미리 받고 이에 해당하는 금액을 기록(전자적 또는 자기적 방법에 따른 기록을 말한다)하여 발행한 증표로서 선불카드소지자가 신용카드가맹점에 제시하여 그 카드에 기록된 금액의 범위에서 결제할 수 있게 한 증표를 말한다(여전 2조 8호). 직불카드란 직불카드회원과 신용카드가맹점 간에 전자적 또는 자기적 방법으로 금융거래계좌에 이체하는 등의 방법으로 결제가 이루어질 수 있도록 신용카드업자가 발행한 증표를 말한다(여전 2조 6호). 그러나 신용카드는 물품의 구입이나 용역을 먼저 제공받고 후에 대금을 지급하는 점에서, 선불카드나 직불카드와 구별된다.

은행의 신용카드업무는 1980년 9월 국민은행이 처음 취급한 이래 현재 거의 모든 은행이 이를 취급하고 있다. 한편 은행은 신용카드에 의한 외상구매관련 업무뿐 아니라 신용카드회원에 대해 일정한도 내에서 장·단기대출을 제공하는 등 카드금융업무도 취급하고 있다.

2. 신용카드 규제법규

우리나라에서도 신용카드의 이용이 급속도로 증가하고 있으나, 이와 관련된 「사법상」의 법률문제를 해결하는 입법 및 법이론의 정립은 아주 미흡한 실정이다. 1987년 8월 28일부터 실시된 신용카드업법은 대체로 신용카드회사의 난립을 방지하고 건전한 카드산업의 정착을 위한 입법이나, 급조된 법이어서 여러 가지

문제점을 안고 있었다.[1] 신용카드업법은 카드거래의 법률관계를 규제하는 법이 아니고, 카드사업자를 규제하는 법이었다. 동법은 제정 이후 여러 차례 개정되었는데, 1998년 「여신전문금융업법」에 흡수되었다. 이 법 역시 주로 신용카드업[2]의 내용과 신용카드사업자에 대한 행정감독적인 성격을 갖고 있을 뿐 사법상의 법률관계를 규제하는 거래법적인 성격을 거의 갖고 있지 않다. 따라서 현재로서는 신용카드거래에 관련된 당사자 간의 사법상의 법률관계는 거의 카드발행회사가 제정한 약관(카드회원약관 및 가맹점약관)에 의하여 규율되고 있는 실정이다.[3]

참고로 미국의 경우에는 소비자신용보호법(Consumer Credit Protection Act)을 제정하여, 신용카드의 발행요건(§ 132: Issuance of credit cards), 무권한 사용에 대한 카드소지인의 책임한도·책임조건(§ 133: Liability of holder of credit cards), 카드소지인의 카드발행업자에 대한 청구권(§ 170: Rights of credit card customers), 카드발행업자의 상계금지(§ 169: Prohibition of offsets), 물품반환의 신속한 통지(§ 166: Prompt notification of returns) 등 카드거래 각 당사자 간의 사법적 법률관계에 관한 기본적인 사항을 상당히 상세하게 입법적으로 규율하고 있다. 또한 영국에서도 1974년에 소비자신용법(Consumer Credit Act)이 제정되어 소비자철회권, 사전정보제공의무, 서면주의, 계약후 정보제공, 계약변경, 채무불이행 및 계약해제, 담보, 신용정보 등 당사자의 사법적 법률관계 및 소비자보호에 관한 사항을 상세하게 규정하고 있다.

3. 신용카드의 종류

가. 당사자의 수를 기준으로 한 분류

카드거래의 당사자의 수를 기준으로 양당사자카드·3당사자카드 및 다당사자카드로 분류할 수 있다. 「양당사자카드」는 카드발행인과 카드회원(카드소지인)의 두 당사자가 존재하고 이들 사이에 하나의 법률관계만이 성립하는 카드이고, 「3당사자카드」는 카드발행인·카드회원 및 카드가맹점의 세 당사자가 존재하며 이들 사이에는 카드발행인과 카드회원간의 회원계약·카드발행인과 카드가맹점간의 가맹점계약·카드회원과 카드가맹점간의 원인행위에 따른 계약이 각각 성립하는 카드이다. 3당사자카드의 변형으로 「4당사자카드」가 있는데 이것은 3당사자카드에서의 카드발행인의 역할을 카드발행인과 은행이 분담하는 것뿐이고

---

1) 이은영, "신용카드거래의 입법의견," 「법률신문」, 1677호(1987. 4. 6), 12면.
2) 「신용카드업」이라 함은, ① 신용카드의 발행 및 관리, ② 신용카드이용과 관련된 대금의 결제, ③ 신용카드 가맹점의 모집 및 관리에서 ②의 업무를 포함한 2 이상의 업무를 행하는 것을 말한다(여전 2조 2호).
3) 어음수표법, 805면.

348 제 3 장   은행거래법

이의 법률관계는 3당사자카드의 그것과 같다. 「다당사자카드」는 카드발행인이
복수의 은행으로 되어 있어 많은 가맹점에서 통용될 수 있는 카드인데, 이의 법
률관계도 기본적으로는 3당사자카드의 그것과 같다.[1]

나. 이용목적 등에 따른 분류

신용카드는 그 이용목적의 제한 여부에 따라 「제한목적카드」(limited purpose
card)와 「다목적카드」(all purpose card)로 나누어진다. 전자는 백화점이 발행하는
신용카드와 같이 일정한 가맹점에서 이용할 수 있는 것이고, 후자는 은행카드와
같이 모든 가맹점에서 이용할 수 있는 것이다. 또한 신용카드는 그 사용가능지
역에 따라 「국내카드」와 「국제카드」로 나누어진다.[2]

4. 신용카드의 법적 성격

신용카드의 법적 성격과 관련하여 신용카드가 유가증권인가라는 의문이 있
을 수 있다. 신용카드는 권리 또는 재산권을 표창하는 증권은 아니고, 다만 회원
자격을 증명하는 「증거증권」에 불과하다(통설).[3] 따라서 신용카드는 원인관계인
회원계약과 독립하여 존재하는 무인증권도 아니고, 또 회원의 권리가 신용카드
의 발행에 의하여 비로소 창설되는 설권증권도 아니며, 또 원칙적으로 타인에게
양도될 수 없는 일신전속성을 갖는 증권이다. 그러나 신용카드는 카드회원이 그
의 권리를 행사하기 위하여는 반드시 카드가맹점에 신용카드를 제시하여야 하
므로 「제시증권성」을 갖고, 카드가맹점은 외관상 유효한 카드소지인과 거래한
이상 그가 진정한 카드회원이 아닌 경우에도 이로 인한 책임을 부담하지 않으므
로 「면책증권성」을 갖는다.[4]

5. 신용카드의 양도 등 금지

여신전문금융업법은 신용카드의 양도·양수 내지 질권의 설정을 금지하고
있다(여전 15조). 신용카드를 양도하거나 양수한 자는 1년이하의 징역 또는 1천만
원이하의 벌금에 처한다(여전 70조 4항 3호).

전자금융거래법에 의하면 신용카드는 「전자금융거래를 위한 전자적 정보가
탑재된 접근매체」에 해당되어 이를 양도하거나 양수하는 행위, 대가를 수수·요

---

1) 어음·수표법, 806~807면.
2) 어음·수표법, 807면.
3) 어음·수표법, 23면, 811면; 상법강의(하), 11면; 이은영, 「약관규제론」, 박영사, 1984, 206면.
4) 어음·수표법, 24면, 811~812면; 상법강의(하), 12면.

구 또는 약속하면서 이를 대여받거나 대여하는 행위 또는 보관·전달·유통하는 행위, 범죄에 이용할 목적으로 또는 범죄에 이용될 것을 알면서 이를 대여받거나 대여하는 행위 또는 보관·전달·유통하는 행위, 이를 질권의 목적으로 하는 행위 등을 금지하고(전금 6조 3항), 이에 위반한 자는 3년 이하의 징역 또는 2천만 원이하의 벌금에 처한다(전금 49조 4항).

6. 신용카드거래의 구조

카드거래의 당사자의 수를 기준으로 양당사자카드·3당사자카드 및 다당사자카드로 분류할 수 있고, 다당사자카드의 법률관계는 기본적으로 3당사자카드의 그것과 같다 함은 전술하였다. 또한 양당사자카드의 구조는 3당사자카드구조의 일부이기 때문에, 여기에서는 「3당사자카드」의 구조를 중심으로 설명한다.

3당사자카드 중에는 카드발행인이 은행인 경우(은행계 카드)와 전문회사인 경우(전문회사계 카드)가 있는데, 은행계 카드의 경우에는 은행 자체 내에서 카드이용대금의 계좌이체가 이루어지나, 전문회사계 카드의 경우에는 카드발행인(전문회사)의 거래은행을 통하여 카드이용대금의 계좌이체가 이루어지는 점에서만 차이가 있다. 그런데 이 때 카드발행인의 거래은행은 카드발행인과의 위임계약에 따라 카드이용대금 사무를 처리할 따름이고, 그러한 은행의 명의로 카드이용대금을 청구하거나 지급하는 것이 아니므로 카드거래의 당사자라 할 수 없다.[1]

① 먼저 카드발행인이 요구하는 일정한 요건을 충족하는 자는 카드회원규약에 따라 카드발급(입회)신청서를 제출하여 회원계약을 체결하고, 카드를 발급받은 후 회원이 된다.[2]

② 다음으로 카드발행인은 상품 또는 서비스를 판매 또는 제공하는 상점 등과 카드가맹점규약에 따라 가맹점계약을 체결한다.[3]

③ 카드회원은 카드가맹점에 카드를 제시하고 매출전표에 카드상의 서명과 동일한 서명을 함으로써 상품을 구입하거나 서비스를 제공받을 수 있다. 한편 카드가맹점은 카드회원의 서명을 받은 매출전표를 카드발행인에게 송부하고 매출전표의 액면금액으로부터 미리 정하여진 일정한 비율의 수수료를 공제한 금

---

1) 어음·수표법, 810면.
2) "신용카드회원"이라 함은 신용카드업자와의 계약에 따라 그로부터 신용카드를 발급받은 자를 말한다(여전 2조 4호).
3) "신용카드가맹점"이라 함은 신용카드업자와의 계약에 따라 신용카드회원·직불카드회원 또는 선불카드소지자에 대하여 신용카드·직불카드 또는 선불카드에 의하여 물품 또는 용역을 제공하는 자를 말한다(여전 2조 5호).

액을 카드발행인으로부터 지급받는다.[1]

④ 카드가맹점에 카드이용대금을 지급한 카드발행인은 매월 일정일까지의 카드회원별 카드이용대금을 계산하여 카드회원에게 위 금액에 해당하는 청구서를 보내고, 카드회원의 은행예금구좌로부터 자동이체하는 방법으로 카드이용대금을 추심함으로써 카드이용에 따른 대금결제를 종결한다.[2]

7. 카드이용대금 지급관계의 법적 성질(당사자 간의 법률관계)

신용카드의 경우에는 카드회원이 카드가맹점으로부터 구입한 물건의 대금을 카드발행인이 카드회원을 대신하여 카드가맹점에게 지급하고 카드발행인은 이를 카드회원으로부터 구상하는데, 이러한 카드이용대금의 지급관계의 법적 성질을 어떻게 볼 것인가가 문제된다. 이에 대하여 미국에서는 상업신용장설·채권양도설·외상채권매입설·지급인설·직접채무설 및 직접대여설 등이 있으며, 독일에서는 크게 지급지시설(손해담보계약설)과 채권양도설이 있고, 일본에서는 크게 채권양도설·체당지급설 및 무명계약설이 있다.[3] 체당지급설은 다시 보증설·이행인수설·채무인수설로 나누어지고, 채무인수설은 다시 면책적 채무인수설과 병존적 채무인수설로 나누어진다.

우리나라에서는 신용카드이용에 따른 대금지급관계의 법적 성질에 대하여 일본의 학설인 체당지급설 중「병존적(중첩적) 채무인수설」이 통설이다.[4] 따라서 이러한 통설에 의하면 카드발행인은 카드회원의 채무를 인수하였기 때문에 카드이용대금을 카드가맹점에게 지급할 채무를 부담한다. 즉 카드회사가 카드회원 및 가맹점의 위임에 기하여 카드회원의 채무를 인수하고, 그 채무인수의 이행으로서 가맹점에게 대금을 지급하며, 카드회원으로부터 이를 구상하는 것이라고 한다. 이때 카드발행인은 카드회원의 채무를 병존적으로 인수하는 것이므로 카드가맹점은 카드회원에 대하여도 대금을 청구할 수 있으나, 카드가맹점규약상의 특약에 의하여 특별한 사유가 없는 한 카드회원에게는 대금을 청구하지 않는다.[5]

그런데 카드이용대금의 지급관계의 법적 성질을 이와 같이 일원적으로 설명할 수는 없고 원적으로 설명할 수밖에 없다고 본다. 즉 이의 근거를 카드회원

---

1) 어음·수표법, 810~811면.
2) 어음·수표법, 811면.
3) 이에 관한 상세한 소개로는 정찬형, "신용카드거래와 대금채무자의 항변,"「상사법연구」(한국 상사법학회), 제 6 집(1988), 94~104면 참조.
4) 어음·수표법, 813면 참조.
5) 어음·수표법, 813면 참조.

규약 및 카드가맹점규약에서 찾아야 하는데, 만일 동 규약에 근거가 없다면 카드발행인의 카드가맹점에 대한 대금지급의무의 근거는 면책적 채무인수설에서 찾고, 카드회원의 카드발행인에 대한 대금지급의무의 근거는 채권양도설에서 찾아야 할 것으로 본다.[1]

8. 신용카드의 분실·부정사용 등의 법률관계

가. 분실 및 도난

신용카드업자는 신용카드회원이나 직불카드회원으로부터 그 카드의 분실·도난 등의 통지를 받은 때부터 그 회원에 대하여 그 카드의 사용에 따른 책임을 진다(여전 16조 1항). 신용카드업자는 분실·도난 등의 통지 전에 생긴 신용카드의 사용에 대하여 대통령령으로 정하는 기간의 범위에서 책임을 지는데(여전 16조 2항), 이 때의 대통령령으로 정하는 기간이란 분실·도난 등의 통지를 받은 날부터 60일 전까지의 기간을 말한다(여전시행령 6조의9).

그러나 신용카드업자는 신용카드의 분실·도난 등에 대하여 그 책임의 전부 또는 일부를 신용카드회원이 지도록 할 수 있다는 취지의 계약을 체결한 경우에는, 그 신용카드회원에 대하여 그 계약내용에 따른 책임을 지도록 할 수 있다. 다만, 저항할 수 없는 폭력이나 자기 또는 친족의 생명·신체에 대한 위해(危害) 때문에 비밀번호를 누설한 경우 등 신용카드회원의 고의 또는 과실이 없는 경우에는 그러하지 아니하다(여전 16조 3항).

나. 부정사용

신용카드업자는 신용카드회원 등에 대하여 ① 위조되거나 변조된 신용카드 등의 사용, ② 해킹, 전산장애, 내부자정보유출 등 부정한 방법으로 얻은 신용카드 등의 정보를 이용한 신용카드 등의 사용 및 ③ 다른 사람의 명의를 도용하여 발급받은 신용카드 등의 사용(신용카드회원 등의 고의 또는 중대한 과실이 있는 경우는 제외한다) 등으로 생기는 책임을 진다(여전 16조 5항).

그러나 신용카드업자가 ① 위조되거나 변조된 신용카드 등의 사용, ② 해킹, 전산장애, 내부자정보유출 등 부정한 방법으로 얻은 신용카드 등의 정보를 이용한 신용카드 등의 사용에 대하여 그 신용카드회원 등의 고의 또는 중대한 과실을 증명하면 그 책임의 전부 또는 일부를 신용카드회원 등이 지도록 할 수 있다는 취지의 계약을 신용카드회원 등과 체결한 경우에는, 그 신용카드회원 등이

---

1) 어음수표법, 813~814면.

그 계약내용에 따른 책임을 지도록 할 수 있다(여금 16조 6항). 이 때의 고의 또는 중대한 과실이란 ① 고의 또는 중대한 과실로 비밀번호를 누설하는 것과, ② 신용카드나 직불카드를 양도 또는 담보의 목적으로의 제공하는 것을 말한다(여전시행령 6조의10).

> [판례: 회원에게 고의나 과실이 없는 경우에도 신용카드 부정사용으로 인한 손해를 회원이 부담하는지 여부 및 그 증명책임자]
>   신용카드 회원약관에서 비밀번호가 회원으로부터 타인에게 유출되어 발생하는 모든 책임은 회원에게 귀속되고, 카드 비밀번호 유출로 인한 부정사용의 경우에는 부정사용대금에 대하여 보상에서 제외된다고 규정하고 있는 경우, 위 약관 규정을 회원에게 고의나 과실이 없는 경우에도 신용카드 부정사용으로 인한 손해를 회원이 부담하여야 한다고 해석하는 것은 약관의 규제에 관한 법률 제 7 조 제 2 호에서 규정하는 상당한 이유 없이 사업자가 부담하여야 할 위험을 고객에게 이전시키는 조항에 해당하여 무효이다. 그리고 신용카드업자와 회원 사이의 거래약관인 위 회원약관 규정에 의할 때, 회원은 신용카드의 이용·관리 및 비밀번호의 관리에 선량한 관리자의 주의의무를 다할 의무가 있으므로, 신용카드를 분실·도난당하여 제 3 자가 신용카드를 부정사용한 경우에 신용카드 회원이 그 책임을 면하기 위해서는 회원에게 신용카드의 분실·도난 및 비밀번호의 누설에 있어 아무런 과실이 없는 경우라야 하고, 이 점에 대한 입증책임은 회원에게 있다(대판 2009. 10. 15, 2009다31970).

> [판례: 성명불상자가 신용카드를 절취하여 금원을 인출한 사안]
>   성명불상자가 신용카드를 절취하여 한 번의 비밀번호 오류 없이 현금서비스 등으로 금원을 인출한 사안에서, 비밀번호가 누설된 경위가 밝혀지지 않은 사정만으로는 카드 회원이 신용카드 이용·관리 및 비밀번호 유출에 고의 또는 과실이 없다는 증명이 되지 않는다(대판 2009. 10. 15, 2009다31970).

Ⅵ. 「담보부사채신탁법」상 담보부사채에 관한 신탁업

1. 담보부사채의 개념

사채는 물상담보가 설정되어 있는지 여부에 따라 무담보사채와 담보부사채로 구분된다. 사채를 위하여 법정의 물상담보가 설정되어 있지 않은 사채를 무담보사채라 하며 상법의 사채가 이에 해당한다. 반면에 물적 담보가 설정되어 있는 사채를 「담보부사채(mortgage bond)」라고 한다.[1]

---

1) 상법강의(상), 1178면.

사채발행의 경우에 기채회사(채무회사)가 사채권자에 대하여 개별적으로 담보권을 설정하는 것은 실제로 불가능하므로, 신탁의 법리에 의하여 수탁회사를 통하여 집단적 담보권을 설정할 수 있게 하는 「담보부사채신탁법」이 제정되었는데(1962. 1. 10, 법 991호), 보통 「담보부사채」라 함은 이 법에 의하여 담보권이 설정된 사채를 말한다.[1] 담보부사채는 물상담보가 붙여진 사채로서, 보통 수탁회사인 금융기관의 인적담보(보증)가 붙여진 보증사채(guaranteed obligations)와 구별된다.[2]

2. 담보부사채 신탁계약

1) 담보부사채신탁은 「담보부사채신탁법」에 근거를 두고 있는데, 사채를 발행하는 기채회사(위탁자)가 신탁회사(수탁자)와 신탁계약을 체결하여 수탁자로 하여금 위탁자의 사채발행액에 대한 물상담보권을 취득하게 함으로써 사채권자에 대한 위탁자의 개별적 담보제공에서 오는 불편과 법률관계의 번잡성을 피하는 한편 위탁자의 자금조달을 용이하게 하는 제도이다.[3]

2) 「담보부사채신탁법」에 의하면 사채에 대하여 물상담보권을 설정하고자 하는 경우에는 사채발행회사(기채회사)를 위탁회사로 하고, 자본시장법에 의한 신탁회사 또는 은행으로서 금융위원회에 등록한 자를 수탁회사로 하여(동법 5조), 양자간의 신탁계약에 의하여 사채를 발행하여야 한다(동법 3조). 이 때 수탁회사는 신탁증서에 총사채를 위하여 「물상담보권」을 취득하는 동시에(동법 60조 1항) 이 담보권을 총사채권자를 위하여 보존하고 또 실행하여야 할 의무를 부담하므로(동법 60조 2항), 사채권자는 수익자로서 그 담보의 이익을 채권액에 비례하여 평등하게 받는다(동법 61조).[4]

3) 담보부사채에 관한 신탁계약은 법정요건을 기재한 신탁증서에 의하여 체결되는 데(동법 12조 이하), 이러한 담보권은 다음과 같은 중요한 특징이 있다. 즉, ① 신탁계약에 의한 물상담보가 사채(주채무)성립 이전에도 그 효력이 발생하는 점(동법 62조), ② 담보권의 주체(수탁회사)와 채권의 주체(사채권자)가 상이한 점(동법 60조 1항), ③ 수탁회사가 신탁계약의 당사자가 아닌 사채권자에 대하여 선량한 관리자의 주의로써 신탁사무를 처리하여야 하는 의무를 부담하는 점(동법 59조),

---

1) 상법강의(상), 1227면.
2) 상법강의(상), 1227면.
3) 금융제도, 184면.
4) 상법강의(상), 1227면.

④ 사채에 붙일 수 있는 물상담보의 종류가 제한되어 있는 점(동법 4조) 등이다.[1]

3. 물상담보의 종류

신탁계약에 의하여 설정할 수 있는 물상담보의 종류는 동산질, 증서있는 채권질, 주식질, 부동산저당 기타 법령이 인정하는 각종의 저당에 한정된다(동법 4조). 이러한 담보권은 총사채를 위하여 수탁회사에 귀속된다(동법 60조 1항).

4. 수탁회사의 업무

수탁회사는 물상담보권의 귀속자로서 총사채권자를 위하여 ① 담보권을 보존·실행하여야 하는 업무(동법 60조 2항), ② 위탁회사를 위한 담보부사채의 모집에 관한 업무(동법 18조, 19조), ③ 사채권자집회의 소집 및 결의집행업무(동법 41조, 51조), ④ 담보권의 실행 및 강제집행업무(동법 71조, 72조), ⑤ 채권의 변제를 받기 위해 필요한 모든 업무(동법 73조)를 수행할 수 있다.

---

1) 상법강의(상), 1227면.

제 4 장

은행감독법

제1절 총 설

I. 은행감독의 개요

1. 은행감독의 의의

금융의 순기능은 자금의 효율적 배분인데, 시장참가자 사이에 존재하는 정보의 비대칭으로 인하여 역선택과 도덕적 해이의 문제가 발생하게 되고, 시장실패[1]가 초래하게 된다. 그런데 은행소비자들은 자신의 힘만으로 이러한 문제점을 해결하는 것이 무임승차(free rider)의 문제로 어렵다. 시장실패현상이 경제전반에 전달되면 예금인출사태(bank-run)나 공황(panic)이 발생하게 되고 신용경색이 발생하여 은행이 문을 닫는 경우가 발생한다. 이를 사전에 예방하고 피해를 최소화하기 위하여 감독기관의 은행과 금융시장에 대한 상시감시가 필요하다. 은행감독이란 감독기관이 은행의 경영건전성 확보, 신용질서 및 공정거래관행 확립, 은행소비자 보호 등을 도모하고자[2] 은행업인가, 경영건전성 규제, 검사 및

---

[1] 시장실패는 금융감독이 없는 금융시장에서 독과점의 결과로 인해 금융상품과 서비스가 과다하게 많거나 적게 제공된다든지, 가격이 지나치게 높거나 낮을 때 또는 쏠림현상 등으로 금융제도가 제대로 작동되지 않는 경우에 발생한다.

[2] 은행법 제1조(이 법은 은행의 건전한 운영을 도모하고 자금중개기능의 효율성을 높이며 예금자를 보호하고 신용질서를 유지함으로써 금융시장의 안정과 국민경제의 발전에 이바지함을 목적으로 한다); 금융위원회법 제1조(이 법은 금융위원회와 금융감독원을 설치하여 금융산업의 선진화와 금융시장의 안정을 도모하고 건전한 신용질서와 공정한 금융거래 관행(慣行)을 확립하

제재 등의 기능을 수행하는 제반활동이라 할 수 있으며, 그 성격은 은행소비자의 권익을 보호하고 은행의 건전성을 확보하여 금융의 효율성과 안정성을 목표로 한다는 점에서 공공성을 가지는 행정행위이다. 은행규제는 사전적으로 은행의 영업행위에 대한 행위기준의 설정인 반면, 은행감독은 은행의 동 행위기준의 준수여부를 감시·관찰하는 것이며 감독기관이 은행법 등 관련법규를 집행하는 것이다.

2. 은행감독의 범위와 한계

은행감독의 행사는 은행감독의 범위와 관련된다. 은행감독의 범위에 대하여, 은행감독은 금융시장과 은행업무의 전반에 걸쳐 발생하는 문제의 해결을 담당하는 것으로 보는 견해와, 시장참가자의 자율적 판단에 따라 은행거래를 하도록 하고 은행감독은 최소화하여야 한다는 견해가 있다. 시장참가자는 은행감독의 범위가 최소화되기를 원하면서도, 이해관계되는 부분에 대하여 감독기관의 개입을 요구한다. 은행규제와 마찬가지로 은행감독은 시장규율이 잘 작동되어 시장실패가 발생되지 않도록 '금융의 안정과 효율의 조화'라는 최적화 수준에서 행사되어야 할 것이다. 다만 사전적 감독기준에 의한 감독에도 불구하고 시장실패로 인한 금융불안정이 우려되는 경우에는 감독기관의 시장개입이 불가피할 것이다. 은행감독은 국가적 지위에서 행하는 행정행위이고 법치행정의 원칙에 미루어 볼 때, 그 행사범위는 은행법규에 근거하여야 하는 한계를 가진다.

은행감독의 방법과 대상에 있어서도 한계가 있다. 감독방법은 금융위원회의 규정과 지시에서 정하는 바에 따라야 한다(법 44조). 구체적인 감독수단은 은행법규에 규정된 인가, 승인, 협의, 보고, 명령, 요구, 검사, 제재 등이다. 감독대상은 은행법, 그 밖의 관계 법률, 금융위원회의 규정·명령 및 지시에 대한 은행 및 이해관계자의 준수 여부이다(은행 44조). 여기에서 '그 밖의 관계 법률'은 금융거래에 공통되는 법률, 은행의 겸영업무와 관련된 법률 등 금융관계법을 의미한다. 예컨대 금융실명법, 기업구조조정촉진법, 펀드판매의 자본시장법, 방카슈랑스의 보험업법, 외국환업무의 외국환거래법 등을 말한다. 은행법은 '대한민국에 있는 모든 은행은 은행법, 한국은행법, 금융위원회법 및 이에 따른 규정 및 명령에 따라 운영되어야 한다'고 규정하나(법 3조 1항), 은행업에 적용되는 법규는 이에 국한되지 않으므로 은행은 다수의 금융관계법을 준수하여야 한다.

며 예금자 및 투자자 등 금융 수요자를 보호함으로써 국민경제의 발전에 이바지함을 목적으로 한다) 참조.

Ⅱ. 은행감독의 수단

감독수단은 감독기관이 감독권을 행사하기 위한 방법이다. 이는 감독대상에 따라 은행과 이해관계자에 대한 감독수단과 금융시장에 대한 감독수단으로 구분된다. 전자는 규제의 취지를 달성하기 위한 방법으로서 사전예방적인 것과 사후교정적인 것으로 구분할 수 있고, 후자는 감독의 투명성을 확보하기 위한 공시(disclosure)이다.

1. 사전적 감독수단

은행의 건전경영을 위한 사전적·지도예방적 목적으로 감독기관은 인가·승인·결정, 지시·명령, 신고·보고 등의 수단을 사용한다. 이외에도 협의, 지도, 권고 등과 같은 비강제적·비권력적인 감독수단이 있다.

인가는 법률행위의 효력을 보충함으로써 동 행위를 완전히 유효하게 만드는 행정행위이고, 승인은 은행의 특정행위에 대한 일종의 동의 또는 승인을 의미하며, 결정은 특정사실 또는 법률관계의 적부(適否) 등을 공권력으로 확정하는 행위이다. 지시·명령은 감독기관이 은행법규에 따라 은행에 구체적 사항을 준수토록 하는 권력적 행위이다. 반면에, 신고·보고는 성질상 인가, 승인에 부적당하거나 경미한 사항에 대해 은행이 은행법규에 따른 의무사항의 이행을 감독기관에 알리는 단순통지행위이다. 그리고 협의·지도·권고·설득은 강제적인 준수의무가 부여되는 것이 아니고 일정한 방향으로 은행을 유도할 목적으로 행해지는 비권력적 사실행위이다.[1]

이러한 감독수단은 원칙적으로 행정절차법에 규정하고 있는 절차를 준수하여야 하고, 은행의 권리·의무에 제한을 가하는 권력적·침익적 감독수단은 행정심판이나 행정소송의 대상이 된다.[2]

2. 사후적 감독수단

은행의 영업활동에 대하여, 감독기관은 사후적으로 은행의 은행법규의 준수

---

1) 금융위원회는 「행정지도 운영규칙」을 제정하여 행정지도의 원칙, 절차 및 사후관리 등 감독기관의 행정지도운영기준을 규정하여 운영하고 있다.
2) 금융위원회법 제70조(금융위원회, 증권선물위원회 및 금융감독원이 내린 위법·부당한 처분으로 권리나 이익을 침해받은 자는 행정심판을 제기할 수 있다) 참조.

여부를 확인한다. 전통적으로 감독기관의 검사 및 제재가 사후적·교정적 감독수
단에 해당한다. 이는 은행의 의무사항의 이행을 촉구하여 은행 경영의 건전성확
보 등 은행감독의 실효성을 확보하기 위한 것이다.

검사란 은행의 영업행위가 은행법규에 위배되지 않았는지를 확인·점검하는
행정행위이다. 검사결과 법규위반행위에 대하여 제재를 하게 되는데, 제재는 감
독기관이 은행 또는 그 임직원에게 영업상·신분상·금전상의 불이익을 부과하는
것이다. 은행법은 은행업에 대한 국가적 규제에 관한 경제행정법으로서 은행업
규제의 실효성을 확보하기 위한 수단으로 과징금, 이행강제금, 행정형벌, 과태료
에 대하여 규정한다. 이것은 일반적인 행정의 실효성 확보수단이라는 점에서 은
행의 건전경영을 확보하기 위한 감독기관의 제재[1]와 차이가 있으나, 감독기관
이 조치한다는 점에서 볼 때 광의의 제재의 개념에 포함할 수 있다.

Ⅲ. 은행감독기관

1. 은행감독체계

은행감독체계란 은행 및 금융시장에 대한 은행감독의 책무를 보유한 기관
의 수와 구조에 관련되는 은행감독의 기관구조(institutional structure of banking
supervision)를 말한다. 은행감독기관이란 광의의 개념으로 기획재정부, 공정거래
위원회, 금융위원회, 금융감독원, 한국은행, 예금보험공사를 들 수 있으나,[2] 일
반적으로는 협의의 개념으로 금융위원회와 금융감독원을 말한다. 현행의 감독체
계는 기능별 감독체계라고 할 수 있는데, 이에 따른 감독기관의 역할을 살펴보
면 다음과 같다. 기획재정부는 화폐업무 및 국제금융·외환업무를 소관업무로 한
다.[3] 공정거래위원회는 은행의 공동행위 감독 및 약관심사를 한다. 한국은행은
설립시부터 예금취급기관에 대한 감독·검사 등 은행감독기능을 수행하여 왔다.
그러나 IMF 경제위기에 따른 금융개혁과정에서 한국은행법의 개정으로 통화신
용정책 운영의 자율성이 상당히 제고된 반면 은행감독기능은 제한적 기능으로
축소되었다. 그리고 예금보험공사는 예금보험기구의 책무를 보유하는 이외에 부

---

1) 제재라 함은 금융감독원의 검사결과 등에 따라 은행 또는 그 임직원에 대하여 금융위원회 또
   는 금융감독원장이 검사규정에 따라 취하는 조치를 말한다(검규 3조 18호).
2) 「금융기관의 책임경영과 금융행정의 투명성 보장에 관한 규정」(국무총리훈령) 제 2 조 제 3 호
   참조.
3) 외국환거래에 있어 한국은행은 기획재정부장관의 위탁업무로서 대외지급 및 자본거래 관련 신
   고 접수 등의 업무, 외국환업무 취급기관에 대한 검사업무 등을 수행한다(외환 23조).

보금융기관에 대하여 자료제출요구권·조사권이 있다. 협의의 은행감독기관은 감독정책기능을 포함한 금융정책을 담당하는 금융위원회와 감독집행기능의 금융감독원으로 구성된다. 이에 대한 상세한 설명은 아래에서 다루고 있다.

은행감독기관의 감독대상과 범위는 그 설립근거법에 규정되어 있는 관계로, 감독의 중복이나 사각지대가 발생할 수 있다. 이를 예방하기 위하여 은행감독기관간의 정보공유 등 업무협조가 긴요하게 된다. 금융위원회법은 은행감독기관 상호간의 업무협조·자료협조관계를 특별히 규정하고 있다(금위 65조, 65조의2).1)

2. 은행감독기관

은행감독은 은행법규의 집행이므로, 이를 수행하는 기관은 규제목적의 실현을 위하여 행정권한을 가진 기관이다. 협의의 은행감독기관은 금융위원회와 금융감독원이다. 금융위원회는 포괄적 감독권을 가진 은행감독기관이고, 금융감독원은 제한적·기능적 은행감독기관이다.2)

가. 금융위원회

금융위원회는 국무총리소속의 중앙행정기관으로서, 금융정책·외국환업무취급기관의 건전성 감독 및 금융감독에 관한 업무를 독립적으로 수행한다(금위 3조). 그 조직은 위원장, 부위원장, 당연직 위원 4명(기획재정부 차관, 금융감독원 원장, 예금보험공사 사장, 한국은행 부총재), 임명직 위원 3명[금융위원회 위원장이 추천하는 금융전문가 2명(상임), 대한상공회의소 회장이 추천하는 경제계대표 1명(비상임)] 등 9명으로 구성된다(금위 4조). 그리고 금융위원회의 사무를 처리하기 위한 사무처가 있고, 그 소속기관으로 금융분석원이 있다.

위원장은 국무총리의 제청으로 국회의 인사청문을 거쳐 대통령이 임명하고, 부위원장은 위원장의 제청으로 대통령이 임명한다. 위원장, 부위원장 및 임명직 위원의 임기는 3년이고 한 차례만 연임할 수 있다(금위 6조 1항). 위원장은 국무회의 출석·발언권을 가지고, 부위원장은 소관사항에 대하여 금융통화위원회 회의

---

1) 2009. 9. 15. 기획재정부, 금융위원회, 한국은행, 금융감독원, 예금보험공사 등 5개 기관은 금융시장위험요인의 조기인지 및 대응을 통해 시스템리스크를 최소화하고 금융기관간 유기적 협조를 강화하기 위해 「정보공유 및 공동검사 양해각서(MOU)」를 체결한 바 있다.

2) 포괄적 감독권은 감독규정 제개·개정, 인가·허가, 검사, 제재 등을 모두 행사하는 권한이고, 이중 일부만을 행사하는 권한을 제한적·기능적 감독권이라 한다. 포괄적 감독권이란 미국의 Federal Deposit Insurance Act, Home Owners Loan Act, Bank Holding Company Act에서 유래되었으며, 그 의미는 감독기관의 효과적 감독업무수행을 위한 규정제정·인허가·검사·금융제재 등 충분하고 일관된 감독권이다.

에 열석하여 발언할 수 있는 권한을 가진다(금위 4조 6항, 한은 91조).

소관사무는 ① 금융에 관한 정책 및 제도에 관한 사항, ② 금융기관 감독 및 검사·제재(制裁)에 관한 사항, ③ 금융기관의 설립, 합병, 전환, 영업의 양수·양도 및 경영 등의 인가·허가에 관한 사항, ④ 금융소비자의 보호와 배상 등 피해 구제에 관한 사항, ⑤ ①부터 ④까지의 사항에 관련된 법령 및 규정의 제정·개정 및 폐지에 관한 사항, ⑥ 외국환업무취급기관의 건전성 감독에 관한 사항 등이다(금위 17조).

나. 금융감독원

금융감독원은 무자본특수법인[1]이고, 금융위원회소관 공공기관이다. 그 조직은 원장, 4명 이내의 부원장, 9명 이내의 부원장보 및 감사로 구성된다. 그 임기는 3년이고 한 차례만 연임할 수 있다. 원장 및 감사는 금융위원회 의결을 거쳐 금융위원회 위원장의 제청으로 대통령이 임명한다. 부원장은 원장의 제청으로 금융위원회가 임명하고, 부원장보는 원장이 임명한다(금위 29조).

업무는 ① 금융기관의 업무 및 재산상황에 대한 검사, ② 검사결과와 관련하여 금융위원회법 또는 다른 법령에 따른 제재, ③ 금융위원회와 그 소속으로 두는 기관에 대한 업무지원, ④ 금융위원회법 또는 다른 법령에서 금융감독원이 수행하도록 하는 업무 등이다(금위 37조). 그리고 금융감독원은 금융감독의 효율성을 높이기 위하여 필요한 경우에는 금융위원회법 또는 다른 법령에 따라 금융위원회 권한의 일부를 수탁 받아 업무를 수행할 수 있다(금위 71조).

다. 금융위원회와 금융감독원의 관계

금융위원회는 금융위원회법 또는 다른 법령에 따라 금융감독원의 업무·운영·관리에 대한 지도와 감독을 하고, 금융감독원의 정관변경에 대한 승인, 예산 및 결산 승인, 그 밖에 금융감독원을 지도·감독하기 위하여 필요한 사항을 심의·의결한다(금위 18조). 금융감독원은 업무수행과 관련한 규칙을 제정 또는 변경한 경우 금융위원회에 즉시 보고하여야 하고, 금융위원회는 규칙이 위법하거나 부당한 경우에는 시정을 명할 수 있다(금위 39조). 그리고 금융위원회는 금융감독원의 처분이 위법하거나 공익보호 또는 예금자 등 금융수요자 보호측면에서 매우 부당하다고 인정하면 그 처분의 전부 또는 일부를 취소하거나 그 집행을 정지시킬 수 있다(금위 61조 2항).

---

1) 금융감독원은 정부의 출연금, 한국은행의 출연금, 검사대상기관의 출연금 및 분담금 등의 재원으로 그 경비를 충당한다(금위 46조).

금융감독원 원장은 검사를 한 경우에는 검사결과 및 조치사항을 금융위원회에 보고하여야 하고(금위 59조), 금융위원회는 필요하다고 인정하는 경우에는 금융감독원의 업무·재산 및 회계에 관한 사항을 보고하게 하거나, 금융위원회가 정하는 바에 따라 업무·재산상황·장부·서류 및 그 밖의 물건을 검사할 수 있다(금위 60조).[1]

금융위원회는 그 권한 또는 업무의 효율적인 집행을 위하여, ① 금융위원회의 결정을 집행하기 위하여 필요한 절차·방법 등에 관한 사항, ② 금융위원회가 정한 규정이나 명령 등에 의하여 그 처리기준이 명확하여 중요한 의사결정을 필요로 하지 아니하다고 인정되는 신고·보고 등의 처리와 등록에 관한 사항, ③ 금융위원회가 절차와 기준을 정하여 시행하는 관리·감독·감시 및 조사업무 등의 집행에 관한 사항, ④ 금융위원회 소송업무수행과 관련된 사항, ⑤ 기타 단순·반복적인 사무의 집행에 관한 사항을 금융감독원장에게 위임·위탁할 수 있다(금융위원회 운영규칙 17조).[2]

제 2 절   건전경영의 유지

I. 건전경영의 개요

1. 건전경영의 의의

은행의 건전경영은 은행이 나아가야 할 방향으로서 은행법이 지향하고자 하는 목적이다(법 1조 참조). 은행법의 모든 조항이 은행의 건전성과 관련된다고 볼 수 있으나,[3] 건전경영은 은행의 자산운용과 관련된다. 은행은 불특정다수인

---

1) 헌재 2002. 4. 25, 2001헌마285(감독기구설치법의 여러 규정들과 관련 법령에 의할 때 금융감독위원회는 금융감독업무에 관한 최고책임기구이고, 금융감독원은 그 보좌기관임을 알 수 있고, 두 기관이 상호 대등적·독립적이거나 경쟁적인 관계에 있다고는 볼 수 없다. 금융감독업무는 본래 포괄적으로 금감위의 업무이며, 금융감독업무를 독립적으로 수행하는 것은 금감위이고, 금감원은 금감위의 지시·감독을 받아 금감위를 보좌하는 기관이다. 그리하여 금융감독업무에 있어서의 정책결정이나 금융감독에 관한 최종적인 처분·결정권은 금감위에 있고, 그러한 최종결정권 행사에 필요한 검사라든지 금감위가 위임한 범위내에서 금융감독원은 그 권한을 행사할 수 있는 것이다).
2) 은행법 제65조(권한의 위탁)에 따라 법시행령 <별표3>은 금융위원회가 금융감독원장에게 위탁하는 권한의 범위를 규정한다.
3) 은행업인가(8조), 국외지점등의 신설(13조), 동일인의 주식보유한도(15조), 주식보유승인(15조

으로부터 예금과 채권으로 자금을 조달하여, 자금을 필요로 하는 자에게 여신을 하거나 투자를 하는 등 자산을 효율적으로 운용하면서 신용질서[1]를 구축한다. 그러나 부실여신이나 투자부실의 발생으로 은행이 지급능력을 갖지 못하면 신뢰를 잃게 되고 신용질서를 해치고 더 나아가 금융시장의 불안정을 초래하게 될 것이다. 건전경영은 은행이 자산의 구성내용을 좋게 하여 그 재산을 견실하게 관리하는 것이라고 할 수 있다. 건전경영의 수단은 중요한 것으로 잠재적 지급불능에 대비한 완충(buffer)인 최소자기자본의 요구, 리스크예방을 위한 업무영역 및 업무행위의 제한, 부정직이나 무능한 경영으로부터 초래될 수 있는 파탄을 피하기 위하여 경영진의 정직과 능력 및 직무에 대한 감시 등이다.[2]

은행의 경쟁력을 강화하기 위해, 자본시장법과 보험업법의 개정에 맞추어 2010. 5. 17. 건전경영의 관련조항들을 정비하여 은행법에 '제 6 장 건전경영의 유지'가 새롭게 삽입되었다. 관련조항들은 건전경영의 지도(34조), 신용공여·증권취득의 한도(35조~35조의3), 출자제한(37조), 금지업무(38조), 회계관련(40조~43조), 업무보고서제출(43조), 경영공시(43조의3) 등이다. 이때의 '건전경영의 유지'란 은행이 건전경영을 양호하게 수행하여 국민의 신뢰를 확고히 유지하는 것이라 할 수 있다.

2. 건전경영성의 확보의무

은행업무의 다변화·겸업화·국제화가 진전됨에 따라 은행간 경쟁이 격화되고 다양한 금융리스크도 증대됨에 따라 은행경영을 시장원리에만 맡겨둘 경우 은행이 부실화되고 금융시장 불안정의 가능성이 커지고 있다. 은행이 부실화되는 경우 주주, 예금주, 자금을 차입한 다수의 기업과 개인, 거래관계에 있는 다른 은행 등 다수의 이해관계자들이 상당한 재산적 손실을 입을 것이 예상되고 국민경제 전체에 미치는 부정적인 효과가 매우 크다.

이러한 은행업무의 공공성 측면과 은행의 자금수탁자적 입장을 감안할 때, '은행은 은행업을 경영할 때 자기자본을 충실하게 하고 적정한 유동성을 유지하는 등 경영의 건전성을 확보하여야 한다'(법 34조 1항)고 하여 은행법은 은행의 건

의3 2항, 16조의2 2항), 임원자격(18조 4항), 내부통제기준(23조의3), 업무의 제한 또는 시정명령(27조의2 4항, 28조 3항), 금감원검사시 자료제출요구(48조 3항), 적립금보유등(50조), 제재(53조, 54조, 60조) 등.

1) 신용질서란 모든 금융거래가 건전하게 이루어진다는 의미와 함께 지급결제가 원활하고 안전하게 이루어지는 것이다(은행법해설, 14면).

2) Lawrence J. White, "The Role of Financial Regulation in a World of Deregulation and Market Forces"(IMF Conference, Nov. 1999.), p. 8.

전경영 의무를 포괄적으로 규정하고 있다.

은행이 건전한 경영을 해칠 우려가 있다고 인정되면 영업정지 등의 행정제재를 받을 수 있고(법 53조), 부채가 자산을 초과하여 정상적인 경영이 어려울 것이 명백하거나 예금 등 채권의 지급이나 차입금의 상환이 어렵다고 인정되어 부실은행(금산 2조 2호)으로 지정되면 퇴출되거나 구조조정의 대상이 된다. 그만큼 건전경영은 외부채권자에 대한 은행의 존재이유이다. 특히 은행은 장기적 안정성과 지급능력을 나타내는 자기자본과 단기적 지급능력을 나타내는 유동성을 적정하게 유지해야 할 것이다.

II. 건전성감독

1. 건전성감독의 의의

건전성감독(prudential supervision)이란 은행업의 신규진입·소유제한·업무영역 등의 직접적이고 경쟁제한적 규제와 대비되는 은행 대차대조표(부외자산 포함) 구성내용에 대한 간접적인 규제를 대상으로 하고, 검사(임점검사 및 상시감시)와 불건전은행에 대한 적기시정조치 등과 관련하여 감독기관이 운용하는 감독형태이다. 은행업은 리스크(금리, 외환, 신용, 국가 등)가 수반되므로 건전성감독은 개별은행의 리스크예방에 초점을 두고, 리스크관련 지표로서 건전성을 평가한다.

건전성감독의 핵심은 은행이 현재 또는 장래의 파산위험을 최소화하고 장기 안정적 성장을 가능하도록 함으로써 국민경제의 원활한 발전을 도모하는데 있다. 파산위험은 유동성위험과 청산위험으로 구분할 수 있는데, 유동성위험이란 은행이 단기적으로 부담하고 있는 예금 등 유동성부채에 대해 적시에 대응하지 못함에 따라 파산할 수 있는 위험을 말하고, 청산위험이란 자산운용의 실패 또는 거액 금융사고 발생 등에 따른 손실의 누적으로 은행이 최종적으로 모든 부채를 청산할 수 없게 되는 상황을 말한다.[1]

2. 경영지도기준

가. 의   의

은행법은 추상적·일반적인 건전경영의 확보의무를 직접적·사후적으로 규제하기 보다는 간접적·사전적으로 규제하는 방식을 취하여 감독당국인 금융위

---

[1] 금융감독, 131면.

원회가 은행의 건전성 확보를 위하여 필요한 경영지도기준을 정하고, 이를 충족시키지 못하는 등 경영의 건전성을 크게 해칠 우려가 있다고 인정될 때에는 경영개선을 위하여 필요한 조치를 요구할 수 있도록 하고 있다(법 34조 4항).[1] 경영지도기준은 국제결제은행[2]이 권고하는 은행의 건전성 감독에 관한 원칙인 BCBS의 '효과적 은행감독을 위한 핵심원칙'(Core Principles for Effective Banking Supervision, 2012. 9. 30.)을 충분히 반영하여 금융위원회가 감독규정에서 정한 경영지도비율,[3] 자산건전성분류, 대손충당금적립, 리스크관리, 회계기준 및 결산을 말하고, 필요한 조치는 자본금의 증액, 이익배당의 제한 등이다. 동 핵심원칙은 BCBS 등 국제금융규제기구가 제정하는 국제기준(global standards)의 하나이다. 이러한 감독규율의 권고로 각국의 금융규제는 서로 수렴하는 동조화현상이 나타나게 되는 것이다.

나. 자기자본규제

(1) 개   요

청산위험과 관련하여 은행은 예상치 못한 손실(unexpected loss)에 대비하기 위해 충분한 수준의 자기자본을 유지하는 것이 필요하다. 자기자본은 손실에 대비한 최종안전판으로서의 기능 이외에 영업을 위한 기본적 자금을 공급하나, 증자 등 발행비용과 투자의 기회비용을 감안할 때 자기자본의 보유비용이 상당히 높아서, 대규모로 보유하는 것이 반드시 좋은 것이 아니므로 '적정한 수준'에서 자기자본을 보유하도록 하는 것이며, 자기자본규제는 자본적정성 규제로 불리는 것이다.[4] 자본의 적정성은 은행이 영업활동에서 발생할 수 있는 손실을 흡수하고, 예금자 및 채권자에 대한 변제능력 확충을 위해 최소수준의 자기자본 보유를 의무화하는 것이다.

(2) 최저자기자본규제

자본적정성에 관한 경영지도비율은 은행이 '위험가중자산에 대한 자기자본비율'로서 최소한 준수해야 하는 자본비율이다. 종전엔 은행이 위험가중자산 대비 최소한 준수해야 하는 최저자본의 규모를 8% 이상으로만 규제하고 총자본은

1) 은행법해설, 125면; 은행법(이), 280면 참고.
2) 정확하게는 국제결제은행(BIS)의 산하 위원회중의 하나인 바젤은행감독위원회(Basel Committee on Banking Supervision: BCBS)를 의미하는데, BCBS는 은행감독업무의 국제적 표준화, 감독당국 간 협력증진과 정보교환 촉진업무를 수행하며 우리나라는 2009년에 회원으로 가입하였다.
3) 경영지도비율은 보통주자본비율·기본자본비율·총자본비율에 관한 최소 준수비율, 유동성커버리지비율, 원화예대율을 말한다(감규 26조 참조).
4) 금융감독, 132면.

기본자본·보완자본으로만 분류하였으나,[1] 바젤Ⅲ 도입[2]에 따라 자본의 유형별로 최저자본규제가 세분화되고 총자본은 보통주자본, 기타기본자본, 보완자본으로 분류되었다. 보통주자본(A)은 은행의 손실을 가장 먼저 보전할 수 있고, 은행 청산시 최후순위이고 청산시를 제외하고는 상환되지 않는 자본(예: 자본금, 보통주 발행과 관련된 자본잉여금, 이익잉여금)을, 기타기본자본(B)은 영구적 성격의 자본증권의 발행과 관련한 자본금과 자본잉여금 등[예 : 금리상향조건(step-up) 요건이 없고, 경영개선명령 등이 있는 경우 보통주로 전환되거나 감액되는 조건부자본증권 요건을 충족하는 영구적 성격의 신종자본증권]을, 보완자본(D)은 청산시 은행의 손실을 보전할 수 있는 후순위 채권 등(예: 금리상향조건 요건이 없고, 조건부자본증권 요건을 충족하는 만기 5년 이상의 후순위채권)을 자본인정요건으로 한다.[3]

한편 바젤Ⅲ는 위기상황에서도 최저 자본비율을 유지하고 자기자본규제의 경기순응성을 완화하기 위해 자본보전 완충자본(conservation buffer) 및 경기대응 완충자본(countercyclical buffer)을 새롭게 도입하였다. 자본보전 완충자본은 모든 은행에 대해 상시적으로 보통주자본 기준 2.5%를 추가 보유토록 의무화하는 것이고, 경기대응 완충자본은 신용확장기에 최대 2.5%까지 자본을 추가로 부과하는 것이다.[4]

바젤Ⅲ의 도입·시행에 따라 자기자본비율은 보통주자본비율, 기본자본비율, 총자본비율로 구분되어 유지하여야 하는 것으로 변경되었다.[5] 다만, 자본확충에 따른 부담을 완화하기 위하여 2013년부터 단계적으로 도입하여 2019년부터는 완전한 규제수준을 적용할 예정이다.[6]

---

1) 1988년 BIS가 제시한 최초기준인 바젤Ⅰ은 국제적으로 활발히 영업하는 선진국 은행이 위험에 대비해 적정자본을 보유하도록 하자는 취지로 탄생하였다. 이후 금융혁신과 규제완화 추세에 부응하여 2004년에 바젤Ⅱ가 나오게 되었다. 바젤Ⅱ는 기본자본, 보완자본 등 자본별로 적정 보유비율을 정해 은행이 부실에 대비하도록 하였다. 글로벌 금융위기를 거치면서 기본자본 중에도 보통주같이 질적 요건이 높은 자본은 아주 부족하다는 점을 인식하게 되어 2010년 자기자본규제가 위험에 진정한 대비가 되도록 하는 바젤 Ⅲ를 발표하였다.
2) 국제적 자본규제에 발맞추어 2013. 7. 8. 감독규정 개정을 통해 2013. 12. 1.부터 바젤Ⅲ에 따른 자본규제를 단계적으로 도입하였다.
3) 기본자본(C)=A+B이고, 총자본=C+D이다.
4) 금융감독, 154면.
5) ① 보통주자본비율=(보통주자본−공제항목)/위험가중자산×100 ② 기본자본비율=(기본자본−공제항목)/위험가중자산×100=(보통주자본+기타 기본자본−공제항목)/위험가중자산×100 ③ (보통주자본+기타 기본자본+보완자본−공제항목)/위험가중자산×100
6) 금융위원회, "바젤Ⅲ에 따른 강화된 자본규제를 국내은행에 시행─은행의 위기대응능력 제고를 위한 건전성 강화─"(보도자료, 2013. 11. 25.); 금융감독, 155면.

[바젤Ⅲ에 따른 최저자본규제 변동]

(단위 : %)	'13.12월	'2014	'2015	'2016	'2017	'2018	'2019
필요 총자본비율 (총자본비율+자본보전 완충자본비율)	8.0	8.0	8.0	8.625	9.25	9.875	10.5
총자본비율	8.0	8.0	8.0	8.0	8.0	8.0	8.0
기본자본비율	4.5	5.5	6.0	6.0	6.0	6.0	6.0
보통주자본비율	3.5	4.0	4.5	4.5	4.5	4.5	4.5
자본보전완충자본비율	-	-	-	0.625	1.25	1.875	2.5

　　자기자본비율 산출시 회계상 자산으로 인식되나 자기자본비율의 성격상 자본으로 간주할 수 없는 계정항목은 제외(공제항목)하여 산출한다. 자기자본비율의 분모인 위험가중자산이란 대차대조표상의 모든 자산을 대상으로 자산종류별로 그 위험도에 따라 가중평균한 것을 의미한다. 위험가중자산금액은 자산가액에 소정의 위험가중치를 곱한 금액을 합산하여 산출하는데, 위험가중치(risk weights)는 (신용·시장·운영)리스크의 정도에 따라 결정된다.

다. 자산건전성규제

　　자산의 건전성은 은행이 다수 예금주로부터 조달한 자산의 운용과정에서 발생가능한 예상손실(expected loss)에 대한 손실흡수력을 확보하는 것이다. 그 내용은 자산건전성분류와 대손충당금적립으로 구분된다. 첫째, 자산건전성분류는 은행이 보유한 자산의 건전성을 차주의 채무상환능력을 기초로 하여 연체기간, 부도여부 등 과거실적뿐만 아니라 차주의 미래 상환능력(forward looking criteria)까지 종합적으로 감안하여 정상, 요주의, 고정, 회수의문, 추정손실의 5단계로 분류하는 것이다. 자산건전성 분류대상 자산은 원칙적으로 신용리스크가 있고 부실화가능성이 있는 자산이다. 둘째, 대손충당금이란 자산의 예상손실을 흡수할 수 있는 완충장치인데 손실이 예상되거나 실현되었을 때 상각비용으로 이용된다. 2011년부터 한국채택국제회계기준(K-IFRS) 도입으로 대출채권의 중요성[1]에 따라 개별적 또는 집합적으로 가치손상여부를 평가하여 자산가치에 손상이 발생하였다는 객관적인 증거가 있는 경우에 한하여 발생손실을 대손충당금으로 적립하는 것이다.[2]

---

1) 개별적으로 중요한 채권 중 손상이 개별적으로 식별될 경우 미래예상 현금흐름의 현재가치를 추정하여 개별대손충당금을 설정하고, 그렇지 않은 경우 유사한 자산군으로 분류하고 손상여부를 집합적으로 평가하여 집합대손충당금을 설정한다(K-IFRS 제1039호 문단 64).
2) K-IFRS에서는 최저적립율 또는 예상적립율이 허용되지 않음에 따라, 감독규정은 K-IFRS 도입에 따

라. 유동성규제

은행의 유동성은 고객의 예금청구에 대한 지급, 채무상환 및 신규대출의 취급, 경영에 필요한 자산의 취득과 투자자금 등 은행의 자금수요에 적절히 대처할 수 있는 기능이다. 은행이 수요에 충분한 자금을 시의적절하게 그리고 합리적인 비용으로 조달할 수 있을 때에 유동성이 양호한 것으로 평가된다.

(1) 유동성커버리지비율

유동성커버리지비율(liquidity coverage ratio : LCR)은 유동성리스크에 대한 단기복원력을 제고하기 위해 은행이 유동성 위기상황에서 1개월 동안 생존할 수 있도록 충분한 유동성 자산을 확보하도록 하는 단기 유동성비율 규제이다.[1] 이는 향후 1개월간의 순현금유출액에 대한 고유동성자산 보유규모비율을 말하고, 은행은 이를 100% 이상 유지하여야 한다. 다만, 금융위원회가 급격한 경제 여건의 변화 또는 국민생활 안정 목적 등 불가피한 사유가 있다고 인정하여 6개월 이내의 기간을 정하는 경우 100% 미만에서 금융위원회가 정하는 비율 이상을 유지하여야 한다(감규 26조 1항 2호).[2] 일반은행 및 산업·기업·농협·수협 등의 특수은행은 100% 이상을, 외은지점은 60% 이상을 유지하여야 한다. 순현금유출액은 유동성 위기상황에서 향후 1개월간 예상되는 현금유출액에서 현금유입액을 차감한 금액으로 계산된다. 현금유출액은 소·중소기업 예금, 무담보자금조달, 미사용약정 등으로부터의 자금유출액을 의미하고, 현금유입액은 만기도래대출·예치금 등으로부터의 자금유입액을 의미한다. 고유동성자산은 유동성 위기상황에서도 큰 가치하락 없이 현금화가 용이한 자산을 말한다.

(2) 원화예대율

원화예대율은 유동성리스크관리가 미흡한 상태에서 대내외 충격이 닥칠 경우 발생할 수 있는 시스템리스크요인 완화를 위한 직접규제 제도이다. 원화예대율은 원화예수수금 월평잔 금액 대비 원화대출금 월평잔 금액으로 산출하며, 규제수준은 100% 미만이다.[3] 적용대상은 직전 분기말월의 원화대출금이 2조원 이상인 일반은행 및 외은지점과 농협은행이다. 중소기업 지원 및 사회적 약자 지원에 기여할 기반 마련, 커버드본드(이중상환청구권부채권)[4] 발행 활성화 등을 위

른 손실흡수능력의 악화를 방지하기 위하여, 대손충당금이 자산건전성 분류별 최저적립률 또는 예상적립율에 미달할 경우 그 미달하는 금액을 대손준비금으로 적립하도록 하였다(감규 29조 1항 참조).
1) 금융감독, 179면.
2) 유동성커버리지비율＝고유동성자산 보유규모÷향후 1개월간 순현금유출액≧최저 규제수준
3) 원화예대율＝(원화대출금－정책자금대출 등)/(원화예수금＋커버드본드)×100
4) 이중상환청구권부 채권(covered bond)이란 발행기관에 대한 상환청구권과 함께 발행기관이 담

해 예대율 산정시 온렌딩(onlending)대출 등 정책자금대출[1]은 대출에서 제외하고 예금에 커버드본드의 일정액을 포함한다.[2]

(3) 외환건전성관련 지도비율

우리나라와 같은 소규모 개방경제 하에서 통화의 국제화가 이루어지지 않은 경우에는 금융위기 발생시 외화유동성 위기에 직면할 가능성이 높다. 또한 급격한 환율변동으로 외화자산 또는 외화부채의 가치가 크게 변동할 경우 은행의 재무건전성이 크게 훼손될 수 있다.[3] 외화유동성과 환리스크를 관리하기 위한 외환건전성규제로는 외국환포지션 한도, 외화유동성비율, 중장기외화자금관리비율, 외화안전자산보유제도가 있다.

외국환은행의 경우 종합포지션은 자기자본의 50%, 선물환포지션은 자기자본의 30%(외은지점의 경우 자기자본의 150 %)의 한도를 넘지 않도록 관리하여야 하고(감규 63조),[4] 일반은행은 외화유동성비율, 중장기외화자금관리비율을 일정 수준 이상[5] 유지하여야 한다(감규 64조, 65조). 외화안전자산보유제도는 신용등급이 높은 국가의 정부 또는 중앙은행이 발행한 채권 등 양질의 유동성자산 보유를 의무화함으로써 위기상황 발생시에도 외화자산 매각 등을 통해 외화유동성을 확충할 수 있도록, 국내은행(산업·수출입은행 제외)은, ① 총외화자산의 2% 이상 또는 ② 향후 2개월 이내 최대유출가능금액[6] 이상을 A등급 이상의 국공채(회사채 포함) 등 외화안전자산으로 보유하여야 한다(감규 64조의2).[7]

보로 제공하는 기초자산집합에 대하여 제 3 자에 우선하여 변제받을 권리를 가지는 채권으로서「이중상환청구권부 채권 발행에 관한 법률」에 따라 발행되는 것을 말한다(동법 2조 3호).
1) ①「중소기업기본법」에 따른 중소기업 또는「중견기업 성장촉진 및 경쟁력 강화에 관한 특별법」에 따른 중견기업에 대해「한국산업은행법」에 따른 한국산업은행으로부터 차입한 자금을 이용한 대출, ②「농림축산정책자금 대출업무 규정」에 따라 정부로부터 차입한 자금을 이용한 대출, ③ 전국은행연합회의「새희망홀씨 운영규약」에 따른 대출(감규 26조 1항 3호).
2) 금융감독, 183면.
3) 금융감독, 180면.
4) 외국환포지션은 외화자산(매입)과 외화부채(매각)의 차액을 말하며, 현물과 선물의 외화자산·부채의 차액을 산정하는 것을 종합포지션, 선물 외화자산·부채의 차액만을 산정하는 것을 선물환포지션이라고 한다(금융감독, 181면).
5) ① 3개월 외화유동성비율=잔존만기 3개월 이내 외화자산/잔존만기 3개월 이내 외화부채×100≧85%, ② 7일 만기불일치비율=(기간별 외화자산－기간별 외화부채)/총외화자산×100≧△3%, ③ 1개월 만기불일치비율=(기간별 외화자산－기간별 외화부채)/총외화자산×100≧△10%, ④ 중장기외화자금조달비율=상환기간 1년초과 외화조달잔액/상환기간 1년이상 외화대출잔액×100≧100%.
6) 1년 이내 만기도래 차입금×2/12×[1－최저차환율].
7) 금융감독, 182면.

3. 경영실태평가와 적기시정조치

가. 경영실태평가

감독당국은 은행의 경영상태를 파악하기 위하여 경영실태평가라는 분석수단을 활용한다. 경영실태평가는 각 은행의 경영실적, 경영의 건전성, 경영진의 경영능력, 법규준수 상황 및 리스크관리실태 등 다양한 평가부문을 종합적이고 통일적인 방식에 따라 일정한 등급으로 평가하여 은행의 경영상태를 체계적이고 객관적으로 확인하는 방법의 하나이다.[1]

평가부문은 일반은행 본점 및 현지법인의 경우 CAMEL-R방식으로 평가하는데, 자본적정성(Capital Adequacy), 자산건전성(Asset Quality), 경영관리적정성(Management)·수익성(Earnings)·유동성(Liquidity)·리스크관리(Risk Management) 등 6개 부문으로 구성된다. 한편 특수은행은 은행별 설립목적에 따른 영업의 특수성을 고려하여 CAMEL방식으로 평가하되 은행특성에 맞게 조정하여 평가하고, 외은지점 및 일반은행 국외지점은 지점의 영업활동 과정에서 발생하는 리스크를 측정하는 목적으로 ROCA방식으로 평가하는데, ROC는 리스크관리(Risk Management)·경영관리 및 내부통제(Operrational Controls)·법규준수(Compliance)·자산건전성(Asset Quality) 등 4개 부문으로 구성된다.

경영실태평가의 부문별 평가등급 및 종합등급은 1등급에서 5등급까지 5단계로 구분한다. 특히 일반은행의 경우 평가등급에서 각각 3단계(+, 0, −)로 세분화하여, 5등급, 15단계(1등급+~5등급−)로 평가등급을 산정한다.

경영실태평가는 감독당국이 은행본점에 대해 종합검사를 실시할 때 평가하는 것이 원칙이고, 매분기마다 각 은행의 업무보고서를 기준으로 경영관리부문 및 리스크관리부문을 제외한 나머지 부문에 대하여 간이계량평가를 실시한다.[2]

나. 적기시정조치

감독기관은 은행의 경영상태를 상시감시할 뿐만 아니라 경영부실위험을 적기에 파악하여 필요한 조치를 취함으로써 개별은행의 건전경영을 유도하고 금융안정을 도모하여야 한다. 경영실태평가를 실시하여, 부실화소지가 있는 은행에 대하여 부실화가 크게 진전되기 이전에 적절한 경영개선조치를 취함으로써 조기에 경영정상화를 도모하고, 경영정상화 가능성이 없는 은행을 조기에 퇴출

---

1) 금융감독, 216면.
2) 금융감독, 224면.

한다. 금융위원회는 은행이 경영지도기준을 충족시키지 못하는 등 경영의 건전성을 크게 해칠 우려가 있다고 인정될 때에는 자본금의 증액, 이익배당의 제한 등 경영개선을 위하여 필요한 조치를 요구할 수 있다(법 34조 4항).

경영실태평가는 그 결과에 따라 경영개선권고, 경영개선요구, 경영개선명령 등의 적기시정조치(Prompt Corrective Action: PCA)에 활용된다.

경영개선권고 사유로는 ① 총자본비율이 8.0% 미만 또는 기본자본비율이 6.0% 미만 또는 보통주자본비율이 4.5% 미만인 경우, ② 경영실태평가 결과 종합평가등급이 1등급 내지 3등급으로서 자산건전성 또는 자본적정성 부문의 평가등급을 4등급 또는 5등급으로 판정받은 경우, ③ 거액의 금융사고 또는 부실채권의 발생으로 ① 또는 ②의 기준에 해당될 것이 명백하다고 판단되는 경우의 어느 하나에 해당되는 경우이다.

경영개선요구 사유로는 ① 총자본비율이 6.0% 미만 또는 기본자본비율이 4.5% 미만 또는 보통주자본비율이 3.5% 미만인 경우, ② 경영실태평가 결과 종합평가등급을 4등급 또는 5등급으로 판정받은 경우, ③ 거액의 금융사고 또는 부실채권의 발생으로 ① 또는 ②의 기준에 해당될 것이 명백하다고 판단되는 경우의 어느 하나에 해당되는 경우이다.

경영개선명령은 ① 금융산업구조개선법에 따른 부실금융기관, ② 총자본비율이 2.0% 미만 또는 기본자본비율이 1.5% 미만 또는 보통주자본비율이 1.2% 미만인 경우, ③ 경영개선요구를 받은 은행이 경영개선계획의 주요사항을 이행하지 않아 그 이행촉구를 받았음에도 이를 이행하지 아니하거나 이행이 곤란하여 정상적인 경영이 어려울 것으로 인정되는 경우의 어느 하나에 해당되는 경우이다(감규 34조, 35조, 36조).

적기시정조치를 받은 은행은 동 조치를 받은 후 2개월의 범위 내에서 감독당국이 정하는 기한 내에 경영개선계획을 감독원장에게 제출하고, 이를 승인받은 은행은 분기별 이행실적을 제출하여 이행여부를 점검받아야 한다. 은행의 경영개선계획 이행기간이 만료되어 경영상태가 충분히 개선되었다고 인정되는 경우에는 감독당국은 당초의 조치가 종료되었음을 은행에 통지한다.

은행법은 경영개선명령과 다른 긴급조치에 대해 규정한다.[1] 적기시정조치는 조치의 발동요건에 해당하는 경우 무차별적으로 시정조치를 시행하는 강행

---

1) 금융위원회는 은행의 파산 또는 예금지급불능의 우려 등 예금자의 이익을 크게 해칠 우려가 있다고 인정할 때에는 예금 수입(受入) 및 여신(與信)의 제한, 예금의 전부 또는 일부의 지급정지, 그 밖에 필요한 조치를 명할 수 있다(법 46조).

규정인 반면, 긴급조치는 감독당국의 재량행위라는 점에서 차이가 있다. 금융위원회는 은행이 예금지급불능 등의 위험을 제거하기 위하여 긴급조치를 취할 수 있으나, 금융위원회를 소집할 수 없는 긴급한 경우에는 위원장은 우선 필요한 긴급조치를 취할 수 있다. 긴급조치의 사유는 은행이, ① 유동성의 급격한 악화로 예금지급준비금 및 예금지급준비자산의 부족, 대외차입금의 상환불능 등의 사태에 이른 경우, ② 휴업, 영업의 중지, 예금인출 쇄도 또는 노사분규 등 돌발사태가 발생하여 정상적인 영업이 불가능하거나 어려운 경우, ③ 파산위험이 현저하거나 예금지급불능상태에 이른 경우의 어느 하나에 해당되어 예금자의 이익을 크게 저해할 우려가 있다고 인정되는 경우이다. 위원장의 필요한 긴급조치란, ① 예금의 수입 및 여신의 제한, ② 예금의 전부 또는 일부의 지급정지, ③ 채무변제행위의 금지, ④ 자산의 처분의 일부 또는 전부에 해당하는 조치를 말한다(감규 38조).

Ⅲ. 신용공여한도

1. 개   요

대출은 은행의 고유업무이나, 차주의 채무불이행에 따른 자산의 부실화위험(신용위험)은 은행의 영업활동과 관련된 핵심적인 위험이다. 특히 특정차주에 대한 거액의 편중여신은 거래상대방의 부실화시 은행의 경영에 미치는 영향이 지대하고, 대주주·자회사 등 특수관계인에 대한 내부자 여신의 경우 불공정한 거래로 이용될 소지가 있다.

신용공여한도제는 차주에 대한 신용공여의 총량을 일정한도내로 제한하여 거래처의 부실화시 은행이 동반 부실화되는 것을 예방하는 한편, 특수관계인이 은행과의 특수한 관계를 이용하여 과다한 신용공여를 제공받는 것을 방지하여 은행이 부당한 내부거래에 의해 부실화되지 않도록 하여 신용리스크관리와 관계자거래제한을 통한 은행경영의 건전성을 확보하기 위한 감독수단이다.[1] 신용공여한도제는 우량 대기업에의 여신집중을 방지하여 중소기업 및 벤처산업 등에 자금을 균형적으로 배분하여 국민경제의 균형적 발전을 도모하고 금융자본의 산업지배를 방지하는 기능을 한다.

---

[1] 대주주 신용공여한도는 부당한 내부거래에 의해 대주주의 사금고가 되는 것을 미연에 방지하기 위한 규제라는 의견이 있다(은행법(김), 242면).

2. 신용리스크관리

가. 신용공여한도

은행은 동일한 개인이나 법인 각각에 대하여 그 은행의 자기자본의 20%를 초과하는 신용공여를 할 수 없고(동일인 신용공여한도), 동일한 개인·법인 및 그 개인·법인과 신용위험을 공유하는 자(동일차주)[1]에 대하여 그 은행의 자기자본의 25%를 초과하는 신용공여를 할 수 없으며(동일차주 신용공여한도)이며, 동일한 개인이나 법인 또는 동일차주 각각에 대한 은행의 신용공여가 그 은행의 자기자본의 10%를 초과하는 거액신용공여인 경우 그 총합계액은 그 은행의 자기자본의 5배를 초과할 수 없다(거액신용공여 총액한도)(법 35조 1항·3항·4항).[2]

신용공여란 대출, 지급보증 및 유가증권의 매입(자금지원적 성격인 것만 해당), 그 밖에 금융거래상의 신용위험이 따르는 은행의 직접적·간접적 거래를 말하나, 감독규정<별표2>에서 신용공여의 범위를 구체적으로 열거하고 있으므로 이에 의하여 신용공여 해당여부를 판단해야 한다.

나. 한도초과 허용사유

은행의 신용공여한도에 예외적인 경우가 있다. 국민경제를 위하여 또는 은행의 채권 확보의 실효성을 높이기 위하여 필요한 경우 또는 은행이 추가로 신용공여를 하지 아니하였음에도 불구하고 자기자본의 변동, 동일차주 구성의 변동 등으로 한도를 초과하는 부득이한 경우에는 한도초과가 허용된다(법 35조 단서). 전자에는, ① 회생절차가 진행 중이거나 기업구조조정 등을 위하여 은행 공동으로 경영 정상화를 추진 중인 회사에 대하여 추가로 신용공여를 하는 경우, ② ①에 해당하는 회사를 인수한 자에 대하여 인수계약에서 정하는 바에 따라 추가로 신용공여를 하는 경우, ③ SOC사업의 추진 등 산업발전 또는 국민생활 안정을 위하여 불가피하다고 금융위원회가 인정하는 경우 등이 해당된다. 이 사유로 한도를 초과하고자 하는 은행은 금융위원회에 한도초과승인을 받아야 한다. 후자에는 ④ 환율변동에 따라 원화환산액이 증가한 경우, ⑤ 해당 은행의 자

---

1) 공정거래법 제2조 제2호에서 규정한 기업집단에 속하는 회사를 말한다(법시행령 20조의2).
2) 동일인한도(자기자본의 20% 이내)는 자금의 균형적배분과 산업지배방지에 중점을 둔다면, 동일차주한도(자기자본의 25% 이내)는 동일인한도만 적용하게 되면 계열 전체에 대한 실제 한도는 자기자본을 상회할 수 있어 편중여신 규제목적을 달성하고 BCBS(바젤은행감독위원회)의 '효과적 은행감독을 위한 핵심원칙'과의 정합성을 도모하기 위한 것이고, 거액여신한도(자기자본의 5배 이내)는 동일인한도 또는 동일차주한도로는 소수 대기업에 자금이 편중될 소지가 있어 편중여신의 총액한도관리로서 자산운용의 건전성을 도모하고자 하는 것이다(은행법(이), 203~204면 참고).

기자본이 감소한 경우, ⑥ 동일차주(同一借主)의 구성에 변동이 있는 경우 ⑦ 신용공여를 받은 기업 간의 합병 또는 영업의 양도·양수가 있는 경우, ⑧ 급격한 경제 여건의 변화 등 불가피한 외부요인으로 은행의 귀책사유 없이 신용공여한도를 초과하였다고 금융위원회가 인정하는 경우 등이 해당된다. 이 사유로 한도를 초과한 은행은 1년 이내에 법정 한도에 맞도록 하여야 한다. 다만 법시행령 제20조의4에서 규정하는 부득이한 사유에[1] 해당하는 경우에는 그러하지 아니하다(법 35조 1항·2항, 법시행령 20조의3).

다. 제   재

동일인·동일차주·거액신용공여 총액한도를 위반한 은행에 대해서 금융위원회는 초과한 신용공여액의 10% 이하의 과징금을 부과할 수 있고(법 65조의3 1호), 동일인·동일차주·거액신용공여 총액한도를 위반하여 신용공여를 한 자는 3년 이하의 징역 또는 1억원 이하의 벌금에 처한다(법 67조 1호).

3. 관계자 거래제한

가. 대주주 신용공여한도

(1) 신용공여한도

은행이 그 은행의 대주주에게 할 수 있는 신용공여는 그 은행 자기자본의 25%에 해당하는 금액과 그 대주주의 그 은행에 대한 출자비율에 해당하는 금액[2]중 적은 금액을 초과할 수 없고(개별 대주주 신용공여한도)이고, 그 은행의 전체 대주주에게 할 수 있는 신용공여는 그 은행 자기자본의 25%에 해당하는 금액을 초과할 수 없다(전체 대주주 신용공여한도)(법 35조의2 1항·2항). 은행은 신용공여한도를 회피하기 위한 목적으로 다른 은행과 교차하여 신용공여(cross-lending)를 하여서는 아니 된다(법 35조의2 3항). 은행의 우회적인 탈법행위를 방지하기 위한 것이다. 은행법상 대주주는 특정요건을 충족하는 주주 1인을 의미하나, 신용공여한도 계산시에는 특수관계인을 포함한다. 대주주뿐만 아니라 그의 특수관계인에게

---

1) 은행법 시행령 제20조의4: 법 제35조 제 2 항 단서에서 "대통령령으로 정하는 부득이한 사유에 해당하는 경우"란 다음 각 호의 어느 하나에 해당하는 경우를 말한다.
  1. 이미 제공한 신용공여의 기한이 도래하지 아니하여 기간 내에 회수가 곤란한 경우
  2. 제20조의3 제 2 항 제 1 호 또는 제 2 호에 따른 사유가 장기간 지속되고 해당 신용공여를 회수할 경우 신용공여를 받은 자의 경영안정을 크게 해칠 우려가 있는 경우
  3. 그 밖에 제 1 호 및 제 2 호에 준하는 경우로서 한도 초과 상태가 일정 기간 계속되어도 해당 은행의 자산건전성을 크게 해치지 아니한다고 금융위원회가 인정하는 경우
2) 대주주가 보유하는 해당 은행의 의결권 있는 주식 수를 해당 은행의 의결권 있는 발행주식 총수로 나눈 비율에 해당 은행의 자기자본을 곱한 금액이다.

제공된 신용공여도 포함하여 신용공여한도를 적용한다는 것이다. 관계자거래제한 목적에서의 신용공여란 신용리스크관리 목적의 신용공여의 개념과 동일하나, 위험가중치 0% 적용 국가의 정부, 중앙은행, 은행 등에 대한 신용공여와 은행구조조정과정에서 대주주가 된 예금보험공사 등 국내 공공기관에 대한 신용공여가 제외되는 점이 차이가 있다.[1]

(2) 절차상 요건

은행은 그 은행의 대주주에 대하여 단일거래금액이 자기자본의 0.1%에 해당하는 금액 또는 50억원 중 적은 금액 이상의 신용공여(자본시장법의 모집 또는 매출의 방법으로 발행되는 사채권을 취득하는 거래 포함)를 하려는 경우에는, ① 미리 재적이사 전원 찬성에 의한 이사회의 의결을 거쳐야 하고, ② 신용공여를 한 경우에는 지체 없이 그 사실을 금융위원회에 보고하고 인터넷 홈페이지 등을 이용하여 공시하여야 하며, ③ 신용공여에 관한 사항을 분기별로 공시하여야 한다(법 35조의2 4항 내지 6항, 법시행령 20조의5 5항 내지 7항). 이는 은행과 대주주간의 이해상충거래에 대해 상시적으로 그 부당성과 불공정성을 감시할 수 있도록 하는 순기능을 부여한다.[2]

(3) 내용적 제한

은행은, ① 그 은행의 대주주의 다른 회사에 대한 출자를 지원하기 위한 신용공여와, ② 그 은행의 대주주에게 자산을 무상으로 양도하거나 통상의 거래조건에 비추어 그 은행에게 현저하게 불리한 조건으로 매매 또는 교환하거나 신용공여를 하여서는 아니 된다(법 35조의2 7항·8항). 이는 신용공여의 질적 제한 또는 내용적 제한과 이해상충의 방지를 위한 것이다.

(4) 한도초과 허용사유

은행이 추가로 신용공여를 하지 아니하였음에도 불구하고, ① 환율변동에 따른 원화환산액의 증가, ② 해당 은행의 자기자본 감소, ③ 동일인 구성의 변동, ④ 기업 간 합병 또는 영업의 양수, ⑤ 금융위원회가 인정하는 불가피한 사유 등의 사유로 대주주 신용공여한도를 초과하게 된 경우에는, 그 사유가 발생한 날부터 3개월 이내에 이를 적합하게 하기 위한 계획을 금융위원회에 제출하여 승인을 받아야 한다(법시행령 20조의5 4항).

(5) 제   재

대주주에 대한 신용공여한도를 초과한 경우 초과한 신용공여액의 40% 이하

---

1) 감독규정 <별표2> 신용공여의 범위의 2(신용공여산출시 제외항목) 참조.
2) 은행법(김), 246면

의 과징금을, 그리고 대주주 신용공여의 내용적 제한을 위반하여 신용공여하거나 자산을 무상양도·매매·교환한 경우 해당 신용공여액 또는 해당 자산의 장부가액의 40% 이하의 과징금을, 은행에 부과할 수 있다(법 65조의3 2호·15호). 대주주에 대한 신용공여한도 및 대주주 신용공여의 내용적 제한을 위반하여 대주주에게 신용공여·무상양도를 한 자와 그로부터 신용공여·무상양도를 받은 대주주 또는 자산을 매매·교환한 당사자는 10년 이하의 징역 또는 5억원 이하의 벌금에 처한다(법 66조 1항 2호). 대주주에 대한 신용공여시 이사회의 의결을 거치지 아니하거나 대주주 신용공여의 절차적 제한을 위반하여 금융위원회에 대한 보고 또는 공시를 하지 아니한 은행에 대해 5천만원 이하의 과태료를 부과한다(법 69조 1항 6호·7호).

나. 자회사 신용공여한도

(1) 신용공여한도

은행은 그 은행의 자회사1) 각각에 대해서는 해당 은행 자기자본의 10%를 초과하는 신용공여를 하여서는 아니되고(개별 자회사 신용공여한도)이고, 자회사 전체에 대해서는 해당 은행 자기자본의 20%를 초과하는 신용공여를 하여서는 아니 된다(전체 자회사 신용공여한도)(법 37조 3항 1호, 법시행령 21조 5항).

(2) 자회사와의 거래시 금지행위

은행은 자회사와의 거래시 통상의 조건에 따라야 하는데, ① 자회사의 주식을 담보로 하거나 자회사 주식을 사게 하기 위한 신용공여, ② 자회사 임직원에 대하여 일반고객과 동일한 조건의 소액대출2)을 초과하는 대출, ③ 정당한 사유 없이 자회사를 우대하거나 자회사가 부담하여야 할 경비를 대신 부담하는 행위, ④ 업무상 알게 된 은행이용자에 대한 정보를 은행이용자의 동의 없이 자회사에 제공하거나 자회사로부터 제공받는 행위 등을 하여서는 아니 된다(법 37조 3항, 법시행령 21조 8항).

(3) 한도초과허용사유

은행이 추가로 신용공여를 하지 아니하였음에도 불구하고, ① 환율변동에 따른 원화환산액의 증가, ② 해당 은행의 자기자본 감소, ③ 자회사 간 합병 또는 영업의 양도·양수, ④ 감독규정 제52조 제 2 항에서 규정하는 사유 등으로 자회사 신

---

1) 자회사란 은행이 의결권 있는 지분증권의 15%를 초과하는 지분증권을 소유하는 회사를 말한다(법 37조 2항).
2) 소액대출이란 2천만원 이내의 일반자금대출, 5천만원 이내의 주택자금대출(일반자금대출 포함)을 말하며 대출조건은 일반고객과 동일하여야 한다(감규 53조 1항).

용공여한도를 초과하게 된 경우에는 이를 적합하게 하기 위한 계획을 그 사유가 발생한 날부터 1개월 이내에 금융위원회에 제출하여야 한다(법시행령 21조 7항).

(4) 제   재

자회사에 대한 신용공여한도를 초과한 경우, 초과한 신용공여액의 10% 이하의 과징금을, 자회사의 주식을 담보로 하거나 자회사 주식을 사게 하기 위한 신용공여를 한 경우 해당 신용공여액의 2% 이하의 과징금을, 각각 부과할 수 있고(법 65조의3 1호·5호), 신용공여한도와 자회사와의 거래시 금지행위 중 어느 하나를 위반한 자는 3년 이하의 징역 또는 1억원 이하의 벌금에 처한다(법 67조 2호).

다. 모·자은행 신용공여한도

(1) 신용공여한도

은행이 다른 은행의 의결권 있는 발행주식총수의 15%를 초과하여 주식을 소유하는 경우 그 은행을 모은행이라 하고, 그 다른 은행을 자은행이라 말한다. 이 경우 모은행과 자은행이 합하여 자은행이 아닌 다른 은행의 의결권 있는 발행주식총수의 15%를 초과하여 주식을 소유하는 경우 그 다른 은행은 그 모은행의 자은행으로 본다(법 37조 5항). 자은행은 모은행에 대한 신용공여가 금지되고, 다른 자은행에 대한 신용공여는 해당 자은행 자기자본의 10% 이내(개별 자은행 신용공여한도)이고, 다른 자은행에 대한 신용공여의 합계액은 해당 자은행 자기자본의 20% 이내(전체 자은행 신용공여한도)이다(법 37조 6항 3호, 법시행령 21조 11항).

(2) 담보확보의무 등

자은행과 모은행 및 그 모은행의 다른 자은행(이하 '모은행 등') 상호간에 ① 신용공여를 하는 경우에는 신용공여액의 150% 범위에서 유가증권, 부동산 등 감독규정 제52조의4에서 정하는 비율[1] 이상의 담보를 확보하여야 하고, ② 경영내용, 재무상태 및 미래의 현금흐름 등을 고려할 때 상환에 어려움이 있거나 있을 것으로 판단되는 채무자 등에 대한 채권으로서 요주의 이하로 분류된 자산을 거래하여서는 아니 된다. 다만 그 자은행과 모은행 등의 구조조정에 필요한 거

---

1) 은행업감독규정 제52조의4(적정담보확보기준 등) 제 1 항: 영 제21조 제14항에서 "담보의 종류에 따라 금융위원회가 정하여 고시하는 비율"이라 함은 다음 각호의 어느 하나를 말한다.
  1. 예·적금, 정부 및 한국은행에 대한 채권, 정부 및 한국은행이 보증한 채권, 정부 및 한국은행이 발행 또는 보증한 증권에 의해 담보된 채권: 100분의 100
  2. 지방자치법에 의한 지방자치단체, 지방공기업법에 의한 지방공기업(다만, 결손이 발생하는 경우 정부 또는 지방자치단체로부터 제도적으로 결손보전이 이루어 질 수 있는 기관에 한한다), 「공공기관의 운영에 관한 법률」에 따른 공공기관(이하 "공공기관"이라 한다)에 대한 채권, 공공기관이 보증한 채권, 공공기관 등이 발행 또는 보증한 증권에 의해 담보된 채권: 100분의 110.

래 등에 해당하는 경우에는 그러하지 아니하다(법 37조 7항·8항, 법시행령 21조 14항
내지 16항).

　　(3) 제　　재

　　자은행에 대한 신용공여한도를 초과한 경우 초과한 신용공여액의 10% 이하
의 과징금을 부과할 수 있고(법 65조의3 1호), 신용공여한도와 담보확보의무 등의
규정중 어느 하나를 위반한 자는 3년 이하의 징역 또는 1억원 이하의 벌금에 처
한다(법 67조 2호).

Ⅳ. 기타 건전경영의 확보수단

1. 개　　요

　　은행의 건전경영의 확보를 위하여는 업무행위에 대하여도 규제할 수 있다.
은행법은 영업행위에 있어서 정부대행기관에 대한 대출제한(법 36조), 다른 회사
에 대한 출자제한(법 37조), 비업무용 자산 등의 처분(법 39조), 불공정영업행위의
금지(법 52조의2) 및 광고규제(법 52조의3)와 금지업무(법 38조)를, 회계업무에서는
내부유보제도(법 40조), 적립금보유 및 손실처리의 요구(법 50조)를, 각각 규정하고
있다.

2. 영업행위규제

가. 정부대행기관에 대한 대출제한

　　한국은행법에 따른 정부대행기관은 생산·구매·판매 또는 배급에 있어서 정
부를 위하여 공공의 사업 또는 기능을 수행하는 법인으로서 정부가 지정한 법인
이다(한은 77조 2항). 지정법인에는 농업협동조합중앙회의 비료계정,[1] 부실채권정
리기금[2]이 있다. 정부대행기관은 정부를 위하여 공공의 사업을 하는 기관으로
서 그 사업의 효과가 실질적으로는 정부에 귀속된다. 한국은행법에 따른 정부대
행기관에 대한 은행의 대출은 그 원리금의 상환에 관하여 정부가 보증한 경우에
만 할 수 있다(법 36조). 한국은행법 제77조 제 3 항[3]과 동일한 취지이다.

---

　1) 농림축산식품부장관은 농업협동조합중앙회로 하여금 비료를 공급하게 할 수 있고, 이 경우 농
　　업협동조합중앙회가 비료를 공급하는 경우에는 자체의 경리와 구분하여 비료계정을 따로 설치·
　　운영하여야 한다(비료관리법 7조 1항, 8조 1항).
　2) 부실채권정리기금이 한국은행으로부터 자금을 차입하는 경우에 기금은 한국은행법 제77조 제
　　2 항에 따른 정부대행기관으로 지정된 것으로 본다(한자 39조 3항).
　3) 한국은행법 제77조(정부대행기관과의 여·수신업무) ③ 한국은행의 정부대행기관에 대한 대출
　　은 그 원리금 상환에 대하여 정부가 보증한 경우에 한한다.

나. 다른 회사에 대한 출자제한

(1) 출자원칙

은행은 다른 회사 등의 의결권 있는 지분증권의 15%를 초과하는 지분증권을 소유할 수 없다(법 37조 1항). 이는 금융자본의 산업지배를 위한 과도한 출자로 경영건전성의 악화를 방지하기 위한 출자제한의 취지이다.

(2) 예외적 출자

출자원칙의 예외로서, 은행은 금융위원회가 정하는 업종에 속하는 회사[1] 등에 출자하는 경우 또는 기업구조조정 촉진을 위하여 필요한 것으로 금융위원회의 승인을 받은 경우에는 의결권 있는 지분증권의 15%를 초과하는 지분증권을 소유할 수 있다(법 37조 2항). 다만 은행이 의결권 있는 지분증권의 100분의 15를 초과하는 지분증권을 소유하는 회사 등에 대한 출자 총액이 ① 은행 자기자본의 100분의 20의 범위에서 대통령령으로 정하는 비율[2]에 해당하는 금액과, ② 은행과 그 은행의 자회사 등의 경영상태 등을 고려하여 금융위원회가 정하여 고시하는 요건을 충족하는 경우에는 은행 자기자본의 100분의 40의 범위에서 대통령령으로 정하는 비율[3]에 해당하는 금액 중 어느 하나의 금액을 초과하지 아니하는 경우만 해당한다(법 37조 2항).

다. 비업무용 자산 등의 처분

은행은 업무용 부동산이 아닌 부동산(비업무용 부동산)을 원칙적으로 소유할 수 없으나(법 38조 2호), 그 소유물이나 그 밖의 자산 중 은행법에 따라 그 취득 또는 보유가 금지되거나 저당권 등 담보권의 실행으로 취득한 자산이 있는 경우에는 은행법의 규정에 부합되지 아니하는 날로부터 1년 이내에 처분하여야 한다. 다만, 공매유찰 및 공매보류의 사유로 비업무용자산 처분연기보고를 하였을 경우에는 연기보고일 이후 1년 이내에 처분하여야 한다(법 39조, 감규 58조 1항).

라. 불공정영업행위의 금지

(1) 불공정영업행위의 유형

은행이 우월적 지위를 이용하여 은행이용자의 권익을 부당하게 침해하는

---

1) 금융위원회가 정하는 업종이란 은행업·보험업·금융투자업 등 금융업무를 수행하는 금융회사를 말한다(감규 49조 참조).
2) 은행법 시행령 제21조 제1항: 법 제37조 제2항 제1호에서 "대통령령으로 정하는 비율"이란 100분의 15를 말한다.
3) 은행법 시행령 제21조 제4항: 법 제37조 제2항 제2호에서 "대통령령으로 정하는 비율"이란 100분의 30을 말한다.

행위는 불공정영업행위에 해당되어 공정한 금융거래질서를 해칠 우려가 있어 금지된다. 그 유형은, ① 여신거래와 관련하여 차주의 의사에 반하여 예금 가입 등을 강요하는 행위, ② 여신거래와 관련하여 차주 등에게 부당하게 담보를 요구하거나 보증을 요구하는 행위, ③ 은행 또는 그 임직원이 업무와 관련하여 부당하게 편익을 요구하거나 제공받는 행위, ④ 그 밖에 은행이 우월적 지위를 이용하여 은행이용자의 권익을 부당하게 침해하는 행위 등이다(법 52조의2 1항).

은행법 시행령에서는 위와 같은 불공정영업행위를 구체적으로 다음과 같이 열거하고 있다(법시행령 24조의4).

① 여신거래와 관련하여 차주(借主)의 의사에 반하여 예금, 적금 등 은행상품(법 제52조의3 제 1 항에 따른 은행상품을 말한다. 이하 같다)의 가입 또는 매입을 강요하는 행위.

② 여신거래와 관련하여 차주의 의사에 반하여 예금, 적금 등 은행상품의 해약 또는 인출(引出)을 제한하는 행위.

③ 여신거래와 관련하여 차주 또는 제 3 자로부터 담보 또는 보증을 취득할 때 정당한 사유 없이 포괄근담보 또는 포괄근보증1)을 요구하는 행위.

④ 여신거래와 관련하여 제 3 자인 담보제공자에게 연대보증을 요구하는 행위.

⑤ 여신거래와 관련하여 중소기업의 대표자·임원 등 금융위원회가 정하여 고시하는 차주의 관계인의 의사에 반하여 은행상품의 가입 또는 매입을 강요하는 행위.

⑥ 여신거래와 관련하여 차주인 중소기업, 그 밖에 금융위원회가 정하여 고시하는 차주 및 차주의 관계인에게 여신실행일 전후 1개월 이내에 은행상품을 판매하는 행위로서 해당 차주 및 차주의 관계인을 보호하기 위한 목적으로 은행상품의 특성·판매금액 등을 고려하여 금융위원회가 정하여 고시하는 요건에 해당하는 행위.

⑦ 그 밖에 ①부터 ⑥까지의 규정에 준하는 행위로서 은행이용자의 권익을 보호하기 위하여 금융위원회가 정하여 고시하는 행위.

(2) 감독조치

금융위원회는 은행의 불공정영업행위가 있을 경우에는 해당 은행에 대하여

---

1) 포괄근담보란 「현재 발생하였거나 장래에 발생할 다수의 채무 또는 불확정 채무를 일정한 한도에서 담보하기 위한 물건 또는 권리를 제공하는 것」을 말하며, 포괄근보증이란 「현재 발생하였거나 장래에 발생할 다수의 채무 또는 불확정 채무를 일정한 한도에서 보증하는 것」을 말한다.

해당 불공정영업행위의 중지 등 시정조치를 명할 수 있다(법 52조의2 4항). 은행은 예금자 등 은행이용자를 보호하고 금융분쟁의 발생을 방지하기 위하여, 은행이용자가 유의하여야 할 사항의 공시, 금융거래 단계별로 해당 정보나 자료의 제공 및 그 내용설명 등의 적절한 조치를 마련하여야 하고, 금융감독원장은 은행이용자의 보호 등이 필요하다고 인정하는 경우 은행의 조치에 대하여 시정 또는 보완을 명할 수 있다(법 52조의2 2항·5항, 법시행령 24조의4 2항).

마. 광고규제

은행은 예금, 대출 등 은행이 취급하는 은행상품에 관하여 광고를 경우 그 은행의 명칭·은행상품의 내용·거래 조건 등이 포함되도록 하여야 하고, 은행이용자의 합리적 의사결정을 위하여 이자율의 범위 및 산정방법·이자의 지급 및 부과 시기·부수적 혜택 및 비용을 명확히 표시하여 은행이용자가 오해하지 아니하도록 하여야 한다(법 52조의3 1항·2항). 그리고 은행은 광고의 제작 및 내용에 관하여 지켜야 할 사항을 내부통제기준에 반영하고, 광고에 대하여 준법감시인의 사전확인을 받아야 한다(법시행령 24조의5 1항 3호·4호).

3. 금지업무

가. 유가증권 투자한도

은행의 경영 안정성을 도모하기 위하여 가격변동위험이 큰 주식이나 유동성위험 또는 금리변동위험이 큰 장기채권에 대한 보유는 은행이 흡수가능한 자본규모 이내로 제한할 필요가 있다.[1] 은행은 증권에 대한 투자의 총 합계액이 은행의 자기자본의 60%에 해당하는 금액을 초과하는 투자를 하여서는 아니 된다. 금융위원회는 필요한 경우 같은 투자한도의 범위에서 상환기간이 3년을 초과하는 채무증권, 지분증권, 파생결합증권에 대한 투자한도를 따로 정할 수 있다(법 38조 1호).

나. 업무용 부동산 소유한도

은행은 자기자본의 60%에 해당하는 금액을 초과하는 업무용 부동산을 소유하여서는 아니 된다(법 38조 3호). 과도한 업무용부동산 소유에 따른 자금의 고정화를 방지하기 위한 취지이다. 업무용부동산이란 ① 영업소·사무소 등 영업시설, ② 연수시설, ③ 복리후생시설, ④ ①부터 ③까지의 시설 용도로 사용할 토

---

1) 금융감독, 103면.

지·건물 및 그 부대시설을 말한다(법시행령 21조의2 4항).

다. 부당대출금지

은행은 직접·간접을 불문하고 해당 은행의 주식을 담보로 하는 대출, 직접·간접을 불문하고 해당 은행의 주식을 사게 하기 위한 대출, 해당 은행의 임직원에 대한 대출(금융위원회가 정하는 소액대출[1] 제외)을 하여서는 아니 된다(법 38조 4호 내지 6호).

4. 회계업무규제

가. 내부유보제도

은행은 매년 결산시 주주에게 이익을 배당할 때마다 납입자본금의 총액이 될 때까지 세금후 당기순이익의 10% 이상을 이익준비금으로 적립하여야 한다(법 40조). 상법상 자본금의 50%에 달할 때까지 금전에 의한 이익배당액의 10% 이상을 이익준비금으로 적립토록 하는 점과 비교할 때,[2] 이는 은행의 자본충실화를 도모하고자 하는 강화된 유보제도이다.

자기자본은 손실에 대한 최종 안전판으로서의 기능 이외에 영업을 위한 기본적 자금을 공급하는데, 이러한 이익준비금 적립제도는 넓은 의미에서 자본적정성규제의 하나이다.

나. 적립금보유 및 손실처리의 요구

금융감독원장은 은행의 경영건전성 유지를 위하여 필요하다고 인정할 때에는 은행에 대하여 불건전한 자산을 위한 적립금의 보유, 자산의 장부가격의 변경, 가치가 없다고 인정되는 자산의 손실처리를 요구할 수 있다(법 50조, 법시행령 24조의3).

---

1) 소액대출이란 2천만원 이내의 일반자금대출, 5천만원 이내의 주택자금대출(일반자금대출 포함), 6천만원 이내의 사고금정리대출(일반자금대출 및 주택자금대출 포함)을 말한다(감규 56조 1항).
2) 상법 제458조(이익준비금) 회사는 그 자본금의 2분의 1이 될 때까지 매 결산기 이익배당액의 10분의 1 이상을 이익준비금으로 적립하여야 한다. 다만, 주식배당의 경우에는 그러하지 아니하다.

제 3 절   검사 및 제재

Ⅰ. 검   사

1. 검사의 개요

가. 검사의 의의

　　은행감독은 사전·예방적인 감독활동과 사후·교정적인 검사활동으로 구분할 수 있다. 검사란 은행의 업무활동과 경영상태를 분석·평가하고 은행이 취급한 업무가 은행법규에 위배되지 않았는지를 확인·점검하여 적절한 조치를 취하는 활동이다.[1] 감독업무와 검사업무는 상호 유기적·보완적·통합적 관계를 형성하고 있다. 이는 전반적인 규제완화와 자율경영 강화 추세로 인해 감독활동도 끊임없이 발전하는 금융현장의 변화를 반영하고 있으며, 검사업무 역시 은행의 경영실태평가에 대한 평가를 중심으로 한 리스크관리, 내부통제시스템의 적정성 등을 점검하고 지도하는 데 초점이 맞추어지고 있는 것에 기인한다.[2]

　　검사업무는 광의의 감독업무이므로, 그 목적은 금융감독의 목적과 같이 은행 건전경영의 유도, 공정한 금융거래질서의 유지와 은행거래자 보호이다. 그 운영원칙은, ① 경영활동에 수반되는 각종 리스크 규모와 리스크 관리수준 등에 대한 상시감시[3]결과를 바탕으로 검사자원을 차별적으로 배분함으로써 검사업무의 효율성 제고, ② 경영실태에 대한 분석과 평가, 임직원과의 면담 등을 통하여 은행의 문제점에 대한 개선방향의 제시와 은행의 건의 및 애로사항의 수렴, ③ 은행 자체감사기능의 향상과 검사의 중복 방지, 필요한 경우 서면검사를 적절히 활용함으로써 은행의 수검부담 완화, ④ 검사업무를 실시함에 있어 은행 및 그 임직원의 권익의 부당한 침해 방지 등이다(검규 4조).

---

1) 금융감독원, 「은행검사매뉴얼」(2014. 11.), 5면; 금융감독, 387면.

2) 금융감독, 388면.

3) 상시감시란 은행에 대하여 임직원 면담, 조사출장, 영업실태 분석, 재무상태 관련 보고서 심사, 경영실태 계량평가, 기타 각종자료 또는 정보의 수집·분석을 통하여 문제의 소지가 있는 은행 또는 취약부문을 조기에 식별하여 현장검사 실시와 연계하는 등 적기에 필요한 조치를 취하여 은행의 안전하고 건전한 경영을 유도하는 감독수단을 말한다(검규 3조 15호).

나. 검사의 법적 성질

검사의 법적 성격에 대하여는 영장에 의한 사법상의 강제수사, 조세법에 의한 질문·조사와 같은 강제조사에는 해당하지 않지만, 은행 임직원 등이 검사를 거부·방해 또는 기피한 경우 과태료를 부과할 수 있기 때문에 간접적인 강제수사에 해당한다는 견해,[1] 직접적으로 은행의 업무 및 재산의 실체를 명확히 하는 임의조사라는 견해[2]가 있다. 생각컨대 법률에 근거하여 검사권한을 표시하는 증표를 제시하여 검사를 실시하고, 검사방해시 행정벌이 수반되는 점을 감안할 때 검사의 법적 성격은 권력적 강제조사인 행정조사에 해당된다.[3]

국민이 금융감독원에 대하여 어떤 은행에 대한 검사를 요구할 수 있을까? 일반적으로 국민은 금융감독원에 어떤 은행의 비위사실을 적시하면서 검사를 요구한다. 금융감독원의 검사업무는 국민의 개인적 이익의 구제를 목적으로 하는 것은 아니므로 국민은 금융감독원에 대하여 은행에 대한 검사를 요구할 구체적인 청구권이 없다 할 것이고, 또 금융감독원이 은행을 검사하는 행위는 그 자체만으로서 국민의 권리·의무 기타 법률관계에 직접적인 변동을 가져오게 하는 것이라고도 할 수 없다 할 것이다.[4] 다만, 금융감독원은 제보된 은행의 비위사실을 정보사항 내지 민원으로 처리하면서, 검사실시의 단초로 활용하고 있다.[5]

2. 검사의 종류

가. 종합검사와 부문검사

검사대상, 주기 등 운영방식에 따른 구분이다. 종합검사는 은행의 업무전반 및 재산상황에 대하여 종합적으로 실시하는 검사이고, 부문검사는 금융사고예방·금융질서확립·기타 은행감독정책상의 필요에 의하여 은행의 특정부문에 대하여

---

1) 은행법해설, 212면; 한국증권법학회, 「자본시장법 주석서Ⅱ」(박영사, 2009), 873면(검사의 법적 성격은 행정상 사실행위인 행정조사이면서, 직접적인 강제력은 없고 과태료를 통한 간접적 강제력을 가지고 있다).

2) 詳解, 397면.

3) 금융감독기관의 감독·검사·조사 및 감리에 관한 사항에 대하여는 「행정조사기본법」이 적용되지 않으나, 동법 제4조(행정조사의 기본원칙), 제5조(행정조사의 근거) 및 제28조(정보통신수단을 통한 행정조사)는 적용한다(행정조사기본법 3조 2항 6호·3항).

4) 대판 1982. 7. 27, 82누231.

5) 국민검사청구제도는 금융감독원이 2013년 5월에 도입한 제도로서 은행·보험·증권사 등 금융기관의 부당한 업무처리 때문에 손해를 본 경우 금융소비자가 금융감독원에 검사를 요청할 수 있는 제도이다. 19세 이상 국민 200명이 모여 3인 이내의 대표자를 선정하면 신청할 수 있지만, 재판·수사·국정조사·행정심판 등 관련법에 따른 불복절차가 진행되거나 금융감독원에서 이미 검사한 사항은 청구대상이 아니다.

실시하는 검사이다(검규 3조 3호·4호).

나. 현장검사와 서면검사

검사실시방법에 따른 구분이다. 현장검사는 검사원1)이 은행을 방문하여 현물, 장부, 전표, 기타 서류를 확인·점검하는 검사이다. 서면검사는 검사원이 은행으로부터 자료를 제출받아 검토하는 방법으로 실시하는 검사이다(검규 3조 5호·6호).

다. 단독검사, 공동검사와 수탁검사

(1) 단독검사와 공동검사

검사원의 구성이 금융감독원 직원 이외에 다른 기관 직원의 포함 여부에 따른 구분이다. 한국은행은 금융통화위원회가 통화신용정책의 수행을 위하여 필요하다고 인정하는 경우에는 금융감독원에 대하여 은행에 대한 검사를 요구하거나 검사에 공동으로 참여할 수 있도록 하여 줄 것을 요구할 수 있고, 예금보험공사 사장은 업무수행을 위하여 필요하다고 인정하는 경우 금융감독원에 대하여 부보은행에 대한 검사를 요청하거나, 검사에 공동으로 참여할 수 있도록 요청할 수 있다(한은 88조, 예보 21조). 한국은행과 예금보험공사가 금융감독원에 검사를 요구하는 경우에는 금융감독원의 단독검사가 되고, 공동검사 참여요구의 경우에는 금감원과 한국은행·예금보험공사의 공동검사가 된다.

금감원이 한국은행의 공동검사의 요구에 응하지 않을 경우 한국은행이 단독으로 서면 및 실지 조사권을 행사할 수 있을 것인가? 이것은 금감원 이외에 한국은행에 병렬적으로 검사권을 부여하는 것으로, 통화신용정책과 금융감독기관을 분리하고 있는 법률체계에 위배될 소지가 있고 검사권이 중복적·병렬적으로 행사되는 경우 행정조직법리상 기관 간 명확한 권한배분의 원리와 상치되면서 권한과 책임소재의 불분명을 초래한다.2)

(2) 수탁검사

금융관계법에 의하여 금감원장이 검사의 실시를 위탁받는 경우가 있다. 이 경우는 단독검사이면서 수탁검사라 할 수 있다. 한국은행과 예금보험공사의 검사요구로 실시하는 검사도 수탁검사에 해당한다. 수탁검사에는 외국환업무취급기관에 대한 검사(외환 20조 6항), 은행의 자금세탁방지업무에 대한 검사(특금 11조 6항) 등이 있다.

---

1) 검사원은 검사의 주체로서 금융감독원장의 명령과 지시에 의하여 검사업무를 수행하는 자이고 (검규 3조 7호), 금융감독원 직원과 금융감독원장의 지정에 따라 특정부문을 검사하는 금융감독원 직원이 아닌 자로 구분된다.

2) 금융감독원, 「금융법무다이제스트」 2010년 제 2 호(통권 22호), 108면.

3. 검사의 절차

광의의 검사업무는 검사계획 수립, 검사사전준비, 검사의 실시, 검사결과의 보고, 검사서 심의·조정, 검사결과 통보, 검사결과의 사후관리 등의 일련의 과정을 포함한다. 검사서 심의·조정과 은행에 검사결과 통보의 절차는 제재부분과 중복되어 이를 생략하면, 검사는 일반적으로 다음과 같이 진행된다.

가. 검사계획 수립

검사계획은 연간 검사계획, 분기 검사계획, 매회차별(은행별) 검사계획의 단계로 수립하는 것이 일반적이다. 검사계획에는 검사의 기본방향, 검사의 종류, 검사 실시시기와 투입인원, 주요 검사 실시범위, 중점검사사항 등이 포함된다. 다만, 부문검사의 경우 금융환경의 급격한 변화 등 금융감독 정책업무 수행을 위하여 불가피한 경우 연간 검사계획에 포함되지 아니한 사항에 대하여도 검사를 실시할 수 있다. 수탁검사의 경우 중점검사사항을 통보받는 경우 이를 당해 은행에 대한 중점검사사항 기본항목으로 운영한다. 이러한 검사계획에 따라 특정은행에 대한 검사 실시를 결정한다. 이때 사법당국의 조사 등 검사대상은행이 수검 가능한 상황인지 여부를 확인하고, 자체 감사와 감사원 등 다른 기관의 검사일정을 고려하여 검사의 시기를 정한다.

나. 검사사전준비

검사실시가 결정되면, 검사반이 편성된다. 검사사전준비는 검사진행에 필요한 제반 자료를 준비하는 한편, 검사원별 검사업무 분담, 검사사전준비반의 검토내용파악, 중점검사사항에 대한 검사방향설정, 기타 효율적 검사방안 또는 대책수립 등에 대한 업무협의 등을 하는 것이다. 검사사전준비기간은 종합검사는 최소 5영업일, 부문검사는 최소 3영업일로 운영한다. 검사사전자료의 사실확인 및 기초자료수집 등을 위하여 필요한 경우 은행에 임점검사(사전검사)를 할 수 있다.

다. 검사의 실시
(1) 검사의 사전통지

현장검사를 실시하는 경우 검사목적 및 검사기간 등이 포함된 검사사전예고통지서를 해당 은행(또는 점포)에 검사착수일 1주일 전까지 통지하고, 검사사전징구자료를 요청한다. 이는 검사업무의 원활한 수행을 위하여 사전에 검사실시계획을 알려주는 것이다. 다만, 사전통보할 경우 자료·장부·서류 등의 조작·인

멸, 대주주의 자산은닉 우려 등으로 검사목적 달성이 어려워질 우려가 있는 경우와 긴급한 현안사항 점검 등 시간적 여유가 없는 불가피한 경우에는 사전통보를 생략할 수 있다.

(2) 검사착수

검사착수란 검사 개시일에 은행(또는 점포)에 검사개시를 알리고 임점 검사원이 분장업무에 따라 검사를 개시하는 것을 말하는데 원칙적으로 검사실시통보서 교부 후에 검사에 임하여야 한다.[1] 현물검사는 은행직원의 입회하에 우선 시재의 일치여부를 확인하고 불일치 사유 등 구체적인 질의는 현물검사 완료 후에 한다. 검사원은 그 권한을 표시하는 증표를 지니고 이를 관계자에게 내보여야 하는데(법 48조 4항), 이는 금감원 신분증을 휴대하고, 검사실시통보서를 해당 은행의 장(또는 지점장)에 교부하는 것이며 검사개시의 통보이다. 은행검사권은 금융감독원장에 있는 것이나 실제 검사는 검사원이 수행하므로 검사실시통보서는 금융감독원장의 위임을 나타내는 증표이다. 은행검사반장이 검사개요, 검사방향, 감독정책의 주요내용 등을 설명하고 원활한 검사진행협조를 구하기 위한 검사개시면담을 한다.

검사는 합리적인 시간대, 원칙적으로 일출시부터 일몰시까지 또는 영업시간 내에 실시되어야 한다. 실력행사에 의하여 검사를 실시할 수 있는지 여부가 문제된다. 예컨대 은행직원들이 어떤 주장을 하면서 검사역의 출입을 저지하는 경우가 있다. 은행법이나 금융위원회법상 출입거부나 검사방해에 대하여는 검사의 실효성확보를 위하여 과태료나 불이익처분을 규정하고 있으므로 이에 의한 제재만이 가능하고, 검사원이 실력으로 상대방의 저항을 배제하고 필요한 검사는 할 수 없다고 보아야 할 것이다.

(3) 검사자료 등의 요구

검사원은 검사를 하면서 필요하다고 인정할 때에는 업무 또는 재산에 관한 보고, 자료의 제출, 관계자의 출석 및 의견의 진술을 요구할 수 있다(법 48조 2항). 보고의 요구는 검사업무 수행상 참고사항을 파악하기 위한 것이고, 자료제출 등의 요구는 검사업무 수행의 필요에 의한 것이나 과도한 자료 징구 등으로 부담을 초래하지 않도록 자료제출요구서에 의하며 자료제출은 전자문서의 방법으로 할 수 있다.[2] 그리고 은행이 선임한 외부감사인에게 그 은행을 감사한 결과 알

---

1) 금융감독원, 「은행검사매뉴얼」(2014. 11.), 19면.
2) 자료제출 요청이 지도, 감독, 실태파악, 조사 등을 목적으로 하고 있으며, 자료의 분야 또는 종류가 어느 정도 특정되어 있어 단지 임의적 규정이라고 볼 수 없는 경우는 금융규제이다.

게 된 정보나 그 밖에 경영의 건전성에 관련되는 자료의 제출을 요구할 수 있다
(법 48조 3항). 외부감사인이 직무상 알게 된 비밀을 누설하여서는 안되는 비밀엄
수규정(외감 9조)에 대해 은행법에 특별규정을 두어 예외를 허용하고 있는 것이
다. 이는 은행의 공공성과 감독목적을 감안한 것으로 이해된다.[1] 검사결과 나타
난 은행 또는 임직원의 위법·부당행위에 대하여는 확인서, 문답서 또는 질문서,
의견서, 문서 사본 등의 증명자료를 받는다.

(4) 경영진면담

검사종료시 종합검사의 경우 검사반장은 경영진 면담을 실시하여, 경영진의
경영정책 및 방침, 감독 및 검사정책, 경영실태평가결과 경영상 취약점, 조치요
구(예정)사항, 애로 및 건의사항을 협의한다. 부문검사의 경우에는 관련 임직원에
게 검사결과를 설명하고 상호 의견을 교환한다. 이는 건전경영을 지도하고 경영
상 문제점에 대한 컨설팅기능을 위한 수단이다.

4. 검사결과의 보고

검사반장은 검사 종료 후 검사결과를 요약정리한 귀임보고서를 작성하여
검사실시부서장에게 보고하되, 중요사항이 있는 경우에는 지체 없이 금융감독원
장에게 보고하여야 하고, 빠른 시일내에 검사결과를 종합정리한 검사서를 작성
한다. 금융감독원장은 시스템리스크초래, 은행 건전성의 중대한 저해, 다수 금융
소비자 피해 등의 우려가 있다고 판단하는 경우에는 검사종료 후 지체 없이 그
내용을 금융위원회에 보고하여야 한다(검규 13조 2항).

5. 검사결과의 사후관리

검사결과의 사후관리는 검사서에 의하여 은행에 통보된 금감원장의 조치요
구사항의 이행 및 조기정리를 촉진시키는 제반 관리업무이다. 은행은 조치요구
사항에 대하여 특별한 사유가 있는 경우를 제외하고는 검사서를 접수한 날로부
터 소정의 기한내(경영유의사항 6월, 문책사항 2월, 조치의뢰·주의·변상·개선사항 3월)에
이를 정리하고 그 결과를 기한종료일로부터 10일 이내에 금융감독원장에게 보
고하여야 한다(검규 15조 1항). 검사실시부서장은 은행이 제출한 조치요구사항 정
리보고서를 심사하여 요구내용대로 이행되었거나 재판상 절차가 진행 중인 경
우, 관련자의 사망 등으로 조치요구사항의 이행되기 어려운 경우에 해당되면 종

---

1) 은행법(이), 311면.

결처리하고, 정리내용이 부적정·미흡하거나 미정리된 사항에 대하여는 정리에 필요한 적절한 기한을 정하여 재정리 요구한다.

6. 대주주 등에 대한 검사

가. 개　요

금융위원회는 전환대상자(2년 이내에 비금융주력자가 아닌 자로 전환하기 위한 계획을 금융위원회에 제출하여 승인을 받은 비금융주력자)에 대하여 전환계획 이행 상황을 정기적으로 점검하고(법 16조의3 2항), 한도초과보유주주 등에 대하여는 그 주식을 보유한 이후에도 자격 및 승인의 요건을 충족하는지 여부를 심사하여야 한다(법 16조의4 1항). 비금융주력자인 기금 등의 경우에는 기금 등과 예금자 등 이해관계자 사이에 발생할 수 있는 이해상충을 방지하기 위한 이해상충방지체계를 갖추고, 금감원의 감독 및 검사를 받는 요건을 모두 갖추어 금융위원회의 승인을 받아야 한다. 그런데 위와 같은 전환계획의 점검, 한도초과보유주주 등에 대한 적격성심사 이외에도 대주주 등의 부실화, 부당한 경영개입 등의 점검과 확인을 위해 검사가 필요한 경우가 생길 수 있다.

금융위원회는 전환대상자·기금 등[1] 및 은행의 대주주(대주주가 되려고 하는 자를 포함) 중 어느 하나에 해당되는 자가 일정한 사유에 해당하는 경우에는 금융감독원장으로 하여금 그 목적에 필요한 최소한의 범위에서 해당 대주주 등의 업무 및 재산 상황을 검사하게 할 수 있다(법 48조의2 1항). 이를 분설하면 다음과 같다.

나. 검사의 사유

산업자본이 금융자본을 지배하지 못하도록 하는 은행주식보유한도제도의 취지를 살리고, 대주주 등의 부실로 인해 은행의 건전경영에 위험을 초래하지 않도록 대주주 등에 대한 검사는 금융위원회의 승인·심사 등과 관련한 검사와 대주주 등의 부실화 우려 등과 관련한 검사로 구분할 수 있는데, 그 사유는 다음과 같다.

(1) 전환대상자

전환대상자에 대한 검사의 사유는, ① 금융위원회가 전환계획 이행상황의 점검결과를 확인하기 위하여 필요한 경우와 ② 전환대상자가 차입금의 급격한

---

1) 기금 등이란 "「국가재정법」 제 5 조에 따른 기금 또는 그 기금을 관리·운용하는 법인으로서 일정한 요건을 모두 갖추어 금융위원회의 승인을 받은 비금융주력자"를 말하는데, 이러한 기금 등은 은행의 의결권 있는 발행주식 총수의 100분의 10까지 보유할 수 있다(법 16조의2 3항).

증가, 거액의 손실 발생 등 재무상황의 부실화로 인하여 은행과 불법거래를 할 가능성이 크다고 인정되는 경우 등이다(법 48조의2 1항 1호). 전환계획의 이행상황은 금감원장이 전환대상자가 직접 또는 해당 은행을 통하여 정기적으로 제출한 자료를 점검하고, 그 결과를 금융위원회에 보고하는데, 금융위원회가 보고받은 내용이 불명확하거나 의심스러울 때 점검결과를 확인하기 위한 것이다. 또한 전환대상자는 은행의 대주주이므로 자신의 영향력 하에 있는 은행과 위법·부당한 금융거래를 할 가능성이 많은데, 전환대상자가 재무상황의 부실화에 처한 경우에는 그 가능성이 크므로 검사사유로 하는 것이다.

(2) 기금 등

기금 등에 대한 검사의 사유는, ① 의결권 행사기준·내부통제기준 등 이해상충방지체계 구축, 국가재정법에 따른 자산운용지침의 준수 등의 요건을 충족하는지 여부를 확인하기 위하여 필요한 경우, ② 해당 기금 등이 지배하는 비금융회사의 차입금의 급격한 증가 등 재무상황 부실로 인하여 은행과 불법거래를 할 가능성이 크다고 인정되는 경우 등이다(법 48조의2 1항 2호). 기금 등의 적격성 심사시 초과보유요건의 충족여부를 확인하고, 기금 등이 은행과 비금융회사를 동시에 지배할 가능성에 대비하고 비금융회사의 재무상황 부실의 경우 부실전이 예방을 위하여 이를 검사사유로 하는 것이다.

(3) 은행의 대주주

은행의 대주주(은행의 대주주가 되려고 하는 자 포함)에 대한 검사의 사유는, ① 한도초과주식보유의 승인심사를 위하여 필요한 경우, ② 대주주의 부당한 영향력행사의 금지(법 35조의4)를 위반한 혐의가 인정되는 경우 등이다(법 48조의2 1항 3호).

다. 검사의 범위

금융위원회는 금융감독원장으로 하여금 그 목적에 필요한 최소한의 범위에서 해당 대주주 등의 업무 및 재산 상황을 검사하게 할 수 있다(법 48조의2 1항 본문). '그 목적에 필요한 최소한의 범위'의 의미는 대주주 등은 당연검사대상기관이 아니고 법적으로 은행의 주주에 불과하고 금융위원회의 감독필요에 의하여 검사를 실시하므로, 검사범위는 전환계획의 이행상황이나 은행과 불법거래 여부 등 검사사유의 점검·확인에 필요한 최소한으로 한정되어야지 검사사유 이외의 사항으로 확대되어서는 아니 된다는 것이다. 대주주 등에 대한 검사는 은행에 미치는 영향이 크기 때문에 예외적으로 검사를 실시하는데, 특히 산업자본이 은행을 지배하지 못하도록 한 규정의 취지를 살리고 대주주 등의 부실로 인해 은행의 건전경영에 위험이 초래되지 않도록 하기 위함이다.[1] 이에 따라 동 검사는 전환계획 및 동 계획 승인조건 등의 이행상황 확인, 전환대상자의 재무변동상황 및 금융거래 내역 등을 대상으로 실시한다(검규 47조의3).

라. 검사의 절차

대주주 등에 대한 검사는 은행에 대한 검사절차와 동일하다(법 48조의2 3항). 즉 금융감독원장은 검사를 하면서 필요하다고 인정하는 때에는 대주주 등에 대하여 업무 또는 재산에 관한 보고, 자료의 제출, 관계자의 출석 및 의견의 진술을 요구할 수 있고, 검사를 하는 자는 그 권한을 표시하는 증표를 지니고 이를 관계인에게 내보여야 한다. 또한 금융감독원장은 대주주 등이 선임한 외부감사인에게 감사한 결과 알게 된 정보나 그 밖에 경영의 건전성에 관련되는 자료의 제출을 요구할 수 있다(법 48조의2 3항, 48조).

마. 검사결과 조치 및 과태료 부과

검사결과 은행과의 불법거래사실이 확인된 전환대상자는 시중은행의 의결권 있는 발행주식 총수의 4%(지방은행의 경우 15%)를 초과하여 보유하는 은행주식에 대하여 의결권을 행사할 수 없고, 금융위원회는 6개월 이내의 기간을 정하여 4%(지방은행의 경우 15%) 한도를 초과하여 보유하는 은행의 주식을 처분할 것을 명할 수 있다(법 16조의3 4항 2호·5항 2호). 한편 검사를 거부·방해 또는 기피한 자에게는 5천만원 이하의 과태료를 부과한다(법 69조 1항 8호).

대주주 등의 재무상황의 부실화, 부당한 경영개입 등에 대한 검사와 그 결과에 따른 제재시까지 산업자본은 은행보유주식의 의결권제한을 받지 않고 대주주 등으로서의 이익을 향유할 수 있다. 한편 산업자본이나 경쟁력 있는 우수기업이 아닌 2류 또는 3류 기업이 은행을 지배하는 결과를 초래하여 은행의 책임경영에 저해요소가 되고 은행부실의 원인이 될 수 있다. 또한 검사결과 조치에 대해 대주주 등의 미이행시의 조치가 사후적으로 6개월 이내의 이행기간을 부여하여 실제 효과가 발휘되는 데 상당한 시일이 소요되어 조치의 실효성이 매우 약하다는 문제가 있다.

---

1) 은행법(이), 312면 참조.

Ⅱ. 제   재

1. 제재의 의의

제재란 금감원의 검사결과 등[1]에 따라 은행 또는 그 임직원에 대하여 감독당국(금융위원회 또는 금융감독원장)이 취하는 영업상, 신분상, 금전상의 불이익을 부과하는 조치를 말한다(검규 3조 18호). 이는 은행경영의 건전성 확보 및 금융안정 도모 등 은행감독목적의 실효성을 확보하기 위한 사후적 감독수단이다. 감독당국은 행위자의 구체적인 위법·부당행위가 과연 제재사유에 해당하는지 여부에 관하여 판단할 재량은 있지만, 동 사유에 해당하는 것이 명백한 경우에는 제재할 의무가 있다.[2] 감독당국이 조치하는 제재는 은행감독의 목적을 달성하기 위하여 감독객체에 부과하는 사후적 감독수단인 징계벌이라는 점에서, 은행의 장이 금감원장의 요구에 의하여 그 소속직원에 대하여 취하는 면직, 정직, 감봉, 견책 등의 신분상의 제재조치인 징계와 구별된다.

제재는 은행 및 그 임직원에게 새로운 의무를 부과하거나 기존의 권리나 이익을 박탈하는 등 영업상, 신분상, 금전상의 불이익 부과를 주된 내용으로 하고 있으므로 명확한 법적 근거가 있어야 한다. 상법상 주식회사인 은행에 대하여 은행법에 제재규정을 명시하는 이유는 은행 취급업무의 경제적 중요성 및 사회적 공익성 등 업무의 특성을 감안한 것이라 할 수 있다.[3] 은행이 겸업을 하더라도 은행법상의 제재조항이 제재의 근거가 될 수 있을 뿐, 겸업하는 다른 금융관계법[4]이 제재근거가 될 수 없다 할 것이다.

2. 제재의 종류

은행감독의 객체는 은행이고 은행업무의 행위자는 그 임·직원이므로, 제재의 종류는 대상에 따라 은행에 대한 제재, 임원에 대한 제재 및 직원에 대한 제재로 구분할 수 있다. 은행법은 제재에 관하여 은행(53조), PEF 등(53조의2), 임직원(54조), 조치내용의 통보(54조의2) 등 4개 조문을 규정한다.

---

1) 검사 이외 상시감시결과에 따라 경영개선권고·경영개선요구·경영개선명령의 건의, 확약서·양해각서 체결 등의 조치를 취할 수 있다.

2) 대판 2007. 7. 12, 2006도1390 참조.

3) 금융감독, 396면.

4) 금융관계법의 제재조항은 제재의 종류, 제재대상 등을 다르게 규정하고 있는데, 이는 각 금융업무의 경제적 중요성과 사회적 공익성, 금융거래상의 특징, 금융규제의 차이 등을 감안하여 규정한 결과이다.

가. 인가의 취소, 영업의 전부정지

제재의 사유는 은행이, ① 거짓이나 그 밖의 부정한 방법으로 은행업의 인가를 받은 경우, ② 인가 내용 또는 인가 조건을 위반한 경우, ③ 영업정지기간에 그 영업을 한 경우, ④ 위반행위에 대한 시정명령을 이행하지 아니한 경우, ⑤ ①부터 ④까지의 경우 이외의 경우로서 은행법 또는 동법에 따른 명령이나 처분을 위반하여 예금자 또는 투자자의 이익을 크게 해칠 우려가 있다고 인정되는 경우이다. 조치권자는 금융위원회이다. 영업의 전부정지는 6개월 이내의 기간을 정하여 명령한다(법 53조 2항).

나. 시정명령, 영업의 일부정지 등

제재의 사유는 은행이, 은행법 또는 동 법에 따른 규정·명령 또는 지시를 위반하여 은행의 건전한 경영을 해칠 우려가 있다고 인정되는 경우이다. 금융위원회는 금감원장의 건의에 따라 해당 위반행위에 대한 시정명령, 6개월 이내의 영업의 일부정지를 조치한다. 그리고 금융위원회는 금융감독원장으로 하여금 해당 위반행위의 중지 및 경고 등 적절한 조치를 하게 할 수 있다(법 53조 1항). 적절한 조치에는 기관경고, 기관주의 등의 제재가 있다(검규 17조 2항).

다. 임원 해임권고, 업무집행정지 등

제재의 사유는 임원이, 은행법 또는 동법에 따른 규정·명령 또는 지시를 고의로 위반하거나 은행의 건전한 운영을 크게 해치는 행위를 하는 경우이다. 금융위원회는 금감원장의 건의에 따라 해당 임원의 업무집행 정지를 명하거나 주주총회에 그 임원의 해임을 권고할 수 있으며, 금융감독원장으로 하여금 경고 등 적절한 조치를 하게 할 수 있다(법 54조 1항). 적절한 조치에는 문책경고, 주의적 경고, 주의 등의 제재가 있다(검규 18조 2항). 금융감독원장은 퇴임한 임원이 재임 중이었더라면 이에 해당하는 조치를 받았을 것으로 인정되는 경우에는 그 받았을 것으로 인정되는 조치의 내용을 해당 은행의 장에게 통보할 수 있다(법 54조의2 1항). 임원 해임권고조치의 실효성을 확보하기 위해서는, 당해 임원으로 하여금 해임권고조치 공문이 도달한 날부터 주주총회일까지 업무를 수행하지 못하도록 업무집행정지조치를 병과하는 것이 타당하다.[1)]

---

1) 은행법(이), 335면.

라. 직원 문책요구

제재의 사유는 은행의 직원이, 은행법 또는 동법에 따른 규정·명령 또는 지시를 고의로 위반하거나 은행의 건전한 운영을 크게 해치는 행위를 하는 경우에 해당하는 것이다. 금융감독원장은 면직·정직·감봉·견책 등 적절한 문책처분을 할 것을 해당 은행의 장에게 요구할 수 있다(법 54조 2항). 적절한 문책처분에는 주의, 조치의뢰 등이 있다(검규 19조). 금융감독원장은 퇴직한 직원이 재직 중이었더라면 이에 해당하는 조치를 받았을 것으로 인정되는 경우에는 그 받았을 것으로 인정되는 조치의 내용을 해당 은행의 장에게 통보할 수 있다(법 54조의2 1항).

사실상 이사·감사 등과 동등한 지위에 있는 미등기임원 등에 대한 제재는 직원제재를 한다(검규 24조 6항 참조).

마. 조치내용의 통보

비위행위를 한 임원·직원이 검사결과 제재조치를 할 시점에 퇴임·퇴직한 경우에는 제재를 할 수 없으므로, 동일한 비위행위에 대하여 퇴임·퇴직한 임원·직원과 재직 중인 임원·직원 간에는 제재의 형평성에 어긋나는 문제가 있다. 제재형평을 위하여 퇴임·퇴직한 임원·직원의 비위행위에 대해 제재수준을 평가하여 그 비위사실을 통보하는 것이 조치내용의 통보제도이다. 이는 제재의 실효성을 도모하기 위한 것이다.

은행의 퇴임한 임원 또는 퇴직한 직원이 재임 중이었거나 재직 중이었더라면 임원 또는 직원의 제재에 해당하는 조치를 받았을 것으로 인정되는 경우에는 금감원장은 그 받았을 것으로 인정되는 조치의 내용을 해당 은행의 장에게 통보할 수 있다. 이 경우 통보를 받은 은행의 장은 이를 해당 임직원에게 통보하고 기록·유지하여야 한다(법 54조의2).

3. 제재의 절차

가. 검사서 심의·조정

검사반장이 검사결과를 종합정리한 검사서를 작성하면, 검사실시부서는 검사서에 대해 자체심의를 한다. 그리고 검사서 및 조치안에 대하여 그 지적내용, 적용법규, 조치요구 구분의 적정성, 증명자료의 확보상태 및 기술방식 등 실질적·형식적 내용의 전반에 대한 심사·조정을 제재심의실에 의뢰한다. 제재대상자가 의견이 있는 경우에는 '검사결과 지적(조치)사항에 대한 관련자의 의견 및 검토내용'을 작성하여 제재심의위원회 부의안에 첨부한다. 제재심의위원회[1]는 제재에 관한 사항에 대하여 검사서 및 조치내용이 적정한지 여부를 심의한다. 이는 검사결과에 대한 신뢰성 및 공정성을 확보하기 위한 것이다. 제재심의위원회의 심의결과로서 검사실시부서장은 검사서를 확정하여 금감원장 등에게 보고한다.

나. 제재처분의 사전통지 및 의견청취

금융감독원장은 행정절차법에 따라 제재의 내용 등을 제재대상자에게 사전통지하고 의견진술기회를 부여하고 있다. 검사실시부서장은 제재심의위원회의 개최 전에 조치하고자 하는 내용을 구두 또는 서면으로 10일 이상의 제출기간을 정하여 제재대상자에게 사전통지한다. 다만 긴급한 조치가 필요한 경우 등 특별한 사정이 있는 경우에는 동 기간을 단축하여 운용할 수 있고, 기관경고에 대하여는 이를 생략할 수 있다. 통지를 받은 제재대상자는 지정된 기한 내에 서면으로 의견을 제출하거나 지정된 일시에 출석하여 구두로 의견을 진술할 수 있다. 의견제출기한 경과 후 해당 은행에 제재대상자에 대한 사전통지서의 전달 및 의견제출 여부를 확인한 후 이를 포함하여 심사조정을 의뢰한다.

다. 검사결과 통보

금융감독원장은 제재의 조치권자가 금융위원회인 경우 금융위원회에 제재를 건의하고 그 건의에 따라 금융위원회가 제재의결을 한다. 이는 제재가 침익적 행정처분에 해당하므로 신중을 기하고자 하는 것이다. 금융위원회에 제재건의 이외의 지적사항은 금감원장이 직접 조치한다.[2] 금융감독원장은 금융위원회 부의 등 검사결과를 확정하기 위한 조치가 종결되면 해당 은행에 검사결과(조치요구 포함)를 문서로 통보한다. 검사결과 통보는 검사서를 당해 은행에 송부하는 것이다. 그리고 은행 또는 그 임직원에 대하여 제재를 하는 경우 금융감독원장은 그 제재에 관하여 이의신청·행정심판·행정소송의 제기, 기타 불복을 할 수 있는 권리에 관한 사항을 제재대상자에게 알려주어야 한다(검규 36조). 금감원은 제재의 공정성·투명성을 위해 기관주의, 개인주의 등 경징계조치도 포함하여 검사결과 제재내용을 인터넷 홈페이지에 공개한다.

금감원장의 제재권은 처분성을 보유하는 것일까? 제재의 처분성 여부는 제

---

1) 제재심의위원회의 설치, 구성 및 운영에 대하여는 검사규정 3조 참조.
2) 예를 들면, 검사중 은행의 금융실명제 위반사항을 발견하는 경우 검사지적(금융실명제 위반)사항을 확정하여 조사결과보고서(위반행위의 고의·과실·부주의 여부 및 거래금액 등을 기재)를 작성하여 증명자료와 함께 금융위원회(은행과)에 송부한다.

재종류에 따른 그 법적 성격에 의하고, 제재의 주체가 금융위원회 또는 금감원인지와 무관하다.[1] 그리고 금감원이 행한 위법·부당한 처분으로 인하여 국민의 권리·의무에 영향을 미치는 경우 행정심판을 제기할 수 있도록 규정한 것은(금위 70조) 금감원이 행정처분권 행사가 가능하다는 것을 전제로 한다고 볼 수 있다.

4. 제재의 효과

제재의 효력발생은 제재통보서가 당사자에게 도달하는 즉시 그 효력이 생긴다. 은행법과 검사규정에서는 감독당국의 제재가 은행의 건전경영을 위해 그 실효성이 확보될 수 있는 규정을 마련하고 있다.

가. 제재내용의 이사회 등 보고

은행의 장은, ① 임원의 해임권고를 받은 경우 이를 지체 없이 이사회에 제재통보서 사본을 첨부하여 위법·부당사실을 구체적으로 기재하여 서면보고하여야 하고, ② 은행 또는 그 임원이 제재[2]를 받은 경우 이사회에 제재통보서 사본을 첨부하여 서면보고하여야 하며, 주주총회에 제출하는 감사보고서에 제재일자, 위법·부당행위의 내용, 관련임원별 위법·부당행위 및 제재내용을 구체적으로 기재하여야 한다. 위법·부당한 행위와 관련 임원이 제재조치 전에 사임한 경우에도 이에 준하여 조치하여야 한다(검규 38조).

나. 제재내용의 기록·유지

은행은 임직원이 위법·부당행위와 관련하여 제재 또는 징계를 받는 경우에는 위법·부당행위의 내용 및 제재·징계내용을 인사기록부에 기록·유지하고 이를 인사에 엄정하게 적용하여야 하고,[3] 이미 퇴임 또는 퇴직한 임직원의 위법·부당사실 등을 금융감독원장으로부터 통보받거나 퇴직한 직원의 징계대상 행위를 발견하였을 때에는 인사기록부에 위법·부당사실 등을 기록·유지하여야 한다(법 54조의2 2항).

---

1) 임원에 대한 문책경고는 임원선임의 제한사유에 해당되어 행정처분성이 있으나, 임원에 대한 주의적 경고는 그러하지 아니하다(대판 2005. 2. 17, 2003두14765). 퇴임한 임원에 문책경고장(상당)을 통지한 행위는 항고소송의 대상이 되는 행정처분에 해당하지 아니한다(대판 2005. 2. 17, 2003두10312)는 사례 참고.

2) 은행에 대한 제재는 영업의 전부 또는 일부정지, 위법·부당행위의 중지, 기관경고이고, 임원에 대한 제재는 업무집행정지, 문책경고, 주의적경고이다.

3) 이는 그 원인된 비위사실이 승진이나 호봉승급 등 인사평정에 사실상 영향을 미치거나 참작될 수 있고(대판 2007. 7. 12, 2006도1390), 인사기록부에 위법·부당사실 등을 기록·유지함으로 인하여 다른 금융기관에 취업함에 있어 지장을 받는 불이익이 있도록 하는(대판 2005. 2. 17, 2003두10312) 등 제재의 실효성을 도모하기 위한 것이 그 취지이다.

다. 임원의 결격사유

제재를 받은 은행의 임직원은 임원이 될 수 없으며, 임원이 된 후 이에 해당
된 경우에는 그 임원의 직을 잃게 되어 임원의 결격사유가 된다(법 18조 1항).[1]

라. 임원선임의 제한

제재를 받은 은행의 임직원은 일정기간 임원선임 제한을 받으며, 임원이 될
수 없다(법시행령 13조 4항).[2]

마. 직원제재의 효과

파면, 일정기간 승격·승급불허 등의 신분상조치 이외에 근로기준법이 정하

---

1) 은행법 제18조(임원의 자격 요건 등) ① 다음 각 호의 어느 하나에 해당하는 사람은 은행의 임
   원이 될 수 없으며, 임원이 된 후에 이에 해당하게 된 경우에는 그 임원의 직(職)을 잃는다.
   6. 은행법, 한은법, 금융위원회법, 금융산업구조개선법 또는 외국의 금융 관련 법령에 따라
      해임되거나 징계면직된 자로서 해임되거나 징계면직된 날부터 5년이 지나지 아니한 자
   7. 금융위원회로부터 적기시정조치를 받거나 계약이전의 결정 등 행정처분을 받은 금융기관
      의 임직원으로 재직 중이거나 재직하였던 자(그 적기시정조치등을 받게 된 원인에 대하여
      직접 또는 이에 상응하는 책임이 있는 자만 해당)로서 그 적기시정조치등을 받은 날부터
      2년이 지나지 아니한 자
   8. 은행법 또는 외국의 은행법령, 금융관련법령에 따라 영업의 허가·인가 등이 취소된 법인 또
      는 회사의 임직원이었던 자(그 취소 사유의 발생에 직접 또는 이에 상응하는 책임이 있는 자
      만 해당)로서 그 법인 또는 회사에 대한 취소가 있었던 날부터 5년이 지나지 아니한 자
   9. 은행법 또는 금융관련법령에 따라 재임 중이었거나 재직 중이었더라면 해임요구(해임권고
      포함) 또는 면직요구의 조치를 받았을 것으로 통보된 퇴임한 임원 또는 퇴직한 직원으로
      서 그 통보가 있는 날부터 5년(통보가 있는 날부터 5년이 퇴임 또는 퇴직한 날부터 7년을
      초과하는 경우에는 퇴임 또는 퇴직한 날부터 7년으로 한다)이 지나지 아니한 자
2) 은행법 시행령 제13조 제 4 항: 은행법 제18조 제 3 항에 따라 다음 각 호의 어느 하나에 해당하
   는 사람은 임원이 될 수 없다.
   1. 은행법, 금융관련법령 또는 외국 금융관련법령에 따라 금융위원회, 금감원장 또는 외국 금
      융감독기관으로부터 해임요구(해임권고 포함), 직무정지 또는 문책경고의 조치를 받은 임
      원으로서 다음 각 목의 구분에 따른 기간이 지나지 아니한 사람
      가. 해임요구(해임권고 포함) : 해임요구(해임권고 포함)를 받은 날부터 5년
      나. 직무정지: 직무정지가 끝난 날부터 4년
      다. 문책경고: 문책경고를 받은 날부터 3년
   2. 은행법, 금융관련법령 또는 외국 금융관련법령에 따라 감독기관으로부터 면직, 정직 또는
      감봉을 요구받은 직원으로서 다음 각 목의 구분에 따른 기간이 지나지 아니한 사람
      가. 면직요구: 면직요구를 받은 날부터 5년
      나. 정직요구: 정직요구를 받은 날부터 4년
      다. 감봉요구: 감봉요구를 받은 날부터 3년
   3. 재임 또는 재직 당시 은행법, 금융관련법령 또는 외국 금융관련법령에 따라 그 소속 기관
      또는 감독기관 외의 감독·검사기관으로부터 제 1 호 또는 제 2 호에 준하는 제재를 받은 사
      실이 있는 사람으로서 제 1 호 또는 제 2 호에서 정하는 기간이 지나지 아니한 사람
   4. 재임 또는 재직 중이었더라면 은행법, 금융관련법령 또는 외국 금융관련법령에 따라 제 1 호
      부터 제 3 호까지의 조치를 받았을 퇴임 또는 퇴직한 임직원으로서 퇴임 또는 퇴직한 날부
      터 제 1 호부터 제 3 호까지에서 정하는 기간이 지나지 아니한 사람

는 범위 내에서 급여상의 제재[1]를 병과할 수 있다.

5. 사모투자전문회사 등에 대한 제재

가. 개   요

사모전문투자회사(이하 'PEF') 또는 투자목적회사(이하 'PEF 등')는 10%(지방은행의 경우 15%), 25%, 33%의 한도를 각각 초과할 때마다 금융위원회의 승인을 받아 은행의 주식을 보유할 수 있는데, 승인을 받고자 하는 경우에는 은행법 제15조의3 제 2 항이 규정하는 초과보유요건을 모두 갖추어야 한다. 그리고 PEF 등 또는 그 주주·사원은 금융위원회의 위와 같이 주식보유한도 초과의 승인을 받아 은행 주식을 보유한 경우에는 은행법 제15조의5에서 규정하는 행위를 하여서는 아니 된다. PEF 등은 자본시장법이 규정한 특수한 집합투자기구이기 때문에 이에 대한 제재의 유형은 자본시장법이 규정하는 제재의 유형을 은행법이 도입한 것이고, 이는 또한 PEF 등에 대한 제재의 특징이다.

나. 제재의 사유와 유형

(1) 의결권 행사의 제한 및 주식처분 명령

은행법 제15조 제 3 항에 따른 금융위원회의 한도초과 승인을 얻어 은행의 주식을 보유한 PEF 등과 그 주주 또는 사원이 은행법 제15조의5를 위반하는 경우 해당 PEF 등은 초과보유한 주식에 대하여 의결권을 행사할 수 없고, 초과보유한 주식을 지체 없이 처분하여야 한다. PEF 등이 이를 준수하지 아니하는 경우에는 금융위원회는 1개월 이내의 기간을 정하여 초과보유 주식을 처분할 것을 명할 수 있다(법 53조의2 1항·2항).

(2) PEF 등에 대한 시정명령 등

PEF 등이 은행법 제15조의5 각 호의 어느 하나에 해당하는 경우, 금융위원회는, ① 해당 행위의 시정명령 또는 중지명령, ② 해당 행위로 인한 조치를 받았다는 사실의 공표명령 또는 게시명령, ③ 기관경고, ④ 기관주의, ⑤ 업무방법의 개선요구나 개선권고, ⑥ 그 밖에 금융위원회가 은행법, 동 시행령, 그 밖의 관련 법령 등에 따라 할 수 있는 조치 등의 어느 하나에 해당하는 조치를 할 수 있다(법 53조의2 3항, 법시행령 24조의6 1항).

---

[1] 취업규칙에서 근로자에 대하여 감급의 제재를 정할 경우에 그 감액은 1회의 금액이 평균임금의 1일분의 1/2을, 총액이 1임금지급기의 임금총액의 1/10을 초과하지 못한다(근로기준법 95조).

(3) PEF 등의 업무집행사원 등에 대한 조치

㉮ PEF 등의 재산 운용 등을 담당하는 업무집행사원이 은행법 제15조의5 각 호의 어느 하나에 해당하는 경우 금융위원회는 그 업무집행사원에 대하여, ① 해임요구, ② 6개월 이내의 직무정지, ③ 기관경고, ④ 기관주의, ⑤ 업무방법의 개선요구나 개선권고, ⑥ 그 밖에 금융위원회가 은행법, 동 시행령, 그 밖의 관련 법령 등에 따라 할 수 있는 조치 등의 어느 하나에 해당하는 조치를 할 수 있다(법 53조의2 4항 1호, 법시행령 24조의6 2항).

㉯ PEF 등의 재산 운용 등을 담당하는 업무집행사원이 은행법 제15조의5 각 호의 어느 하나에 해당하는 경우 금융위원회는 그 업무집행사원(법인)의 임원에 대하여, ① 해임요구, ② 6개월 이내의 직무정지, ③ 문책경고, ④ 주의적 경고, ⑤ 주의, ⑥ 그 밖에 금융위원회가 은행법, 동 시행령, 그 밖의 관련 법령 등에 따라 할 수 있는 조치 등의 어느 하나에 해당하는 조치를 할 수 있다(법 53조의2 4항 2호, 법시행령 24조의6 3항).

㉰ PEF 등의 재산 운용 등을 담당하는 업무집행사원이 은행법 제15조의5 각 호의 어느 하나에 해당하는 경우 금융위원회는 그 업무집행사원(법인)의 직원에 대하여, ① 면직, ② 6개월 이내의 정직, ③ 감봉, ④ 견책, ⑤ 주의, ⑥ 경고, ⑦ 그 밖에 금융위원회가 은행법, 동 시행령, 그 밖의 관련 법령 등에 따라 할 수 있는 조치 등의 어느 하나에 해당하는 조치요구를 할 수 있다(법 53조의2 4항 3호, 법시행령 24조의6 4항).

(4) PEF 등에 대한 초과보유주식 처분명령 등

㉮ PEF 등(그 주주 또는 사원 포함)이 은행법 제15조 제 1 항·제 3 항에 따른 주식의 보유한도를 초과하여 주식을 보유하거나 은행법 제16조의4 제 5 항에 따라 주식처분명령을 받은 경우 금융위원회는 1개월 이내의 기간을 정하여 초과보유 주식을 처분할 것을 명할 수 있고,[1] ① 해당 행위의 시정명령 또는 중지명령, ② 해당 행위로 인한 조치를 받았다는 사실의 공표명령 또는 게시명령, ③ 기관경 고, ④ 기관주의, ⑤ 업무방법의 개선요구나 개선권고, ⑥ 그 밖에 금융위원회가 은행법, 동 시행령, 그 밖의 관련 법령 등에 따라 할 수 있는 조치 등의 어느 하나에 해당하는 조치를 할 수 있다(법 53조의2 5항).

---

[1] 은행법 제15조 제 1 항과 제 3 항에 따른 주식의 보유한도를 초과하여 은행의 주식을 보유하는 경우 금융위원회는 6개월 이내의 기간을 정하여 그 한도를 초과하는 주식을 처분할 것을 명할 수 있으나(법 16조 2항), PEF 등이 보유한도를 초과하여 주식을 보유하는 경우 1개월 이내의 기간을 정하여 처분명령을 할 수 있다(법 53조의2 6항).

(나) PEF 등의 업무집행사원 등에 대한 조치

1) PEF 등(그 주주 또는 사원 포함)이 은행법 제15조 제 1 항·제 3 항에 따른 주식의 보유한도를 초과하여 주식을 보유하거나 은행법 제16조의4 제 5 항에 따라 주식처분명령을 받은 경우, 금융위원회는 PEF 등의 업무집행사원에 대하여, ① 해임요구, ② 6개월 이내의 직무정지, ③ 기관경고, ④ 기관주의, ⑤ 업무방법의 개선요구나 개선권고, ⑥ 그 밖에 금융위원회가 은행법, 동 시행령, 그 밖의 관련 법령 등에 따라 할 수 있는 조치 등의 어느 하나에 해당하는 조치를 할 수 있다(법 53조의2 5항).

2) PEF 등(그 주주 또는 사원 포함)이 은행법 제15조 제 1 항·제 3 항에 따른 주식의 보유한도를 초과하여 주식을 보유하거나 은행법 제16조의4 제 5 항에 따라 주식처분명령을 받은 경우, 금융위원회는 PEF 등의 업무집행사원(법인)의 임원 및 개인인 업무집행사원에 대하여, ① 해임요구, ② 6개월 이내의 직무정지, ③ 문책경고, ④ 주의적 경고, ⑤ 주의, ⑥ 그 밖에 금융위원회가 은행법, 동 시행령, 그 밖의 관련 법령 등에 따라 할 수 있는 조치 등의 어느 하나에 해당하는 조치를 할 수 있다(법 53조의2 5항).

3) PEF 등(그 주주 또는 사원 포함)이 은행법 제15조 제 1 항·제 3 항에 따른 주식의 보유한도를 초과하여 주식을 보유하거나 은행법 제16조의4 제 5 항에 따라 주식처분명령을 받은 경우, 금융위원회는 PEF 등의 업무집행사원(법인)의 직원에 대하여, ① 면직, ② 6개월 이내의 정직, ③ 감봉, ④ 견책, ⑤ 주의, ⑥ 경고, ⑦ 그 밖에 금융위원회가 은행법, 동 시행령, 그 밖의 관련 법령 등에 따라 할 수 있는 조치 등의 어느 하나에 해당하는 조치요구를 할 수 있다(법 53조의2 5항).

제 4 절 은행의 의무

은행감독은 은행의 법규의 준수여부를 확인하고, 은행업무를 상시감시하며, 일반적으로 은행의 업무행위를 관찰하는 것이다. 은행감독관계는 감독당국과 은행과의 관계, 은행과 은행이용자의 관계, 감독당국과 은행이용자의 관계로 구분할 수 있는데. 이 중 감독당국과 은행은 지시·명령과 수인(受認)관계로서 은행목적을 달성하기 위하여 은행으로 하여금 소정의 정보를 감독기관에 보고하도록 할 필요가 있다. 은행법은 업무보고서 등의 제출(43조의2), 경영공시(43조의3), 정관변경

등의 보고(47조), 약관변경의 보고(52조)를 은행의 의무사항으로 규정하고 있다.

Ⅰ. 업무보고서 등의 제출

1. 업무보고서의 제출

은행은 매월의 업무 내용을 기술한 보고서를 다음 달 말일까지 금융감독원장이 정하는 서식에 따라 금융감독원장에게 제출하여야 한다(법 43조의2 1항). 여기에서 규정하는 보고서란 업무보고서(call report)를 말하고, 서식이란 은행업감독업무시행세칙 제99조(보고)에 따라 별책서식으로 정하는 것이다. 업무보고서는 은행의 업무내용을 기술한 보고서이다. 그 목록은 인원·기구 등의 일반현황, 경영지표 구분에 따른 재무현황, 업무규제 준수 현황, 일반은행과 외국은행 지점의 유형별 업무현황, 대외기관 수검사항·자체 검사 및 상시감시실적 등 내·외부 통제현황, 해외점포 등이다. 업무보고서의 작성에는 상당한 시간과 노력이 필요하므로 1개월의 유예기간을 두어 다음달 말일까지 제출기한을 두고 있으며, 업무보고의 부담을 완화하기 위하여 정보통신망을 이용한 전자문서의 방법에 의하여 제출할 수 있다(감세 99조 1항).

은행의 임원 등 또는 직원이 보고서의 제출을 게을리하거나 보고서에 사실과 다른 내용을 적은 경우에는 1천만원 이하의 과태료를(법 69조 2항 4호), 은행이 공시를 게을리한 경우 1천만원 이하의 과태료를 부과한다(법 69조 2항 7호).

2. 업무보고서에 서명·날인

업무보고서는 작성담당자에 의하여 작성이 가능하더라도 실제 작성자를 불문하고 은행의 대표자가 작성의무자이며 결재와 같은 일정한 절차를 거쳐야 확정된다. 업무보고서의 작성은 법적으로 유효하게 확정된 업무보고서에 서명·날인함으로써 작성이 완료된다. 제출되는 업무보고서에 직접 서명·날인하도록 하여 서식의 적법성 및 내용의 정확성에 대한 책임소재를 명확히 하기 위하여, 은행이 금융감독원장에게 제출하는 정기업무보고서에는 대표자와 담당 책임자 또는 그 대리인이 서명·날인하여야 한다(법 43조의2 2항).

3. 수시 업무보고서

금감원은 업무보고서를 은행의 경영관리 지도, 검사업무 및 상시감시 등 은행감독업무에 활용하며, 은행의 법규준수여부와 영업상태를 파악할 수 있다. 업무보고서의 제출은 효율적인 은행감독을 위하여 은행법 제정시부터 규정되고 있다.

그러나 정기 업무보고서만으로는 감독업무의 원활한 수행에 필요한 정보를 충분히 확보할 수 없는 경우가 있다. 정기 업무보고서에 대한 보완방법으로 수시 업무보고서가 필요하다. 은행은 금감원장이 감독 및 검사 업무를 수행하기 위하여 요구하는 자료를 제공하여야 한다(법 43조의2 3항). 금융감독원장은 업무수행에 필요하다고 인정할 때에는 은행에 대하여 업무 또는 재산에 관한 보고, 자료의 제출을 요구할 수 있는 데(금위 40조 1항), 여기에서의 금감원장의 자료요구는 감독당국의 임의조사권이라 할 수 있고, 은행의 자료제공은 은행의 수인의무를 규정한 것으로 보여진다.

'업무수행을 위하여 요구하는'의 의미는 감독행정의 기동성·신속성·일상성의 이유로서, 예컨대 은행의 업적 부진, 신용불안 등 특히 문제가 되는 구체적 사실의 발생이 없어도 감독상 필요가 있다고 인정되는 때에는 자료요구를 할 수 있다는 것이다.[1]

그리고 정기 업무보고서가 일정한 서식에 의한 것과 같이, 감독당국의 불필요하고 자의적인 자료제출요구를 예방하고 감독의 투명성을 위하여 자료제출의 요구는 문서로서 하고, 필요최소한에 그쳐야 할 것이다.

Ⅱ. 경영공시

1. 의   의

은행은 경영상태 및 위험에 대하여 주주, 예금주, 여신거래처 등 이해관계자에게 충분한 정보를 제공함으로써, 이해관계자들은 이러한 정보에 의하여 거래할 은행을 선정할 수 있다. 금융시장에서 정보비대칭성에 의한 문제점을 해소하고 은행으로서는 경영의 투명성을 제고하기 위하여 경영공시가 필요하다. 은행은 예금자와 투자자를 보호하기 위하여 필요한 사항으로서 은행법 시행령 제24조에서 정하는 사항을 금융위원회가 정하는 바에 따라 공시하여야 한다(법 43조의3). 경영공시(management disclosure)는 예금자 및 투자자의 보호를 위하여 은행의 경영실적을 시장에 알리는 것이다. 이해관계자들에 의한 시장규율(Market

---

1) 詳解, 391면.

Discipline) 기능을 강화하는 한편, 은행의 건전경영 및 책임경영체제의 조기정착을 도모하기 위한 제도이다.

2. 경영공시의 구분

경영공시는 주요 재무 및 경영지표 등에 관한 사항을 대상으로 하는 정기공시와, 경영상 중대한 변동사항을 대상으로 하는 수시공시로 구분되며, 정기주주총회 보고사항이 있다.

가. 정기공시

정기공시는 은행이, ① 조직 및 인력에 관한 사항, ② 재무 및 손익에 관한 사항, ③ 자금조달·운용에 관한 사항, ④ 건전성·수익성·생산성 등을 나타내는 경영지표에 관한 사항, ⑤ 경영방침, 리스크관리 등 은행경영에 중요한 영향을 미치는 사항을 결산일로부터 3개월 이내에, 분기별 가결산일로부터 2개월 이내에 공시하는 것이다. 정기공시의 구체적인 공시항목 및 방법은 전국은행연합회장이 정하는 금융업경영통일공시기준에 따른다(법시행령 24조, 감규 41조 1항·2항).

나. 수시공시

수시공시는 수시공시항목에 해당되어 은행경영의 건전성을 크게 해치거나 해칠 우려가 있는 관련내용을 공시하는 것이다. 수시공시항목은, ① 부실여신 또는 금융사고 등이 발생한 경우, ② 적기시정조치(경영개선권고, 경영개선요구, 경영개선명령)와 긴급조치를 받은 경우, ③ 원화유동성비율 및 원화예대율을 위반한 경우, ④ 재무구조에 중대한 변동을 초래하는 사항이 발생한 때, ⑤ 은행 경영환경에 중대한 변동을 초래하는 사항이 발생한 때, ⑥ 재산 등에 대규모 변동을 초래하는 사항이 발생한 때, ⑦ 채권채무관계에 중대한 변동을 초래하는 사항이 발생한 때, ⑧ 투자 및 출자관계에 중대한 변동을 초래하는 사항이 발생한 때, ⑨ 손익구조에 중대한 변동을 초래하는 사항이 발생한 때, ⑩ 기타 은행 경영에 중대한 영향을 미칠 수 있는 사항이 발생한 때이다. 다만, 해당 은행 또는 해당 은행이 속하는 은행지주회사가 주권상장법인으로서 자본시장법에 따라 주요사항보고서를 제출하거나 한국거래소 공시규정에 따라 공시하는 경우에는 이를 생략할 수 있다. 수시공시와 관련된 공시대상, 내용, 방법 및 시기 등은 감독원장이 은행업감독업무시행세칙에서 정하고 있다(법시행령 24조, 감규 41조 3항·4항).

다. 정기주주총회 보고사항

은행은, ① 해당 회계연도중 무수익여신 증감현황, ② 해당 회계연도 중 거액 무수익여신 증가업체 현황(시중은행 20억원, 지방은행 10억원 이상), ③ 대출 및 지급보증 지원금액이 100억원이상인 업체로서 해당 회계연도중 신규발생한 채권재조정업체 현황 및 동 업체에 대한 채권재조정 내역, ④ 해당 회계연도중 지출한 기부금내역, ⑤ 자회사등의 영업성과와 재무상태에 대한 경영평가 결과 등의 사항을 정기주주총회에 보고하여야 한다(감규 41조 6항).

3. 경영공시에 대한 조치

은행이 공시를 게을리한 경우 1천만원 이하의 과태료를 부과하고(법 69조 2항 7호), 금융감독원장은 은행이 정기공시와 수시공시를 허위로 공시하거나 중요한 사항을 누락하는 등 불성실하게 공시한 경우에는 해당 은행에 대해 정정공시 또는 재공시를 요구할 수 있다(감규 41조 5항).

Ⅲ. 정관변경 등의 보고

1. 보고의 취지

감독당국은 은행의 주요 동향에 대하여 파악할 필요가 있으므로 상시감시 차원에서 은행에 대하여 지체 없이 그 사실을 금융감독원장에게 보고하도록 의무를 부여한다.

2. 보고사항

은행은 보고사항에 해당하는 경우에는 그 사실을 금융위원회에 지체 없이 보고하여야 한다(법시행령 24조의2 1항). 보고사항은, ① 정관을 변경한 때, ② 은행법 제10조 제 1 항에 해당하지 아니하는 자본금의 감소를 한 때, ③ 본점이 그 본점이 소재한 특별시·광역시·도·특별자치도(이하 "시·도")에서 다른 시·도로 이전한 때, ④ 은행법 제13조 제 2 항에 해당하지 아니하는 국외현지법인 또는 국외지점을 신설한 때, 은행이 국외현지법인 또는 국외지점을 폐쇄한 때, 국외사무소 등을 신설·폐쇄한 때, ⑤ 상호를 변경한 때, ⑥ 임원을 선임 또는 해임(사임 포함)한 때, ⑦ 자회사 등에 출자를 한 때(기업구조조정 촉진을 위하여 금융위원회의 승인을 받은 경우 제외), ⑧ 다른 회사 등의 지분증권의 20%를 초과하는 지분증권을 담보로 하는 대출을 한 때, ⑨ 외국은행이 지점 또는 대리점을 동일한 시·도로 이전하거나 사무소를 폐쇄한 때, ⑩ 은행의 국외현지법인 또는 국외지점이 현지 감독기관으로부터 제재를 받거나 금융사고가 발생하는 등 주요 변동사항이 있을 때, ⑪ 외국은행지점이, 외국은행의 정관·상호·자본금에 변동이 있을 때, 외국은행의 은행장이 해임되었을 때, 외국은행이 합병 또는 해산되었을 때, ⑫ 영업의 일부를 양도하거나 양수하였을 때. 다만, 은행법 제55조 제1항 제3호에 따라 인가를 받았을 때는 제외한다. ⑬ 지방은행이 영업구역을 변경하는 경우, ⑭ 금융관련법상 인가·허가 및 등록 등을 받은 사항을 실행한 경우, ⑮ 임원의 자격요건이 적용되는 자의 변경이 있는 때 등이다(법 47조, 법시행령 24조의2 2항, 감규 84조 2항).

3. 감독당국의 심사 및 조치

금융감독원장은 보고받은 내용이 심사기준에 적합한지를 심사하여 그 기준에 적합하지 아니한 경우에는 해당 은행에 대하여 그 시정 또는 보완을 권고할 수 있다. 심사기준은, ① 관련 법규에 저촉되지 않을 것, ② 주식회사의 본질을 침해하지 않을 것, ③ 은행의 건전한 경영(지방은행의 경우 지방경제의 발전 등 그 설립취지에 부합하는 것 포함)을 해칠 우려가 없을 것, ④ 은행이용자의 권익을 침해하지 않을 것 등이다(감규 84조 3항). 은행이 이러한 보고를 게을리한 경우 1천만원 이하의 과태료를 부과한다(법 69조 2항 7호),

Ⅳ. 약관의 보고 등

1. 약관의 제정·변경과 보고

은행은 은행거래에 있어 다수의 불특정 거래자를 상대방으로 한다. 이에 은행은 다수의 거래에 사용할 것을 예상하여 계약의 표준서식을 작성하여 사용하는 데, 이를 보통 금융거래약관(이하 '약관')이라고 부른다. 약관이란 그 명칭이나 형태를 불문하고 은행이 금융거래와 관련하여 다수의 이용자와 계약을 위하여 미리 작성한 계약의 내용을 말한다(감규 85조). 은행거래시 약관을 수단으로 하므로 은행상품은 약관을 의미하고, 약관의 작성이란 은행상품의 개발이다.

약관의 제정 또는 변경이란, ① 기존상품의 약관을 신상품의 약관으로 원용, ② 기존상품의 명칭만을 변경, ③ 수수료를 폐지 또는 인하하거나 징구서류를 축소하는 등 이용자의 권익을 제고하기 위한 약관의 변경, ④ 기존에 승인된 약관 내용을 결합하거나 반영하는 약관의 제정 또는 변경, ⑤ 법령의 제·개정, 금융위원회의 명령 또는 감독원장의 변경권고에 의한 약관의 변경, ⑥ 이용자의 권익이나 의무사항을 제외한 사항으로서 단순히 업무편의를 위한 약관의 제정 또는 변경, ⑦ 단순히 부가혜택을 추가하기 위한 약관의 변경, ⑧ 표준약관을 원용하는 약관의 제정 또는 변경 등의 어느 하나를 말한다(감세 60조 1항).

은행은 금융거래와 관련된 약관을 제정하거나 변경하려는 경우에는 미리 금융위원회에 보고[1]하여야 한다(법 52조 1항). 이러한 약관의 보고는 약관 시행예정일 10영업일 전까지 금감원장에게 제출하여야 하나, ① 이용자의 권익을 확대하거나 의무를 축소하기 위한 약관의 변경, ② 금감원장에게 보고한 내용과 동일하거나 유사한 약관의 제정 또는 변경 등 이용자의 권익이나 의무에 불리한 영향이 없는 경우에는 약관의 제정 또는 변경 후 10일 이내에 제출할 수 있다(법 52조 1항 단서, 감규 86조의2 1항).

은행은 약관을 제정하거나 변경한 경우에는 인터넷 홈페이지 등을 이용하여 공시하여야 한다(법 52조 2항). 은행이용자가 은행거래상의 계약조건 등을 정확하게 알도록 하기 위한 은행이용자의 권익보호를 위한 방법이다.

은행이 이러한 보고나 공시를 게을리 한 경우 1천만원 이하의 과태료를 부과한다(법 69조 2항 7호).

2. 약관의 통보

약관을 보고받은 금융위원회는 그 약관을 공정거래위원회에 통보하여야 한다. 이 경우 공정거래위원회는 통보받은 약관이 약관규제법 제 6 조부터 제14조까지의 규정에 해당하는 사실이 있다고 인정될 때에는 금융위원회에 그 사실을 통보하고 그 시정에 필요한 조치를 취하도록 요청할 수 있고, 금융위원회는 특별한 사유가 없는 한 이에 응하여야 한다(법 52조 3항).

감독기관의 감독대상과 범위는 그 설립근거법에 규정되어 있는 관계로, 감독의 중복이나 사각지대가 발생할 수 있다. 이를 예방하기 위하여 감독기관 간의 정보공유 등 업무협조가 긴요하게 된다. 감독권의 중복은 정책의 효율성과 신뢰도가 추락하며, 감독·규제 수요자인 금융기관의 부담이 많아지므로 감독기관 간의 상호 존중과 협력이 필요하다. 견제와 균형을 통한 정책의 효율성과 일

---

1) 보고는 일정한 법률사실 또는 법률관계의 존부 또는 어떤 행위에 대하여 서면·구두로 행정청에 통고하는 행위로서, 행정청의 반사적 결정을 기다릴 필요없는 자기완결적 공법행위이다.

관성을 확보할 수 있는 정책조율수단으로서 정책협의기구의 마련, 사전협의 및 정보교환의 양해각서(MOU)의 체결, 재의요구권 부여 등의 방법이 있다. 이러한 점을 감안하여 은행법은 금융위원회로 하여금 보고받은 약관을 공정거래위원회에 통보하도록 하고 공정거래위원회의 시정요구를 반영하도록 하여 감독기관 상호간의 업무협조관계를 특별히 규정하고 있다.

3. 약관의 심사 및 변경권고

금융위원회는 건전한 금융거래질서를 유지하기 위하여 필요한 경우에는 은행에 대하여 보고받은 약관의 변경을 권고할 수 있다(법 52조 4항). 약관의 변경 필요성 여부를 확인하기 위해서는 약관심사가 필요하다. 은행상품은 가격결정구조가 다양하며 금융공학을 이용한 복잡한 금융상품이 증가추세에 있고, 불공정한 은행상품의 유통을 방지하여 건전한 금융거래질서를 위하여 약관심사의 필요성이 커지고 있다. 금감원장은 은행 이용자의 권익을 보호하기 위하여 제출받은 약관을 심사한다(감규 87조). 약관 심사는 약관제출서류를 확인하는 행정청의 사실행위이다.

금감원장은 심사결과를 보고받은 날로부터 10영업일 이내에 해당 은행 앞으로 통지하고, 해당 약관에 대해 변경을 권고하거나 다른 은행에 대하여도 변경을 권고할 수 있으며, 필요하다고 인정하는 경우 은행이 이미 사용하고 있는 약관에 대해서도 내용의 변경을 권고할 수 있다(감세 61조). 변경권고는 감독당국이 의도하는 바를 실현하기 위하여 상대방의 주의적 협력을 기대하여 행하는 비권력적 행정행위로서 법적 구속력은 없다. 변경권고를 받은 은행은 해당 권고를 받은 날로부터 5영업일 이내에 해당 권고의 수락여부를 금감원장에게 보고하여야 하고, 금감원장의 변경권고를 수락한 경우 수락보고일로부터 5영업일 이내에 수정된 약관을 보고하여야 한다(감세 62조).

제 5 장

기　타

제 5 장 기   타

제 1 절 외국은행의 국내지점

1. 개   요

1967년 외국은행의 국내지점(이하 '외은지점') 설립이 은행법상 허용되면서 미국의 체이스맨해턴은행 등 5개 외은지점이 최초로 서울에 지점을 설립하여 국내에 진출한 이후 1993년중 52개의 외국은행, 74개 국내지점의 진출로 그 수가 최고조에 달하였으나, 이후 본점간 합병 및 1997년 IMF 경제체제로 인한 철수 등으로 점진적으로 감소하여, 2015년 3월말 현재 23개국으로부터 58개 은행(46개 지점, 19개 사무소)이 진출하여 영업을 하고 있다.

외국회사는 외국법에 의하여 설립된 회사인데, 상법은 외국회사의 지위에 대하여 "외국회사는 다른 법률의 적용에 있어서는 법률에 다른 규정이 있는 경우 외에는 대한민국에서 성립된 동종 또는 가장 유사한 회사로 본다"(상법 621조)라고 규정하여 내국회사와 동일하게 권리능력을 인정한다. 상법은 한국에서 영업하는 외국회사에 대한 감독규정으로서, 영업소 설치 및 등기(614조 1항·2항)·등기 전의 계속거래의 금지(616조 1항)·대차대조표 등의 공고의무(616조의2 1항)·영업소의 폐쇄와 청산(619조, 620조) 등에 관한 규정을 두고 있다.

외국회사인 외국은행이 국내에서 영업을 하려는 경우 지점, 합작은행, 현지법인1) 등의 형태로 진출할 수 있다. 은행법은 '제 9 장 외국은행의 국내지점'에서

---

1) 2004. 11월 씨티은행의 한미은행 인수, 2005. 4월 스탠다드차타드은행의 제일은행 인수(2005. 9월 SC제일은행, 2011. 10월 스탠다드차타드은행으로 상호변경) 사례가 있다.

제58조(외국은행의 은행업인가 등), 제59조(외국은행에 대한 법 적용), 제60조(인가취소 등), 제61조(인가취소 시의 지점폐쇄 및 청산), 제62조(외국은행의 국내 자산), 제63조(자본금에 관한 규정의 적용) 등 6개 조문을 두고 상법의 특칙으로서 지점형태의 외국은행 국내지점을 은행으로 간주하고 그 대표자·자본금·감독규제 등 은행법상 외은지점의 지위에 대하여 규정한다.

2. 진입과 퇴출

가. 신설·폐쇄 등의 인가

외국은행은 외국 법령에 따라 설립되어 외국에서 은행업을 경영하는 자(법 58조 1항)인바, 대한민국에서 은행업을 경영하기 위하여 지점·대리점[1]을 신설하거나 폐쇄하려는 경우에는 금융위원회의 인가를 받아야 한다(법 58조 1항). 은행업의 특성을 감안한 상법 제614조 제 1 항의 특칙이다.[2] 금융위원회는 신설인가를 하려는 때에는 외국은행의 본점 및 대표자에 관한 사항을 확인하여야 하고, 폐쇄인가를 하려는 때에는, ① 폐쇄에 따른 자산 및 부채의 정리계획이 적정하고 국내 예금자 등 채권자 보호에 지장을 주지 아니할 것, ② 내국인 근무 직원에 대한 퇴직금 지급 등의 조치계획이 적정할 것 등의 기준을 충족하는지를 심사하여야 한다(법시행령 24조의8). 금융위원회는 인가를 하는 경우에 금융시장의 안정, 은행의 건전성 확보 및 예금자 보호를 위하여 필요한 조건을 붙일 수 있다(법 55조 2항).[3] 외국은행은 최초지점 신설 이외의 지점신설을 하려는 경우에도 금융위원회의 인가를 받아야 한다. 은행단위의 포괄적 인가가 아니라 지점 단위의 인가를 요구하는 것은 외국은행의 국내 각 지점은 외국에 소재하는 본점에 직접 종속하므로 개별 지점단위로 감독을 하지 않으면 규제의 실효를 거두기 어렵기 때문이다. 외국은행이 인가를 받은 지점을 다른 시·도로 이전하거나 사무소를 신설하려는 경우에는 미리 금융위원회에 신고하여야 한다(법 58조 3항).

---

1) 감독규정 <별표2-5> '외국은행의 지점 등 신설·폐쇄 인가 심사기준'에도 대리점이라는 용어는 발견할 수 없다. 대리점은 점포형태이나 현재는 운용하지 않는 은행법의 역사적 잔존물이다.
2) 외국회사가 대한민국에서 영업을 하려면 대한민국에서의 대표자를 정하고 대한민국 내에 영업소를 설치하거나 대표자 중 1명 이상이 대한민국에 그 주소를 두어야 한다(상법 614조 1항).
3) 외국은행의 국내시장 진입규제는 1994. 4월 경제적 수요심사(economic needs test: ENT)요건 폐지, 1995. 5월 지점개설을 위한 사무소설치 전치요건 폐지, 1997. 2월 국내지점 설치기준(총자산 기준 세계 500대 이내) 폐지, 1998. 1월 외국인의 은행주식 취득제한 완화 및 현지법인은행 설립허용, 2004. 7월 국제업무 취급경험요건 삭제 등의 완화로 현재에는 자본금규제 이외 특별한 규제없이 국내에 자유로이 진출할 수 있다.

나. 인가의 취소 등

(1) 사   유

금융위원회는, 외국은행의 본점이 ① 합병이나 영업의 양도로 인하여 소멸한 경우, ② 위법행위·불건전한 영업행위 등의 사유로 감독기관으로부터 징계를 받은 경우, ③ 휴업하거나 영업을 중지한 경우 등의 어느 하나에 해당하게 되면, 그 외은지점에 관한 인가를 취소할 수 있다(법 60조 1항). 또한 외국은행의 본점이 ① 해산 또는 파산하였거나 은행업을 폐업한 경우, ② 은행업의 인가가 취소된 경우에는, 그 외은지점에 관한 인가는 그 사유가 발생한 날에 취소된 것으로 본다(법 60조 3항).

(2) 효   과

외은지점의 인가가 취소되거나 취소된 것으로 보게 되는 경우에는 그 지점은 폐쇄되고, 대한민국에 있는 재산의 전부를 청산하여야 한다(법 61조 1항). 이 경우에 법원은 이해관계인이나 금융위원회의 청구 또는 법원의 직권으로 청산인을 선임하거나 해임할 수 있다(법 61조 2항). 청산인은 취임한 날로부터 2월내에 회사채권자에 대하여 일정한 기간 내에 그 채권을 신고할 것과 그 기간 내에 신고하지 아니하면 청산에서 제외될 뜻을 2회 이상 공고로써 최고하여야 하고, 알고 있는 채권자에 대하여는 각별로 그 채권의 신고를 최고하여야 하며 그 채권자가 신고하지 아니한 경우에도 이를 청산에서 제외하지 못한다. 그리고 청산인은 채권신고기간 내에는 변제를 하지 못하나, 소액의 채권·담보 있는 채권 기타 변제로 인하여 다른 채권자를 해할 염려가 없는 채권에 대하여는 법원의 허가를 얻어 이를 변제할 수 있다(법 61조 3항, 상법 535조~537조와 542조).

3. 감독규제사항

가. 외은지점의 은행간주

인가를 받은 외은지점은 은행법에 따른 은행으로 본다(법 59조 1항). 외은지점은 외국회사의 국내 영업소로서 상법상의 지위를 보유하나(상법 614조 1항), 이 규정에 의하여 국내은행이라는 은행법상의 지위를 동시에 가진다. 그리고 하나의 외국은행이 대한민국에 둘 이상의 지점을 두는 경우 그 지점 전부를 하나의 은행으로 본다(법 59조 2항). 은행법상의 증권에 대한 투자한도, 업무용부동산의 소유한도 등 각종 한도규제나 겸영업무의 인가 등은 외은지점 전체를 대상으로 판단하게 된다. 예를 들면, 최초 지점에서 겸영업무의 인가를 받은 경우 추가 지점은 별도의 인가 없이 겸영업무를 수행할 수 있다.

나. 국내대표자의 은행임원간주

인가를 받은 외국은행의 국내 대표자는 은행법에 따른 은행의 임원으로 보고(법 59조 1항), 영업에 관하여 재판상 또는 재판외의 모든 행위를 할 권한이 있다(상법 614조 4항).[1] 외국은행의 최초 지점 이외에 수개의 추가지점이 있는 경우 각 지점마다 지점장이 있으나 외은지점의 국내 대표자는 1명이다. 이 경우 나머지 지점장은 지배인으로 등기한다.

다. 영업기금의 자본금간주

외은지점에 대해서는 금융위원회가 인정한 영업기금을 자본금으로 본다(법 63조, 법시행령 26조). 영업기금은 갑기금과 을기금으로 구분한다. 갑기금은, ① 외은지점 설치 및 영업행위를 위하여 그의 본점이 한국은행에 외화자금을 매각하여 해당 지점에 공급한 원화자금, ② 해당 외은지점의 이익준비금에서 전입하는 자금, ③ 추가 지점을 설치하기 위하여 이미 국내에 설치된 외은지점 이월이익 잉여금에서 전입하는 자금 등에 해당하는 자금으로 하고, 외은지점의 지점마다 30억원 이상이어야 한다(법시행령 26조, 감규 11조 3항). 을기금은, ④ 외은지점이 한국은행에 외화자금을 매각하여 조달한 원화자금과, ⑤ 외국은행의 본점 또는 국외지점으로부터 상환기간이 1년을 초과하는 조건으로 차입한 자금 중 국내에서 운용하는 자금(본지점장기차입금)을 합산한 것으로 하되 대차대조표상 자본총계의 2배를 초과할 수 없다(법시행령 26조, 감규 11조 4항). 외은지점이 수개의 지점이 있는 경우 각 지점의 영업기금을 합산하여 해당 외은지점의 자본금으로 본다.[2] 수개의 지점 전부를 단일체로 인정하여 하나의 국내은행으로 보기 때문이다.

라. 적용제외조항

외은지점의 성격상 적용이 곤란한 조항, 예컨대 은행법 제 4 조(법인)·제 9 조 (최저자본금)·제15조(동일인 주식보유한도)는 외은지점에 적용하지 아니한다.

---

1) 외국회사가 대한민국에서 영업을 하려면 대한민국에서의 대표자를 정하고(상법 614조 1항), 외국회사의 한국에서의 대표자는 주식회사의 대표이사와 동일한 권한과 불법행위능력을 갖는다 (상법 614조 4항) 등 상법의 감독규정을 변형한 것이다.

2) 감독규정 11조 8항(하나의 외국은행이 국내에 복수의 지점을 두는 경우에는 각 지점의 영업기 금을 합산하여 해당 외국은행의 자본금으로 본다)은 명확하게 규정할 필요가 있다. 은행법은 각 지점의 영업기금의 합산금액은 은행으로 간주하는 외은지점의 자본금으로 간주하는 반면, 감독 규정은 외은지점의 본점인 외국은행의 자본금으로 간주한다. 외은지점에 대하여 전자는 은행법 상의 지위를, 후자는 상법상의 지위를, 각각 표현한 것이다.

4. 외은지점 감독의 특례사항

가. 경영건전성규제

일반은행의 경영지도기준(BIS자기자본비율, 자산건전성분류기준 및 대손충당금적립, 원화유동성비율), 경영실태평가 및 적기시정조치, 신용공여한도, 업무용부동산보유한도, 유가증권투자한도 등은 외은지점에도 적용되나, 영업기금을 자본금으로 의제하여 은행법상의 자기자본에 관한 규정을 적용한다. 그러나 외은지점 본점의 외화유동성 지원능력을 감안하여 외화유동성위험관리(3개월 유동성비율, 7일 및 1개월 만기불일치비율), 외화안전자산보유, 중장기외화자금관리, 외국환거래위험의 내부관리 등은 외은지점에 적용하지 아니한다(감규 68조 2항).

나. 국내자산보유의무

(1) 의   의

외은지점은 영업기금(갑기금+을기금)에 상당하는 원화 및 외화자금의 전부 또는 일부를 국내에 자산으로 보유하여야 한다(법 62조 1항, 법시행령 25조). 국내에 보유하는 자산이란 외은지점이 운용하는 자산의 소재지가 모두 국내로 되어 있는 것을 말한다. 이는 예금자 및 거래관계자를 보호하기 위한 취지이다.[1]

(2) 국내보유자산의 보전

외은지점은 국내보유자산이 영업기금상당액에 미달하는 때에는 사유발생일로부터 90일 이내에 이를 보전하여야 한다. 금융감독원장은 필요하다고 인정하는 경우에는 이 기간 전이라도 보전을 명령할 수 있는데, 이 경우 외은지점은 해당 명령을 받은 날부터 30일 이내에 보전하여야 한다. 보전은 국외보유자산의 국내로의 회수 또는 본점으로부터의 자금공급에 의한다(감규 12조).

(3) 벌   칙

외은지점 임직원 등이 국내자산보유의무를 위반한 경우 1년 이하의 징역 또는 3천만원 이하의 벌금에 처하고(법 68조 1항), 외은지점이 국내에 보유하여야 하는 자산을 보유하지 아니한 경우 위반금액의 2% 이하의 과징금을 부과할 수 있다(법 65조의3 14호).

다. 국내채무 우선변제의무

금융위원회는 외은지점의 폐쇄인가를 하려는 때에는 국내 예금자 등 채권

---

1) 영업기금을 국내에 보유하도록 하는 것은 본점 자기자본을 불인정하는 차단막(ring-fencing : 외은지점의 영업손실에 대한 본점의 채무이행의무를 제한하는 조항) 기능을 한다.

자 보호에 지장을 주는지를 심사하여야 한다. 외은지점의 청산·파산시에도 마찬가지로 국내 채권자를 보호할 필요가 있다.[1] 이러한 취지로 은행법은 외은지점이 청산을 하거나 파산한 경우 그 자산, 자본금, 적립금, 그 밖의 잉여금은 대한민국 국민과 대한민국에 주소 또는 거소(居所)를 둔 외국인의 채무를 변제하는데에 우선 충당되어야 한다고 규정하여(법 62조 2항), 국내채무 우선변제의무를 규정한다. 한국에 있어서의 이해관계인을 보호하기 위한 것이다.

제 2 절   은행의 회계

I. 총   설

1. 은행회계의 의의

1) 회계란 「회사에 발생한 거래나 그 밖의 사건 등을 자산·부채·자본·수익·비용의 각 항목으로 식별하고 화폐금액으로 측정한 자료를 분류·요약하여 재무정보의 형태를 전달하는 일련의 과정」을 말한다.[2]

2) 은행회계는 은행업을 영위하는 법인인 은행의 영업활동을 대상으로 하는 회계로서 상법이 규제하는 기업회계의 한 특수분야라 할 수 있다. 동 회계의 대상이 되는 경제활동에는 금융자금의 중개, 격지자 간의 자금이체 및 결제, 지급보증 등 국민경제적 측면에서 매우 중요한 기능들이 포함된다.[3]

3) 이러한 기능의 수행에 필요한 자금은 대부분 불특정 다수인으로부터 조달되는 예수금 등으로 구성된다. 따라서 은행은 이러한 일반공중의 귀중한 자산을 보호하여야 함은 물론 자금의 효율적 배분을 통한 국민경제의 균형있는 발전에도 기여해야 하는 등 그 경영에 있어 공공성이 크게 요청된다. 이와 같이 은행이 수행하는 기능의 중요성 및 국민경제에 미치는 영향에 비추어, 은행회계에는 타 업종에 비하여 특별히 엄격한 규제가 있다.

---

1) 상법은 외국회사에 대하여 법원의 해산명령에 갈음하여 영업소 폐쇄명령제도(619조)를 두고 있다. 영업소 폐쇄명령의 경우 법원은 대한민국에 있는 그 회사재산의 전부에 대하여 청산개시명령 및 청산인 선임을 하여야 한다(상법 620조 1항). 청산절차에서 채권자보호는 동일하다(상법 620조 2항).
2) 법무부·한국회계기준원, 「중소기업회계기준해설」, 신영사, 2013, 10면.
3) 회계해설, 3면.

2. 은행회계의 특징

은행회계는 다음과 같은 특징이 있다.[1]

1) 첫째로 은행의 건전경영 및 신용질서유지 등 감독 정책목표 달성을 위해 적절히 규제되고 있다.

2) 둘째로 일반투자자 이외의 다수 예금자 등 공공의 이익보호를 위한 지급능력의 적정표시가 중시될 뿐만 아니라, 통화금융정책의 수립 및 운용에 유익한 정보제공 등의 정책목적이 강조되고 있다.

3) 셋째로 은행회계는 순수한 회계목적 달성 이외에도 금융사고의 예방 및 내부통제의 확보수단으로 이용되고 있다.

3. 은행회계의 규제체계

가. 총   설

은행은 일반적으로 「주식회사」이므로 은행회계에는 기본적으로 상법의 주식회사에 관한 규정이 적용된다. 그러나 은행회계에 관한 상당부분에 있어서는 은행법 등 기타 관계법규가 있기 때문에 상법의 특례가 적용되고 있다. 은행법 등 기타 관계법규에서 은행의 회계에 관한 특별한 규정을 두고 있는 것은 은행의 「특수성」과 「공공성」이라는 기본적인 성격에서 상법의 규정을 필요최소한으로 가중 내지는 배제하기 위함이다.

나. 상법의 규정

회사가 영업활동의 결과인 이익과 손실을 명확히 하는 것은 회사의 합리적 경영을 위하여 필요함과 동시에, 주주·회사채권자 등 회사의 이해관계인을 위하여도 필요하다. 이에 따라 상법은 주식회사의 회계관계를 명확히 하고 그 재산적 기초를 확보하기 위하여 회계에 관한 기준을 규정하여 주주와 회사채권자의 이익 보호를 도모하고 있다.[2]

회사의 회계는 상법과 대통령령으로 규정한 것을 제외하고는 일반적으로 공정하고 타당한 회계관행에 따른다(상법 446조의2). 여기에서 "대통령령으로 규정한 것"이란 다음의 구분에 따른 회계기준을 말한다(상법 시행령 15조).

① 외부감사법 제 2 조에 따른 외부감사 대상 회사의 경우에는 같은 법 제13

---

1) 회계해설, 3면.
2) 상법강의(상), 1125~1126면.

조 제 1 항(금융위원회에 의한 회계처리기준의 정함)에 따른 회계처리기준.

②「공공기관의 운영에 관한 법률」제 2 조에 따른 공공기관의 경우에는 같은 법에 따른 공기업·준정부기관의 회계 원칙.

③ ① 및 ②에 해당하는 회사 외의 회사 등의 경우에는 회사의 종류 및 규모 등을 고려하여 법무부장관이 금융위원회 및 중소기업청장과 협의하여 고시한 회계기준.

다. 외부감사법의 규정

외부감사법 제 2 조에 따른 외부감사대상에 은행법상의 은행이 해당된다. 은행에 대하여는 외부감사법 제13조 제 1 항에 따른 회계처리기준의 적용대상이 된다. 동법 시행령에 따르면 은행법상의 은행은 주권상장법인, 금융지주회사, 보험회사, 금융투자업자 등과 같이「한국채택국제회계기준」을 적용하여 재무제표 및 연결재무제표를 작성하여야 한다(외감시행령 7조의2).

라. 은행업감독규정

은행은 회계처리 및 재무제표 작성에 있어서 외부감사법 제13조 제 1 항 제 1 호에 따른 국제회계기준위원회의 국제회계기준을 채택하여 정한 회계처리기준(한국채택국제회계기준)을 따라야 한다(감규 32조 1항). 다만 위의 한국채택국제회계기준에서 정하지 않은 회계처리, 계정과목의 종류와 배열순서 등 세부기준 및 외국환거래법 시행령에서 위탁한 외국환계정의 계리기준은 감독원장이 정하는 바에 따른다(감규 32조 2항).

4. 한국채택국제회계기준

한국채택국제회계기준은「국제회계기준위원회(IASB)에서 영문으로 발표한 국제회계기준(IFRS)의 내용과 형식을 충실하게 반영하기 위하여 직역한 것을 바탕으로 하여, 외부감사법상의 회계처리기준의 제정절차에 따라 한국회계기준원에서 제정·공포한 것」이다(기업회계기준 전문 문단 22 참조). 한국채택국제회계기준은 국제회계기준과 같이 기업회계기준서와 기업회계기준해석서로 구성된다. 이 회계기준은 2011년부터 은행 등 금융기관뿐만 아니라 상장회사 등에 전면적으로 적용되고 있다.

Ⅱ. 은행법상 회계에 대한 규제

1. 재무제표의 공고(기업의 공시)

1) 은행은 그 결산일 후 3개월 이내에 금융위원회가 정하는 서식에 의하여 결산일 현재의 대차대조표,[1) 해당 결산기의 손익계산서 및 금융위원회가 정하는 연결재무제표2)를 공고하여야 한다. 다만 부득이한 사유로 3개월 이내에 공고할 수 없는 서류에 대하여는 금융위원회의 승인을 받아 그 공고를 연기할 수 있다(법 41조 1항). 이 경우 대차대조표·손익계산서 및 연결재무제표에는 대표자 및 담당책임자가 서명·날인하여야 한다(법 41조 2항). 은행의 임원 등 또는 직원이 이러한 공고를 허위로 한 때에는 1천만원 이하의 과태료에 처한다(법 69조 2항 3호).

2) 주식회사는 상법의 규정에 의하여 「대차대조표」를 공고하여야 한다.3) 은행은 주식회사이므로 상법의 규정에 의해서도 당연히 대차대조표의 공고의무가 있다(상법 449조 3항). 따라서 은행법상 공고의무화 규정(법 41조)의 의의를 찾는다면, 상법이 요구하는 대차대조표 이외에 그 결산기의 「손익계산서」 및 「연결재무제표」의 공고의무가 추가되어 있다는 점, 제 서식은 금융위원회가 정한다는 점 등이다.

2. 회계연도

1) 회계연도란 일반적으로 「회사의 회계를 정리하고, 사업의 성과를 명확하

---

1) 대차대조표(balance sheet)에 대하여 외부감사법과 세법 등의 여러 법률과 한국채택국제회계기준과 일반기업회계기준에서는 재무상태표(statement of financial position)라는 명칭을 사용하고 있어 용어가 일치하지 않으나, 실질적인 의미나 구성항목에서는 큰 차이가 없다.

2) 금융위원회가 정하는 연결재무제표의 종류는 「연결대차대조표」와 「연결손익계산서」이다(은행업감독규정 32조 3항).

3) 대차대조표의 공고는 기업공시(disclosure)제도의 하나이다. 기업공시란 이용자 등 이해관계자에 대하여 기업내용을 공시하는 것을 말한다. 여기에서 기업이란 은행자신을 말하고, 은행의 여신 거래처인 기업이 아니다. 기업에 관한 각종 공시제도는 상업등기제도(상법 6장), 회사의 공고방법에 관한 강제(상법 289조 3항), 주주의 회계장부열람권(상법 466조), 재무제표 등의 공고(상법 449조 3항), 재무제표 등의 비치·열람제도 또는 그 등본·초본교부청구제도(상법 448조 2항) 등이 있다. 기업공시에 관한 은행법의 구체적 조문은 재무제표의 공고제도 이외에도 제51조의 「경영공시제도」가 있다. 또한 은행은 소수주주의 경리감독권의 하나로서 상법상 「회계장부열람권」을 인정하고 있다. 상법 및 은행법이 이와 같이 기업으로 하여금 일정한 사항을 공시하도록 요구하고 있는 것은, 그 공시의 결과로써 기업 및 그 기업과 거래하는 제3자에게 유익하기 때문이다. 은행의 경우 은행의 활동상황이나 영업내용, 경영성과 등에 관한 정보가 일반공중에게 상세하게 제공된다면, 일반공중은 적절하고 신뢰할 수 있는 은행을 선택하여 이용할 수 있게 된다. 이는 은행간의 적정한 경쟁을 촉진하고 은행경영의 효율화에 기여하게 된다.

게 하기 위해 설정된 일정 기간」을 말한다. 회사는 이러한 기간을 정하고 당해 기간중의 사업의 성과와 손익상황을 알고, 이에 기하여 이익배당을 하고 장래의 사업을 준비를 한다.

2) 회계연도의 시기와 종기 및 기간은 법정되어 있지 않으나, 상법은 정기주주총회를 연 1회 일정시기에 소집하도록 규정하고(상법 365조 1항), 또한 연 2회 이상의 결산기를 정한 회사는 매기에 주주총회를 소집하도록 규정하고 있다(상법 365조 2항).

3) 은행법은 은행의 결산일을 원칙적으로 12월 31일로 규정하고, 다만 금융위원회는 결산일의 변경을 지시할 수 있으며, 은행은 금융위원회의 승인을 받아 변경할 수 있다(법 41조 3항). 현재 일부 외국은행이 본국은행의 결산일에 맞추기 위해 동 단서조항에 의해 결산일을 변경 시행하고 있다. 예컨대 일본계 은행의 경우 3월 31일, 호주계 은행의 경우 9월 30일, 캐나다계 은행의 경우 10월 31일 등으로 각각 결산일을 정하고 있다.

은행법이 이와 같이 모든 은행에 대하여 일률적으로 결산일을 12월 31일로 규정하고, 1년 결산제도를 법정한 취지는 은행의 회계에 기간적인 단위를 설정하고, 각 은행의 회계기간을 일치시킴으로써 특정 시점과 일정기간에 있어서 영업성적의 상호비교를 용이하게 하기 위함이다. 이는 주주·고객 등에게 편리할 뿐만 아니라 당국의 감독업무수행 등에 편의를 도모하기 위함이다.[1]

3. 이익금의 적립(이익준비금제도)

가. 제도의 취지
회사의 영업활동에 의해 회사의 순자산액이 자본금을 초과할 때에는 초과액 전액을 주주에게 배당해도 무방하나, 장래 불측의 손실을 당하였을 경우에는 적립금이 없을 경우에는 회사의 재정적 기반이 위태로울 수가 있다. 그래서 장래의 만일의 손실에 대비하여 이를 보전할 목적으로 적립하여 두는 것이 「이익준비금」제도이다.

나. 상법상의 준비금제도
(1) 의의 및 기능
일반적으로 준비금(reserve)이란 「회사가 순재산액으로부터 자본금을 공제한 금액(잉여금) 중 일부를 장래 생길지도 모르는 필요에 대비하기 위하여 회사에

---

1) 회계해설, 7면.

적립해 두는 금액」을 말하는데, 「적립금」이라고도 한다. 이러한 준비금은 일종의 기업저축으로서 자본금과 함께 경제학상 자기자본이 되어 영업활동의 기금이 되고 있다.[1]

준비금은 현실적으로 특정의 재산을 회사에 보관하는 것은 아니고, 어디까지나 자본과 같이 계산상의 수치로서, 그 액수만큼 순재산을 유지하고 보유하여야 할 구속이고,[2] 자본금과 함께 대차대조표의 부채항목에 기재되어 이익산출에 있어서 공제항목이 되고 있다. 이러한 점에서 볼 때 준비금은 자본을 보전 및 강화하고, 자본과 함께 이익배당을 규제하는 기능을 한다.[3]

(2) 종   류

준비금에는 법률의 규정에 의하여 적립이 강제되는 「법정준비금」과 정관 또는 주주총회의 결의에 의하여 적립하는 「임의준비금」이 있는데, 상법이 단순히 준비금이라고 규정하는 경우에는 「법정준비금」을 말한다.

1) 법정준비금에는 「자본준비금」(상법 459조)과 「이익준비금」(상법 458조)이 있다. 자본준비금이란 「영업이익 이외의 자본거래에서 발생한 자본이익금을 재원으로 하여 적립되는 법정준비금」을 말하는데, 이는 그 자체가 잉여자본으로서 일종의 자본의 성질을 갖고 있기 때문에 적립이 강제된다.[4] 이에 반하여 이익준비금이란 「이익(이익잉여금)을 재원으로 하여 적립되는 법정준비금」이다. 이때의 이익이란 매결산기의 당기이익만을 의미하는 것이 아니라, 그 결산기의 당기이익이 없는 경우에 전기이월이익이나 임의준비금으로 금전배당을 하는 경우를 포함한다.[5]

2) 임의준비금(임의적립금)이란 「(법률에 의하여 그 적립이 강제되지 않고) 정관의 규정 또는 주주총회의 결의에 의하여 적립되는 준비금」을 말한다.[6]

(3) 적립한도와 적립률

법정준비금 중 「자본준비금」과 「임의적립금」의 경우에는 적립률이나 그 한도에 대하여 제한이 없다.

---

1) 상법강의(상), 1137면.
2) 그러나 준비금은 자본에 비하여 그 구속의 정도가 약하다. 즉 자본은 엄격한 자본감소절차에 의하지 아니하고는 감소할 수 없고 회사가 소멸할 때까지 그에 해당하는 재산을 항상 유지하여야 하나, 준비금은 자본감소절차보다는 간편한 절차로 이를 결손전보에 사용하거나 또는 자본전입하여 사용할 수 있다[상법강의(상), 1137면 주 3].
3) 상법강의(상), 1137면.
4) 상법강의(상), 1139면.
5) 상법강의(상), 1139면.
6) 상법강의(상), 1141면.

주식회사는 그 자본의 2분의 1에 달할 때까지 매결산기 이익배당액의 10분의 1 이상의 금액을 이익준비금으로 적립하여야 한다(상법 458조 본문).1) 이 때 「(금전 및 현물에 의한) 이익배당액」이란 주식배당을 제외하고 그 결산기에 (이익발생 유무를 불문하고) 주주에게 금전 및 현물로 배당하기로 결정된 금액을 말하고, 또한 실제로 주주에게 지급한 액을 의미하지 않는다.2)

이익준비금이란 원래 주주에게 배당 또는 분배해야 할 이익의 일부를 회사의 재정적 기반확립을 목적으로 법률이 그 적립을 강제적으로 요구하고 있는 것인데, 그 적립한도는 자본금의 증감에 따라 증감됨은 물론이다. 만일 여러 차례의 적립으로 인하여 이익준비금의 합계가 법이 요구하는 한도를 초과하는 경우에는 그 초과부분은 「임의적립금」의 성질을 갖는다.3) 이는 상법에서 적립을 요구하는 법정준비금 이외에 회사가 임의로 적립하는 준비금으로서 이익준비금과는 달리 결손전보 이외의 용도에도 이를 사용할 수 있다.

(4) 법정준비금의 사용

법정준비금은 원칙적으로 「자본금의 결손전보」에만 충당하여야 하는데(상법 460조 1항), 예외적으로 이를 자본금에 전입할 수 있다(상법 461조). 「자본금의 결손」이란 회사의 순자산액이 자본금과 법정준비금과의 합계액보다 적은 경우를 의미하는데, 이는 결산기에 확정된다.4) 법정준비금을 자본금의 결손전보에 사용한다고 하는 것은 「대차대조표상의 부채란(欄)의 법정준비금액을 감소시키고 동시에 자산란의 손실액을 그만큼 감소시키는 계산상(장부상)의 행위」를 의미한다.5)

준비금의 종류에 따라 사용의 순위가 있다. 임의준비금과 법정준비금 사이에는 「임의준비금」을 먼저 사용하여야 한다.6)

준비금의 자본전입은 「대차대조표상의 부채란의 준비금계정의 금액을 필요한 만큼 감소시키고 동시에 자본금계정의 금액을 증가시키는 것」인데, 다만 이 경우에는 신주를 발행하여 종전의 주주에게 그 지주수에 따라 무상으로 교부한다.7)

---

1) 상장회사는 「상장법인 등의 재무관리규정」에 의하여 자기자본비율이 100분의 30에 달할 때까지 매 사업연도마다 일정한 금액 이상을 적립하여야 한다(동규정 7조 1항: 재무구조개선적립금).
2) 상법강의(상), 1139면.
3) 상법강의(상), 1139면.
4) 상법강의(상), 1140면.
5) 상법강의(상), 1140면.
6) 상법강의(상), 1140면.
7) 상법강의(상), 1140~1141면.

다. 은행법상의 규정

은행법은 법정준비금 중 자본준비금에 대하여는 규정하고 있지 않으나 「이익준비금」에 대하여는 일반회사에 관한 상법의 규정과는 달리 적립의무를 가중하고 있다. 즉 은행은 적립금이 자본금의 총액(법 9조)에 달할 때까지 결산순이익금을 배당할 때마다 그 「순이익금」의 100분의 10 이상을 적립하여야 한다(법 40조). 또한 은행은 한국채택국제회계기준에 따라 대손충당금과 대손준비금을 적립하여야 한다(은행업감독규정 29조 1항). 이는 자본금의 2분의 1에 달할 때까지 매 결산기 이익배당액의 10분의 1 이상을 적립토록 정한 상법 제458조의 적립의무보다 엄격한 것이다. 이는 은행의 공공성에 비추어 은행의 경영과 회계의 건전성을 확보한다는 데 그 취지가 있다고 보아야 할 것이다.

순이익금은 「법인세 차감전 순이익에 전기손익수정이익 또는 손실을 가감한 금액」을 의미한다. 한편 외국은행 국내지점의 경우 적립시기는 「결산할 때」이다(법시행령 23조).

은행법 제40조에 위반하여 이익준비금을 적립하지 않았을 때에는 당해 은행의 임원, 지배인 등은 1년 이하의 징역 또는 3천만원 이하의 벌금에 처한다(법 68조 1항 5호).

4. 겸영업무의 구분계리

은행은 「대통령령으로 정하는 겸영업무 및 부수업무」의 경우에는 대통령령으로 정하는 바에 따라 은행업무와 구별하고 별도의 장부와 기록을 보유하여야 한다(법 28조의2 6항). 대통령령으로 정하는 겸영업무 및 부수업무란 다음 중 어느 하나에 해당하는 업무를 말한다(법시행령 18조의3 3항).

① 집합투자업
② 신탁업
③ 집합투자증권에 대한 투자매매업
④ 집합투자증권에 대한 투자중개업
⑤ 신용카드업

위와 같은 겸영업무를 수행하는 은행은 그 업무를 은행업무와 구별하고 별도의 장부와 기록을 보유하여야 한다. 이 경우 특히 신탁업무를 수행하는 은행은 해당 업무에 속하는 자금, 유가증권 또는 소유물을 구별하여 별도의 장부와 기록을 보유하여야 한다(법시행령 18조의3 4항).

5. 대차대조표 등의 제출

은행법에 의하면, 은행은 매월 말일을 기준으로 한 대차대조표를 다음 달 말일까지 한국은행이 정하는 서식에 따라 작성하여 한국은행에 제출하여야 한다(법 42조 1항). 은행은 법률이 정하는 바에 따라 대차대조표 외에 한국은행의 업무수행에 필요한 정기적 통계자료 또는 정보를 한국은행에 제공하여야 한다(법 42조 3항).[1)]

이러한 은행의 한국은행에 대한 자료제출의무에 관하여 한국은행법에서도 관련규정을 두고 있다. 동법에 의하면, 한국은행은 금융통화위원회가 통화신용정책 수행을 위하여 필요하다고 인정하는 경우 은행 등에 대하여 업무수행상 필요한 자료제출을 요구할 수 있으며, 이 경우 요구하는 자료는 은행의 업무부담을 충분히 고려하여 필요한 최소한의 범위로 한정하도록 되어 있다(한은 87조).

6. 자료공개

가. 회계장부열람권

1) 주주가 재무제표와 그 부속명세서·영업보고서 및 감사보고서를 가지고는 충분히 그 내용을 알 수 없는 경우에는, 주주는 다시 그 기재가 진실하고 정확한 기재인가를 알기 위하여 그 원시기록인 회계의 장부와 서류의 열람·등사를 청구할 수 있는 권리를 갖는다. 주주의 이러한 회계장부열람권(right of inspection of books and records)은 미국 회사법상의 제도를 따라 인정된 것으로서 소수주주의 「경리감독권」의 하나이다.[2)]

2) 상법상 비상장회사의 경우는 발행주식의 총수의 100분의 3 이상에 해당하는 주식을 가진 주주(상장회사의 경우는 6개월 전부터 계속하여 상장회사 발행주식총수의 10,000분의 10 이상에 해당하는 주식을 보유하는 주주이고, 최근 사업연도말 자본금이 1,000억원 이상인 상장회사의 경우에는 10,000분의 5 이상에 해당하는 주식을 보유한 주주)는 이유를 붙인 서면으로 회계의 장부와 서류의 열람 또는 등사를 청구할 수 있으며, 이 경우 회사는 주주의 청구가 부당함을 증명하지 아니하면 이를 거부하지 못하도록 되어 있다(상법 466조, 542조의6 4항). 주주의 이 권리는 남용될 위험성이 많기 때문에 발행주식총수의 100분의 3(상장회사의 경우는 10,000분의 10 또는 10,000

---

1) 감독당국에 대하여는 매월 제출하는 업무보고서에 대차대조표 등이 포함되어 있기 때문에(법 43조의2), 한국은행에 대차대조표 등 필요한 정보를 제출하도록 특별히 규정한 것이다.
2) 상법강의(상), 1167면.

분의 5) 이상에 해당하는 주식을 가진 소수주주의 권리로서만 행사할 수 있다. 이 경우의 발행주식총수에는 의결권이 없거나 제한되는 종류주식을 포함한다.[1]

3) 은행의 경우에는 6개월 이상 계속하여 은행의 발행주식총수의 1만분의 5 이상[2]에 해당하는 주식을 보유한 자는 원칙적으로 상법 제466조에서 규정하는 「회계장부열람권」을 행사할 수 있다(법 23조의5 5항).

나. 회계장부열람 거부권

은행법에 의하면, 은행은 상법의 규정에 의한 회계장부와 서류의 열람 또는 등사의 청구가 있는 경우에도 은행이용자의 권익을 심하게 해칠 염려가 있을 때 에는 그 청구를 거부할 수 있다(법 43조). 은행은 기본적으로 일반고객의 거래상 의 비밀을 보호할 의무를 지고 있다. 만약 위의 주주의 「회계장부열람권」이 남 용되는 경우에는 예금자 등의 프라이버시가 침해될 우려가 있다. 은행이 대주주 라고 하여 함부로 예금고객정보, 대출거래처 정보 등의 내용을 공람하게 하는 것은 거래고객의 정보가 유출되어 은행의 공공성에 심히 역행하는 결과를 초래 할 가능성이 있다. 또한 은행은 인가기업으로서 당국의 엄격한 감독·검사를 받 고 있기 때문에 주주에 의한 장부열람권을 굳이 인정하지 아니하더라도 주주의 권익보호에 크게 문제될 것이 없을 것이다. 따라서 은행법은 이러한 관점에서 상법의 특례로서 주주의 경리감독권에 대하여 거래자의 권익을 심하게 해칠 염 려가 있는 때에는 그 청구를 거부할 수 있도록 규정하고 있다.

제 3 절 과징금 등의 부과 및 징수

I. 과 징 금

1. 행정의 실효성 확보수단

1) 행정목적의 달성을 위하여 행정법규 또는 처분에 의하여 개인에게 의무 가 부과되는 경우가 많다. 그러나 개인이 의무를 자발적으로 이행하지 않는 경 우가 있기 때문에, 이러한 경우 행정목적의 실효성을 확보하기 위하여 여러 가지

---

1) 상법강의(상), 1167면.
2) 최근 사업연도말 현재의 자산총액이 2조원 이상인 은행의 경우에는 1만분의 25 이상(법시행령 17조의5 2항)이다.

법적인 강제수단이 강구되고 있다. 행정의 실효성이라 함은 행정목적의 달성을 말한다. 이러한 강제수단에는 크게 직접적 강제수단과 간접적 강제수단이 있다.

   2) 행정의 실효성을 확보하기 위한 전통적 수단으로 행정강제와 행정벌이 인정되고 있다. 그런데 행정강제와 행정벌만으로는 행정의 실효성을 확보하는 데에는 불충분하고 효과적이지 못한 경우가 있기 때문에, 새로운 실효성 확보수단이 법상 또는 행정실무상 등장하고 있다. 제재로써 가해지는 수익적 행정행위의 철회, 명단의 공표, 공급거부, 가산세와 본절에서 설명하는 「과징금」 등이 그 예이다.[1]

   3) 「과징금」은 위에서 설명한 직접적 강제수단과는 달리 일종의 간접적 강제수단인 바, 간접적 강제수단의 종류에는 과징금 이외에도 행정벌·가산세·부당이득세 및 가산금·행정상의 위반사실의 공표·공급거부·관허사업의 제한 등이 있다. 이러한 간접적 강제수단은 다른 의무확보수단의 기능을 보완하기 위하여 비교적 최근에 와서 도입되기 시작한 제도이다.

2. 과징금의 의의

   「과징금」이란 당초 공정거래법에 의하여 도입된 수단으로서, 주로 경제법상 의무(예컨대 공정거래위원회의 가격인하명령에 응하여 가격을 인하시킬 의무 등)에 위반한 자가 당해 위반행위로 경제적 이익을 얻을 것이 예정되어 있는 경우에, 당해 의무위반행위로 인한 불법적인 이익을 박탈하기 위하여 그 이익액에 따라 과하여지는 일종의 행정제재금이다.[2] 과징금을 과하면 위반행위로 인한 불법적인 경제적 이익을 박탈당하기 때문에 사업자는 위반행위를 하여도 아무런 경제적 이익을 얻을 수 없게 되어, 간접적으로 의무이행을 강제하는 효과를 갖게 된다.

   [판례: 과징금 부과의 성격]
   구 독점규제및공정거래에관한법률(1999. 2. 5. 법률 제5813호로 개정되기 전의 것)상의 과징금 부과는 비록 제재적 성격을 가진 것이기는 하여도 기본적으로는 같은 법 위반행위에 의하여 얻은 불법적인 경제적 이익을 박탈하기 위하여 부과되는 것이다(대판 2001. 2. 9, 2000두6206).

3. 과징금의 법적 성질과 구제

   과징금의 법적 성질은 침해적 행정행위이다. 과징금은 조세부과와 같이 강제적 금전부담금이라는 점에서 당연히 법률상의 근거가 있어야 부과할 수 있다.

---

   1) 행정법론(상), 512면.
   2) 행정법론(상), 568면; 행정법 I, 482면.

그리고 과징금의 부과처분이 법령에 위반된 경우에는, 특별한 쟁송제도가 마련되어 있지 아니하므로, 행정심판법과 행정소송법에 의한 행정쟁송을 제기하여 그 취소 등을 청구할 수 있다.[1]

4. 은행법상의 과징금제도

가. 과징금을 부과하는 경우

1) 금융위원회는 은행이 은행법 중 제35조(동일차주 등에 대한 신용공여의 한도), 제35조의2(대주주에 대한 신용공여한도 등), 제35조의3(대주주가 발행한 지분증권의 취득한도 등), 제37조(다른 회사 등에 대한 출자 제한), 제38조(금지업무) 또는 제62조(외국은행의 국내자산 보유의무)를 위반하거나 대주주가 제35조의4(부당한 영향력 행사의 금지)를 위반한 경우에는 다음과 같은 구분에 따라 과징금을 부과할 수 있다(법 65조의3).

① 은행법 제35조(동일차주 등에 대한 신용공여의 한도) 제 1 항(동일차주에 대한 신용공여한도) · 제 3 항(동일한 개인 · 법인에 대한 신용공여한도) · 제 4 항(거액 신용공여 한도) 또는 제37조(다른 회사 등에 대한 출자제한 등) 제 3 항 제 1 호(자회사 등에 대한 신용공여한도) · 제 6 항 제 3 호(모은행에 대한 신용공여한도)에 따른 신용공여한도를 초과한 경우: 초과한 신용공여액의 100분의 10 이하.

② 은행법 제35조의2(대주주에 대한 신용공여한도 등) 제 1 항(대주주에 대한 신용공여한도) 또는 제 2 항(전체 대주주에 대한 신용공여한도)에 따른 신용공여한도를 초과한 경우: 초과한 신용공여액의 100분의 40 이하.

③ 은행법 제35조의3(대주주가 발행한 지분증권의 취득한도 등) 제 1 항에 따른 지분증권의 취득한도를 초과한 경우: 초과 취득한 지분증권의 장부가액 합계액의 100분의 40 이하.

④ 은행법 제37조(다른 회사 지분증권 소유제한) 제 1 항 · 제 2 항 또는 제 6 항 제 2 호(자은행의 다른 은행 주식소유한도)에 따른 지분증권의 소유한도를 초과한 경우: 초과 소유한 지분증권의 장부가액 합계액의 100분의 10 이하.

⑤ 은행법 제37조 제 3 항 제 2 호(은행의 자회사 등의 지분증권을 담보로 하는 신용공여 등 금지)를 위반하여 신용공여를 한 경우: 해당 신용공여액의 100분의 2 이하.

⑥ 은행법 제37조 제 6 항 제 1 호(자은행의 모은행주식 소유금지)를 위반하여 주식을 소유한 경우: 소유한 주식의 장부가액 합계액의 100분의 2 이하.

---

1) 행정법론(상), 570면; 행정법 I , 485면.

⑦ 은행법 제37조 제 7 항 본문(모·자은행 간의 신용공여)을 위반하여 적정한 담보를 확보하지 아니하고 신용공여를 한 경우: 해당 신용공여액의 100분의 10 이하.

⑧ 은행법 제37조 제 8 항 본문(모자은행 간의 불량자산거래)을 위반하여 불량자산을 거래한 경우: 해당 불량자산의 장부가액의 100분의 10 이하.

⑨ 은행법 제38조 제 1 호(증권에 대한 투자한도)에 따른 투자한도를 초과한 경우: 초과 투자액의 100분의 10 이하.

⑩ 은행법 제38조 제 2 호(비업무용 부동산의 소유)를 위반하여 부동산을 소유한 경우: 소유한 부동산 취득가액의 100분의 10 이하.

⑪ 은행법 제38조 제 3 호(업무용 부동산의 소유한도)에 따른 부동산 소유한도를 초과한 경우: 초과 소유한 부동산 취득가액의 100분의 10 이하.

⑫ 은행법 제38조 제 4 호(해당 은행의 주식담보대출)를 위반하여 해당 은행의 주식을 담보로 대출한 경우: 대출금액의 100분의 2 이하.

⑬ 은행법 제38조 제 5 호(해당 은행의 주식을 사게 하는 대출)를 위반하여 대출한 경우: 대출금액의 100분의 2 이하.

⑭ 은행법 제62조 제 1 항(외국은행의 국내자산 보유의무)에 따른 자산을 보유하지 아니한 경우: 위반 금액의 100분의 2 이하.

⑮ 은행법 제35조의2(은행의 대주주에 대한 신용공여한도 등) 제 7 항 또는 제 8 항을 위반하여 대주주의 다른 회사에 신용공여하거나, 대주주에게 자산을 무상양도·매매·교환한 경우: 해당 신용공여액 또는 해당 자산의 장부가액의 100분의 40 이하.

⑯ 대주주가 은행법 제35조의4(대주주의 부당한 영향력 행사의 금지)를 위반함으로써 은행이 제35조의2(은행의 대주주에 대한 신용공여한도 등) 제 1 항 또는 제 2 항에 따른 신용공여한도를 초과하여 해당 대주주에게 신용공여한 경우: 초과한 신용공여액의 100분의 40 이하.

⑰ 대주주가 은행법 제35조의4(대주주의 부당한 영향력 행사의 금지)를 위반함으로써 은행이 제35조의2(은행의 대주주에 대한 신용공여한도 등) 제 7 항 또는 제 8 항을 위반하여 해당 대주주에게 신용공여하거나 자산을 무상양도·매매·교환한 경우: 해당 신용공여액 또는 해당 자산의 장부가액의 100분의 40 이하.

⑱ 대주주가 은행법 제35조의4(대주주의 부당한 영향력 행사의 금지)를 위반함으로써 은행이 제35조의3 제 1 항에 따른 주식취득한도를 초과하여 해당 대주주의 주식을 취득한 경우: 초과취득한 주식의 장부가액 합계액의 100분의 40 이하.

2) 금융위원회는 위의 과징금을 부과하는 경우에는 ① 위반행위의 내용 및 정도, ② 위반행위의 기간 및 횟수, ③ 위반행위로 인하여 취득한 이익의 규모 등을 고려하여야 한다(법 65조의4 1항). 또한 과징금의 부과에 관하여 그 밖에 필요한 사항은 대통령령으로 정한다(동조 2항).[1]

나. 당사자 등의 의견제출과 이의신청

1) 금융위원회는 과징금을 부과하기 전에 미리 당사자 또는 이해관계인 등에게 의견을 제출할 기회를 주어야 하고, 이 경우의 당사자 또는 이해관계인 등은 금융위원회의 회의에 출석하여 의견을 진술하거나 필요한 자료를 제출할 수 있다(법 65조의5).

2) 위의 과징금 부과처분에 대하여 불복이 있는 자는 그 처분의 고지를 받은 날부터 30일 이내에 그 사유를 갖추어 금융위원회에 이의를 신청할 수 있다. 금융위원회는 이 경우의 이의신청에 대하여 30일 이내에 결정을 하여야 한다. 다만, 부득이한 사정으로 그 기간 이내에 결정을 할 수 없을 경우에는 30일의 범위 안에서 그 기간을 연장할 수 있다. 위의 결정에 대하여 불복이 있는 자는 행정심판을 청구할 수 있다(법 65조의6).

다. 납부기한의 연장 및 분할납부

1) 금융위원회는 과징금을 부과 받은 자(과징금 납부의무자)가 ① 재해 등으로 인하여 재산에 현저한 손실을 입은 경우, ② 사업여건의 악화로 사업이 중대한 위기에 처한 경우, ③ 과징금의 일시납부에 따라 자금사정에 현저한 어려움이 예상되는 경우 등에 해당하는 사유로 과징금의 전액을 일시에 납부하기 어렵다고 인정되는 경우에는, 신청에 의하여 그 납부기한을 연장하거나 분할납부하게 할 수 있다.[2] 이 경우 필요하다고 인정하면 담보를 제공하게 할 수 있다(법 65조의7 1항·2항).

2) 금융위원회는 납부기한이 연장되거나 분할납부가 허용된 과징금 납부의무자가, ① 분할납부 하기로 결정된 과징금을 납부기한까지 내지 아니하였을 때, ② 담보 변경 명령이나 그 밖에 담보보전에 필요한 금융위원회의 명령을 이행하지 아니하였을 때, ③ 강제집행·경매의 개시·파산선고·법인의 해산·국세 또는

---

1) 은행법 시행령 제26조의3 제1항: 금융위원회는 법 제65조의4에 따라 과징금을 부과하려는 때에는 그 위반행위의 종류와 해당 과징금의 금액을 구체적으로 밝혀 과징금을 낼 것을 서면으로 통지하여야 한다.

2) 과징금 납부의무자가 제1항의 규정에 의한 과징금 납부기한의 연장을 받거나 분할납부를 하리는 경우에는 그 납부기한의 10일 전까지 금융위원회에 신청하여야 한다(법 65조의7 2항).

지방세의 체납처분을 받은 경우, 과징금의 전부 또는 잔여분을 징수할 수 없다고 인정될 때 등에 해당하게 되면, 납부기한연장 또는 분할납부 결정을 취소하고 과징금을 한꺼번에 징수할 수 있다(법 65조의7 3항).

라. 징수 및 체납처분

1) 금융위원회는 과징금 납부의무자가 납부기한 내에 과징금을 내지 아니하면 납부기한의 다음 날부터 과징금을 낸 날의 전일까지의 기간에 대하여 대통령령으로 정하는 가산금을 징수할 수 있다(법 65조의8 1항).

2) 금융위원회는 과징금 납부의무자가 납부기한까지 과징금을 내지 아니하면 기간을 정하여 독촉을 하고, 그 지정한 기간 이내에 과징금과 가산금을 내지 아니하면 국세체납처분의 예에 따라 징수할 수 있다(동조 2항).

3) 금융위원회는 과징금 및 가산금의 징수 또는 체납처분에 관한 업무를 국세청장에게 위탁할 수 있다(동조 3항).

마. 과오납금의 환급 및 결손처분

1) 금융위원회는 과징금납부의무자가 이의신청의 재결 또는 법원의 판결 등의 사유로 과징금 과오납금의 환급을 청구하는 경우에는 지체 없이 환급하여야 하고, 과징금납무의무자의 청구가 없어도 금융위원회가 확인한 과오납금은 환급하여야 한다(법 65조의10 1항).

2) 금융위원회가 과징금을 환급하는 경우에는 과징금을 납부한 날부터 환급한 날까지의 기간에 대하여 대통령령으로 정하는 가산금 이율을 적용하여 환급가산금을 환급받을 자에게 지급하여야 한다(법 65조의10 2항).

3) 금융위원회는 과징금납무의무자에게 다음의 어느 하나에 해당하는 사유가 있으면 결손처분을 할 수 있다(법 65조의11).

① 체납처분이 끝나고 체납액에 충당된 배분금액이 체납액에 미치지 못하는 경우

② 징수금 등의 징수권에 대한 소멸시효가 완성된 경우

③ 체납자의 행방이 분명하지 아니하거나 재산이 없다는 것이 판명된 경우

④ 체납처분의 목적물인 총재산의 추산가액이 체납처분 비용에 충당하면 남을 여지가 없음이 확인된 경우

⑤ 체납처분의 목적물인 총재산이 징수금 등보다 우선하는 국세, 지방세, 전세권·질권 또는 저당권으로 담보된 채권 등의 변제에 충당하면 남을 여지가

없음이 확인된 경우

⑥ 그 밖에 징수할 가망이 없는 경우로서 대통령령으로 정하는 사유에 해당하는 경우

Ⅱ. 이행강제금

1. 의의 및 법적 성격

1) 「이행강제금」이란 작위의무 또는 부작위의무를 불이행하는 경우에 그 의무를 강제적으로 이행시키기 위하여, 일정한 기간 안에 의무이행이 없을 때에는 일정한 금전적인 제재를 가할 것을 계고하고, 그 기간 안에 이행이 없는 경우에는 금전적 제재를 가하는 것을 말한다. 행정법학상 집행벌[1]이라고도 한다. 집행벌은 일정한 기간까지 의무를 이행하지 않을 때에는 일정한 금전적인 부담이 과해진다는 것을 통지함으로써 의무자에게 심리적 압박을 주어 의무를 이행하게 하려는 간접적인 의무이행수단이다.[2]

2) 이행강제금은 행정상 강제집행의 하나의 수단이라는 점에서 후술하는 행정벌과 구별된다. 따라서 이행강제금은 장래의 의무이행을 심리적으로 강제하기 위한 것으로서 의무이행이 있기까지 반복하여 부과할 수 있으나, 행정벌은 과거의 위반에 대한 제재로서 하나의 위반에 대하여 반복하여 부과할 수 없다. 또한 이행강제금은 실력적 사실작용이 아닌 점에서 행정상 즉시강제나 직접강제와 구별된다.[3]

3) 이행강제금에 관한 일반법은 없고, 은행법상의 이행강제금(법 65조의9)처럼 건축법 제80조(이행강제금), 농지법 제62조(이행강제금), 부동산 실권리자명의 등기에 관한 법률 제6조(이행강제금) 등 일정한 개별법에서 이를 규정하고 있다. 이행강제금의 부과행위는 행정행위이다. 따라서 이행강제금 부과행위에는 행정절차법이 적용되고, 직권취소 또는 철회가 가능하다.[4]

---

1) 독일 행정집행법에서는 집행벌이라는 용어 대신 이행강제금(Zwangsgeld)이라는 용어를 사용하고 있다. 우리나라에서도 실정법상 집행벌이라는 용어 대신 「이행강제금」이라는 용어를 사용하고 있다.
2) 행정법론(상), 525면.
3) 행정법Ⅰ, 473면.
4) 행정법론(상), 530면.

2. 은행법상의 이행강제금

가. 이행강제금의 부과요건

금융위원회는 아래의 각 경우, 주식처분명령을 받은 자가 그 정한 기간 이내에 그 명령을 이행하지 아니하면, 이행기한이 지난 날부터 1일당 그 처분하여야 하는 주식의 장부가액에 1만분의 3을 곱한 금액을 초과하지 아니하는 범위에서 이행강제금을 부과할 수 있다(법 65조의9 1항).

① 동일인이 한도초과주식을 보유한 경우(법 16조 2항)

② 비금융주력자가 한도초과 주식을 보유한 경우(법 16조의2 5항)

③ 전환대상자가 은행 주식을 한도초과 보유한 경우(법 16조의3 5항)

④ 금융위원회의 심사결과 한도초과보유요건을 충족하지 못하여 요건 충족을 명령 받은 자가 명령을 이행하지 아니한 경우(법 16조의4 5항)

⑤ 사모투자전문회사등과 사모투자전문회사등의 주주 또는 사원이 한도초과 주식을 보유한 경우(법 53조의2 2항)

나. 부과대상 기간 등

1) 이행강제금은 주식처분명령에서 정한 이행기간의 종료일 다음 날부터 주식처분을 이행하는 날(주권 지급일을 말한다)까지의 기간에 대하여 부과한다(법 65조의9 2항).

2) 금융위원회는 주식처분명령을 받은 자가 주식처분명령에서 정한 이행기간의 종료일부터 90일이 지난 후에도 그 명령을 이행하지 아니하면 그 종료일부터 매 90일이 지나는 날을 기준으로 하여 이행강제금을 징수한다(법 65조의9 3항).

3) 이행강제금의 부과 및 징수에 관하여는 은행법 중 과징금의 부과(65조의4) 내지 과징금의 징수 및 체납처분(65조의8)의 규정을 준용한다(법 65조의9 4항).

제 4 절 벌   칙

Ⅰ. 행 정 벌

1. 행정벌의 의의

「행정벌」이란 행정법상의 의무 위반행위에 대하여 제재로서 일반통치권에 의거하여 가하는 처벌을 말한다. 행정벌은 과거의 의무 위반에 대한 제재를 직접적인 목적으로 하지만, 간접적으로는 의무자에게 심리적 압박을 가함으로써 행정법상의 의무이행을 확보하는 기능을 가진다. 행정벌은 과거의 의무위반에 대한 제재라는 점에서 장래에 향하여 행정상의 의무이행을 확보하기 위하여 행해지는 행정상 강제집행과 구별된다. 또한 심리적 압박에 의한 간접적 수단이라는 점에서 행정상 강제집행의 보완 내지는 대체수단으로서의 의미를 가진다.[1]

2. 행정벌의 종류

행정벌에는 「행정형벌」과 「행정질서벌」이 있다. 행정형벌이란 「형법상의 형벌을 과하는 행정벌」을 말한다. 행정질서벌은 「과태료가 과하여지는 행정벌」이다. 일반적으로 행정형벌은 행정목적을 직접적으로 침해하는 행위에 대하여 과하여지고, 행정질서벌은 신고의무 위반과 같이 행정목적을 간접적으로 침해하는 행위에 대하여 과하여진다.[2]

[참고] 형벌과 행정질서벌의 구별기준

은행법 중 벌칙의 장(章)에는 형벌과 행정질서벌(과태료)을 그 행위의 내용에 따라 조문을 달리하여 구분하고 있기 때문에, 양자를 구별하는 기준에 대하여 살펴볼 필요가 있다.

전통적 견해는 양자간의 구별기준을 형법법규에 의하여 유지되는 사회법익에 대하여 직접적으로 침해를 가하는 경우인가, 아니면 간접적으로 행정목적의 달성에 장해를 가져올 위험성이 있는 데 그치는 경우(신고·등록·장부비치의무위반 등)인가에 기준을 둔다. 이 견해에서는 행정목적의 내용이 확정되면 양자를 구분

---

1) 행정법Ⅰ, 513면; 행정법론(상), 548면.
2) 행정법론(상), 548면.

하기가 비교적 용이하다 하겠다.

그러나 행정목적은 각 규제분야에서, 또한 동일한 규제입법 내에서도 내용설정이 자유 내지는 다의적이기 때문에, 전통적 견해만으로는 구별기준을 확실히 하는데 한계가 있다고 보아, 그 후 구별기준에 대한 다양한 견해가 등장하였다. 이러한 견해 가운데는, 형벌을 과할 만한 고도의 위법성과 유책성을 가지는 행위인가, 행정법규의 시행을 실효성 있게 하기 위한 수단에 그치는 것인가를 기준으로 구분하여야 한다는 견해도 있고, 타당성에 더하여 규제효과와 보충성을 기준으로 하자는 견해도 있다.[1]

위에서 본 바와 같이 형벌범과 행정질서범과의 구별에 대하여는 여러 가지 견해가 있으나, 아직 통설적 견해는 없다. 어떤 견해를 따르더라도 한계선상에 있는 의무위반이 어느 것에 속할 것인가는 확연하지 않다고 할 것이다. 이러한 입장에서 볼 때 한계선에 있는 의무위반에 대하여는 행정목적달성과 이익교량에 의하여 입법자가 결정을 하는 수밖에 없다고 보겠다.

실제 우리나라 은행법 중 벌칙규정과 일본의 은행법 중 그 부분을 비교해 볼 경우, 동일한 위반행위가 우리나라 은행법에서는 형벌에 처해지나 일본의 은행법에서는 과태료(질서벌)에 처해지는 경우가 있고, 이와 반대의 경우도 있다. 예를 들어, 은행이 이익준비금의 적립의무를 위반한 경우, 우리나라의 은행법에서는 형벌에 해당하나(법 68조 1항 5호), 일본의 은행법에서는 질서벌에 해당한다(일본의 은행법 65조 5호). 또한 업무보고서 등의 허위기재와 검사방해행위에 대하여는 우리나라에서는 각각 질서벌에 해당하나(법 69조 2항 4호·5호), 일본에서는 모두 형벌에 처해진다(일본의 은행법 62조의2 3호, 동법 63조 3호·5호).

또한 우리나라 내에서도 동일한 행위가 과거 개정 전의 은행법에서는 형벌에 처해지다가, 현행 은행법에서는 과태료에 처해지는 경우가 있다. 예를 들어, 업무보고서 등의 허위기재행위와 검사방해행위(구법 38조의2 12호, 38조의3 15호), 유사상호 사용금지 위반행위(구법 68조 2항) 등이 개정전의 은행법에서는 형벌에 처해졌으나, 현행 은행법에서는 질서벌에 해당한다(법 69조 2항 4호·5호, 법 69조 1항 2호).

3. 행정범에 대한 형법총칙의 적용여부

법령에 특별한 규정이 없는 한 형벌에는 형법총칙이 적용되고(형법 8조), 형사소송법의 절차에 따른다. 이는 원칙적으로 은행법상의 형벌에 대하여도 형법총칙이 적용됨을 명시한 것인데, 이와 관련하여 가장 문제가 되는 것은 은행법상의 형벌과 고의(범의)와의 관련문제이다.

형법상 고의란 「구성요건에 해당되는 사실이 일어날 것을 예견하고 또한 그 사실의 발생을 의욕하거나 인용하는 심리상태」를 말한다. 단지 범죄사실의 가능

---

1) 이에 관하여는 행정법론(상), 549면; 행정법 I, 515면 참조.

성만을 예견하였더라도 이를 인용한 이상 고의가 성립될 수 있다(미필적 고의). 즉 고의란 죄를 범할 의사를 말하는데, 죄의 성립요소인 사실을 인식하고 그 실현을 의도하든가, 아니면 적어도 인용하는 경우를 말한다.[1]

이에 대하여 과실이란 「행위자가 정상의 주의를 태만히 함으로 인하여 구성요건에 해당되는 사실을 인식(예견)하지 못한 경우」를 말한다(형법 14조). 주의의무에 위반함으로써 의사에 반하여 구성요건을 실현하는 것이 과실이다.[2]

형법 제 8 조는 형법총칙은 타법령에 정한 죄에 적용하는데, 다만 그 법률에 특별한 규정이 있는 때에는 예외로 한다고 규정하고 있다. 또한 형법총칙은 형벌을 과하는 요건으로서 범의, 즉 고의를 요하고, 과실인 경우에는 형벌을 과할 수 없다고 규정하고 있다(형법 13조). 그런데 은행법 등 행정법규에 규정되어 있는 형벌[3]에 대하여 형법총칙이 그대로 적용되는가의 여부에 대하여 공법학자들 사이에 논란이 있다. 대법원판례는 "특별형벌법규에 의하여 처벌되는 범죄에는 고의를 요하지 아니한다는 취지가 그 법규의 명문으로 규정되어 있거나 그 명문이 없다 하여도 법규의 규정 중 위와 같은 취지를 명백히 확인할 수 있는 경우가 아니고서는 특별형벌법규에 의한 범죄구성에 있어서도 일반형법의 원칙에 따라 고의를 필요로 한다"고 밝히고 있다.[4] 따라서 은행법에 규정된 벌칙도 행정형벌로서 특별형벌법규에 해당하므로 원칙적으로 고의가 있어야 벌할 수 있고, 과실로 인한 행위는 처벌할 수 없다고 본다.

Ⅱ. 은행법상의 벌칙

1. 총   설

은행 또는 그 임·직원에 대한 형사처벌 법규는 은행법 이외에도 상법 중 회사편, 특정경제범죄법, 금융산업구조개선법, 금융실명법, 신용정보법 등에 산재해 있다.

상법은 특별사법으로서 기업법의 속성을 지니고 있으므로, 주식회사의 형태로 금융분야의 영업활동을 하고 있는 은행은 당연히 상법적 규율을 받게 된다.

---

1) 형법총론(이), 164면; 형법총론(임), 167면.
2) 형법총론(이), 183면.
3) 행정법과 일반형사법을 구분하는 입장에서는 이를 특히 '행정형벌'이라고 한다.
4) 대판 1965. 6. 29, 65도1. 동지: 대판 1965. 10. 21, 65도654; 동 1986. 7. 22, 85도108(행정상의 단속을 주안으로 하는 법규라 하더라도 명문규정이 있거나 해석상 과실범도 벌할 뜻이 명확한 경우를 제외하고는 형법의 원칙에 따라 고의가 있어야 벌할 수 있다).

특히 특정경제범죄법은 주로 금융기관 임·직원의 특정범죄에 대한 가중처벌을 규정함으로써, 경제질서의 확립을 목적으로 하는 금융분야의 특별형법이므로, 은행의 임·직원이 범하는 특정범죄에 대하여는 동법이 적용된다.

은행법은 은행업을 영위함에 있어서 불법행위를 방지하고, 감독업무의 실효성을 확보하기 위하여, 다수의 벌칙규정을 두어, 신용질서의 유지를 도모하고 있다. 은행법상 벌칙은 징역·벌금 등「형벌」과 과태료를 부과하는「행정질서벌」로 나뉘어진다. 은행법상 처벌의 대상은 은행 및 그 임·직원 등의 종사자에 대해서 뿐만 아니라, 법인 그 자체 또는 은행관계자 이외의 자에 대하여도 과해지는 경우가 있다.

2. 형 벌

가. 은행법상 형벌을 과하는 경우

(1) 10년 이하의 징역 또는 5억원 이하의 벌금에 처하는 경우(법 66조 1항)

① 은행법 제21조의2(비공개정보 누설 등의 금지)를 위반한 자[1]

② 은행법 제35조의2 (은행의 대주주에 대한 신용공여한도 등) 제1항부터 제3항까지 및 제7항·제8항을 위반하여 대주주에게 신용공여·무상양도를 한 자와 그로부터 신용공여·무상양도를 받은 대주주 또는 자산을 매매·교환한 당사자[2]

③ 은행법 제35조의3(대주주가 발행한 지분증권의 취득한도 등) 제1항을 위반하여 대주주가 발행한 지분증권을 취득한 자[3]

④ 은행법 제35조의4(대주주의 부당한 영향력 행사의 금지)를 위반한 자[4]

---

1) 은행법 제21조의2 은행의 임직원은 업무상 알게 된 공개되지 아니한 정보 또는 자료를 외부에 누설하거나 업무목적 외로 이용하여서는 아니 된다.
2) 은행법 제35조의2 ① 은행이 그 은행의 대주주에게 할 수 있는 신용공여는 그 은행 자기자본의 100분의 25의 범위에서 대통령령으로 정하는 비율에 해당하는 금액과 그 대주주의 그 은행에 대한 출자비율에 해당하는 금액 중 적은 금액을 초과할 수 없다.
② 은행이 그 은행의 전체 대주주에게 할 수 있는 신용공여는 그 은행 자기자본의 100분의 25의 범위에서 대통령령으로 정하는 비율에 해당하는 금액을 초과할 수 없다.
③ 은행은 제1항 및 제2항에 따른 신용공여한도를 회피하기 위한 목적으로 다른 은행과 교차하여 신용공여를 하여서는 아니 된다.
⑦ 은행은 그 은행의 대주주의 다른 회사에 대한 출자를 지원하기 위한 신용공여를 하여서는 아니 된다.
⑧ 은행은 그 은행의 대주주에게 자산을 무상으로 양도하거나 통상의 거래조건에 비추어 그 은행에게 현저하게 불리한 조건으로 매매 또는 교환하거나 신용공여를 하여서는 아니 된다.
3) 은행법 제35조의3 ① 은행은 자기자본의 100분의 1의 범위에서 대통령령으로 정하는 비율에 해당하는 금액을 초과하여 그 은행의 대주주가 발행한 지분증권을 취득여서는 아니 된다.
4) 은행의 대주주는 그 은행의 이익에 반하여 대주주 개인의 이익을 취할 목적으로 부당한 영향력을 행사하는 등의 행위를 하여서는 아니 된다(법 35조의4).

(2) 5년 이하의 징역 또는 2억원 이하의 벌금에 처하는 경우(법 66조 2항)

은행법 제8조에 따른 인가를 받지 아니하고 은행업을 경영하는 자

(3) 3년 이하의 징역 또는 1억원 이하의 벌금에 처하는 경우(법 67조)

① 은행법 제35조(동일차주 등에 대한 신용공여의 한도) 제1항·제3항 또는 제4항의 규정을 위반하여 신용공여를 한 자(법 67조 1호)

② 은행법 제37조(다른 회사에 대한 출자제한 등) 제1항 및 제3항 또는 제6항부터 제8항의 규정을 위반한 자(법 67조 2호)

(4) 1년 이하의 징역 또는 3천만원이하의 벌금에 처하는 경우(법 68조)

은행의 임원·지배인·대리점주(대리점주가 법인인 경우에는 그 업무를 집행하는 사원·임원·지배인 기타 법인의 대표자) 또는 청산인이나 그 직원에 대한 벌칙이다.[1]

① 은행법 제9조(자본금)를 위반하여 최저자본금을 유지하지 아니한 경우[2]

② 은행법 제32조(당좌예금)를 위반한 경우[3]

③ 은행법 제33조(사채발행 한도)를 위반하여 채권을 발행한 경우[4]

④ 은행법 제38조(금지업무)를 위반하여 금지업무를 한 경우

⑤ 은행법 제40조(이익준비금의 적립)를 위반하여 이익준비금을 적립하지 아니한 경우

⑥ 은행법 제55조(합병, 해산, 폐업의 인가) 제1항에 따른 인가를 받지 아니하고 같은 항 각 호에 규정된 행위를 한 경우

⑦ 은행법 제58조(외국은행의 은행업인가 등) 제1항을 위반한 경우

⑧ 은행법 제62조(외국은행의 국내자산) 제1항 또는 제2항을 위반한 경우

(5) 은행(기관)에 대한 벌칙

은행법 제52조의3(광고) 제1항 및 제2항을 위반하여 광고한 은행은 3천만원 이하의 벌금에 처한다(법 68조 2항).

---

1) 본조의 이 법문은 사족(蛇足)이라고 본다. 그 이유는 본조 각호의 행위가 모두 은행 임·직원 등의 행위라고 볼 수 없기 때문이다. 본조 2호는 은행업을 하지 않는 자가 당좌예금을 취급한 경우를, 본조 7호는 외국은행이 인가를 받지 않고 국내에 지점 등을 신설하는 경우를 상정한 규정인데, 이는 은행법상의 은행의 임·직원의 행위라고 볼 수는 없는 것이다.
2) 은행의 자본금은 1천억원 이상이어야 한다. 다만, 전국을 영업구역으로 하지 아니하는 은행의 자본금은 250억원 이상으로 할 수 있다(법 9조).
3) 당좌예금은 상업금융업무를 영위하는 은행만이 취급할 수 있다(법 32조).
4) 은행의 사채 기타 이에 준하는 채권의 발행조건·발행 방법 등에 관하여 필요한 사항은 대통령령으로 정한다. 이 경우 사채 등의 발행한도는 자기자본의 5배의 범위 내에서 대통령령으로 정한다(법 33조).

나. 양벌규정

(1) 은행법상 양벌규정

법인의 대표자나 법인 또는 개인의 대리인·사용인 기타 종업원이 그 법인 또는 개인의 업무에 관하여 은행법 제66조(10년 이하의 징역 또는 5억원 이하의 벌금에 처하는 경우)·은행법 제67조(3년 이하의 징역 또는 1억원 이하의 벌금에 처하는 경우) 및 은행법 제68조(1년 이하의 징역 또는 3천만원 이하의 벌금에 처하는 경우)의 위반행위를 한 때에는 행위자를 벌하는 외에 그 법인 또는 개인에 대하여도 각 해당 조문의 벌금형을 과한다. 다만, 법인 또는 개인이 그 위반행위를 방지하기 위하여 해당 업무에 관하여 상당한 주의와 감독을 게을리하지 아니한 경우에는 그러하지 아니하다(법 68조의2).

(2) 양벌규정의 의의

「범죄행위자와 행위자 이외의 자를 함께 처벌하는 법규정」을 양벌규정이라 한다. 형사법에서는 범죄를 행한 자만을 벌하지만, 행정법에서는 범죄행위자 이외의 자를 벌하는 것으로 규정하는 경우가 있다. 종업원의 위반행위에 대하여 사업주도 처벌하는 것으로 규정하는 경우 등이다.[1]

(3) 타인의 행위에 대한 책임의 성질

형법 제13조는 원칙적으로 고의범만 벌하고, 과실범은 특별한 규정이 있는 경우에만 벌한다고 규정하고 있다. 그런데 대법원판례는 양벌규정에 의한 영업주의 책임을 묻는 것은 종업원 등에 대한 영업주의 선임감독상의 과실책임을 근거로 한다고 판시하고 있다.[2] 따라서 양벌규정에 의하여 사업주가 처벌되는 것은 종업원의 책임을 대위하여 지는 것이 아니고, 종업원이 위반행위를 행하지 않도록 할 감독의무 태만의 과실책임으로 볼 수 있다.[3]

위 은행법의 양벌규정도 "법인 또는 개인이 그 위반행위를 방지하기 위하여 해당 업무에 관하여 상당한 주의와 감독을 게을리하지 아니한 경우에는 그러하지 아니하다"고 규정한 것도(법 68조의2 단서), 위와 같은 취지에서 규정된 것이라고 이해할 수 있다.

(4) 법인의 책임

㈎ 의   의

형사범에서는 법인은 범죄능력이 없다고 보는 것이 일반적 견해이다. 그것

---

1) 행정법론(상), 553면.
2) 대판 2006. 2. 24, 2005도7673.
3) 행정법론(상), 553면.

은 형사책임은 행위자의 도의적 죄악성에 대한 문책인데, 법인은 그 자체로서 윤리적 자기결정을 할 인격성을 갖추지 못하였기 때문이다. 그러나 행정법규에는 행정목적 실현을 위하여 법인의 대표자 또는 법인의 대리인·사용인 등이 범행한 경우 행위자뿐만 아니라 법인도 아울러 처벌할 수 있는 명문의 규정(양벌규정)을 두어 법인의 범죄능력을 인정한 경우가 더러 있다. 그 이유는 행정형벌은 형사벌과는 달리 정책적 견지에서 과하는 측면이 강하므로 일반예방적 요소와 위협적 요소가 많은 것으로서, 행정상 의무위반이라는 객관적 위법상태의 발생에 대한 사회적 비난의 귀속이라고 보아야 하기 때문이라고 한다.[1]

(나) 법인의 책임의 성질

법인의 책임을 묻는 보통의 규정형식은 양벌규정인 바,[2] 그 중 법인의 대표자의 행위에 대한 법인의 책임은 법인의 직접책임이나, 법인의 대리인·사용인 기타 종업원의 행위에 대한 책임은 법인의 기관이 종업원 등에 대한 선임·감독의무를 태만히 한 데 대한 과실책임이다.[3]

(다) 법인책임의 법적 근거

법인의 처벌은 개개의 법률에 그것을 인정하는 특별한 규정이 있을 경우에 한하여 인정된다.[4] 법인에 대한 처벌수단은 법인의 성질상 벌금·과료·몰수 등의 금전벌이 될 수 있으나, 위 은행법 양벌규정에서는 벌금형만 규정하고 있다. 은행은 모두 법인의 형태로 존재하므로(법 4조), 특히 법인의 책임이 문제되는 경우가 많다고 볼 수 있다.

(5) 양벌규정의 위헌성 논란

1) 헌법재판소는 근래 특정법률 중 양벌규정[5]의 위헌제청에 대하여 헌법에 위반된다는 결정을 선고하고 있다. 문제가 된 각 법률의 양벌규정은 일률적으로 "법인의 대리인·사용인 기타의 종업원이 그 법인의 업무에 관하여 소정의 규정에 의한 위반행위를 한 때에는 그 법인에 대하여도 해당 조의 벌금형을 과한다"고 규정하고 있었다. 이러한 양벌규정에 대하여 헌법재판소는 "위 규정은 종업원 등의 일정한 범죄행위가 있으면 법인이 그와 같은 종업원 등의 범죄에 대하

---

1) 행정법 I, 521면.
2) 건설산업기본법 제98조; 문화재보호법 제94조; 소방법 제118조; 광업법 제115조의2; 도로교통법 제116조; 노동조합 및 노동관계조정법 제94조 등.
3) 행정법 I, 521면; 행정법론(상), 556면.
4) 동지: 대판 1968. 2. 20, 67도1683.
5) 구 외부감사법 제21조, 구 조세범처벌법 제 3 조, 구 도로교통법 제159조, 구 컴퓨터프로그램보호법 제50조, 구 도로법 제86조, 구 건축법 제81조 제 2 항, 구 외국환거래법 제31조, 청소년보호법 제 54조, 약사법 제97조 제 2 항 등.

여 어떠한 잘못이 있는지를 전혀 묻지 않고 곧바로 영업주인 법인 등의 사용자에게 종업원 등과 같이 벌금형을 과하도록 규정하고 있다고 해석된다. 따라서 위 각 규정은 법인이 종업원 등의 위반행위와 관련하여 선임·감독상의 주의의무를 다하여 아무런 잘못이 없는 경우까지도 법인에게 형벌이 부과될 수밖에 없는 것이므로 법치국가의 원리 및 죄형법정주의로부터 도출되는 책임주의 원칙에 반하므로 헌법에 위반된다”는 이유로 위헌결정을 하였다.[1]

2) 은행법은 양벌규정을 두면서 “법인 또는 개인이 그 위반행위를 방지하기 위하여 해당 업무에 관하여 상당한 주의와 감독을 게을리하지 아니한 경우에는 그러하지 아니하다”고 규정함으로써(법 68조의2 단서), 법인 등 영업주의 책임은 행위자의 선임·감독상의 과실책임임을 분명히 하고 있다. 따라서 이에 대한 위헌의 논란은 없다고 본다.

3. 행정질서벌(과태료)

가. 행정질서벌의 특수성

과태료는 일종의 금전벌인 점에서는 실질적으로 형법상의 형벌인 벌금 및 과료와 같으나, 형식적으로는 형벌이 아닌 점에서 이들과 구별되고, 형벌이 아니기 때문에 형법총칙의 적용을 받지 않는다. 행정질서벌은 반윤리성이 희박하기 때문에, 원칙적으로 객관적 법규위반이 있으면 과할 수 있고, 행위자의 주관적 요건 즉 고의·과실은 문제되지 않는다.[2] 과태료와 형사벌은 그 성질이나 목적을 달리하는 것이므로, 양자는 병과될 수 있다는 것이 대법원 판례의 입장이다.[3]

나. 질서위반행위규제법

과태료에 관한 기본법인 「질서위반행위규제법」이 2007. 12월 제정되어 2008. 6월부터 시행되고 있다. 이 법은 과태료 부과대상인 질서위반행위의 성립요건과 과태료의 부과·징수 및 재판 등에 관한 사항을 규정하고 있는바, 동법은 과태료의 부과·징수 및 재판 및 징수절차에 관하여 다른 법률의 관련 규정이 이 법에 저촉되는 때에는 이 법이 정하는 바에 따른다고 규정하고 있어서(동법 5조), 과태료의 과벌 및 집행절차에 관하여는 이 법이 일반법의 지위를 가지고 있다.

---

1) 헌재 2012. 11. 29, 2012헌가15(구 외부감사법); 동 2009. 7. 30, 2008헌가17(구 도로교통법); 동 2010. 10. 28, 2010헌가14·15·21·27·35·38·44·70(병합) 등.
2) 대결 1969. 11. 18, 69마20.
3) 대판 2000. 10. 27, 2000도3874.

다. 은행법상의 규정

(1) 5천만원 이하의 과태료에 처하는 경우(법 69조 1항)

① 은행법 제13조 제 2 항(국외현지법인 등의 신설) 또는 제27조의2 제 2 항(부수업무의 운영) 또는 제28조 제 2 항(겸영업무의 운영)을 위반하여 신고하지 아니한 자

② 은행법 제14조(유사상호 사용 금지)를 위반하여 유사상호를 사용한 자

③ 은행법 제15조 제 2 항(동일인 주식보유상황) 및 제15조의4(사모투자전문회사 등의 보고사항)를 위반하여 보고를 하지 아니한 자

④ 은행법 제15조의3 제 3 항(사모투자전문회사 등의 정보제공), 제16조의4 제 2 항(한도초과보유주주 등의 정보제공) 또는 제35조의5 제 1 항·제 2 항(대주주에 대한 자료제공)에 따른 자료제공 등의 요구에 따르지 아니한 자

⑤ 은행법 제30조(예금지급준비금과 금리 등에 관한 준수사항)를 위반한 은행

⑥ 은행법 제35조의2 제 4 항(대주주에 대한 신용공여) 또는 제35조의3 제 4 항(대주주가 발행한 지분증권의 취득)을 위반하여 이사회의 의결을 거치지 아니한 은행

⑦ 은행법 제35조의2 제 5 항·제 6 항(은행의 대주주에 대한 신용공여의 보고 및 공시) 또는 제35조의3 제 5 항·제 6 항(대주주가 발행한 지분증권 취득의 보고 및 공시)을 위반하여 금융위원회에 대한 보고 또는 공시를 하지 아니한 은행

⑧ 은행법 제48조의2(대주주 등에 대한 검사)에 따른 검사를 거부·방해 또는 기피한 자

⑨ 은행법 제52조의2(불공정영업행위의 금지 등)를 위반한 은행

⑩ 은행법 제52조의3 제 4 항(상품의 광고시 이자 등 거래조건의 표시) 중 광고의 방법 및 절차를 위반한 은행

⑪ 그 밖에 은행법 또는 은행법에 따른 규정·명령 또는 지시를 위반한 은행

(2) 1천만원 이하의 과태료에 처하는 경우(법 69조 2항)

「은행의 임원 등 또는 직원의 행위」로서 다음 중 어느 하나에 해당하는 경우이다.

① 은행법 제10조 제 1 항(자본금 감소의 신고)을 위반한 경우

② 은행법 제20조(임원 등의 겸직제한)를 위반한 경우

③ 은행법 제41조(재무제표의 공고 등)에 따른 공고를 거짓으로 한 경우

④ 은행법 제43조의2(업무보고서 등의 제출)에 따른 보고서의 제출을 게을리하거나 보고서에 사실과 다른 내용을 적은 경우

⑤ 은행법 제48조(검사)에 따른 검사를 거부·방해 또는 기피한 경우

⑥ 은행법 제52조의2(불공정영업행위의 금지 등)를 위반한 경우

⑦ 은행법에 의한 서류의 비치·제출·보고·공고 또는 공시를 게을리 한 경우

⑧ 그 밖에 은행법 또는 동법에 의한 규정·명령 또는 지시를 위반 한 경우

(3) 과태료의 부과와 징수

과태료는 대통령령이 정하는 바에 의하여 금융위원회가 부과·징수한다(법 69조 3항). 이에 따른 과태료의 부과기준은 아래와 같다(법시행령 31조).

[과태료의 부과기준(법시행령 제31조의 별표)]

1. 일반기준

금융위원회는 위반행위의 정도, 위반행위의 동기와 그 결과 등을 고려하여 아래의 개별기준에 따른 과태료 금액을 감경하거나, 2분의 1의 범위에서 가중할 수 있다. 다만, 가중하는 경우에도 은행법 제69조 제 1 항(5천만원 이하) 및 제 2 항(1천만원 이하)에 따른 과태료 금액의 상한을 초과할 수 없다.

2. 개별기준 (법은 은행법을 말함; 단위: 만원)

위반행위	근거 법조문	금 액
가. 은행의 임원 등 또는 직원이 법 제10조 제 1 항을 위반한 경우	법 제69조 제 2 항 제 1 호	300
나. 법 제13조 제 2 항 또는 제27조의2 제 2 항 또는 제28조 제 2 항을 위반하여 신고하지 않은 경우	법 제69조 제 1 항 제 1 호	1,000
다. 법인인 자가 법 제14조를 위반하여 유사상호를 사용한 경우	법 제69조 제 1 항 제 2 호	3,000
라. 법인이 아닌 자가 법 제14조를 위반하여 유사상호를 사용한 경우	법 제69조 제 1 항 제 2 호	1,500
마. 법 제15조 제 2 항 및 제15조의4를 위반하여 보고를 하지 않은 경우	법 제69조 제 1 항 제 3 호	1,500
바. 법인인 자가 법 제15조의3 제 3 항, 제16조의4 제 2 항 또는 제35조의5 제 1 항·제 2 항에 따른 자료제공 등의 요구에 따르지 않은 경우	법 제69조 제 1 항 제 4 호	3,000
사. 법인이 아닌 자가 법 제15조의3 제 3 항, 제16조의4 제 2 항 또는 제35조의5 제 1 항·제 2 항에 따른 자료제공 등의 요구에 따르지 않은 경우	법 제69조 제 1 항 제 4 호	1,500
아. 은행의 임원 등 또는 직원이 법 제20조를 위반한 경우	법 제69조 제 2 항 제 2 호	500
자. 은행이 법 제30조를 위반한 경우	법 제69조 제 1 항 제 5 호	5,000
차. 은행이 법 제35조의2 제 4 항 또는 제35조의3 제 4 항을 위반하여 이사회의 의결을 거치지 않은 경우	법 제69조 제 1 항 제 6 호	5,000
카. 은행이 법 제35조의2 제 5 항·제 6 항 또는 제35조의3 제 5 항·제 6 항을 위반하여 금융위원회에 대한 보고 또는 공시를 하지 않은 경우	법 제69조 제 1 항 제 7 호	3,000

위반행위	근거 법조문	금 액
타. 은행의 임원등 또는 직원이 법 제41조에 따른 공고를 거짓으로 한 경우	법 제69조 제 2 항 제 3 호	250
파. 은행의 임원등 또는 직원이 법 제43조의2에 따른 보고서의 제출을 게을리 한 경우	법 제69조 제 2 항 제 4 호	100
하. 은행의 임원등 또는 직원이 법 제43조의2에 따른 보고서에 사실과 다른 내용을 적은 경우	법 제69조 제 2 항 제 4 호	250
거. 은행의 임원등 또는 직원이 법 제48조에 따른 검사를 거부·방해 또는 기피한 경우	법 제69조 제 2 항 제 5 호	500
너. 법인인 자가 법 제48조의2에 따른 검사를 거부·방해 또는 기피한 경우	법 제69조 제 1 항 제 8 호	5,000
더. 법인이 아닌 자가 법 제48조의2에 따른 검사를 거부·방해 또는 기피한 경우	법 제69조 제 1 항 제 8 호	2,500
러. 은행이 법 제52조의2를 위반한 경우	법 제69조 제 1 항 제 9 호	2,500
머. 은행의 임원등 또는 직원이 법 제52조의2를 위반한 경우	법 제69조 제 2 항 제 6 호	250
버. 은행이 법 제52조의3 제 4 항 중 광고의 방법 및 절차를 위반한 경우	법 제69조 제 1 항 제10호	5,000
서. 은행이 법 또는 법에 따른 규정·명령 또는 지시를 위반한 경우	법 제69조 제 1 항 제11호	1,000
어. 은행의 임원등 또는 직원이 법에 따른 서류의 비치, 제출, 보고, 공고 또는 공시를 게을리한 경우	법 제69조 제 2 항 제 7 호	100
저. 은행의 임원등 또는 직원이 법 또는 법에 따른 규정·명령 또는 지시를 위반한 경우	법 제69조 제 2 항 제 8 호	100

라. 은행법상 과태료 제도의 문제점

위에서 본 바와 같이 은행법이 은행의 임원 등 또는 직원에게 1천만원 이하의 과태료에 처하는 행위 가운데는 임원 등의 겸직제한 규정을 위반한 경우(법 69조 2항 2호), 재무제표의 공고를 거짓으로 한 경우(법 69조 2항 3호), 허위의 업무보고서를 작성한 경우(법 69조 2항 4호), 검사를 거부·방해 또는 기피한 경우(법 69조 2항 5호), 불공정영업행위 금지규정을 위반한 경우(법 69조 2항 6호), 기타 은행법 또는 동법에 의한 규정·명령 또는 지시를 위반 한 경우(법 69조 2항 8호) 등이 있다.

위의 행위들과 이에 대한 은행법의 제재수준은 다음과 같은 문제점이 있다고 본다. 첫째, 임원 등의 겸직제한 규정을 위반한 행위, 검사를 거부·방해 또는 기피한 행위, 기타 은행법 또는 동법에 의한 규정·명령 또는 지시를 위반 한 행위는 규범과 공권력을 경시할 우려가 있는 행위로 보인다. 둘째, 재무제표를 허위로 공고하거나 업무보고서를 허위로 작성하는 행위 등은 감독기관뿐만 아니라 이를 믿고 거래하는 금융소비자, 일반 투자자 등에게 상당한 피해를 입힐 위

험성이 있다.[1] 셋째, 위와 같은 중대한 문제를 야기할 가능성이 있는 행위임에
도 불구하고, 그러한 행위들에 대하여 1천만원 이하의 과태료를 부과하는 현행
은행법의 규정과 이를 더욱 완화한 시행령의 규정(100만원에서 500만원 사이)은 그
행위가 내포하는 위험성과 파급효과에 비하여 제재의 수준이 너무 경미하다고
본다. 차후 은행법의 개정시 입법자는 이 점을 검토할 필요가 있다고 본다.

---

[1] 주식회사의 외부감사에 대한 법률 제20조 제 1 항 : 「상법」 제401조의2 및 제635조 제 1 항에 규
정된 자나 그 밖에 회사의 회계업무를 담당하는 자가 회계처리기준을 위반하여 거짓으로 재무제
표 또는 연결재무제표를 작성·공시한 경우 7년 이하의 징역 또는 7천만원 이하의 벌금에 처한다.

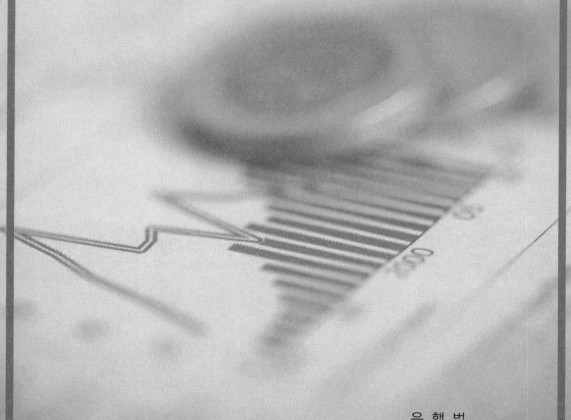

부　록

은 행 법

은 행 법

[시행 2014.2.14.][법률 제12101호, 2013.8.13., 일부개정]

제 1 장 총 칙〈개정 2010.5.17.〉

제1조(목적) 이 법은 은행의 건전한 운영을 도모하고 자금중개기능의 효율성을 높이며 예금자를 보호하고 신용질서를 유지함으로써 금융시장의 안정과 국민경제의 발전에 이바지함을 목적으로 한다.

제2조(정의) ① 이 법에서 사용하는 용어의 뜻은 다음과 같다. 〈개정 2013.8.13.〉

1. "은행업"이란 예금을 받거나 유가증권 또는 그 밖의 채무증서를 발행하여 불특정 다수인으로부터 채무를 부담함으로써 조달한 자금을 대출하는 것을 업(業)으로 하는 것을 말한다.

2. "은행"이란 은행업을 규칙적·조직적으로 경영하는 한국은행 외의 모든 법인을 말한다.

3. "상업금융업무"란 대부분 요구불예금을 받아 조달한 자금을 1년 이내의 기한으로 대출하거나 금융위원회가 예금 총액을 고려하여 정하는 최고 대출한도를 초과하지 아니하는 범위에서 1년 이상 3년 이내의 기한으로 대출하는 업무를 말한다.

4. "장기금융업무"란 자본금·적립금 및 그 밖의 잉여금, 1년 이상의 기한부 예금 또는 사채(社債)나 그 밖의 채권을 발행하여 조달한 자금을 1년을 초과하는 기한으로 대출하는 업무를 말한다.

5. "자기자본"이란 국제결제은행의 기준에 따른 기본자본과 보완자본의 합계액을 말한다.

6. "지급보증"이란 은행이 타인의 채무를 보증하거나 인수하는 것을 말한다.

7. "신용공여"란 대출, 지급보증 및 유가증권의 매입(자금지원적 성격인 것만 해당한다), 그 밖에 금융거래상의 신용위험이 따르는 은행의 직접적·간접적 거래를 말한다.

8. "동일인"이란 본인 및 그와 대통령령으로 정하는 특수관계에 있는 자(이하 "특수관계인"이라 한다)를 말한다.

9. "비금융주력자"란 다음 각 목의 어느 하나에 해당하는 자를 말한다.

가. 동일인 중 비금융회사(대통령령으로 정하는 금융업이 아닌 업종을 운영하는 회사를 말한다. 이하 같다)인 자의 자본총액(대차대조표상 자산총액에서 부채총액을 뺀 금액을 말한다. 이하 같다)의 합계액이 동일인 중 회사인 자의 자본총액의 합계액의 100분의 25 이상인 경우의 그 동일인

나. 동일인 중 비금융회사인 자의 자산총액의 합계액이 2조원 이상으로서 대통령령으로 정하는 금액 이상인 경우의 그 동일인

다. 「자본시장과 금융투자업에 관한 법률」에 따른 투자회사(이하 "투자회사"라 한다)로서 가목 또는 나목의 자가 그 발행주식 총수의 100분의 4를 초과하여 주식을 보유(동일인이 자기 또는 타인의 명의로 주식을 소유하거나 계약 등에 의하여 의결권을 가지는 것을 말한다. 이하 같다)하는 경우의 그 투자회사

라. 「자본시장과 금융투자업에 관한 법률」에 따른 사모투자전문회사(이하 "사모투자전문회사"라 한다)로서 다음 각각의 어느 하나에 해당하는 사모투자전문회사

1) 가목부터 다목까지의 어느 하나에 해당하는 자가 사모투자전문회사 출자총액의 100분

의 10 이상 지분을 보유하는 유한책임사원인 경우(이 경우 지분계산에 있어서 해당 사원과 다른 유한책임사원으로서 해당 사원의 특수관계인의 지분을 포함한다)

2) 가목부터 다목까지의 어느 하나에 해당하는 자가 사모투자전문회사의 무한책임사원인 경우[다만, 가목부터 다목까지의 어느 하나에 해당하지 아니하는 무한책임사원이 다른 사모투자전문회사를 통하여 비금융회사의 주식 또는 지분에 투자함으로써 가목부터 다목까지의 어느 하나에 해당하게 된 경우로서 해당 사모투자전문회사의 유한책임사원 (해당 사원과 다른 유한책임사원으로서 해당 사원의 특수관계인을 포함한다)이 그 다른 사모투자전문회사에 출자하지 아니한 경우에는 이를 제외한다]

3) 다른 상호출자제한기업집단(「독점규제 및 공정거래에 관한 법률」에 따른 상호출자제한 기업집단을 말한다. 이하 같다)에 속하는 각각의 계열회사(「독점규제 및 공정거래에 관한 법률」에 따른 계열회사를 말한다. 이하 같다)가 취득한 사모투자전문회사의 지분의 합이 사모투자전문회사 출자총액의 100분의 30 이상인 경우

마. 라목에 해당하는 사모투자전문회사(「자본시장과 금융투자업에 관한 법률」 제271조 제1항 제3호 나목 및 다목에 따라 투자목적회사의 주식 또는 지분을 취득한 자 중 이호 가목부터 다목까지의 어느 하나에 해당하는 자를 포함한다)가 투자목적회사의 주식 또는 지분의 100분의 4를 초과하여 취득·보유하거나 임원의 임면 등 주요 경영사항에 대하여 사실상의 영향력을 행사하는 경우의 해당 투자목적회사

10. "대주주(大株主)"란 다음 각 목의 어느 하나에 해당하는 자를 말한다.

가. 은행의 주주 1인을 포함한 동일인이 은행의 의결권 있는 발행주식 총수의 100분의 10 [전국을 영업구역으로 하지 아니하는 은행(이하 "지방은행"이라 한다)의 경우에는 100분의 15]을 초과하여 주식을 보유하는 경우의 그 주주 1인

나. 은행의 주주 1인을 포함한 동일인이 은행(지방은행은 제외한다)의 의결권 있는 발행주식 총수(제16조의2 제2항에 따라 의결권을 행사할 수 없는 주식은 제외한다)의 100분의 4를 초과하여 주식을 보유하는 경우로서 그 동일인이 최대주주이거나 대통령령으로 정하는 바에 따라 임원을 임면(任免)하는 등의 방법으로 그 은행의 주요 경영사항에 대하여 사실상 영향력을 행사하고 있는 자인 경우의 그 주주 1인

② 자기자본 및 신용공여의 구체적 범위에 대하여는 대통령령으로 정하는 바에 따라 금융위원회가 정한다. [전문개정 2010.5.17.]

제3조(적용 법규) ① 대한민국에 있는 모든 은행은 이 법, 「한국은행법」, 「금융위원회의 설치 등에 관한 법률」 및 이에 따른 규정 및 명령에 따라 운영되어야 한다.

② 이 법과 「한국은행법」은 「상법」이나 그 밖의 법령에 우선하여 적용한다.

제4조(법인) 법인이 아니면 은행업을 경영할 수 없다.

제5조(수산업협동조합중앙회에 대한 특례) 수산업협동조합중앙회의 신용사업 부문은 이를 하나의 은행으로 본다.

제6조(보험사업자 등) 보험사업자와 상호저축은행업무 또는 신탁업무만을 경영하는 회사는 은행으로 보지 아니한다.

제7조(은행 해당 여부의 결정) ① 법인이 은행에 해당하는지 여부는 금융위원회가 결정한다.

② 금융위원회는 제1항에 따른 결정을 위하여 필요하면 해당 법인에 장부와 그 밖의 서류를 제출하도록 요구할 수 있다.

제2장 은행업의 인가 등〈개정 2010.5.17.〉

제8조(은행업의 인가) ① 은행업을 경영하려는 자는 금융위원회의 인가를 받아야 한다.

② 제1항에 따른 은행업 인가를 받으려는 자는 다음 각 호의 요건을 모두 갖추어야 한다. 〈개정 2013.8.13.〉

1. 자본금이 1천억원 이상일 것. 다만, 지방은행의 자본금은 250억원 이상으로 할 수 있다.
2. 은행업 경영에 드는 자금 조달방안이 적정할 것
3. 주주구성계획이 제15조, 제15조의3 및 제16조의2에 적합할 것
4. 대주주가 충분한 출자능력, 건전한 재무상태 및 사회적 신용을 갖출 것
5. 사업계획이 타당하고 건전할 것
6. 발기인(개인인 경우만 해당한다) 및 임원이 제18조에 적합할 것
7. 은행업을 경영하기에 충분한 인력, 영업시설, 전산체계 및 그 밖의 물적 설비를 갖출 것

③ 제2항에 따른 요건 등에 관하여 필요한 세부사항은 대통령령으로 정한다.

④ 금융위원회는 제1항에 따른 인가를 하는 경우에 금융시장의 안정, 은행의 건전성 확보 및 예금자 보호를 위하여 필요한 조건을 붙일 수 있다.

⑤ 제4항에 따라 조건이 붙은 은행업 인가를 받은 자는 사정의 변경, 그 밖에 정당한 사유가 있는 경우에는 금융위원회에 그 조건의 취소 또는 변경을 신청할 수 있다. 이 경우 금융위원회는 2개월 이내에 조건의 취소 또는 변경 여부를 결정하고, 그 결과를 지체 없이 신청인에게 문서로 알려야 한다.

제9조(최저자본금) 은행은 제8조에 따른 인가를 받아 은행업을 경영할 때 같은 조 제2항 제1호에 따른 자본금을 유지하여야 한다.

제10조(자본금 감소의 신고) ① 은행이 주식 수 감소 등 대통령령으로 정하는 자본금의 감소에 해당하는 행위를 하려는 경우에는 금융위원회에 미리 신고하여야 한다.

② 금융위원회는 제1항에 따라 신고받은 내용이 관계 법령에 위반되거나 은행이용자의 권익을 침해하는 것이라고 인정되는 경우에는 해당 은행에 대하여 그 시정 또는 보완을 권고할 수 있다.

제11조(신청서 등의 제출) ① 제8조에 따른 인가를 받으려는 자는 신청서를 금융위원회에 제출하여야 한다.

② 제1항에 따른 신청서의 내용과 종류는 대통령령으로 정한다.

제11조의2(예비인가) ① 제8조에 따른 인가(이하 이 조에서 "본인가"라 한다)를 받으려는 자는 미리 금융위원회에 예비인가를 신청할 수 있다.

② 금융위원회는 제1항에 따른 예비인가 여부를 결정할 때 예비인가를 받으려는 자가 본인가 요건을 모두 충족할 수 있는지를 확인하여야 한다.

③ 금융위원회는 제2항에 따른 예비인가에 조건을 붙일 수 있다.

④ 금융위원회는 예비인가를 받은 자가 본인가를 신청하는 경우에는 제3항에 따른 예비인

가 조건을 이행하였는지와 본인가 요건을 모두 충족하는지를 확인한 후 본인가 여부를 결정하여야 한다.

⑤ 예비인가에 관하여는 제 8 조 제 3 항 및 제11조를 준용한다.

제12조(인가 등의 공고) 금융위원회는 제 8 조에 따른 인가를 하거나 제53조 제 2 항에 따라 인가를 취소한 경우에는 지체 없이 그 내용을 관보에 공고하고 인터넷 홈페이지 등을 이용하여 일반인에게 알려야 한다.

제13조(국외현지법인 등의 신설) ① 은행이 대한민국 외에 소재하는 제37조 제 2 항에 따른 자회사등(이하 "국외현지법인"이라 한다) 또는 지점(이하 "국외지점"이라 한다)을 신설하려는 경우에는 신설계획을 수립하여야 한다.

② 제 1 항에 따른 신설계획을 수립한 은행 중 다음 각 호의 사항 등을 고려하여 대통령령으로 정하는 경우에는 그 계획을 미리 금융위원회에 신고하여야 한다.

1. 해당 은행, 그 국외현지법인 및 국외지점의 경영건전성
2. 해당 은행의 국외현지법인 및 국외지점의 진출방식
3. 해당 은행의 국외현지법인 및 국외지점의 업무범위
4. 해당 은행의 국외현지법인 및 국외지점이 소재할 국가의 특성

③ 금융위원회는 제 2 항에 따라 신고받은 내용이 은행의 경영건전성 및 금융시장의 안정성을 해칠 우려가 있는 경우 신설계획의 보완, 변경 및 제한을 명할 수 있다.

제14조(유사상호 사용 금지) 한국은행과 은행이 아닌 자는 그 상호 중에 은행이라는 문자를 사용하거나 그 업무를 표시할 때 은행업 또는 은행업무라는 문자를 사용할 수 없으며, 은행·은행업 또는 은행업무와 같은 의미를 가지는 외국어 문자로서 대통령령으로 정하는 문자를 사용할 수 없다.

제 3 장 은행 주식의 보유한도 등〈개정 2010.5.17.〉

제15조(동일인의 주식보유한도 등) ① 동일인은 은행의 의결권 있는 발행주식 총수의 100분의 10을 초과하여 은행의 주식을 보유할 수 없다. 다만, 다음 각 호의 어느 하나에 해당하는 경우와 제 3 항 및 제16조의2 제 3 항의 경우에는 그러하지 아니하다.

1. 정부 또는 「예금자보호법」에 따른 예금보험공사가 은행의 주식을 보유하는 경우
2. 지방은행의 의결권 있는 발행주식 총수의 100분의 15 이내에서 보유하는 경우

② 동일인(대통령령으로 정하는 자를 제외한다)은 다음 각 호의 어느 하나에 해당하게 된 경우에는 은행 주식보유상황 또는 주식보유비율의 변동상황 확인을 위하여 필요한 사항으로서 대통령령으로 정하는 사항을 금융위원회에 보고하여야 한다.

1. 은행(지방은행은 제외한다. 이하 이 항에서 같다)의 의결권 있는 발행주식 총수의 100분의 4를 초과하여 주식을 보유하게 되었을 때
2. 제 1 호에 해당하는 동일인이 해당 은행의 최대주주가 되었을 때
3. 제 1 호에 해당하는 동일인의 주식보유비율이 해당 은행의 의결권 있는 발행주식 총수의 100분의 1 이상 변동되었을 때
4. 은행의 의결권 있는 발행주식총수의 100분의 4를 초과하여 보유한 사모투자전문회사의

경우 그 사원의 변동이 있을 때

5. 은행의 의결권 있는 발행주식총수의 100분의 4를 초과하여 보유한 투자목적회사의 경우 그 주주 또는 사원의 변동이 있을 때(해당 투자목적회사의 주주 또는 사원인 사모투자전문회사의 사원의 변동이 있을 때를 포함한다)

③ 제1항 각 호 외의 부분 본문에도 불구하고 동일인은 다음 각 호의 구분에 따른 한도를 각각 초과할 때마다 금융위원회의 승인을 받아 은행의 주식을 보유할 수 있다. 다만, 금융위원회는 은행업의 효율성과 건전성에 기여할 가능성, 해당 은행 주주의 보유지분 분포 등을 고려하여 필요하다고 인정되는 경우에만 각 호에서 정한 한도 외에 따로 구체적인 보유한도를 정하여 승인할 수 있으며, 동일인이 그 승인받은 한도를 초과하여 주식을 보유하려는 경우에는 다시 금융위원회의 승인을 받아야 한다.

1. 제1항 각 호 외의 부분 본문에서 정한 한도(지방은행의 경우에는 제1항 제2호에서 정한 한도)

2. 해당 은행의 의결권 있는 발행주식 총수의 100분의 25

3. 해당 은행의 의결권 있는 발행주식 총수의 100분의 33

④ 금융위원회는 제3항에 따른 승인을 하지 아니하는 경우에는 대통령령으로 정하는 기간 이내에 신청인에게 그 사유를 명시하여 알려야 한다.

⑤ 제2항을 적용할 때 보고의 절차·방법·세부기준과 제3항을 적용할 때 은행의 주식을 보유할 수 있는 자의 자격, 주식보유와 관련한 승인의 요건·절차, 그 밖에 필요한 사항은 다음 각 호의 사항 등을 고려하여 대통령령으로 정한다.

1. 해당 은행의 건전성을 해칠 위험성

2. 자산규모 및 재무상태의 적정성

3. 해당 은행으로부터 받은 신용공여의 규모

4. 은행업의 효율성과 건전성에 기여할 가능성

⑥ 투자회사가 제3항에 따른 승인을 받아 은행의 주식을 보유하는 경우 그 투자회사에 대하여는 「자본시장과 금융투자업에 관한 법률」 제81조 제1항 제1호가목부터 다목까지를 적용하지 아니한다.

⑦ 금융위원회는 해당 은행이 다음 각 호의 어느 하나에 해당하는 경우에는 제5항에 따른 승인의 요건을 갖추지 아니한 경우에도 승인을 할 수 있다.

1. 「금융산업의 구조개선에 관한 법률」 제2조 제2호에 따른 부실금융기관인 경우

2. 「예금자보호법」 제2조 제5호에 따른 부실금융기관인 경우

3. 「예금자보호법」 제2조 제5호의2에 따른 부실우려금융기관인 경우

4. 제34조 제2항에 따른 경영지도기준을 준수하지 못하는 등 금융위원회가 정하여 고시하는 경우

⑧ 금융위원회 또는 은행은 그 은행의 주식을 보유하고 있는 동일인과 그 동일인이 보유하는 주식의 범위를 확인하기 위하여 그 은행의 주주에게 필요한 자료의 제출을 요구할 수 있다.

⑨ 제8항에 따른 자료 제출 요구와 관련하여 필요한 사항은 대통령령으로 정한다.

제15조의2 삭제　＜2013.8.13.＞

제15조의3(사모투자전문회사등의 주식보유에 대한 승인 등) ① 삭제 <2013.8.13.>

② 사모투자전문회사 또는 투자목적회사(이하 "사모투자전문회사등"이라 한다)가 제15조 제3항에 따른 승인을 받고자 하는 경우에는 다음 각 호의 요건을 모두 갖추어야 한다. <개정 2013.8.13.>

1. 사모투자전문회사의 업무집행사원에 관한 요건

 가. 법인으로서 자신이 업무집행사원으로 있거나 그 재산운용을 위탁받은 사모투자전문회사등의 다른 사원 또는 주주의 특수관계인이 아닐 것

 나. 자신이 업무집행사원으로 있거나 그 재산운용을 위탁받은 사모투자전문회사등의 다른 사원 또는 주주가 해당 사모투자전문회사등의 재산인 주식 또는 지분에 대하여 영향력을 행사하는 것을 배제할 수 있을 정도의 자산운용 능력·경험 및 사회적 신용을 갖출 것

2. 그 밖에 사모투자전문회사등의 주식보유가 해당 은행의 건전성에 미치는 영향 등을 고려하여 대통령령으로 정하는 요건

③ 금융위원회는 제15조 제3항에 따른 승인을 위한 심사를 함에 있어서 제2항의 요건에 해당하는지 여부를 확인하기 위하여 필요한 경우에는 해당 사모투자전문회사등 또는 그 재산운용 등을 담당하는 업무집행사원에게 해당 사모투자전문회사등의 정관, 그 밖에 그 주주 또는 사원 사이에 체결된 계약내용 등 대통령령으로 정하는 정보 또는 자료의 제공을 요구할 수 있다. <개정 2013.8.13.>

④ 금융위원회는 제15조 제3항에 따른 승인을 하지 아니하는 경우에는 대통령령으로 정하는 기간 이내에 신청인에게 그 사유를 명시하여 통지하여야 한다. <개정 2013.8.13.>

⑤ 삭제 <2013.8.13.>

⑥ 금융위원회는 제15조 제3항에 따른 승인을 함에 있어서 해당 은행 주주의 보유지분분포·구성내역, 해당 사모투자전문회사등의 사원 또는 주주의 구성내역 등을 고려하여 해당 사모투자전문회사등이 은행의 주요 경영사항에 대하여 사실상 영향력 행사의 가능성이 높은 경우에는 경영관여 등과 관련하여 필요한 조건을 붙일 수 있다. <개정 2013.8.13.>

⑦ 제15조 제3항에 따른 승인의 절차·심사방법, 제2항의 요건의 세부기준, 그 밖에 필요한 사항은 대통령령으로 정한다. <개정 2013.8.13.>

제15조의4(사모투자전문회사등의 보고사항) 제15조 제3항에 따른 승인을 받아 은행의 주식을 보유한 사모투자전문회사등이 제15조의3 제3항에 따라 금융위원회에 제출한 정보 또는 자료의 내용에 변경이 있는 경우에는 지체 없이 그 사실을 금융위원회에 보고하여야 한다. <개정 2013.8.13.>

제15조의5(사모투자전문회사등의 의무) 사모투자전문회사등 또는 그 주주·사원은 제15조 제3항에 따른 승인을 받아 은행의 주식을 보유한 경우 다음 각 호의 어느 하나에 해당하는 행위를 하여서는 아니 된다. <개정 2013.8.13.>

1. 사모투자전문회사의 유한책임사원 또는 투자목적회사로부터 재산운용을 위탁받은 사모투자전문회사의 업무집행사원 이외의 자가 사모투자전문회사등이 보유한 은행의 주식의 의결권 행사에 영향을 미치는 행위

2. 비금융회사의 주식 또는 지분에 투자함으로써 「자본시장과 금융투자업에 관한 법률」 제

270조 제 1 항 제 1 호 또는 제 2 호의 요건을 충족하게 되는 행위

3. 이 법 또는 이 법에 따른 명령을 위반하는 행위

4. 주주 또는 사원 사이에 이 법 또는 다른 금융 관련 법령을 위반하는 계약을 체결하는 행위 등 대통령령으로 정하는 행위

제16조(한도초과주식의 의결권 제한 등) ① 동일인이 제15조 제 1 항·제 3 항 또는 제16조의2 제 1 항·제 2 항에 따른 주식의 보유한도를 초과하여 은행의 주식을 보유하는 경우 제15조 제 1 항·제 3 항 또는 제16조의2 제 1 항·제 2 항에 따른 한도를 초과하는 주식에 대하여는 그 의결권을 행사할 수 없으며, 지체 없이 그 한도에 적합하도록 하여야 한다. <개정 2013.8.13.>

② 금융위원회는 동일인이 제 1 항을 준수하지 아니하는 경우에는 6개월 이내의 기간을 정하여 그 한도를 초과하는 주식을 처분할 것을 명할 수 있다. <개정 2013.8.13.>

제16조의2(비금융주력자의 주식보유제한 등) ① 비금융주력자(「독점규제 및 공정거래에 관한 법률」 제14조의2에 따라 상호출자제한기업집단등에서 제외되어 비금융주력자에 해당하지 아니하게 된 자로서 그 제외된 날부터 대통령령으로 정하는 기간이 지나지 아니한 자를 포함한다. 이하 제 2 항에서 같다)는 제15조 제 1 항에도 불구하고 은행의 의결권 있는 발행주식 총수의 100분의 4(지방은행의 경우에는 100분의 15)를 초과하여 은행의 주식을 보유할 수 없다. <개정 2013.8.13.>

② 제 1 항에도 불구하고 비금융주력자가 제 1 항에서 정한 한도(지방은행인 경우는 제외한다)를 초과하여 보유하려는 은행의 주식에 대한 의결권을 행사하지 아니하는 조건으로 재무건전성 등 대통령령으로 정하는 요건을 충족하여 금융위원회의 승인을 받은 경우에는 제15조 제 1 항 각 호 외의 부분 본문에서 정한 한도까지 주식을 보유할 수 있다.

③ 다음 각 호의 어느 하나에 해당하는 비금융주력자에 대하여는 제 1 항·제 2 항에도 불구하고 제15조 제 1 항 각 호 외의 부분 본문 및 같은 조 제 3 항을 적용한다. <개정 2013.8.13.>

1. 2년 이내에 비금융주력자가 아닌 자로 전환하기 위한 계획(이하 "전환계획"이라 한다)을 금융위원회에 제출하여 승인을 받은 비금융주력자

2. 「외국인투자 촉진법」에 따른 외국인(이하 "외국인"이라 한다)의 은행에 대한 주식보유비율 이내에서 주식을 보유하는 비금융주력자

3. 「국가재정법」 제 5 조에 따른 기금 또는 그 기금을 관리·운용하는 법인(법률에 따라 기금의 관리·운용을 위탁받은 법인을 포함하며, 이하 이 호에서 "기금등"이라 한다)으로서 다음 각 목의 요건을 모두 갖추어 금융위원회의 승인을 받은 비금융주력자

가. 은행의 주식을 보유한 기금등과 은행의 예금자, 다른 주주 등 이해관계자 사이에 발생할 수 있는 이해상충을 방지하기 위하여 대통령령으로 정하는 체계를 갖출 것

나. 가목의 이해상충의 방지를 위하여 금융위원회가 정하여 고시하는 기관으로부터 필요한 범위 내에서 감독 및 검사를 받을 것

다. 그 밖에 기금등의 주식보유가 은행의 건전성에 미치는 영향 등을 고려하여 대통령령으로 정하는 요건

④ 비금융주력자가 제 3 항 제 2 호에 따라 은행의 주식을 보유한 후 외국인의 주식보유비율을 초과하게 된 경우에는 그 초과 보유한 주식에 대하여는 의결권을 행사할 수 없다.

⑤ 금융위원회는 1년 이내의 기간을 정하여 제 4 항에 따라 비금융주력자가 초과 보유한 주식을 처분할 것을 명할 수 있다. 다만, 금융위원회는 비금융주력자가 초과 보유한 주식의 규모, 증권시장의 상황 등에 비추어 부득이하다고 인정되는 경우에는 그 기간을 정하여 주식의 처분기한을 연장할 수 있다.

⑥ 비금융주력자가 제 3 항 제 2 호에 따라 주식을 보유할 수 있는 은행의 수는 1개로 제한한다.

⑦ 제 3 항 제 1 호에 따른 전환계획의 승인 요건 및 제 3 항 제 3 호의 승인의 절차·방법, 그 밖에 승인 심사에 필요한 사항은 대통령령으로 정한다.

제16조의3(전환계획에 대한 평가 및 점검 등) ① 제16조의2 제 3 항 제 1 호에 따른 승인을 신청하려는 비금융주력자는 전환계획을 금융위원회에 제출하여야 하며, 금융위원회는 전환계획에 대한 전문기관의 평가가 필요하다고 인정하는 경우에는 금융위원회가 정하는 바에 따라 그 평가를 할 수 있다.

② 금융위원회는 제16조의2 제 3 항 제 1 호에 따라 전환계획에 대한 승인을 받아 같은 조 제 1 항에서 정한 한도를 초과하여 은행의 주식을 보유하는 비금융주력자(이하 "전환대상자"라 한다)의 전환계획 이행 상황을 대통령령으로 정하는 바에 따라 정기적으로 점검하고 그 결과를 인터넷 홈페이지 등을 이용하여 공시하여야 한다.

③ 금융위원회는 제 2 항에 따른 점검 결과 전환대상자가 전환계획을 이행하지 아니하고 있다고 인정되는 경우에는 6개월 이내의 기간을 정하여 그 이행을 명할 수 있다.

④ 다음 각 호의 어느 하나에 해당하는 전환대상자는 제16조의2 제 1 항에서 정한 한도를 초과하여 보유하는 은행의 주식에 대하여는 의결권을 행사할 수 없다.

1. 금융위원회로부터 제 3 항에 따른 이행명령을 받은 전환대상자

2. 제48조의2 제 1 항 제 1 호나목의 사유에 따라 제43조의2 제 1 항에 따른 금융감독원장의 검사 결과 은행과의 불법거래 사실이 확인된 전환대상자

⑤ 금융위원회는 전환대상자가 다음 각 호의 어느 하나에 해당하면 6개월 이내의 기간을 정하여 제16조의2 제 1 항에서 정한 한도를 초과하여 보유하는 은행의 주식을 처분할 것을 명할 수 있다.

1. 제 3 항에 따른 이행명령을 이행하지 아니하는 경우

2. 제 4 항 제 2 호에 해당하는 경우

제16조의4(한도초과보유주주등에 대한 적격성심사 등) ① 금융위원회는 제15조 제 3 항 및 제16조의2 제 3 항에 따라 은행의 주식을 보유하는 자(이하 이 조에서 "한도초과보유주주등"이라 한다)가 그 주식을 보유한 후에도 각각 제15조 제 5 항 및 제15조의3 제 7 항에 따른 자격 및 승인의 요건(이하 이 조에서 "초과보유요건등"이라 한다)을 충족하는지 여부를 대통령령으로 정하는 바에 따라 심사하여야 한다. <개정 2013.8.13.>

② 금융위원회는 제 1 항에 따른 심사를 위하여 필요한 경우에는 은행 또는 한도초과보유주주등에 대하여 필요한 자료 또는 정보의 제공을 요구할 수 있다.

③ 금융위원회는 제1항에 따른 심사 결과 한도초과보유주주등이 초과보유요건등을 충족하지 못하고 있다고 인정되는 경우에는 6개월 이내의 기간을 정하여 초과보유요건등을 충족하도록 명할 수 있다.

④ 제3항에 따른 명령을 받은 한도초과보유주주등은 그 명령을 이행할 때까지 제15조 제3항 제1호에서 정한 한도(한도초과보유주주등이 비금융주력자인 경우에는 제16조의2 제1항에서 정한 한도를 말한다. 이하 제5항에서 같다)를 초과하여 보유하는 은행의 주식에 대하여는 의결권을 행사할 수 없다.   <개정 2013.8.13.>

⑤ 금융위원회는 제3항에 따른 명령을 받은 한도초과보유주주등이 그 명령을 이행하지 아니하는 경우에는 6개월 이내의 기간을 정하여 그 한도초과보유주주등이 제15조 제3항 제1호에서 정한 한도를 초과하여 보유하는 은행의 주식을 처분할 것을 명할 수 있다.

⑥ 금융위원회는 제1항의 초과보유요건등의 충족 여부를 심사할 경우 제16조의2 제3항 제3호에 해당하는 자에 대하여 같은 호 각 목의 요건을 충족하고 있는지 여부를 심사하여야 한다.

제16조의5(외국은행등에 대한 특례) ① 금융위원회는 외국에서 은행업을 주로 경영하는 회사 또는 해당 법인의 지주회사(이하 이 조에서 "외국은행등"이라 한다)를 포함하는 동일인이 제2조 제1항 제9호가목 및 나목에 해당하는지 여부를 판단할 때 외국은행등이 다음 각 호의 요건을 모두 충족하는 경우로서 그 외국은행등의 신청이 있는 경우에는 제2조 제1항 제8호에도 불구하고 그 외국은행등이 직접적·간접적으로 주식 또는 출자지분을 보유하는 외국 법인으로서 외국법에 따라 설립된 법인(또는 이에 준하는 것으로서 금융위원회가 인정하는 단체·조합 등을 포함한다)을 동일인의 범위에서 제외할 수 있다. 다만, 그 외국 법인이 그 외국은행등이 주식을 보유하는 은행의 주식을 직접적·간접적으로 보유하는 경우에는 그러하지 아니하다.

1. 자산총액, 영업규모 등에 비추어 국제적 영업활동에 적합하고 국제적 신인도가 높을 것
2. 해당 외국의 금융감독기관으로부터 해당 외국은행등의 건전성 등과 관련한 감독을 충분히 받을 것
3. 금융위원회가 해당 외국의 금융감독당국과 정보교환 등 업무협조 관계에 있을 것

② 금융위원회는 제1항에 따른 요건의 세부기준, 해당 외국은행등의 신청의 절차 및 방법 등에 관하여 필요한 사항을 정하여 고시할 수 있다.

제17조 삭제   <2010.5.17.>

제4장   지배구조〈개정 2010.5.17.〉

제18조(임원의 자격 요건 등) ① 다음 각 호의 어느 하나에 해당하는 사람은 은행의 임원(「상법」 제401조의2 제1항 제3호에 따른 자로서 대통령령으로 정하는 자를 포함한다. 이하 이 조에서 같다)이 될 수 없으며, 임원이 된 후에 이에 해당하게 된 경우에는 그 임원의 직(職)을 잃는다.

1. 미성년자·금치산자 또는 한정치산자
2. 파산선고를 받은 자로서 복권되지 아니한 자

3. 금고 이상의 실형을 선고받고 그 집행이 끝나거나(집행이 끝난 것으로 보는 경우를 포함한다) 집행이 면제된 날부터 5년이 지나지 아니한 자

4. 이 법 또는 외국의 은행 법령, 그 밖에 대통령령으로 정하는 금융 관련 법령(이에 상당하는 외국의 금융 관련 법령을 포함한다)에 따라 벌금 이상의 형을 선고받고 그 집행이 끝나거나(집행이 끝난 것으로 보는 경우를 포함한다) 집행이 면제된 날부터 5년이 지나지 아니한 자

5. 금고 이상의 형의 집행유예를 선고받고 그 유예기간 중에 있는 자

6. 이 법, 「한국은행법」, 「금융위원회의 설치 등에 관한 법률」, 「금융산업의 구조개선에 관한 법률」 또는 외국의 금융 관련 법령에 따라 해임되거나 징계면직된 자로서 해임되거나 징계면직된 날부터 5년이 지나지 아니한 자

7. 「금융산업의 구조개선에 관한 법률」 제10조 제 1 항에 따라 금융위원회로부터 적기시정조치를 받거나 같은 법 제14조 제 2 항에 따라 계약이전(契約移轉)의 결정 등 행정처분(이하 "적기시정조치등"이라 한다)을 받은 금융기관(같은 법 제 2 조 제 1 호에 따른 금융기관을 말한다. 이하 이 호에서 같다)의 임직원으로 재직 중이거나 재직하였던 자(그 적기시정조치등을 받게 된 원인에 대하여 직접 또는 이에 상응하는 책임이 있는 자로서 대통령령으로 정하는 사람만 해당한다)로서 그 적기시정조치등을 받은 날부터 2년이 지나지 아니한 자

8. 이 법 또는 외국의 은행 법령, 그 밖에 대통령령으로 정하는 금융 관련 법령(이에 상당하는 외국의 금융 관련 법령을 포함한다)에 따라 영업의 허가·인가 등이 취소된 법인 또는 회사의 임직원이었던 자(그 취소 사유의 발생에 직접 또는 이에 상응하는 책임이 있는 자로서 대통령령으로 정하는 자만 해당한다)로서 그 법인 또는 회사에 대한 취소가 있었던 날부터 5년이 지나지 아니한 자

9. 이 법 또는 대통령령으로 정하는 금융 관련 법령에 따라 재임 중이었거나 재직 중이었더라면 해임 요구(해임 권고를 포함한다) 또는 면직 요구의 조치를 받았을 것으로 통보된 퇴임한 임원 또는 퇴직한 직원으로서 그 통보가 있는 날부터 5년(통보가 있는 날부터 5년이 퇴임 또는 퇴직한 날부터 7년을 초과하는 경우에는 퇴임 또는 퇴직한 날부터 7년으로 한다)이 지나지 아니한 자

② 은행의 임원은 금융에 대한 경험과 지식을 갖춘 자로서 은행의 공익성 및 건전경영과 신용질서를 해칠 우려가 없는 자이어야 한다.

③ 은행 임원의 자격 요건에 관한 구체적인 사항은 대통령령으로 정한다.

제19조 삭제 ＜1999.2.5.＞

제20조(임원 등의 겸직 제한) ① 은행의 임직원은 한국은행, 다른 은행 또는 「금융지주회사법」에 따른 은행지주회사(이하 "은행지주회사"라 한다)의 임직원이 될 수 없다. 다만, 다음 각 호의 어느 하나에 해당하는 경우에는 그러하지 아니하다.

1. 제37조 제 5 항에 따른 자은행(子銀行)의 임직원이 되는 경우

2. 해당 은행을 자회사로 하는 은행지주회사의 임직원이 되는 경우

3. 해당 은행을 자회사로 하는 은행지주회사의 다른 자회사인 은행의 임원이 되는 경우

② 은행의 상임임원은 다른 영리법인의 상시적인 업무에 종사할 수 없다. 다만, 다음 각 호의 어느 하나에 해당하는 경우에는 그러하지 아니하다.

1. 제1항 각 호의 어느 하나에 해당하는 경우
2. 「채무자 회생 및 파산에 관한 법률」에 따라 관리인으로 선임되는 경우
3. 제37조 제2항에 따른 자회사등의 임직원이 되는 경우(대통령령으로 정하는 경우는 제외한다)

제21조 삭제   <2010.5.17.>

제21조의2(비공개정보 누설 등의 금지) 은행의 임직원(임직원이었던 자를 포함한다)은 업무상 알게 된 공개되지 아니한 정보 또는 자료를 외부(은행의 대주주 또는 그 대주주의 특수관계인을 포함한다)에 누설하거나 업무목적 외로 이용하여서는 아니 된다.

제22조(이사회의 구성) ① 삭제   <1999.2.5.>

② 은행은 이사회에 상시적인 업무에 종사하지 아니하는 이사로서 이 조에 따라 선임되는 이사(이하 "사외이사"라 한다)를 3명 이상 두어야 한다. 이 경우 사외이사의 수는 전체 이사 수의 과반수가 되어야 한다.   <개정 2010.5.17.>

③ 은행은 사외이사 후보를 추천하기 위하여 「상법」 제393조의2에 따른 위원회(이하 "사외이사후보추천위원회"라 한다)를 설치하여야 한다. 이 경우 사외이사후보추천위원회는 사외이사가 총위원의 2분의 1 이상이 되도록 구성하여야 하며, 사외이사후보추천위원회가 사외이사를 추천하는 경우에는 제23조의5 제4항에 따른 권리를 행사할 수 있는 요건을 갖춘 주주가 추천한 사외이사 후보를 포함시켜야 한다.   <개정 2010.5.17.>

④ 사외이사는 사외이사후보추천위원회의 추천을 받은 자 중에서 주주총회에서 선임한다.   <개정 2010.5.17.>

⑤ 새로 설립되는 은행이 최초로 이사회를 구성하는 경우에는 제3항 후단을 적용하지 아니한다.   <개정 2010.5.17.>

⑥ 사외이사의 사임 또는 사망 등의 사유로 이사회의 구성이 제2항에 규정된 요건에 맞지 아니하게 된 경우에는 그 사유가 발생한 날 이후 최초로 소집되는 주주총회일까지 이사회의 구성이 제2항에 규정된 요건에 맞도록 하여야 한다.   <개정 2010.5.17.>

⑦ 다음 각 호의 어느 하나에 해당하는 자는 사외이사가 될 수 없으며, 사외이사가 된 후에 이에 해당하게 되는 경우에는 그 직을 잃는다. 다만, 사외이사가 됨으로써 제2호에 따른 대주주의 특수관계인에 해당하게 된 자는 사외이사가 될 수 있다.   <신설 2010.5.17.>

1. 제18조 제1항 각 호의 어느 하나에 해당하는 자
2. 대주주 및 그 특수관계인(대주주 및 그 특수관계인이 법인인 경우에는 그 법인의 직원을 포함한다)
3. 은행, 제37조 제2항에 따른 자회사등 또는 은행지주회사의 상임 임직원
4. 다음 각 목의 어느 하나의 상임 임직원이거나 최근 2년 이내에 상임 임직원이었던 자
가. 해당 은행, 그 은행의 자회사등(제37조 제2항에 따른 자회사등을 말한다) 및 자은행(제37조 제5항에 따른 자은행을 말한다)
나. 해당 은행을 자회사로 하는 은행지주회사 및 그 은행지주회사의 자회사등(「금융지주회

사법」 제4조 제1항에 따른 자회사등을 말한다)

5. 제4호 각 목의 어느 하나의 상임 임직원의 배우자 및 직계존비속

6. 제4호 각 목의 어느 하나와 대통령령으로 정하는 중요한 거래관계에 있거나 사업상 경쟁관계 또는 협력관계에 있는 법인의 상임 임직원이거나 최근 2년 이내에 상임 임직원이었던 자

7. 해당 은행의 상임 임직원이 비상임이사로 있는 회사의 상임 임직원

8. 그 밖에 사외이사로서 직무를 충실하게 이행하기 어렵거나 그 은행과 이해관계가 있거나 경영에 영향을 미칠 수 있는 자로서 대통령령으로 정하는 자

⑧ 삭제 ＜2002.4.27.＞

⑨ 삭제 ＜1999.2.5.＞

⑩ 이 법에 규정된 사항 외에 이사회의 운영과 구성 방법·절차 등에 관하여 필요한 사항은 대통령령으로 정한다. ＜개정 2010.5.17.＞

제23조(이사회의 권한) ① 다음 각 호의 사항은 이사회의 심의·의결을 거쳐야 한다.

1. 경영목표 및 평가에 관한 사항

2. 정관의 변경에 관한 사항

3. 임직원의 보수를 포함한 예산 및 결산에 관한 사항

4. 해산·영업양도 및 합병 등 조직의 중요한 변경에 관한 사항

5. 제23조의3에 따른 내부통제기준에 관한 사항

②「상법」 제393조 제1항에 따른 이사회의 권한 중 지배인의 선임 또는 해임과 지점의 설치·이전 또는 폐지에 관한 권한은 은행의 정관으로 정하는 바에 따라 위임할 수 있다.

제23조의2(감사위원회의 설치 등) ① 은행은 이사회에 「상법」 제415조의2에 따른 감사위원회(이하 "감사위원회"라 한다)를 설치하여야 한다.

② 감사위원회는 다음 각 호의 요건을 모두 충족하여야 한다.

1. 총위원의 3분의 2 이상이 사외이사일 것

2. 위원 중 1명 이상은 대통령령으로 정하는 회계 또는 재무 전문가일 것

③ 다음 각 호의 어느 하나에 해당하는 자는 사외이사가 아닌 감사위원회 위원(이하 이 조에서 "상임감사위원"이라 한다)이 될 수 없으며, 상임감사위원이 된 후 이에 해당하게 되면 그 직을 잃는다. 다만, 해당 은행의 상임감사위원으로 재임 중이거나 재임하였던 자는 제3호에도 불구하고 상임감사위원이 될 수 있다.

1. 제18조 제1항 각 호의 어느 하나에 해당하는 자

2. 해당 은행의 대주주(대주주가 법인인 경우에는 그 법인의 임직원을 포함한다)

3. 해당 은행의 상임 임직원이거나 최근 2년 이내에 상임 임직원이었던 자

4. 그 밖에 해당 은행의 경영에 영향을 미칠 수 있는 사람 등 상임감사위원으로서의 직무를 충실하게 수행하기 어렵다고 인정되는 자로서 대통령령으로 정하는 자

④ 감사위원회 위원의 사임 또는 사망 등의 사유로 감사위원회의 구성이 제2항에 규정된 요건에 맞지 아니하게 된 경우에는 그 사유가 발생한 날 이후 최초로 소집되는 정기주주총회에서 감사위원회의 구성이 제2항에 규정된 요건에 맞도록 하여야 한다.

⑤ 감사위원회 위원이 되는 사외이사의 선임에 관하여는 「상법」 제409조 제2항 및 제3항을 준용한다.

제23조의3(내부통제기준 등) ① 은행은 법령을 준수하고 경영을 건전하게 하며 주주 및 예금자 등을 보호하기 위하여 그 은행의 임직원이 직무를 수행할 때 따라야 할 기본적인 절차와 기준(이하 "내부통제기준"이라 한다)을 정하여야 한다.

② 은행은 내부통제기준의 준수 여부를 점검하고 내부통제기준을 위반하는 경우 이를 조사하여 감사위원회에 보고하는 자(이하 "준법감시인"이라 한다)를 1명 이상 두어야 한다.

③ 은행은 준법감시인을 임면하려면 이사회의 의결을 거쳐야 한다. 다만, 제58조 제1항에 따른 외국은행의 지점의 경우에는 그러하지 아니하다.

④ 준법감시인은 다음 각 호의 요건을 갖춘 자이어야 하며, 준법감시인이 된 후 제2호 또는 제3호의 요건을 충족하지 못하게 된 경우에는 그 직을 잃는다. <개정 2011.7.21.>

1. 다음 각 목의 어느 하나에 해당하는 경력이 있는 자일 것

  가. 한국은행 또는 「금융위원회의 설치 등에 관한 법률」 제38조에 따른 검사대상기관(이에 상당하는 외국금융기관을 포함한다)에서 10년 이상 근무한 경력이 있는 자

  나. 금융 관계 분야의 석사 이상의 학위소지자로서 연구기관이나 대학에서 연구원 또는 조교수 이상의 직에 5년 이상 근무한 경력이 있는 자

  다. 변호사 또는 공인회계사의 자격을 가진 자로서 그 자격과 관련된 업무에 5년 이상 종사한 경력이 있는 자

  라. 기획재정부·금융위원회·증권선물위원회 또는 제43조의2 제1항에 따른 금융감독원에서 5년 이상 근무한 경력이 있는 자로서 해당 기관에서 퇴임하거나 퇴직한 후 5년 이상 지난 자

2. 제18조 제1항 각 호의 어느 하나에 해당하지 아니할 것

3. 최근 5년 간 금융 관련 법령을 위반하여 금융위원회 또는 제43조의2 제1항에 따른 금융감독원장으로부터 주의·경고의 요구 등에 해당하는 조치를 받은 사실이 없을 것

⑤ 내부통제기준과 준법감시인에 관하여 필요한 사항은 대통령령으로 정한다.

제23조의4(지배구조내부규범) ① 은행은 주주와 은행이용자 등의 이익을 보호하기 위하여 그 은행의 이사회 운영 등에 관하여 지켜야 할 구체적인 원칙과 절차(이하 "지배구조내부규범"이라 한다)를 정하여야 한다.

② 이사회의 구성과 운영, 이사회 내 위원회의 설치 및 임원 성과평가 등 지배구조내부규범에 정하여야 할 세부적인 사항과 그 밖에 필요한 사항은 대통령령으로 정한다.

③ 은행은 다음 각 호의 사항을 인터넷 홈페이지 등을 이용하여 공시하여야 한다.

1. 지배구조내부규범을 제정하거나 변경한 경우 해당 제정·변경한 내용

2. 은행이 매년 지배구조내부규범에 따라 이사회 등을 운영한 현황

제23조의5(소수주주권의 행사) ① 6개월 이상 계속하여 은행의 발행주식 총수의 10만분의 5 이상에 해당하는 주식을 대통령령으로 정하는 바에 따라 보유한 자는 「상법」 제403조(「상법」 제324조, 제415조, 제424조의2, 제467조의2 및 제542조에서 준용하는 경우를 포함한다)에서 규정하는 주주의 권리를 행사할 수 있다.

② 6개월 이상 계속하여 은행의 발행주식 총수의 10만분의 250 이상(대통령령으로 정하는 은행의 경우에는 10만분의 125 이상)에 해당하는 주식을 대통령령으로 정하는 바에 따라 보유한 자는 「상법」 제385조(「상법」 제415조에서 준용하는 경우를 포함한다) 및 제539조에서 규정하는 주주의 권리를 행사할 수 있다.

③ 6개월 이상 계속하여 은행의 발행주식 총수의 10만분의 25 이상(대통령령으로 정하는 은행의 경우에는 100만분의 125 이상)에 해당하는 주식을 대통령령으로 정하는 바에 따라 보유한 자는 「상법」 제402조에서 규정하는 주주의 권리를 행사할 수 있다.

④ 6개월 이상 계속하여 은행의 의결권 있는 발행주식 총수의 1만분의 50 이상(대통령령으로 정하는 은행의 경우에는 1만분의 25 이상)에 해당하는 주식을 대통령령으로 정하는 바에 따라 보유한 자는 「상법」 제363조의2에서 규정하는 주주의 권리를 행사할 수 있다.

⑤ 6개월 이상 계속하여 은행의 발행주식 총수의 1만분의 5 이상(대통령령으로 정하는 은행의 경우에는 10만분의 25 이상)에 해당하는 주식을 대통령령으로 정하는 바에 따라 보유한 자는 「상법」 제466조에서 규정하는 주주의 권리를 행사할 수 있다.

⑥ 6개월 이상 계속하여 은행의 발행주식 총수의 1만분의 150 이상(대통령령으로 정하는 은행의 경우에는 1만분의 75 이상)에 해당하는 주식을 대통령령으로 정하는 바에 따라 보유한 자는 「상법」 제366조 및 제467조에서 규정하는 주주의 권리를 행사할 수 있다. 이 경우 「상법」 제366조에서 규정하는 주주의 권리를 행사할 때에는 의결권 있는 주식을 기준으로 한다.

⑦ 제1항에 따른 주주가 「상법」 제403조(「상법」 제324조, 제415조, 제424조의2, 제467조의2 및 제542조에서 준용하는 경우를 포함한다)에 따른 소송을 제기하여 승소한 경우에는 은행에 소송비용과 그 밖에 소송으로 인한 모든 비용의 지급을 청구할 수 있다.

제24조(감사위원회 위원 후보의 추천) 감사위원회의 위원 후보는 사외이사 전원으로 구성된 후보추천위원회에서 추천한다. 이 경우 후보추천위원회는 재적 사외이사 3분의 2 이상의 찬성으로 의결한다.

제25조(이해관계자의 의결권 제한) 이사회의 의결에 있어서 해당 의안과 특별한 이해관계가 있는 이사는 의결권을 행사하지 못한다.

제26조 삭제 <2010.5.17.>

제5장 은행업무〈개정 2010.5.17.〉

제27조(업무범위) ① 은행은 이 법 또는 그 밖의 관계 법률의 범위에서 은행업에 관한 모든 업무(이하 "은행업무"라 한다)를 운영할 수 있다.

② 은행업무의 범위는 다음 각 호와 같다

1. 예금·적금의 수입 또는 유가증권, 그 밖의 채무증서의 발행

2. 자금의 대출 또는 어음의 할인

3. 내국환·외국환

제27조의2(부수업무의 운영) ① 은행은 은행업무에 부수하는 업무(이하 "부수업무"라 한다)를 운영할 수 있다.

② 은행이 부수업무를 운영하려는 경우에는 그 업무를 운영하려는 날의 7일 전까지 금융위원회에 신고하여야 한다. 다만, 부수업무 중 다음 각 호에서 정하는 업무는 신고를 하지 아니하고 운영할 수 있다.

1. 채무의 보증 또는 어음의 인수
2. 상호부금(相互賦金)
3. 팩토링(기업의 판매대금 채권의 매수·회수 및 이와 관련된 업무를 말한다)
4. 보호예수(保護預受)
5. 수납 및 지급대행
6. 지방자치단체의 금고대행
7. 전자상거래와 관련한 지급대행
8. 은행업과 관련된 전산시스템 및 소프트웨어의 판매 및 대여
9. 금융 관련 연수, 도서 및 간행물 출판업무
10. 금융 관련 조사 및 연구업무
11. 그 밖에 은행업무에 부수하는 업무로서 대통령령으로 정하는 업무

③ 은행이 제2항에 따른 신고를 하는 경우에는 업무계획 및 예상손익에 관한 서류 등 대통령령으로 정하는 서류를 첨부하여야 한다.

④ 금융위원회는 제2항에 따른 신고내용이 다음 각 호의 어느 하나에 해당하는 경우에는 그 부수업무의 운영을 제한하거나 시정할 것을 명할 수 있다.

1. 은행의 경영건전성을 해치는 경우
2. 예금자 등 은행 이용자의 보호에 지장을 가져오는 경우
3. 금융시장 등의 안정성을 해치는 경우

⑤ 금융위원회는 제2항에 따라 신고받은 부수업무 및 제4항에 따라 제한 또는 시정명령을 한 부수업무를 대통령령으로 정하는 방법 및 절차에 따라 인터넷 홈페이지 등에 공고하여야 한다.

제28조(겸영업무의 운영) ① 은행은 은행업이 아닌 업무로서 다음 각 호의 업무(이하 "겸영업무"라 한다)를 직접 운영할 수 있다.

1. 대통령령으로 정하는 금융 관련 법령에서 인가·허가 및 등록 등을 받아야 하는 업무 중 대통령령으로 정하는 금융업무
2. 대통령령으로 정하는 법령에서 정하는 금융 관련 업무로서 해당 법령에서 은행이 운영할 수 있도록 한 업무
3. 그 밖에 그 업무를 운영하여도 제27조의2 제4항 각 호의 어느 하나에 해당할 우려가 없는 업무로서 대통령령으로 정하는 금융업무

② 은행이 겸영업무를 직접 운영하려는 경우에는 다음 각 호에 따라 금융위원회에 신고하여야 한다.

1. 제1항 제1호에 따른 업무: 금융 관련 법령에 따라 인가·허가 및 등록 등을 신청할 때 신고
2. 제1항 제2호 및 제3호에 따른 업무: 그 업무를 운영하려는 날의 7일 전까지 신고

③ 금융위원회는 제2항에 따른 신고내용이 제27조의2 제4항 각 호의 어느 하나에 해당할 우려가 있는 경우에는 그 겸영업무의 운영을 제한하거나 시정할 것을 명할 수 있다.

제28조의2(이해상충의 관리) ① 은행은 이 법에 따른 업무를 운영할 때 은행과 은행이용자 간, 특정 이용자와 다른 이용자 간의 이해상충(利害相衝)을 방지하기 위하여 대통령령으로 정하는 업무 간에는 이해상충이 발생할 가능성에 대하여 인식·평가하고 정보교류를 차단하는 등 공정하게 관리하여야 한다.

② 은행은 제1항에 따른 이해상충을 관리하는 방법 및 절차 등을 대통령령으로 정하는 바에 따라 내부통제기준에 반영하여야 한다.

③ 은행은 이해상충을 공정하게 관리하는 것이 어렵다고 인정되는 경우에는 그 사실을 미리 해당 이용자 등에게 충분히 알려야 하며, 그 이해상충이 발생할 가능성을 내부통제기준이 정하는 방법 및 절차에 따라 은행이용자 보호 등에 문제가 없는 수준으로 낮춘 후 거래를 하여야 한다.

④ 은행은 제3항에 따라 그 이해상충이 발생할 가능성을 낮추는 것이 어렵다고 판단되는 경우에는 거래를 하여서는 아니 된다.

⑤ 금융위원회는 은행이용자 보호 등을 위하여 필요하다고 인정되는 경우에는 이해상충에 관한 내부통제기준의 변경을 권고할 수 있다.

⑥ 은행은 대통령령으로 정하는 겸영업무 및 부수업무의 경우에는 대통령령으로 정하는 바에 따라 은행업무와 구별하고 별도의 장부와 기록을 보유하여야 한다.

제29조 삭제 <2010.5.17.>

제30조(예금지급준비금과 금리 등에 관한 준수 사항) ① 은행은 「한국은행법」 제55조에 따른 지급준비금 적립대상 채무에 대한 지급준비를 위하여 「한국은행법」 제4장제2절에 따른 최저율 이상의 지급준비금과 지급준비자산을 보유하여야 한다. 다만, 제28조에 따라 운영하는 신탁업무에 대하여는 지급준비금과 지급준비자산을 보유하지 아니할 수 있다. <개정 2011.9.16.>

② 은행은 「한국은행법」에 따른 금융통화위원회가 하는 다음 각 호의 결정 및 제한 등을 준수하여야 한다.

1. 은행의 각종 예금에 대한 이자 및 그 밖의 지급금의 최고율의 결정
2. 은행의 각종 대출 등 여신업무에 대한 이자 및 그 밖의 요금의 최고율의 결정
3. 은행 대출의 최장기한 및 담보의 종류에 대한 제한
4. 극심한 통화팽창기 등 국민경제상 절실한 경우 일정한 기간 내의 은행의 대출과 투자의 최고한도 또는 분야별 최고한도의 제한
5. 극심한 통화팽창기 등 국민경제상 절실한 경우 은행의 대출에 대한 사전승인

제31조(상업금융업무 및 장기금융업무) 은행은 상업금융업무와 장기금융업무를 모두 운영할 수 있다.

제32조(당좌예금의 취급) 당좌예금은 상업금융업무를 운영하는 은행만이 취급할 수 있다.

제33조(사채 등의 발행) 은행의 사채나 그 밖에 이에 준하는 채권의 발행조건·발행방법 등에 관하여 필요한 사항은 대통령령으로 정한다. 이 경우 사채 등의 발행한도는 자기자본의 5배

의 범위에서 대통령령으로 정한다.

제 6 장   건전경영의 유지〈개정 2010.5.17.〉

제34조(건전경영의 지도) ① 은행은 은행업을 경영할 때 자기자본을 충실하게 하고 적정한 유동성을 유지하는 등 경영의 건전성을 확보하여야 한다.

② 은행은 경영의 건전성을 유지하기 위하여 다음 각 호의 사항에 관하여 대통령령으로 정하는 바에 따라 금융위원회가 정하는 경영지도기준을 지켜야 한다.

1. 자본의 적정성에 관한 사항

2. 자산의 건전성에 관한 사항

3. 유동성에 관한 사항

4. 그 밖에 경영의 건전성 확보를 위하여 필요한 사항

③ 제2항에 따라 금융위원회가 경영지도기준을 정할 때에는 국제결제은행이 권고하는 은행의 건전성 감독에 관한 원칙을 충분히 반영하여야 한다.

④ 금융위원회는 은행이 제2항에 따른 경영지도기준을 충족시키지 못하는 등 경영의 건전성을 크게 해칠 우려가 있다고 인정될 때에는 자본금의 증액, 이익배당의 제한 등 경영개선을 위하여 필요한 조치를 요구할 수 있다.

제35조(동일차주 등에 대한 신용공여의 한도) ① 은행은 동일한 개인·법인 및 그 개인·법인과 대통령령으로 정하는 신용위험을 공유하는 자[이하 "동일차주"(同一借主)라 한다]에 대하여 그 은행의 자기자본의 100분의 25를 초과하는 신용공여를 할 수 없다. 다만, 다음 각 호의 어느 하나에 해당하는 경우로서 대통령령으로 정하는 경우에는 그러하지 아니하다.

1. 국민경제를 위하여 또는 은행의 채권 확보의 실효성을 높이기 위하여 필요한 경우

2. 은행이 추가로 신용공여를 하지 아니하였음에도 불구하고 자기자본의 변동, 동일차주 구성의 변동 등으로 인하여 본문에 따른 한도를 초과하게 되는 경우

② 은행이 제1항 제2호에 따라 제1항·제3항 및 제4항 본문에 규정된 한도를 초과하게 되는 경우에는 그 한도가 초과하게 된 날부터 1년 이내에 제1항·제3항 및 제4항 본문에 규정된 한도에 맞도록 하여야 한다. 다만, 대통령령으로 정하는 부득이한 사유에 해당하는 경우에는 금융위원회가 그 기간을 정하여 연장할 수 있다.

③ 은행은 동일한 개인이나 법인 각각에 대하여 그 은행의 자기자본의 100분의 20을 초과하는 신용공여를 할 수 없다. 다만, 제1항 단서에 해당하는 경우에는 그러하지 아니하다.

④ 동일한 개인이나 법인 또는 동일차주 각각에 대한 은행의 신용공여가 그 은행의 자기자본의 100분의 10을 초과하는 거액 신용공여인 경우 그 총합계액은 그 은행의 자기자본의 5배를 초과할 수 없다. 다만, 제1항 단서에 해당하는 경우에는 그러하지 아니하다.

제35조의2(은행의 대주주에 대한 신용공여한도 등) ① 은행이 그 은행의 대주주(국외현지법인을 제외한 특수관계인을 포함한다. 이하 이 조에서 같다)에게 할 수 있는 신용공여는 그 은행 자기자본의 100분의 25의 범위에서 대통령령으로 정하는 비율에 해당하는 금액과 그 대주주의 그 은행에 대한 출자비율에 해당하는 금액 중 적은 금액을 초과할 수 없다.

② 은행이 그 은행의 전체 대주주에게 할 수 있는 신용공여는 그 은행 자기자본의 100분의

25의 범위에서 대통령령으로 정하는 비율에 해당하는 금액을 초과할 수 없다.

③ 은행은 제1항 및 제2항에 따른 신용공여한도를 회피하기 위한 목적으로 다른 은행과 교차하여 신용공여를 하여서는 아니 된다.

④ 은행은 그 은행의 대주주에 대하여 대통령령으로 정하는 금액 이상의 신용공여(대통령령으로 정하는 거래를 포함한다. 이하 이 조에서 같다)를 하려는 경우에는 미리 이사회의 의결을 거쳐야 한다. 이 경우 이사회는 재적이사 전원의 찬성으로 의결한다.

⑤ 은행은 그 은행의 대주주에 대하여 대통령령으로 정하는 금액 이상의 신용공여를 한 경우에는 지체 없이 그 사실을 금융위원회에 보고하고 인터넷 홈페이지 등을 이용하여 공시하여야 한다.

⑥ 은행은 그 은행의 대주주에 대한 신용공여에 관한 사항을 대통령령으로 정하는 바에 따라 분기별로 인터넷 홈페이지 등을 이용하여 공시하여야 한다.

⑦ 은행은 그 은행의 대주주의 다른 회사에 대한 출자를 지원하기 위한 신용공여를 하여서는 아니 된다.

⑧ 은행은 그 은행의 대주주에게 자산을 무상으로 양도하거나 통상의 거래조건에 비추어 그 은행에게 현저하게 불리한 조건으로 매매 또는 교환하거나 신용공여를 하여서는 아니 된다.

제35조의3(대주주가 발행한 지분증권의 취득한도 등) ① 은행은 자기자본의 100분의 1의 범위에서 대통령령으로 정하는 비율에 해당하는 금액을 초과하여 그 은행의 대주주(제37조 제2항에 따른 자회사등을 제외한 특수관계인을 포함한다. 이하 같다)가 발행한 지분증권(「자본시장과 금융투자업에 관한 법률」 제4조 제4항에 따른 지분증권을 말한다. 이하 같다)을 취득(대통령령으로 정하는 바에 따라 신탁업무를 운영함으로써 취득하는 것을 포함한다. 이하 이 조에서 같다)하여서는 아니 된다. 다만, 「금융지주회사법」 제2조 제1항 제5호에 따른 은행지주회사의 자회사등(「금융지주회사법」 제4조 제1항 제2호에 따른 자회사등을 말한다. 이하 이 항에서 같다)인 은행이 그 은행지주회사의 다른 자회사등이 업무집행사원인 사모투자전문회사에 출자하는 경우에는 그러하지 아니하다.

② 금융위원회는 제1항 본문에 따른 취득한도 내에서 지분증권의 종류별로 취득한도를 따로 정할 수 있다.

③ 은행의 대주주가 아닌 자가 새로 대주주가 됨에 따라 은행이 제1항에 따른 한도를 초과하게 되는 경우 그 은행은 대통령령으로 정하는 기간 이내에 그 한도를 초과한 지분증권을 처분하여야 한다.

④ 은행이 그 은행의 대주주가 발행한 지분증권을 대통령령으로 정하는 금액 이상으로 취득하려는 경우에는 미리 이사회의 의결을 거쳐야 한다. 이 경우 이사회는 재적이사 전원의 찬성으로 의결한다.

⑤ 은행이 그 은행의 대주주가 발행한 지분증권을 대통령령으로 정하는 금액 이상으로 취득한 경우에는 지체 없이 그 사실을 금융위원회에 보고하고 인터넷 홈페이지 등을 이용하여 공시하여야 한다.

⑥ 은행은 그 은행의 대주주가 발행한 지분증권의 취득에 관한 사항을 대통령령으로 정하

는 바에 따라 분기별로 인터넷 홈페이지 등을 이용하여 공시하여야 한다.

⑦ 은행은 그 은행의 대주주가 발행한 지분증권의 의결권을 행사할 때 그 대주주 주주총회에 참석한 주주의 지분증권수에서 그 은행이 소유한 지분증권수를 뺀 지분증권수의 의결 내용에 영향을 미치지 아니하도록 의결권을 행사하여야 한다. 다만, 대주주의 합병, 영업의 양도·양수, 임원의 선임, 그 밖에 이에 준하는 사항으로서 그 은행에 손실을 입히게 될 것이 명백하게 예상되는 경우에는 그러하지 아니하다.

제35조의4(대주주의 부당한 영향력 행사의 금지) 은행의 대주주는 그 은행의 이익에 반하여 대주주 개인의 이익을 취할 목적으로 다음 각 호의 어느 하나에 해당하는 행위를 하여서는 아니 된다.

1. 부당한 영향력을 행사하기 위하여 그 은행에 대하여 외부에 공개되지 아니한 자료 또는 정보의 제공을 요구하는 행위. 다만, 제23조의5 제 5 항 및 「상법」 제466조에 따른 권리의 행사에 해당하는 경우를 제외한다.

2. 경제적 이익 등 반대급부의 제공을 조건으로 다른 주주와 담합하여 그 은행의 인사 또는 경영에 부당한 영향력을 행사하는 행위

3. 경쟁사업자의 사업활동을 방해할 목적으로 신용공여를 조기 회수하도록 요구하는 등 은행의 경영에 영향력을 행사하는 행위

3의2. 제35조의2 제 1 항 및 제 2 항에서 정한 비율을 초과하여 은행으로부터 신용공여를 받는 행위

3의3. 은행으로 하여금 제35조의2 제 3 항을 위반하게 하여 다른 은행으로부터 신용공여를 받는 행위

3의4. 은행으로 하여금 제35조의2 제 7 항을 위반하게 하여 신용공여를 받는 행위

3의5. 은행으로 하여금 제35조의2 제 8 항을 위반하게 하여 대주주에게 자산의 무상양도·매매·교환 및 신용공여를 하게 하는 행위

3의6. 제35조의3 제 1 항에서 정한 비율을 초과하여 은행으로 하여금 대주주의 주식을 소유하게 하는 행위

4. 제 1 호부터 제 3 호까지의 행위에 준하는 행위로서 대통령령으로 정하는 행위

제35조의5(대주주에 대한 자료 제출 요구 등) ① 금융위원회는 은행 또는 그 대주주가 제35조의2부터 제35조의4까지를 위반한 혐의가 있다고 인정할 때에는 은행 또는 그 대주주에 대하여 필요한 자료의 제출을 요구할 수 있다.

② 금융위원회는 은행 대주주(회사만 해당한다)의 부채가 자산을 초과하는 등 재무구조의 부실화로 인하여 은행의 경영건전성을 현저히 해칠 우려가 있는 경우로서 대통령령으로 정하는 경우에는 그 은행 또는 그 대주주에 대하여 필요한 자료의 제출을 요구할 수 있으며 그 은행에 대하여 그 대주주에 대한 신용공여의 제한을 명하는 등 대통령령으로 정하는 조치를 할 수 있다.

제36조(정부대행기관에 대한 대출) 「한국은행법」에 따른 정부대행기관에 대한 은행의 대출은 그 원리금의 상환에 관하여 정부가 보증한 경우에만 할 수 있다.

제37조(다른 회사 등에 대한 출자제한 등) ① 은행은 다른 회사등의 의결권 있는 지분증권의

100분의 15를 초과하는 지분증권을 소유할 수 없다.

② 은행은 제1항에도 불구하고 금융위원회가 정하는 업종에 속하는 회사 등에 출자하는 경우 또는 기업구조조정 촉진을 위하여 필요한 것으로 금융위원회의 승인을 받은 경우에는 의결권 있는 지분증권의 100분의 15를 초과하는 지분증권을 소유할 수 있다. 다만, 은행이 의결권 있는 지분증권의 100분의 15를 초과하는 지분증권을 소유하는 회사 등(이하 "자회사 등"이라 한다)에 대한 출자 총액이 다음 각 호의 어느 하나의 금액을 초과하지 아니하는 경우만 해당한다.

1. 은행 자기자본의 100분의 20의 범위에서 대통령령으로 정하는 비율에 해당하는 금액

2. 은행과 그 은행의 자회사등의 경영상태 등을 고려하여 금융위원회가 정하여 고시하는 요건을 충족하는 경우에는 은행 자기자본의 100분의 40의 범위에서 대통령령으로 정하는 비율에 해당하는 금액

③ 은행은 그 은행의 자회사등과 거래를 할 때 다음 각 호의 어느 하나에 해당하는 행위를 하여서는 아니 된다.

1. 그 은행의 자회사등에 대한 신용공여로서 대통령령으로 정하는 기준을 초과하는 신용공여(그 은행의 자회사등이 합병되는 등 대통령령으로 정하는 경우는 제외한다)

2. 그 은행의 자회사등의 지분증권을 담보로 하는 신용공여와 그 은행의 자회사등의 지분증권을 사게 하기 위한 신용공여

3. 그 은행의 자회사등의 임직원에 대한 대출(금융위원회가 정하는 소액대출은 제외한다)

4. 그 밖에 그 은행의 건전한 경영을 해치거나 예금자 등 은행이용자의 이익을 해칠 우려가 있는 행위로서 대통령령으로 정하는 행위

④ 은행의 자회사등에 대한 출자에 관하여 구체적인 사항은 대통령령으로 정한다.

⑤ 제6항부터 제8항까지의 규정에서 "모은행(母銀行)" 및 "자은행"이란 은행이 다른 은행의 의결권 있는 발행주식 총수의 100분의 15를 초과하여 주식을 소유하는 경우의 그 은행과 그 다른 은행을 말한다. 이 경우 모은행과 자은행이 합하여 자은행이 아닌 다른 은행의 의결권 있는 발행주식 총수의 100분의 15를 초과하여 주식을 소유하는 경우 그 다른 은행은 그 모은행의 자은행으로 본다.

⑥ 자은행은 다음 각 호의 행위를 하여서는 아니 된다.

1. 모은행 및 그 모은행의 다른 자은행(이하 "모은행등"이라 한다)이 발행한 주식을 소유하는 행위(대통령령으로 정하는 경우는 제외한다)

2. 다른 은행의 의결권 있는 발행주식의 100분의 15를 초과하여 주식을 소유하는 행위

3. 대통령령으로 정하는 기준을 초과하여 모은행등에 신용공여를 하는 행위

4. 그 밖에 그 자은행의 건전한 경영을 해치거나 예금자 등 은행이용자의 이익을 해칠 우려가 있는 행위로서 대통령령으로 정하는 행위

⑦ 자은행과 모은행등 상호 간에 신용공여를 하는 경우에는 대통령령으로 정하는 기준에 따라 적정한 담보를 확보하여야 한다. 다만, 그 자은행과 모은행등의 구조조정에 필요한 신용공여 등 대통령령으로 정하는 요건에 해당하는 경우에는 그러하지 아니하다.

⑧ 자은행과 모은행등 상호 간에는 대통령령으로 정하는 불량자산을 거래하여서는 아니 된

다. 다만, 그 자은행과 모은행등의 구조조정에 필요한 거래 등 금융위원회가 정하는 요건에 해당하는 경우에는 그러하지 아니하다.

제38조(금지업무) 은행은 다음 각 호의 어느 하나에 해당하는 업무를 하여서는 아니 된다.

1. 다음 각 목의 증권에 대한 투자의 총 합계액이 은행의 자기자본의 100분의 100의 범위에서 대통령령으로 정하는 비율에 해당하는 금액을 초과하는 투자. 이 경우 금융위원회는 필요한 경우 같은 투자한도의 범위에서 다음 각 목의 증권에 대한 투자한도를 따로 정할 수 있다.

   가. 「자본시장과 금융투자업에 관한 법률」 제4조 제3항에 따른 채무증권으로서 상환기간이 3년을 초과하는 것. 다만, 국채 및 한국은행 통화안정증권, 「금융산업의 구조개선에 관한 법률」 제11조 제6항 제2호에 따른 채권은 제외한다.

   나. 지분증권. 다만, 「금융산업의 구조개선에 관한 법률」 제11조 제6항 제1호에 따른 주식은 제외한다.

   다. 「자본시장과 금융투자업에 관한 법률」 제4조 제7항에 따른 파생결합증권 중 대통령령으로 정하는 것

   라. 그 밖에 「자본시장과 금융투자업에 관한 법률」 제4조 제2항 각 호의 증권 중 대통령령으로 정하는 증권

2. 대통령령으로 정하는 업무용 부동산이 아닌 부동산(저당권 등 담보권의 실행으로 취득한 부동산은 제외한다)의 소유

3. 자기자본의 100분의 100의 범위에서 대통령령으로 정하는 비율에 해당하는 금액을 초과하는 업무용 부동산의 소유

4. 직접·간접을 불문하고 해당 은행의 주식을 담보로 하는 대출

5. 직접·간접을 불문하고 해당 은행의 주식을 사게 하기 위한 대출

6. 해당 은행의 임직원에 대한 대출(금융위원회가 정하는 소액대출은 제외한다)

제39조(비업무용 자산 등의 처분) 은행은 그 소유물이나 그 밖의 자산 중 이 법에 따라 그 취득 또는 보유가 금지되거나 저당권 등 담보권의 실행으로 취득한 자산이 있는 경우에는 금융위원회가 정하는 바에 따라 처분하여야 한다.

제40조(이익준비금의 적립) 은행은 적립금이 자본금의 총액이 될 때까지 결산 순이익금을 배당할 때마다 그 순이익금의 100분의 10 이상을 적립하여야 한다.

제41조(재무제표의 공고 등) ① 은행은 그 결산일 후 3개월 이내에 금융위원회가 정하는 서식에 따라 결산일 현재의 대차대조표, 그 결산기(決算期)의 손익계산서 및 금융위원회가 정하는 연결재무제표(聯結財務諸表)를 공고하여야 한다. 다만, 부득이한 사유로 3개월 이내에 공고할 수 없는 서류에 대하여는 금융위원회의 승인을 받아 그 공고를 연기할 수 있다.

② 제1항에 따른 대차대조표, 손익계산서 및 연결재무제표에는 대표자 및 담당 책임자가 서명·날인하여야 한다.

③ 은행의 결산일은 12월 31일로 한다. 다만, 금융위원회는 결산일의 변경을 지시할 수 있으며, 은행은 금융위원회의 승인을 받아 결산일을 변경할 수 있다.

제42조(대차대조표 등의 제출) ① 은행은 매월 말일을 기준으로 한 대차대조표를 다음 달 말

일까지 한국은행이 정하는 서식에 따라 작성하여 한국은행에 제출하여야 하며, 한국은행은 이를 한국은행 통계월보(統計月報)에 게재하여야 한다.

② 제1항에 따른 대차대조표에는 담당 책임자 또는 그 대리인이 서명·날인하여야 한다.

③ 은행은 법률에서 정하는 바에 따라 제1항에 따른 대차대조표 외에 한국은행의 업무 수행에 필요한 정기적 통계자료 또는 정보를 한국은행에 제공하여야 한다.

제43조(자료 공개의 거부) 은행은 「상법」 제466조 제1항에 따른 회계장부와 서류의 열람 또는 등사의 청구가 있는 경우에도 은행이용자의 권익을 심하게 해칠 염려가 있을 때에는 그 청구를 거부할 수 있다.

제43조의2(업무보고서 등의 제출) ① 은행은 매월의 업무 내용을 기술한 보고서를 다음 달 말일까지 「금융위원회의 설치 등에 관한 법률」에 따라 설립된 금융감독원(이하 "금융감독원"이라 한다)의 원장(이하 "금융감독원장"이라 한다)이 정하는 서식에 따라 금융감독원장에게 제출하여야 한다.

② 제1항에 따른 보고서에는 대표자와 담당 책임자 또는 그 대리인이 서명·날인하여야 한다.

③ 은행은 금융감독원장이 감독 및 검사 업무를 수행하기 위하여 요구하는 자료를 제공하여야 한다.

제43조의3(경영공시) 은행은 예금자와 투자자를 보호하기 위하여 필요한 사항으로서 대통령령으로 정하는 사항을 금융위원회가 정하는 바에 따라 공시하여야 한다.

제7장 감독·검사〈개정 2010.5.17.〉

제44조(은행의 감독) 금융감독원은 금융위원회의 규정과 지시에서 정하는 바에 따라 이 법, 그 밖의 관계 법률, 금융위원회의 규정·명령 및 지시에 대한 은행의 준수 여부를 감독하여야 한다.

제45조 삭제 ＜2010.5.17.＞

제46조(예금지급불능 등에 대한 조치) 금융위원회는 은행의 파산 또는 예금지급불능의 우려 등 예금자의 이익을 크게 해칠 우려가 있다고 인정할 때에는 예금 수입(受入) 및 여신(與信)의 제한, 예금의 전부 또는 일부의 지급정지, 그 밖에 필요한 조치를 명할 수 있다.

제47조(정관변경 등의 보고) 은행이 다음 각 호의 어느 하나에 해당하는 경우에는 대통령령으로 정하는 바에 따라 그 사실을 금융위원회에 보고하여야 한다.

1. 정관을 변경한 때
2. 제10조 제1항에 해당하지 아니하는 자본금의 감소를 한 때
3. 본점이 그 본점이 소재한 특별시·광역시·도·특별자치도(이하 "시·도"라 한다)에서 다른 시·도로 이전한 때
4. 제13조 제2항에 해당하지 아니하는 국외현지법인 또는 국외지점을 신설한 때, 은행이 국외현지법인 또는 국외지점을 폐쇄한 때, 국외사무소 등을 신설·폐쇄한 때
5. 상호를 변경한 때
6. 임원을 선임 또는 해임(사임을 포함한다)한 때
7. 자회사등에 출자를 한 때(기업구조조정 촉진을 위하여 금융위원회의 승인을 받은 경우는

제외한다)

8. 다른 회사 등의 지분증권의 100분의 20을 초과하는 지분증권을 담보로 하는 대출을 한 때

9. 외국은행이 지점 또는 대리점을 동일한 시·도로 이전하거나 사무소를 폐쇄한 때

10. 그 밖에 은행의 건전한 경영을 해치거나 예금자 등 은행이용자의 이익을 해칠 우려가 있는 행위로서 대통령령으로 정하는 행위를 한 때

제48조(검사) ① 금융감독원장은 은행의 업무와 재산 상황을 검사한다.

② 금융감독원장은 제 1 항에 따른 검사를 하면서 필요하다고 인정할 때에는 은행에 대하여 업무 또는 재산에 관한 보고, 자료의 제출, 관계자의 출석 및 의견의 진술을 요구할 수 있다.

③ 금융감독원장은 「주식회사의 외부감사에 관한 법률」에 따라 은행이 선임한 외부감사인에게 그 은행을 감사한 결과 알게 된 정보나 그 밖에 경영의 건전성에 관련되는 자료의 제출을 요구할 수 있다.

④ 제 1 항에 따라 검사를 하는 사람은 그 권한을 표시하는 증표를 지니고 이를 관계자에게 내보여야 한다.

제48조의2(대주주등에 대한 검사) ① 금융위원회는 다음 각 호의 어느 하나에 해당되는 자(이하 이 조에서 "대주주등"이라 한다)가 각각 다음 각 목의 어느 하나에 해당하는 경우에는 금융감독원장으로 하여금 그 목적에 필요한 최소한의 범위에서 해당 대주주등의 업무 및 재산 상황을 검사하게 할 수 있다. <개정 2013.8.13.>

1. 전환대상자

가. 제16조의3 제 2 항에 따른 점검결과를 확인하기 위하여 필요한 경우

나. 전환대상자가 차입금의 급격한 증가, 거액의 손실 발생 등 재무상황의 부실화로 인하여 은행과 불법거래를 할 가능성이 크다고 인정되는 경우

2. 제16조의2 제 3 항 제 3 호에 따라 승인을 얻은 비금융주력자

가. 제16조의2 제 3 항 제 3 호가목 및 다목의 요건을 충족하는 지 여부를 확인하기 위하여 필요한 경우

나. 해당 비금융주력자가 지배하는 비금융회사의 차입금의 급격한 증가 등 재무상황 부실로 인하여 은행과 불법거래를 할 가능성이 크다고 인정되는 경우

3. 은행의 대주주(은행의 대주주가 되려고 하는 자를 포함한다)

가. 제15조 제 3 항에 따른 승인심사를 위하여 필요한 경우

나. 제35조의4를 위반한 혐의가 인정되는 경우

다. 그 밖에 가목 및 나목에 준하는 경우로서 대통령령으로 정하는 경우

② 제 1 항에 따른 검사의 구체적 범위, 방법, 그 밖에 검사에 필요한 사항은 금융위원회가 정한다.

③ 제 1 항에 따른 검사에 관하여는 제48조 제 2 항부터 제 4 항까지를 준용한다.

제49조 삭제 <2010.5.17.>

제50조(적립금 보유 및 손실처리의 요구) 금융감독원장은 은행의 경영건전성 유지를 위하여 필요하다고 인정할 때에는 은행에 대하여 불건전한 자산을 위한 적립금의 보유 등 대통령

령으로 정하는 조치를 요구할 수 있다.

제51조 삭제 <2010.5.17.>

제52조(약관의 변경 등) ① 은행은 이 법에 따른 업무를 취급할 때 은행 이용자의 권익을 보호하여야 하며, 금융거래와 관련된 약관을 제정하거나 변경하려는 경우에는 미리 금융위원회에 보고하여야 한다. 다만, 이용자의 권익이나 의무에 불리한 영향이 없는 경우로서 금융위원회가 정하는 경우에는 약관의 제정 또는 변경 후 10일 이내에 금융위원회에 보고할 수 있다.

② 은행은 약관을 제정하거나 변경한 경우에는 인터넷 홈페이지 등을 이용하여 공시하여야 한다.

③ 제1항에 따라 약관을 보고받은 금융위원회는 그 약관을 공정거래위원회에 통보하여야 한다. 이 경우 공정거래위원회는 통보받은 약관이 「약관의 규제에 관한 법률」 제6조부터 제14조까지의 규정에 해당하는 사실이 있다고 인정될 때에는 금융위원회에 그 사실을 통보하고 그 시정에 필요한 조치를 취하도록 요청할 수 있으며, 금융위원회는 특별한 사유가 없는 한 이에 응하여야 한다.

④ 금융위원회는 건전한 금융거래질서를 유지하기 위하여 필요한 경우에는 은행에 대하여 제1항에 따른 약관의 변경을 권고할 수 있다.

⑤ 금융위원회는 제1항에 따른 약관의 제정 또는 변경에 대한 보고의 시기·절차, 그 밖에 필요한 사항을 정할 수 있다.

제52조의2(불공정영업행위의 금지 등) ① 은행은 공정한 금융거래 질서를 해칠 우려가 있는 다음 각 호의 어느 하나에 해당하는 행위(이하 "불공정영업행위"라 한다)를 하여서는 아니 된다.

1. 여신거래와 관련하여 차주의 의사에 반하여 예금 가입 등을 강요하는 행위

2. 여신거래와 관련하여 차주 등에게 부당하게 담보를 요구하거나 보증을 요구하는 행위

3. 은행 또는 그 임직원이 업무와 관련하여 부당하게 편익을 요구하거나 제공받는 행위

4. 그 밖에 은행이 우월적 지위를 이용하여 은행이용자의 권익을 부당하게 침해하는 행위

② 은행은 예금자 등 은행이용자를 보호하고 금융분쟁의 발생을 방지하기 위하여 은행이용자에게 금융거래상 중요 정보를 제공하는 등 적절한 조치를 마련하여야 한다.

③ 제1항 및 제2항에 따른 구체적 내용은 대통령령으로 정한다.

④ 금융위원회는 제1항을 위반하는 행위가 있을 경우에는 해당 은행에 대하여 해당 불공정영업행위의 중지 등 시정조치를 명할 수 있다.

⑤ 금융위원회는 은행이용자의 보호 등이 필요하다고 인정하는 경우 제2항에 따른 조치에 대하여 시정 또는 보완을 명할 수 있다.

제52조의3(광고) ① 은행은 예금, 대출 등 은행이 취급하는 상품(이하 이 조에서 "은행상품"이라 한다)에 관하여 광고를 하는 경우 경우 그 은행의 명칭, 은행상품의 내용, 거래 조건 등이 포함되도록 하여야 한다.

② 은행은 은행상품과 관련하여 은행이용자의 합리적 의사결정을 위하여 이자율의 범위 및 산정방법, 이자의 지급 및 부과 시기, 부수적 혜택 및 비용을 명확히 표시하여 은행이용자가 오해하지 아니하도록 하여야 한다.

③ 은행이 은행상품에 관한 광고를 할 때 「표시·광고의 공정화에 관한 법률」제4조 제1항에 따른 표시·광고 사항이 있는 경우에는 같은 법에서 정하는 바에 따른다.

④ 제1항 및 제2항에 따른 거래조건의 구체적 내용, 광고의 방법·절차 등에 관하여 필요한 사항은 대통령령으로 정한다.

제53조(은행에 대한 제재) ① 금융위원회는 은행이 이 법 또는 이 법에 따른 규정·명령 또는 지시를 위반하여 은행의 건전한 경영을 해칠 우려가 있다고 인정되면 금융감독원장의 건의에 따라 다음 각 호의 어느 하나에 해당하는 조치를 하거나 금융감독원장으로 하여금 해당 위반행위의 중지 및 경고 등 적절한 조치를 하게 할 수 있다.

1. 해당 위반행위에 대한 시정명령
2. 6개월 이내의 영업의 일부정지

② 금융위원회는 은행이 다음 각 호의 어느 하나에 해당하면 그 은행에 대하여 6개월 이내의 기간을 정하여 영업의 전부정지를 명하거나 은행업의 인가를 취소할 수 있다.

1. 거짓이나 그 밖의 부정한 방법으로 은행업의 인가를 받은 경우
2. 인가 내용 또는 인가 조건을 위반한 경우
3. 영업정지 기간에 그 영업을 한 경우
4. 제1항 제1호에 따른 시정명령을 이행하지 아니한 경우
5. 제1호부터 제4호까지의 경우 외의 경우로서 이 법 또는 이 법에 따른 명령이나 처분을 위반하여 예금자 또는 투자자의 이익을 크게 해칠 우려가 있는 경우

제53조의2(사모투자전문회사등에 대한 제재 등) ① 사모투자전문회사등(제15조 제3항에 따른 승인을 얻어 은행의 주식을 보유한 사모투자전문회사등에 한한다. 이하 이 조 제2항부터 제4항까지에서 같다)과 사모투자전문회사등의 주주 또는 사원이 제15조의5를 위반하는 경우 해당 사모투자전문회사등은 초과보유한 주식에 대하여 의결권을 행사할 수 없으며 초과보유한 주식은 지체 없이 처분하여야 한다. <개정 2013.8.13.>

② 금융위원회는 사모투자전문회사등이 제1항을 준수하지 아니하는 경우에는 1개월 이내의 기간을 정하여 초과보유 주식을 처분할 것을 명할 수 있다.

③ 금융위원회는 사모투자전문회사등이 제15조의5 각 호의 어느 하나에 해당하는 경우 다음 각 호의 어느 하나에 해당하는 조치를 할 수 있다.

1. 해당 행위의 시정명령 또는 중지명령
2. 해당 행위로 인한 조치를 받았다는 사실의 공표명령 또는 게시명령
3. 기관경고
4. 기관주의
5. 그 밖에 해당 행위를 시정하거나 방지하기 위하여 필요한 조치로서 대통령령으로 정하는 조치

④ 금융위원회는 사모투자전문회사등의 재산 운용 등을 담당하는 업무집행사원이 제15조의5 각 호의 어느 하나에 해당하는 경우 다음 각 호의 어느 하나에 해당하는 조치를 할 수 있다.

1. 그 업무집행사원에 대한 조치
  가. 해임요구

　　나. 6개월 이내의 직무정지

　　다. 기관경고

　　라. 기관주의

　　마. 그 밖에 해당 행위를 시정하거나 방지하기 위하여 필요한 조치로서 대통령령으로 정하는 조치

　2. 그 업무집행사원의 임원에 대한 조치

　　가. 해임요구

　　나. 6개월 이내의 직무정지

　　다. 문책경고

　　라. 주의적 경고

　　마. 그 밖에 해당 행위를 시정하거나 방지하기 위하여 필요한 조치로서 대통령령으로 정하는 조치

　3. 그 업무집행사원의 직원에 대한 조치요구

　　가. 면직

　　나. 6개월 이내의 정직

　　다. 감봉

　　라. 견책

　　마. 주의

　　바. 그 밖에 위법행위를 시정하거나 방지하기 위하여 필요한 조치로서 대통령령으로 정하는 조치

⑤ 다음 각 호의 어느 하나에 해당하는 사모투자전문회사등(그 주주 또는 사원을 포함한다)에 대하여는 제2항부터 제4항까지를 준용한다. 이 경우 업무집행사원이 개인인 경우에는 제4항 제2호를 준용한다.

1. 제15조 제1항·제3항에 따른 주식의 보유한도를 초과하여 은행의 주식을 보유하는 경우

2. 삭제 ＜2013.8.13.＞

3. 제16조의4 제5항에 따라 주식처분 명령을 받은 경우

⑥ 제5항 제1호에 해당하는 사모투자전문회사등에 대하여는 제16조 제2항을 적용하지 아니한다. ＜개정 2013.8.13.＞

제54조(임직원에 대한 제재) ① 금융위원회는 은행의 임원이 이 법 또는 이 법에 따른 규정·명령 또는 지시를 고의로 위반하거나 은행의 건전한 운영을 크게 해치는 행위를 하는 경우에는 금융감독원장의 건의에 따라 해당 임원의 업무집행 정지를 명하거나 주주총회에 그 임원의 해임을 권고할 수 있으며, 금융감독원장으로 하여금 경고 등 적절한 조치를 하게 할 수 있다.

② 금융감독원장은 은행의 직원이 이 법 또는 이 법에 따른 규정·명령 또는 지시를 고의로 위반하거나 은행의 건전한 운영을 크게 해치는 행위를 하는 경우에는 면직·정직·감봉·견책 등 적절한 문책처분을 할 것을 해당 은행의 장에게 요구할 수 있다.

제54조의2(퇴임한 임원 등에 대한 조치 내용의 통보) ① 금융위원회는 은행의 퇴임한 임원 또는 퇴직한 직원이 재임 중이었거나 재직 중이었더라면 제54조 제1항 또는 제2항에 해당하는 조치를 받았을 것으로 인정되는 경우에는 그 받았을 것으로 인정되는 조치의 내용을 금융감독원장으로 하여금 해당 은행의 장에게 통보하도록 할 수 있다.

② 제1항에 따른 통보를 받은 은행의 장은 이를 해당 임직원에게 통보하고 기록·유지하여야 한다.

제8장 합병·폐업·해산〈개정 2010.5.17.〉

제55조(합병·해산·폐업의 인가) ① 은행이 다음 각 호의 어느 하나에 해당하는 행위를 하려는 경우에는 대통령령으로 정하는 바에 따라 금융위원회의 인가를 받아야 한다.

1. 분할 또는 다른 은행과의 합병(분할합병을 포함한다)

2. 해산 또는 은행업의 폐업

3. 영업의 전부 또는 대통령령으로 정하는 중요한 일부의 양도·양수

② 금융위원회가 제1항에 따른 인가를 하는 경우에는 제8조 제4항 및 제5항을 준용한다.

제56조(인가 취소에 의한 해산) ① 삭제 〈1999.2.5.〉

② 은행은 제53조에 따라 은행업의 인가가 취소된 경우에는 해산한다. 〈개정 2010.5.17.〉

③ 법원은 은행이 제2항에 따라 해산한 경우에는 이해관계인이나 금융위원회의 청구 또는 법원의 직권으로 청산인을 선임하거나 해임할 수 있다. 〈개정 2010.5.17.〉

제57조(청산인 등의 선임) ① 은행이 해산하거나 파산한 경우에는 금융감독원장 또는 그 소속 직원 1명이 청산인이나 파산관재인으로 선임되어야 한다.

② 제1항에 따라 청산인이나 파산관재인으로 선임된 금융감독원장 또는 그 소속 직원은 그 임무에 대하여 보수를 청구할 수 없다. 다만, 그 임무를 수행하는 데에 든 정당한 경비는 해당 재산에서 받을 수 있다.

제9장 외국은행의 국내지점〈개정 2010.5.17.〉

제58조(외국은행의 은행업 인가 등) ① 외국은행(외국 법령에 따라 설립되어 외국에서 은행업을 경영하는 자를 말한다. 이하 같다)이 대한민국에서 은행업을 경영하기 위하여 지점·대리점을 신설하거나 폐쇄하려는 경우에는 제8조 제2항 및 제55조에도 불구하고 대통령령으로 정하는 바에 따라 금융위원회의 인가를 받아야 한다.

② 금융위원회가 제1항에 따른 인가를 하는 경우에는 제8조 제4항 및 제5항을 준용한다.

③ 외국은행이 제1항에 따라 인가를 받은 지점 또는 대리점을 다른 시·도로 이전하거나 사무소를 신설하려는 경우에는 미리 금융위원회에 신고하여야 한다.

제59조(외국은행에 대한 법 적용) ① 제58조 제1항에 따라 인가를 받은 외국은행의 지점 또는 대리점은 이 법에 따른 은행으로 보며, 외국은행의 국내 대표자는 이 법에 따른 은행의 임원으로 본다. 다만, 제4조, 제9조 및 제15조는 적용하지 아니한다.

② 하나의 외국은행이 대한민국에 둘 이상의 지점 또는 대리점을 두는 경우 그 지점 또는 대리점 전부를 하나의 은행으로 본다.

제60조(인가취소 등) ① 금융위원회는 외국은행의 본점이 다음 각 호의 어느 하나에 해당하게 되면 그 외국은행의 지점 또는 대리점에 관한 제58조 제1항에 따른 인가를 취소할 수 있다.

1. 합병이나 영업의 양도로 인하여 소멸한 경우

2. 위법행위, 불건전한 영업행위 등의 사유로 감독기관으로부터 징계를 받은 경우

3. 휴업하거나 영업을 중지한 경우

② 외국은행의 지점·대리점 또는 사무소는 그 외국은행의 본점이 제1항 각 호의 어느 하나에 해당하게 되면 그 사유가 발생한 날부터 7일 이내에 그 사실을 금융위원회에 보고하여야 한다.

③ 외국은행의 본점이 해산 또는 파산하였거나 은행업을 폐업한 경우 또는 은행업의 인가가 취소된 경우에는 그 외국은행의 지점 또는 대리점에 대한 제58조 제1항에 따른 인가는 그 사유가 발생한 날에 취소된 것으로 본다. 다만, 금융위원회는 예금자 등 은행이용자의 이익을 보호할 필요가 있는 경우 취소된 날을 달리 정할 수 있다.

제61조(인가취소 시의 지점폐쇄 및 청산) ① 외국은행의 지점 또는 대리점이 제53조, 제60조 제1항 또는 제3항에 따라 인가가 취소되거나 취소된 것으로 보게 되는 경우에는 그 지점 또는 대리점은 폐쇄되며 대한민국에 있는 재산의 전부를 청산하여야 한다.

② 법원은 제1항의 경우에 이해관계인이나 금융위원회의 청구 또는 법원의 직권으로 청산인을 선임하거나 해임할 수 있다.

③ 제1항에 따른 청산에 관하여는 「상법」 제620조 제2항을 준용한다.

제62조(외국은행의 국내 자산) ① 외국은행의 지점 또는 대리점은 대통령령으로 정하는 바에 따라 자산의 전부 또는 일부를 대한민국 내에 보유하여야 한다.

② 외국은행의 지점 또는 대리점이 청산을 하거나 파산한 경우 그 자산, 자본금, 적립금, 그 밖의 잉여금은 대한민국 국민과 대한민국에 주소 또는 거소(居所)를 둔 외국인의 채무를 변제하는 데에 우선 충당되어야 한다.

제63조(자본금에 관한 규정의 적용) 외국은행의 지점 또는 대리점에 대하여 이 법 중 은행의 자본금에 관한 규정을 적용할 때에는 대통령령으로 정하는 바에 따른다.

제10장 보   칙 〈개정 2010.5.17.〉

제64조(청문) 금융위원회는 다음 각 호의 어느 하나에 해당하는 처분을 하려면 청문을 하여야 한다.

1. 제53조에 따른 인가의 취소

2. 제60조 제1항에 따른 외국은행의 지점 또는 대리점의 인가의 취소

제65조(권한의 위탁) 금융위원회는 이 법에 따른 권한의 일부를 대통령령으로 정하는 바에 따라 금융감독원장에게 위탁할 수 있다.

제65조의2(전자문서에 의한 공고 등) 은행이 제41조, 제42조 또는 제43조의2에 따라 공고를 하거나 자료를 제출할 때에는 각각 금융위원회, 한국은행 총재 또는 금융감독원장이 정하는 바에 따라 전자문서의 방법으로 할 수 있다.

제11장 과징금 등의 부과 및 징수〈개정 2010.5.17.〉

제65조의3(과징금) 금융위원회는 은행이 제35조, 제35조의2, 제35조의3, 제37조, 제38조 또는 제62조를 위반하거나 대주주가 제35조의4를 위반한 경우에는 다음 각 호의 구분에 따라 과 징금을 부과할 수 있다.

1. 제35조 제1항·제3항·제4항 또는 제37조 제3항 제1호·제6항 제3호에 따른 신용 공여한도를 초과한 경우: 초과한 신용공여액의 100분의 10 이하

2. 제35조의2 제1항 또는 제2항에 따른 신용공여한도를 초과한 경우: 초과한 신용공여액 의 100분의 40 이하

3. 제35조의3 제1항에 따른 지분증권의 취득한도를 초과한 경우: 초과 취득한 지분증권의 장부가액(帳簿價額) 합계액의 100분의 40 이하

4. 제37조 제1항·제2항 또는 제6항 제2호에 따른 지분증권의 소유한도를 초과한 경우: 초과 소유한 지분증권의 장부가액 합계액의 100분의 10 이하

5. 제37조 제3항 제2호를 위반하여 신용공여를 한 경우: 해당 신용공여액의 100분의 2 이 하

6. 제37조 제6항 제1호를 위반하여 주식을 소유한 경우: 소유한 주식의 장부가액 합계액 의 100분의 2 이하

7. 제37조 제7항 본문을 위반하여 적정한 담보를 확보하지 아니하고 신용공여를 한 경우: 해당 신용공여액의 100분의 10 이하

8. 제37조 제8항 본문을 위반하여 불량자산을 거래한 경우: 해당 불량자산의 장부가액의 100분의 10 이하

9. 제38조 제1호에 따른 투자한도를 초과한 경우: 초과 투자액의 100분의 10 이하

10. 제38조 제2호를 위반하여 부동산을 소유한 경우: 소유한 부동산 취득가액의 100분의 10 이하

11. 제38조 제3호에 따른 부동산 소유한도를 초과한 경우: 초과 소유한 부동산 취득가액의 100분의 10 이하

12. 제38조 제4호를 위반하여 해당 은행의 주식을 담보로 대출한 경우: 대출금액의 100분 의 2 이하

13. 제38조 제5호를 위반하여 대출한 경우: 대출금액의 100분의 2 이하

14. 제62조 제1항에 따른 자산을 보유하지 아니한 경우: 위반 금액의 100분의 2 이하

15. 제35조의2 제7항 또는 제8항을 위반하여 신용공여하거나 자산을 무상양도·매매·교환 한 경우: 해당 신용공여액 또는 해당 자산의 장부가액의 100분의 40 이하

16. 대주주가 제35조의4를 위반함으로써 은행이 제35조의2 제1항 또는 제2항에 따른 신용 공여한도를 초과하여 해당 대주주에게 신용공여한 경우: 초과한 신용공여액의 100분의 40 이하

17. 대주주가 제35조의4를 위반함으로써 은행이 제35조의2 제7항 또는 제8항을 위반하여 해당 대주주에게 신용공여하거나 자산을 무상양도·매매·교환한 경우: 해당 신용공여액 또는 해당 자산의 장부가액의 100분의 40 이하

18. 대주주가 제35조의4를 위반함으로써 은행이 제35조의3 제 1 항에 따른 주식취득한도를 초과하여 해당 대주주의 주식을 취득한 경우: 초과취득한 주식의 장부가액 합계액의 100 분의 40 이하

제65조의4(과징금의 부과) ① 금융위원회는 제65조의3에 따라 과징금을 부과하는 경우에는 다음 각 호의 사항을 고려하여야 한다.

1. 위반행위의 내용 및 정도
2. 위반행위의 기간 및 횟수
3. 위반행위로 인하여 취득한 이익의 규모

② 과징금의 부과에 관하여 그 밖에 필요한 사항은 대통령령으로 정한다.

제65조의5(의견 제출) ① 금융위원회는 과징금을 부과하기 전에 미리 당사자 또는 이해관계인 등에게 의견을 제출할 기회를 주어야 한다.

② 제 1 항에 따른 당사자 또는 이해관계인 등은 금융위원회의 회의에 출석하여 의견을 진술하거나 필요한 자료를 제출할 수 있다.

제65조의6(이의신청) ① 제65조의3에 따른 과징금 부과처분에 불복하는 자는 그 처분을 고지받은 날부터 30일 이내에 그 사유를 갖추어 금융위원회에 이의를 신청할 수 있다.

② 금융위원회는 제 1 항에 따른 이의신청에 대하여 30일 이내에 결정을 하여야 한다. 다만, 부득이한 사정으로 그 기간에 결정을 할 수 없는 경우에는 30일의 범위에서 그 기간을 연장할 수 있다.

③ 제 2 항에 따른 결정에 불복하는 자는 행정심판을 청구할 수 있다.

제65조의7(과징금의 납부기한 연장 및 분할납부) ① 금융위원회는 과징금을 부과받은 자(이하 "과징금납부의무자"라 한다)가 다음 각 호의 어느 하나에 해당하는 사유로 과징금 전액을 한꺼번에 내기 어렵다고 인정될 때에는 그 납부기한을 연장하거나 분할납부하게 할 수 있다. 이 경우 필요하다고 인정하면 담보를 제공하게 할 수 있다.

1. 재해 등으로 재산에 현저한 손실을 입은 경우
2. 사업 여건의 악화로 사업이 중대한 위기에 처한 경우
3. 과징금을 한꺼번에 내면 자금 사정에 현저한 어려움이 예상되는 경우

② 과징금납부의무자가 제 1 항에 따라 과징금 납부기한을 연장하거나 분할납부를 하려는 경우에는 그 납부기한의 10일 전까지 금융위원회에 신청하여야 한다.

③ 금융위원회는 제 1 항에 따라 납부기한이 연장되거나 분할납부가 허용된 과징금납부의무자가 다음 각 호의 어느 하나에 해당하게 되면 납부기한 연장 또는 분할납부 결정을 취소하고 과징금을 한꺼번에 징수할 수 있다.

1. 분할납부하기로 결정된 과징금을 납부기한까지 내지 아니하였을 때
2. 담보 변경명령이나 그 밖에 담보보전(擔保保全)에 필요한 금융위원회의 명령을 이행하지 아니하였을 때
3. 강제집행, 경매의 개시, 파산선고, 법인의 해산, 국세 또는 지방세의 체납처분을 받은 경우 등 과징금의 전부 또는 잔여분을 징수할 수 없다고 인정될 때
4. 그 밖에 제 1 호부터 제 3 호까지의 규정에 준하는 경우로서 대통령령으로 정하는 사유가

있을 때

④ 제1항부터 제3항까지의 규정에 따른 과징금 납부기한의 연장, 분할납부 또는 담보 등에 관하여 필요한 사항은 대통령령으로 정한다.

제65조의8(과징금 징수 및 체납처분) ① 금융위원회는 과징금납부의무자가 납부기한까지 과징금을 내지 아니하면 납부기한의 다음 날부터 과징금을 낸 날의 전날까지의 기간에 대하여 대통령령으로 정하는 가산금을 징수할 수 있다.

② 금융위원회는 과징금납부의무자가 납부기한까지 과징금을 내지 아니하면 기간을 정하여 독촉을 하고, 그 지정한 기간 이내에 과징금과 제1항에 따른 가산금을 내지 아니하면 국세 체납처분의 예에 따라 징수할 수 있다.

③ 금융위원회는 제1항 및 제2항에 따른 과징금 및 가산금의 징수 또는 체납처분에 관한 업무를 국세청장에게 위탁할 수 있다.

④ 과징금의 징수에 관하여 그 밖에 필요한 사항은 대통령령으로 정한다.

제65조의9(이행강제금) ① 금융위원회는 제16조 제2항·제16조의2 제5항·제16조의3 제5항·제16조의4 제5항 또는 제53조의2 제2항에 따른 주식처분명령을 받은 자가 그 정한 기간 이내에 그 명령을 이행하지 아니하면 이행기한이 지난 날부터 1일당 그 처분하여야 하는 주식의 장부가액에 1만분의 3을 곱한 금액을 초과하지 아니하는 범위에서 이행강제금을 부과할 수 있다. <개정 2013.8.13.>

② 이행강제금은 주식처분명령에서 정한 이행기간의 종료일 다음 날부터 주식처분을 이행하는 날[주권(株券) 지급일을 말한다]까지의 기간에 대하여 부과한다.

③ 금융위원회는 주식처분명령을 받은 자가 주식처분명령에서 정한 이행기간의 종료일부터 90일이 지난 후에도 그 명령을 이행하지 아니하면 그 종료일부터 매 90일이 지나는 날을 기준으로 하여 이행강제금을 징수한다.

④ 이행강제금의 부과 및 징수에 관하여는 제65조의4부터 제65조의8까지를 준용한다.

제65조의10(과오납금의 환급) ① 금융위원회는 과징금납부의무자가 이의신청의 재결 또는 법원의 판결 등의 사유로 과징금 과오납금의 환급을 청구하는 경우에는 지체 없이 환급하여야 하며, 과징금납무의무자의 청구가 없어도 금융위원회가 확인한 과오납금은 환급하여야 한다.

② 금융위원회가 제1항에 따라 과징금을 환급하는 경우에는 과징금을 납부한 날부터 환급한 날까지의 기간에 대하여 대통령령으로 정하는 가산금 이율을 적용하여 환급가산금을 환급받을 자에게 지급하여야 한다.

제65조의11(결손처분) 금융위원회는 과징금납무의무자에게 다음 각 호의 어느 하나에 해당하는 사유가 있으면 결손처분을 할 수 있다.

1. 체납처분이 끝나고 체납액에 충당된 배분금액이 체납액에 미치지 못하는 경우
2. 징수금 등의 징수권에 대한 소멸시효가 완성된 경우
3. 체납자의 행방이 분명하지 아니하거나 재산이 없다는 것이 판명된 경우
4. 체납처분의 목적물인 총재산의 추산가액이 체납처분 비용에 충당하면 남을 여지가 없음이 확인된 경우

5. 체납처분의 목적물인 총재산이 징수금 등보다 우선하는 국세, 지방세, 전세권·질권 또는 저당권으로 담보된 채권 등의 변제에 충당하면 남을 여지가 없음이 확인된 경우

6. 그 밖에 징수할 가망이 없는 경우로서 대통령령으로 정하는 사유에 해당하는 경우

제12장 벌   칙〈개정 2010.5.17.〉

제66조(벌칙) ① 다음 각 호의 어느 하나에 해당하는 자는 10년 이하의 징역 또는 5억원 이하의 벌금에 처한다.

1. 제21조의2를 위반한 자

2. 제35조의2 제 1 항부터 제 3 항까지 및 제 7 항·제 8 항을 위반하여 대주주에게 신용공여·무상양도를 한 자와 그로부터 신용공여·무상양도를 받은 대주주 또는 자산을 매매·교환한 당사자

3. 제35조의3 제 1 항을 위반하여 대주주가 발행한 지분증권을 취득한 자

4. 제35조의4를 위반한 자

② 제 8 조에 따른 인가를 받지 아니하고 은행업을 경영하는 자는 5년 이하의 징역 또는 2억원 이하의 벌금에 처한다.

제67조(벌칙) 다음 각 호의 어느 하나에 해당하는 자는 3년 이하의 징역 또는 1억원 이하의 벌금에 처한다.

1. 제35조 제 1 항·제 3 항 또는 제 4 항을 위반하여 신용공여를 한 자

2. 제37조 제 1 항·제 3 항 또는 제 6 항부터 제 8 항까지의 규정 중 어느 하나를 위반한 자

제68조(벌칙) ① 은행의 임원, 지배인, 대리점주(대리점주가 법인인 경우에는 그 업무를 집행하는 사원, 임원, 지배인, 그 밖의 법인의 대표자) 또는 청산인(이하 "은행의 임원등"이라 한다)이나 그 직원이 다음 각 호의 어느 하나에 해당하는 행위를 한 경우에는 1년 이하의 징역 또는 3천만원 이하의 벌금에 처한다.

1. 제 9 조를 위반하여 최저자본금을 유지하지 아니한 경우

2. 제32조를 위반한 경우

3. 제33조를 위반하여 채권을 발행한 경우

4. 제38조를 위반하여 금지업무를 한 경우

5. 제40조를 위반하여 이익준비금을 적립하지 아니한 경우

6. 제55조 제 1 항에 따른 인가를 받지 아니하고 같은 항 각 호에 규정된 행위를 한 경우

7. 제58조 제 1 항(지점·대리점을 신설하기 위하여 인가를 받아야 하는 경우는 제외한다)을 위반한 경우

8. 제62조 제 1 항 또는 제 2 항을 위반한 경우

② 제52조의3 제 1 항 및 제 2 항을 위반하여 광고한 은행은 3천만원 이하의 벌금에 처한다

제68조의2(양벌규정) 법인의 대표자나 법인 또는 개인의 대리인, 사용인, 그 밖의 종업원이 그 법인 또는 개인의 업무에 관하여 제66조부터 제68조까지의 어느 하나에 해당하는 위반행위를 하면 그 행위자를 벌하는 외에 그 법인 또는 개인에게도 해당 조문의 벌금형을 과(科)한다. 다만, 법인 또는 개인이 그 위반행위를 방지하기 위하여 해당 업무에 관하여 상당한 주

의와 감독을 게을리하지 아니한 경우에는 그러하지 아니하다.

제69조(과태료) ① 다음 각 호의 어느 하나에 해당하는 자에게는 5천만원 이하의 과태료를 부과한다. <개정 2013.8.13.>

1. 제13조 제 2 항 또는 제27조의2 제 2 항 또는 제28조 제 2 항을 위반하여 신고하지 아니한 자
2. 제14조를 위반하여 유사상호를 사용한 자
3. 제15조 제 2 항 및 제15조의4를 위반하여 보고를 하지 아니한 자
4. 제15조의3 제 3 항(제15조 제 3 항에 따른 승인의 심사를 위한 경우를 포함한다), 제16조의4 제 2 항 또는 제35조의5 제 1 항·제 2 항에 따른 자료제공 등의 요구에 따르지 아니한 자
5. 제30조를 위반한 은행
6. 제35조의2 제 4 항 또는 제35조의3 제 4 항을 위반하여 이사회의 의결을 거치지 아니한 은행
7. 제35조의2 제 5 항·제 6 항 또는 제35조의3 제 5 항·제 6 항을 위반하여 금융위원회에 대한 보고 또는 공시를 하지 아니한 은행
8. 제48조의2에 따른 검사를 거부·방해 또는 기피한 자
9. 제52조의2를 위반한 은행
10. 제52조의3 제 4 항 중 광고의 방법 및 절차를 위반한 은행
11. 그 밖에 이 법 또는 이 법에 따른 규정·명령 또는 지시를 위반한 은행

② 은행의 임원등 또는 직원이 다음 각 호의 어느 하나에 해당하는 경우에는 1천만원 이하의 과태료를 부과한다.

1. 제10조 제 1 항을 위반한 경우
2. 제20조를 위반한 경우
3. 제41조에 따른 공고를 거짓으로 한 경우
4. 제43조의2에 따른 보고서의 제출을 게을리하거나 보고서에 사실과 다른 내용을 적은 경우
5. 제48조에 따른 검사를 거부·방해 또는 기피한 경우
6. 제52조의2를 위반한 경우
7. 이 법에 따른 서류의 비치, 제출, 보고, 공고 또는 공시를 게을리한 경우
8. 그 밖에 이 법 또는 이 법에 따른 규정·명령 또는 지시를 위반한 경우

③ 제 1 항 및 제 2 항에 따른 과태료는 대통령령으로 정하는 바에 따라 금융위원회가 부과·징수한다.

부 칙<생략>

Ⅰ. 판례색인

Ⅱ. 사항색인

공저자약력

정 찬 형

서울대학교 법과대학(법학과) 졸업
서울대학교 대학원(법학석사)
법학박사(서울대학교)
미국 워싱턴대학교 Law School 및 듀크대학교
   Law School에서 상법연구(Visiting Scholar)
독일 뮌스터대학교 법과대학에서 상법연구
   (Gastprofessor)
충북대학교 법학과 전임강사 및 국립경찰대학
   법학과 조교수 · 부교수
사법시험위원 · 공인회계사시험위원, 대한상사중
   재원 중재인
법무부 법무자문위원회 위원
고려대학교 법과대학 및 법학전문대학원 교수
   (상법 및 금융법 담당)
현 고려대학교 법학전문대학원 명예교수

저 서

어음 · 수표선의취득연구(박영사)
사례연구 어음 · 수표법(법문사)
어음법 · 수표법(공저)(서울대출판부)
EC 회사법(박영사)
주석어음 · 수표법(Ⅰ)(Ⅱ)(Ⅲ)(공저)(한국사법
   행정학회)
주석 상법 Ⅴ(회사 4)(공저)(한국사법행정학회)
주석 상법 Ⅶ(보험)(공저)(한국사법행정학회)
회사법강의(제 3 판)(박영사)
어음 · 수표법강의(제 7 판)(박영사)
상법판례평석(홍문사)
상법개론(제14판)(법영사)
객관식 상법(제 4 판)(법영사)
판례상법(상) · (하)(제 2 판)(박영사)
상법강의(상)(제18판)(박영사)
상법강의(하)(제17판)(박영사)
상법사례연습(제 4 판)(박영사)
상법강의요론(제14판)(박영사)
영미어음 · 수표법(고려대출판부)
은행법강의(제 3 판)(공저)(박영사)
주석 금융법 Ⅰ(은행법) · Ⅱ(보험업법) · Ⅲ(자본
   시장법)(공저)(한국사법행정학회)
백산상사법논집(박영사)
로스쿨 금융법(공저)(박영사)
로스쿨 회사법(제 2 판)(박영사)
로스쿨 어음 · 수표법(박영사)
로스쿨 상법총칙 · 상행위법(공저)(박영사)

최 동 준

서울대학교 법과대학 졸업
경북대학교 경영대학원 졸업(경영학석사)
고려대학교 대학원 졸업(법학박사)
한국은행, 금융감독원, KB부동산신탁 근무
현 한국금융법학회 고문
   고려대학교 금융법센터 연구위원
   고려대학교, 극동대학교 시간강사

저서 및 주요논문

주석 금융법 Ⅰ(은행법) · Ⅱ(보험업법) · Ⅲ(자본
   시장법)(공저)(한국사법행정학회)
방카슈랑스업무기초 Ⅰ · Ⅲ(공저)(한국금융연수원)
은행법강의(제 3 판)(공저)(박영사)
로스쿨 금융법(공저)(박영사)
"문책경고제도의 운영에 대한 고찰,"「금융법연
   구」, 2007.
"서민금융의 규제방향,"「금융법연구」, 2008.
"Real Estate Project Financing and Banking
   Supervision in Korea,"「금융법연구」, 2012.
"부동산담보신탁의 부가가치세 납세의무자에
   관한 검토,"「금융법연구」, 2013.
"금융회사 집행임원의 개선방안,"「법과 기업연
   구」, 2014.

도 제 문

고려대학교 법과대학(법학사) 졸업
고려대학교 대학원(법학석사)
법학박사(고려대학교)
한국은행 근무
고려대학교 법학연구소 연구교수
한국금융연수원 전문교수
현 한국금융법학회 고문
   극동대학교 교수

저 서

주석 금융법 Ⅰ(은행법) · Ⅲ(자본시장법)(공저)
   (한국사법행정학회)
은행법강의(제 3 판)(공저)(박영사)

제3판
은행법강의

초판발행	2003년 9월 10일
제2판발행	2005년 2월 15일
제3판인쇄	2015년 9월 25일
제3판발행	2015년 9월 30일

지은이	정찬형 · 최동준 · 도제문
펴낸이	안종만

편 집	이승현
기획/마케팅	조성호
표지디자인	김문정
제 작	우인도 · 고철민

펴낸곳	(주) **박영사**
	서울특별시 종로구 새문안로3길 36, 1601
	등록 1959. 3. 11. 제300-1959-1호(倫)
전 화	02)733-6771
f a x	02)736-4818
e-mail	pys@pybook.co.kr
homepage	www.pybook.co.kr
ISBN	979-11-303-2789-1 93360

* 잘못된 책은 바꿔드립니다. 본서의 무단복제행위를 금합니다.

정 가   32,000원